反対語対照語辞典

新装版

北原 保雄　東郷 吉男［編］

東京堂出版

まえがき

単語は一つ一つがばらばらに存在しているのではなく、まとまりをもち、いわばネットワークをなして存在している。たとえば「父」という単語は、「お父さん」「おやじ」「パパ」などと言い換えることができる。これら四語は、同じものを指している。四語の間には敬意の有無やニュアンスの違いなどがあり、完全に同義であるとはいえないが、同義に近い関係——類義の関係——にあるということができる。一方、「父」の対として「母」という語がある。そして、「母」にも「お母さん」「おふくろ」「ママ」といったような類義の語が存在する。また、「父」と「母」の両者を包含する語として「親」があり、「親」の対として「子」という語がある。このように、単語は相互に関連して複雑な組織網を形成している。

反対語の定義はきわめて難しい。同義語・類義語には同じものを指すといった基準があるが、反対語の条件は単純ではない。反対語という場合、まず両者の間に共通する意味がなければならない。「母」が「父」の反対語になるのは、両者が〈親〉という共通の意味をもっているからである。しかし、共通する意味をもっているだけでは、もちろん反対語にはならない。「母」が「父」の反対語になるのは、男性ではなく女性であるということによる。つまり、男性か女性かという基準から見て反対の意味になるのである。反対語の条件は、

⑴共通する意味をもっていること

⑵その上で、ある基準から見て、反対の意味をもっていること

の二点であるということになるだろう。

もう一つ例をあげよう。「大勝」の反対語には、「大敗」と「辛勝」とがあげられるが、前者は、(1)大差で勝負がつくという共通点をもち、(2)勝ち負けという基準から見て反対の意味をもっており、後者、つまり「辛勝」は、(1)勝つという共通の意味をもち、(2)勝ち方が大差か小差かという基準から見て反対の意味をもっている。ある語の反対語は、一つとは限らない。基準が変わると、いくつも存在することになる。

以上のように説明すると、反対語の判定は比較的容易なように見えるが、一語一語について具体的に考えていく段になると、反対の意味とは何かということが問題になってきて、判断に苦しむことが多い。

本書は理論書ではないので、反対語の定義や範囲を比較的ゆるやかに考え、なるべく多くの語を掲げるような方針をとった。書名に「対照語」を併記したのも、この方針を明示したかったからである。従って、本書は、ある語の厳正な定義による反対語を得るためにだけでなく、反対語やそれに類する語を広く知るために活用していただきたい。また、見出し語の解説部分には、可能なかぎり言い換え語（同義語や類義語）をあげ、類義語辞典の役割りも果せるようにした。本書の特徴を十分に生かし、善用していただきたい。

なお、本書がなるに当たっては、項目選定から執筆・校正に至るまで、東郷吉男氏のなみなみならぬ尽瘁があった。また、東京堂出版の福島光行、西哲生、今泉弘勝の三氏にはいろいろお世話になった。心から感謝申し上げたい。

平成元年４月

北原保雄

凡　　例

1．本書には、現在一般に使用されている国語の反対語・対照語もしくは対応語（以下、「反対語」という）を、単語・連語にわたって広く収録した。

2．各ページの左の欄に見出し語とその解説を、右の欄にその反対語を記載した。

3．見出し語および反対語は、現代仮名遣いに基づき平仮名ゴシック体で表記した。ただし、外来語の場合は、昭和29年3月の国語審議会報告「外来語の表記」に従って、片仮名ゴシック体で表記した。

4．見出し語および反対語の一部に（　）付きの表示をしたものがあるが、それらは次の要領によった。

a　「ひとえ」「ひとえもの」の両形を示す場合。

ひとえ（**もの**）

b　「ぜんにちせい」「ぜんじつせい」の両形を示す場合。

ぜんにち（じつ）**せい**

5．見出し語の配列は、五十音順とし、外来語の長音「ー」は直前の仮名の表す音に含まれる母音と同音の一音とみなした。

同じ仮名で表記される語がある場合には、音よみ訓よみの順とし、それぞれの内部では、漢字表記の際の漢和辞典の配列に従った。

6．見出し語および反対語には、その直後の〔　〕の中に、漢字表記または原語綴りを補った。

漢字は、常用漢字を中心としたが、必要に応じて適宜表外漢字も併用した。外来語は原国名を片仮名の小字で注記した。ただし、英語からのものは、それを省略した。

7．見出し語には、次のような簡単な解説を加えた。

a　語釈、同義語・類義語。

ぜんじゅつ〔前述〕前に述べてあること。前記。上述。既述。

b　用例。

おさまる〔治まる〕①「国が――」。②「発作が――」。

8．語釈は、簡潔を旨とした。従って、その語の正確な意味を把握するためには、必ずしも十分でない場合がある。

9．見出し語にふたつ以上の意味・用法がある場合には、①②……を用いて区別した。これは、反対語の欄の同番号のものと対応している。

10．ひとつの見出し語に対する反対語は必ずしも1語と限定せず、許容範囲内にあると認める語を列挙した。

11．ひとつの見出し語に対する反対語が2語以上ある場合には、見出し語との対応の度合いが大きいと思われる語から順に記載した。

　また、ひとつの見出し語に対し、基準の違いにより複数の反対語が存在する場合には、㋐㋑……をもって区別した。

あっしょう〔圧勝〕　㋐ **ざんぱい**〔惨敗〕**たいはい**〔大敗〕**かんぱい**〔完敗〕㋑**しんしょう**〔辛勝〕

12．見出し語に、同義または類義の語があり、それらに対応する反対語が共通すると認められる場合には、見出し語を空見出しとし、参照項目を示した。

いさい〔異才・偉才〕→てんさい〔天才〕

13．反対語の欄に掲げる語は、それぞれ見出し語としても立てることを原則としたが、「非――」「不――」「無――」など否定の接頭語を伴うものを中心に、一部省略した場合がある。

14．見出し語と反対語との対応関係が複雑なものについて、一部、図を挿入して理解の便をはかった。

反対語対照語辞典

あ

あ〔亜〕アジア。	**おう**〔欧〕
ああ「――なると困る」。	**こう　そう**
あい〔哀〕かなしい。	**かん**〔歓〕**らく**〔楽〕
あい〔愛〕かわいがる。	**ぞう**〔憎〕**にくしみ**〔憎しみ〕
アイウエオじゅん〔アイウエオ順〕	→ごじゅうおんじゅん〔五十音順〕
あいかわらず〔相変わらず〕	**いつになく**〔何時に無く〕
あいご〔愛護〕愛しまもること。	**ぎゃくたい**〔虐待〕
あいこう〔愛好〕愛し好むこと。	**けんお**〔嫌悪〕**ぞうお**〔憎悪〕
あいする〔愛する〕	**にくむ**〔憎む〕
あいせき〔哀惜〕	→あいとう〔哀悼〕
あいせき〔相席〕知らない人と同じ席に着くこと。	**べっせき**〔別席〕
あいたしゅぎ〔愛他主義〕他人の幸福や利益を尊重する考え。利他主義。	**りこしゅぎ**〔利己主義〕
あいつ〔彼奴〕	**こいつ**〔比奴〕**そいつ**〔其奴〕
あいて〔相手〕向こうの人。先方。	**じぶん**〔自分〕**とうにん**〔当人〕
アイデアリスト〔idealist〕①理想主義者。②観念論者。唯心論者。	①**リアリスト**〔realist〕②**マテリアリスト**〔materialist〕
アイデアリズム〔idealism〕①理想主義。②観念論。唯心論。	①**リアリズム**〔realism〕②**マテリアリズム**〔materialism〕
アイデアル〔ideal〕理想的。	**リアル**〔real〕
あいておもい〔相手思い〕自分よりも相手を大切に思うこと。	**じぶんかって**〔自分勝手〕**てまえがって**〔手前勝手〕
あいとう〔哀悼〕人の死をいたみ悲しむこと。哀惜《あいせき》。	**しゅくが**〔祝賀〕**けいしゅく**〔慶祝〕
あいにく〔生憎〕折あしく。運悪く。	**おりよく**〔折良く〕**うんよく**〔運良く〕
あいふく〔合服・間服〕春や秋に着る服。	**なつふく**〔夏服〕**ふゆふく**〔冬服〕
あいべつりく〔愛別離苦〕愛する者と別れる苦しみ。	**おんぞうえく**〔怨憎会苦〕
あいまい〔曖昧〕はっきりしないさま。不明確。不明瞭。	**めいりょう**〔明瞭〕**めいかく**〔明確〕
あいもの〔合物・間物〕春や秋に着る衣服。	**なつもの**〔夏物〕**ふゆもの**〔冬物〕
あいらしい〔愛らしい〕	→かわいらしい〔可愛らしい〕
あう〔合う・会う・遭う〕①「答えが――っている」。②「恋人と――」。③「規定に――」。④「事故に――」。	①**ちがう**〔違う〕**まちがう**〔間違う〕②**わかれる**〔別れる〕**はなれる**〔離れる〕③**はんする**〔反する〕④**のがれる**〔逃れる〕**さける**

	〔避ける〕
アウト〔out〕①外。卓球・テニスなどで、球が線外へ出ること。②野球で、打者や走者が攻撃の権利を失うこと。	①**イン**〔in〕②**セーフ**〔safe〕
アウト-オブ-デート〔out-of-date〕時代遅れの。前近代的な。	**アップ-ツー-デート**〔up-to-date〕
アウトカーブ〔out curve〕野球で、投球が打者と反対側に曲がること。	**インカーブ**〔in curve〕
アウトコーナー〔out corner〕野球で、ホームベースの打者の反対側の隅。	**インコーナー**〔in corner〕
アウトサイダー〔out sider〕組織の外にいる者。	**インサイダー**〔in sider〕
アウトサイド〔out side〕外側。	**インサイド**〔in side〕
アウトドア〔out door〕戸外。	**インドア**〔in door〕
アウトプット〔out put〕コンピュータから情報を取り出すこと。出力。	**インプット**〔in put〕
あお〔青〕①絵の具の3原色のひとつ。②光の3原色のひとつ。	①**あか**〔赤〕**き**〔黄〕②**あか**〔赤〕**みどり**〔緑〕
あおぐ〔仰ぐ〕①上を向く。②尊ぶ。	①**ふす**〔伏す〕②**さげすむ**〔蔑む〕
あおじろい〔青白い〕不健康な顔色。	**あかぐろい**〔赤黒い〕
あおしんごう〔青信号〕「進め」の信号。	**あかしんごう**〔赤信号〕**きしんごう**〔黄信号〕
あおぞら〔青空〕よく晴れた空。	**くもりぞら**〔曇り空〕**あまぞら**〔雨空〕
あおにさい〔青二才〕若者をののしっていう語。若造《わかぞう》。	**おいぼれ**〔老いぼれ〕
あおば〔青葉〕青々とした若々しい葉。	**こうよう**〔紅葉〕**かれは**〔枯れ葉〕
あおむく〔仰向く〕	**うつむく**〔俯く〕**うつぶす**〔俯す〕
あおる〔煽る〕風を送って火の勢いを強める。そそのかす。	**しずめる**〔静める・鎮める〕
あか〔赤〕①「——組」。②「——字」。③「——・黄・青は絵の具の3原色だ」。④「——・緑・青は光の3原色だ」。	①**しろ**〔白〕②**くろ**〔黒〕③**き**〔黄〕**あお**〔青〕④**みどり**〔緑〕**あお**〔青〕
あかぐろい〔赤黒い〕日焼けした健	**あおじろい**〔青白い〕

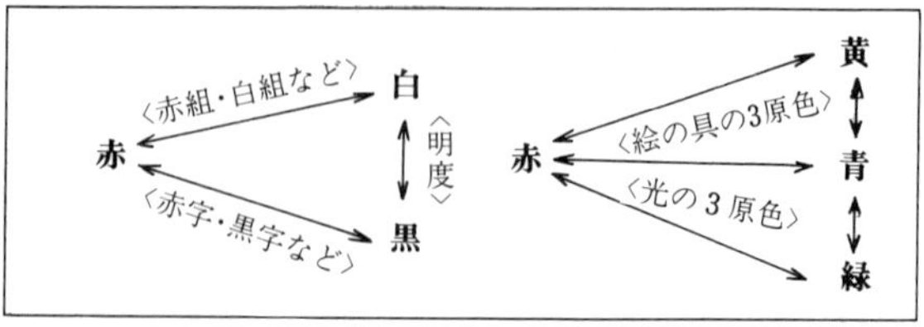

康な顔色。	
あかじ〔赤字〕支出超過のしるし。	**くろじ**〔黒字〕
あかじけっさん〔赤字決算〕企業などの、ある期間の収支決算で損失が出ること。	**くろじけっさん**〔黒字決算〕
あかしんごう〔赤信号〕	**あおしんごう**〔青信号〕**きしんごう**〔黄信号〕
あかす〔明かす〕①「身の上を――」。②「夜を――」。	①**かくす**〔隠す〕**ひめる**〔秘める〕②**くらす**〔暮らす〕
あかつき〔暁〕夜明け。明け方。	**ゆうぐれ**〔夕暮れ〕**たそがれ**〔黄昏〕**くれがた**〔暮れ方〕
アカデミック〔academic〕学問的。学究的。手堅いが非現実的で古風なさま。	**ジャーナリスティック**〔journalistic〕
あかぬけ〔垢抜け〕洗練されていること。スマート。	**やぼ**〔野暮〕
あかふだ〔赤札〕特別に値引きした商品に付ける札。	**しょうふだ**〔正札〕
あかみ〔赤身〕①魚の赤い肉。②牛・豚などの赤い肉。	①**しろみ**〔白身〕②**あぶらみ**〔脂身〕
あかみそ〔赤味噌〕麦麹《むぎこうじ》を混ぜて作った、辛口の赤いみそ。	**しろみそ**〔白味噌〕
あがめる〔崇める〕尊び敬う。尊敬する。	**あなどる**〔侮る〕**さげすむ**〔蔑む〕**いやしめる**〔卑しめる・賤しめる〕
あかり〔明かり〕光。ともし火。	**やみ**〔闇〕
あがりめ〔上がり目〕上がり始めの時。	**さがりめ**〔下がり目〕**おちめ**〔落ち目〕
あがる〔上がる〕①「成績が――」。②「階段を――」。③「雨が――」。	①**さがる**〔下がる〕**おちる**〔落ちる〕②**おりる**〔下りる・降りる〕**くだる**〔下る〕③**ふりだす**〔降り出す〕**ふりつづく**〔降り続く〕**ふる**〔降る〕
あかるい〔明るい〕	**くらい**〔暗い〕
あかるみ〔明るみ〕明るいところ。	**くらがり**〔暗がり〕**くらやみ**〔暗闇〕
あかんたい〔亜寒帯〕温帯のうち寒帯に近い部分。	**あねったい**〔亜熱帯〕
あき〔秋〕	**はる**〔春〕**なつ**〔夏〕**ふゆ**〔冬〕
あきしょう〔飽き性〕飽きやすい性質。	**こりしょう**〔凝り性〕
あきっぽい〔飽きっぽい〕物事に飽きやすい。	**ねばりづよい**〔粘り強い〕**しんぼうづよい**〔辛抱強い〕**にんたいづよい**〔忍耐強い〕
あきらか〔明らか〕はっきりしているさま。	**まぎらわしい**〔紛らわしい〕

あきらめる〔諦める〕思い切る。断念する。	**おもいのこす**〔思い残す〕**こだわる**〔拘る〕**ねばる**〔粘る〕
あきる〔飽きる〕①「食物に――」。②「ゲームに――」。	①**うえる**〔飢える〕**ほしがる**〔欲しがる〕②**こる**〔凝る〕**したがる**〔為たがる〕
あく〔悪〕わるい。	**ぜん**〔善〕**りょう**〔良〕
あく〔明く・開く・空く〕①「戸が――」。②「席が――」。	①**しまる**〔締まる〕②**ふさがる**〔塞がる〕
あくい〔悪意〕悪い心。悪気。	**ぜんい**〔善意〕**こうい**〔好意〕
あくいん〔悪因〕悪い結果を招く原因。	㋐**ぜんいん**〔善因〕㋑**あっか**〔悪果〕

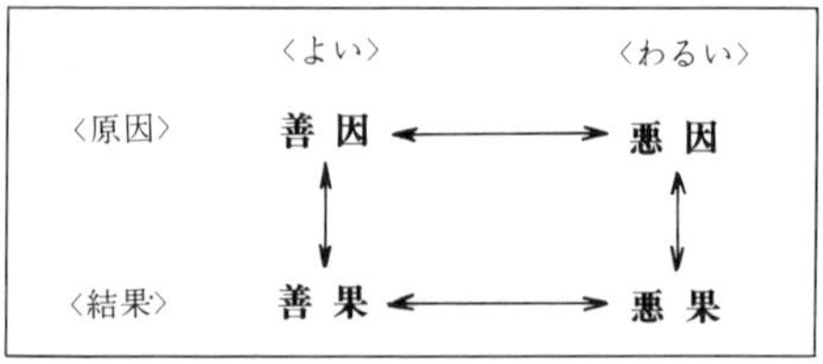

あくぎょう〔悪行〕悪い行い。非行。悪事。	**ぜんこう**〔善行〕**ぜんじ**〔善事〕
あくごう〔悪業〕悪い報いを受けるもととなる悪い行い。	**ぜんごう**〔善業〕
あくさい〔悪妻〕良くない妻。	**りょうさい**〔良妻〕
あくじ〔悪事〕悪い行い。悪行《あくぎょう》。	**ぜんじ**〔善事〕**ぜんこう**〔善行〕**こうじ**〔好事〕
あくしつ〔悪質〕たちが悪いこと。悪性。	**りょうしつ**〔良質〕**ぜんりょう**〔善良〕
あくしゅう〔悪習〕悪い習わし。悪風。悪弊。弊風。	**りょうぞく**〔良俗〕**びふう**〔美風〕
あくしゅう〔悪臭〕悪いにおい。異臭。	**ほうこう**〔芳香〕
あくしょ〔悪書〕内容の悪い本。	**りょうしょ**〔良書〕
あくじょ〔悪女〕①心の良くない女。②醜い女。	①**ぜんにょ**〔善女〕②**びじょ**〔美女〕
あくじょうけん〔悪条件〕悪い条件。	**こうじょうけん**〔好条件〕
あくしん〔悪心〕悪い心。	**りょうしん**〔良心〕
あくせい〔悪性〕たちが悪いこと。悪質。	**りょうせい**〔良性〕
あくせい〔悪政〕悪い政治。失政。	**ぜんせい**〔善政〕**じんせい**〔仁政〕
あくせい〔悪声〕美しくない声。	**びせい**〔美声〕
アクセル〔accelerator〕自動車などで、足で踏んで加速する装置。	**ブレーキ**〔brake〕
あくそう〔悪相〕悪い人相。凶相。	**きっそう**〔吉相〕
あくた〔芥〕ごみ。ちり。	**たから**〔宝〕

あくだま〔悪玉〕悪い人。悪人。悪者。	**ぜんだま**〔善玉〕
アクティブ〔active〕積極的。能動的。	**パッシブ**〔passive〕**ネガティブ**〔negative〕
あくとう〔悪投〕	→ぼうとう〔暴投〕
あくとく〔悪徳〕悪い行い。不道徳。	**びとく**〔美徳〕**どうとく**〔道徳〕
あくにん〔悪人〕悪い人。	**ぜんにん**〔善人〕**ぎじん**〔義人〕
あくば〔悪罵〕ひどい悪口を言うこと。痛罵。	**しょうさん**〔称賛・賞賛〕**さんたん**〔賛嘆〕
あくひつ〔悪筆〕へたな文字。	**たっぴつ**〔達筆〕**のうひつ**〔能筆〕
あくひょう〔悪評〕悪い評判。悪名。	**こうひょう**〔好評〕**びめい**〔美名〕**めいせい**〔名声〕
あくふう〔悪風〕悪い風俗。	**りょうぞく**〔良俗〕**びふう**〔美風〕
あくぶん〔悪文〕へたな文章。	**めいぶん**〔名文〕**びぶん**〔美文〕
あくへい〔悪弊〕悪い習わし。悪習。悪風。弊風。	**びふう**〔美風〕**りょうぞく**〔良俗〕
あくほう〔悪報〕①悪い事をした報い。②悪い知らせ。凶報。	①**ぜんぽう**〔善報〕②**きっぽう**〔吉報〕
あくま〔悪魔〕	**かみ**〔神〕**てんし**〔天使〕
あくみょう〔悪名〕	→あくめい〔悪名〕
あくむ〔悪夢〕不吉な夢。凶夢《きょうむ》。	**きちむ**〔吉夢〕
あくめい〔悪名〕あくみょう。悪い評判。悪評。	**びめい**〔美名〕**めいせい**〔名声〕
あくゆう〔悪友〕悪い友だち。	**りょうゆう**〔良友〕
あくよう〔悪用〕悪い方に用いること。	**ぜんよう**〔善用〕
あぐら〔胡座〕足を前に組んだ座り方。	**せいざ**〔正座〕
あくらつ〔悪辣〕たちが非常に悪いこと。	**ぜんりょう**〔善良〕
あくる〔明くる〕「——年」。	**まえの**〔前の〕
あくれい〔悪例〕良くない例。	**こうれい**〔好例〕
あげかじ〔上げ舵〕飛行機などを上昇させる舵の取り方。	**さげかじ**〔下げ舵〕
あけがた〔明け方〕夜が明けるころ。夜明け。	**くれがた**〔暮れ方〕**ゆうぐれ**〔夕暮〕**たそがれ**〔黄昏〕
あげく〔揚句・挙句〕連歌《れんが》などで最後の句。	**ほっく**〔発句〕
あげしお〔上げ潮〕満ちて来る潮。満潮。	**さげしお**〔下げ潮〕**ひきしお**〔引き潮〕
あけっぱなす〔明けっ放す・開けっ放す〕	→あけはなす〔明け放す・開け放す〕
あけのみょうじょう〔明けの明星〕夜明けに東の空に見える金星。	**よいのみょうじょう**〔宵の明星〕
あけはなす〔明け放す・開け放す〕全開する。あけっぱなす。	**しめきる**〔閉め切る・締め切る〕

あけぼの〔曙〕ほんのりと夜が明けるころ。	**たそがれ**〔黄昏〕**ゆうぐれ**〔夕暮れ〕**くれがた**〔暮れ方〕
あける〔明ける・開ける・空ける〕①「夜が――」。②「戸を――」。③「道を――」。④「目を――」。⑤「包みを――」。	①**くれる**〔暮れる〕②**しめる**〔締める・閉める〕③**とざす**〔閉ざす〕④**ふさぐ**〔塞ぐ〕**つぶる・つむる**〔瞑る〕**とじる**〔閉じる〕⑤**つつむ**〔包〕
あげる〔上げる〕①「価格を――」。②「旗を――」。③「名を――」。④「人に物を――」。	①**さげる**〔下げる〕②**おろす**〔下ろす・降ろす〕③**おとす**〔落とす〕④**いただく**〔頂く・戴く〕
あさ〔朝〕	**ゆう（べ）**〔夕（べ）〕**ばん**〔晩〕**ひる**〔昼〕**よる**〔夜〕
あさあけ〔朝明け〕夜明け。	**ゆうぐれ**〔夕暮れ〕**ひぐれ**〔日暮れ〕
あさい〔浅い〕	**ふかい**〔深い〕
あさいと〔麻糸〕麻の繊維で作った糸。	**きぬいと**〔絹糸〕**もめんいと**〔木綿糸〕
あさおき〔朝起き〕朝早く起きること。早起き。	㋐**あさね**〔朝寝〕㋑**よいね**〔宵寝〕
あさがけ〔朝駆け〕朝早く攻め入ること。	**ようち**〔夜討ち〕
あさかぜ〔朝風〕朝に吹く風。	**ゆうかぜ**〔夕風〕**よかぜ**〔夜風〕
あさがた〔朝方〕朝のころ。	**ゆうがた**〔夕方〕**ばんがた**〔晩方〕
あさぎり〔朝霧〕朝立ちこめる霧。	**ゆうぎり**〔夕霧〕**よぎり**〔夜霧〕
あさげ〔朝餉〕朝御飯。	**ゆうげ**〔夕餉〕**ひるげ**〔昼餉〕
あさごはん〔朝御飯〕	**ゆうごはん**〔夕御飯〕**ばんごはん**〔晩御飯〕**ひるごはん**〔昼御飯〕
あさしお〔朝潮〕朝に満ちて来る潮。	**ゆうしお**〔夕潮〕
あさせ〔浅瀬〕川底が浅くて流れの速い所。	**ふかま**〔深間〕**ふち**〔淵〕**しんえん**〔深淵〕
あさだち〔朝立ち〕朝早く出発すること。	**よだち**〔夜立ち〕
あさって〔明後日〕あすの次の日。	**おととい・おとつい**〔一昨日〕**いっさくじつ**〔一昨日〕
あさつゆ〔朝露〕朝に置く露。	**ゆうつゆ**〔夕露〕**よつゆ**〔夜露〕
あさで〔浅手〕浅い傷。軽傷。	**ふかで**〔深手〕**いたで**〔痛手〕
あさなぎ〔朝凪〕朝、波のない静かな海の状態。	**ゆうなぎ**〔夕凪〕
あさね〔朝寝〕朝遅くまで寝ること。	㋐**あさおき**〔朝起き〕**はやおき**〔早起き〕㋑**よいっぱり**〔宵っ張り〕
あさねぼう〔朝寝坊〕朝遅くまで寝ていること。	**よいっぱり**〔宵っ張り〕
あさはか〔浅はか〕考えが浅いさま。浅慮。	**かんがえぶかい**〔考え深い〕**しりょぶかい**〔思慮深い〕

あさひ〔朝日〕	**ゆうひ**〔夕日〕**いりひ**〔入り日〕
あさめし〔朝飯〕	**ゆうめし**〔夕飯〕**ばんめし**〔晩飯〕**ひるめし**〔昼飯〕
あさもや〔朝靄〕朝立ちこめる靄。	**ゆうもや**〔夕靄〕
あさやけ〔朝焼け〕日の出前に赤くなる東の空。	**ゆうやけ**〔夕焼け〕
あし〔脚〕腰から下、くるぶしまで。	**うで**〔腕〕
あし〔足〕	**て**〔手〕**あたま・かしら**〔頭〕
あしかけ〔足掛け〕期間の計算方法で、前後の端数をそれぞれひとつとして計算するもの。「——３年」。	**まん**〔満〕**まる**〔丸〕
あしかせ〔足枷〕足にはめて自由を奪う刑具。	**てかせ**〔手枷〕**くびかせ**〔首枷〕
あしくび〔足首〕	**てくび**〔手首〕
あした〔朝〕あさ。	**ゆうべ**〔夕べ〕
あした〔明日〕	→あす〔明日〕
あしもと〔足元・足下・足許〕	**てもと**〔手元・手許〕
あす〔明日〕	**きのう**〔昨日〕**きょう**〔今日〕
あずかる〔預かる〕「荷物を——」。	㋐**あずける**〔預ける〕㋑**わたす**〔渡す〕**ひきわたす**〔引き渡す〕
あずけいれる〔預け入れる〕「お金を銀行に——」。	**ひきだす**〔引き出す〕**おろす**〔降ろす・下ろす〕
あずける〔預ける〕①「荷物を——」。②「子供を——」。③「お金を銀行に——」。	①㋐**あずかる**〔預かる〕㋑**うけとる**〔受け取る〕②㋐**あずかる**〔預かる〕㋑**ひきとる**〔引き取る〕③㋐**あずかる**〔預かる〕㋑**ひきだす**〔引き出す〕**おろす**〔降ろす・下ろす〕
あせる〔焦る〕心がいらだつ。せいて気をもむ。	**おちつく**〔落ち着く〕
あそこ〔彼処〕	**ここ**〔比処〕**そこ**〔其処〕
あそび〔遊び〕遊ぶこと。	**べんきょう**〔勉強〕**しごと**〔仕事〕**つとめ**〔勤め〕
あそぶ〔遊ぶ〕	**はたらく**〔働く〕**まなぶ**〔学ぶ〕
あだ〔仇〕①かたき。②害。危害。③恨み。	①**みかた**〔味方〕②**なさけ**〔情〕③**おん**〔恩〕
あたえる〔与える〕①「人に物を——」。②「人に損害を——」。	①**うばう**〔奪う〕**とりあげる**〔取り上げる〕**とる**〔取る〕**もらう**〔貰う〕②**うける**〔受ける〕**おう**〔負う〕
あたたか〔暖か・温か〕	**ひややか**〔冷やか〕
あたたかい〔暖かい・温かい〕	**つめたい**〔冷たい〕**さむい**〔寒い〕**すずしい**〔涼しい〕**ぬるい**〔温い〕

あたたまる〔暖まる・温まる〕①「体が——」。②「スープが——」。	①**ひえる**〔冷える〕**すずむ**〔涼む〕②**さめる**〔冷める〕
あたためる〔暖める・温める〕①「体を——」。②「スープを——」。	①**ひやす**〔冷やす〕②**さます**〔冷ます〕
あだな〔渾名・綽名〕親しみや軽蔑の気持ちをこめて、人に付ける呼び名。	**ほんみょう**〔本名〕**じつめい**〔実名〕
あたま〔頭〕	**あし**〔足〕**しり**〔尻〕**お**〔尾〕**しっぽ**〔尻尾〕**てあし**〔手足〕
アダム〔Adam〕聖書でいう、神のつくった人類最初の男。	**イブ**〔Eve〕
あたらしい〔新しい〕	**ふるい**〔古い〕
あたり〔当たり〕	**はずれ**〔外れ〕
あたりまえ〔当たり前〕	**もってのほか**〔以ての外〕**とんでもない**〔とんでも無い〕
あたる〔当たる〕①「矢が的に——」。②「予想が——」。③「人の車に——」。	①**それる**〔逸れる〕②**はずれる**〔外れる〕③**よける**〔避ける〕
あちら〔彼方〕	**こちら**〔此方〕**そちら**〔其方〕
あつい〔厚い〕	**うすい**〔薄い〕
あつい〔熱い・暑い〕	**つめたい**〔冷たい〕**さむい**〔寒い〕**すずしい**〔涼しい〕**ぬるい**〔温い〕
あっか〔悪化〕悪い方へ変わること。	**こうてん**〔好転〕
あっか〔悪果〕悪行《あくぎょう》に対する悪い報い。	㋐**ぜんか**〔善果〕㋑**あくいん**〔悪因〕
あっか〔悪貨〕質の悪い貨幣。	**りょうか**〔良貨〕
あつかましい〔厚かましい〕	**つつましい**〔慎ましい〕**しおらしい** **えんりょぶかい**〔遠慮深い〕
あつがみ〔厚紙〕厚い紙。	**うすがみ**〔薄紙〕
あつがり〔暑がり〕暑さを感じやすい人。	**さむがり**〔寒がり〕
あっかん〔悪漢〕悪事を働く男。悪者。悪人。	**こうかん**〔好漢〕
あつぎ〔厚着〕衣服を何枚も重ねて着ること。	**うすぎ**〔薄着〕
あつげしょう〔厚化粧〕濃く塗った化粧。	**うすげしょう**〔薄化粧〕
あっこう〔悪口〕わるくち。	**ついしょう**〔追従〕**あゆ**〔阿諛〕
あっさり（と） しつこくないさま。	㋐**こってり（と）**㋑**しぶしぶ**〔渋々〕**やっと　いやいや**〔嫌々〕㋒**ねちねち（と）ごたごた（と）**
あっしょう〔圧勝〕大差で勝つこと。大勝。快勝。完勝。	㋐**ざんぱい**〔惨敗〕**たいはい**〔大敗〕**かんぱい**〔完敗〕㋑**しんしょう**〔辛勝〕
あっち	**こっち　そっち**

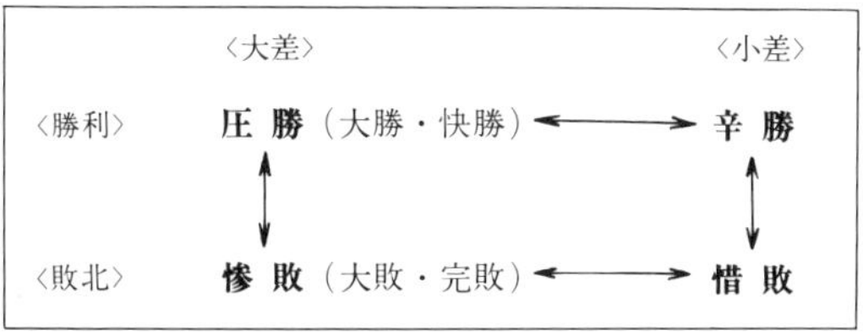

あつで〔厚手〕紙・織物などの地が厚いもの。	**うすで**〔薄手〕
あっとう〔圧倒〕一方的に他をしのぐこと。	**ひけん**〔比肩〕**はくちゅう**〔伯仲〕
あっとうてき〔圧倒的〕一方的に他をしのぐさま。	**ひかくてき**〔比較的〕
アップ〔up〕上がること。	**ダウン**〔down〕
アップ-ツー-デート〔up-to-date〕最新流行の。現代的な。	**アウト-オブ-デート**〔out-of-date〕
あつまる〔集まる〕	**ちる**〔散る〕**ちらばる**〔散らばる〕**はなれる**〔離れる〕**わかれる**〔分かれる・別れる〕
あつめる〔集める〕	**ちらす**〔散らす〕**はなす**〔離す〕**わける**〔分ける〕**くばる**〔配る〕
あつらえ〔誂え〕注文して作る品。オーダーメード。	**できあい**〔出来合い〕**きせいひん**〔既製品〕
あてじ〔当て字・宛字〕本来の意味と関係なく、音訓を借りて当てた漢字。	**せいじ**〔正字〕
あてる〔当てる〕	**はずす**〔外す〕**そらす**〔逸らす〕
あと〔後〕	**まえ**〔前〕**さき**〔先〕
あど　狂言で、して（主役）の相手方。	**して**〔仕手〕
あとあし〔後足・後脚〕後ろにある足。後ろ足。	**まえあし**〔前足・前脚〕
あとあと〔後々〕将来ずっと先。先々。のちのち。	**まえまえ**〔前々〕
あとがき〔後書き〕書物・手紙などで、本文の後に書き添えることば。跋文《ばつぶん》。	**まえがき**〔前書き〕**はしがき**〔端書き〕**ほんぶん**〔本文〕
あとがね〔後金〕	→あときん〔後金〕
あときん〔後金〕物を買った後で払う金。あとがね。	**まえきん**〔前金〕**さきがね**〔先金〕**げんきん**〔現金〕**そっきん**〔即金〕
あとくち〔後口〕順序が後の分。	**せんくち**〔先口〕
あとさく〔後作〕	→うらさく〔裏作〕
あとばらい〔後払い〕物を買った後で代金を払うこと。	**まえばらい**〔前払い〕**さきばらい**〔先払い〕**げんきんばらい**〔現金払い〕

あとやま〔後山〕炭鉱や鉱山で、採掘した石炭や鉱石を外へ運び出す人。	**さきやま**〔先山〕
あとわ〔後輪〕後方の車輪。こうりん。	**まえわ**〔前輪〕
あなた〔貴方〕相手を尊敬していう語。	**わたくし**〔私〕
あなた〔彼方〕	→かなた〔彼方〕
あなどる〔侮る〕見下げる。ばかにする。	**あがめる**〔崇める〕**うやまう**〔敬う〕**みあげる**〔見上げる〕**おそれる**〔畏れる〕
あに〔兄〕	㋐**おとうと**〔弟〕㋑**あね**〔姉〕
あにきぶん〔兄貴分〕兄同様に思っている人。	**おとうとぶん**〔弟分〕
あにでし〔兄弟子〕先に入門した弟子。	**おとうとでし**〔弟弟子〕
あによめ〔兄嫁〕兄の妻。	㋐**おとうとよめ**〔弟嫁〕㋑**あねむこ**〔姉婿〕

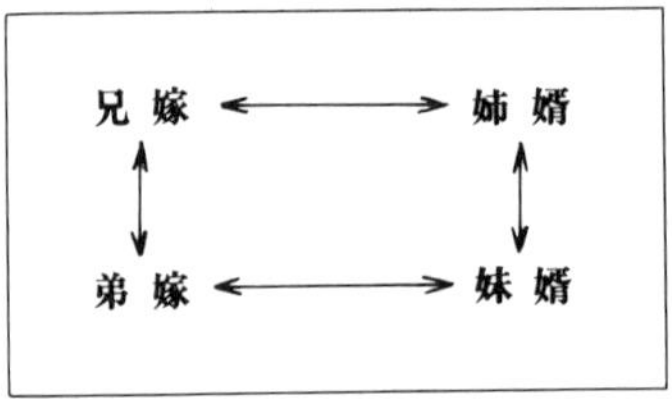

あね〔姉〕	㋐**いもうと**〔妹〕㋑**あに**〔兄〕
あねったい〔亜熱帯〕温帯のうち熱帯に近い部分。	**あかんたい**〔亜寒帯〕
あねむこ〔姉婿〕姉の夫。	㋐**いもうとむこ**〔妹婿〕㋑**あによめ**〔兄嫁〕
あの〔彼の〕	**この**〔此の〕**その**〔其の〕
あのよ〔あの世〕	**このよ**〔此の世〕
アバウト〔about〕大体。約。	**ジャスト**〔just〕
あばく〔暴く〕悪事などを人前で明かす。暴露。	**かくす**〔隠す〕**ひめる**〔秘める〕**かばう**〔庇う〕
あばずれ〔阿婆擦れ〕人ずれしていて厚かましい女。	**おぼこ**
あばれる〔暴れる〕	**しずまる**〔鎮まる〕
アバンゲール〔avant-guerre フランス〕戦前派。	**アプレゲール**〔après-guerre フランス〕
アフター〔after〕……の後。	**ビフォア**〔before〕
アフタヌーンドレス〔afternoon dress〕街への外出や茶会などに用いる、午後用の婦人服。	**イブニングドレス**〔evening dress〕
アブノーマル〔abnormal〕異常な。変質的。	**ノーマル**〔normal〕

あぶら〔油〕「水と——の仲」。	**みず**〔水〕
あぶらえ〔油絵〕油性の絵の具で描いた絵。	**すいさいが**〔水彩画〕
あぶらしょう〔脂性〕脂ぎった体質。	**あれしょう**〔荒れ性〕
あぶらみ〔脂身〕牛・豚などの脂肪の多い肉。	**あかみ**〔赤身〕
アプレゲール〔après-guerre フランス〕戦後派。	**アバンゲール**〔avant-guerre フランス〕
あふれる〔溢れる〕「田の水が——」。	**かれる**〔涸れる〕**ひあがる**〔干上がる〕
あほう〔阿呆〕ばか。愚か者。	**りこう**〔利口〕**かしこい**〔賢い〕
あまい〔甘い〕①「——味付け」。②「——柿」。③「——薬」。④「——採点」。	①**からい**〔辛い〕②**しぶい**〔渋い〕③**にがい**〔苦い〕④**きびしい**〔厳しい〕
あまがき〔甘柿〕木で甘く熟した柿の実。	**しぶがき**〔渋柿〕
あまがさ〔雨傘〕雨のときにさす傘。	**ひがさ**〔日傘〕
あまくち〔甘口〕甘みが多いこと。甘い味を好むこと。	**からくち**〔辛口〕
あまぞら〔雨空〕雨が降りそうな空。	**あおぞら**〔青空〕
アマチュア〔amateur〕しろうと。専門家でない人。	**プロ（フェッショナル）**〔professional〕
アマチュアスポーツ〔amateur -sports〕職業としてでなくするスポーツ。	**プロスポーツ**〔pro sports〕
あまとう〔甘党〕甘いものを好む人。	**からとう**〔辛党〕
あまやかす〔甘やかす〕わがままを許しておく。	**こらしめる**〔懲らしめる〕
あみだ〔阿弥陀〕帽子を、後ろに傾けてかぶること。	**まぶか**〔目深〕
あめ〔天〕空。てん。	**つち**〔地〕
あめ〔雨〕	**はれ**〔晴れ〕**くもり**〔曇り〕
あめふり〔雨降り〕	**ひより**〔日和〕**ひでり**〔日照り〕
あやぶむ〔危ぶむ〕危ないと思う。心配する。	**やすんじる**〔安んじる〕
あやふや はっきりしないさま。	**たしか**〔確か〕
あやまる〔誤る〕間違う。やり損なう。	**ただす**〔正す〕
あゆ〔阿諛〕	→ついしょう〔追従〕
あらあら（と）〔粗々（と）〕大ざっぱに。ざっと。	**こまごま（と）**〔細々（と）〕
あらい〔粗い〕①「粒が——」。②「——手ざわり」。③「——説明」。	①**こまかい**〔細かい〕②**なめらか**〔滑らか〕③**くわしい**〔詳しい〕
あらい〔荒い〕①「性格が——」。②	①**おとなしい**〔大人しい〕**おだやか**

「波が——」。	〔穏やか〕②**おだやか**〔穏やか〕
あらう〔洗う〕	**よごす**〔汚す〕**けがす**〔汚す〕
あらくれもの〔荒くれ者〕荒々しい人。乱暴者。	**やさおとこ**〔優男〕
あらごと〔荒事〕歌舞伎《かぶき》で、武士などを主役とした勇ましい芝居。	**わごと**〔和事〕
あらっぽい〔荒っぽい〕	→あらい〔荒い〕
あらて〔新手〕新しく仲間入りした人。	**ふるて**〔古手〕
あらぬり〔荒塗り・粗塗り〕	→したぬり〔下塗り〕
アラビアすうじ〔Arabia 数字〕0・1・2などの数字。算用数字。	**かんすうじ**〔漢数字〕**ローマすうじ**〔Rome 数字〕
あららか〔荒らか〕荒々しい感じ。	**みやびやか**〔雅びやか〕
あららげる〔荒らげる〕声などを荒くする。	**やわらげる**〔和らげる〕
あらわ〔露・顕〕隠れたところがないさま。	**ひそか**〔密か〕
あらわす〔現す・表す〕①「姿を——」。②「思いを——」。	①**かくす**〔隠す〕**けす**〔消す〕②**ひそめる**〔潜める〕**ひめる**〔秘める〕
あらわれる〔現れる・表れる〕	**かくれる**〔隠れる〕**きえる**〔消える〕**ひそむ**〔潜む〕**もぐる**〔潜る〕
ありあり（と）目の前にあるように、はっきりと。	**ぼんやり**（と）**うっすら**（と）
ありがたい〔有り難い〕	**うらめしい**〔恨めしい〕**なさけない**〔情無い〕
ありがたがる〔有り難がる〕ありがたいと思って感謝する。	**うらむ**〔恨む〕
ありきたり〔在り来たり〕ありふれていて、珍しくないさま。月並み。	**ふうがわり**〔風変わり〕**めずらしい**〔珍しい〕
ありふれる〔有り触れる〕どこにでもあって珍しくない。	**めずらしい**〔珍しい〕
ある〔有る・在る〕	**ない**〔無い〕
あるいは〔或いは〕または。	**および**〔及び〕**ならびに**〔並びに〕
アルカリせい〔alkali 性〕リトマス試験紙を青色に変える性質。	**さんせい**〔酸性〕**ちゅうせい**〔中性〕
あるきだす〔歩き出す〕	**たちどまる**〔立ち止まる〕
あるく〔歩く〕	㋐**とまる**〔止まる〕㋑**はしる**〔走る〕
あるじ〔主〕主人。	**きゃく**〔客〕
アルファベットじゅん〔alphabet 順〕	→エービーシーじゅん〔ＡＢＣ順〕
あれ〔彼〕	**これ**〔此れ〕**それ**〔其れ〕
あれしょう〔荒れ性〕肌が荒れてか	**あぶらしょう**〔脂性〕

さかさした体質。	
あれち〔荒れ地〕耕作に適しない土地。	**こうち**〔耕地〕**よくち**〔沃地〕**よくど**〔沃土〕
あれる〔荒れる〕①「行動が——」。②「海が——」。	①**しずまる**〔静まる・鎮まる〕②**なぐ**〔凪ぐ〕
あわい〔淡い〕うすい。	**こい**〔濃い〕
あわす〔合わす〕	→あわせる〔合わせる〕
あわせ〔袷〕裏付きの着物。	**ひとえ（もの）**〔単衣（物）〕
あわせる〔合わせる〕①「席を——」。②「目を——」。③「答えを——」。	①**はなす**〔離す〕**わける**〔分ける〕②**はずす**〔外す〕③**まちがえる**〔間違える〕
あわただしい〔慌ただしい〕せわしくて落ち着かない。	**のどか**〔長閑〕
あわてふためく〔慌てふためく〕あわてて、うろたえ騒ぐ。	**おちつきはらう**〔落ち着き払う〕
あわてる〔慌てる〕	**おちつく**〔落ち着く〕
あん〔安〕①やすらか。②やすい。	①**き**〔危〕②**こう**〔高〕
あん〔暗〕くらい。	**めい**〔明〕
あんい〔安易〕たやすいこと。容易。	**しなん**〔至難〕**こんなん**〔困難〕
あんうつ〔暗鬱〕暗くてうっとうしいさま。陰鬱。	**めいろう**〔明朗〕
あんか〔安価〕値段が安いこと。	**こうか**〔高価〕
アンカー〔anchor〕リレー競技で最終の走者。	**ファーストランナー**〔first runner〕**トップランナー**〔top runner〕
あんがい〔案外〕思いのほか。存外。	**あんのじょう**〔案の定〕
あんきょ〔暗渠〕上部を覆って見えなくなっている水路。	**かいきょ**〔開渠〕
あんぐ〔暗愚〕愚かで道理に暗いこと。愚昧《ぐまい》。	**けんめい**〔賢明〕**えいめい**〔英明〕**めいせき**〔明晰〕
あんくん〔暗君〕愚かな君主。	**めいくん**〔明君・名君〕
あんこく〔暗黒〕くらやみ。	**こうみょう**〔光明〕
アンサー〔answer〕答え。	**クエッション**〔question〕
あんざん〔安産〕安らかな出産。	**なんざん**〔難産〕
あんざん〔暗算〕頭の中で計算すること。	**ひっさん**〔筆算〕**しゅざん**〔珠算〕
あんじ〔暗示〕それとなく示すこと。	**めいじ**〔明示〕
あんしょく〔暗色〕暗い感じの色。	**めいしょく**〔明色〕
あんじる〔案じる〕心に掛ける。心配する。	**やすんじる**〔安んじる〕
あんしん〔安心〕	**しんぱい**〔心配〕**ふあん**〔不安〕**ゆうりょ**〔憂慮〕
あんしんりつめい〔安心立命〕天命を悟って、安らかな境地にいること。	**ぎしんあんき**〔疑心暗鬼〕

あんぜん〔安全〕危くないこと。	**きけん**〔危険〕
あんだ〔安打〕野球で、打者が塁に進める打球。ヒット。	**ぼんだ**〔凡打〕
アンダースロー〔underthrow〕野球などで、ボールを下からすくうようにして投げる方法。下手投げ。	**オーバースロー**〔overthrow〕
アンチテーゼ〔Antithese ドイツ〕ある命題を否定する主張。	**テーゼ**〔These ドイツ〕
あんてい〔安定〕落ち着いていること。激しい変化がないこと。	**ふあんてい**〔不安定〕**どうよう**〔動揺〕**へんどう**〔変動〕
あんど〔安堵〕安心して落ち着くこと。安住。	**きぐ**〔危惧〕**けねん**〔懸念〕**しんぱい**〔心配〕**ゆうりょ**〔憂慮〕
アントニム〔antonym〕反意語。対義語。反対語。	**シノニム**〔synonym〕
あんな　あのような。	**こんな　そんな**
あんのじょう〔案の定〕思ったとおり。	**あんがい**〔案外〕
アンバランス〔unbalance〕不釣り合い。不均衡。不安定。	**バランス**〔balance〕
あんや〔暗夜〕まっ暗な夜。闇夜《やみよ》。	**はくちゅう**〔白昼〕**げつや**〔月夜〕
あんゆ〔暗喩〕比喩のひとつで、「……のように」などの語句を用いない表現。「玉の肌」のような類。隠喩。	**めいゆ**〔明喩〕**ちょくゆ**〔直喩〕
あんらく〔安楽〕楽しく安らかなさま。心身に苦痛がないさま。	**きゅうくつ**〔窮屈〕**くつう**〔苦痛〕**くなん**〔苦難〕
アンラッキー〔unlucky〕運が悪いこと。不運。	**ラッキー**〔lucky〕

い

い〔意〕意志。	**ち**〔知〕**じょう**〔情〕
い〔易〕たやすい。	**なん**〔難〕
い〔異〕①ちがう。ことなる。②普通でない。③特に優れている。	①**どう**〔同〕②**せい**〔正〕**じょう**〔常〕③**ぼん**〔凡〕
い〔衣〕着物。衣服。	**しょく**〔食〕**じゅう**〔住〕
いい〔良い〕	→よい〔良い〕
いいえ　否定のことば。	**はい**
いいかげん〔いい加減〕心がこもらず、でたらめなさま。おおざっぱ。杜撰《ずさん》。	**ていねい**〔丁寧〕**たんねん**〔丹念〕**しんちょう**〔慎重〕**だいじ**〔大事〕**ねんいり**〔念入り〕**せいいっぱい**〔精一杯〕
いいきみ〔いい気味〕他人の不幸をあざけるさま。	**きのどく**〔気の毒〕

いいきる〔言い切る〕①きっぱりと言う。②残らず言う。 ①**いいよどむ**〔言い淀む〕②**いいさす**〔言い差す〕
いいこになる〔良い子になる〕自分だけが人によく思われるように振舞う。 **わるものになる**〔悪者になる〕
いいさす〔言い差す〕途中まで言って止める。 **いいきる**〔言い切る〕
イースト〔east〕東。東方。 **ウエスト**〔west〕**ノース**〔north〕**サウス**〔south〕
いいそびれる〔言いそびれる〕言い出す機会を失う。 **いいはなつ**〔言い放つ〕
いいだくだく〔唯々諾々〕人の言いなりになるさま。 **ふしょうぶしょう**〔不承不承〕
いいちがえる〔言い違える〕間違って言う。 **いいなおす**〔言い直す〕
いいなおす〔言い直す〕言い間違ったところを訂正する。 **いいちがえる**〔言い違える〕
いいね〔言い値〕売り手がいう値段。 **つけね**〔付け値〕
いいはなつ〔言い放つ〕堂々と、遠慮なく言う。 **いいそびれる**〔言いそびれる〕
いいよどむ〔言い淀む〕言おうかどうかためらう。 **いいきる**〔言い切る〕
いいんかい〔委員会〕①組織の中で特定の仕事を任された委員の会。②議会で、本会議に先立って特定の委員で審議する会。 ①**そうかい**〔総会〕②**ほんかいぎ**〔本会議〕
いうまでもなく〔言うまでも無く〕 **しいていえば**〔強いて言えば〕
いえじ〔家路〕帰り道。帰途。 **たびじ**〔旅路〕
イエス〔yes〕肯定のことば。はい。 **ノー**〔no〕
いえる〔癒える〕 →なおる〔治る〕
いおう〔以往〕 →いご〔以後〕
いか〔以下〕それより下。 **いじょう**〔以上〕
いか〔異化〕生物の体内で、物質を分解してより簡単な物にすること。 **どうか**〔同化〕
いがい〔以外〕範囲の外。 **いない**〔以内〕
いがいにも〔意外にも〕思いがけず。図らずも。 **おもったとおり**〔思った通り〕**あんのじょう**〔案の定〕**はたして**〔果たして〕
いかじゅふん〔異花受粉〕 →たかじゅふん〔他家受粉〕
いかす〔生かす・活かす〕 **ころす**〔殺す〕
いがみあう〔啀み合う〕互いに敵対する。憎み合う。 **むつびあう**〔睦び合う〕
いかりがた〔怒り肩〕高く張って角ばった肩。 **なでがた**〔撫で肩〕

いかる〔怒る〕	**よろこぶ**〔喜ぶ〕**わらう**〔笑う〕
いがんたいしょく〔依願退職〕本人の願いで職をやめること。依願免職。	**ちょうかいめんしょく**〔懲戒免職〕
いき〔行き〕	**かえり**〔帰り〕
いき〔粋〕性格や服装が、さっぱりと垢《あか》抜けしていること。スマート。	**やぼ**〔野暮〕
いきあう〔行き合う・行き会う〕	**いきちがう**〔行き違う〕
いきあたる〔行き当たる〕	**すれちがう**〔擦れ違う〕
いきいき（と）〔生き生き（と）〕活気に満ちているさま。	**ぐったり（と）しおしお（と）がっかり（と）**
いきがい〔域外〕地域の外。	**いきない**〔域内〕
いきがけ〔行き掛け〕行く途中。行くついで。行きしな。	**かえりがけ**〔帰り掛け〕
いぎご〔異義語〕意味の違うことば。	**どうぎご**〔同義語〕**どういご**〔同意語〕**るいぎご**〔類義語〕
いきしな〔行きしな〕行く途中。行き掛け。	**かえりしな**〔帰りしな〕**きしな**〔来しな〕
いぎたない〔寝穢い〕寝坊である。	**めざとい**〔目覚い〕
いきちがう〔行き違う〕	**いきあう**〔行き合う・行き会う〕**であう**〔出合う・出会う〕
いきどまり〔行き止まり〕	**とおりぬけ**〔通り抜け〕
いきない〔域内〕地域の中。	**いきがい**〔域外〕
いきながらえる〔生き長らえる〕	→いきのこる〔生き残る〕
いきのこる〔生き残る〕	**しにたえる**〔死に絶える〕
いきのびる〔生き延びる〕	→いきのこる〔生き残る〕
いきはじ〔生き恥〕生きているときに受ける恥。	**しにはじ**〔死に恥〕
いぎぶかい〔意義深い〕それを行う価値が大きい。	**つまらない**〔詰まらない〕**くだらない**〔下らない〕
いきみち〔行き道〕行く途中。往路。	**かえりみち**〔帰り道〕**もどりみち**〔戻り道〕
いきょう〔異郷〕ふるさとから遠く離れた土地。他国。	**こきょう**〔故郷〕**ふるさと**〔古里・故郷〕
いぎょうどう〔易行道〕仏教で、仏を頼って念仏を唱えることで救いが得られるとする教え。	**なんぎょうどう**〔難行道〕
いきりょう〔生き霊〕人にたたるという、生きている人の怨念《おんねん》。いきすだま。	**しりょう**〔死霊〕
いきる〔生きる〕	**しぬ**〔死ぬ〕
いきわかれ〔生き別れ〕生きたまま別れること。生別《せいべつ》。	**しにわかれ**〔死に別れ〕
いく〔行く〕	㋐**くる**〔来る〕㋑**かえる**〔帰る〕も

いくび〔猪首・猪頸〕太くて短い首。	①もどる〔戻る〕 つるくび〔鶴首・鶴頸〕
いけい〔畏敬〕おそれ敬うこと。	けいべつ〔軽蔑〕けいぶ〔軽侮〕
いけい〔異形・異型〕違った形や形式。	どうけい〔同形・同型〕
いけい〔異系〕違った系統。	どうけい〔同系〕
いけない	よろしい〔宜しい〕
いけん〔違憲〕憲法にそむくこと。	ごうけん〔合憲〕
いご〔以後〕それより後。以降。以往。以来。	いぜん〔以前〕
いこう〔以降〕	→いご〔以後〕
いこく〔異国〕よその国。外国。他国。異邦。	じこく〔自国〕ほんごく〔本国〕そこく〔祖国〕ここく〔故国〕ぼこく〔母国〕
いこじ〔意固地・依怙地〕我《が》を張ること。えこじ。	すなお〔素直〕
いさい〔異才・偉才〕	→てんさい〔天才〕
いさい〔委細〕	→しょうさい〔詳細〕
いさぎよい〔潔い〕思い切りがよい。	みれんがましい〔未練がましい〕
いささか〔聊か・些か〕少しばかり。ちょっと。	ずいぶん〔随分〕たいそう〔大層〕はなはだ〔甚だ〕
いし〔医師〕病気やけがの治療をする人。医者。	㋐かんじゃ〔患者〕びょうにん〔病人〕 ㋑かんごふ〔看護婦〕

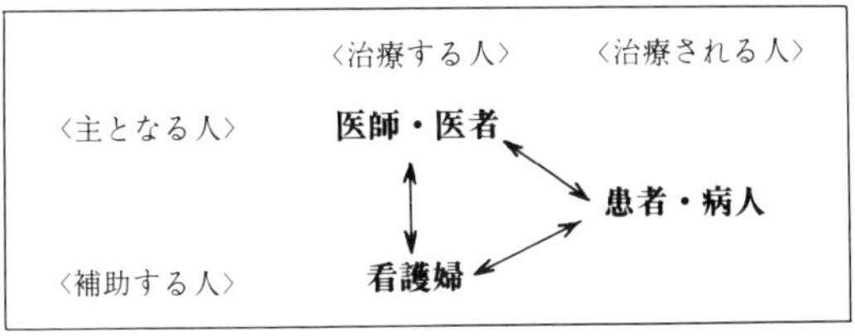

いじいじ（と）いじけているさま。	のびのび（と）〔伸び伸び（と）〕
いしきてき〔意識的〕気付いて行うさま。わざとするさま。	むいしきてき〔無意識的〕
いしつ〔異質〕性質が違うこと。	どうしつ〔同質〕とうしつ〔等質〕
いしつ〔遺失〕物をなくすこと。落とし物や忘れ物をすること。	しゅうとく〔拾得〕
いじめる〔苛める〕	かわいがる〔可愛がる〕いつくしむ〔慈しむ〕いたわる〔労る〕かばう〔庇う〕
いしゃ〔医者〕	→いし〔医師〕
いしゅ〔異種〕違った種類。	どうしゅ〔同種〕
いしゅう〔異臭〕いやな臭い。悪臭。	ほうこう〔芳香〕

いしゅく〔畏縮〕恐れちぢこまること。	**ぞうちょう**〔増長〕
いしゅく〔萎縮〕しぼんで小さくなること。	**ひだい**〔肥大〕
いしゅつ〔移出〕物を外へ移すこと。	**いにゅう**〔移入〕
いじょう〔以上〕それより上。	**いか**〔以下〕**いない**〔以内〕
いじょう〔異常〕いつもと違っていること。	**せいじょう**〔正常〕**つうじょう**〔通常〕**じんじょう**〔尋常〕
いじわる〔意地悪〕心が曲がっていて、わざと人を困らせるさま。	**おひとよし**〔お人好し〕**すなお**〔素直〕**しんせつ**〔親切〕
いじん〔偉人〕優れた人。傑物。	**ぼんじん**〔凡人〕**じょうじん**〔常人〕
いじん〔異人〕	→がいこくじん〔外国人〕
いせい〔異性〕男女の性が異なること。	**どうせい**〔同性〕
いせつ〔異説〕一般と違った説。	**つうせつ**〔通説〕**ていせつ**〔定説〕
いせん〔緯線〕緯度を示す線。	**けいせん**〔経線〕
いぜん〔以前〕それより前。	**いご**〔以後〕**いこう**〔以降〕**いらい**〔以来〕**いおう**〔以往〕**じらい**〔爾来〕
いそ〔磯・礒〕海や湖の、岩の多い岸辺。	**はま**〔浜〕
いそいそ(と) 喜んでするさま。	**しぶしぶ**〔渋々〕**いやいや**〔嫌々〕
いそがしい〔忙しい〕	**ひま**〔暇〕
いそしむ〔勤しむ〕心をこめて励む。精出す。	**なまける**〔怠ける〕**おこたる**〔怠る〕**だらける**　**サボる**
いそづり〔磯釣り〕海岸の岩場などでする釣り。	**おきづり**〔沖釣り〕
いそべ〔磯辺・礒辺〕磯のあたり。	**はまべ**〔浜辺〕
いぞん〔依存〕他に頼ること。よりかかること。	**じりつ**〔自立〕**どくりつ**〔独立〕
いたい〔痛い〕	**かゆい**〔痒い〕
いだい〔偉大〕特に優れているさま。	**ひしょう**〔卑小〕
いたく〔委託〕自分の代わりに、人に頼んでしてもらうこと。	**じゅたく**〔受託〕
いたす〔致す〕「する」の謙譲語。	**なさる**
いただき〔頂〕山などの最も高い所。	**ふもと**〔麓〕**ちゅうふく**〔中腹〕
いただきます〔頂きます・戴きます〕食事の前のあいさつのことば。	**ごちそうさま**〔御馳走さま〕
いただく〔頂く・戴く〕①「もらう」の謙譲語。②「食べる」「飲む」の謙譲語。	①㋐**あげる**〔上げる〕**さしあげる**〔差し上げる〕**ささげる**〔捧げる〕㋑**くださる**〔下さる〕**たまわる**〔賜る〕②**めしあがる**〔召し上がる〕
いたで〔痛手〕重い傷。重傷。深手。	**あさで**〔浅手〕
いたむ〔痛む〕「心が――」。	**なごむ**〔和む〕

いため〔板目〕板の木目の不規則なもの。	**まさめ**〔柾目〕
いためる〔痛める・傷める〕①「胃を——」。②「心を——」。	①**なおす**〔直す・治す〕②**なごませる**〔和ませる〕
いたわる〔労る〕	**いじめる**〔苛める〕**しぼる**〔搾る〕
いたん〔異端〕まともでないこと。正統でないこと。	**せいとう**〔正統〕
いちいん〔一員〕団体の中のひとり。	**ぜんいん**〔全員〕
いちいんせい〔一院制〕ひとつの議院で議会を運営する制度。	**にいんせい**〔二院制〕
いちげん〔一見〕店に初めて来た客。新客。	**なじみ**〔馴染み〕**じょうれん**〔常連〕**じょうきゃく**〔常客〕
いちげんろん〔一元論〕宇宙のすべての物事をひとつの原理で説明しようとする考え。	**たげんろん**〔多元論〕**にげんろん**〔二元論〕
いちじ〔一事〕ひとつのこと。	**ばんじ**〔万事〕
いちじ〔一時〕ある時だけ。その時かぎり。	**じょうじ**〔常時〕
いちじてき〔一時的〕その時だけを問題にするさま。暫定的。	**こうじょうてき**〔恒常的〕**えいぞくてき**〔永続的〕**こうきゅうてき**〔恒久的〕
いちじばらい〔一時払い〕代金を一時に払うこと。一括払い。	**ぶんかつばらい**〔分割払い〕**げっぷ**〔月賦〕**ねんぷ**〔年賦〕
いちだい〔一代〕ひとりが生きている間。一世。	**えいたい**〔永代〕**るいだい**〔累代〕
いちど〔一度〕	**さいど**〔再度〕
いちどく〔一読〕一度読むこと。	**さいどく**〔再読〕
いちにんしょう〔一人称〕話し手が自分自身を指すことば。自称。	**ににんしょう**〔二人称〕**さんにんしょう**〔三人称〕
いちにんまえ〔一人前〕おとなひとり分の値打ちがあること。	**はんにんそく**〔半人足〕**はんにんまえ**〔半人前〕
いちねんせいそうほん〔一年生草本〕芽が出てから実を結んで枯れるまで、1年のうちに過ごす植物。	**たねんせいそうほん**〔多年生草本〕**にねんせいそうほん**〔二年生草本〕
いちぶ（ぶん）〔一部（分）〕	**ぜんぶ**〔全部〕**ぜんたい**〔全体〕**すべて**〔総て・全て〕**たいはん**〔大半〕**だいぶぶん**〔大部分〕
いちべつ〔一瞥〕	→いっけん〔一見〕
いちめん〔一面〕一方のがわ。ひとつの面。	㋐**ぜんめん**〔全面〕**ためん**〔多面〕**りょうめん**〔両面〕㋑**ためん**〔他面〕**はんめん**〔反面〕
いちめんてき〔一面的〕全体のうちのある部分だけを問題にするさま。	**ぜんめんてき**〔全面的〕

いちもうさく〔一毛作〕田畑に作物を1年に1回だけ作ること。	**にもうさく**〔二毛作〕**たもうさく**〔多毛作〕
いちもんなし〔一文無し〕まったくお金をもっていないこと。文無《もんな》し。	**おおがねもち**〔大金持ち〕
いちやづけ〔一夜漬け〕ひと晩だけ漬けた漬け物。	**ふるづけ**〔古漬け〕
いちよう〔一様〕同じようす。すべてひとつのさま。	**たよう**〔多様〕
いちよく〔一翼〕片方のつばさ。	**りょうよく**〔両翼〕
いちらん〔一覧〕ひととおり目を通すこと。通覧。	**じゅくらん**〔熟覧〕
いっかつ〔一括〕ひとまとめ。	**ぶんかつ**〔分割〕**こべつ**〔個別〕
いっかつしんぎ〔一括審議〕議会で、法律・条例などの全文をひとまとめにして審議すること。	**ちくじょうしんぎ**〔逐条審議〕**こべつしんぎ**〔個別審議〕
いっかつばらい〔一括払い〕	→いちじばらい〔一時払い〕
いっきに〔一気に〕	→いっきょに〔一挙に〕
いっきょに〔一挙に〕ひといきに。あっという間に。一気に。	**しだいに**〔次第に〕**じょじょに**〔徐徐に〕**だんだん（と）**〔段々（と）〕**ぜんじ**〔漸次〕
いつくしむ〔慈しむ〕愛する。大切にする。	**にくむ**〔憎む〕**しいたげる**〔虐げる〕**いじめる**〔苛める〕
いっけん〔一見〕ちょっと見ること。ちらりと見る。一顧。一瞥《いちべつ》。	**じゅくし**〔熟視〕**ぎょうし**〔凝視〕
いっこ〔一顧〕	→いっけん〔一見〕
いっこう〔一考〕一度考えてみること。	**さいこう**〔再考〕**じゅっこう**〔熟考〕
いっさくじつ〔一昨日〕おととい。	**みょうごにち**〔明後日〕**あさって**
いっさくねん〔一昨年〕おととし。	**みょうごねん**〔明後年〕**さらいねん**〔再来年〕
いっしゅん〔一瞬〕極めてわずかな時間。瞬時。刹那《せつな》。	**えいえん**〔永遠〕**えいきゅう**〔永久〕**えいごう**〔永劫〕
いっしょ〔一緒〕	**べつべつ**〔別々〕**べつ**〔別〕**ここ**〔個々〕
いっしょう〔一生〕	**はんせい**〔半生〕
いっしんきょう〔一神教〕ただひとつの神を信仰する宗教。	**たしんきょう**〔多神教〕
いっすい〔溢水〕水があふれること。	**かっすい**〔渇水〕
いっせい〔一斉〕同時にみんなそろって。一緒。	**べつべつ**〔別々〕**ここ**〔個々〕
いったん〔一端〕①一方のはし。かたはし。②一部分。	①**りょうたん**〔両端〕②**ぜんぱん**〔全般〕**ぜんぶ**〔全部〕**ぜんたい**〔全体〕**ぜんよう**〔全容〕

いっち〔一致〕ふたつ以上の物がぴったり合うこと。違いがないこと。	**ふいっち**〔不一致〕**そうい**〔相違・相異〕
いっちてん〔一致点〕違いの見られないところ。	**そういてん**〔相違点・相異点〕
いってい〔一定〕ある決まった状態にあること。	**ふてい**〔不定〕
いって（い）らっしゃい〔行って（い）らしゃい〕出かける人を送るあいさつのことば。	㋐**おかえり（なさい）**〔お帰り（なさい）〕㋑**いってきます**〔行って来ます〕
いってきます〔行って来ます〕出掛けるときのあいさつのことば。行ってまいります。	㋐**ただいま（かえりました）**〔只今（帰りました）〕㋑**いって（い）らっしゃい**〔行って（い）らっしゃい〕

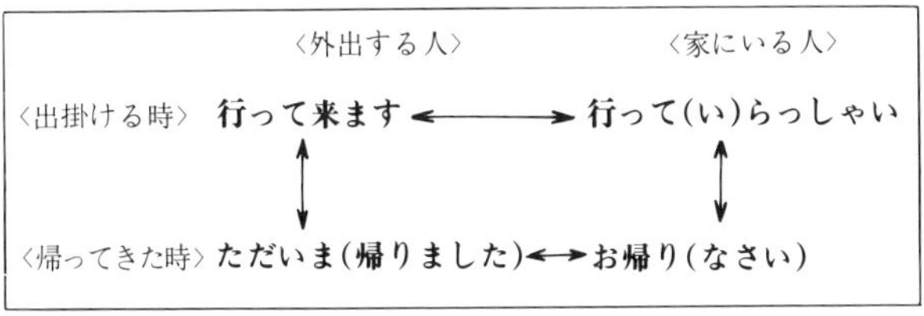

いつになく〔何時に無く〕	**あいわらず**〔相変わらず〕
いっぱい〔一杯〕①「室内は人で——だ」。②「食べ物が——ある」。	①**から（っぽ）**〔空（っぽ）〕②**すこし**〔少し〕**わずか**〔僅か〕
いっぱん〔一般〕広くあてはまるさま。ふつう。普遍。	**とくしゅ**〔特殊〕**とくべつ**〔特別〕
いっぱんきょういく〔一般教育〕全員に共通の教養を与えるための教育。	**せんもんきょういく**〔専門教育〕
いっぷいっぷ〔一夫一婦〕ひとりの夫がひとりの妻を持つ結婚形態。	**いっぷたさい**〔一夫多妻〕
いっぷたさい〔一夫多妻〕ひとりの夫が多くの妻をもつ結婚形態。	**いっぷいっぷ**〔一夫一婦〕
いっぽう〔一方〕片方。ひとつの方。	㋐**りょうほう**〔両方〕**そうほう**〔双方〕㋑**たほう**〔他方〕
いっぽうてき〔一方的〕片方のことだけを考えるさま。	**そうごてき**〔相互的〕
いつも〔何時も〕しょっちゅう。常に。	**ときどき**〔時々〕**ときおり**〔時折〕**ときたま**〔時偶〕**おりおり**〔折々〕**たまたま**〔偶々〕**たまに**〔偶に〕**まれに**〔稀に〕
いつわり〔偽り〕作りごと。うそ。	**まこと**〔誠・実・真〕**ほんとう**〔本当〕
いど〔緯度〕赤道に平行して地球を南	**けいど**〔経度〕

北に区切る座標。

いとう〔厭う〕
→きらう〔嫌う〕

いどう〔移動〕位置が変わること。移り動くこと。
こてい〔固定〕

いとわしい〔厭わしい〕いやな感じだ。わずらわしい。
このましい〔好ましい〕**したわしい**〔慕わしい〕

いな〔否〕いや。ちがう。
しかり〔然り〕

いない〔以内〕範囲の中。
いがい〔以外〕**いじょう**〔以上〕

いなか〔田舎〕
とかい〔都会〕**とし**〔都市〕**まち**〔町・街〕**みやこ**〔都〕

いなむ〔否む〕承知しない。ことわる。拒否する。
うべなう〔肯う〕**おうじる**〔応じる〕**みとめる**〔認める〕

いにしえ〔古〕遠く過ぎ去った古い時代。むかし。
いま〔今〕**しょうらい**〔将来〕**みらい**〔未来〕

いにゅう〔移入〕物を外から移し入れること。
いしゅつ〔移出〕

いねかり〔稲刈り〕
たうえ〔田植え〕

いばる〔威張る〕えらそうにする。大きな顔で振舞う。
へりくだる〔遜る〕**へつらう**〔諂う・諛う〕**ちぢこまる**〔縮こまる〕

いはん〔違反〕決まりを破ること。
じゅんしゅ〔順守・遵守〕

いふ〔異父〕母が同じで、父が違うこと。
㋐**いぼ**〔異母〕**いふく**〔異腹〕㋑**どうふ**〔同父〕

イブ〔Eve〕聖書でいう、人類最初の女。
アダム〔Adam〕

いふく〔異腹〕
→いぼ〔異母〕

イブニング〔evening〕夕方。晩。
モーニング〔morning〕

イブニングドレス〔evening dress〕夜会などに行く時の婦人の正装。
アフタヌーンドレス〔afternoon dress〕

いぼ〔異母〕父が同じで、母が違うこと。異腹。
㋐**どうぼ**〔同母〕**どうふく**〔同腹〕㋑**いふ**〔異父〕

いほう〔異邦〕よその国。異国。
ほんぽう〔本邦〕

いほう〔違法〕法に反すること。
ごうほう〔合法〕**てきほう**〔適法〕**じゅんぽう**〔順法・遵法〕

いほうじん〔異邦人〕
→がいこくじん〔外国人〕

いほん〔異本〕ふつう行われている本と字句の異なる本。
るふぼん〔流布本〕**ていほん**〔定本〕

いま〔今〕
むかし〔昔〕**いにしえ**〔古〕**もと**〔元〕**さき**〔先〕

いま〔居間〕家人が日常使うへや。
きゃくま〔客間〕

いまだ〔未だ〕
→まだ〔未だ〕

いまふう〔今風〕
→げんだいふう〔現代風〕

いみきらう〔忌み嫌う〕いやだと思って避ける。憎みきらう。
こいしたう〔恋い慕う〕

いもうと〔妹〕	㋐**あね**〔姉〕**ねえさん**〔姉さん〕㋑**おとうと**〔弟〕
いもうとむこ〔妹婿〕妹の夫。	㋐**あねむこ**〔姉婿〕㋑**おとうとよめ**〔弟嫁〕
いやいや〔嫌々〕嫌がってするさま。しぶしぶ。	**いそいそ（と）あっさり（と）**
いやがる〔嫌がる〕	→きらう〔嫌う〕
いやく〔意訳〕原文全体の意味をつかんで訳すこと。	**ちょくやく**〔直訳〕**ちくごやく**〔逐語訳〕
いやけ〔嫌気〕嫌だと思う気持ち。	**のりき**〔乗り気〕**やるき**〔遣る気〕
いやしい〔卑しい・賤しい〕身分が低い。品位が劣る。	**とうとい・たっとい**〔尊い・貴い〕
いやしめる〔卑しめる・賤しめる〕ばかにする。さげすむ。	**とうとぶ・たっとぶ**〔尊ぶ・貴ぶ〕**あがめる**〔崇める〕**うやまう**〔敬う〕
いやらしい〔嫌らしい〕不愉快だ。嫌な感じだ。	**このましい**〔好ましい〕**すばらしい**〔素晴らしい〕
いらい〔以来〕	→いご〔以後〕
いらいしん〔依頼心〕人をたよる心。	**どくりつしん**〔独立心〕**じりつしん**〔自立心〕
いらだつ〔苛立つ〕気持ちが高ぶる。あせる。	**おちつく**〔落ち着く〕**なごむ**〔和む〕
いらだてる〔苛立てる〕	**なごませる**〔和ませる〕
いらっしゃる 「行く」「来る」の尊敬語。	**まいる**〔参る〕
いりうみ〔入り海〕	→うちうみ〔内海〕
いりくち〔入り口〕	**でぐち**〔出口〕
いりひ〔入り日〕西に沈む太陽。夕日。	**あさひ**〔朝日〕
いりふね〔入り船〕港に入る船。	**でふね**〔出船〕
いりよう〔入り用〕必要。	**ふよう**〔不用・不要〕
いりょうひん〔衣料品〕着る物。衣服。	**しょくりょうひん**〔食料品〕
いるい〔異類〕違った種類。異種。	**どうるい**〔同類〕
いれい〔異例〕いつものやり方と異なること。	**こうれい**〔恒例〕**じょうれい**〔常例〕**つうれい**〔通例〕**ていれい**〔定例〕
イレギュラー〔irregular〕不規則的。	**レギュラー**〔regular〕
いれもの〔入れ物〕	**なかみ**〔中身・中味〕
いれる〔入れる〕	**だす**〔出す〕
いろおとこ〔色男〕①女性にもてる、ハンサムな男。②情夫。	①**ぶおとこ**〔醜男〕②**いろおんな**〔色女〕
いろおんな〔色女〕①情婦。愛人。②美しく色気のある女。美人。美女。	①**いろおとこ**〔色男〕②**ぶおんな**〔醜女〕**しこめ**〔醜女〕
いろはじゅん〔いろは順〕名簿などで、いろはの順に並べたもの。	**ごじゅうおんじゅん**〔五十音順〕**エービーシーじゅん**〔ＡＢＣ順〕

いろん〔異論〕他と違った意見。	**つうろん**〔通論〕
いわい〔祝い〕	**のろい**〔呪い〕
いわいごと〔祝い事〕	→けいじ〔慶事〕
いん〔因〕原因。	**か**〔果〕
いん〔陰〕かげ。暗い方。	**よう**〔陽〕
イン〔in〕卓球・テニスなどで、球が線内に入ること。	**アウト**〔out〕
いんイオン〔陰 ion〕陰電気を帯びたイオン。	**ようイオン**〔陽 ion〕
いんうつ〔陰鬱〕暗くてうっとうしいさま。暗鬱。	**めいろう**〔明朗〕**かいかつ**〔快活〕**ほがらか**〔朗らか〕
いんが〔陰画〕現像したフィルムの画像。ネガ。	**ようが**〔陽画〕
インカーブ〔in curve〕野球で、投球が打者の方へ曲がること。	**アウトカーブ**〔out curve〕
いんかしょくぶつ〔隠花植物〕花や種子をつけないで胞子でふえる植物。	**けんかしょくぶつ**〔顕花植物〕
いんき〔陰気〕暗い感じ。	**ようき**〔陽気〕**ほがらか**〔朗らか〕
いんきょく〔陰極〕マイナスの電極。	**ようきょく**〔陽極〕
いんぎん〔慇懃〕礼義正しくていねいであるさま。	**ぶれい**〔無礼〕
いんけん〔陰険〕内心に悪意を持つさま。腹黒いさま。	**おんこう**〔温厚〕**おんわ**〔温和・穏和〕**とくじつ**〔篤実〕
インコーナー〔in corner〕野球でホームベースの打者側の隅。	**アウトコーナー**〔out corner〕
いんこく〔陰刻〕印判などで、文字の部分を低く彫ったもの。	**ようこく**〔陽刻〕
インサイダー〔in sider〕組織の内部にいる者。	**アウトサイダー**〔out sider〕
インサイド〔in side〕内側。	**アウトサイド**〔out side〕
いんしゅ〔飲酒〕酒を飲むこと。	㋐**だんしゅ**〔断酒〕**きんしゅ**〔禁酒〕㋑**きつえん**〔喫煙〕
いんせい〔陰性〕消極的で暗い性質。また、化学反応が現れないこと。	**ようせい**〔陽性〕
いんぞく〔姻族〕結婚によって出来た親族。	**けつぞく**〔血族〕
いんでんき〔陰電気〕マイナスの電気。	**ようでんき**〔陽電気〕
インドア〔in door〕室内。	**アウトドア**〔out door〕
いんとく〔陰徳〕隠れた善行。	**ようとく**〔陽徳〕
いんぷ〔淫婦〕みだらな女。	**ていじょ**〔貞女〕**ていふ**〔貞婦〕
インプット〔in put〕コンピュータに情報を入れること。入力。	**アウトプット**〔out put〕

インフレ（ーション）〔inflation〕物価が上がって、貨幣価値が低くなる現象。	**デフレ（ーション）**〔deflation〕
いんぶん〔韻文〕詩や歌など、韻律を持った文。	**さんぶん**〔散文〕
いんぺい〔隠蔽〕覆い隠すこと。	**ろしゅつ**〔露出〕**ばくろ**〔暴露〕**ろけん**〔露見〕
いんぽん〔淫奔〕	→いんらん〔淫乱〕
いんゆ〔陰喩〕比喩のひとつで、「……のようだ」などの語句を用いない表現。「玉の肌」のような類。暗喩。	**ちょくゆ**〔直喩〕**めいゆ**〔明喩〕
いんらん〔淫乱〕性欲に任せてみだらなこと。淫奔。	**じゅんけつ**〔純潔〕**ていしゅく**〔貞淑〕
いんりょく〔引力〕互いに引き合う力。	**せきりょく**〔斥力〕
いんれき〔陰暦〕月のみちかけをもとにして作った暦。太陰暦。旧暦。	**ようれき**〔陽暦〕

う

う〔右〕みぎ。	**さ**〔左〕
う〔有〕ある。	**む**〔無〕**くう**〔空〕
う〔雨〕あめ。	**せい**〔晴〕
うい〔有為〕因縁《いんねん》によって生じ、常に変化している宇宙の万物。	**むい**〔無為〕
ういてんぺん〔有為転変〕この世のすべてのものが変化してやまないこと。	**じょうじゅうふへん**〔常住不変〕
ウインター〔winter〕冬。	**サマー**〔summer〕**スプリング**〔spring〕**オータム**〔autumn〕
ウインタースポーツ〔winter sports〕スキー・スケートなど、冬に行う運動。	**サマースポーツ**〔summer sports〕
ウーマン〔woman〕女性。おんな。	**マン**〔man〕
うえ〔上〕	**した**〔下〕**なか**〔中〕
ウエーター〔waiter〕食堂などの男の給仕人。ボーイ。	**ウエートレス**〔waitress〕
ウエートレス〔waitress〕食堂などの女の給仕人。	**ウエーター**〔waiter〕
ウエスト〔waist〕腰の上部のくびれた部分。	**バスト**〔bust〕**ヒップ**〔hip〕
ウエスト〔west〕西。西方。	**イースト**〔east〕**サウス**〔south〕**ノース**〔north〕
うえつける〔植え付ける〕	**かりとる**〔刈り取る〕
ウエット〔wet〕しめっている。情にもろい。感傷的な。	**ドライ**〔dry〕

うえる〔植える〕	**かる**〔刈る〕
うえる〔飢える〕「食に——」。	**あきる**〔飽きる〕
うえん〔有縁〕仏の道に、何らかの縁があること。	**むえん**〔無縁〕
うえん〔迂遠〕まわり道のようで遠いさま。身近でないさま。	**ひきん**〔卑近〕**そっちょく**〔率直〕
ウオー〔war〕戦争。	**ピース**〔peace〕
うかい〔迂回〕回り道をすること。	**ちょっこう**〔直行〕
うかがう〔伺う〕①「聞く」の謙譲語。②目上の人の所を訪れる。参る。	①㋐**おききになる**〔お聞きになる〕㋑**もうす**〔申す〕**もうしあげる**〔申し上げる〕②**おいとまする**〔お暇する〕

	〈尊敬語〉		〈謙譲語〉
〈聞く〉	**お聞きになる**	←→	**伺う・承る**
	↕（点線）		↕
〈言う〉	**おっしゃる**	←‐‐→	**申す・申し上げる**

うかぶ〔浮かぶ〕	**しずむ**〔沈む〕**もぐる**〔潜る〕**おぼれる**〔溺れる〕
うかべる〔浮かべる〕	**しずめる**〔沈める〕
うかる〔受かる〕「入学試験に——」。	**おちる**〔落ちる〕**すべる**〔滑る〕
うがん〔右岸〕川の、下流に向かって右側の岸。	**さがん**〔左岸〕
うき〔浮き〕①浮くこと。②水面に浮かべて目印とする釣り具。	①**しずみ**〔沈み〕②**おもり**〔重り・錘〕
うき〔雨季・雨期〕雨の多い季節。	**かんき**〔乾季・乾期〕
うきうき（と）〔浮き浮き（と）〕楽しくて心がはずむさま。	**しおしお（と）しんみり（と）がっかり（と）**
うく〔浮く〕	**しずむ**〔沈む〕
うけい〔右傾〕右に傾くこと。保守的な考えになること。	**さけい**〔左傾〕
うけいれる〔受け入れる〕①「要求を——」。②「預金を——」。	①**こばむ**〔拒む〕**ことわる**〔断る〕②**はらいもどす**〔払い戻す〕
うけこたえ〔受け答え〕問いに対して答えること。応答。	**といかけ**〔問い掛け〕
うけたまわる〔承る〕「聞く」の謙譲語。	㋐**おききになる**〔お聞きになる〕㋑**もうす**〔申す〕**もうしあげる**〔申し上げる〕
うけつける〔受け付ける〕	㋐**もうしこむ**〔申し込む〕㋑**しめきる**〔締め切る〕

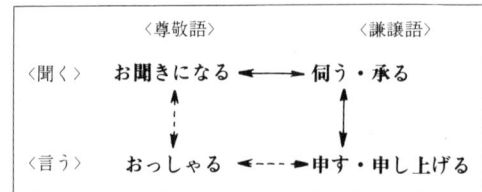

うけて〔受け手〕受ける側の人。	**して**〔為手〕**おくりて**〔送り手〕
うけとめる〔受け止める〕	**ほうりなげる**〔放り投げる〕
うけとりにん〔受取人〕郵便物などを受け取る人。	**さしだしにん**〔差出人〕**おくりぬし**〔送り主〕
うけとる〔受け取る〕①「手紙を――」。②「荷物を――」。③「代金を――」。④「ボールを――」。	①㋐**さしだす**〔差し出す〕**わたす**〔渡す〕**てわたす**〔手渡す〕㋑**つっかえす**〔突っ返す〕②**おくる**〔送る〕**あずける**〔預ける〕③**しはらう**〔支払う〕**はらう**〔払う〕④**なげる**〔投げる〕
うける〔受ける〕①「賞を――」。②「損害を――」。③「杯を――」。④「人の訪問を――」。	①**さずける**〔授ける〕**おくる**〔贈る〕②**あたえる**〔与える〕③**さす**〔差す〕④**ことわる**〔断る〕**こばむ**〔拒む〕
うげん〔右舷〕船首に向かって右側のふなばた。	**さげん**〔左舷〕
うごかす〔動かす〕	**とめる**〔止める・停める〕
うごく〔動く〕	**とまる**〔止まる〕
うじ〔氏〕①みょうじ。姓。②家系。家柄。	①**な**〔名〕**なまえ**〔名前〕②**そだち**〔育ち〕
うしなう〔失う〕「財産を――」。	**える**〔得る〕
うじょう〔有情〕人間や鳥獣など、心の働きを持つもの。	**むじょう**〔無情〕**ひじょう**〔非情〕
うしろ〔後ろ〕	**まえ**〔前〕**よこ**〔横〕
うしろあし〔後ろ足〕	→あとあし〔後足〕
うしろがみ〔後ろ髪〕頭の後方の髪。	**まえがみ**〔前髪〕
うしろはちまき〔後ろ鉢巻〕	**むこうはちまき**〔向こう鉢巻〕
うしろはば〔後ろ幅〕着物の、脇の縫い目から背中の縫い目までの幅。	**まえはば**〔前幅〕
うしろみごろ〔後ろ身頃・後ろ裑〕着物のみごろ（体を覆う部分）のうち、後ろの方。	**まえみごろ**〔前身頃・前裑〕
うしろむき〔後ろ向き〕	**まえむき**〔前向き〕**よこむき**〔横向き〕
うすい〔薄い〕①「味が――」。②「――紙」。	①**こい**〔濃い〕②**あつい**〔厚い〕
うすうす〔薄々〕「――知っていた」。	**はっきり（と）**
うすがみ〔薄紙〕薄い紙。	**あつがみ**〔厚紙〕
うすぎ〔薄着〕衣服を薄目に着ること。	**あつぎ**〔厚着〕
うすくち〔薄口〕醤油《しょうゆ》の色・味のうすいもの。	**こいくち**〔濃い口〕
うずくまる〔蹲る〕体を丸くしてしゃがむ。	**たちあがる**〔立ち上がる・起ち上がる〕**ねころぶ**〔寝転ぶ〕

うすげしょう〔薄化粧〕うっすらとした化粧。　**あつげしょう**〔厚化粧〕
うすっぺら〔薄っぺら〕厚みがなくて貧弱なさま。　**ぶあつい**〔分厚い〕
うすで〔薄手〕紙・織物などの地が薄いもの。　**あつで**〔厚手〕
うずめる〔埋める〕「宝を――」。　**ほる**〔掘る〕**ほりだす**〔掘り出す〕
うすらぐ〔薄らぐ〕しだいに弱くなる。和らぐ。　**つのる**〔募る〕**つよまる**〔強まる〕
うせつ〔右折〕右へ曲がること。　**させつ**〔左折〕**ちょくしん**〔直進〕
うせる〔失せる〕消えてなくなる。　**あらわれる**〔現れる〕**みつかる**〔見付かる〕
うそ〔嘘〕事実でないこと。いつわり。　**まこと**〔誠・実・真〕**ほんとう**〔本当〕**しんじつ**〔真実〕
うぞう〔有象〕形のあるもの。　**むぞう**〔無象〕
うそく〔右側〕みぎがわ。　**さそく**〔左側〕**ひだりがわ**〔左側〕
うそつき〔嘘吐き〕　**しょうじき**〔正直〕
うたがう〔疑う〕　**しんじる**〔信じる〕
うち〔内〕　**そと**〔外〕**ほか**〔外〕
うちあける〔打ち明ける〕包み隠さずに話す。　**つつみかくす**〔包み隠す〕
うちうみ〔内海〕陸地に入り込んでいる海。入り海。　**そとうみ**〔外海〕**がいかい**〔外海〕
うちがけ〔内掛け〕相撲で、自分の足を相手の足の内側に掛けて倒す技。　**そとがけ**〔外掛け〕
うちがわ〔内側〕　**そとがわ**〔外側〕
うちき〔内気〕遠慮深くて気が弱いこと。引っこみ思案。　**かちき**〔勝気〕
うちざた〔内沙汰〕内輪の取りはからい。　**おもてざた**〔表沙汰〕
うちづら〔内面〕身内の者に対する顔付きや態度。　**そとづら**〔外面〕
うちでし〔内弟子〕師匠の家に住み込んでいる弟子。　**そとでし**〔外弟子〕
うちのり〔内法〕物の内側で測った長さ。　**そとのり**〔外法〕
うちぼり〔内堀〕城の内部にある堀。　**そとぼり**〔外堀〕
うちまご〔内孫〕親と同居している子供夫婦の子。　**そとまご**〔外孫〕
うちまた〔内股〕足先を内側に向けて歩く歩き方。　**そとまた**〔外股〕
うちわ〔内輪〕①内部だけ。身内。②ひかえめ。　①**おおやけ**〔公〕②**おおげさ**〔大袈裟〕

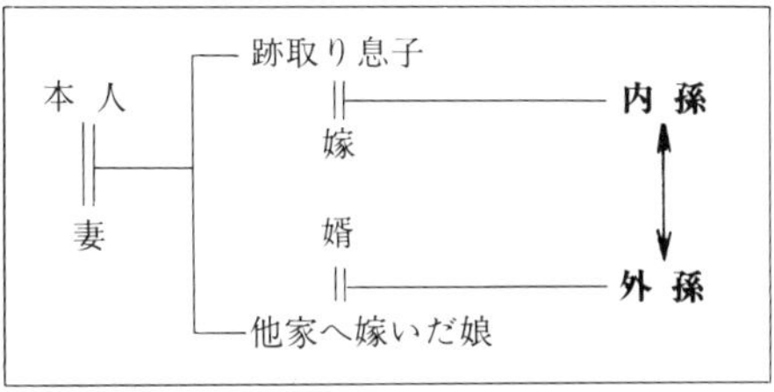

うつ〔打つ〕「釘を――」。	**ぬく**〔抜く〕
うっかり（と） ぼんやりして気付かないさま。	**しっかり（と）わざと**〔態と〕
うつくしい〔美しい〕	**みにくい**〔醜い〕**きたない**〔汚い〕
うつす〔移す〕①位置を変える。②病気を人に伝染させる。	①**もどす**〔戻す〕**とどめる**〔留める〕②**うつる**〔移る〕
うっすら（と） ①かすかに。②ごく薄く。	①**はっきり（と）ありあり（と）** ②**こってり（と）こてこて（と）**
うつつ〔現〕現実。	**ゆめ**〔夢〕**まぼろし**〔幻〕
うっとうしい〔鬱陶しい〕気分がふさいでいる。晴れやかでない。	**すがすがしい**〔清々しい〕**はれやか**〔晴れやか〕**さわやか**〔爽やか〕
うつぶす〔俯す〕	→うつむく〔俯く〕
うつむく〔俯く〕下を向く。	**あおむく**〔仰向く〕
うつる〔移る〕①位置が変わる。②病気を人からもらう。	①**もどる**〔戻る〕**とどまる**〔留まる〕②**うつす**〔移す〕
うで〔腕〕肩から下、手首まで。	**あし**〔脚〕
うてん〔雨天〕雨降り。	**せいてん**〔晴天〕**かいせい**〔快晴〕**どんてん**〔曇天〕
うとい〔疎い〕①親しくない。②事情に通じていない。	①**したしい**〔親しい〕**ちかしい**〔近しい〕②**くわしい**〔詳しい〕
うとうとしい〔疎々しい〕	→よそよそしい〔余所余所しい〕
うとましい〔疎ましい〕遠ざけたい感じだ。きらいだ。いやだ。	**このましい**〔好ましい〕**したわしい**〔慕わしい〕
うとむ〔疎む〕嫌って遠ざける。	**したしむ**〔親しむ〕**このむ**〔好む〕**したう**〔慕う〕
うとんじる〔疎んじる〕	→うとむ〔疎む〕
うながす〔促す〕早くするように急がせる。	**さまたげる**〔妨げる〕
うは〔右派〕保守的な考えのグループ。	**さは**〔左派〕
うばいあう〔奪い合う〕取り合う。	**ゆずりあう**〔譲り合う〕
うばう〔奪う〕	**あたえる**〔与える〕**わたす**〔渡す〕
うべなう〔肯う・諾う〕承知する。賛成する。	**いなむ**〔否む〕**こばむ**〔拒む〕
うへん〔右辺〕右側の辺。	**さへん**〔左辺〕

うほう〔右方〕右の方。	**さほう**〔左方〕
うまい〔旨い・甘い〕①おいしい。②じょうずだ。	①**まずい**〔不味い〕②**つたない**〔拙い〕**まずい**〔拙い〕**へた**〔下手〕
うまれ〔生まれ〕家柄。出自。	**そだち**〔育ち〕
うまれる〔生まれる〕	**しぬ**〔死ぬ〕**なくなる**〔亡くなる〕
うみ〔海〕	㋐**りく**〔陸〕**おか**〔陸〕**そら**〔空〕㋑**やま**〔山〕㋒**みずうみ**〔湖〕
うみて〔海手〕	→はまて〔浜手〕
うみのおや〔生みの親・産みの親〕自分を実際に産んだ親。	㋐**そだてのおや**〔育ての親〕**やしないおや**〔養い親〕**ままおや**〔継親〕**さとおや**〔里親〕㋑**じつのこ**〔実の子〕
うみのさち〔海の幸〕魚・海藻など、海でとれる産物。海幸《うみさち》。	**やまのさち**〔山の幸〕
うみのはは〔生みの母・産みの母〕自分を産んだ母。実母。生母。	㋐**ままはは**〔継母〕㋑**じつのこ**〔実の子〕
うむ〔生む・産む〕	**ころす**〔殺す〕**ほうむる**〔葬る〕
うめこむ〔埋め込む〕	**ほりおこす**〔掘り起こす〕**ほりだす**〔掘り出す〕
うめる〔埋める〕	→うずめる〔埋める〕
うやまう〔敬う〕	**さげすむ**〔蔑む〕**いやしめる**〔卑しめる・賤しめる〕**あなどる**〔侮る〕**みくだす**〔見下す〕
うよく〔右翼〕右のつばさ。保守的な考えの人。また、野球で、ライト。	**さよく**〔左翼〕
うら〔裏〕	**おもて**〔表〕
うらぐち〔裏口〕裏の入り口。	**おもてぐち**〔表口〕
うらけい〔裏罫〕印刷用の罫線の太いもの。	**おもてけい**〔表罫〕
うらごえ〔裏声〕わざと発音する高い声。	**じごえ**〔地声〕
うらさく〔裏作〕二毛作の田畑に植える作物のうち、主でない方。後作《あとさく》。	**おもてさく**〔表作〕
うらどおり〔裏通り〕大通りの裏の細い道。	**おもてどおり**〔表通り〕**ほんどおり**〔本通り〕
うらなり〔末成り・末生り〕つるの先の方になる貧弱な実。	**もとなり**〔本成り・本生り〕
うらのて〔裏の手〕予想外のやり方。奇襲法。	**せいこうほう**〔正攻法〕
うらむ〔恨む〕	**ありがたがる**〔有難がる〕
うらめしい〔恨めしい〕恨みたいくらいだ。	**ありがたい**〔有難い〕
うらもん〔裏門〕裏の方にある門。	**せいもん**〔正門〕**おもてもん**〔表門〕

うりかけきん〔売掛金〕商品を売って、まだ支払いを受けていない代金。	**かいかけきん**〔買掛金〕
うりき〔売り気〕売ろうとする気持ち。	**かいき**〔買い気〕
うりきれる〔売り切れる〕	**うれのこる**〔売れ残る〕
うりことば〔売り言葉〕相手に喧嘩《けんか》をしかけるようなことば。	**かいことば**〔買い言葉〕
うりざねがお〔瓜実顔〕	→おもなが〔面長〕
うりて〔売り手〕売る側の人。	**かいて**〔買い手〕
うりぬし〔売り主〕品物を売る人。売り手。	**かいぬし**〔買い主〕
うりね〔売り値〕商品の販売価格。売価。	**かいね**〔買い値〕**もとね**〔元値〕**しいれね**〔仕入れ値〕
うりはらう〔売り払う〕	**かいうける**〔買い受ける〕**かいとる**〔買い取る〕
うりもの〔売り物〕	**かいもの**〔買い物〕
うりわたす〔売り渡す〕	**かいとる**〔買い取る〕**かいうける**〔買い受ける〕
うる〔売る〕	**かう**〔買う〕**しいれる**〔仕入れる〕
うるうどし〔閏年〕2月が29日まである年。	**へいねん**〔平年〕
うるち〔粳〕一般にご飯として用いる米。	**もちごめ**〔餅米〕
うれい〔憂い・愁い〕心配。悲しみ。	**よろこび**〔喜び〕
うれえる〔憂える〕悪いことになりはしないかと心配する。悲しみ嘆く。	**よろこぶ**〔喜ぶ〕
うれしい〔嬉しい〕	**かなしい**〔悲しい・哀しい〕**せつない**〔切ない〕
うれしがる〔嬉しがる〕	**かなしがる**〔悲しがる〕**かなしむ**〔悲しむ〕
うれのこる〔売れ残る〕	**うりきれる**〔売り切れる〕
うれわしい〔憂わしい〕悲しい。嘆かわしい。	**よろこばしい**〔喜ばしい〕
うろたえる〔狼狽える〕どうしてよいか分からずにうろうろする。	**おちつく**〔落ち着く〕
うわあご〔上顎〕上のあご。	**したあご**〔下顎〕
うわぎ〔上着〕上に着る衣服。	**したぎ**〔下着〕
うわくちびる〔上唇〕上の方のくちびる。	**したくちびる**〔下唇〕
うわづみ〔上積み〕積み荷の上の方に積むこと。	**したづみ**〔下積み〕**そこづみ**〔底積み〕
うわて〔上手〕上の方。優位に立った状態。	**したて**〔下手〕
うわてなげ〔上手投げ〕相撲で、上	**したてなげ**〔下手投げ〕

手から相手のまわしをつかんで投げる技。また、野球などで、肩の上から投げおろす投球。オーバースロー。

うわぬり〔上塗り〕塗料などの、最後に塗るもの。仕上げ塗り。　**したぬり**〔下塗り〕**あらぬり**〔荒塗り・粗塗り〕**なかぬり**〔中塗り〕

うわね〔上値〕相場で、今までより高い値段。　**したね**〔下値〕

うわのそら〔上の空〕心がよそに行っているさま。　**むちゅう**〔夢中〕

うわばき〔上履き〕屋内のはきもの。　**したばき**〔下履き〕

うわばり〔上張り・上貼り〕ふすまなどの、仕上げ張り。　**したばり**〔下張り・下貼り〕

うわべ〔上辺〕表面。外観。見かけ。　**なかみ**〔中身・中味〕

うわまわる〔上回る〕　**したまわる**〔下回る〕

うわむく〔上向く〕　**したむく**〔下向く〕

うわめ〔上目〕上の方を見る目付き。　**しため**〔下目〕

うわやく〔上役〕自分より上の役の人。上司。　**したやく**〔下役〕**どうやく**〔同役〕

うわん〔右腕〕みぎうで。　**さわん**〔左腕〕**ひだりうで**〔左腕〕

うん〔運〕めぐり合わせがよいこと。幸運。　**ふうん**〔不運〕

うんこう〔運航〕船・航空機などが航路を進むこと。　**けっこう**〔欠航〕

うんてんしきん〔運転資金〕日常の企業活動に当てられる資金。　**せつびしきん**〔設備資金〕

うんてんしゅ〔運転手〕電車・バスなどを運転する人。運転士。　㋐**しゃしょう**〔車掌〕㋑**じょうきゃく**〔乗客〕

うんどう〔運動〕①物体がその位置を変えること。②体を動かすこと。　①**せいし**〔静止〕**きゅうし**〔休止〕②**きゅうよう**〔休養〕**きゅうそく**〔休息〕

うんどうかい〔運動会〕人々が集まって運動競技をする会。　**がくげいかい**〔学芸会〕

うんよく〔運良く〕折よく。つごうよく。　**うんわるく**〔運悪く〕**あいにく**〔生憎〕**おりあしく**〔折悪しく〕

うんわるく〔運悪く〕折あしく。あいにく。　**うんよく**〔運良く〕**おりよく**〔折良く〕

え

エアメール〔air mail〕航空郵便。　**シーメール**〔sea mail〕

えい〔栄〕①さかえる。②ほまれ。　①**こ**〔枯〕②**じょく**〔辱〕

えい〔鋭〕するどい。　**どん**〔鈍〕

えいえん〔永遠〕果てしなく長い時間。　**いっしゅん**〔一瞬〕**しゅんじ**〔瞬時〕

とこしえ。永久。永劫《えいごう》。	しゅんかん〔瞬間〕せつな〔刹那〕
えいかく〔鋭角〕90度より小さい角。	**どんかく**〔鈍角〕**ちょっかく**〔直角〕
えいき〔鋭器〕	→りき〔利器〕①
えいきゅう〔永久〕	→えいえん〔永遠〕
えいきゅうし〔永久歯〕乳歯が抜けた後に生える歯。	**にゅうし**〔乳歯〕
えいぎょう〔営業〕利益を得るための事業を行うこと。	**きゅうぎょう**〔休業〕
えいぎょうようじどうしゃ〔営業用自動車〕運賃を取って、人や物を運ぶ自動車。緑ナンバー。	**じかようじどうしゃ**〔自家用自動車〕
えいごう〔永劫〕	→えいえん〔永遠〕
えいさい〔英才・鋭才〕	→てんさい〔天才〕
えいじゅう〔永住〕長くその地に住むこと。	**かぐう**〔仮寓〕**かりずまい**〔仮住まい〕
えいしん〔栄進〕位や地位が上がること。昇進。昇格。	**こうかく**〔降格〕**こうとう**〔降等〕
えいせい〔衛星〕地球に対する月など、惑星の回りをまわる天体。	**わくせい**〔惑星〕**ゆうせい**〔遊星〕
えいぞくてき〔永続的〕いつまでも長く続くさま。恒常的。	**いちじてき**〔一時的〕
えいたい〔永代〕長い年月。将来ずっと先まで。永世。累代。	**いちだい**〔一代〕
えいたつ〔栄達〕高い地位に進むこと。出世すること。	**れいらく**〔零落〕
えいてん〔栄転〕転任して、以前よりよい地位に着くこと。	**させん**〔左遷〕
えいびん〔鋭敏〕鋭くさといさま。	**どんじゅう**〔鈍重〕**ぐどん**〔愚鈍〕
えいめい〔英明〕	→けんめい〔賢明〕
えいよ〔栄誉〕	→めいよ〔名誉〕
えいりじぎょう〔営利事業〕個人の利益を目的とする事業。	**こうきょうじぎょう**〔公共事業〕
えいわじてん〔英和辞典〕英語の意味を日本語で説明してある辞典。	**わえいじてん**〔和英辞典〕
エー・エム〔a.m.〕午前。	**ピー・エム**〔p.m.〕
エー・ディー〔A.D.〕西暦紀元。	**ビー・シー**〔B.C.〕
エービーシーじゅん〔ABC順〕名簿などで、ABCの順に並べるもの。アルファベット順。	**ごじゅうおんじゅん**〔五十音順〕**いろはじゅん**〔いろは順〕
えがお〔笑顔〕笑い顔。	**なきがお**〔泣き顔〕**おこりがお**〔怒り顔〕**しかめっつら**〔顰めっ面〕**じゅうめん**〔渋面〕
えがたい〔得難い〕手に入れるのがむ	**えやすい**〔得易い〕

ずかしい。	
えき〔益〕ためになる。	**そん**〔損〕**がい**〔害〕
えきうら〔駅裏〕駅の裏手。	**えきまえ**〔駅前〕
えきか〔液化〕気体を液体に変えること。	**きか**〔気化〕
えきぎゅう〔役牛〕作業に使うために飼う牛。	**にくぎゅう**〔肉牛〕**にゅうぎゅう**〔乳牛〕
えききん〔益金〕もうかったお金。利益金。	**そんきん**〔損金〕
えきざい〔液剤〕液体状の薬。みずぐすり。	**さんざい**〔散剤〕**じょうざい**〔錠剤〕
えきする〔益する〕利益を与える。	**がいする**〔害する〕**どくする**〔毒する〕
えきたい〔液体〕	**こたい**〔固体〕**きたい**〔気体〕
えきちゅう〔益虫〕人間に対し、利益をもたらす虫。	**がいちゅう**〔害虫〕
えきちょう〔益鳥〕利益をもたらす鳥。	**がいちょう**〔害鳥〕
えきまえ〔駅前〕駅の正面。	**えきうら**〔駅裏〕
えこじ〔依怙地〕	→いこじ〔意固地・依怙地〕
えだ〔枝〕	**みき**〔幹〕**は**〔葉〕
えださき〔枝先〕	→こずえ〔梢〕
エックスきゃく〔X脚〕膝の上と下で外側に曲がっている脚。	**オーきゃく**〔O脚〕
エックスじく〔X軸〕数学などで用いる座標の横軸。	**ワイじく**〔Y軸〕**たてじく**〔縦軸〕
えて〔得手〕得意。おはこ。	**ふえて**〔不得手〕**にがて**〔苦手〕
えど〔穢土〕仏教でいう、汚れたこの世。娑婆《しゃば》。	**じょうど**〔浄土〕
エトス〔ēthos ギリシャ〕人間の持続的・習慣的な性情。慣習・風俗・道徳など。	**パトス**〔pathos ギリシャ〕
えどま〔江戸間〕主として江戸で行われた、一間《いっけん》が約1.76メートルの寸法。	**きょうま**〔京間〕
えびすがお〔恵比須顔〕にこにこ顔。	**えんまがお**〔閻魔顔〕
エピローグ〔epilogue〕演劇・小説・詩などの最後の部分。終章。	**プロローグ**〔prologue〕
えやすい〔得易い〕簡単に手に入る。	**えがたい**〔得難い〕
えらい〔偉い〕優れて立派だ。	**つまらない**〔詰まらない〕**くだらない**〔下らない〕
えりすぐる〔選りすぐる〕よいものだけを選び出す。	**よせあつめる**〔寄せ集める〕
えりわける〔選り分ける〕	→よりわける〔選り分ける〕
える〔得る〕手に入れる。身につける。	**うしなう**〔失う〕
えん〔円〕まるいもの。まる。	**ほう**〔方〕

えん〔遠〕とおい。	**きん**〔近〕
えんいん〔遠因〕遠い原因。間接的な原因。	**きんいん**〔近因〕
えんえきほう〔演繹法〕一般的原理から、個々の事実を導き出す方法。	**きのうほう**〔帰納法〕

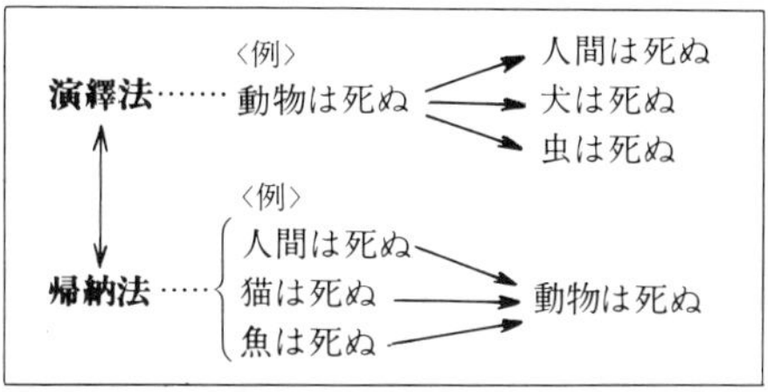

えんかく〔遠隔〕遠く隔たっていること。	**きんせつ**〔近接〕
えんかくち〔遠隔地〕遠く隔たった場所。	**きんせつち**〔近接地〕
えんがん〔沿岸〕海岸の近く。	**えんよう**〔遠洋〕
えんかんぎょ〔塩乾魚・塩干魚〕塩漬けにして干した魚。乾物。干物《ひもの》。	**せんぎょ**〔鮮魚〕**せいぎょ**〔生魚〕**なまざかな**〔生魚〕
えんがんぎょぎょう〔沿岸漁業〕海岸近くで魚をとること。	**えんようぎょぎょう**〔遠洋漁業〕
えんきせい〔塩基性〕	→アルカリ性〔Alkali 性〕
えんきょく〔婉曲〕遠回しに言うこと。	**ろこつ**〔露骨〕**そっちょく**〔率直〕
えんきょり〔遠距離〕遠いみちのり。	**きんきょり**〔近距離〕
えんきり〔縁切り〕縁を断ち切ること。離縁。絶縁。	**えんむすび**〔縁結び〕
えんグラフ〔円 graph〕円をくぎって、扇形の大きさで割り合いを示すグラフ。	**おれせんグラフ**〔折れ線 graph〕**ぼうグラフ**〔棒 graph〕
えんけい〔円形〕まるい形。	**ほうけい**〔方形〕
えんけい〔遠景〕遠くの景色。	**きんけい**〔近景〕
えんこん〔怨恨〕うらみ。	**おんぎ**〔恩義〕
えんさ〔怨嗟〕つらい仕打ちを恨み嘆くこと。	**かんしゃ**〔感謝〕
えんし〔遠視〕遠くは見えるが、近くがよく見えない目。	**きんし**〔近視〕**きんがん**〔近眼〕
えんじつてん〔遠日点〕太陽の周りをまわる天体が、太陽から最も遠ざかる点。	**きんじつてん**〔近日点〕
えんしゅう〔演習〕戦いに備えて行う訓練。	**じっせん**〔実戦〕

えんじゅく〔円熟〕人柄・技能などが十分できあがっているさま。	**みじゅく**〔未熟〕
えんしょ〔炎暑〕	→こくしょ〔酷暑〕
えんじん〔円陣〕まるい形の陣地。	**ほうじん**〔方陣〕
えんしんりょく〔遠心力〕円の中心から遠ざかろうとする力。	**きゅうしんりょく**〔求心力〕
えんすい〔塩水〕	→かいすい〔海水〕
えんせいか〔厭世家〕この世に生きる価値を認めない人。ペシミスト。	**らくてんか**〔楽天家〕
えんせいしゅぎ〔厭世主義〕この世に生きる価値を認めない考え方。ペシミズム。	**らくてんしゅぎ**〔楽天主義〕
えんせいてき〔厭世的〕この世を嫌うさま。	**らくてんてき**〔楽天的〕
エンゼル〔angel〕天使。恵み深い人。	**サタン**〔satan〕
えんせん〔厭戦〕戦いを嫌うこと。	**こうせん**〔好戦〕
えんだい〔遠大〕計画などが大きくて、先々のことまで考えているさま。高大。	**ひしょう**〔卑小〕
えんだか〔円高〕日本円の価値が外国の通貨に比べて高いこと。	**えんやす**〔円安〕
えんちてん〔遠地点〕月などが地球から最も遠ざかるところ。	**きんちてん**〔近地点〕
えんちゃく〔延着〕予定時刻より遅れて到着すること。	㋐**そうちゃく**〔早着〕㋑**ちはつ**〔遅発〕
えんちゅう〔円柱〕まるい柱。	**かくちゅう**〔角柱〕**ほうちゅう**〔方柱〕
えんちょう〔延長〕期間や距離などを長く延ばすこと。	**たんしゅく**〔短縮〕
えんちょく〔鉛直〕	→すいちょく〔垂直〕
えんてん〔炎天〕夏の、焼けつくように暑い空。	**かんてん**〔寒天〕
えんのう〔延納〕税金などを、期日以後に納めること。	**ぜんのう**〔前納〕
えんぷん〔円墳〕円形の古墳。	**ほうふん**〔方墳〕
えんぽう〔遠方〕遠い所。遠く。	**ふきん**〔付近〕**きんじょ**〔近所〕
えんまがお〔閻魔顔〕しかつめらしい顔。	**えびすがお**〔恵比須顔〕
えんまん〔円満〕性格が穏やかでまるいさま。	**けんかい**〔狷介〕
えんむすび〔縁結び〕縁を結ぶこと。結婚。	**えんきり**〔縁切り〕
えんめい〔延命〕命を延ばすこと。	**らくめい**〔落命〕
えんやす〔円安〕日本円の価値が外国	**えんだか**〔円高〕

通貨に比べて安いこと。	
えんよう〔遠洋〕陸地から遠く離れた大海。	**きんかい**〔近海〕**えんがん**〔沿岸〕
えんようぎょぎょう〔遠洋漁業〕遠くの海へ出かけて魚をとる漁業。	**きんかいぎょぎょう**〔近海漁業〕**えんがんぎょぎょう**〔沿岸漁業〕
えんりえど〔厭離穢土〕汚れたこの世を嫌って離れること。おんりえど。	**ごんぐじょうど**〔欣求浄土〕
えんりょぶかい〔遠慮深い〕	**あつかましい**〔厚かましい〕

お

お〔尾〕しっぽ。	**あたま・かしら**〔頭〕**くび**〔首〕
お〔悪〕にくむ。	**こう**〔好〕
お〔雄・男・牡〕おす。男性。	**め**〔雌・女・牝〕
おい〔甥〕兄・弟・姉・妹のむすこ。	㋐**めい**〔姪〕㋑**おじ**〔伯父・叔父〕**おば**〔伯母・叔母〕
おい〔老い〕「——が身に迫る」。	**わかさ**〔若さ〕
おいかえす〔追い返す〕	**むかえいれる**〔迎え入れる〕
おいかける〔追い掛ける〕	**にげさる**〔逃げ去る〕**にげる**〔逃げる〕
おいかぜ〔追い風〕後ろから吹く風。順風。	**むかいかぜ**〔向かい風〕
おいき〔老い木〕年数を経た木。老木《ろうぼく》。	**わかぎ**〔若木〕
おいごえ〔追い声〕動物などを追うときに出す声。	**よびごえ**〔呼び声〕
おいごえ〔追い肥〕作物の生育途中に施す肥料。	**もとごえ**〔基肥・本肥〕**きひ**〔基肥〕
おいこむ〔老い込む〕	→ふけこむ〔老け込む〕
おいしい〔美味しい〕	**まずい**〔不味い〕
おいだす〔追い出す〕	**むかえいれる**〔迎え入れる〕**よびいれる**〔呼び入れる〕**ひきいれる**〔引き入れる〕
おいたてる〔追い立てる〕	**ひきとめる**〔引き止める〕
おいちらす〔追い散らす〕	→おいはらう〔追い払う〕
おいつく〔追い付く〕	**にげきる**〔逃げ切る〕**にげのびる**〔逃げ延びる〕
おいとまする〔お暇する〕目上の人の許から去る。辞去する。	**うかがう**〔伺う〕
おいはらう〔追い払う〕	**ひきつける**〔引き付ける〕**ひきよせる**〔引き寄せる〕**よびあつめる**〔呼び集める〕**むかえいれる**〔迎え入れる〕

おいぼれ〔老いぼれ〕老人をののしっていう語。
わかぞう〔若造・若僧〕**あおにさい**〔青二才〕

おいぼれる〔老いぼれる〕
わかがえる〔若返る〕

おいまわす〔追い回す〕
にげまわる〔逃げ回る〕

おいる〔老いる〕
わかやぐ〔若やぐ〕

おう〔往〕①出かけて行く。ゆき。②むかし。
①**ふく**〔復〕**かん**〔還〕**らい**〔来〕②**こん**〔今〕

おう〔凹〕くぼむ。
とつ〔凸〕**へい**〔平〕

おう〔媼〕老女。ばばあ。おうな。
おう〔翁〕

おう〔横〕よこ。
じゅう〔縦〕

おう〔欧〕ヨーロッパ。
あ〔亜〕

おう〔王〕天下を治める者。君主。
㋐**しん**〔臣〕**しんか**〔臣下〕㋑**じょおう**〔女王〕㋒**おうひ**〔王妃〕㋓**おうじ**〔王子〕**おうじょ**〔王女〕

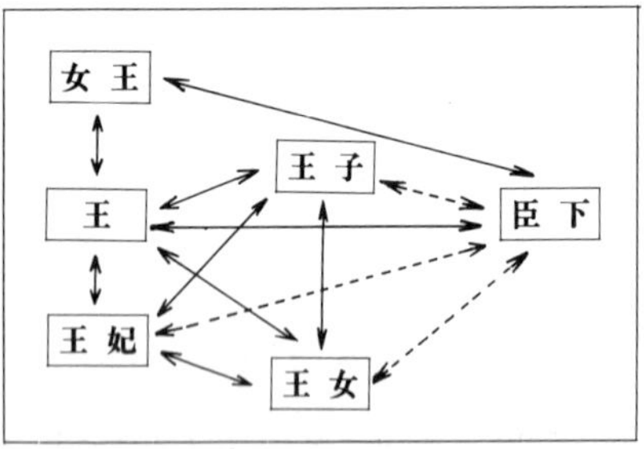

おう〔翁〕男の老人。じじい。おきな。
おう〔媼〕

おう〔負う〕①「赤ん坊を——」。②「損害を——」。
①**だく**〔抱く〕②**あたえる**〔与える〕

おう〔追う〕
㋐**にげる**〔逃げる〕㋑**よぶ**〔呼ぶ〕

おういつ〔横溢〕みなぎりあふれること。
こかつ〔枯渇〕

おうが〔横臥〕横向きに寝転ぶこと。
ぎょうが〔仰臥〕**ふくが**〔伏臥〕

おうぎ〔奥義〕学問・芸道などで、奥深く最も大事なところ。極意《ごくい》。
しょほ〔初歩〕

おうこ〔往古〕
→おうじ〔往時〕

おうし〔雄牛・牡牛〕
めうし〔雌牛・牝牛〕

おうじ〔往時〕過ぎ去った時。昔。往古。昔時。往昔。
きんじ〔近時〕**こんじ**〔今時〕**とうこん**〔当今〕**げんこん**〔現今〕**こんにち**〔今日〕**みらい**〔未来〕**しょうらい**〔将来〕

おうじ〔王子・皇子〕天皇・皇帝などのむすこ。
㋐**おうじょ**〔王女・皇女〕㋑**てんのう**〔天皇〕**こうてい**〔皇帝〕**こうごう**〔皇后〕**おう**〔王〕**おうひ**

〔王妃〕

おうじょ〔王女・皇女〕天皇・皇帝などのむすめ。　㋐おうじ〔王子・皇子〕㋑てんのう〔天皇〕こうてい〔皇帝〕こうごう〔皇后〕おう〔王〕おうひ〔王妃〕

おうしょう〔応召〕呼び出しに応じて集まること。　しょうしゅう〔召集〕

おうしょくじんしゅ〔黄色人種〕皮膚の色が黄色っぽい人種。　はくしょくじんしゅ〔白色人種〕こくしょくじんしゅ〔黒色人種〕

おうじる〔応じる〕他からの働きかけを受け入れる。　こばむ〔拒む〕いなむ〔否む〕

おうしん〔往信〕こちらから送る手紙。　へんしん〔返信〕ふくしん〔復信〕

おうしん〔往診〕医者が患者の家へ行って診察すること。　たくしん〔宅診〕

おうせき〔往昔〕　→おうじ〔往時〕

おうせん〔応戦〕相手からの攻撃を受けて戦うこと。　ちょうせん〔挑戦〕

おうせん〔横線〕横向きの線。よこせん。　じゅうせん〔縦線〕たてせん〔縦線〕

おうたい〔横隊〕横に並んだ隊形。　じゅうたい〔縦隊〕

おうだく〔応諾〕　→しょうだく〔承諾〕

おうだん〔横断〕横または東西の方向に断ち切ること。　じゅうだん〔縦断〕じゅうかん〔縦貫〕

おうとう〔応答〕問いに答えること。受け答え。　しつぎ〔質疑〕しつもん〔質問〕

おうな〔媼〕おばあさん。老女。　おきな〔翁〕

おうねん〔往年〕過ぎ去った年。　きんねん〔近年〕げんこん〔現今〕とうこん〔当今〕こんにち〔今日〕

おうはん〔凹版〕印刷する文字や絵が、版の平面よりへこんでいる方式。　とっぱん〔凸版〕へいはん〔平版〕

おうひ〔王妃〕王のきさき。　㋐おう〔王〕㋑おうじ〔王子〕おうじょ〔王女〕

おうふく〔往復〕行きと帰り。　かたみち〔片道〕

おうぶん〔応分〕身分や能力にふさわしいこと。分相応。　かぶん〔過分〕

おうぶん〔欧文〕ヨーロッパの国の文字や文章。　わぶん〔和文〕ほうぶん〔邦文〕

おうぶんタイプ（ライター）〔欧文typewriter〕　わぶんタイプ（ライター）〔和文typewriter〕

おうへい〔横柄〕おごりたかぶった態度。傲慢《ごうまん》。尊大。　けんきょ〔謙虚〕けんそん〔謙遜〕

おうぼ〔応募〕募集に応じること。　ぼしゅう〔募集〕

おうほう〔往訪〕こちらから人を訪ね　らいほう〔来訪〕

ること。

おうよう〔応用〕理論を実際の場で活用すること。	**りろん**〔理論〕**きほん**〔基本〕
おうようぶつりがく〔応用物理学〕応用面について主に研究する物理学。	**りろんぶつりがく**〔理論物理学〕
おうようもんだい〔応用問題〕学習した知識を応用して解く問題。	**きほんもんだい**〔基本問題〕
おうレンズ〔凹 lens〕まん中がへこんでいるレンズ。	**とつレンズ**〔凸 lens〕
おうろ〔往路〕行き道。	**ふくろ**〔復路〕**きろ**〔帰路〕**きと**〔帰途〕
おえらがた〔お偉方〕地位や身分の高い人々。	**したっぱ**〔下っ端〕
おえる〔終える〕	**はじめる**〔始める〕**はじまる**〔始まる〕
おお〔大〕おおきい。	**こ**〔小〕
おおあじ〔大味〕大まかで単純な味。	**こあじ**〔小味〕
おおあたり〔大当たり〕興行などが好評で、客が多く集まること。大入り。	**ふあたり**〔不当たり〕
おおあめ〔大雨〕激しく降る雨。土砂降り。	**こさめ**〔小雨〕**こぶり**〔小降り〕**こぬかあめ**〔小糠雨〕
おおい〔多い〕	**すくない**〔少ない〕
おおいり〔大入り〕客が多く入ること。	**ふいり**〔不入り〕
おおう〔覆う〕上にかぶせる。包み隠す。	**はぐ**〔剝ぐ〕
おおおとこ〔大男〕体格の大きな男。	㋐**こおとこ**〔小男〕㋑**おおおんな**〔大女〕
おおおんな〔大女〕体格の大きい女。	㋐**こおんな**〔小女〕㋑**おおおとこ**〔大男〕
おおかぜ〔大風〕激しく吹く風。	**そよかぜ**〔微風〕
おおがた〔大型〕大きな型。	**こがた**〔小型〕**ちゅうがた**〔中型〕
おおがねもち〔大金持ち〕	**いちもんなし**〔一文無し〕**もんなし**〔文無し〕
おおがら〔大柄〕大きい体格。大きな模様。	**こがら**〔小柄〕
おおかわ〔大川〕大きな川。	**おがわ**〔小川〕**さいりゅう**〔細流〕
おおきい〔大きい〕	**ちいさい**〔小さい〕
おおきな〔大きな〕	**ちいさな**〔小さな〕
オーきゃく〔O脚〕膝の部分が外側に曲がっている脚。	**エックスきゃく**〔X脚〕
おおぎょう〔大仰〕	→おおげさ〔大袈裟〕
おおぐち〔大口〕取引額が大きいこと。	**こぐち**〔小口〕
おおげさ〔大袈裟〕実際よりも大きく	**うちわ**〔内輪〕**うちわめ**〔内輪目〕

するさま。	**ささやか**〔細やか〕**ひかえめ**〔控え目〕
おおごえ〔大声〕大きな声。	**こごえ**〔小声〕
おおざっぱ〔大雑把〕	→おおまか〔大まか〕
おおじ〔大路〕都の大通り。	**こうじ**〔小路〕
おおしい〔雄々しい〕男らしくて勇ましい。	**めめしい**〔女々しい〕
おおしお〔大潮〕干満の差が大きい潮。	**こしお**〔小潮〕
おおぜい〔大勢〕たくさんの人。多人数。多勢。	**こぜい**〔小勢〕**ぶぜい**〔無勢〕
オーダーメイド〔order-made〕注文品。	**レディーメイド**〔ready-made〕
おおたば〔大束〕大きく束ねたもの。	**こたば**〔小束〕
おおだんな〔大旦那〕年とった主人。若旦那の父親。	**わかだんな**〔若旦那〕
おおづくり〔大作り〕おおまかな作り方。大柄	**こづくり**〔小作り〕
おおっぴら〔大っぴら〕人目をはばからないさま。公然。	**こっそり**（と）**ひそか**〔密か〕**ないしょ**〔内緒〕
おおつぶ〔大粒〕大きな粒。	**こつぶ**〔小粒〕
おおて〔大手〕城の正面。また、敵の正面から攻める軍勢。	**からめて**〔搦め手〕
おおどうぐ〔大道具〕家や木など、俳優が手にとらない大きい舞台装置。	**こどうぐ**〔小道具〕
おおどおり〔大通り〕大きくて広い道路。	**こみち**〔小道〕
オードブル〔hors-d'œuvre フランス〕正式の食卓で、最初に出る軽い料理。前菜。	**デザート**〔dessert〕
おおなみ〔大波〕大きな波。	**こなみ**〔小波〕**さざなみ**〔細波・小波・漣〕
おおにんずう〔大人数〕	→たにんずう〔多人数〕
オーバースロー〔overthrow〕野球などで、肩の上から大きく投げ下ろすボールの投げ方。上手投げ。	**アンダースロー**〔underthrow〕
おおばこ〔大箱〕大きな箱。	**こばこ**〔小箱〕
おおはば〔大幅〕普通よりも幅が広いこと。	**こはば**〔小幅〕**なみはば**〔並幅〕
おおばん〔大判〕江戸時代の、大型の金貨。	**こばん**〔小判〕
おおびけ〔大引け〕取引所で、前場《ぜんば》または後場《ごば》の最後の取引。	**よりつき**〔寄り付き〕
おおぶね〔大船〕大きな船。	**こぶね**〔小舟・小船〕

おおぶり〔大振り〕大きく振るさま。大きめであるさま。	**こぶり**〔小振り〕
オープン〔open〕開く。公開。あけっぱなし。非公式。	**クローズ**〔close〕
オープンショップ〔open shop〕労働組合への加盟を従業員の意に任せるという、労働協約の規定。	**クローズドショップ**〔closed shop〕
オープンせん〔open 戦〕プロ野球などの、非公式戦。	**こうしきせん**〔公式戦〕
おおまか〔大まか〕細かいことにこだわらないさま。大ざっぱ。	**こまか**〔細か〕
おおまた〔大股〕歩幅が大きいさま。	**こまた**〔小股〕
おおみそか〔大晦日〕年の最後の日。12月末日。	**がんじつ**〔元日〕
おおみだし〔大見出し〕新聞や雑誌で、文章の初めに立てる大きな見出し。	**こみだし**〔小見出し〕
おおもいになる〔お思いになる〕「思う」の尊敬語。	**ぞんずる**〔存ずる〕
おおもじ〔大文字〕英語などで、文の初めや、固有名詞の語頭などに用いるＡ・Ｂなどの字体。	**こもじ**〔小文字〕
おおもの〔大物〕重要人物。大人物。	**こもの**〔小物〕
おおや〔大家〕貸し家の持ち主。家主《やぬし》。	**たなこ**〔店子〕
おおやけ〔公〕①国家。政府。官庁。②表立ったこと。	①**わたくし**〔私〕②**うちわ**〔内輪〕
おおよそ〔大凡〕だいたい。およそ。	**ちょうど**〔丁度〕**きっちり**
オールド〔old〕年老いた。古い。	**ヤング**〔young〕**ニュー**〔new〕
オールドファッション〔old-fashion〕古風なこと。流行遅れ。	**ニューファッション**〔new-fashion〕
おおわざ〔大技〕相撲・柔道などで、大きな動作の技。	**こわざ**〔小技〕
おおわらい〔大笑い〕大きな声で笑うこと。哄笑《こうしょう》。大笑。	**しのびわらい**〔忍び笑い〕**ほほえみ**〔微笑み〕**びしょう**〔微笑〕
おか〔陸〕陸地。	**うみ**〔海〕**そら**〔空〕
おかあさん〔お母さん〕	㋐**おとうさん**〔お父さん〕㋑**こども**〔子供〕
おかえり〔お帰り〕	**おでかけ**〔お出掛け〕**おでまし**〔お出まし〕
おかえり（なさい）〔お帰り（なさい）〕外から帰った人を迎えるあいさつのことば。	㋐**いって（い）らっしゃい**〔行って（い）らっしゃい〕㋑**ただいま（かえりました）**〔只今（帰りました）〕

おかぼ〔陸稲〕	→りくとう〔陸稲〕
おかみ〔お上〕民衆を支配する人たち。官僚。役人。	**しもじも**〔下々〕
おがわ〔小川〕小さな川。	**おおかわ**〔大川〕**たいが**〔大河〕
おき〔沖〕海や湖の、岸から遠く離れた所。	**きし**〔岸〕**はま**〔浜〕
おきあい〔沖合い〕はるか沖のほう。	**きしべ**〔岸辺〕**はまべ**〔浜辺〕**かいがん**〔海岸〕**かいひん**〔海浜〕
おきあがる〔起き上がる〕	**よこたわる**〔横たわる〕**ねころぶ**〔寝転ぶ〕**たおれこむ**〔倒れ込む〕**ころぶ**〔転ぶ〕**ひっくりかえる**〔ひっくり返る〕
おききになる〔お聞きになる〕「聞く」の尊敬語。	㋐**うかがう**〔伺う〕**うけたまわる**〔承る〕㋑**おっしゃる**
おきごたつ〔置き炬燵〕持ち運びのできるこたつ。	**ほりごたつ**〔掘り炬燵〕
おきだす〔起き出す〕	**ねこむ**〔寝込む〕**ねいる**〔寝入る〕
おきづり〔沖釣り〕海の沖の方でする釣り。	**いそづり**〔磯釣り〕
おきな〔翁〕老いた男。おじいさん。	**おうな**〔媼〕
おきぬけ〔起き抜け〕寝床から出たばかり。	**ねいりばな**〔寝入り端〕
おきる〔起きる〕	**ふす**〔臥す・伏す〕**ねる**〔寝る〕**たおれる**〔倒れる〕**ころぶ**〔転ぶ〕**かたむく**〔傾く〕
おく〔置く〕①「本を机の上に——」。②「石を線路上に——」。③「ペンを——」。	①**のける**〔退ける〕**どける**〔退ける〕②**のける**〔退ける〕**のぞく**〔除く〕**とりのぞく**〔取り除く〕③**とる**〔取る・執る〕**もつ**〔持つ〕
おく〔奥〕内部に深く入った所。	**おもて**〔表〕**はし**〔端〕**くち**〔口〕
おくがい〔屋外〕建物の外。戸外《こがい》。野外。	**おくない**〔屋内〕
おくがき〔奥書〕文書や書籍の末尾に書く記事。跋《ばつ》。	**はしがき**〔端書き〕**まえがき**〔前書き〕
おくぎ〔奥義〕	→おうぎ〔奥義〕
おくざしき〔奥座敷〕	**げんかん（さき）**〔玄関（先）〕
おくさま〔奥様〕他人の妻の尊称。	**だんなさま**〔旦那様〕
おくじょう〔屋上〕屋根の上。	**ちかしつ**〔地下室〕
おくて〔晩稲〕おそく実る稲。	**わせ**〔早稲〕**なかて**〔中稲〕
おくでん〔奥伝〕芸道などで、奥義を伝授されること。	**しょでん**〔初伝〕
おくない〔屋内〕建物の中。	**おくがい**〔屋外〕**こがい**〔戸外〕**やがい**〔野外〕

おくば〔奥歯〕口の奥にある歯。臼歯《きゅうし》。	**まえば**〔前歯〕**もんし**〔門歯〕
おくびょう〔臆病〕気が小さくて、少しのことにもびくびくするさま。怯懦《きょうだ》。	**だいたん**〔大胆〕**ごうたん**〔豪胆・剛胆〕**ごうき**〔剛毅〕**ごうゆう**〔剛勇・豪勇〕**ゆうかん**〔勇敢〕
おくやま〔奥山〕人里離れた奥深い山。深山《みやま》。	**とやま**〔外山〕
おくゆき〔奥行き〕土地や建物の表から奥までの長さ。	**まぐち**〔間口〕
おくらせる〔遅らせる〕「時計の針を——」。	**はやめる**〔早める〕**すすめる**〔進める〕
おくりだす〔送り出す〕	**むかえいれる**〔迎え入れる〕
おくりて〔送り手〕情報などを提供する側。	**うけて**〔受け手〕
おくりぬし〔送り主〕荷物などを発送する側。荷主。差出人。	**うけとりにん**〔受取人〕
おくりび〔送り火〕盆の終わりに、先祖の霊を送るために焚《た》く火。	**むかえび**〔迎え火〕
おくりもの〔贈り物〕人に贈る品。進物。	**もらいもの**〔貰い物〕
おくる〔贈る〕①「祝いの品を——」。②「官位を——」。	①**もらう**〔貰う〕②**うける**〔受ける〕
おくる〔送る〕①「荷物を——」。②「客を——」。	**うけとる**〔受け取る〕②**むかえる**〔迎える〕
おくれる〔遅れる・後れる〕①「時計が——」。②「開会が——」。③「他の人に——」。④「出勤時間に——」。	①**すすむ**〔進む〕②**はやまる**〔早まる〕③**さきんじる**〔先んじる〕**さきだつ**〔先立つ〕④**まにあう**〔間に合う〕
おこす〔興す〕「国を——」。	**ほろぼす**〔亡ぼす・滅ぼす〕
おこす〔起こす〕①「棒を——」。②「赤ちゃんを——」。③「事件を——」。	①**たおす**〔倒す〕**よこたえる**〔横たえる〕**かたむける**〔傾ける〕②**ねかせる**〔寝かせる〕③**おさめる**〔治める〕
おこたる〔怠る〕「仕事を——」。	**はげむ**〔励む〕**つとめる**〔努める〕**せいだす**〔精出す〕
おこりがお〔怒り顔〕怒った顔。	**わらいがお**〔笑い顔〕
おこりじょうご〔怒り上戸〕酒に酔うと怒る癖のある人。	**わらいじょうご**〔笑い上戸〕**なきじょうご**〔泣き上戸〕
おこる〔怒る〕	**わらう**〔笑う〕
おこる〔興る〕盛んになる。	**ほろびる**〔亡びる・滅びる〕**すたれる**〔廃れる〕**おとろえる**〔衰える〕
おこる〔起こる〕「事件が——」。	**おさまる**〔治まる〕
おごる〔驕る〕思い上がる。	**へりくだる**〔遜る〕

おさまる〔治まる〕①「国が――」。②「発作が――」。	①**みだれる**〔乱れる〕②**おこる**〔起こる〕
おさめる〔治める〕①「国を――」。②「事件を――」。	①**みだす**〔乱す〕②**おこす**〔起こす〕
おさめる〔納める〕「刀を――」。	**ぬく**〔抜く〕
おじ〔伯父〕父・母の兄。	㋐**おじ**〔叔父〕㋑**おば**〔伯母〕㋒**おい**〔甥〕**めい**〔姪〕
おじ〔叔父〕父・母の弟。	㋐**おじ**〔伯父〕㋑**おば**〔叔母〕㋒**おい**〔甥〕**めい**〔姪〕

伯父（父・母の兄）	←→	**叔父**（父・母の弟）
↕		↕
伯母（父・母の姉）	←→	**叔母**（父・母の妹）

おしあう〔押し合う〕	**ひっぱりあう**〔引っ張り合う〕
おしあげる〔押し上げる〕	**おしさげる**〔押し下げる〕**ひきおろす**〔引き下ろす・引き降ろす〕
おじいさん〔お爺さん〕	**おばあさん**〔お婆さん〕
おしえる〔教える〕	**ならう**〔習う〕**おそわる**〔教わる〕**まなぶ**〔学ぶ〕
おしかえす〔押し返す〕	**ひきいれる**〔引き入れる〕
おしかける〔押し掛ける〕	**ひきあげる**〔引き上げる〕
おじけづく〔怖気付く〕恐怖を感じて行動が鈍くなる。	**ゆうきづく**〔勇気付く〕
おしこむ〔押し込む〕	**ひきだす**〔引き出す〕**ひきぬく**〔引き抜く〕
おしさげる〔押し下げる〕	**おしあげる**〔押し上げる〕**ひきあげる**〔引き上げる〕
おしだす〔押し出す〕	**ひきいれる**〔引き入れる〕
おしつける〔押し付ける〕①「むずかしい作業を――」。②「品物を――」。	①**ひきうける**〔引き受ける〕②**ひったくる**〔引ったくる〕
おしとどめる〔押し止める・押し留める〕さえぎって行かせないようにする。	**けしかける**〔嗾ける〕
おしべ〔雄蕊〕「花の――」。	**めしべ**〔雌蕊〕
おしゃべり〔お喋り〕	→しゃべり〔喋り〕
おしよせる〔押し寄せる〕	**ひきあげる**〔引き上げる〕
おす〔押す〕	**ひく**〔引く〕
おす〔雄・牡〕	**めす**〔雌・牝〕
おすい〔汚水〕汚れた水。きたない水。	**じょうすい**〔浄水〕**せいすい**〔清水〕

おずおず（と）〔怖ず怖ず（と）〕おそるおそる。こわごわ。	**どうどう（と）**〔堂々（と）〕**ゆうゆう（と）**〔悠々（と）〕
おせん〔汚染〕汚れに染まること。	**じょうか**〔浄化〕**せんじょう**〔洗浄〕
おそい〔遅い〕	**はやい**〔早い・速い〕
おそいかかる〔襲い掛かる〕	**しのびよる**〔忍び寄る〕
おそう〔襲う〕	**まもる**〔守る・護る〕**ふせぐ**〔防ぐ〕
おそうまれ〔遅生まれ〕４月２日から12月末日までに生まれた人。	**はやうまれ**〔早生まれ〕
おそざき〔遅咲き〕花が、時季に遅れて咲くこと。	**はやざき**〔早咲き〕
おそで〔遅出〕遅く出勤する番。	**はやで**〔早出〕
おそばまい〔遅場米〕収穫時期の遅い地方で産する米。	**はやばまい**〔早場米〕
おそばん〔遅番〕交替制勤務で、後から出る番。	**はやばん**〔早番〕
おそらく〔恐らく〕おおかた。たぶん。	**かならず**〔必ず〕**きっと**
おそれる〔恐れる〕	**あなどる**〔侮る〕
おそろしい〔恐ろしい〕「——顔」。	**やさしい**〔優しい〕
おそわる〔教わる〕	**おしえる**〔教える〕
おだく〔汚濁〕汚れにごること。	**せいちょう**〔清澄〕
おだてあげる〔煽て上げる〕盛んにほめて気持ちをあおりたてる。	**こきおろす**〔扱き下ろす〕**ののしりたおす**〔罵り倒す〕
おだてる〔煽てる〕ほめて人の気持ちをあおる。	**けなす**〔貶す〕**そしる**〔謗る・誹る〕**くさす**〔腐す〕
おだやか〔穏やか〕①「——な海」。②「——な性格」。	①**あらい**〔荒い〕②**はげしい**〔激しい〕**きびしい**〔厳しい〕**けわしい**〔険しい〕**あらっぽい**〔荒っぽい〕
おち〔遠〕遠い所。	**こち**〔近〕
おちあゆ〔落ち鮎〕秋に、産卵のため川を下る鮎。	**のぼりあゆ**〔上り鮎〕
おちくぼむ〔落ち窪む〕落ちこんで低くなる。	**もりあがる**〔盛り上がる〕
おちこむ〔落ち込む〕①「泥沼に——」。②「窮地に——」。	①**はいあがる**〔這いあがる〕②**ぬけだす**〔抜け出す〕**ぬけでる**〔抜け出る〕
おちつきはらう〔落ち着き払う〕	**あわてふためく**〔慌てふためく〕
おちつく〔落ち着く〕	**あわてる**〔慌てる〕**うろたえる**〔狼狽える〕**あせる**〔焦る〕**おびえる**〔怯える〕**いらだつ**〔苛立つ〕**はやる**〔逸る〕**さわぐ**〔騒ぐ〕
おちば〔落ち葉〕	**わかば**〔若葉〕
おちぶれる〔落ちぶれる・零落れる〕惨めな生活状態に落ち込む。零	**なりあがる**〔成り上がる〕

落する。	
おちめ〔落ち目〕衰えた状態。下り目。	**あがりめ**〔上がり目〕**さかり**〔盛り〕
おちる〔落ちる〕①「成績が――」。②「木から――」。③「しみが――」。④「試験に――」。	①**あがる**〔上がる〕②**のぼる**〔登る〕③**つく**〔付く〕④**うかる**〔受かる〕
おつ〔乙〕甲のつぎ。第2位。	**こう**〔甲〕
おっしゃる「言う」の尊敬語。	㋐**もうす**〔申す〕**もうしあげる**〔申し上げる〕㋑**おききになる**〔お聞きになる〕
おっと〔夫〕	**つま**〔妻〕
おでかけ〔お出掛け〕	**おかえり**〔お帰り〕
おでまし〔お出まし〕	→おでかけ〔お出掛け〕
おてんば〔お転婆〕やんちゃ娘。	**おぼこ**
おとうさん〔お父さん〕	㋐**おかあさん**〔お母さん〕㋑**こども**〔子供〕
おとうと〔弟〕	㋐**あに**〔兄〕**にいさん**〔兄さん〕㋑**いもうと**〔妹〕
おとうとでし〔弟弟子〕後から入門した弟子。	**あにでし**〔兄弟子〕
おとうとぶん〔弟分〕弟と同じ扱いを受ける者。	**あにきぶん**〔兄貴分〕
おとうとよめ〔弟嫁〕弟の妻。	㋐**あによめ**〔兄嫁〕㋑**いもうとむこ**〔妹婿〕
おどかす〔脅かす・嚇かす〕	→おどす〔脅す・威す〕
おどける〔戯ける〕ふざけておもしろく振舞う。	**すます**〔澄ます〕
おとこ〔男〕	**おんな**〔女〕
おとこおや〔男親〕父。	**おんなおや**〔女親〕
おとこごころ〔男心〕男の気持ち。	**おんなごころ**〔女心〕
おとこざかり〔男盛り〕男として最も盛んな時期。働き盛り。	**おんなざかり**〔女盛り〕
おとこじょたい〔男所帯〕男だけで構成されている家庭。	**おんなじょたい**〔女所帯〕
おとこずき〔男好き〕男の好みに合うこと。また、女が男を好むこと。	**おんなずき**〔女好き〕
おとこのこ〔男の子〕	**おんなのこ**〔女の子〕
おとこらしい〔男らしい〕男としてふさわしい感じだ。	**おんならしい**〔女らしい〕**めめしい**〔女々しい〕
おとす〔落とす〕①「お金を――」。②「名を――」。③「しみを――」。④「肩を――」。	①**ひろう**〔拾う〕②**あげる**〔上げる〕③**つける**〔付ける〕④**そびやかす**〔聳かす〕
おどす〔脅す・威す〕	**なだめる**〔宥める〕**すかす**〔賺す〕
おとつい〔一昨日〕	→おととい〔一昨日〕

おととい〔一昨日〕きのうの前の日。	**あさって**〔明後日〕**みょうごにち**〔明後日〕
おととし〔一昨年〕去年の前の年。	**さらいねん**〔再来年〕**みょうごねん**〔明後年〕
おとな〔大人〕	**こども**〔子供〕**しょうに**〔小児〕**しょうにん**〔小人〕**じどう**〔児童〕**ようじ**〔幼児〕
おとなしい〔大人しい〕	**あらい**〔荒い〕**やんちゃ**
おとなっぽい〔大人っぽい〕いかにも大人らしい。	**こどもっぽい**〔子供っぽい〕
おとなびる〔大人びる〕	**こどもじみる**〔子供じみる〕
おとる〔劣る〕	**まさる**〔優る・勝る〕**すぐれる**〔優れる・勝れる〕**ひいでる**〔秀でる〕
おとろえ〔衰え〕	**さかり**〔盛り〕
おとろえる〔衰える〕	**さかえる**〔栄える〕**おこる**〔興る〕**たかまる**〔高まる・昂る〕**もりあがる**〔盛り上がる〕
おないどし〔同い年〕年齢が同じであること。同年齢。	**としうえ**〔年上〕**ねんちょう**〔年長〕**としした**〔年下〕**ねんしょう**〔年少〕
おなじ〔同じ〕	**ちがう**〔違う〕**ことなる**〔異なる〕**べつ**〔別〕
おなみ〔男波〕高低のある波のうち、高い方の波。	**めなみ**〔女波〕
おねじ〔雄捻子・雄螺子〕外側に溝を刻んだねじ。	**めねじ**〔雌捻子・雌螺子〕
おのこ〔男の子〕おとこの子。男性。	**めのこ**〔女の子〕
おば〔伯母〕父・母の姉。	㋐**おば**〔叔母〕㋑**おじ**〔伯父〕㋒**めい**〔姪〕**おい**〔甥〕
おば〔叔母〕父・母の妹。	㋐**おば**〔伯母〕㋑**おじ**〔叔父〕㋒**めい**〔姪〕**おい**〔甥〕
おばあさん〔お婆さん〕	**おじいさん**〔お爺さん〕
おはこ〔十八番〕得意とするもの。	**にがて**〔苦手〕**ふえて**〔不得手〕**ふとくい**〔不得意〕
おばな〔雄花〕おしべだけある花。	**めばな**〔雌花〕
おはよう(ございます)〔お早う（ございます)〕朝のあいさつのことば。	㋐**こんばんは**〔今晩は〕**こんにちは**〔今日は〕㋑**おやすみ（なさい)**〔お休み（なさい)〕**さようなら**
おびえる〔怯る〕恐れおののく。こわがって震える。	**おちつく**〔落ち着く〕
おひとよし〔お人好し〕素直過ぎる	**いじわる**〔意地悪〕

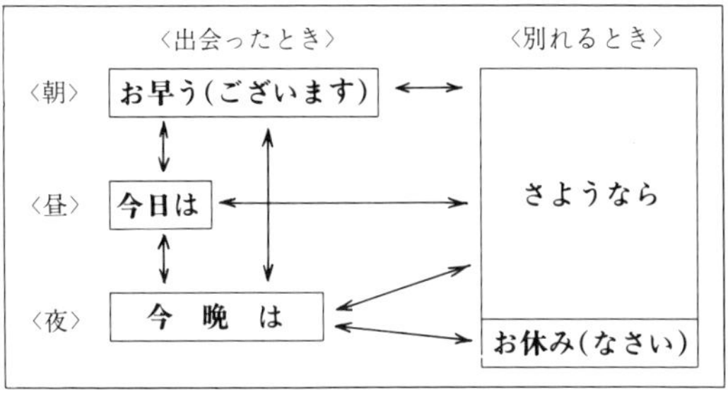

こと。	
オフ〔off〕電気などが、切れていること。	**オン**〔on〕
おふくろ〔お袋〕母親。	㋐**おやじ**〔親父〕㋑**むすめ**〔娘〕**せがれ**〔伜〕**むすこ**〔息子〕
オプチミスト〔optimist〕楽観論者。楽天家。	**ペシミスト**〔pessimist〕
オプチミズム〔optimism〕楽観主義。	**ペシミズム**〔pessimism〕
おべっか　人の機嫌を取る巧みなことば。へつらい。追従《ついしょう》。	**にくまれぐち**〔憎まれ口〕
おぼえる〔覚える〕	**わすれる**〔忘れる〕
おぼこ　世間ずれしていない女性。すれていない娘。	**あばずれ**〔阿婆擦れ〕**おてんば**〔お転婆〕
おぼれる〔溺れる〕	**およぐ**〔泳ぐ〕**うかぶ**〔浮かぶ〕
おまえ〔お前〕	**おれ**〔俺〕
おめい〔汚名〕不名誉なうわさ。	**めいよ**〔名誉〕**えいよ**〔栄誉〕**こうみょう**〔功名〕
おめだま〔お目玉〕叱られること。	**ごほうび**〔ご褒美〕
おもい〔重い〕	**かるい**〔軽い〕
おもいあまる〔思い余る〕どうしょうかと思い悩み、決心が付かない。	**おもいきる**〔思い切る〕
おもいおこす〔思い起こす〕	**わすれさる**〔忘れ去る〕
おもいがけず〔思いがけず〕	→いがいにも〔意外にも〕
おもいきる〔思い切る〕	**おもいのこす**〔思い残す〕**おもいあまる**〔思い余る〕**ためらう**
おもいだす〔思い出す〕	**わすれる**〔忘れる〕**わすれさる**〔忘れ去る〕
おもいのこす〔思い残す〕後に未練を残す。	**おもいきる**〔思い切る〕**あきらめる**〔諦める〕
おもいのほか〔思いの外〕	→あんがい〔案外〕
おもおもしい〔重々しい〕「――態度」。	**かるがるしい**〔軽々しい〕

おもかじ〔面舵〕船首を右へ回す舵のとり方。	**とりかじ**〔取り舵〕
おもしろい〔面白い〕	**つまらない**〔詰まらない〕
おもたい〔重たい〕	→おもい〔重い〕
おもったとおり〔思った通り〕	**おもいのほか**〔思いの外〕**おもいがけず**〔思いがけず〕**いがいにも**〔意外にも〕**あんがい**〔案外〕
おもて〔表〕	**うら**〔裏〕**おく**〔奥〕
おもてぐち〔表口〕	**うらぐち**〔裏口〕
おもてけい〔表罫〕印刷用の罫線の細いもの。	**うらけい**〔裏罫〕
おもてさく〔表作〕二毛作の田畑で栽培する作物のうち、主になる方。	**うらさく**〔裏作〕
おもてざた〔表沙汰〕公式の扱い。	**うちざた**〔内沙汰〕**うちわ**〔内輪〕
おもてどおり〔表通り〕主になる大きな街路。大通り。本通り。	**うらどおり**〔裏通り〕**よこちょう**〔横町〕
おもてもん〔表門〕	→せいもん〔正門〕
おもなが〔面長〕長い顔。	**まるがお**〔丸顔〕
おもむきぶかい〔趣深い〕しみじみとして、味わい深い。	**さっぷうけい**〔殺風景〕
おもむろに〔徐ろに〕ゆっくりと落ち着いて。	**やにわに**〔矢庭に〕**すみやかに**〔速やかに〕**すぐに**〔直ぐに〕
おもや〔母屋〕屋敷の中で、世帯主が住む主要な部分。	**はなれ**〔離れ〕
おもり〔重り・錘〕釣り針などを水中に沈めるおもし。	**うき**〔浮き〕
おもんじる〔重んじる〕重く扱う。	**かろんじる**〔軽んじる〕
おや〔親〕	**こ**〔子〕
おやがいしゃ〔親会社〕他の会社を支配下に置く会社。	**こがいしゃ**〔子会社〕
おやかた〔親方〕主人。雇い主。親分。	**こかた**〔子方〕**とてい**〔徒弟〕
おやかぶ〔親株〕会社が増資する場合、新株割り当ての元になる株。旧株。	**こかぶ**〔子株〕
おやきぎょう〔親企業〕中小企業に仕事を下請けさせる大企業。	**したうけきぎょう**〔下請企業〕
おやこうこう〔親孝行〕親を大切にすること。	**おやふこう**〔親不孝〕
おやじ〔親父〕父親。	㋐**おふくろ**〔お袋〕㋑**せがれ**〔倅〕**むすこ**〔息子〕**むすめ**〔娘〕
おやしお〔親潮〕日本列島の東岸を南下する寒流。千島海流。	**くろしお**〔黒潮〕**にほんかいりゅう**〔日本海流〕
おやすみ（なさい）〔お休み（なさい）〕夜、寝床に就くときのあいさつ	**おはよう（ございます）**〔お早う（ございます）〕

のことば。

おやどり〔親鳥〕	**ひな**〔雛〕**ひなどり**〔雛鳥〕**たまご**〔卵〕
おやふこう〔親不孝〕親を粗末にすること。	**おやこうこう**〔親孝行〕
おやぶん〔親分〕親のように慕う人。かしら。主人。親方。	**こぶん**〔子分〕**てした**〔手下〕
おやゆび〔親指〕	**こゆび**〔小指〕
およぐ〔泳ぐ〕	**おぼれる**〔溺れる〕
およそ〔凡そ〕	→おおよそ〔大凡〕
および〔及び〕「A――B」。	**または**〔又は〕**あるいは**〔或いは〕
およびごし〔及び腰〕あいまいで、どっちつかずの態度。	**ほんごし**〔本腰〕
おりあしく〔折悪しく〕あいにく。運悪く。	**おりよく**〔折良く〕**うんよく**〔運良く〕
おりえり〔折り襟〕外側へ折り返した形の襟。	**つめえり**〔詰め襟〕**たちえり**〔立ち襟〕
おりおり〔折々〕	→ときどき〔時々〕
オリジナル〔original〕原型。原作。	**コピー**〔copy〕**レプリカ**〔replica〕
おりひめ〔織り姫〕	→しょくじょせい〔織女星〕
おりよく〔折良く〕都合よく。運よく。	**おりあしく**〔折悪しく〕**あいにく**〔生憎〕**うんわるく**〔運悪く〕
おりる〔下りる・降りる〕①「山から――」。②「幕が――」。③「バスから――」。	①**のぼる**〔登る・上る〕②**あがる**〔上がる〕③**のる**〔乗る〕
おる〔折る〕「指を――」。	**のばす**〔伸ばす〕
おれ〔俺〕	**おまえ**〔お前〕**きさま**〔貴様〕
おれせんグラフ〔折れ線 graph〕数量を表す各点を線でつないだグラフ。	**えんグラフ**〔円 graph〕**ぼうグラフ**〔棒 graph〕
おれる〔折れる〕	**のびる**〔伸びる〕
おろか〔愚か〕知恵が足りないさま。ばかなさま。	**かしこい**〔賢い〕**さかしい**〔賢しい〕**さとい**〔聡い〕
おろかしい〔愚かしい〕	→おろか〔愚か〕
おろしうり〔卸売り〕問屋が小売店に商品をまとめて売ること。	**こうり**〔小売り〕
おろしや〔卸し屋〕	→とんや〔問屋〕
おろす〔下ろす・降ろす〕①「棚から――」。②「看板を――」。③「車から――」。④「銀行からお金を――」。⑤「赤ちゃんを――」。	①**あげる**〔上げる〕**もちあげる**〔持ち上げる〕②**かかげる**〔掲げる〕**かける**〔掛ける〕③**つむ**〔積む〕**のせる**〔乗せる・載せる〕④**あずける**〔預ける〕**あずけいれる**〔預け入れる〕⑤**だく**〔抱く〕**せおう**〔背負う〕

おろす〔卸す〕問屋《とんや》が小売店に商品を売る。	**しいれる**〔仕入れる〕
おわり〔終わり〕	**はじまり**〔始まり〕**はじめ**〔初め〕
おわる〔終わる〕	**はじまる**〔始まる〕
おん〔恩〕他人から受けた恵みや好意。	**しゅう**〔讐〕**あだ**〔仇〕
おん〔温〕あたたかい。	**れい**〔冷〕**かん**〔寒〕
おん〔音〕国語化した漢字の発音。字音。	**くん**〔訓〕
オン〔on〕電気などが、通じていること。	**オフ**〔off〕
おんあんぽう〔温罨法〕患部を温める治療法。	**れいあんぽう**〔冷罨法〕
おんぎ〔恩義〕義理のある恩。	**えんこん**〔怨恨〕
おんくんさくいん〔音訓索引〕漢和辞典に収録した文字を、その音・訓によって五十音順に配列して、所在ページを示したもの。	**そうかくさくいん**〔総画索引〕**ぶしゅさくいん**〔部首索引〕
おんくんびき〔音訓引き〕漢和辞典の引き方のひとつで、漢字の音・訓によって引くもの。	**そうかくびき**〔総画引き〕**ぶしゅびき**〔部首引き〕
おんけつどうぶつ〔温血動物〕哺乳類など、いつも一定の体温を保つ動物。定温動物。恒温動物。	**れいけつどうぶつ**〔冷血動物〕
おんけん〔穏健〕考えや言動が穏やかなさま。	**かげき**〔過激〕
おんけんは〔穏健派〕考えや言動が穏やかな人たちのグループ。	**かげきは**〔過激派〕
おんこう〔温厚〕穏やかで、あたたかいさま。やさしく情深いさま。	**いんけん**〔陰険〕
おんじゅん〔温順〕おとなしくて、素直なさま。柔順。	**がんめい**〔頑迷〕**がんこ**〔頑固〕
おんじょう〔温情〕あたたかい心。	**ひじょう**〔非情〕
おんじん〔恩人〕世話になった人。情けを掛けてくれた人。	**きゅうてき**〔仇敵〕
おんすい〔温水〕温かい水。ぬるま湯。	㋐**れいすい**〔冷水〕㋑**ねっとう**〔熱湯〕
おんせいげんご〔音声言語〕話しことば。	**もじげんご**〔文字言語〕
おんせん〔温泉〕地熱に温められて湧き出る地下水で、25°C以上のもの。	**れいせん**〔冷泉〕
おんぞうえく〔怨憎会苦〕憎んでいる者と会う苦しみ。	**あいべつりく**〔愛別離苦〕
おんぞうこ〔温蔵庫〕食品を温めた	**れいぞうこ**〔冷蔵庫〕

まま貯蔵する器具。

おんたい〔温帯〕寒帯と熱帯の間にある、気候の穏やかな地域。
㋐かんたい〔寒帯〕㋑ねったい〔熱帯〕

おんだん〔温暖〕気候が穏やかで暖かいこと。
かんれい〔寒冷〕

おんだんぜんせん〔温暖前線〕冷たい空気のある地域に、暖かい空気が入りこんで出来る不連続線。
かんれいぜんせん〔寒冷前線〕

おんてん〔温点〕皮膚に分布していて、温かさを感じる点。
れいてん〔冷点〕

おんど〔温度〕
しつど〔湿度〕

おんとう〔穏当〕道理にかなって無理がないこと。
ふおん〔不穏〕ふとう〔不当〕ふおんとう〔不穏当〕

おんどく〔音読〕①声に出して読むこと。②漢字を字音で読むこと。
①もくどく〔黙読〕②くんどく〔訓読〕

おんどり〔雄鳥・雄鶏〕
めんどり〔雌鳥・雌鶏〕

おんな〔女〕
おとこ〔男〕

おんなおや〔女親〕母。
おとこおや〔男親〕

おんなごころ〔女心〕女の気持ち。
おとこごころ〔男心〕

おんなざかり〔女盛り〕女性として最も美しい年ごろ。
おとこざかり〔男盛り〕

おんなじょたい〔女所帯〕女だけで構成されている家庭。
おとこじょたい〔男所帯〕

おんなずき〔女好き〕女の好みに合うこと。また、女を好むこと。
おとこずき〔男好き〕

おんなのこ〔女の子〕
おとこのこ〔男の子〕

おんならしい〔女らしい〕
おとこらしい〔男らしい〕

おんぶ〔負んぶ〕
だっこ〔抱っこ〕

おんぷう〔温風〕温かい風。暖風。
れいふう〔冷風〕りょうふう〔涼風〕かんぷう〔寒風〕

おんよく〔温浴〕温泉や湯に入ること。
すいよく〔水浴〕れいよく〔冷浴〕

おんよみ〔音読み〕漢字を字音で読むこと。
くんよみ〔訓読み〕

おんりえど〔厭離穢土〕
→えんりえど〔厭離穢土〕

おんわ〔温和・穏和〕おとなしくてなごやかなさま。柔和《にゅうわ》。
そぼう〔粗暴〕らんぼう〔乱暴〕きょうぼう〔狂暴〕どうもう〔獰猛〕れいこく〔冷酷〕いんけん〔陰険〕しゅんげん〔峻厳〕

か

か〔下〕した。
じょう〔上〕

か〔仮〕かり。本物でないもの。
しん〔真〕ほん〔本〕

か〔加〕くわえる。ふやす。足し算。	**げん**〔減〕**じょう**〔乗〕**じょ**〔除〕
か〔可〕よい。ゆるす。	**ひ**〔否〕**ふか**〔不可〕
か〔夏〕なつ。	**とう**〔冬〕**しゅん**〔春〕**しゅう**〔秋〕
か〔寡〕少ない。	**た**〔多〕**しゅう**〔衆〕
か〔果〕結果。	**いん**〔因〕
か〔火〕ひ。	**すい**〔水〕
か〔禍〕わざわい。	**ふく**〔福〕
か〔過〕すぎる。程度を越える。	**ふそく**〔不足〕
が〔我〕われ。こちら。	**ひ**〔彼〕
が〔雅〕みやびやか。風流。	**ぞく**〔俗〕
が「自信はない――、ともかくやってみよう」。	**から**　**ので**
かあつ〔加圧〕圧力を加えること。	**げんあつ**〔減圧〕
ガール〔girl〕少女。女の子。	**ボーイ**〔boy〕
ガールスカウト〔Girl Scouts〕少女団。	**ボーイスカウト**〔Boy Scouts〕
ガールフレンド〔girl friend〕女友達。	**ボーイフレンド**〔boy friend〕
かい〔海〕うみ。	**りく**〔陸〕**くう**〔空〕**さん**〔山〕
かい〔開〕ひらく。	**へい**〔閉〕
かい〔下位〕下のくらい。低位。	**じょうい**〔上位〕**こうい**〔高位〕**ちゅうい**〔中位〕
かい〔下意〕一般民衆の考え。民意。	**じょうい**〔上意〕
がい〔外〕そと。	**ない**〔内〕**ちゅう**〔中〕
がい〔害〕そこなう。	**り**〔利〕**えき**〔益〕
かいあく〔改悪〕改めてかえって悪くすること。	**かいぜん**〔改善〕**かいりょう**〔改良〕
かいあげる〔買い上げる〕官庁などが民間から物資を買う。	**はらいさげる**〔払い下げる〕
かいいぬ〔飼い犬〕飼い主がある犬。	**のらいぬ**〔野良犬〕**やけん**〔野犬〕
かいいん〔開院〕国会が始まること。病院などを新しく開くこと。	**へいいん**〔閉院〕**はいいん**〔廃院〕
がいいん〔外因〕そのもの以外から生じた原因。	**ないいん**〔内因〕
かいうける〔買い受ける〕	**うりわたす**〔売り渡す〕**うりはらう**〔売り払う〕
かいうん〔海運〕人や物を海上の船で運ぶこと。海上輸送。	**りくうん**〔陸運〕**くうゆ**〔空輸〕
かいうん〔開運〕幸運に向かうこと。	**ひうん**〔非運・悲運〕
かいえん〔開園〕動物園・幼稚園などを開くこと。	**へいえん**〔閉園〕
かいえん〔開演〕演劇などを始めること。	**しゅうえん**〔終演〕
がいえん〔外苑・外園〕神社などの	**ないえん**〔内苑・内園〕

外側に広がる大きい庭。

がいえん〔外延〕概念が適用されるべき事物の範囲。 **ないほう**〔内包〕

かいおん〔開音〕国語のオ列音のうち、アウ・カウなどから変わった音。開口音。 **ごうおん**〔合音〕

かいか〔開化〕文明が開けること。 **みかい**〔未開〕

かいか〔開架〕図書館で、自由に書架から出して見ることを許す方式。 **へいか**〔閉架〕

かいか〔開花〕花が咲くこと。 **らっか**〔落花〕

かいか〔階下〕２階建ての建物の１階。 **かいじょう**〔階上〕

がいか〔外貨〕外国の通貨。 **ほうか**〔邦貨〕

かいかい〔開会〕会を始めること。 **へいかい**〔閉会〕**さんかい**〔散会〕**きゅうかい**〔休会〕

かいがい〔海外〕海をへだてたよその国。外国。 **こくない**〔国内〕**かいだい**〔海内〕

がいかい〔外海〕陸地の外側にある海。そとうみ。外洋。 ㋐**ないかい**〔内海〕**うちうみ**〔内海〕㋑**かいがん**〔海岸〕

がいかい〔外界〕外の世界。げかい。 **ないかい**〔内界〕

がいかく〔外角〕多角形の一辺と、その隣の辺の延長とで作られる角。また、野球で、ホームプレートの打者より遠い側。アウトコーナー。 **ないかく**〔内角〕

かいかけきん〔買掛金〕品物を買ってまだ支払っていない代金。 **うりかけきん**〔売掛金〕

かいかつ〔快活〕元気で明るいさま。 **いんうつ**〔陰鬱〕

がいかつてき〔概括的〕 →そうかつてき〔総括的〕

かいかぶる〔買い被る〕実質以上に高く評価する。 **みくびる**〔見くびる〕

かいかん〔開館〕①図書館などを開いて業務をすること。②図書館などを新しく開くこと。 ①**へいかん**〔閉館〕**きゅうかん**〔休館〕②**へいかん**〔閉館〕**はいかん**〔廃館〕

かいがん〔海岸〕海の岸辺。 **がいかい**〔外海〕**がいよう**〔外洋〕**おきあい**〔沖合い〕

かいがん〔開眼〕目が見えるようになること。 **しつめい**〔失明〕

がいかん〔外患〕外から襲ってくる災難。 **ないゆう**〔内憂〕**ないかん**〔内患〕

がいかん〔外観〕外から見たようす。うわべ。外見。外形。 **ないじつ**〔内実〕**ないよう**〔内容〕**ないしん**〔内心〕**なかみ**〔中身・中味〕

かいき〔買い気〕買おうとする気持ち。 **うりき**〔売り気〕

かいぎ〔懐疑〕疑いを持つこと。 **かくしん**〔確信〕**もうしん**〔盲信〕

かいきしょく〔皆既食・皆既蝕〕太陽や月がまったく見えなくなる日食や月食。 **ぶぶんしょく**〔部分食・部分蝕〕
かいきょ〔開渠〕上に覆いのない水路。 **あんきょ**〔暗渠〕
かいきょ〔快挙〕胸のすくようなすばらしい行い。 **ぐきょ**〔愚挙〕**ぐこう**〔愚行〕
かいきょう〔海峡〕陸地に挟まれて狭くなっている海。 **ちきょう**〔地峡〕
かいぎょう〔開業〕事業を新しく始めること。開店。 **はいぎょう**〔廃業〕
がいきょく〔外局〕中央官庁に属しながら、独立的な仕事をする庁・局。大蔵省に属する国税庁など。 **ないきょく**〔内局〕
かいぎろん〔懐疑論〕人間の認識では、普遍的な真理をとらえられないとする考え。 **どくだんろん**〔独断論〕
かいきん〔皆勤〕一定期間、１日も休まず出席・出勤すること。 **ぜんけつ**〔全欠〕
かいきん〔解禁〕禁止しているのをやめて、解き許すこと。 **きんし**〔禁止〕
がいきん〔外勤〕外回りの勤務。外務。 **ないきん**〔内勤〕
かいくん〔回訓〕外国にいる役人が本国から受けた回答。 **せいくん**〔請訓〕
かいぐん〔海軍〕主として海上の攻撃や防衛をつかさどる軍隊。 **りくぐん**〔陸軍〕**くうぐん**〔空軍〕
がいけい〔外形〕 →がいかん〔外観〕
かいけつ〔解決〕事件などがおさまり片づくこと。 **けつれつ**〔決裂〕**ふんきゅう**〔紛糾〕**みかいけつ**〔未解決〕
がいけん〔外見〕 →がいかん〔外観〕
かいこ〔回顧〕過去のことを振り返ること。回想。 **てんぼう**〔展望〕**よそう**〔予想〕
かいこ〔解雇〕雇い人をやめさせること。 **こよう**〔雇用〕**さいよう**〔採用〕
かいこう〔海港〕海に面した港。 ㋐**かこう**〔河港〕㋑**くうこう**〔空港〕
かいこう〔開校〕学校を新しく開くこと。 **へいこう**〔閉校〕**はいこう**〔廃校〕**きゅうこう**〔休校〕
かいこう〔開港〕 →かいこく〔開国〕
かいこう〔開講〕講義や講習会を始めること。 **へいこう**〔閉講〕**きゅうこう**〔休講〕
がいこう〔外交〕外国とのつきあい。 **ないせい**〔内政〕
がいこう〔外項〕比例式a:b＝c:dにおけるａとｄ。 **ないこう**〔内項〕
がいこうせい〔外向性〕外部への関 **ないこうせい**〔内向性〕

心が高く積極的な性格。

がいこうせん〔外航船〕外国航路の船。 **ないこうせん**〔内航船〕

かいこく〔開国〕外国との往来を始めること。開港。 **さこく**〔鎖国〕

がいこく〔外国〕よその国。異国。他国。 **こくない**〔国内〕**じこく**〔自国〕**ほんごく**〔本国〕**そこく**〔祖国〕**ぼこく**〔母国〕**ここく**〔故国〕

がいこくご〔外国語〕よその国のことば。外語。 **じこくご**〔自国語〕**こくご**〔国語〕**にほんご**〔日本語〕

がいこくじん〔外国人〕よその国の人。外人。他国人。異人。 **どうほう**〔同胞〕**にほんじん**〔日本人〕**ほうじん**〔邦人〕

かいこくろん〔開国論〕江戸時代末期の、鎖国をやめて外国と交渉を開こうとする考え。 **じょういろん**〔攘夷論〕

かいことば〔買い言葉〕人からの非難に対し、言い返すことば。 **うりことば**〔売り言葉〕

がいざい〔外在〕原因などが、そのものの外部にあること。 **ないざい**〔内在〕

がいざいりつ〔外在律〕詩の外形に現れるリズム。 **ないざいりつ**〔内在律〕

かいさく〔改作〕原作に手を加えて作りかえた作品。 **げんさく**〔原作〕

かいさつ〔改札〕駅で乗客の切符を改めること。 ㋐**しゅっさつ**〔出札〕㋑**しゅうさつ**〔集札〕

かいさん〔海産〕海からとれること。 **りくさん**〔陸産〕

かいさん〔解散〕①集まっていた人が別れてしまうこと。②議会が任期の途中で全議員の資格を奪うこと。③会社や組合がその組織を解くこと。 ①**しゅうごう**〔集合〕②**しょうしゅう**〔召集〕③**せつりつ**〔設立〕**けっせい**〔結成〕

がいさん〔概算〕おおまかな計算。 **せいさん**〔精算〕

かいさんぶつ〔海産物〕魚・貝・海藻など、海からとれる物。海の幸《さち》。 **のうさくもつ**〔農作物〕**のうさんぶつ**〔農産物〕

かいし〔開始〕始まること。 **しゅうりょう**〔終了〕

がいじ〔外耳〕耳の、鼓膜より外にある部分。 **ないじ**〔内耳〕

かいしき〔開式〕式典を開くこと。 **へいしき**〔閉式〕

がいしゃ〔外車〕外国製の自動車。 **こくさんしゃ**〔国産車〕

がいじゅ〔外需〕外国からの需要。 **ないじゅ**〔内需〕

かいしゅう〔回収〕物を集めて元に戻すこと。 **はいふ**〔配布〕**はっこう**〔発行〕

がいしゅつ〔外出〕家の外へ出かけること。 ㋐**ざいたく**〔在宅〕㋑**きたく**〔帰宅〕

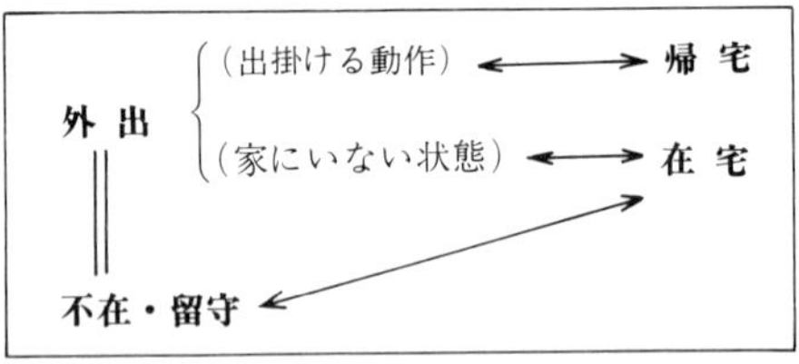

がいしゅっけつ〔外出血〕体の外へ血が出ること。	**ないしゅっけつ**〔内出血〕
かいしょ〔楷書〕くずさずに正確に書かれた漢字の字体。	**ぎょうしょ**〔行書〕**そうしょ**〔草書〕
かいしょう〔快勝〕鮮やかに勝つこと。大勝。圧勝。完勝。	㋐**ざんぱい**〔惨敗〕㋑**しんしょう**〔辛勝〕
かいじょう〔海上〕海の上。海面。	㋐**りくじょう**〔陸上〕**ちじょう**〔地上〕**くうちゅう**〔空中〕**てんじょう**〔天上〕㋑**かいてい**〔海底〕**かいちゅう**〔海中〕
かいじょう〔開場〕会場を開くこと。	**へいじょう**〔閉場〕
かいじょう〔階上〕２階建ての建物の２階。階段の上。	**かいか**〔階下〕
がいしょう〔外商〕店に来ない客の所へ行って売ること。	**みせうり**〔店売り〕
かいしょく〔解職〕	→かいにん〔解任〕
かいしん〔改新〕古いものを除いて新しい状態にすること。	**ふっこ**〔復古〕
がいしん〔外心〕三角形の外接円の中心。	**ないしん**〔内心〕
がいじん〔外人〕	→がいこくじん〔外国人〕
がいじん〔外陣〕神社や寺で、内陣の外側にあって一般の人々が礼拝する所。	**ないじん**〔内陣〕
かいすい〔海水〕塩分を含んだ海の水。	**たんすい**〔淡水〕
かいすう（じょうしゃ）けん〔回数（乗車）券〕何枚かをひとつづりにした切符。	**ふつう（じょうしゃ）けん**〔普通（乗車）券〕**ていき（じょうしゃ）けん**〔定期（乗車）券〕
がいする〔害する〕損害を与える。毒する。	**えきする**〔益する〕**りする**〔利する〕
かいせい〔快晴〕快く晴れた天気。	**うてん**〔雨天〕**どんてん**〔曇天〕
かいせい〔改姓〕名字《みょうじ》を変えること。	**ふくせい**〔復姓〕
がいせき〔外戚〕母方の親戚。	**ないせき**〔内戚〕
かいせつ〔開設〕施設などを新しく開くこと。	**へいさ**〔閉鎖〕
がいせつ〔外接〕円や多角形が、別の	**ないせつ**〔内接〕

円や多角形の外部に接すること。

がいせつ〔概説〕だいたいの説明。おおまかな解説。概論。略説。　**せいせつ**〔精説〕**しょうせつ**〔詳説〕

かいせん〔海戦〕海上の戦い。　**りくせん**〔陸戦〕**くうちゅうせん**〔空中戦〕

かいせん〔開戦〕戦いを始めること。　**しゅうせん**〔終戦〕**ていせん**〔停戦〕**きゅうせん**〔休戦〕

かいぜん〔改善〕よい方向に改めること。改良。　**かいあく**〔改悪〕

がいせん〔凱旋〕戦いに勝って帰ること。　**しゅつじん**〔出陣〕**しゅっせい**〔出征〕

がいせん〔外線〕外側の線。外部に通じる電話線。　**ないせん**〔内線〕

がいぜんせい〔蓋然性〕あることが起こり得る可能性の度合い。　**ひつぜんせい**〔必然性〕

かいそう〔回想〕過去のことを思い出すこと。　**よそう**〔予想〕

がいそう〔外装〕外側のよそおい。　**ないそう**〔内装〕

かいぞく〔海賊〕海にいる盗賊。　**さんぞく**〔山賊〕

かいたい〔解体〕まとまっていた組織や建物を、ばらばらにすること。　㋐**がったい**〔合体〕㋑**しんちく**〔新築〕**けんせつ**〔建設〕

かいだい〔改題〕題目を改めること。　**げんだい**〔原題〕

かいだい〔海内〕海で囲まれた国の中。国内。　**かいがい**〔海外〕

かいだく〔快諾〕快く引き受けること。　**こじ**〔固辞〕**じたい**〔辞退〕**しゅんきょ**〔峻拒〕

かいだん〔解団〕団体の組織を解くこと。　**けつだん**〔結団〕

がいち〔外地〕国外の土地。戦争などで得た新しい領土。　**ないち**〔内地〕**ほんど**〔本土〕

かいちく〔改築〕建物を建てかえること。　**しんちく**〔新築〕

かいちゅう〔海中〕海の中。　㋐**かいじょう**〔海上〕**かいめん**〔海面〕**かいてい**〔海底〕㋑**ちちゅう**〔地中〕**くうちゅう**〔空中〕

がいちゅう〔害虫〕人畜・作物などに害を与える昆虫。　**えきちゅう**〔益虫〕

かいちょう〔快調〕調子がすばらしくよいこと。順調。　**ふちょう**〔不調〕**へんちょう**〔変調〕

がいちょう〔害鳥〕害を与える鳥。　**えきちょう**〔益鳥〕

かいつう〔開通〕道や鉄道などが新しく通じること。　**ふつう**〔不通〕

かいて〔買い手〕買う人。　**うりて**〔売り手〕

かいてい〔海底〕海のそこ。	㋐**かいじょう**〔海上〕**かいめん**〔海面〕**かいちゅう**〔海中〕㋑**ちてい**〔地底〕**てんじょう**〔天上〕
かいてい〔開廷〕法廷で裁判を始めること。	**へいてい**〔閉廷〕
かいてき〔快適〕順調で気持ちがよいさま。	**ふかい**〔不快〕
かいてん〔開店〕店を開くこと。店を新しくつくること。	**へいてん**〔閉店〕
がいでん〔外伝〕伝記の、本筋から外れた補助的な部分。	**ほんでん**〔本伝〕
かいとう〔回答〕質問や問い合わせに答えること。質問などに対する答え。	**しつもん**〔質問〕**しょうかい**〔照会〕
かいとう〔解凍〕冷凍した食品などを元に戻すこと。	**れいとう**〔冷凍〕
かいとう〔解答〕①問題を解くこと。②問題に対する答え。	①**しゅつだい**〔出題〕②**もんだい**〔問題〕
かいとう〔解党〕政党を解散すること。	**けっとう**〔結党〕
かいとる〔買い取る〕	**うりはらう**〔売り払う〕**うりわたす**〔売り渡す〕
かいなんぷう〔海軟風〕昼、海から陸に向かって吹く風。海風《かいふう》。	**りくなんぷう**〔陸軟風〕
かいにゅう〔介入〕関係を持とうとして割り込むこと。	**せいかん**〔静観〕**ぼうかん**〔傍観〕**ふかいにゅう**〔不介入〕
かいにん〔解任〕役目をやめさせること。解職。免職。	**にんよう**〔任用〕**にんめい**〔任命〕
かいぬし〔買い主〕品物を買う人。買い手。	**うりぬし**〔売り主〕
かいね〔買い値〕買うときの値段。	**うりね**〔売り値〕
かいはつとじょうこく〔開発途上国〕工業化が遅れ、生活水準の低い国。低開発国。後進国。	**せんしんこく**〔先進国〕
かいひ〔回避〕事件・事故などを、避けること。	**ちょくめん**〔直面〕**とうめん**〔当面〕
かいひょう〔解氷〕氷がとけること。	**けっぴょう**〔結氷〕
かいひょう〔開票〕投票箱を開くこと。	**とうひょう**〔投票〕
がいひょう〔概評〕大まかな批評。	**さいひょう**〔細評〕
かいひん〔海浜〕	→はまべ〔浜辺〕
がいぶ〔外部〕外側の部分。	**ないぶ**〔内部〕
かいふう〔海風〕昼、海から陸に向かって吹く風。海軟風。	**りくふう**〔陸風〕
かいふう〔開封〕手紙などの封をひらくこと。	**ふうかん**〔封緘〕**みっぷう**〔密封〕**げんぷう**〔厳封〕

がいぶん〔外分〕点が線分の延長線上にあること。 **ないぶん**〔内分〕

がいぶんぴ〔外分泌〕体内の腺が、その分泌物を導管を通じて体外や消化管内に送り出す作用。 **ないぶんぴ**〔内分泌〕

かいへい〔開平〕平方根を求めること。 ㋐**にじょう**〔二乗〕㋑**かいりゅう**〔開立〕

がいへき〔外壁〕建物の、外側の壁。 **ないへき**〔内壁〕

かいほう〔解放〕束縛を解いて自由にすること。 **そくばく**〔束縛〕**こうそく**〔拘束〕**こうきん**〔拘禁〕

かいほう〔開放〕開けはなつこと。 **へいさ**〔閉鎖〕**ふうさ**〔封鎖〕

がいまい〔外米〕外国産の米。 **ないちまい**〔内地米〕

かいまく〔開幕〕幕がひらくこと。物事が始まること。 **へいまく**〔閉幕〕**しゅうまく**〔終幕〕

かいみょう〔戒名〕仏教で、死者に付ける名。 **ぞくみょう**〔俗名〕

かいむ〔皆無〕まったくないこと。 **ほうふ**〔豊富〕**じゅんたく**〔潤沢〕

がいむ〔外務〕外国との交渉・通商などに関する事務。 **ないむ**〔内務〕

かいめつ〔壊滅・潰滅〕 →ぜんめつ〔全滅〕

かいめん〔海面〕 →かいじょう〔海上〕

がいめん〔外面〕うわべ。外見。 **ないめん**〔内面〕

がいめんてき〔外面的〕物事の外側を問題にするさま。 **ないめんてき**〔内面的〕

かいもの〔買い物〕 ㋐**うりもの**〔売り物〕㋑**もらいもの**〔貰い物〕

かいもん〔開門〕門をひらくこと。 **へいもん**〔閉門〕

がいや〔外野〕野球で、各塁を結ぶ線の外側。 **ないや**〔内野〕

かいやく〔解約〕約束を取り消すこと。 **けいやく**〔契約〕**せいやく**〔成約〕

がいやしゅ〔外野手〕野球で、外野を守る選手。右翼手・中堅手・左翼手。 **ないやしゅ**〔内野手〕

かいゆ〔快癒〕 →ぜんかい〔全快〕

かいよう〔海洋〕広い海。 **たいりく**〔大陸〕**りくち**〔陸地〕**てんくう**〔天空〕

がいよう〔外洋〕陸地の外に広がる広い海。外海。 ㋐**ないかい**〔内海〕㋑**かいがん**〔海岸〕

がいよう〔概要〕 →がいりゃく〔概略〕

かいようせいきこう〔海洋性気候〕海の影響を受けて、寒暖の差の少ない温和な気候。 **たいりくせいきこう**〔大陸性気候〕**ないりくせいきこう**〔内陸性気候〕

がいようやく〔外用薬〕体の外に付ける薬。塗り薬など。 **ないふくやく**〔内服薬〕

がいらい〔外来〕①他の所から来ること。②治療を受けるために病院に通うこと。	①**どちゃく**〔土着〕**ざいらい**〔在来〕**こゆう**〔固有〕②**にゅういん**〔入院〕
がいらいかんじゃ〔外来患者〕病院などで、よそから診療を受けに来る人。	**にゅういんかんじゃ**〔入院患者〕
がいらいご〔外来語〕外国語から国語の中に取り入れられた語。	**こゆうご**〔固有語〕**ざいらいご**〔在来語〕**わご**〔和語〕
かいらく〔快楽〕楽しくて快いさま。楽しみ。	㋐**くつう**〔苦痛〕**くなん**〔苦難〕㋑**きんよく**〔禁欲〕
かいらくしゅぎ〔快楽主義〕楽しみを求めるのを第一とする考え方。	**きんよくしゅぎ**〔禁欲主義〕
がいりゃく〔概略〕あらまし。	**しょうさい**〔詳細〕**いさい**〔委細〕**めいさい**〔明細〕
かいりゅう〔開立〕立方根を求めること。	㋐**さんじょう**〔三乗〕㋑**かいへい**〔開平〕
かいりょう〔改良〕	→かいぜん〔改善〕
かいりょうしゅ〔改良種〕品種改良によって作られた品種。	**げんしゅ**〔原種〕
がいりんざん〔外輪山〕火口壁が二重になっている火山の、外側の山稜。	**ないりんざん**〔内輪山〕
かいろ〔海路〕海上の船の通るみち。船の旅。	**りくろ**〔陸路〕**くうろ**〔空路〕
がいろん〔概論〕あらましを述べる論説。概説。	**しょうろん**〔詳論〕**さいろん**〔細論〕
かいわ〔会話〕ふたり以上の人が互いに話し合うこと。	**たいわ**〔対話〕**どくわ**〔独話〕
かいわぶん〔会話文〕小説などで、登場人物の会話を表す部分。	**じのぶん**〔地の文〕
かいん〔下院〕外国の二院制の国会で、日本の衆議院に相当する議会。	**じょういん**〔上院〕
かいん〔過員〕人数が定員以上になること。	**けついん**〔欠員〕
かう〔買う〕	㋐**うる**〔売る〕㋑**もらう**〔貰う〕
かえす〔返す〕①「波が――」。②「お金を――」。	①**よせる**〔寄せる〕②**かりる**〔借りる〕**とる**〔取る〕**ぬすむ**〔盗む〕
かえだま〔替え玉〕本物と偽って使うにせもの。	**ほんもの**〔本物〕
かえりがけ〔帰り掛け〕帰る途中。帰るついで。	**いきがけ**〔行き掛け〕
かえりしな〔帰りしな〕帰る途中。帰りがけ。	**いきしな**〔行きしな〕
かえりつく〔帰り着く〕	**でかける**〔出掛ける〕
かえりみち〔帰り道〕	**いきみち**〔行き道・往き道〕

かえる〔帰る〕	㋐**いく**〔行く〕㋑**くる**〔来る〕
かおなじみ〔顔馴染〕よく知った間柄。親しい者同士。	**みずしらず**〔見ず知らず〕
かおみしり〔顔見知り〕知っている者同士。	**みずしらず**〔見ず知らず〕
がか〔賀歌〕喜びの歌。	**ばんか**〔挽歌〕
かかあでんか〔嬶天下〕妻の力が夫をしのいでいる家庭。	**ていしゅかんぱく**〔亭主関白〕
かがい〔加害〕他人に害を加えること。	**ひがい**〔被害〕
かがい〔課外〕決められた課程の外。	**せいか**〔正課〕
かがいしゃ〔加害者〕他人に害を与えた人。	**ひがいしゃ**〔被害者〕
かかえこむ〔抱え込む〕	**つきはなす**〔突き放す〕**はらいのける**〔払い除ける〕
かがく〔下顎〕したあご。	**じょうがく**〔上顎〕
かがくせんい〔化学繊維〕ナイロンなど、化学的に合成された繊維。化繊。人造繊維。合成繊維。	**てんねんせんい**〔天然繊維〕
かがくてき〔科学的〕物事を事実の裏づけによって判断するさま。実証的。学問的。	**ひかがくてき**〔非科学的〕**かんかくてき**〔感覚的〕**ちょっかんてき**〔直観的〕
かがくひりょう〔化学肥料〕化学的に合成して造る肥料。人造肥料。	**てんねんひりょう**〔天然肥料〕
かがくへんか〔化学変化〕水が酸素と水素に分解するように、物質の成分自体が変わる変化。	**ぶつりへんか**〔物理変化〕
かがくりょうほう〔化学療法〕化学的物質を使って病気を治す方法。	**ぶつりりょうほう**〔物理療法〕
かかげる〔掲げる〕高くさしあげる。	**おろす**〔下ろす・降ろす〕
かかす〔欠かす〕	**みたす**〔満たす〕
かかと〔踵〕足の裏の後部。	**つまさき**〔爪先〕
かがみこむ〔屈み込む〕	**のびあがる**〔伸び上がる〕
かがむ〔屈む〕	**のびる**〔伸びる〕
かがめる〔屈める〕「腰を――」。	**のばす**〔伸ばす・延ばす〕
かがやく〔輝く〕きらきらと光る。	**くすむ**
かかりきる〔掛かり切る・係り切る〕	**ほうりだす**〔放り出す〕**ほったらかす**〔放ったらかす〕
かかる〔掛かる・懸かる〕①「釣り針に魚が――」。②「電話が――」。	①**はずれる**〔外れる〕②**きれる**〔切れる〕
かかん〔果敢〕思い切ってするさま。	**ゆうじゅう**〔優柔〕
かき〔下記〕下に書いてあること。	**じょうき**〔上記〕
かき〔夏季〕夏の季節。	**とうき**〔冬季〕**しゅんき**〔春季〕**しゅうき**〔秋季〕

かき〔夏期〕夏の期間。 **とうき**〔冬期〕**しゅんき**〔春期〕**しゅうき**〔秋期〕
かきあつめる〔掻き集める〕 **まきちらす**〔撒き散らす〕**ばらまく**〔散蒔く・散播く〕
かきおえる〔書き終える〕 **かきはじめる**〔書き始める〕**かきだす**〔書き出す〕
かきおとす〔書き落とす〕 **かきとめる**〔書き留める〕
かきおわる〔書き終わる〕 **かきはじめる**〔書き始める〕**かきだす**〔書き出す〕
かきことば〔書き言葉〕 **はなしことば**〔話し言葉〕
かきだす〔書き出す〕 **かきおえる**〔書き終える〕**かきおわる**〔書き終わる〕
かきて〔書き手〕 ㋐**よみて**〔読み手〕㋑**はなして**〔話し手〕
かきとめる〔書き留める〕 **かきおとす**〔書き落とす〕
かきはじめる〔書き始める〕 **かきおえる**〔書き終える〕**かきおわる**〔書き終わる〕
かきゅう〔下級〕下の階級・等級。 **じょうきゅう**〔上級〕**ちゅうきゅう**〔中級〕
かきゅう〔加給〕 →しょうきゅう〔昇給〕
かきゅう〔火急〕さし迫っていること。緊急。 **ふきゅう**〔不急〕
かきゅうせい〔下級生〕自分より学年が下の者。 **じょうきゅうせい**〔上級生〕**どうきゅうせい**〔同級生〕
かきん〔家禽〕家で飼う鳥。 **やきん**〔野禽〕
かく〔客〕 →きゃく〔客〕
かく〔書く〕 ㋐**けす**〔消す〕㋑**よむ**〔読む〕㋒**はなす**〔話す〕
かく〔欠く〕必要な物が備わっていない。 **そなえる**〔備える〕
かく〔覚〕さめる。 **すい**〔酔〕
かく〔角〕四角。 **まる**〔丸・円〕
かく〔隔〕へだてる。ひとつおき。 **まい**〔毎〕
かく〔佳句〕 →しゅうく〔秀句〕
かぐ〔下愚〕ひじょうに愚かなこと。 **じょうち**〔上知〕
がく〔学〕まなぶ。 **きょう**〔教〕
かくあげ〔格上げ〕地位などを上げること。昇格。 **かくさげ**〔格下げ〕
かくあさ〔隔朝〕1日おきの朝。 ㋐**まいあさ**〔毎朝〕㋑**かくゆう**〔隔夕〕**かくばん**〔隔晩〕
かくいつてき〔画一的〕すべてを同じに扱うさま。 **こべつてき**〔個別的〕
かくう〔架空〕想像で作り出すもの。 **じつざい**〔実在〕

かぐう〔仮寓〕仮住まい。 **えいじゅう**〔永住〕
がくげいかい〔学芸会〕学校などで、音楽や劇などを発表し合う会。 **うんどうかい**〔運動会〕
かくご〔客語〕 →きゃくご〔客語〕
かくさげ〔格下げ〕地位などを下げること。降格。 **かくあげ**〔格上げ〕
かくさん〔拡散〕広がり散ること。 **ぎょうしゅく**〔凝縮〕**ぎょうしゅう**〔凝集〕
がくし〔学士〕大学を卒業した者に与えられる称号。 **しゅうし**〔修士〕**はくし**〔博士〕
かくじつ〔確実〕確かなさま。 **ふかくじつ**〔不確実〕**ふたしか**〔不確か〕
かくじつ〔隔日〕１日おき。 **まいにち**〔毎日〕
かくしん〔確信〕固く信じること。 **きぐ**〔危惧〕**かいぎ**〔懐疑〕**ぎねん**〔疑念〕**ぎもん**〔疑問〕
かくしん〔革新〕制度などを新しくすること。 **ほしゅ**〔保守〕
かくしんせいとう〔革新政党〕社会の変革を主張する政党。 **ほしゅせいとう**〔保守政党〕
かくす〔隠す〕①「姿を――」。②「事実を――」。③「犯罪を――」。 ①**あらわす**〔現す〕**みせる**〔見せる〕②**あかす**〔明かす〕**しらせる**〔知らせる〕③**あばく**〔暴く〕
かくせい〔覚醒〕目ざめること。 **すいみん**〔睡眠〕
がくせい〔学生〕大学などで学ぶ人。 ㋐**きょうじゅ**〔教授〕**きょういん**〔教員〕**きょうし**〔教師〕**せんせい**〔先生〕㋑**せいと**〔生徒〕**じどう**〔児童〕㋒**しゃかいじん**〔社会人〕
かくせいざい〔覚醒剤〕眠気を防ぐ薬。 **すいみんざい**〔睡眠剤〕**さいみんざい**〔催眠剤〕
かくぜん〔画然〕区別のはっきりしたさま。 **ばくぜん**〔漠然〕
がくぜん〔愕然〕非常に驚くさま。 **へいぜん**〔平然〕
かくたい〔客体〕自分の外にあって、思考や行為の対象となるもの。 **しゅたい**〔主体〕
かくだい〔拡大〕広げて大きくすること。 **しゅくしょう**〔縮小〕
かくだいず〔拡大図〕実物を拡大して描いた図面。 **しゅくず**〔縮図〕
かくちゅう〔角柱〕四角い柱。多角形の柱。方柱。 **えんちゅう**〔円柱〕
かくちょう〔拡張〕 →かくだい〔拡大〕
かくてい〔確定〕はっきりと決まるこ **ふかくてい**〔不確定〕**みてい**〔未定〕

と。	かてい〔仮定〕よてい〔予定〕
かくていじょうけん〔確定条件〕国文法で、すでに成立している条件。	**かていじょうけん**〔仮定条件〕
かくとく〔獲得〕手に入れること。	㋐**ほうき**〔放棄〕**そうしつ**〔喪失〕㋑**ほじ**〔保持〕
かくにん〔確認〕しっかりと認めること。	**すいてい**〔推定〕**すいさつ**〔推察〕**すいそく**〔推測〕
かくばん〔隔晩〕１日おきの晩。	㋐**まいばん**〔毎晩〕㋑**かくあさ**〔隔朝〕
かくひつ〔擱筆〕書き終わって筆を置くこと。	**きひつ**〔起筆〕**しっぴつ**〔執筆〕
かくほう〔確報〕確かな知らせ。	**きょほう**〔虚報〕
がくめい〔学名〕動植物に付けられる学問上の名。	**わめい**〔和名〕
がくめんかかく〔額面価格〕債券などの表面に記されている価格。	**しじょうかかく**〔市場価格〕
がくや〔楽屋〕出演者の控え室。	**ぶたい**〔舞台〕
かくやく〔確約〕しっかりした約束。	**ないだく**〔内諾〕
かくゆう〔隔夕〕１日おきの夕方。	㋐**まいゆう**〔毎夕〕㋑**かくあさ**〔隔朝〕
がくれき〔学歴〕学校に関する経歴。	**しょくれき**〔職歴〕
かくれる〔隠れる〕	**あらわれる**〔現れる〕**しれる**〔知れる〕
かくろん〔各論〕各項目についての議論。	**そうろん**〔総論〕**つうろん**〔通論〕
かぐわしい〔芳しい〕	→かんばしい〔芳しい〕
かけ〔掛け〕代金の受け渡しを後でする約束で、商品を売買すること。	**げんきん**〔現金〕**そっきん**〔即金〕
かげ〔影〕光をさえぎって出来る黒い形。	**かたち**〔形〕
かげ〔陰〕日光の当たらない所。日陰。	**ひなた**〔日向〕
かけあがる〔駆け上がる〕	**かけおりる**〔駆け下りる・駆け降りる〕
かけうり〔掛け売り〕代金を後でもらう約束で商品を売ること。	㋐**かけがい**〔掛け買い〕㋑**げんきんうり**〔現金売り〕

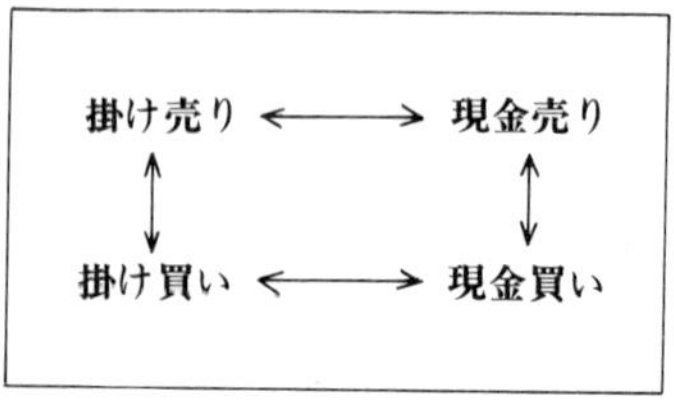

かけおりる〔駆け下りる・駆け降りる〕 **かけあがる**〔駆け上がる〕

かけがい〔掛け買い〕代金を後で払う約束で商品を買うこと。 ㋐**かけうり**〔掛け売り〕㋑**げんきんがい**〔現金買い〕

かげき〔過激〕度を超して激しいさま。 **おんけん**〔穏健〕

かげきは〔過激派〕激しい思想を持つ人たちのグループ。 **おんけんは**〔穏健派〕

かけざん〔掛け算〕 **わりざん**〔割り算〕**たしざん**〔足し算〕**よせざん**〔寄せ算〕**ひきざん**〔引き算〕

かけつ〔可決〕会議にかけられた案件をよいと認めて決めること。 **ひけつ**〔否決〕

かけね〔掛け値〕値段を実際の売り値よりも高く付けること。 **ねびき**〔値引き〕

かけぶとん〔掛け布団〕 **しきぶとん**〔敷き布団〕

かげぼし〔陰干し〕日かげで乾かすこと。 **ひぼし**〔日干し〕

かける〔掛ける・懸ける〕①「看板を――」。②「ボタンを――」。③「電話を――」。④「２に３を――」。 ①**おろす**〔下ろす・降ろす〕②**はずす**〔外す〕③**きる**〔切る〕④**わる**〔割る〕

かける〔欠ける〕一部分がなくて、不十分な状態になる。 **みちる**〔満ちる〕**たりる**〔足りる〕**そなわる**〔備わる〕**そろう**〔揃う〕

かげる〔陰る・翳る〕光が当たらなくなる。暗くなる。 **てる**〔照る〕

かげん〔下弦〕陰暦22・23日ごろのつるを下にした月。 **じょうげん**〔上弦〕

かげん〔下限〕下の方の限界。 **じょうげん**〔上限〕

かげん〔寡言〕 →かもく〔寡黙〕

かこ〔過去〕過ぎ去った時。 **みらい**〔未来〕**しょうらい**〔将来〕**げんざい**〔現在〕

がご〔雅語〕上品で正しいことば。雅言。 **ぞくご**〔俗語〕**ひご**〔卑語〕

かこう〔下降〕下へ下がること。 **じょうしょう**〔上昇〕

かこう〔河口〕川の、海や湖に注ぐ部分。川口。 **すいげん**〔水源〕**みなもと**〔源〕

かこう〔河港〕河口または河に面した港。 ㋐**かいこう**〔海港〕㋑**くうこう**〔空港〕

かごう〔化合〕２種類以上の物質が、化学変化を起こして新しい物質を作ること。 **ぶんかい**〔分解〕

がごう〔雅号〕作家・画家などが、本名以外に用いる名。 **ほんみょう**〔本名〕

かごうぶつ〔化合物〕化合によって **こんごうぶつ**〔混合物〕

出来た物質。

かこく〔過酷・苛酷〕きびし過ぎるさま。むごくきびしいさま。　**かんだい**〔寛大〕**かんよう**〔寛容〕

かさい〔果菜〕キュウリ・トマトなど、果実を食用にする野菜。　**ようさい**〔葉菜〕**こんさい**〔根菜〕

かさい〔火災〕建物などが、焼けること。火事。　**すいがい**〔水害〕**すいか**〔水禍〕

かさかさ（と）干からびて、潤いのないさま。　**しっとり**（と）

がさがさ（と）①表面がざらついているさま。②落ち着きがなく、粗雑なさま。　①**つるつる**（と）②**しっとり**（と）**しっくり**（と）

かざかみ〔風上〕風が吹いて来る方向。　**かざしも**〔風下〕

かさく〔佳作〕　→しゅうさく〔秀作〕

かさく〔寡作〕作品が少ないこと。　**たさく**〔多作〕

かざぐるま〔風車〕風力で回る車。　**みずぐるま**〔水車〕**すいしゃ**〔水車〕

かざしも〔風下〕風が吹いて行く方向。　**かざかみ**〔風上〕

がさつ　洗練されずに荒っぽいさま。　**しとやか**

かさん〔加算〕足し算。加法。　**げんさん**〔減算〕

かし〔下肢〕動物の後ろ足。人間の足。　**じょうし**〔上肢〕

かし〔下賜〕高貴な人がくださること。　㋐**けんじょう**〔献上〕㋑**ちょうだい**〔頂戴〕

かし〔カ氏・華氏〕水の氷点を32度、沸点を212度とする温度計の目盛り。　**せし**〔セ氏・摂氏〕

かじ〔火事〕　→かさい〔火災〕

かしかた〔貸（し）方〕物や金を貸す人。また、簿記で、帳簿の右側の欄。　**かりかた**〔借（り）方〕

かしきん〔貸し金〕人に貸してある金。　**しゃっきん**〔借金〕

かしこい〔賢い〕　**おろか**〔愚か〕**おろかしい**〔愚かしい〕**あほう**〔阿保〕**ばか**〔馬鹿〕

かしだす〔貸し出す〕　**かりいれる**〔借り入れる〕

かしつ〔過失〕不注意による過ち。　**こい**〔故意〕

かじつ〔過日〕この間。先日。　**ごじつ**〔後日〕**たじつ**〔他日〕

かしつけきん〔貸付金〕　**かりいれきん**〔借入金〕

かしつける〔貸し付ける〕　**かりいれる**〔借り入れる〕

かして〔貸し手〕物やお金を貸す人。　**かりて**〔借り手〕

かしゃ〔貨車〕貨物を運ぶ列車。貨物列車。　**きゃくしゃ**〔客車〕**きかんしゃ**〔機関車〕

かじゅう〔加重〕負担を重くすること。　**けいげん**〔軽減〕

かしょう〔過小〕小さ過ぎること。　**かだい**〔過大〕

かしょう〔過少〕少な過ぎること。　**かた**〔過多〕

かじょう〔過剰〕ありあまること。　**ふそく**〔不足〕

かしょうひょうか〔過小評価〕実質　**かだいひょうか**〔過大評価〕**てきせ**

以下に見つもること。　いひょうか〔適正評価〕

かしょく〔過食〕　→ぼうしょく〔暴食〕

かしら〔頭〕①あたま。②人の上に立つ者。　①**お**〔尾〕**しり**〔尻〕**あし**〔足〕②**てした**〔手下〕

かしん〔家臣〕けらい。　**しゅくん**〔主君〕

がじん〔雅人〕風流な人。　**ぞくじん**〔俗人〕

かす〔貸す〕　**かりる**〔借りる〕

かすか〔微か・幽か〕ぼんやりとしているさま。　**さだか**〔定か〕

かすみ〔霞〕春、空気中の細かな水滴やちりが帯状に広がって、遠景がぼんやりと見えるもの。　**きり**〔霧〕

かせい〔仮性〕症状は似ているが、原因が異なる病気。　**しんせい**〔真性〕

かせい〔苛政〕民衆をいためつけるむごい政治。暴政。　**じんせい**〔仁政〕**ぜんせい**〔善政〕

かぜい〔課税〕税金をかけること。　**めんぜい**〔免税〕

かせいがん〔火成岩〕火山などから噴き出したマグマが冷えて出来た岩石。　**すいせいがん**〔水成岩〕**へんせいがん**〔変成岩〕

かせつ〔仮設〕一時的に設けること。　**じょうせつ**〔常設〕

かせつ〔架設〕電線などを、架け渡すこと。　**まいせつ**〔埋設〕

かそ〔過疎〕まばら過ぎること。人口などが少な過ぎること。　**かみつ**〔過密〕

かそう〔下層〕ある組織の中の、下の部分。下の階級。下級。　**じょうそう**〔上層〕**ちゅうそう**〔中層〕

かそう〔仮葬〕仮に葬る儀式。　**ほんそう**〔本葬〕

かそう〔火葬〕遺骸を焼いて葬ること。　**どそう**〔土葬〕**すいそう**〔水葬〕**ふうそう**〔風葬〕

かそうかいきゅう〔下層階級〕身分が低い人の階級。貧しい人たちの階級。　**じょうりゅうかいきゅう**〔上流階級〕**じょうそうかいきゅう**〔上層階級〕**ちゅうりゅうかいきゅう**〔中流階級〕

かぞえ〔数え〕数え年。　**まん**〔満〕**まる**〔丸〕

かぞえどし〔数え年〕生まれた年を１歳とし、新しい年ごとに一つずつ加えて数える年齢。　**まんねんれい**〔満年齢〕

かそく〔加速〕速度を上げること。　**げんそく**〔減速〕

かた〔片〕　**りょう**〔両〕

かた〔肩〕　**こし**〔腰〕

かた〔過多〕多過ぎること。　**かしょう**〔過少〕

かたあし〔片足・片脚〕　㋐**りょうあし**〔両足・両脚〕㋑**かたて**〔片手〕

かたい〔固い・堅い・硬い〕①「――ご飯」。②「――石」。③「――結び目」。④「――人」。	①**やわらかい**〔柔らかい・軟らかい〕②**もろい**〔脆い〕③**ゆるい**〔緩い〕④**ずるい**〔狡い・猾い〕
かたい〔難い〕むずかしい。	**やすい**〔易い〕
かたい〔下腿〕脚の、膝から足首までの部分。	㋐**じょうたい**〔上腿〕㋑**かはく**〔下膊〕
かだい〔過大〕大き過ぎること。	**かしょう**〔過小〕
かだいけんきゅう〔課題研究〕与えられた課題のもとでする研究。	**じゆうけんきゅう**〔自由研究〕
かだいひょうか〔過大評価〕実際の値打ち以上に評価すること。	**かしょうひょうか**〔過小評価〕**てきせいひょうか**〔適正評価〕
かたおもい〔片思い・片想い〕男女の一方だけが相手を恋していること。	**そうしそうあい**〔相思相愛〕
かたおや〔片親〕父または母の一方。	**ふたおや**〔二親〕**りょうしん**〔両親〕
かたかな〔片仮名〕	**ひらがな**〔平仮名〕**かんじ**〔漢字〕
かたがわ〔片側〕	**りょうがわ**〔両側〕
かたがん〔片眼〕片方の目。	**りょうがん**〔両眼〕
かたき〔敵・仇〕てき。あだ。	**みかた**〔味方・身方〕**とも**〔友〕
かたきやく〔敵役・仇役〕劇で悪人に扮する役。	**たちやく**〔立ち役〕
かたち〔形〕	**かげ**〔影〕
かたづけ〔片付け〕散らばっていた物を、きちんと整理すること。	**したく**〔支度・仕度〕**じゅんび**〔準備〕
かたづく〔片付く〕	**ちらかる**〔散らかる〕**ちらばる**〔散らばる〕
かたづける〔片付ける〕	**ちらかす**〔散らかす〕
かたて〔片手〕	㋐**りょうて**〔両手〕**もろて**〔諸手〕㋑**かたあし**〔片足〕
かたな〔刀〕片刃の刀剣。	**つるぎ**〔剣〕
かたは〔片刃〕片側にだけ刃の付いている刃物。	**もろば**〔諸刃〕**りょうば**〔両刃〕
かたはし〔片端〕	**りょうはし**〔両端〕**りょうたん**〔両端〕
かたはだ〔片肌〕片方の肩の肌。	**もろはだ**〔諸肌〕**りょうはだ**〔両肌〕
かたほ〔片帆〕一方に傾けて張った舟の帆。	**まほ**〔真帆〕
かたほう〔片方〕	㋐**りょうほう**〔両方〕**そうほう**〔双方〕㋑**たほう**〔他方〕
かたまり〔塊〕	**こな**〔粉〕**こ**〔粉〕
かたまる〔固まる〕①「地面が――」。②「雪が――」。	①**ゆるむ**〔緩む・弛む〕②**とける**〔溶ける〕
かたみち〔片道〕行き、帰りのどちらか一方。	**おうふく**〔往復〕

かたむく〔傾く〕	**おきる**〔起きる〕
かたむける〔傾ける〕	**おこす**〔起こす〕
かためる〔固める〕	**ゆるがす**〔揺るがす〕**ゆるめる**〔緩める・弛める〕**とかす**〔溶かす〕
かたりかける〔語り掛ける〕	**だまりこくる**〔黙りこくる〕**だまりこむ**〔黙り込む〕
かたりて〔語り手〕	**ききて**〔聞き手〕
かたる〔語る〕	㋐**だまる**〔黙る〕㋑**きく**〔聞く〕
かたん〔下端〕下のはし。	**じょうたん**〔上端〕**まんなか**〔真ん中〕
かだん〔下段〕	→げだん〔下段〕
かちかち（**に**）かたくて､形がくずれにくいさま。	**ぐにゃぐにゃ**（**に**）
かちき〔勝気〕気が強いさま。負けん気。	**うちき**〔内気〕
かちく〔家畜〕家で飼っている動物。	**やじゅう**〔野獣〕
かちこす〔勝ち越す〕勝ち数が負け数を上回る。	**まけこす**〔負け越す〕
かちっぱなす〔勝ちっ放す〕	→かちとおす〔勝ち通す〕
かちとおす〔勝ち通す〕最後まで勝ち続ける。勝ちっぱなす。	**まけとおす**〔負け通す〕**まけっぱなす**〔負けっ放す〕
かちょう〔加重〕	→かじゅう〔加重〕
かつ〔勝つ〕	**まける**〔負ける〕**やぶれる**〔敗れる〕**ひきわける**〔引き分ける〕
かつ〔活〕生きる。	**さつ**〔殺〕**し**〔死〕
かっかざん〔活火山〕活動中の火山。	**しかざん**〔死火山〕**きゅうかざん**〔休火山〕
がっかり（**と**）力を落とすさま。	**いきいき**（**と**）〔生き生き（と）〕**うきうき**（**と**）〔浮き浮き（と）〕
かつぎょ〔活魚〕生きている魚。	**しぎょ**〔死魚〕
かっきょう〔活況〕	→こうきょう〔好況〕
がっこう〔学校〕	**かてい**〔家庭〕**しょくば**〔職場〕**しゃかい**〔社会〕
がっこうきょういく〔学校教育〕	**かていきょういく**〔家庭教育〕**しゃかいきょういく**〔社会教育〕
がっさつ〔合冊〕いくつかの書物をひとつにまとめたもの。	**ぶんさつ**〔分冊〕
かつじたい〔活字体〕印刷用の字体。	**ひっきたい**〔筆記体〕
がっしゅく〔合宿〕何人かが同じ宿舎に泊まること。	**ぶんしゅく**〔分宿〕
がっしょう〔合唱〕多くの人が声を合わせてうたうこと。	**どくしょう**〔独唱〕
がっしり（**と**）引きしまって、肉付き	**ぶくぶく**（**に**）

のよいさま。	
かっすい〔渇水〕水が涸《か》れること。	**いっすい**〔溢水〕**ぞうすい**〔増水〕
かっすいき〔渇水期〕日照りなどで、水が涸《か》れる時期。	**ほうすいき**〔豊水期〕
がっそう〔合奏〕ふたつ以上の楽器を用いて、一緒に演奏すること。	**どくそう**〔独奏〕
がったい〔合体〕いくつかのものをひとつに合わせること。	**かいたい**〔解体〕
かつどう〔活動〕盛んに動くこと。よく働くこと。	**きゅうよう**〔休養〕**せいよう**〔静養〕
かっぱ〔河童〕水泳のうまい人。	**かなづち**〔金槌〕
かっぱつ〔活発〕いきいきとして元気がよいさま。	**ふかっぱつ**〔不活発〕**かんまん**〔緩慢〕**ていちょう**〔低調〕
がっぴつ〔合筆〕登記で、いくつかに分かれた土地をひとつにまとめること。	**ぶんぴつ**〔分筆〕
がっぺい〔合併〕ふたつ以上のものをひとつに合わせること。	**ぶんり**〔分離〕
かつやく〔活躍〕さかんに活動すること。	**きゅうよう**〔休養〕**せいよう**〔静養〕
かつよう〔活用〕生かして使うこと。	㋐**しぞう**〔死蔵〕㋑**はいき**〔廃棄〕
かつようじゅ〔闊葉樹〕葉の広い木。広葉樹。	**しんようじゅ**〔針葉樹〕
かてい〔下底〕台形の平行な2辺のうち、下の方。	**じょうてい**〔上底〕
かてい〔仮定〕仮に決めること。	**かくてい**〔確定〕**きてい**〔既定〕
かてい〔家庭〕	**がっこう**〔学校〕**しょくば**〔職場〕**しゃかい**〔社会〕

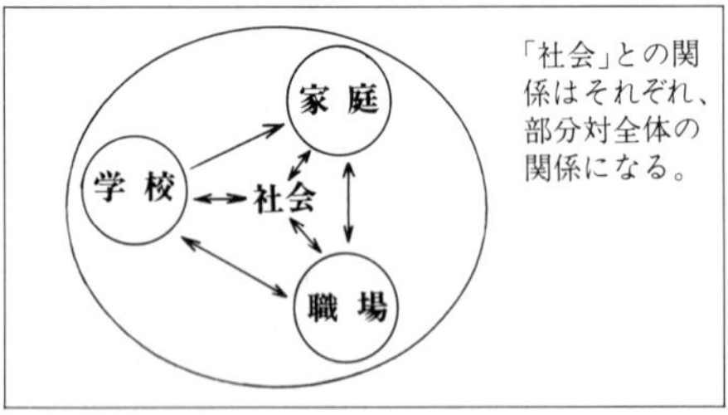

「社会」との関係はそれぞれ、部分対全体の関係になる。

かていきょういく〔家庭教育〕	**がっこうきょういく**〔学校教育〕**しゃかいきょういく**〔社会教育〕
かていじょうけん〔仮定条件〕国語の文法で、まだ成立していないことを、仮に想定した条件。	**かくていじょうけん**〔確定条件〕
かていふじん〔家庭婦人〕家庭内の	**しょくぎょうふじん**〔職業婦人〕

仕事をしている女性。主婦。	
かてん〔加点〕点数を加えること。	**げんてん**〔減点〕
かど〔角〕とがって外へ突き出ている部分。	**すみ**〔角・隅〕
かど〔過度〕度を過ぎていること。	**てきど**〔適度〕
かとう〔下等〕下の等級。	**じょうとう**〔上等〕**こうとう**〔高等〕**ちゅうとう**〔中等〕
かとう〔過当〕度が過ぎていること。	**てきとう**〔適当〕
かとうどうぶつ〔下等動物〕体のつくりの単純な動物。	**こうとうどうぶつ**〔高等動物〕
カトリック〔Catholic〕キリスト教の旧教。	**プロテスタント**〔Protestant〕
かな〔仮名〕	**かんじ**〔漢字〕**ほんじ**〔本字〕**ローマじ**〔Roma ラテン字〕
かなう〔適う〕「道に——」。	**はずれる**〔外れる〕
かなきりごえ〔金切り声〕細くて高い声。きいきい声。	**どらごえ**〔銅鑼声〕
かなしい〔悲しい・哀しい〕	**うれしい**〔嬉しい〕**よろこばしい**〔喜ばしい〕
かなしがる〔悲しがる・哀しがる〕	**うれしがる**〔嬉しがる〕
かなしむ〔悲しむ・哀しむ〕	**うれしがる**〔嬉しがる〕**よろこぶ**〔喜ぶ〕**なぐさむ**〔慰む〕
かなた〔彼方〕むこう。あちら。	**こなた**〔此方〕**そなた**〔其方〕
かなづち〔金槌〕①金属製のつち。②水泳のまったくできない人。	①**きづち**〔木槌〕②**かっぱ**〔河童〕
かならず〔必ず〕	**おそらく**〔恐らく〕**たぶん**〔多分〕**なるべく**〔成る可く〕
かなり〔可成り〕	**すこし**〔少し〕**やや**〔稍〕
かなん〔火難〕火事。火災。	**すいなん**〔水難〕
かにゅう〔加入〕組織などに新しく加わること。加盟。	**だったい**〔脱退〕**りだつ**〔離脱〕
かねじゃく〔曲尺〕もと、大工《だいく》などが使った、1尺が約30.3㎝の物差し。	**くじらじゃく**〔鯨尺〕
かねつ〔加熱〕熱を加えること。	**れいきゃく**〔冷却〕
かねもち〔金持ち〕	**びんぼうにん**〔貧乏人〕**ひんみん**〔貧民〕**ひんじゃ**〔貧者〕
かねんせい〔可燃性〕燃えやすい性質。	**ふねんせい**〔不燃性〕
かねんぶつ〔可燃物〕燃える物。	**ふねんぶつ**〔不燃物〕
かのう〔可能〕できること。	**ふかのう**〔不可能〕**ふのう**〔不能〕
かのじょ〔彼女〕	**かれ**〔彼〕**かれし**〔彼氏〕
かはい〔加配〕決められた配給量を多くすること。	**げんぱい**〔減配〕

かばう〔庇う〕①弱い者をいたわる。②弱点などがばれないように隠す。	①**いじめる**〔苛める〕**やっつける** ②**あばく**〔暴く〕
かはく〔下膊〕腕の、ひじから手首までの部分。	㋐**じょうはく**〔上膊〕㋑**かたい**〔下腿〕
かばね〔姓〕みょうじ。	**な**〔名〕**なまえ**〔名前〕
かはんしん〔下半身〕身体の下半分。	**じょうはんしん**〔上半身〕**じょうたい**〔上体〕
かび〔華美〕はなやかで美しいさま。けばけばしいさま。はで。	**しつぼく**〔質朴〕**しっそ**〔質素〕**せいそ**〔清楚〕**こたん**〔枯淡〕**じみ**〔地味〕
かぶ〔下部〕下の部分。	**じょうぶ**〔上部〕**ちゅうぶ**〔中部〕
がぶがぶ（と）水などを、勢いよく飲むさま。ぐいぐい。	**ちび（り）ちび（り）（と）**
かぶせる〔被せる〕上から覆う。	**しく**〔敷く〕
かぶと〔兜・甲〕	**よろい**〔鎧〕
かぶりつき 劇場の、舞台のまぎわの客席。	**てんじょうさじき**〔天井桟敷〕
かぶる〔被る〕①「帽子を――」。②「罪を――」。	①**ぬぐ**〔脱ぐ〕②**ぬぐう**〔拭う〕**すすぐ**〔雪ぐ〕**はらう**〔払う〕
かぶん〔寡聞〕見聞が狭いこと。	**たぶん**〔多聞〕
かぶん〔過分〕身分を超えていること。分不相応。	**おうぶん**〔応分〕
かぶんすう〔仮分数〕分子が分母より大きい分数。	**しんぶんすう**〔真分数〕**たいぶんすう**〔帯分数〕
かへい〔貨幣〕	→こうか〔硬貨〕
かほう〔下方〕	**じょうほう**〔上方〕
かほう〔加法〕足し算。加算。	**げんぽう**〔減法〕**じょうほう**〔乗法〕**じょほう**〔除法〕
かまいすぎる〔構い過ぎる〕	**ほったらかす**〔放ったらかす〕
かみ〔上〕	**しも**〔下〕**なか**〔中〕
かみ〔神〕	㋐**ほとけ**〔仏〕㋑**あくま**〔悪魔〕
かみき〔上期〕１年をふたつに分けた初めの方。上半期。	**しもき**〔下期〕
かみざ〔上座〕目上の人の座る上位の席。じょうざ。	**しもざ**〔下座〕**げざ**〔下座〕**まつざ**〔末座〕
かみだな〔神棚〕神を祭る棚。	**ぶつだん**〔仏壇〕
かみつ〔過密〕こみ過ぎていること。人口などが多すぎること。	**かそ**〔過疎〕
かみて〔上手〕川の上流の方。舞台の客席から見て右側。	**しもて**〔下手〕
かみのく〔上の句〕短歌で、前にある５・７・５の３句。	**しものく**〔下の句〕
かみはんき〔上半期〕１年をふたつ	**しもはんき**〔下半期〕

に分けた初めの方。	
かみわざ〔神業〕神のしわざかと思うほどすばらしい業。神技《しんぎ》。	**にんげんわざ**〔人間業〕
かみん〔仮眠〕一時、ちょっと眠ること。	㋐**じゅくすい**〔熟睡〕㋑**ふみん**〔不眠〕
かめい〔仮名〕本名を知られないために、仮に付けた名。	**ほんみょう**〔本名〕**じつめい**〔実名〕
かめい〔加盟〕団体などに、その一員として加わること。	**だったい**〔脱退〕**りだつ**〔離脱〕
かめん〔仮面〕正体を隠すために着ける面。	**しょうたい**〔正体〕
かもい〔鴨居〕戸や障子の上部がはまる、溝のついた横木。	**しきい**〔敷居〕
かもく〔寡黙〕言葉数が少ないこと。無口。寡言。	**じょうぜつ**〔饒舌〕**たべん**〔多弁〕**たげん**〔多言〕**しゃべり**〔喋り〕
かもつしゃ〔貨物車〕貨物を運ぶために使う車。	**じょうようしゃ**〔乗用車〕
かもつせん〔貨物船〕貨物を運ぶ船。	**きゃくせん**〔客船〕
かもつれっしゃ〔貨物列車〕	**りょかくれっしゃ**〔旅客列車〕
がやがや（と）人の話し声が騒がしいさま。	**ひっそり（と）**
かゆい〔痒い〕	**いたい**〔痛い〕
かよい〔通い〕自宅から職場に通うこと。通勤。	**すみこみ**〔住み込み〕
かようせい〔可溶性〕水などによく溶ける性質。	**ふようせい**〔不溶性〕
かよく〔寡欲〕欲が少ないこと。少欲。	**ごうよく**〔強欲〕**たよく**〔多欲〕**どんよく**〔貪欲〕**たいよく**〔大欲〕
かよわい〔か弱い〕いかにも弱々しい感じだ。	**たくましい**〔逞しい〕
から〔殻〕内部を保護するために外側を覆うもの。	**み**〔身・実〕
から「朝――夕方まで」。	**まで**〔迄〕
から「勉強した――よい成績がとれた」。	**のに　が　けれど（も）**
から（っぽ）〔空（っぽ）〕	**いっぱい**〔一杯〕
カラー〔color〕天然色。色付き。	**モノクロ**〔monochrome〕**しろくろ**〔白黒〕
がらあき〔がら空き〕	→がらすき〔がら空き〕
からい〔辛い〕	**あまい**〔甘い〕**にがい**〔苦い〕**すっぱい**〔酸っぱい〕
からかさ〔唐傘〕竹の骨に紙を張って作った傘。	**ようがさ**〔洋傘〕**こうもりがさ**〔蝙蝠傘〕
からから（に）よく乾燥しているさま。	**じめじめ（と）じくじく（と）**

がらがら（に）非常に空《す》いているさま。	**ぎゅうぎゅう**（に）**ぎっしり**（と）
からくち〔辛口〕辛みが多いもの。辛い味を好む人。	**あまくち**〔甘口〕
からす〔枯らす〕枯れるようにする。	**はやす**〔生やす〕
がらすき〔がら空き〕ほとんど誰もいないほど、空いていること。がらあき。	**すしずめ**〔寿司詰め〕
からだ〔体〕	**こころ**〔心〕**たましい**〔魂〕
からとう〔辛党〕酒好きの人。	**あまとう**〔甘党〕
からめて〔搦め手〕城の裏門。また、敵の背後から攻める軍勢。	**おおて**〔大手〕
からり（と）空がよく晴れているさま。	**どんより**（と）
かり〔仮〕一時の間に合わせ。	**ほんしき**〔本式〕
かりいれきん〔借入金〕	**かしつけきん**〔貸付金〕
かりいれる〔借り入れる〕	**かしだす**〔貸し出す〕**かしつける**〔貸し付ける〕
かりうけきん〔仮受金〕商取引で、正式の決済以前に仮に受け取る金。	**かりばらいきん**〔仮払金〕
かりかた〔借（り）方〕物や金を借りる人。また、簿記で、帳簿の左側の欄。	**かしかた**〔貸（し）方〕
がりがり（に）ひどくやせているさま。	**ぶくぶく**（に）**ふっくら**（と）
かりけいやく〔仮契約〕仮に結ぶ約束。	**ほんけいやく**〔本契約〕
かりけってい〔仮決定〕仮に決まること。	**ほんぎまり**〔本決まり〕
かりさいよう〔仮採用〕社員などを、条件付きで仮に採用すること。	**ほんさいよう**〔本採用〕
かりずまい〔仮住まい〕	→かぐう〔仮寓〕
かりだす〔借り出す〕	**かえす**〔返す〕**もどす**〔戻す〕**もどしいれる**〔戻し入れる〕
かりて〔借り手〕物やお金を借りる人。	**かして**〔貸し手〕
かりとる〔刈り取る〕	**うえつける**〔植え付ける〕**はやす**〔生やす〕
かりぬい〔仮縫い〕本縫いの前に、仮に縫うこと。	**ほんぬい**〔本縫い〕
かりばらいきん〔仮払金〕商取引で、正式の決済以前に仮に支払う金。	**かりうけきん**〔仮受金〕
かりゅう〔下流〕川の流れの、河口に近い部分。	**じょうりゅう**〔上流〕**ちゅうりゅう**〔中流〕
かりゅうかいきゅう〔下流階級〕	→かそうかいきゅう〔下層階級〕

かりょう〔下僚〕地位の低い役人。下役。小官。 **じょうかん**〔上官〕**こうかん**〔高官〕**たいかん**〔大官〕**けんかん**〔顕官〕

かりょくはつでん〔火力発電〕火力を利用して発電すること。 **すいりょくはつでん**〔水力発電〕**げんしりょくはつでん**〔原子力発電〕

かりる〔借りる〕 ㋐**かす**〔貸す〕㋑**かえす**〔返す〕**もどす**〔戻す〕

かる〔刈る〕 **うえる**〔植える〕

かるい〔軽い〕 **おもい**〔重い〕

かるがるしい〔軽々しい〕「――扱い」。 **おもおもしい**〔重々しい〕

かるはずみ〔軽はずみ〕 →けいそつ〔軽率〕

かれ〔彼〕 ㋐**かのじょ**〔彼女〕㋑**われ**〔我〕**なんじ**〔汝〕

かれい〔華麗〕 →かび〔華美〕

かれき〔枯れ木〕 **なまき**〔生木〕

かれし〔彼氏〕男の恋人。 **かのじょ**〔彼女〕

カレッジ〔college〕単科大学。専門学校。 **ユニバーシティ**〔university〕

かれは〔枯れ葉〕 **あおば**〔青葉〕**わかば**〔若葉〕

かれる〔枯れる〕 **しげる**〔茂る〕**はえる**〔生える〕**めばえる**〔芽生える〕

かれる〔涸れる〕「池の水が――」。 **あふれる**〔溢れる〕

かろうじて〔辛うじて〕やっとのことで。 **なんなく**〔難無く〕

かろんじる〔軽んじる〕軽く扱う。あなどる。 **おもんじる**〔重んじる〕

かわ〔川〕 **やま**〔山〕

かわ〔皮〕 **み**〔身・実〕**ほね**〔骨〕**にく**〔肉〕

かわいい〔可愛い〕①「――子供」。②「――犬」。 ①**にくい**〔憎い〕②**こわい**〔恐い〕

かわいがる〔可愛がる〕 **いじめる**〔苛める〕**しいたげる**〔虐げる〕**にくむ**〔憎む〕

かわいらしい〔可愛らしい〕 **にくらしい**〔憎らしい〕

かわかす〔乾かす〕 **ぬらす**〔濡らす〕**しめらす**〔湿らす〕

かわかみ〔川上〕川の上流。 **かわしも**〔川下〕

かわぎし〔川岸〕 **かわなか**〔川中〕

かわく〔乾く〕 **ぬれる**〔濡れる〕**しめる**〔湿る〕**しける**〔湿気る〕

かわしも〔川下〕川の下流。 **かわかみ**〔川上〕**みなもと**〔源〕

かわなか〔川中〕川のまん中。 **かわぎし**〔川岸〕**かわべり**〔川縁〕

かわべり〔川縁〕川のふち。 **かわなか**〔川中〕

がをおる〔我を折る〕自分の意志を **がをはる**〔我を張る〕

曲げる。	
がをはる〔我を張る〕自分の意志を通そうとする。	**がをおる**〔我を折る〕
かん〔乾〕かわく。	**しつ**〔湿〕
かん〔完〕①欠けていない。②出来上がる。	①**けつ**〔欠〕②**みかん**〔未完〕
かん〔官〕おおやけ。役人。	**みん**〔民〕
かん〔寒〕さむい。	**しょ**〔暑〕**だん**〔暖〕**おん**〔温〕
かん〔寛〕ゆるやか。	**げん**〔厳〕
かん〔干〕ひる。	**まん**〔満〕
かん〔幹〕みき。主要部。	**し**〔支・枝〕
かん〔歓〕よろこび。	**あい**〔哀〕
かん〔漢〕中国の古称。中国式。	**わ**〔和〕**よう**〔洋〕
かん〔看〕みる。	**ちょう**〔聴〕
かん〔簡〕てがる。	**はん**〔繁〕
かん〔緩〕ゆるやか。ゆっくり。	**きゅう**〔急〕
かん〔還〕かえる。復。	**おう**〔往〕
かん〔閑〕ひま。	**はん**〔繁〕**ぼう**〔忙〕
がん〔贋〕にせ。	**しん**〔真〕
かんあけ〔寒明け〕寒の期間が終わること。	**かんのいり**〔寒の入り〕
かんい〔簡易〕手軽なこと。	**はんざつ**〔繁雑・煩雑〕**はんさ**〔煩瑣〕
かんか〔看過〕見過ごすこと。	**ちゅうもく**〔注目〕**じゅうし**〔重視〕
かんかい〔官界〕役人の社会。	**みんかん**〔民間〕
かんがい〔干害〕日照りによる災害。	**すいがい**〔水害〕**れいがい**〔冷害〕
かんがい〔管外〕受け持ち範囲の外。	**かんない**〔管内〕
かんがい〔館外〕図書館・美術館などの外。	**かんない**〔館内〕
かんがえぶかい〔考え深い〕	**あさはか**〔浅はか〕
かんがく〔官学〕国立の学校。	**しがく**〔私学〕
かんがく〔漢学〕わが国で、中国に関する学問の総称。	**こくがく**〔国学〕**ようがく**〔洋学〕
かんかくてき〔感覚的〕物事を感覚で判断するさま。直感的。	**じっしょうてき**〔実証的〕**かがくてき**〔科学的〕
かんがっき〔管楽器〕笛・ラッパなど、吹いて鳴らす楽器。	**げんがっき**〔弦楽器〕**だがっき**〔打楽器〕
かんき〔乾季〕雨の少ない季節。	**うき**〔雨季〕
かんき〔寒気〕寒い空気。寒さ。	**しょき**〔暑気〕**ねっき**〔熱気〕**だんき**〔暖気〕
かんき〔歓喜〕よろこび。	**ひあい**〔悲哀〕
かんきゃく〔観客〕劇などを見ている	㋐**ちょうしゅう**〔聴衆〕㋑**しゅつえ**

人。観衆。　んしゃ〔出演者〕はいゆう〔俳優〕

がんきん〔元金〕もときん。　**りし**〔利子〕**りそく**〔利息〕**りきん**〔利金〕

かんぐん〔官軍〕朝廷・政府側の軍隊。　**ぞくぐん**〔賊軍〕

かんけい〔寛刑〕ゆるやかな刑罰。　**げんけい**〔厳刑〕**こっけい**〔酷刑〕

かんげい〔歓迎〕喜んで迎えること。　**かんそう**〔歓送〕**そうべつ**〔送別〕

かんげき〔感激〕喜びなどで心を動かされること。　**ふんげき**〔憤激〕

かんげざい〔緩下剤〕穏やかに効く下剤。　**しゅんげざい**〔峻下剤〕

かんけつ〔完結〕完全に終わること。　**みかん**〔未完〕**みかんけつ**〔未完結〕**ちゅうぜつ**〔中絶〕**ちゅうだん**〔中断〕

かんけつ〔間欠・間歇〕一定の時間をおいて、起こったり止んだりすること。　**れんぞく**〔連続〕

かんけつ〔簡潔〕簡単でよくまとまっていること。　**じょうまん**〔冗漫〕**じょうちょう**〔冗長〕

かんげん〔甘言〕人をたぶらかす甘いことば。　**かんげん**〔諫言〕**くげん**〔苦言〕

かんげん〔諫言〕人をいさめることば。　**かんげん**〔甘言〕**ついしょう**〔追従〕

かんげん〔還元〕酸化物から酸素を取り除くこと。　**さんか**〔酸化〕

がんけん〔頑健〕　→きょうけん〔強健〕

かんこ〔鹹湖〕塩水をたたえた湖。塩水湖。　**たんこ**〔淡湖〕

かんご〔漢語〕音読する漢字の熟語。　**わご**〔和語〕**やまとことば**〔大和言葉〕

がんこ〔頑固〕かたくなであるさま。意地っ張り。頑迷。　**じゅうじゅん**〔従順〕**おんじゅん**〔温順〕

かんこう〔刊行〕　→しゅっぱん〔出版〕

かんこう〔完工〕工事を終えること。竣《しゅん》工。　**きこう**〔起工〕**ちゃっこう**〔着工〕

かんこう〔緩行〕ゆっくり進むこと。　**きゅうこう**〔急行〕

かんごふ〔看護婦〕　㋐**いし**〔医師〕**いしゃ**〔医者〕㋑**かんじゃ**〔患者〕**びょうにん**〔病人〕

かんさい〔関西〕関所の西。また、関西地方。　**かんとう**〔関東〕

かんさい〔漢才〕漢詩文に関する知識や才能。からざえ。かんざい。　**わさい**〔和才〕**ようさい**〔洋才〕

かんさく〔間作〕農作物の収穫後、空いた田畑に別の作物を作ること。　㋐**たんさく**〔単作〕㋑**こんさく**〔混作〕

がんさく〔贋作〕にせもの作り。にせ　**しんさく**〔真作〕

もの。偽作。	
かんざけ〔燗酒〕あたためた酒。	**ひやざけ**〔冷や酒〕
かんさやく〔監査役〕株式会社などで、業務や会計を監督し検査する役員。	**とりしまりやく**〔取締役〕
かんさん〔閑散〕ひまなこと。	**はんぼう**〔繁忙〕
かんし〔漢詩〕中国の詩。漢字だけで構成する中国風の詩。	**わか**〔和歌〕
かんじ〔漢字〕	**かな**〔仮名〕**かたかな**〔片仮名〕**ひらがな**〔平仮名〕**ローマじ**〔Roma《ラテン》字〕
かんじ〔監事〕組合などで、業務や会計を監査する役員。	**りじ**〔理事〕
かんしき〔乾式〕液体を使わない方式。	**しっしき**〔湿式〕
がんじつ〔元日〕１年の初めの日。１月１日。	**おおみそか**〔大晦日〕
かんしゃ〔官舎〕国費で建てられた、国家公務員用の住宅。	㋐**したく**〔私宅〕㋑**こうしゃ**〔公舎〕
かんしゃ〔感謝〕相手の好意を喜ぶこと。	**えんさ**〔怨嗟〕
かんじゃ〔患者〕病気にかかっている人。病人。	**いし**〔医師〕**いしゃ**〔医者〕**かんごふ**〔看護婦〕
かんじゃく〔閑寂〕	→せいじゃく〔静寂〕
かんしゅ〔巻首〕	→かんとう〔巻頭〕
かんしゅ〔艦首〕軍艦のへさき。	**かんび**〔艦尾〕
かんじゅ〔官需〕政府の需要。	**みんじゅ**〔民需〕
かんしゅう〔観衆〕	→かんきゃく〔観客〕
かんじゅく〔完熟〕完全に熟していること。	**みじゅく**〔未熟〕
かんしょう〔完勝〕あぶなげなく勝つこと。大勝。	㋐**かんぱい**〔完敗〕㋑**しんしょう**〔辛勝〕
かんしょう〔干渉〕口出しをして従わせようとすること。	**ほうにん**〔放任〕
かんじょう〔感情〕気持ち。	**りせい**〔理性〕**ちせい**〔知性〕
がんじょう〔頑丈〕堅固で丈夫なさま。	**きゃしゃ**〔華奢・花車〕
かんじょうてき〔感情的〕感情に偏るさま。	**りせいてき**〔理性的〕**ろんりてき**〔論理的〕
かんしょく〔寒色〕青・緑など、寒い感じのする色。	**だんしょく**〔暖色〕
かんしょく〔閑職〕重要でなく暇な仕事。	**ようしょく**〔要職〕**じゅうしょく**〔重職〕**げきしょく**〔激職〕
かんしょく〔間色〕原色を混ぜ合わせて出来る色。中間色。	**げんしょく**〔原色〕
かんしん〔奸臣〕心の曲がった家来。	**ちゅうしん**〔忠臣〕

かんすい〔鹹水〕塩水。海水。	**たんすい**〔淡水〕
かんすいぎょ〔鹹水魚〕海水にすむ魚。塩水魚。	**たんすいぎょ**〔淡水魚〕
かんすうじ〔漢数字〕一・二・十・百など、数を表す漢字。	**アラビアすうじ**〔Arabia 数字〕**ローマすうじ**〔Roma《ラテン》数字〕
かんせい〔乾性〕乾きやすい性質。	**しっせい**〔湿性〕
かんせい〔完成〕出来上がること。	㋐**ちゃくしゅ**〔着手〕㋑**みかん**〔未完〕**みかんせい**〔未完成〕
かんせい〔官製〕政府が製造すること。	**しせい**〔私製〕
かんせい〔感性〕感覚でつかむ能力。感受性。	**りせい**〔理性〕**ちせい**〔知性〕
かんせい〔歓声〕喜びの声。	**どせい**〔怒声〕**たんせい**〔嘆声〕**ひめい**〔悲鳴〕
かんせい〔閑静〕しずかなさま。静寂。	**けんそう**〔喧噪〕
かんせいはがき〔官製はがき〕郵便局で販売するはがき。	**しせいはがき**〔私製はがき〕
かんせき〔漢籍〕漢詩文の書物。	**わしょ**〔和書〕**ようしょ**〔洋書〕
かんせつ〔間接〕間に何かを介すること。	**ちょくせつ**〔直接〕
かんせつぜい〔間接税〕物品税など、納税者が間接的に負担する税金。	**ちょくせつぜい**〔直接税〕
かんせつせんきょ〔間接選挙〕アメリカの大統領選挙のように、一般選挙民が選挙人を選び、その人たちの投票で首長を選出する制度。	**ちょくせつせんきょ**〔直接選挙〕
かんせつてき〔間接的〕間に隔てるものがあるさま。遠回し。	**ちょくせつてき**〔直接的〕
かんせつもくてき〔間接目的〕英文法などで、動詞の目的語のうち、物を表すもの。	**ちょくせつもくてき**〔直接目的〕
かんせつわほう〔間接話法〕他人のことばの内容を汲んで、間接的に伝える形式。	**ちょくせつわほう**〔直接話法〕
かんせん〔官選〕国家が選ぶこと。国選。	**こうせん**〔公選〕**しせん**〔私選〕
かんせん〔幹線〕鉄道などの、主要な線。本線。	**しせん**〔支線〕
かんぜん〔勧善〕善行を勧めること。	**ちょうあく**〔懲悪〕
かんそ〔簡素〕簡単で質素なさま。	**ごうか**〔豪華〕**はなやか**〔華やか〕
かんそう〔乾燥〕乾くこと。	**しつじゅん**〔湿潤〕
かんそう〔歓送〕よろこんで人を送ること。	**かんげい**〔歓迎〕
かんたい〔寒帯〕地球上の最も寒い地	**ねったい**〔熱帯〕**おんたい**〔温帯〕

帯。

かんたい〔歓待〕喜んで、手厚くもてなすこと。厚遇。　**ぎゃくたい**〔虐待〕**れいぐう**〔冷遇〕

かんだい〔寛大〕心が広く、思いやりがあるさま。寛容。　**げんかく**〔厳格〕**かこく**〔過酷・苛酷〕**へんきょう**〔偏狭〕**きょうりょう**〔狭量〕

かんたん〔感嘆〕　→しょうさん〔賞賛・称賛〕

かんたん〔簡単〕単純で手軽なこと。　**ふくざつ**〔複雑〕**はんざつ**〔煩雑〕**はんさ**〔煩瑣〕**めんどう**〔面倒〕

かんちゅう〔寒中〕寒い間。冬のさなか。　**しょちゅう**〔暑中〕

かんちょう〔干潮〕ひきしお。　**まんちょう**〔満潮〕

かんてい〔官邸〕国費で建てられた、大臣・高級官吏などの邸宅。　**してい**〔私邸〕**こうてい**〔公邸〕

かんてつ〔貫徹〕最後までやり抜くこと。　**ざせつ**〔挫折〕

かんてん〔寒天〕冬の寒い感じの空。　**えんてん**〔炎天〕

かんでん〔乾田〕水はけがよく、畑にもなる田。　**しつでん**〔湿田〕

かんとう〔巻頭〕巻物や書物の初め。巻首。　**かんまつ**〔巻末〕**かんび**〔巻尾〕

かんとう〔完投〕野球で、最終回までひとりの投手が投げ抜くこと。　**けいとう**〔継投〕

かんとう〔関東〕関所の東。また、関東地方。　**かんさい**〔関西〕

かんどう〔間道〕ぬけ道。わき道。　**ほんどう**〔本道〕

かんない〔管内〕受け持ち区域のなか。管下。　**かんがい**〔管外〕

かんない〔館内〕図書館などの内部。　**かんがい**〔館外〕

かんぬし〔神主〕神社で、神に仕えている人。神官。　**そうりょ**〔僧侶〕**ぼくし**〔牧師〕**しんぷ**〔神父〕

かんねんてき〔観念的〕現実から離れて、頭の中だけで考えるさま。　**げんじつてき**〔現実的〕**じっせんてき**〔実践的〕**じっさいてき**〔実際的〕**そくぶつてき**〔即物的〕

かんねんろん〔観念論〕外界は、人間の認識によって初めて存在するとする考え。　**じつざいろん**〔実在論〕

かんのいり〔寒の入り〕寒の期間に入ること。　**かんあけ**〔寒明け〕

かんのう〔完納〕会費・税金などをすべて納めること。　**たいのう**〔滞納〕**みのう**〔未納〕

かんのう〔堪能〕才能があり、その道に深く通じていること。たんのう。　**ふかん**〔不堪〕

かんぱい〔完敗〕完全に負けること。大敗。　㋐**かんしょう**〔完勝〕㋑**せきはい**〔惜敗〕
かんぱい〔完配〕完全に配り終わること。また、完全に配給されること。　**ちはい**〔遅配〕**けっぱい**〔欠配〕
かんばしい〔芳しい〕よい香りがする。こうばしい。かぐわしい。　**くさい**〔臭い〕
がんばる〔頑張る〕　**くじける**〔挫ける〕**へこたれる**　**へたばる**　**なまける**〔怠ける〕**だらける**　**サボる**
かんび〔巻尾〕　→かんまつ〔巻末〕
かんび〔完備〕十分に備わっていること。具備。　**ふび**〔不備〕**けつじょ**〔欠如〕
かんび〔艦尾〕軍艦のとも。　**かんしゅ**〔艦首〕
かんぴ〔官費〕　→こくひ〔国費〕
かんぷ〔乾布〕乾いた布。　**しっぷ**〔湿布〕
かんぷう〔寒風〕冷たい風。冬の風。　**おんぷう**〔温風〕**だんぷう**〔暖風〕**ねっぷう**〔熱風〕
かんぷきん〔還付金〕税金の納め過ぎなどで返される金。　**のうふきん**〔納付金〕
かんぷく〔官服〕国が支給する制服。　**しふく**〔私服〕
かんぷく〔感服〕感心して従うこと。心服。　**はんぱつ**〔反発・反撥〕
かんぶつ〔官物〕政府の所有する物。官有物。　**しぶつ**〔私物〕
かんぷまさつ〔乾布摩擦〕乾いた布でこすって皮膚を鍛えること。　**れいすいまさつ**〔冷水摩擦〕
かんぶん〔漢文〕中国古代の文章。また、その形式で作った文章。　**わぶん**〔和文〕
かんぼく〔灌木〕　→ていぼく〔低木〕
かんぼつ〔陥没〕地面などが落ち込むこと。　**りゅうき**〔隆起〕
かんぽん〔刊本〕印刷して刊行された本。　**しゃほん**〔写本〕
かんぽん〔完本〕全集などの、全部揃った本。　**はほん**〔端本〕**けっぽん**〔欠本〕**しょうほん**〔抄本〕
かんまつ〔巻末〕巻物や書物の終わり。巻尾。　**かんとう**〔巻頭〕**かんしゅ**〔巻首〕
かんまん〔緩慢〕ゆるやかでのろいさま。　㋐**びんそく**〔敏速〕**かっぱつ**〔活発・活潑〕㋑**きゅうそく**〔急速〕**きゅうげき**〔急激〕
かんみ〔甘味〕甘い味。あまり。　**しんみ**〔辛味〕**さんみ**〔酸味〕**くみ**〔苦味〕
がんめい〔頑迷〕　→がんこ〔頑固〕

かんやく〔完訳〕全文を完全に訳すこと。全訳。	**しょうやく**〔抄訳〕
がんやく〔丸薬〕練ってまるめた薬。	**さんやく**〔散薬〕**すいやく**〔水薬〕
かんゆう〔官有〕	→こくゆう〔国有〕
かんよう〔寛容〕	→かんだい〔寛大〕
かんらく〔陥落〕攻め落とされること。	**こうりゃく**〔攻略〕**こうらく**〔攻落〕
かんりつ〔官立〕	→こくりつ〔国立〕
かんりゃく〔簡略〕簡単であっさりしているさま。手がる。簡単。	**はんざつ**〔繁雑・煩雑〕
かんりゅう〔緩流〕ゆるやかな水の流れ。	**きゅうりゅう**〔急流〕**げきりゅう**〔激流〕**ほんりゅう**〔奔流〕
かんりゅう〔寒流〕冷たい海水の流れ。	**だんりゅう**〔暖流〕
かんりょう〔完了〕すっかり終わること。	**みりょう**〔未了〕**みかん**〔未完〕
かんりょうは〔官僚派〕政治家のうち、役人出身者のグループ。	**とうじんは**〔党人派〕
かんれい〔寒冷〕気温が低く冷たいこと。	**おんだん**〔温暖〕
かんれいぜんせん〔寒冷前線〕暖かい空気のある地域に、冷たい空気が流れ込むときに出来る不連続線。	**おんだんぜんせん**〔温暖前線〕
かんわ〔緩和〕厳しさをゆるめること。	**きょうか**〔強化〕
かんわ〔閑話〕暇に任せてする無駄話。	**ようだん**〔用談・要談〕

き

き〔危〕あやうい。あぶない。	**あん**〔安〕
き〔喜〕よろこぶ。	**ど**〔怒〕**ひ**〔悲〕**ゆう**〔憂〕
き〔奇〕2で割り切れない数。	**ぐう**〔偶〕
き〔既〕すでに。	**み**〔未〕
き〔木〕	**くさ**〔草〕
き〔貴〕とうとい。	**せん**〔賤〕
き〔起〕たつ。おきる。	**ふく**〔伏〕
ぎ〔偽〕いつわり。	**しん**〔真〕**じつ**〔実〕
ぎ〔疑〕うたがう。	**しん**〔信〕
ぎあく〔偽悪〕悪人をよそおうこと。悪人面《づら》をすること。	**ぎぜん**〔偽善〕
きあつ〔気圧〕空気の圧力。	**すいあつ**〔水圧〕
きえる〔消える〕①「姿が――」。②「火が――」。③「明かりが――」。④「雪が――」	①**あらわれる**〔現れる〕②**もえる**〔燃える〕③**ともる**〔灯る・点る〕**つく**〔点く〕④**つもる**〔積もる〕**のこる**〔残る〕
きおく〔記憶〕忘れずに覚えておくこ	**ぼうきゃく**〔忘却〕**しつねん**〔失念〕

と。	
きおち〔気落ち〕	→らくたん〔落胆〕
きおん〔気温〕大気の温度。	**すいおん**〔水温〕
ぎおんご〔擬音語〕	→ぎせいご〔擬声語〕
きか〔気化〕液体が気体になること。	**えきか**〔液化〕
きか〔奇禍〕思いがけない災難。	**ぎょうこう**〔僥倖〕
きかいこうぎょう〔機械工業〕機械を使って行う大規模な工業。	**しゅこうぎょう**〔手工業〕
ぎかいせいじ〔議会政治〕公選された議員で構成された議会の決定に基づいて行われる政治。	**どくさいせいじ**〔独裁政治〕**せんせいせいじ**〔専制政治〕
きかいたいそう〔器械体操〕鉄棒など、器具を使ってする体操。	**としゅたいそう**〔徒手体操〕
きかいてき〔機械的〕型にはまっているさま。	**こせいてき**〔個性的〕
きがかり〔気掛かり〕気に掛かって心配なこと。	**きらく**〔気楽〕
きかきゅうすう〔幾何級数〕等比級数。	**さんじゅつきゅうすう**〔算術級数〕**とうさきゅうすう**〔等差級数〕
きがく〔器楽〕楽器を使って演奏する音楽。	**せいがく**〔声楽〕
きかくひん〔規格品〕一定の標準に従って作られた品物。	**ちゅうもんひん**〔注文品〕
きがる〔気軽〕あっさりして、もったいぶらないさま。きさく。	**きむずかしい**〔気難しい〕
きかん〔既刊〕書物などがすでに刊行されていること。	**みかん**〔未刊〕
きかん〔帰還〕戦場から帰ること。	**しゅっせい**〔出征〕**しゅつじん**〔出陣〕
きかん〔貴官〕官吏に対する敬称。	**しょうかん**〔小官〕**ひかん**〔卑官〕
きかんしゃ〔機関車〕	**きゃくしゃ**〔客車〕**かしゃ**〔貨車〕
きき〔危機〕あぶないとき。ピンチ。	**こうき**〔好機〕
ききおさめ〔聞き納め〕最後に聞く機会。	**ききはじめ**〔聞き初め・聞き始め〕
ききぐるしい〔聞き苦しい〕聞いていて不愉快である。聞きづらい。	**ききやすい**〔聞き易い〕**ききよい**〔聞き良い〕
ききじょうず〔聞き上手〕聞くのがうまいこと。	㋐**ききべた**〔聞き下手〕㋑**はなしじょうず**〔話し上手〕
ききづらい〔聞き辛い〕聞いていて感じがよくない。聞きにくい。	**ききよい**〔聞き良い〕**ききやすい**〔聞き易い〕
ききて〔聞き手〕聞く人。	㋐**はなして**〔話し手〕**かたりて**〔語り手〕㋑**よみて**〔読み手〕
ききとがめる〔聞き咎める〕人の話	**ききながす**〔聞き流す〕

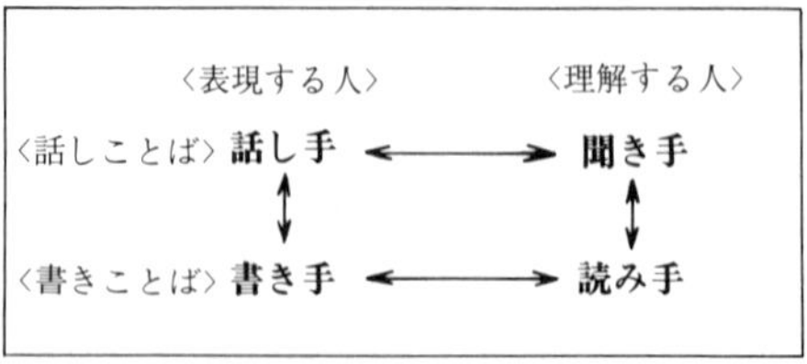

を聞いて、誤りなどを鋭く指摘する。	
ききながす〔聞き流す〕人の話を聞いても気にとめない。	**ききとがめる**〔聞き咎める〕
ききにくい〔聞き難い〕	→ききづらい〔聞き辛い〕
ききはじめ〔聞き初め・聞き始め〕はじめて聞く機会。	**ききおさめ**〔聞き納め〕
ききべた〔聞き下手〕聞くのがへたなこと。	㋐**ききじょうず**〔聞き上手〕㋑**はなしべた**〔話し下手〕
ききやすい〔聞き易い〕	→ききよい〔聞き良い〕
ききよい〔聞き良い〕聞いていて気持ちがよい。聞きやすい。	**ききづらい**〔聞き辛い〕**ききにくい**〔聞き難い〕**ききぐるしい**〔聞き苦しい〕
ききょう〔帰郷〕故郷に帰ること。	**しゅっきょう**〔出郷〕**りきょう**〔離郷〕
ききんぞく〔貴金属〕金・銀など、産出量が少なくて、さびにくい金属。	**ひきんぞく**〔卑金属〕
きく〔聞く〕	㋐**はなす**〔話す〕**かたる**〔語る〕㋑**よむ**〔読む〕㋒**こたえる**〔答える〕
きく〔起句〕詩歌の最初の句。	**けっく**〔結句〕
きぐ〔危惧〕うまくいかないのではないかとあやぶむこと。危懼《く》。	**かくしん**〔確信〕**じしん**〔自信〕**あんど**〔安堵〕
ぎけい〔義兄〕義理の兄。配偶者の兄・姉の夫など。	㋐**じっけい**〔実兄〕㋑**ぎてい**〔義弟〕**ぎし**〔義姉〕
きげき〔喜劇〕こっけい味を交えて、おもしろく展開する劇。	**ひげき**〔悲劇〕
きけつ〔既決〕すでに決まっていること。	**みけつ**〔未決〕
ぎけつきかん〔議決機関〕議会など、規則や方針などを決定する組織。	**しっこうきかん**〔執行機関〕
きけん〔危険〕あぶないこと。	**あんぜん**〔安全〕
きけん〔棄権〕選挙権がありながら、投票しなこと。	**とうひょう**〔投票〕
きげんつき〔期限付き〕いつまでと期限が決められていること。	**むきげん**〔無期限〕
きご〔起語〕	→とうご〔頭語〕

きこう〔寄航〕船が途中の港に立ち寄ること。　㋐ちょっこう〔直航〕㋑しゅっこう〔出航〕
きこう〔帰港〕船が港に帰ること。　しゅっこう〔出港〕
きこう〔帰航〕船が港に帰ること。　しゅっこう〔出航〕
きこう〔起工〕工事を始めること。着工。　しゅんこう〔竣工〕かんこう〔完工〕らくせい〔落成〕
きこう〔起稿〕原稿を書き始めること。　だっこう〔脱稿〕
きこく〔帰国〕自分の国へ帰ること。　しゅっこく〔出国〕
きこん〔既婚〕すでに結婚していること。　みこん〔未婚〕どくしん〔独身〕
きさい〔奇才・鬼才〕　→てんさい〔天才〕
きさい〔既済〕すでに済んでいること。　みさい〔未済〕
きさく〔気さく〕　→きがる〔気軽〕
ぎさく〔偽作〕にせものを作ること。にせもの。贋作《がんさく》。　しんさく〔真作〕
きさま〔貴様〕おまえ。　おれ〔俺〕
きし〔岸〕　おき〔沖〕
ぎし〔義姉〕義理の姉。配偶者の姉・兄の妻など。　㋐じっし〔実姉〕㋑ぎまい〔義妹〕ぎけい〔義兄〕
ぎし〔義子〕義理の子。養子。　㋐じっし〔実子〕㋑ぎふ〔義父〕ぎぼ〔義母〕
ぎじ〔疑似〕病気などが、本物に似てまぎらわしいこと。疑似性。　しんせい〔真性〕
ぎじしょう〔疑似症〕本物の病気とよく似ている症状。　しんしょう〔真症〕
きしつ〔気質〕きだて。気性《きしょう》。性質。　たいしつ〔体質〕
きじつ〔忌日〕　→めいにち〔命日〕
きしな〔来しな〕来る途中。　㋐いきしな〔行きしな〕㋑かえりしな〔帰りしな〕
きしべ〔岸辺〕岸のあたり。　おきあい〔沖合い〕
きしむ〔軋む〕物と物がこすれて音を出す。　すべる〔滑る〕
きしゃ〔記者〕新聞・雑誌などの記事を書く人。　どくしゃ〔読者〕
きしゃく〔希釈〕薬品の溶液に水などを加えてうすめること。　のうしゅく〔濃縮〕
きしゅ〔奇手〕普通と違ったやり方。　じょうせき〔定石〕
きしゅ〔期首〕定められた期間の初め。期初。　きまつ〔期末〕
きしゅう〔既習〕すでに学んでいること。　みしゅう〔未習〕
きしゅうさくせん〔奇襲作戦〕思いがけない攻撃法。　せいこうほう〔正攻法〕

きじゅつ〔既述〕 →ぜんじゅつ〔前述〕
きじゅつ〔記述〕文字に書いて述べること。筆記。 **こうじゅつ**〔口述〕
ぎじゅつや〔技術屋〕技術関係の仕事をする人の俗称。 **じむや**〔事務屋〕
きじゅん〔帰順〕反抗をやめて従うこと。帰服。 **はんこう**〔反抗〕**はんぎゃく**〔反逆〕
ぎしょ〔偽書〕 →ぎひつ〔偽筆〕
きしょう〔起床〕寝床から起き出すこと。 **しゅうしょう**〔就床〕**しゅうしん**〔就寝〕
きじょう〔気丈〕気が強いさま。勝ち気。 **きよわ**〔気弱〕
きしょく〔喜色〕うれしそうな顔つき。 **ゆうしょく**〔憂色〕
きじん〔奇人・畸人〕風変わりな人。変わり者。 **じょうじん**〔常人〕
ぎじん〔義人〕正義を貫く人。 **あくにん**〔悪人〕
ぎしんあんき〔疑心暗鬼〕疑いの気持ちがあると、何でも恐ろしく思えてくること。 **あんしんりつめい**〔安心立命〕
きしんごう〔黄信号〕注意信号。 **あおしんごう**〔青信号〕**あかしんごう**〔赤信号〕
きすい〔既遂〕すでにしてしまっていること。 **みすい**〔未遂〕
きすう〔奇数〕2で割り切れない整数。 **ぐうすう**〔偶数〕
きずく〔築く〕土台を固めてつくり上げる。 **つぶす**〔潰す〕**こわす**〔壊す・毀す〕**くずす**〔崩す〕
きせい〔既成〕すでに出来上がっていること。 **しんこう**〔新興〕**しんせつ**〔新設〕
きせい〔規制〕規則で制限すること。 **ほうにん**〔放任〕**ほうち**〔放置〕
ぎせいご〔擬声語〕物音や動物の鳴き声をまねた語。擬音語。 **ぎたいご**〔擬態語〕
きせいひん〔既製品〕できあいの品。レディーメイド。 **ちゅうもんひん**〔注文品〕**あつらえ**〔誂え〕
きせつ〔既設〕すでに設けてあること。 **しんせつ**〔新設〕**みせつ**〔未設〕
きぜつ〔気絶〕気を失うこと。失神。 **そせい**〔蘇生〕
きせる〔着せる〕 **ぬがせる**〔脱がせる〕**はぐ**〔剝ぐ〕
きせん〔汽船〕蒸気機関で動く大型の船。 **はんせん**〔帆船〕
ぎぜん〔偽善〕うわべだけ善人らしくつくろうこと。 **ぎあく**〔偽悪〕
きそ〔起訴〕検察官が裁判を起こすこと。 **ふきそ**〔不起訴〕**きそゆうよ**〔起訴猶予〕
きそいがく〔基礎医学〕医学の基礎 **りんしょういがく**〔臨床医学〕

となる理論を研究する学問。

きぞう〔寄贈〕物品を贈ること。　**じゅぞう**〔受贈〕

きぞく〔貴族〕社会的特権をもつ上流階級の人。　**へいみん**〔平民〕**しょみん**〔庶民〕

きぞくいん〔貴族院〕貴族や特権階級の代表からなり、旧憲法で、衆議院と並んで帝国議会を構成した院。　㋐**しゅうぎいん**〔衆議院〕㋑**さんぎいん**〔参議院〕

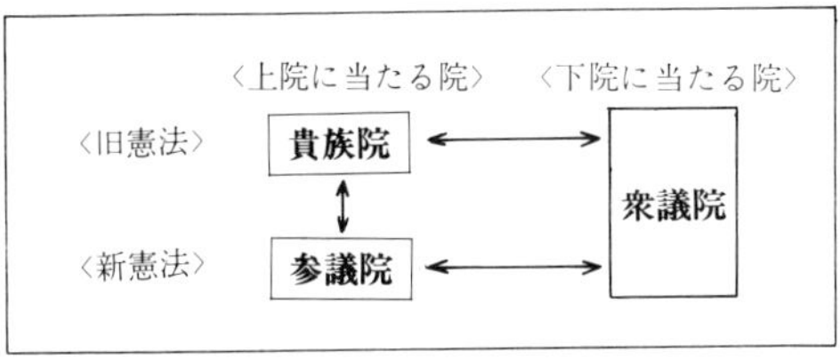

きぞくてき〔貴族的〕貴族ぶっていて、気位が高いさま。　**しょみんてき**〔庶民的〕

きそくどうし〔規則動詞〕英語などで、語尾が規則的に変化する動詞。　**ふきそくどうし**〔不規則動詞〕

きそゆうよ〔起訴猶予〕検察官が、犯人の事情などを考えて訴追を見合わせること。　㋐**きそ**〔起訴〕㋑**ふきそ**〔不起訴〕

きた〔北〕　**みなみ**〔南〕**ひがし**〔東〕**にし**〔西〕

きたい〔期待〕当てにして心待ちにすること。嘱望。　**ゆうりょ**〔憂慮〕**ぜつぼう**〔絶望〕**しつぼう**〔失望〕

きたい〔気体〕　**えきたい**〔液体〕**こたい**〔固体〕

ぎたいご〔擬態語〕事物の状態や人の身振りなどを、比喩的に表す語。　**ぎせいご**〔擬声語〕**ぎおんご**〔擬音語〕

きだおれ〔着倒れ〕財産を失うほど、衣服に金をかけること。　**くいだおれ**〔食い倒れ〕

きたかいきせん〔北回帰線〕北緯23度27分の緯線。この上では、夏至《げし》の日に太陽が真上に来る。　**みなみかいきせん**〔南回帰線〕

きたかぜ〔北風〕北から吹いて来る寒い風。ほくふう。　**みなみかぜ**〔南風〕**なんぷう**〔南風〕

きたく〔帰宅〕家に帰ること。　**がいしゅつ**〔外出〕

きたく〔貴宅〕他人の家に対する敬称。お宅。　**せったく**〔拙宅〕

きたぐに〔北国〕北方の国。ほっこく。　**なんごく**〔南国〕

きたない〔汚い〕　**きよい**〔清い〕**きれい**〔奇麗・綺麗〕**うつくしい**〔美しい〕**きよらか**〔清らか〕

きたならしい〔汚らしい〕　→けがらわしい〔汚らわしい〕

きたはんきゅう〔北半球〕地球の、赤道から北の部分。　**みなみはんきゅう**〔南半球〕

きたひがし〔北東〕　**みなみにし**〔南西〕**きたにし**〔北西〕**みなみひがし**〔南東〕

きたる〔来る〕近い将来の。やがてくる。「——3月10日」。　**さる**〔去る〕

きち〔吉〕めでたい。縁起が良い。　**きょう**〔凶〕

きち〔既知〕すでに知っていること。　**みち**〔未知〕

きちきち　衣服などに、ゆとりがないさま。　**だぶだぶ**

きちじ〔吉事〕めでたいこと。縁起が良いこと。　**きょうじ**〔凶事〕

きちじつ〔吉日〕めでたい日。きちにち。　**きょうじつ**〔凶日〕

きちすう〔既知数〕方程式で、前もってその値が知られている数。　**みちすう**〔未知数〕

きちむ〔吉夢〕めでたい夢。　**きょうむ**〔凶夢〕**あくむ**〔悪夢〕

きちゃく〔既着〕すでに着いていること。　**みちゃく**〔未着〕

きちゃく〔帰着〕帰り着くこと。　**しゅっぱつ**〔出発〕

きちょうめん〔几帳面〕行為や性格がきちんとしているさま。　**ずぼら**　**だらしない**　**じだらく**〔自堕落〕**でたらめ**〔出鱈目〕

きつい　①「——性格」。②「——条件」。　①**やさしい**〔優しい〕②**ゆるい**〔緩い〕**ゆるやか**〔緩やか〕

きつえん〔喫煙〕たばこを吸うこと。　㋐**きんえん**〔禁煙〕㋑**いんしゅ**〔飲酒〕

ぎっしり　たくさん詰まっているさま。　**ゆったり**　**がらがら**

きっそう〔吉相〕①よいことのある前ぶれ。吉兆。②よい人相や家相。　①**きょうそう**〔凶相〕②**きょうそう**〔凶相〕**あくそう**〔悪相〕

きづち〔木槌〕木製のつち。　**かなづち**〔金槌〕

きっちょう〔吉兆〕よいことの前ぶれ。　**きょうちょう**〔凶兆〕

きっちり　→ちょうど〔丁度〕

きっと〔屹度〕　**たぶん**〔多分〕**おそらく**〔恐らく〕

きっぽう〔吉報〕よい知らせ。　**きょうほう**〔凶報〕**あくほう**〔悪報〕**ひほう**〔悲報〕

きづまり〔気詰まり〕窮屈に感じるさま。　**きやすい**〔気安い・気易い〕**こころやすい**〔心安い・心易い〕

きてい〔既定〕すでに決まっていること。　**みてい**〔未定〕**かてい**〔仮定〕

ぎてい〔義弟〕義理の弟。配偶者の弟・妹の夫など。　㋐**じってい**〔実弟〕㋑**ぎけい**〔義兄〕**ぎまい**〔義妹〕

きているい〔奇蹄類〕ウマなど、後肢の指が1本または3本の哺乳動物。　**ぐうているい**〔偶蹄類〕

きてん〔起点〕出発点。 — **しゅうてん**〔終点〕

きでん〔貴殿〕相手に対する尊称。あなたさま。 — **せっしゃ**〔拙者〕**しょうせい**〔小生〕

きでんたい〔紀伝体〕主要な人物を中心に、まとめて書く歴史の書き方。 — **へんねんたい**〔編年体〕

きと〔帰途〕帰り道。帰路。 — **おうろ**〔往路〕

きどうらく〔着道楽〕衣服に凝ること。 — **くいどうらく**〔食い道楽〕

きなが〔気長〕気分がゆったりしていること。 — **きみじか**〔気短〕**たんき**〔短気〕

きぬ〔絹〕 — **もめん**〔木綿〕**あさ**〔麻〕

きぬおりもの〔絹織物〕絹糸で織った高級な織物。 — **めんおりもの**〔綿織物〕

ぎねん〔疑念〕疑いの気持ち。疑心。 — **しんねん**〔信念〕**かくしん**〔確信〕

きのう〔昨日〕 — **あす**〔明日〕**あした**〔明日〕**きょう**〔今日〕

きのう〔既納〕税金などを、すでに納めていること。 — **みのう**〔未納〕

きのうほう〔帰納法〕個々の事実から一般的原理を導く方法。 — **えんえきほう**〔演繹法〕

きのどく〔気の毒〕他人の苦しみなどに同情を覚えるさま。 — **いいきみ**〔いい気味〕

きのはな〔木の花〕 — **くさばな**〔草花〕

きのりうす〔気乗り薄〕気が進まないさま。 — **のりき**〔乗り気〕

きはく〔希薄〕密度が小さいこと。うすいこと。 — **のうこう**〔濃厚〕**のうみつ**〔濃密〕

きばつ〔奇抜〕思いも寄らないほど変わっているさま。 — **へいぼん**〔平凡〕

きひ〔基肥〕 — →もとごえ〔基肥・元肥〕

きびきび（と）　引き締まっているさま。 — **だらだら**（と）

きびしい〔厳しい〕①「警戒が――」。②「――先生」。③「――採点」。 — ①**ゆるい**〔緩い〕**ゆるやか**〔緩やか〕②**やさしい**〔優しい〕**おだやか**〔穏やか〕③**あまい**〔甘い〕

きひつ〔起筆〕ものを書き始めること。 — **かくひつ**〔擱筆〕

ぎひつ〔偽筆〕他人のものに似せて書いた作品。偽書。 — **しんぴつ**〔真筆〕

きびん〔機敏〕すばしこいこと。敏捷。 — **どんじゅう**〔鈍重〕

ぎふ〔義父〕義理の父。配偶者の父など。 — ㋐**じっぷ**〔実父〕㋑**ぎぼ**〔義母〕㋒**ぎし**〔義子〕

きふく〔帰服〕 — →きじゅん〔帰順〕

きふるし〔着古し〕たびたび着て古く — **したておろし**〔仕立て下ろし〕

なった衣服。古着。

ぎぼ〔義母〕義理の母。配偶者の母など。 ㋐**じつぼ**〔実母〕㋑**ぎふ**〔義父〕㋒**ぎし**〔義子〕

きぼう〔希望〕望み期待すること。 **しつぼう**〔失望〕**ぜつぼう**〔絶望〕

きほん〔基本〕物事のもとになる大切なもの。よりどころ。 **おうよう**〔応用〕

きほんもんだい〔基本問題〕 **おうようもんだい**〔応用問題〕

ぎまい〔義妹〕義理の妹。配偶者の妹・弟の妻など。 ㋐**じつまい**〔実妹〕㋑**ぎし**〔義姉〕**ぎてい**〔義弟〕

きまえよい〔気前良い〕物惜しみしない。 **しぶい**〔渋い〕**けち**

きまえよし〔気前良し〕物惜しみしない人。 **けち** **けちんぼ（う）**〔けちん坊〕

きまつ〔期末〕定められた期間の終わり。 **きしゅ**〔期首〕

きみ〔君〕①君主。また、自分の仕えている主君。②男子が同等以下に用いる対称代名詞。おまえ。 ①**しん**〔臣〕②**ぼく**〔僕〕

きみ〔黄身〕卵のまん中にある黄色い部分。卵黄《らんおう》。 **しろみ**〔白身〕

きみじか〔気短〕気分がせかせかしていること。短気。 **きなが**〔気長〕**のんき**〔暢気・呑気〕

きみん〔棄民〕生活に困っている人を救済せずに見捨てること。 **きゅうみん**〔救民〕

ぎむ〔義務〕人間として、しなければならないこと。 **けんり**〔権利〕

きむずかしい〔気難しい〕 **きやすい**〔気易い〕**こころやすい**〔心易い〕**きさく**〔気さく〕

きめい〔記名〕本名を書くこと。 **むきめい**〔無記名〕**とくめい**〔匿名〕

ぎめい〔偽名〕いつわりの名。 **ほんみょう**〔本名〕**じつめい**〔実名〕

きめいとうひょう〔記名投票〕投票する人が自分の氏名を書く投票方式。 **むきめいとうひょう**〔無記名投票〕

きもちわるい〔気持ち悪い〕 **こころよい**〔快い〕

きもの〔着物〕①体に着る物。衣服。②和服。 ①**たべもの**〔食べ物〕**すまい**〔住まい〕②**ようふく**〔洋服〕

ぎもん〔疑問〕疑いを持つこと。 **かくしん**〔確信〕

きゃく〔客〕 **しゅ・あるじ**〔主〕**しゅじん**〔主人〕

ぎゃく〔逆〕さかさ。 **じゅん**〔順〕**せい**〔正〕

きゃくあしらい〔客あしらい〕客のもてなし方。客扱い。 **きゃくうけ**〔客受け〕

きゃくあつかい〔客扱い〕 →きゃくあしらい〔客あしらい〕

きゃくいん〔脚韻〕詩や歌の句の終わりを同じ韻でそろえること。 **とういん**〔頭韻〕

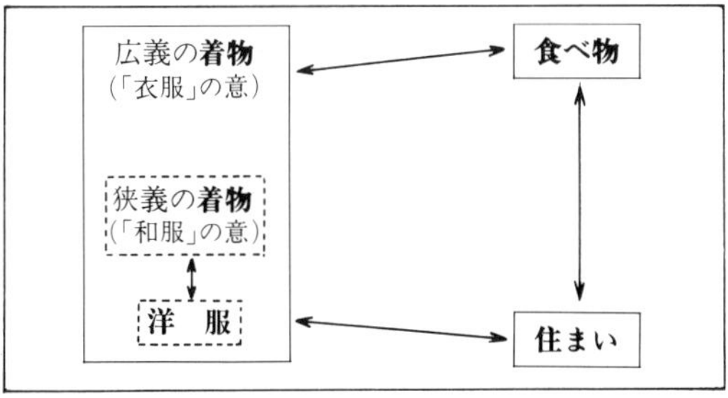

きゃくうけ〔客受け〕客の受ける印象。客の評判。	**きゃくあしらい**〔客あしらい〕**きゃくあつかい**〔客扱い〕
ぎゃくえん〔逆縁〕年上の者が、年下の者の死を弔うこと。	**じゅんえん**〔順縁〕
きゃくご〔客語〕文中の動作の目的を表す語。かくご。	**しゅご**〔主語〕**じゅつご**〔述語〕
きゃくしゃ〔客車〕旅客を乗せる列車。旅客列車。	㋐**かしゃ**〔貨車〕㋑**きかんしゃ**〔機関車〕
ぎゃくじょう〔逆上〕かっとして我を忘れること。	**れいせい**〔冷静〕**へいせい**〔平静〕
きゃくじん〔客人〕	→きゃく〔客〕
ぎゃくしん〔逆臣〕主君にそむく家来。	**ちゅうしん**〔忠臣〕
きゃくせき〔客席〕客の座る席。特に劇場などで観客の座る場所。	**ぶたい**〔舞台〕
ぎゃくせつ〔逆接〕ふたつの文や句が、順当でない関係で続けられること。	**じゅんせつ**〔順接〕
きゃくせん〔客船〕客を運ぶ船。	**かもつせん**〔貨物船〕
きゃくたい〔客体〕行為の対象となるもの。	**しゅたい**〔主体〕
ぎゃくたい〔虐待〕ひどく扱うこと。	**あいご**〔愛護〕**かんたい**〔歓待〕**ゆうたい**〔優待〕
きゃくちゅう〔脚注〕本文の下に付ける注釈。	**とうちゅう**〔頭注〕
ぎゃくて〔逆手〕鉄棒で、手先を逆にして握る方法。さかて。	**じゅんて**〔順手〕
ぎゃくひれい〔逆比例〕	→はんぴれい〔反比例〕
ぎゃくふう〔逆風〕進む方向から吹いて来る風。向かい風。	**じゅんぷう**〔順風〕**おいかぜ**〔追い風〕
きゃくま〔客間〕客を迎え入れる座敷。	**いま**〔居間〕
ぎゃくりゅう〔逆流〕水などが普通とは逆の方向に流れること。	**じゅんりゅう**〔順流〕
きゃしゃ〔華奢・花車〕ほっそりと	**がんじょう**〔頑丈〕

して弱々しいさま。	
きやすい〔気安い・気易い〕遠慮なく気楽に付き合える。心やすい。	**きむずかしい**〔気難しい〕**きづまり**〔気詰まり〕
キャスト〔cast〕映画などの配役。	**スタッフ**〔staff〕
きゃっか〔却下〕申請や訴訟などを取り上げないで差し戻すこと。	㋐**じゅり**〔受理〕**さいよう**〔採用〕**さいたく**〔採択〕㋑**ていしゅつ**〔提出〕
きゃっかん〔客観〕客体として、だれにもその存在を認められるもの。	**しゅかん**〔主観〕
きゃっかんてき〔客観的〕個人の判断でなく、だれにでも認められるさま。	**しゅかんてき**〔主観的〕
ぎゃっきょう〔逆境〕思いどおりにならない不幸な境遇。苦境。	**じゅんきょう**〔順境〕**らっきょう**〔楽境〕
ぎゃっこう〔逆行〕反対の方向に進むこと。逆戻り。	**じゅんこう**〔順行〕**じゅんのう**〔順応〕
キャッチャー〔catcher〕捕手。	㋐**ピッチャー**〔pitcher〕㋑**バッター**〔batter〕
キャップ〔cap〕縁《ふち》のない帽子。	**ハット**〔hat〕
キャピタリズム〔capitalism〕資本主義。	**コミュニズム**〔communism〕**ソーシャリズム**〔socialism〕
きゅう〔及〕とどく。達する。及第。	**らく**〔落〕
きゅう〔吸〕すう。	**こ**〔呼〕
きゅう〔急〕いそぐ。	**かん**〔緩〕**じょ**〔徐〕**ゆるやか**〔緩やか〕**なだらか**
きゅう〔給〕あてがう。	**じゅ**〔需〕
きゅう〔旧〕もとからある。古い。	**しん**〔新〕
きゅうえん〔休演〕俳優などが、出演を休むこと。	**しゅつえん**〔出演〕**じょうえん**〔上演〕
きゅうえんとうしゅ〔救援投手〕主戦投手と交代し助ける投手。	**しゅせんとうしゅ**〔主戦投手〕
きゅうかい〔休会〕議会などが、議事を休むこと。	**かいかい**〔開会〕
きゅうかく〔嗅覚〕臭いをかぐ感覚。	**しかく**〔視覚〕**ちょうかく**〔聴覚〕**みかく**〔味覚〕**しょっかく**〔触覚〕
きゅうがく〔休学〕生徒や学生が、一定の期間学校を休むこと。	㋐**ていがく**〔停学〕㋑**ふくがく**〔復学〕
きゅうかざん〔休火山〕ある期間噴火活動を休んでいる火山。	**かっかざん**〔活火山〕**しかざん**〔死火山〕
きゅうがた〔旧型・旧形〕古い形式。	**しんがた**〔新型・新形〕
きゅうかなづかい〔旧仮名遣い〕昔の仮名遣い。歴史的仮名遣い。	**しんかなづかい**〔新仮名遣い〕**げんだいかなづかい**〔現代仮名遣い〕
きゅうがら〔旧柄〕古い柄や模様。	**しんがら**〔新柄〕
きゅうかん〔休刊〕新聞・雑誌などが	**はっかん**〔発刊〕**ぞっかん**〔続刊〕

刊行を休むこと。 ふっかん〔復刊〕

きゅうかん〔休館〕図書館などが業務を休むこと。 **かいかん**〔開館〕

きゅうかん〔旧刊〕前に刊行したもの。 **しんかん**〔新刊〕

きゅうかん〔旧館〕前からある建物。 **しんかん**〔新館〕

きゅうき〔吸気〕吸いこむ息。 **こき**〔呼気〕**はいき**〔排気〕

きゅうきゅう（と）〔汲々（と）〕ひとつのことに心を奪われて、他を顧みる余裕がないさま。 **しゃくしゃく（と）**〔綽々（と）〕

ぎゅうぎゅう（に） 隙間なく詰め込むさま。 **がらがら（に）**

きゅうきょ〔旧居〕もと住んでいた家。旧宅。 **しんきょ**〔新居〕

きゅうきょう〔旧教〕カトリック教。 **しんきょう**〔新教〕

きゅうぎょう〔休業〕営業・仕事などを休むこと。 **えいぎょう**〔営業〕**そうぎょう**〔操業〕

きゅうくつ〔窮屈〕ゆとりがないさま。気詰まりであるさま。 **あんらく**〔安楽〕**じゆう**〔自由〕

きゅうけい〔求刑〕検察官が、被告に課すべき刑罰を裁判官に請求すること。 **はんけつ**〔判決〕

きゅうげき〔急激〕にわかではげしいさま。 **かんまん**〔緩慢〕

きゅうげき〔旧劇〕古い形式の演劇。 **しんげき**〔新劇〕

きゅうげん〔急減〕急に減ること。 ㋐**きゅうぞう**〔急増〕㋑**ぜんげん**〔漸減〕**ていげん**〔逓減〕

きゅうこう〔休校〕学校が授業を休むこと。 **かいこう**〔開校〕

きゅうこう〔休航〕 →けっこう〔欠航〕

きゅうこう〔休講〕教師が講義や授業を休むこと。 **かいこう**〔開講〕**しゅっこう**〔出講〕

きゅうこう〔急行〕急いで行くこと。 **じょこう**〔徐行〕**かんこう**〔緩行〕

きゅうこうか〔急降下〕航空機が急に降下すること。 **きゅうじょうしょう**〔急上昇〕

きゅうこうれっしゃ〔急行列車〕 **ふつうれっしゃ**〔普通列車〕**とっきゅうれっしゃ**〔特急列車〕

きゅうこく〔救国〕国の危難を救うこと。 **ばいこく**〔売国〕

きゅうさく〔旧作〕前に作った作品。 **しんさく**〔新作〕**きんさく**〔近作〕

きゅうし〔休止〕動きを止めること。 **うんどう**〔運動〕

きゅうし〔臼歯〕奥歯。 **もんし**〔門歯〕**まえば**〔前歯〕

きゅうしき〔旧式〕古い型。古い方法。 **しんしき**〔新式〕

きゅうじつ〔休日〕休みの日。 **へいじつ**〔平日〕

きゅうしゅう〔吸収〕水分などを吸 **はっさん**〔発散〕

い込むこと。
きゅうじょう〔休場〕選手などが出場しないこと。　**しゅつじょう**〔出場〕
きゅうじょうしょう〔急上昇〕飛行機などが、急に上へ昇ること。　**きゅうこうか**〔急降下〕
きゅうしょく〔休職〕職員が、その資格のままある期間仕事を休むこと。　㋐**ていしょく**〔停職〕㋑**ふくしょく**〔復職〕
きゅうしょく〔求職〕仕事を探すこと。就職先を求めること。　**きゅうじん**〔求人〕
きゅうしん〔急進〕急いで進むこと。　**ぜんしん**〔漸進〕
きゅうしん〔球審〕野球で、本塁の後ろにいる審判。主審。　**るいしん**〔塁審〕**せんしん**〔線審〕
きゅうじん〔求人〕雇い主が働き手を探すこと。　**きゅうしょく**〔求職〕
きゅうしんりょく〔求心力〕円の中心に向かおうとする力。　**えんしんりょく**〔遠心力〕
きゅうすい〔給水〕水を供給すること。　㋐**はいすい**〔排水〕㋑**だんすい**〔断水〕
きゅうする〔窮する〕行き詰まる。　**つうじる**〔通じる〕
きゅうせい〔急性〕病気などの進行が速いもの。　**まんせい**〔慢性〕
きゅうせい〔旧制〕古い制度。　**しんせい**〔新制〕
きゅうせつ〔旧説〕古い学説。　**しんせつ**〔新説〕
きゅうせん〔休戦〕戦いを一時休むこと。停戦。　**かいせん**〔開戦〕**こうせん**〔交戦〕
きゅうぞう〔急増〕にわかにふえること。　㋐**きゅうげん**〔急減〕㋑**ぜんぞう**〔漸増〕**ていぞう**〔逓増〕
きゅうそく〔休息〕ひと休みすること。　**うんどう**〔運動〕**ろうどう**〔労働〕
きゅうそく〔急速〕速度がはやいこと。　**かんまん**〔緩慢〕
きゅうだい〔及第〕試験に合格すること。　**らくだい**〔落第〕
きゅうたいいぜん〔旧態依然〕古いやり方をそのまま受け継いでいること。　**しんきじく**〔新機軸〕**にっしんげっぽ**〔日進月歩〕
きゅうたいりく〔旧大陸〕ヨーロッパ・アジア・アフリカの３大陸。　**しんたいりく**〔新大陸〕
きゅうたく〔旧宅〕もとの家。旧居。　**しんたく**〔新宅〕
きゅうちょ〔旧著〕前に書いた本。　**しんちょ**〔新著〕**きんちょ**〔近著〕
きゅうてい〔休廷〕法廷の裁判を休むこと。　**かいてい**〔開廷〕
きゅうてき〔仇敵〕憎いかたき。怨敵。　**おんじん**〔恩人〕
きゅうと〔旧都〕昔の都。　**しんと**〔新都〕
きゅうとう〔急騰〕急に値上がりすること。　㋐**きゅうらく**〔急落〕㋑**ぜんとう**〔漸騰〕

きゅうとう〔旧冬〕新年からみて、昨年の冬。旧臘《きゅうろう》。　**しんしゅん**〔新春〕

きゅうとう〔旧套〕古いやり方。ありきたりの形式。　**しんきじく**〔新機軸〕

きゅうどう〔旧道〕前からある道。　**しんどう**〔新道〕

きゅうに〔急に〕一挙に。　**じょじょに**〔徐々に〕**しだいに**〔次第に〕**ぜんじ**〔漸次〕

きゅうにゅう〔吸入〕吸い込むこと。　**はいしゅつ**〔排出〕

きゅうにん〔旧任〕前その職にあったこと。　**しんにん**〔新任〕

きゅうねん〔旧年〕新しい年の初めから見て、前の年。昨年。　**しんねん**〔新年〕

きゅうは〔旧派〕前からある派。　**しんぱ**〔新派〕

きゅうはん〔旧版〕出版物で、改訂する前の古い版。　**しんぱん**〔新版〕

きゅうひ〔給費〕必要な費用を支給すること。　**たいひ**〔貸費〕

きゅうへん〔旧編〕前に編集されたもの。　**しんぺん**〔新編〕

きゅうほう〔旧法〕古い法律。　**しんぽう**〔新法〕

きゅうぼん〔旧盆〕旧暦の盂蘭盆《うらぼん》。　**しんぼん**〔新盆〕

きゅうみん〔救民〕人民を救うこと。　**きみん**〔棄民〕

きゅうやく〔旧訳〕古い翻訳。　**しんやく**〔新訳〕

きゅうやくせいしょ〔旧約聖書〕キリスト出現以前の記事を集めた聖書。　**しんやくせいしょ**〔新約聖書〕

きゅうよう〔休養〕休んで体力の回復をはかること。　**かつどう**〔活動〕**うんどう**〔運動〕**ろうどう**〔労働〕**かつやく**〔活躍〕

きゅうよしょとく〔給与所得〕労働者が給料で得る所得。　**じぎょうしょとく**〔事業所得〕

きゅうらく〔急落〕急に値が下がること。　㋐**きゅうとう**〔急騰〕㋑**ぜんらく**〔漸落〕

きゅうりゅう〔急流〕激しい水の流れ。激流。奔流。　**かんりゅう**〔緩流〕

きゅうりょう〔丘陵〕なだらかな低い山地。おか。　**さんがく**〔山岳〕**へいげん**〔平原〕

きゅうれき〔旧暦〕月が地球を１周する時間をもとに作った暦。太陰暦。　**しんれき**〔新暦〕

きゅうろう〔旧臘〕　→きゅうとう〔旧冬〕

きょ〔去〕さる。立ちのく。　**らい**〔来〕**しゅう**〔就〕**りゅう**〔留〕

きょ〔巨〕大きい。　**さい**〔細〕**しょう**〔小〕

きょ〔虚〕中身がない。むなしい。　**じつ**〔実〕

きよい〔清い〕　**けがらわしい**〔汚らわしい〕**きたならしい**〔汚らしい〕**きたない**〔汚

	い〕
きょう〔凶〕縁起が悪い。不吉。	**きち**〔吉〕
きょう〔強〕つよい。	**じゃく**〔弱〕
きょう〔教〕おしえる。	**がく**〔学〕
きょう〔狭〕せまい。	**こう**〔広〕
きょう〔今日〕	**きのう**〔昨日〕**あす**〔明日〕**あした**〔明日〕
ぎょう〔仰〕あおぐ。	**ふく**〔伏〕**ふ**〔俯〕
きょうあい〔狭隘〕せまいこと。	**こうだい**〔広大〕
きょうあく〔凶悪・兇悪〕性格が残酷で悪いこと。獰猛《どうもう》。	**ぜんりょう**〔善良〕**にゅうわ**〔柔和〕
きょういくてき〔教育的〕教育の目的にかなうさま。	**ひきょういくてき**〔非教育的〕**はんきょういくてき**〔反教育的〕
きょういん〔教員〕	→きょうし〔教師〕
きょうえん〔共演〕ふたり以上で一緒に演じること。	**どくえん**〔独演〕
きょうか〔強化〕強くすること。	**じゃっか**〔弱化〕**じゃくたいか**〔弱体化〕**かんわ**〔緩和〕
きょうか〔教化〕人を良い方へ教え導くこと。	**ゆうわく**〔誘惑〕
ぎょうが〔仰臥〕仰向けに寝転ぶこと。	**ふくが**〔伏臥〕**おうが**〔横臥〕
きょうかい〔教会〕キリスト教で、礼拝などを行う建物。	**じんじゃ**〔神社〕**じいん**〔寺院〕
きょうかカリキュラム〔教科 curriculum〕児童や生徒の将来に必要な教科を中心に組み立てる学習課程。	**けいけんカリキュラム**〔経験 curriculum〕
きょうがく〔共学〕男女が同じ場で学ぶこと。	**べつがく**〔別学〕
ぎょうかく〔仰角〕目よりも上にある物を見るときの角度。	**ふかく**〔俯角〕
きょうかん〔凶漢〕	→あっかん〔悪漢〕
きょうかん〔共感〕他人の考えに賛成し、同じように考えること。同感。	**はんかん**〔反感〕**はんぱつ**〔反発・反撥〕
きょうき〔凶器〕人に害を加える道具。	**りき**〔利器〕
きょうき〔狂気〕気が狂っていること。	**しょうき**〔正気〕
きょうき〔狭軌〕レールの間隔が狭い軌道。	**こうき**〔広軌〕
きょうぎ〔狭義〕狭い意味。	**こうぎ**〔広義〕
きょうきゅう〔供給〕生産者が、商品を売るために市場に出すこと。	**じゅよう**〔需要〕
きょうけつ〔供血〕輸血のための血液を提供すること。	**ゆけつ**〔輸血〕
ぎょうけつ〔凝結〕気体が液体になる	㋐**じょうはつ**〔蒸発〕**ふっとう**〔沸

こと。
騰〕ぎょうこ〔凝固〕

きょうけん〔強健〕体が強くて健康であること。壮健。剛健。
びょうじゃく〔病弱〕きょじゃく〔虚弱〕にゅうじゃく〔柔弱〕ぜいじゃく〔脆弱〕

きょうけん〔恭謙〕
→けんきょ〔謙虚〕

きょうこ〔強固〕強くてしっかりしていること。
なんじゃく〔軟弱〕にゅうじゃく〔柔弱〕はくじゃく〔薄弱〕

ぎょうこ〔凝固〕液体や気体が固体になること。
㋐ゆうかい〔融解〕㋑ぎょうけつ〔凝結〕㋒じょうはつ〔蒸発〕ふっとう〔沸騰〕

きょうこう〔向後〕
→こんご〔今後〕

きょうこう〔強硬〕意見などを強く主張して譲らないこと。
なんじゃく〔軟弱〕

きょうごう〔驕傲〕
→ごうまん〔傲慢〕

ぎょうこう〔僥倖〕思いがけない幸せ。
きか〔奇禍〕

きょうこく〔強国〕
→たいこく〔大国〕

きょうこく〔郷国〕
→こきょう〔故郷〕

きょうさい〔共催〕ふたつ以上の団体が、共同で催しものを行うこと。
㋐しゅさい〔主催〕㋑こうえん〔後援〕

きょうさく〔凶作〕
→ふさく〔不作〕

きょうさんしゅぎ〔共産主義〕生産手段を共有化し、貧富の差をなくそうとする思想。マルクス主義。
しほんしゅぎ〔資本主義〕

きょうし〔教師〕教えることを仕事とする人。教員。先生。
㋐がくせい〔学生〕せいと〔生徒〕じどう〔児童〕㋑ほごしゃ〔保護者〕

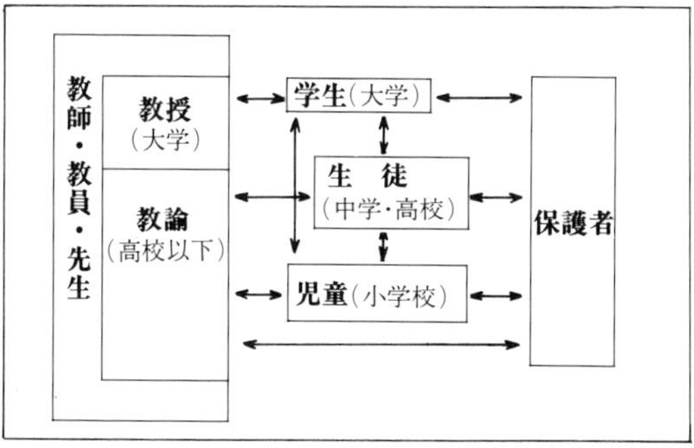

きょうじ〔凶事〕不吉なこと。
きちじ〔吉事〕

ぎょうし〔凝視〕じっと見つめること。熟視。
いっけん〔一見〕べっけん〔瞥見〕いちべつ〔一瞥〕

ぎょうじ〔行司〕相撲で、力士を立ち
りきし〔力士〕すもうとり〔相撲取

合わせ、勝負を判定する人。　り〕

きょうしきこきゅう〔胸式呼吸〕胸でする呼吸。　ふくしきこきゅう〔腹式呼吸〕

きょうじつ〔凶日〕不吉な日。　きちじつ〔吉日〕

きょうしゃ〔強者〕強い者。　じゃくしゃ〔弱者〕

きょうしゃ〔驕奢〕　→ぜいたく〔贅沢〕

ぎょうしゅう〔凝集〕こり固まってひとつに集まること。凝縮。　かくさん〔拡散〕

ぎょうしゅく〔凝縮〕①こり固まって縮むこと。②気体が液体になること。　①かくさん〔拡散〕②じょうはつ〔蒸発〕

きょうじゅつ〔供述〕尋問に答えて事実を述べること。　もくひ〔黙否〕

きょうじゅん〔恭順〕　→きじゅん〔帰順〕

ぎょうしょ〔行書〕少しくずした字体。　かいしょ〔楷書〕そうしょ〔草書〕

きょうしょう〔狭小〕狭くて小さいこと。　こうだい〔広大〕

ぎょうしょう〔暁鐘〕夜明けの鐘の音。あけのかね。　ばんしょう〔晩鐘〕

きょうじる〔興じる〕おもしろがる。　さめる〔覚める〕

きょうじん〔強靱〕粘り強いこと。　ぜいじゃく〔脆弱〕

きょうじん〔狂人〕気の狂った人。　じょうじん〔常人〕

きょうせい〔強制〕権力で無理にやらせること。　にんい〔任意〕

ぎょうせいけん〔行政権〕国家の政治を行う権利。内閣に所属する。　りっぽうけん〔立法権〕しほうけん〔司法権〕

ぎょうせいさいばん〔行政裁判〕行政上の法律問題について行う裁判。　けいじさいばん〔刑事裁判〕みんじさいばん〔民事裁判〕

ぎょうせいしょぶん〔行政処分〕行政機関の権限で行う処分。　しほうしょぶん〔司法処分〕

きょうせいてき〔強制的〕無理にやらせるさま。　じはつてき〔自発的〕じしゅてき〔自主的〕

きょうそう〔凶相〕不吉な前ぶれ。悪い人相。悪相。　きっそう〔吉相〕

きょうそう〔強壮〕強くたくましいさま。　きょじゃく〔虚弱〕

きょうぞう〔胸像〕彫刻で、胸から上の像。　ぜんしんぞう〔全身像〕

きょうそんきょうえい〔共存共栄〕複数のものが、共に栄え合うこと。　じゃくにくきょうしょく〔弱肉強食〕

きょうだ〔強打〕球技で、強く勢いよく打つ球。　ひんだ〔貧打〕ぼんだ〔凡打〕

きょうだ〔怯懦〕　→おくびょう〔臆病〕

きょうたい〔狂態〕気が狂ったような　じょうたい〔常態〕

状態。	
きょうだい〔兄弟〕兄と弟。	**しまい**〔姉妹〕
きょうだい〔強大〕強くて大きいこと。	**じゃくしょう**〔弱小〕
きょうちょ〔共著〕ふたり以上の人が共同で書いた本。	**たんちょ**〔単著〕
きょうちょう〔凶兆〕悪いきざし。	**きっちょう**〔吉兆〕
きょうちょう〔協調〕利害の対立する者同士が協力し合うこと。	**はんもく**〔反目〕**たいりつ**〔対立〕**てきたい**〔敵対〕**はいた**〔排他〕**ふんそう**〔紛争〕
きょうつう〔共通〕どちらにも通じること。	**とくゆう**〔特有〕**どくとく**〔独特〕
きょうつうご〔共通語〕	**ほうげん**〔方言〕
きょうてき〔強敵〕強い敵。大敵。	**しょうてき**〔小敵〕
きょうでん〔強電〕産業用など、高圧・大量の電気を使用する部門。	**じゃくでん**〔弱電〕
きょうど〔強度〕程度がひどいこと。重度。	**けいど**〔軽度〕
きょうどう〔共同〕ふたり以上で一緒にすること。	**たんどく**〔単独〕
きょうどうしゃかい〔共同社会〕家族・町内会など、利益を抜きにして結ばれている社会。ゲマインシャフト。	**りえきしゃかい**〔利益社会〕
きょうねん〔凶年〕不作の年。	**ほうねん**〔豊年〕**へいねん**〔平年〕
きょうはん〔共犯〕①ふたり以上の者が共同で犯罪行為をすること。また、その犯人。②共同で犯罪行為をした者のうち、中心とならなかった者。	①**たんどくはん**〔単独犯〕②**しゅはん**〔主犯〕**せいはん**〔正犯〕
きょうふう〔強風〕激しく吹く風。烈風。疾風。はやて。	**びふう**〔微風〕**そよかぜ**〔微風〕
きょうへい〔強兵〕強い兵士。	**じゃくそつ**〔弱卒〕
きょうほう〔凶報〕悪い知らせ。	**きっぽう**〔吉報〕**ろうほう**〔朗報〕
ぎょうぼう〔仰望〕仰ぎ見ること。	**ふかん**〔俯瞰〕
きょうぼく〔喬木〕	→こうぼく〔高木〕
きょうま〔京間〕主として京都で行われた、一間《いっけん》が約1.97メートルの寸法。	**えどま**〔江戸間〕
きょうみしんしん〔興味津々〕興味が深くて尽きないこと。	**むみかんそう**〔無味乾燥〕
きょうみぶかい〔興味深い〕非常に面白味が感じられる。	**つまらない**〔詰まらない〕**くだらない**〔下らない〕
きょうむ〔凶夢〕縁起の悪い夢。	**きちむ**〔吉夢〕
きょうめい〔共鳴〕他人の意見などに同感すること。	**はんぱつ**〔反発・反撥〕
きょうゆ〔教諭〕幼稚園・小学校・中	㋐**えんじ**〔園児〕**じどう**〔児童〕**せ**

学校・高等学校の教員。　いと〔生徒〕④ほごしゃ〔保護者〕

きょうゆう〔共有〕ふたり以上の者が、共同で所有すること。　**せんゆう**〔専有〕**とくゆう**〔特有〕**どくせん**〔独占〕

きょうよ〔供与〕提供し与えること。　**たいよ**〔貸与〕

きょうよう〔共用〕共同で使用すること。　**せんよう**〔専用〕

きょうらく〔享楽〕楽しみをほしいままにすること。　**きんよく**〔禁欲〕**せっせい**〔節制〕

きょうらくしゅぎ〔享楽主義〕快楽を人生最大の目的とする考え。快楽主義。　**きんよくしゅぎ**〔禁欲主義〕

きょうり〔郷里〕　→こきょう〔故郷〕

きょうりょう〔狭量〕度量が狭いこと。　**こうりょう**〔広量〕**かんよう**〔寛容〕**かんだい**〔寛大〕**たいど**〔大度〕

きょうりょく〔協力〕力を合わせること。　**ひきょうりょく**〔非協力〕**ぼうがい**〔妨害〕**たいこう**〔対抗〕**てきたい**〔敵対〕

きょうりょく〔強力〕力が強いこと。　**びりょく**〔微力〕**ひりき**〔非力〕

きょうれつ〔強烈〕強くはげしいさま。　**びじゃく**〔微弱〕

きょか〔許可〕許し認めること。　**きんし**〔禁止〕**げんきん**〔厳禁〕**ふきょか**〔不許可〕

きょがく〔巨額〕金額などが非常に大きいこと。　**しょうがく**〔少額〕

きょぎ〔虚偽〕うそ。いつわり。　**しんじつ**〔真実〕**じじつ**〔事実〕

きょく〔曲〕まがっている。　**ちょく**〔直〕

ぎょく〔玉〕宝石。宝玉。　**せき**〔石〕

きょくしゃ〔曲射〕上の方から曲がった弾道で射込むこと。　**ちょくしゃ**〔直射〕

きょくしょ〔局所〕　→きょくぶ〔局部〕

きょくせん〔曲線〕曲がった線。　**ちょくせん**〔直線〕

きょくたん〔極端〕ひどく偏っていること。　**ちゅうよう**〔中庸〕**ちゅうせい**〔中正〕

きょくちてき〔局地的〕ある限られた地域に関するさま。　**ぜんこくてき**〔全国的〕

きょくど〔極度〕程度が甚だしいこと。　**てきど**〔適度〕

きょくとう〔極東〕東洋のうち、日本・韓国など、ヨーロッパから最も遠い地域。　**きんとう**〔近東〕**ちゅうとう**〔中東〕

きょくぶ〔局部〕全体のうちの、ある限られた部分。局所。　**ぜんたい**〔全体〕**ぜんしん**〔全身〕

きょくめん〔曲面〕曲がった面。　**へいめん**〔平面〕

きょくりゅう〔曲流〕曲がった流れ。　**ちょくりゅう**〔直流〕

きょくろん〔曲論〕 →じゃろん〔邪論〕
きょこう〔虚構〕事実でないことを、本当らしく仕組むこと。フィクション。 じじつ〔事実〕
きょごう〔倨傲〕 →ごうまん〔傲慢〕
きょこん〔虚根〕方程式の根のうち、虚数に属するもの。 じっこん〔実根〕
きょしてき〔巨視的〕物事に対して全体的なとらえ方をするさま。マクロ。 びしてき〔微視的〕
きょじゃく〔虚弱〕 →びょうじゃく〔病弱〕
きょしょ〔居所〕現在住んでいる所。住所。 ほんせき〔本籍〕
きょしん〔虚心〕わだかまりのない心。無心。 せいしん〔成心〕
きょじん〔巨人〕並はずれて体格の大きい人。 こびと〔小人〕
きょすう〔虚数〕数学で、負の数の平方根。 じっすう〔実数〕
きょせつ〔虚説〕事実に基づかないうわさ。浮説。 じっせつ〔実説〕
きょぜつ〔拒絶〕人の頼みや申し入れをこばむこと。拒否。 しょうだく〔承諾〕じゅだく〔受諾〕おうだく〔応諾〕しょうち〔承知〕
きょぞう〔虚像〕物の実体と異なる像。 じつぞう〔実像〕
ぎょそん〔漁村〕漁師たちの住む村。 のうそん〔農村〕
きょだい〔巨大〕並はずれて大きいこと。 びさい〔微細〕びしょう〔微小〕さいしょう〔細小〕れいさい〔零細〕
きょっかい〔曲解〕相手の意図などを、わざと曲げて解釈すること。 ㋐せいかい〔正解〕㋑ごかい〔誤解〕
ぎょっこう〔玉稿〕他人の原稿の尊称。 せっこう〔拙稿〕
きょねん〔去年〕ことしの前の年。 らいねん〔来年〕ことし〔今年〕
きょひ〔拒否〕 →きょぜつ〔拒絶〕
ぎょふ〔漁夫〕魚をとるのを仕事にする人。漁師。 のうふ〔農夫〕
きょほう〔虚報〕偽りの知らせ。デマ。 かくほう〔確報〕
きょぼく〔巨木〕並はずれて大きい木。大木。 しょうぼく〔小木〕
きよまる〔清まる〕きれいになる。 けがれる・よごれる〔汚れる〕
ぎょみん〔漁民〕 →りょうし〔漁師〕
きよめる〔清める〕きれいにする。 けがす・よごす〔汚す〕
きよらか〔清らか〕 けがらわしい〔汚らわしい〕きたない〔汚い〕きたならしい〔汚らしい〕
きょり〔巨利〕非常に大きな利益。 しょうり〔小利〕
きよわ〔気弱〕気が弱いさま。 きじょう〔気丈〕

きらう〔嫌う〕	**すく**〔好く〕**このむ**〔好む〕**したう**〔慕う〕
きらく〔気楽〕気を使わなくてよいさま。	**きがかり**〔気掛かり〕
きらわれもの〔嫌われ者〕人から嫌われている人。憎まれ者。	**にんきもの**〔人気者〕
キリ〔cruz ポルトガル〕最低。	**ピン**〔pinta ポルトガル〕
きり〔霧〕秋、地表近くの水蒸気が細かな水滴となり、白く立ちこめるもの。	**かすみ**〔霞〕
きりあげる〔切り上げる〕①「仕事を――」。②「10円未満を――」。	①**つづける**〔続ける〕**ぞっこう**〔続行〕②**きりすてる**〔切り捨てる〕
きりおとす〔切り落とす〕	**つなぎあわせる**〔繋ぎ合わせる〕**つなぎとめる**〔繋ぎ止める〕
きりすてる〔切り捨てる〕	**きりあげる**〔切り上げる〕
キリストきょう〔Christo ポルトガル教〕キリストの教えを根本とする宗教。	**しんとう**〔神道〕**ぶっきょう**〔仏教〕
ぎりだて〔義理立て〕他人に対する義理を守ること。	**ふぎり**〔不義理〕
きりつ〔起立〕立ち上がること。	**ちゃくせき**〔着席〕
きりはなす〔切り離す〕	**つなぎとめる**〔繋ぎ止める〕**つなぎあわす**〔繋ぎ合わす〕**むすびつける**〔結び付ける〕
きりぼし〔切（り）干し〕食物などを、細かく切って干すこと。	**まるぼし**〔丸干し〕
きりょう〔帰漁〕漁師が魚をとって帰ること。	**しゅつりょう・しゅつぎょ**〔出漁〕
きりょうよし〔器量好し〕顔立ちの優れていること。美貌。	**ぶきりょう**〔不器量〕
きりょく〔気力〕強い精神の力。	㋐**わんりょく**〔腕力〕**たいりょく**〔体力〕㋑**ちりょく**〔知力〕
きる〔切る〕①「糸を――」。②「縁を――」。③「話を――」。④「電話を――」。	①**つなぐ**〔繋ぐ〕②**むすぶ**〔結ぶ〕③**つづける**〔続ける〕④**かける**〔掛ける〕
きる〔着る〕①「衣服を――」。②「罪を――」。	①**ぬぐ**〔脱ぐ〕②**はらう**〔払う〕**ぬぐう**〔拭う〕
きれい〔奇麗・綺麗〕	**きたない**〔汚い〕**みにくい**〔醜い〕
きれる〔切れる〕①「電話が――」。②「関係が――」。	①**かかる**〔掛かる〕**つながる**〔繋がる〕**つうじる**〔通じる〕②**つづく**〔続く〕
きろ〔帰路〕	→ふくろ〔復路〕
ぎわく〔疑惑〕疑うこと。	**しんよう**〔信用〕
きん〔今〕いま。	**こ**〔古〕
きん〔勤〕つとめる。はげむ。	**たい**〔怠〕

きん〔近〕ちかい。	**えん**〔遠〕
きんあつ〔禁圧〕権力で無理に押しとどめること。	**しょうれい**〔奨励〕
きんいん〔近因〕直接の原因。	**えんいん**〔遠因〕
きんえん〔禁煙〕たばこを吸うのを許さないこと。	㋐**きつえん**〔喫煙〕㋑**きんしゅ**〔禁酒〕**だんしゅ**〔断酒〕
きんか〔金貨〕金でつくった貨幣。	**ぎんか**〔銀貨〕**どうか**〔銅貨〕
ぎんか〔銀貨〕銀でつくった貨幣。	**きんか**〔金貨〕**どうか**〔銅貨〕
きんかい〔近海〕陸地に近い海。	**えんよう**〔遠洋〕
きんかいぎょぎょう〔近海漁業〕陸地近くの海で魚をとる漁業。	**えんようぎょぎょう**〔遠洋漁業〕
きんがん〔近眼〕	→きんし〔近視〕
きんきょり〔近距離〕近い道のり。	**えんきょり**〔遠距離〕
キング〔King〕王。	㋐**クイーン**〔queen〕㋑**プリンス**〔prince〕**プリンセス**〔princess〕
きんけい〔近景〕近くの景色。	**えんけい**〔遠景〕
きんげん〔謹厳〕厳かで重々しいさま。	**ひょうきん**〔剽軽〕
きんこう〔近郊〕都会の近くにある田園地帯。	**へきそん**〔僻村〕**へきち**〔僻地〕
きんこけい〔禁固刑・禁錮刑〕受刑者を刑務所に収容するが、労役に就かせない刑罰。	**ちょうえきけい**〔懲役刑〕
きんこんしき〔金婚式〕結婚50周年の祝い。	**ぎんこんしき**〔銀婚式〕
ぎんこんしき〔銀婚式〕結婚25周年の祝い。	**きんこんしき**〔金婚式〕
きんさ〔僅差〕わずかの差。小差。	**たいさ**〔大差〕
きんさく〔近作〕最近の作品。	**きゅうさく**〔旧作〕
きんし〔近視〕近くのものは見えるが、遠くは見にくい目。近眼。	**えんし**〔遠視〕
きんし〔禁止〕してはいけないと止めること。さしとめ。	**きょか**〔許可〕**かいきん**〔解禁〕**しょうれい**〔奨励〕
きんじ〔近時〕近ごろ。このごろ。	**おうじ**〔往時〕**せきじ**〔昔時〕**おうせき**〔往昔〕
きんじつてん〔近日点〕太陽の周りを回る天体が、太陽に最も近付く点。	**えんじつてん**〔遠日点〕
きんしゅ〔禁酒〕酒を飲むのを許さないこと。	㋐**いんしゅ**〔飲酒〕㋑**きんえん**〔禁煙〕
きんしゅく〔緊縮〕引き締めること。	**ほうまん**〔放漫〕
きんしゅくざいせい〔緊縮財政〕支出を引き締める会計のしかた。	**ほうまんざいせい**〔放漫財政〕
きんじょ〔近所〕近い所。	**えんぽう**〔遠方〕
きんしょう〔僅少〕ごくわずか。些少	**ただい**〔多大〕**ばくだい**〔莫大〕**ぼ**

さしょう。　**うだい**〔膨大・厖大〕

きんじる〔禁じる〕いけないといって止める。許さない。　**ゆるす**〔許す〕

きんせつ〔近接〕近く接していること。　**えんかく**〔遠隔〕

きんせつち〔近接地〕近く隣り合っている場所。　**えんかくち**〔遠隔地〕

きんたい（し）〔近体（詩）〕漢詩で、唐代に確立された絶句・律詩の形式。　**こたい（し）**〔古体（詩）〕

きんだい〔近代〕現代のすぐ前の時代。　**こだい**〔古代〕**げんだい**〔現代〕

きんだいてき〔近代的〕古くさくなく、いかにも新しいさま。　**こてんてき**〔古典的〕

きんちてん〔近地点〕月などが地球に最も近付くところ。　**えんちてん**〔遠地点〕

きんちょ〔近著〕最近書いた本。　**きゅうちょ**〔旧著〕

きんちょう〔緊張〕引き締まっていること。ゆるみがないこと。　**しかん**〔弛緩〕**ゆだん**〔油断〕

きんとう〔近東〕東洋のうち、トルコ・イランなど、ヨーロッパに近い地域。　**きょくとう**〔極東〕**ちゅうとう**〔中東〕

きんにく〔筋肉〕　**こっかく**〔骨格〕**ひふ**〔皮膚〕

きんにくろうどう〔筋肉労働〕　→にくたいろうどう〔肉体労働〕

きんねん〔近年〕ここ何年か。最近の数年。　**おうねん**〔往年〕

きんのうは〔勤王派・勤皇派〕幕末に、朝廷に味方した一派。　**さばくは**〔佐幕派〕

きんのう〔金納〕税などを、現金で納めること。　**ぶつのう**〔物納〕

きんべん〔勤勉〕心を引き締めて励むさま。まじめにつとめるさま。　**たいだ**〔怠惰〕**たいまん**〔怠慢〕

きんまんか〔金満家〕　→かねもち〔金持ち〕

きんよく〔禁欲〕肉体的な欲望、特に性欲を抑えること。　**かいらく**〔快楽〕**きょうらく**〔享楽〕

きんよくしゅぎ〔禁欲主義〕情欲を抑えることが、人間として最も大切だとする考え。　**かいらくしゅぎ**〔快楽主義〕**きょうらくしゅぎ**〔享楽主義〕

きんらい〔近来〕近ごろ。最近。　**こらい**〔古来〕

きんりょうき〔禁猟期〕狩猟を禁止している時期。　**りょうき**〔猟期〕

きんりょうき〔禁漁期〕魚を取ることを禁止している時期。　**りょうき**〔漁期〕

きんろうしょとく〔勤労所得〕給料や賞与など、働いて得た所得。　**ふろうしょとく**〔不労所得〕

く

く〔苦〕くるしい。	**らく**〔楽〕
ぐ〔愚〕おろか。	**けん**〔賢〕
ぐあん〔愚案〕愚かな考え。拙案。	**めいあん**〔名案〕**みょうあん**〔妙案〕**りょうあん**〔良案〕
クイーン〔queen〕女王。王妃。	㋐**キング**〔king〕㋑**プリンセス**〔princess〕**プリンス**〔prince〕
ぐいぐい（と）	→がぶがぶ（と）
くいだおれ〔食い倒れ〕財産をなくすほど、ぜいたくに飲食すること。	**きだおれ**〔着倒れ〕
クイック〔quick〕速度がはやい。	**スロー**〔slow〕
くいどうらく〔食い道楽〕珍しくてうまいものを食うことを趣味とすること。	**きどうらく**〔着道楽〕
くう〔空〕①そら。②から。実体がない。	①**りく**〔陸〕**かい**〔海〕②**ゆう・う**〔有〕
くう〔食う〕	→たべる〔食べる〕
ぐう〔偶〕ふたつ並ぶ。偶数。	**き**〔奇〕
くうい〔空位〕ある地位に就いている人がいないこと。	**ざいい**〔在位〕
くうかん〔空間〕	**じかん**〔時間〕
くうきでんせん〔空気伝染〕空気中に漂っている病原体によって病気が伝染すること。	**せっしょくでんせん**〔接触伝染〕
くうきょ〔空虚〕から。うつろ。むなしいこと。	**じゅうじつ**〔充実〕
くうぐん〔空軍〕空の攻防を受け持つ軍隊。	**りくぐん**〔陸軍〕**かいぐん**〔海軍〕
くうこう〔空港〕航空機の発着する所。飛行場。	**かいこう**〔海港〕**かこう**〔河港〕
くうしゃ〔空車〕人や貨物を乗せないで走る車。からぐるま。特に、タクシーについていう。	**じっしゃ**〔実車〕
ぐうすう〔偶数〕2で割り切れる整数。	**きすう**〔奇数〕
くうぜん〔空前〕前には例がないこと。未曾有《みぞう》。	**ぜつご**〔絶後〕
ぐうぜん〔偶然〕たまたまそうなるさま。	**ひつぜん**〔必然〕
くうそう〔空想〕現実からかけ離れた想像。	**げんじつ**〔現実〕
くうちゅう〔空中〕大気の中。空。	**ちじょう**〔地上〕**りくじょう**〔陸上〕**かいじょう**〔海上〕**すいじょ**

	う〔水上〕
くうちゅうせん〔空中戦〕空中で行う、飛行機同士の戦い。	**りくせん**〔陸戦〕**かいせん**〔海戦〕
ぐうているい〔偶蹄類〕ウシなど、四肢の指が2本または4本の哺乳動物。	**きているい**〔奇蹄類〕
ぐうはつてき〔偶発的〕事件などが、たまたま起きるさま。	**けいかくてき**〔計画的〕
くうふく〔空腹〕腹がすいていること。	**まんぷく**〔満腹〕
くうほう〔空包〕発射音を出すだけの、実弾でない弾丸。	**じっぽう**〔実包〕
くうゆ〔空輸〕人や物を航空機で運ぶこと。	**りくそう**〔陸送〕**りくうん**〔陸運〕**かいうん**〔海運〕**すいうん**〔水運〕
クーラー〔cooler〕冷房装置。	**ヒーター**〔heater〕
くうれいしきエンジン〔空冷式 engine〕空気で冷やすエンジン。	**すいれいしきエンジン**〔水冷式 engine〕
くうろ〔空路〕航空機の飛ぶコース。航空機の旅。	**りくろ**〔陸路〕**かいろ**〔海路〕
クエッション〔question〕問い。	**アンサー**〔answer〕
ぐきょ〔愚挙〕愚かな計画や行為。	**かいきょ**〔快挙〕**そうきょ**〔壮挙〕**びきょ**〔美挙〕
くきょう〔苦境〕苦しい立場。逆境。	**じゅんきょう**〔順境〕
くくる〔括る〕束ねる。しばる。	**ほどく・とく**〔解く〕**はずす**〔外す〕
くぐる〔潜る〕物の下を通り抜ける。	**またぐ**〔跨ぐ〕
くげ〔公家〕江戸時代以前の、朝廷の高官。	**ぶけ**〔武家〕
くげん〔苦言〕その人のためを思って、過ちや欠点などをずばりと指摘することば。諫言《かんげん》。	**かんげん**〔甘言〕
ぐこう〔愚行〕	→ぐきょ〔愚挙〕
くさ〔草〕	**き**〔木〕
くさい〔臭い〕	**かん（こう）ばしい・かぐわしい**〔芳しい〕
ぐさい〔愚妻〕愚かな妻。自分の妻。	**けんさい**〔賢妻〕
ぐさい〔愚才〕	→ぼんさい〔凡才〕
ぐさく〔愚作〕	→ださく〔駄作〕
ぐさく〔愚策〕つまらないはかりごと。	**りょうさく**〔良策〕
くさくさ（と）気分が晴れないさま。	**せいせい（と）すかっと　はればれ（と）**〔晴れ晴れ（と）〕
くさす〔腐す〕	→けなす〔貶す〕
くさばな〔草花〕	**きのはな**〔木の花〕
くじく〔挫く〕勢いをそぐ。	**たすける**〔助ける〕**はげます**〔励ます〕

くじける〔挫ける〕気勢をそがれる。勢いをなくす。	㋐**がんばる**〔頑張る〕**はげむ**〔励む〕㋑**たえる**〔耐える・堪える〕**つらぬく**〔貫く〕
ぐしゃ〔愚者〕愚かな人。愚人。愚物。	**ちしゃ**〔知者〕**けんじゃ**〔賢者〕**けんじん**〔賢人〕**けつぶつ**〔傑物〕
ぐしょう〔具象〕	→ぐたい〔具体〕
ぐしょうが〔具象画〕事物を写実的に描いた絵画。	**ちゅうしょうが**〔抽象画〕
ぐしょうてき〔具象的〕	→ぐたいてき〔具体的〕
くじらじゃく〔鯨尺〕もと、布の長さなどをはかるのに使った、1尺が約38㎝のものさし。	**かねじゃく**〔曲尺〕
ぐじん〔愚人〕	→ぐしゃ〔愚者〕
くず〔屑〕役に立たないもの。つまらないもの。	**たから**〔宝〕
ぐずぐず（と）のろいさま。はっきりしないさま。	**てきぱき（と）はっきり（と）はきはき（と）さっさと**
くずす〔崩す〕①「建物を——」。②「列を——」。	①**きずく**〔築く〕②**ととのえる**〔整える〕
くすむ　地味でさえない。	**かがやく**〔輝く〕**めだつ**〔目立つ〕
くすり〔薬〕	**どく**〔毒〕
ぐせつ〔愚説〕愚かな説明。自分の説の謙称。	**こうせつ**〔高説〕**たくせつ**〔卓説〕
くせん〔苦戦〕苦しい戦い。苦闘。	**ぜんせん**〔善戦〕**けんとう**〔健闘〕
ぐたい〔具体〕形や姿を備えていること。具象《ぐしょう》。	**ちゅうしょう**〔抽象〕
ぐたいてき〔具体的〕現実の形を備えているさま。	**ちゅうしょうてき**〔抽象的〕
くださる〔下さる〕	㋐**さしあげる**〔差し上げる〕**ささげる**〔捧げる〕**たてまつる**〔奉る〕㋑**いただく**〔頂く・戴く〕**たまわる**〔賜る〕
くだらない〔下らない〕	→つまらない〔詰まらない〕
くだり〔下り〕	**のぼり**〔上り〕
くだりざか〔下り坂〕	**のぼりざか**〔上り坂〕
くだる〔下る・降る〕	**のぼる**〔上る・登る〕**あがる**〔上がる〕
くち〔口〕	**おく**〔奥〕
くちおも〔口重〕軽々しく言わないこと。無口。	**くちがる**〔口軽〕
くちがる〔口軽〕軽々しくしゃべること。しゃべり。	**くちおも**〔口重〕
くちさき〔口先〕うわべのことば。舌	**しんてい**〔心底〕

端。

くちじょうず〔口上手〕口先がうまいこと。　**くちべた**〔口下手〕

くちぶり〔口振り〕口のきき方。話の調子。　**みぶり**〔身振り〕**てぶり**〔手振り〕

くちべた〔口下手〕口先がうまくないこと。　**くちじょうず**〔口上手〕

ぐちょく〔愚直〕ばか正直なさま。　**こうかつ**〔狡猾〕

くつ〔屈〕折れ曲がる。かがむ。　**しん**〔伸〕

くつ〔靴〕　**ぼうし**〔帽子〕

くつう〔苦痛〕苦しみや痛み。心身の苦しみ。苦難。　**かいらく**〔快楽〕**あんらく**〔安楽〕

くっきょく〔屈曲〕折れ曲がること。曲折。　**しんちょう**〔伸長〕

くつじょく〔屈辱〕恥ずかしめられて面目をなくすこと。　**せつじょく**〔雪辱〕**めいよ**〔名誉〕**えいよ**〔栄誉〕

くっする〔屈する〕負けて従う。　**たえる**〔耐える・堪える〕

ぐったり（と）疲れきって元気がないさま。　**ぴんぴん**　**いきいき**（と）〔生き生き（と）〕

くっつく〔くっ付く〕　**はなれる**〔離れる〕

くっつける〔くっ付ける〕　**はなす**〔離す〕**ひきはなす**〔引き離す〕

グッド〔good〕よい。　**バッド**〔bad〕

くっぷく〔屈服〕勢いに押されていうままになること。　**ていこう**〔抵抗〕**ふくつ**〔不屈〕

くてん〔句点〕文の終わりなどに付ける点。まる（。）。　**とうてん**〔読点〕

ぐとう〔愚答〕愚かな答え。　㋐**めいとう**〔名答〕㋑**ぐもん**〔愚問〕

ぐどん〔愚鈍〕愚かで鈍いこと。　**えいびん**〔鋭敏〕**しゅんびん**〔俊敏〕**りこう**〔利口〕**りはつ**〔利発〕

くなん〔苦難〕心身の苦しみ。苦痛。　**かいらく**〔快楽〕**あんらく**〔安楽〕

ぐにゃぐにゃ（に）柔らかく曲がりやすいさま。　**かちかち**（に）

くばる〔配る〕　**あつめる**〔集める〕

くび〔首〕　**お**〔尾〕**あし**〔足〕

ぐび〔具備〕じゅうぶんに備わっていること。完備。　**ふび**〔不備〕**けつじょ**〔欠如〕

くびかせ〔首枷〕昔、首にはめて自由を奪った刑具。　**てかせ**〔手枷〕**あしかせ**〔足枷〕

ぐぶつ〔愚物〕おろか者。愚者。鈍物。　**けつぶつ**〔傑物〕**けんじん**〔賢人〕**けんじゃ**〔賢者〕

くべつ〔区別〕違いによって分けること。　**こんどう**〔混同〕

くぼむ〔窪む〕 **でっぱる**〔出っ張る〕
ぐまい〔愚昧〕 →あんぐ〔暗愚〕
くみ〔苦味〕にがい味。 **かんみ**〔甘味〕**しんみ**〔辛味〕**さんみ**〔酸味〕
くみいれる〔汲み入れる〕水などをすくって容器に入れる。 **くみだす**〔汲み出す〕
くみしやすい〔組し易い〕相手として恐れるに足りない。扱いやすい。 **てごわい**〔手強い〕
くみする〔組する〕味方になる。力を合わせる。 **てきする**〔敵する〕
くみだす〔汲み出す〕水などをすくって容器から外へ出す。 **くみいれる**〔汲み入れる〕
くみたて〔組（み）立て〕いくつかの物を合わせてひとつの物を作ること。 **ぶんかい**〔分解〕
くみとりしき〔汲み取り式〕便所で、排泄物を溜《た》めておいて汲み取る方式。 **すいせんしき**〔水洗式〕
くもり〔曇り〕 **はれ**〔晴れ〕**あめ**〔雨〕
くもりぞら〔曇り空〕 **あおぞら**〔青空〕
くもる〔曇る〕 **はれる**〔晴れる〕**てる**〔照る〕**すむ**〔澄む〕
ぐもん〔愚問〕愚かな問い。 **ぐとう**〔愚答〕
くよくよ（と）ひとつのことを、いつまでも気にして悩むさま。 **のんびり（と）** **はればれ（と）**〔晴れ晴れ（と）〕
くらい〔暗い〕 **あかるい**〔明るい〕
くらいれ〔蔵入れ・倉入れ〕品物を倉庫に入れること。 **くらだし**〔蔵出し・倉出し〕
くらがり〔暗がり〕暗いところ。 **あかるみ**〔明るみ〕
ぐらぐら（と）揺れ動いて位置が定まらないさま。 **しっかり（と）**
クラシック〔classic〕古典。古典的。 **モダン**〔modern〕
くらす〔暮らす〕「日を——」。 **あかす**〔明かす〕
くらだし〔蔵出し・倉出し〕品物を倉庫から出すこと。 **くらいれ**〔蔵入れ・倉入れ〕
ぐらつかせる **さだめる**〔定める〕
ぐらつく 揺れ動いて位置が定まらない。 **さだまる**〔定まる〕
くらやみ〔暗闇〕 →くらがり〔暗がり〕
くり〔庫裡〕寺で、僧の住んでいる建物。 **ほんどう**〔本堂〕
くりあげる〔繰り上げる〕順に上へあげる。 **くりさげる**〔繰り下げる〕
くりさげる〔繰り下げる〕順に下へさげる。 **くりあげる**〔繰り上げる〕

くる〔来る〕	㋐いく・ゆく〔行く〕㋑さる〔去る〕㋒かえる〔帰る〕
くるしい〔苦しい〕	たのしい〔楽しい〕
くるしむ〔苦しむ〕	たのしむ〔楽しむ〕なぐさむ〔慰む〕
くるしめる〔苦しめる〕	なぐさめる〔慰める〕
くれがた〔暮れ方〕日が暮れるころ。夕暮れ。	あけがた〔明け方〕よあけ〔夜明け〕あかつき〔暁〕あけぼの〔曙〕
ぐれつ〔愚劣〕愚かで程度が低いこと。	けんめい〔賢明〕えいめい〔英明〕
くれる〔呉れる〕「菓子を——」。	㋐もらう〔貰う〕㋑やる〔遣る〕
くれる〔暮れる〕「日が——」。	あける〔明ける〕
くろ〔黒〕	しろ〔白〕あか〔赤〕
くろうと〔玄人〕経験を積んでいる人。専門家。	しろうと〔素人〕
くろうにん〔苦労人〕苦しい体験を積んで、人情に通じている人。	せけんしらず〔世間知らず〕
クローズ〔close〕閉める。非公開。	オープン〔open〕
クローズドショップ〔closed shop〕労働組合への加盟を従業員に義務づけるという、労働協約の規定。	オープンショップ〔open shop〕
グローブ〔glove〕野球で、ボールを受けるのに用いる革製の手袋。	ミット〔mitt〕
くろかみ〔黒髪〕黒くてつやのある髪。	しらが〔白髪〕
くろき〔黒木〕製材してない皮つきの木。	しらき〔白木〕
くろくも〔黒雲〕黒い雲。	しらくも〔白雲〕
くろじ〔黒字〕収入が支出よりも多いこと。損失が出ていないこと。	あかじ〔赤字〕
くろしお〔黒潮〕日本列島の東岸を北上する暖流。日本海流。	おやしお〔親潮〕ちしまかいりゅう〔千島海流〕
くろじけっさん〔黒字決算〕企業などの収支決算で利益が出ること。	あかじけっさん〔赤字決算〕
クロスゲーム〔close game〕白熱した試合。接戦。	ワンサイドゲーム〔one-side game〕
くろはえ〔黒南風〕梅雨ごろに吹く南風。	しらはえ〔白南風〕
くろぼし〔黒星〕相撲《すもう》の星取表で、負けのしるし。負け。失敗。	しろぼし〔白星〕
くろめ〔黒目〕眼球の中心の黒い部分。	しろめ〔白目〕
ぐろん〔愚論〕へたな議論。拙論。	こうろん〔高論〕たくろん〔卓論〕
くわえる〔加える〕①「仲間に——」。②「5に3を——」。	①のぞく〔除く〕はぶく〔省く〕②ひく〔引く〕
くわしい〔詳しい〕	あらい〔粗い〕うとい〔疎い〕
くん〔君〕主君。	しん〔臣〕みん〔民〕

くん〔訓〕漢字のよみ方で、その意味を国語でよむもの。字訓。	**おん**〔音〕
ぐんきょ〔群居〕群がって住むこと。	**どっきょ**〔独居〕
ぐんぐん（と）早く進むさま。	**ぼつぼつ（と）ぼちぼち（と）**
くんしゅ〔君主〕天皇・皇帝・国王など、世襲制の国家元首。	**しんか**〔臣下〕
ぐんじゅ〔軍需〕軍隊や戦争のための需要。	**みんじゅ**〔民需〕
ぐんじゅさんぎょう〔軍需産業〕軍隊や戦争に必要な物資を生産する産業。	**へいわさんぎょう**〔平和産業〕
くんしゅせい〔君主制〕天皇・皇帝・国王などを元首とする国家体制。	**みんしゅせい**〔民主制〕
ぐんじん〔軍人〕	**ぶんみん**〔文民〕
ぐんとう〔群島〕群がった多くの島々。	㋐**ことう**〔孤島〕㋑**れっとう**〔列島〕
くんどく〔訓読〕字訓でよむこと。	**おんどく**〔音読〕
ぐんぶ〔郡部〕都道府県の中の、郡に属する部分。いなか。	**しぶ**〔市部〕
ぐんようき〔軍用機〕軍事用の航空機。	**みんかんき**〔民間機〕
くんよみ〔訓読み〕字訓でよむこと。訓読。	**おんよみ**〔音読み〕

け

げ〔下〕①した。②くだる。	①**じょう**〔上〕**ちゅう**〔中〕②**と・とう**〔登〕
げ〔外〕そと。	**ない**〔内〕
けい〔兄〕あに。	**てい**〔弟〕**し**〔姉〕
けい〔慶〕よろこび。	**ちょう**〔弔〕
けい〔経〕たていと。	**い**〔緯〕
けい〔軽〕かるい。	**じゅう・ちょう**〔重〕
げい〔迎〕むかえる。	**そう**〔送〕
けいえいしゃ〔経営者〕事業を営んでいる人。資本家。	**ろうどうしゃ**〔労働者〕
けいえん〔敬遠〕敬うふりをしながら、嫌って近付かないこと。	**しんきん**〔親近〕
けいかい〔警戒〕用心すること。気を配ること。	**ゆだん**〔油断〕**しんらい**〔信頼〕
けいかい〔軽快〕軽やかで快いさま。身軽ですばやいさま。	**そうちょう**〔荘重〕
けいかいしょく〔警戒色〕他の動物に警戒心を起こさせるために、ある種	**ほごしょく**〔保護色〕

の動物が帯びる目立った色。

けいかくけいざい〔計画経済〕政府の立てた計画に従って、物資の生産や分配が行われる経済。	**じゆうけいざい**〔自由経済〕
けいかくてき〔計画的〕計画によって行うさま。	**ぐうはつてき**〔偶発的〕**ほっさてき**〔発作的〕**しょうどうてき**〔衝動的〕
けいきんぞく〔軽金属〕アルミニウムなど、比重の小さい金属。	**じゅうきんぞく**〔重金属〕
けいぐ〔敬具〕手紙文の終わりに用いる語。敬白。頓首。	**はいけい**〔拝啓〕
げいげき〔迎撃〕敵を迎え撃つこと。	**こうげき**〔攻撃〕
けいげん〔軽減〕負担などを、減らし軽くすること。	**かじゅう・かちょう**〔加重〕
けいけんカリキュラム〔経験 curriculum〕児童・生徒の生活経験を重視し、その発展を中心に組み立てる学習課程。	**きょうかカリキュラム**〔教科 curriculum〕
けいけんしゃ〔経験者〕十分経験を積んだ人。	**しょしんしゃ**〔初心者〕
けいけんろん〔経験論〕認識のみなもとは経験にあるとする考え。	**りせいろん**〔理性論〕
げいごう〔迎合〕自分の意を曲げて、人の気に入るようにすること。	**はんこう**〔反抗〕**ひはん**〔批判〕
けいこうぎょう〔軽工業〕主として、消費財を生産する工業。	**じゅうこうぎょう**〔重工業〕
けいざいざい〔経済財〕人間生活に必要なもので、金銭を出さないと手に入らないもの。	**じゆうざい**〔自由財〕
けいざいてき〔経済的〕無駄な支出がないさま。	**ふけいざい**〔不経済〕
けいし〔兄姉〕兄と姉。	**ていまい**〔弟妹〕
けいし〔継子〕ままこ。義理の子。	㋐**じっし**〔実子〕㋑**やしないおや**〔養い親〕**そだてのおや**〔育ての親〕**けいふ**〔継父〕**けいぼ**〔継母〕
けいし〔軽視〕軽くみること。あなどること。	**じゅうし**〔重視〕**ちゅうもく**〔注目〕**そんちょう**〔尊重〕
けいじ〔刑事〕刑法の適用される事柄。	**みんじ**〔民事〕
けいじ〔慶事〕喜びごと。祝いごと。	**ふこう**〔不幸〕
けいじか〔形而下〕時間や空間の中に現れ、感性でとらえられるもの。	**けいじじょう**〔形而上〕
けいじかがく〔形而下学〕感性的現象を扱う学問。自然科学。	**けいじじょうがく**〔形而上学〕

けいしき〔形式〕外見。うわべの形。	**ないよう**〔内容〕**じっしつ**〔実質〕**じったい**〔実体〕**なかみ**〔中身・中味〕
けいしきてき〔形式的〕外見の形を重んじるさま。	**じっしつてき**〔実質的〕**ほんしつてき**〔本質的〕
けいじさいばん〔刑事裁判〕刑事事件に関する裁判。	**みんじさいばん**〔民事裁判〕**ぎょうせいさいばん**〔行政裁判〕
けいじじけん〔刑事事件〕刑法が適用される事件。	**みんじじけん**〔民事事件〕
けいじじょう〔形而上〕形がなく感性でとらえられないもの。時間・空間を超えた超自然のもの。	**けいじか**〔形而下〕
けいじじょうがく〔形而上学〕感性的経験ではつかめない、宇宙の根本原理を探ろうとする学問。哲学など。	**けいじかがく**〔形而下学〕
けいしゅく〔慶祝〕	→しゅくが〔祝賀〕
けいしょう〔敬称〕敬意を表すいい方。	**けんしょう**〔謙称〕
けいしょう〔継承〕受け継ぐこと。	**だんぜつ**〔断絶〕
けいしょう〔軽傷〕軽いきず。	**じゅうしょう**〔重傷〕
けいしょう〔軽少〕	→けいび〔軽微〕
けいしょう〔軽症〕軽い病気。	**じゅうしょう**〔重症〕
けいじょう〔経常〕一定の状態で続いて変わらないこと。つね。	**りんじ**〔臨時〕
けいじょうひ〔経常費〕毎年決まって支出する経費。	**りんじひ**〔臨時費〕
けいせん〔経線〕地球の両極を通って地球を囲み、経度を示す線。子午線《しごせん》。	**いせん**〔緯線〕
けいそう〔軽装〕身軽な服装。	**せいそう**〔正装・盛装〕**じゅうそうび**〔重装備〕
けいぞく〔継続〕引き続くこと。	**ちゅうだん**〔中断〕**ちゅうし**〔中止〕**ちゅうぜつ**〔中絶〕
けいそつ〔軽率〕軽はずみなさま。不注意。	**しんちょう**〔慎重〕
けいたい〔敬体〕文末を、丁寧語で結ぶ文体。です・ます体。	**じょうたい**〔常体〕
けいちょう〔軽佻〕	→けいはく〔軽薄〕
けいど〔経度〕地球上の東西の位置を示す座標。	**いど**〔緯度〕
けいど〔軽度〕程度が軽いこと。	**じゅうど**〔重度〕**きょうど**〔強度〕
けいとう〔継投〕野球で、一試合を何人かの投手が交替して投げること。	**かんとう**〔完投〕
けいとうはっせい〔系統発生〕生物が、過去から現在まで経てきた進化の	**こたいはっせい**〔個体発生〕

過程。	
けいはく〔軽薄〕軽々しくて落ち着きがないさま。軽佻《けいちょう》。浮薄。	**じゅうこう**〔重厚〕
けいはんざい〔軽犯罪〕ちょっとした軽い犯罪。	**じゅうざい**〔重罪〕
けいび〔軽微〕わずかなさま。軽少。	**じゅうだい**〔重大〕**ただい**〔多大〕**じんだい**〔甚大〕
けいふ〔継父〕義理の父。まま父。	㋐**じっぷ**〔実父〕㋑**けいぼ**〔継母〕㋒**けいし**〔継子〕
けいぶ〔軽侮〕	→けいべつ〔軽蔑〕
けいべつ〔軽蔑〕見下げること。軽く見てばかにすること。軽侮《けいぶ》。	**そんけい**〔尊敬〕**すうはい**〔崇拝〕**そんちょう**〔尊重〕**いけい**〔畏敬〕
けいぼ〔継母〕義理の母。まま母。	㋐**じつぼ**〔実母〕**せいぼ**〔生母〕㋑**けいふ**〔継父〕㋒**けいし**〔継子〕
けいやく〔契約〕約束を取り交わすこと。	**かいやく**〔解約〕**はやく**〔破約〕
けいゆ〔軽油〕原油を分溜するとき、灯油と重油との間に溜出する油。ジーゼルエンジンに用いる。	**じゅうゆ**〔重油〕
けいりょうきゅう〔軽量級〕柔道・レスリングなどで、軽い体重の部門。	**じゅうりょうきゅう**〔重量級〕**ちゅうりょうきゅう**〔中量級〕
けいろうどう〔軽労働〕体力のあまりいらない労働。	**じゅうろうどう**〔重労働〕
けう〔仮有〕仏教で、この世にある一切の存在。仮の存在。	**じつう**〔実有〕
ゲームセット〔geme set〕試合終了。	**プレーボール**〔play ball〕
げか〔外科〕身体外部の傷や、内部の疾患を、手術によって治療する医学。	**ないか**〔内科〕
げかい〔下界〕この世。地上。人間世界。	**じょうかい**〔上界〕**てんじょうかい**〔天上界〕
けがす〔汚す〕きたなくする。よごす。	**きよめる**〔清める・浄める〕**あらう**〔洗う〕**すすぐ**〔雪ぐ〕
けがらわしい〔汚らわしい〕きたならしい。	**きよい**〔清い〕**きよらか**〔清らか〕
けがれる〔汚れる〕	→よごれる〔汚れる〕
げかん〔下巻〕2巻または3巻ある書物の最終の巻。	**じょうかん**〔上巻〕**ちゅうかん**〔中巻〕
げきか〔激化・劇化〕激しくなること。	**どんか**〔鈍化〕
げきげん〔激減〕ひどく減ること。	㋐**げきぞう**〔激増〕㋑**びげん**〔微減〕
げきしょう〔激賞〕	→ぜっさん〔絶賛〕
げきしょく〔激職〕忙しい仕事。はげしい職務。	**かんしょく**〔閑職〕

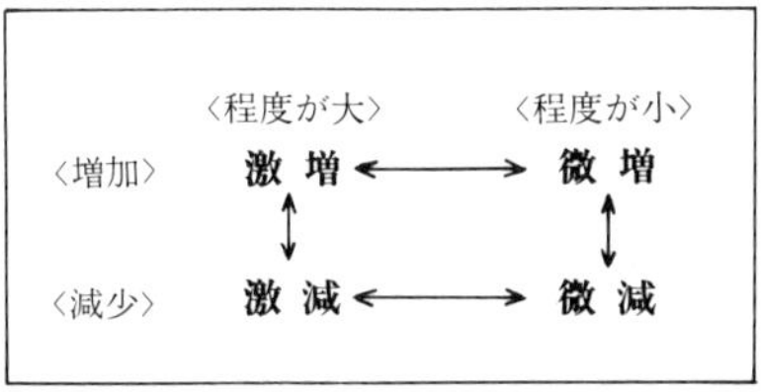

げきぞう〔激増〕ひどくふえること。	㋐**げきげん**〔激減〕㋑**びぞう**〔微増〕
げきつう〔激痛・劇痛〕激しい痛み。	**どんつう**〔鈍痛〕
げげ〔下下〕非常に劣っていること。下《げ》の下《げ》。	**じょうじょう**〔上上〕
げこ〔下戸〕酒を好まない人。	**じょうご**〔上戸〕
げこう〔下向〕都から地方に行くこと。	**じょうきょう**〔上京〕
げこう〔下校〕学校から出て帰途につくこと。	**とうこう**〔登校〕
げごく〔下獄〕刑務所に入って、刑に服すること。	**しゅつごく**〔出獄〕
げこん〔下根〕劣った根性。仏教で、仏道修行の能力の乏しい者。下性《げしょう》。	**じょうこん**〔上根〕
けさ〔今朝〕	**こんばん**〔今晩〕**こんや**〔今夜〕
げざ〔下座〕	→しもざ〔下座〕
げざい〔下剤〕下痢を起こさせる薬。	**げりどめ**〔下痢止め〕
げさく〔下策〕まずい計画。へたな方法。拙策。愚策。	**じょうさく**〔上策〕**りょうさく**〔良策〕**とくさく**〔得策〕
げざん〔下山〕山を下りること。	**とざん**〔登山〕
げし〔夏至〕1年中で、昼が最も長い日。	**とうじ**〔冬至〕
けしかける〔嗾る〕そそのかして、相手に向かわせる。	**なだめる**〔宥める〕**おしとどめる**〔押し留める〕
げしゃ〔下車〕車から下りること。降車。	**じょうしゃ**〔乗車〕
げじゅん〔下旬〕月末の10日間。	**じょうじゅん**〔上旬〕**ちゅうじゅん**〔中旬〕
けす〔消す〕①「火を――」。②「明かりを――」。③「姿を――」。④「黒板の字を――」。	①**もやす**〔燃やす〕②**ともす**〔灯す・点す〕**つける**〔点ける〕③**あらわす**〔現す〕④**かく**〔書く〕
げすい〔下水〕使用済みの汚れた水。	**じょうすい**〔上水〕
げすいどう〔下水道〕下水を流す設備。	**じょうすいどう**〔上水道〕
ゲスト〔guest〕①客。②臨時の出演者。	①**ホスト**〔host〕②**レギュラー**〔regular〕
けずる〔削る〕「条文を――」。	**くわえる**〔加える〕**つけくわえる**

〔付け加える〕

ゲゼルシャフト〔Gesellchaftドイツ〕会社・企業など、利益を得ることが、関心の中心となって結合している社会。利益社会。
ゲマインシャフト〔Gemeinchaftドイツ〕

げせん〔下船〕船から下りること。
じょうせん〔乗船〕

げせん〔下賤〕
→ひせん〔卑賤〕

げだい〔外題〕書物の表紙の外に貼《は》った表題。
ないだい〔内題〕

げだん〔下段〕下の段。
じょうだん〔上段〕**ちゅうだん**〔中段〕

けち　物惜しみするさま。
きまえよい〔気前良い〕

けちる「チップを——」。
はずむ〔弾む〕

けちんぼ（う）〔けちん坊〕物惜しみがひどいこと。しみったれ。
ふとっぱら〔太っ腹〕**きまえよし**〔気前良し〕

けつ〔欠〕かける。足りない。いない。
かん〔完〕**まん**〔満〕**しゅつ**〔出〕

げつ〔月〕つき。
じつ・にち〔日〕

けついん〔欠員〕決められた数に、人数が満たないこと。
じょういん〔冗員・剰員〕

けつえん〔血縁〕血のつながった縁。
ちえん〔地縁〕

けっか〔結果〕
げんいん〔原因〕

けっかく〔欠格〕必要な資格を満たしていないこと。
てきかく〔適格〕

けっかろん〔結果論〕物事の結果だけをみて判断する考え方。
どうきろん〔動機論〕

げっきゅう〔月給〕月単位に決められた賃金。
㋐**にっきゅう**〔日給〕**ねんぽう**〔年俸〕㋑**しょうよ**〔賞与〕

けっきん〔欠勤〕勤めを休むこと。
しゅっきん〔出勤〕

けっく〔結句〕詩歌の結びの句。
きく〔起句〕

けつご〔結語〕文章・手紙などの結びの語。
きご〔起語〕**とうご**〔頭語〕

けっこう〔欠航〕定期的に運航されている船や航空機が、何かの事故で出発しないこと。
しゅうこう〔就航〕**うんこう**〔運航〕**しゅっこう**〔出航〕

けっこう〔欠講〕
→きゅうこう〔休講〕

けっこう〔決行〕思いきって行うこと。
ちゅうちょ〔躊躇〕

けつごう〔結合〕結び付いてひとつになること。結び合わせること。
ぶんり〔分離〕

げっこう〔月光〕月の光。
にっこう〔日光〕

けっこん〔結婚〕
りこん〔離婚〕

けっさく〔傑作〕
→しゅうさく〔秀作〕

けっさん〔決算〕収支の最終的な計算。
よさん〔予算〕

けっして〔決して〕
おそらく〔恐らく〕**たぶん**〔多分〕

けっしゅう〔結集〕多くのものをひとつに集めまとめること。 **ぶんさん**〔分散〕

けつじょ〔欠如〕欠けていて足りないこと。 **ぐび**〔具備〕**かんび**〔完備〕**じゅうじつ**〔充実〕**じゅうそく**〔充足〕

けっしょう〔決勝〕勝負を最終的に決めること。 **よせん**〔予選〕

けつじょう〔欠場〕出るはずの場へ出ないこと。 **しゅつじょう**〔出場〕

けっしょうてん〔決勝点〕ゴール。 **しゅっぱつてん**〔出発点〕

けっしょく〔欠食〕食事が満足に取れないこと。 **ほうしょく**〔飽食〕

げっしょく〔月食・月蝕〕月が欠けて見える現象。 **にっしょく**〔日食・日蝕〕

けつじん〔傑人〕 →いじん〔偉人〕

けっせい〔結成〕集まって組織をつくること。 **かいさん**〔解散〕

けっせき〔欠席〕席に出ないこと。 **しゅっせき**〔出席〕**れっせき**〔列席〕

けつぞく〔血族〕血でつながっている親族。 **いんぞく**〔姻族〕

げっそり（と）急にひどくやせるさま。 **ぶくぶく**（に） **ふっくら**（と）

けっそん〔欠損〕損失。 **しゅうえき**〔収益〕**りえき**〔利益〕

けったく〔結託〕互いに心を通じて事を行うこと。 **たいこう**〔対抗〕**たいりつ**〔対立〕

けつだん〔決断〕きっぱりと決めること。 **ちゅうちょ**〔躊躇〕**しゅんじゅん**〔逡巡〕**ほりゅう**〔保留〕

けつだん〔結団〕選手団などを組織すること。 **かいだん**〔解団〕

けってい〔決定〕はっきり決めること。確定。 **みけってい**〔未決定〕**みてい**〔未定〕**ほりゅう**〔保留〕

けってん〔欠点〕不十分な点。短所。 **びてん**〔美点〕**ちょうしょ**〔長所〕

けっとう〔結党〕政党をつくること。 **かいとう**〔解党〕

けっぱい〔欠配〕配給・配達されるはずの物が、配られないこと。 **かんぱい**〔完配〕

けっぴょう〔結氷〕氷が張ること。 ㋐**かいひょう**〔解氷〕㋑**ふっとう**〔沸騰〕

げっぷ〔月賦〕代金を、決められた期間、月割りで支払うこと。 **いちじばらい**〔一時払い〕**いっかつばらい**〔一括払い〕**そっきん**〔即金〕

けつぶつ〔傑物〕特に優れた人。傑人。偉人。 **ぐぶつ**〔愚物〕**どんぶつ**〔鈍物〕**ぼんじん**〔凡人〕

けつぼう〔欠乏〕少なくて足りないこと。不足。 **じゅうそく**〔充足〕**ほうふ**〔豊富〕

けっぽん〔欠本〕全集などで、欠けた **かんぽん**〔完本〕

巻のある本。

けつまつ〔結末〕物事の終わり。しめくくりの部分。　**ほったん**〔発端〕**ぼうとう**〔冒頭〕**とうしょ**〔当初〕

げつや〔月夜〕月の明るい夜。つきよ。　**あんや**〔暗夜・闇夜〕**やみよ**〔闇夜〕

けつれつ〔決裂〕交渉などが物別れに終わること。　**だけつ**〔妥結〕**かいけつ**〔解決〕**だきょう**〔妥協〕

けつろん〔結論〕議論の最後に得られた考え。　**じょろん**〔序論〕**しょろん**〔緒論〕**ほんろん**〔本論〕**ぜんてい**〔前提〕

げてもの〔下手物〕安価で素朴な品。　**じょうてもの**〔上手物〕

げてん〔外典〕仏教で、仏教関係以外の書物。　**ないてん**〔内典〕

げどく〔解毒〕体内の毒物の作用を消すこと。　**ちゅうどく**〔中毒〕**ふくどく**〔服毒〕

けなす〔貶す〕悪くいう。そしる。くさす。　**ほめる**〔褒める〕**たたえる**〔称える〕**おだてる**〔煽てる〕**もちあげる**〔持ち上げる〕

げねつ〔解熱〕高過ぎる体温を下げること。　**はつねつ**〔発熱〕

けねん〔懸念〕気がかりであること。心配。不安。　**あんど**〔安堵〕**ほうねん**〔放念〕**かくしん**〔確信〕

げば〔下馬〕馬から下りること。　㋐**じょうば**〔乗馬〕㋑**らくば**〔落馬〕

けばけばしい　ひどく人目に立って派手なさま。　**しぶい**〔渋い〕**じみ**〔地味〕

げひん〔下品〕人柄がいやしいさま。　**じょうひん**〔上品〕

げへん〔下編〕二編または三編から成る文章や書物の最後の編。　**じょうへん**〔上編〕**ちゅうへん**〔中編〕

ゲマインシャフト〔Gemeinchaftドイツ〕家族や町内会など、利益を抜きにして結合している社会。共同社会。　**ゲゼルシャフト**〔Gesellchaft ドイツ〕

けらい〔家来〕　**しゅくん**〔主君〕

げらく〔下洛〕京都から他の地へ行くこと。　**じょうらく**〔上洛〕

げらく〔下落〕物のねだんが下がること。　**こうとう**〔高騰〕**とうき**〔騰貴〕

げり〔下痢〕大便が固まらずに出ること。　**べんぴ**〔便秘〕

げりどめ〔下痢止め〕下痢を止める薬。　**げざい**〔下剤〕

げりゃく〔下略〕文章・語句などの、後の部分を略すこと。後略。　**じょうりゃく**〔上略〕**ぜんりゃく**〔前略〕**ちゅうりゃく**〔中略〕

げれつ〔下劣〕人柄・考えなどがいやしいさま。下品。　**こうしょう**〔高尚〕

けれど（も）①「雨が降る――、わた　①**から**　**ので**　②**だから**　**したがっ**

しは行く」。②「雨が降る。――、わたしは行く」。	**て**〔従って〕
けわしい〔険しい・嶮しい〕①「――山」。②「――性格」。	①**なだらか** ②**おだやか**〔穏やか〕**なごやか**〔和やか〕
けん〔乾〕天。	**こん**〔坤〕
けん〔剣〕両刃のかたな。つるぎ。	**とう**〔刀〕
けん〔賢〕かしこい。	**ぐ**〔愚〕
げん〔幻〕まぼろし。	**げん**〔現〕
げん〔厳〕きびしい。	**かん**〔寛〕
げん〔減〕へる。少なくなる。	**ぞう**〔増〕**か**〔加〕
げん〔現〕①現在。今の。②うつつ。	①**ぜん**〔前〕**まえ**〔前〕**もと**〔元〕②**む**〔夢〕**げん**〔幻〕
けんあい〔兼愛〕	→はくあい〔博愛〕
けんあく〔険悪〕険しくて悪いさま。とげとげしいさま。	**へいおん**〔平穏〕**せいおん**〔静穏〕
げんあつ〔減圧〕圧力を減らすこと。	**かあつ**〔加圧〕
げんあん〔原案〕もとの案。	**しゅうせいあん**〔修正案〕
げんい〔原意〕	→げんぎ〔原義〕
げんいん〔原因〕	**けっか**〔結果〕
げんいん〔減員〕人数を減らすこと。	**ぞういん**〔増員〕
げんえき〔減益〕利益が減ること。	**ぞうえき**〔増益〕
げんえき〔現役〕ある地位や職務に現在就いていること。	**たいえき**〔退役〕**ろうにん**〔浪人〕
けんお〔嫌悪〕嫌い憎むこと。憎悪。	**あいこう**〔愛好〕
けんか〔喧嘩〕	**なかなおり**〔仲直り〕
げんか〔原価・元価〕仕入れた値段。元値。	**ばいか**〔売価〕
げんが〔原画〕画象が描いたもとの絵画。	**ふくせいが**〔複製画〕**もしゃ**〔模写〕
けんかい〔狷介〕性格が、とげとげしくて角《かど》があるさま。	**えんまん**〔円満〕
けんがい〔圏外〕ある範囲の外。	**けんない**〔圏内〕
げんかい〔厳戒〕厳しく用心すること。	**ゆだん**〔油断〕
けんかく〔懸隔〕かけ離れていること。	**はくちゅう**〔伯仲〕**ごかく**〔互角〕**せっきん**〔接近〕
げんかく〔厳格〕厳しいさま。	**かんだい**〔寛大〕**かんよう**〔寛容〕
げんがく〔減額〕金額を減らすこと。	**ぞうがく**〔増額〕
けんかしょくぶつ〔顕花植物〕花を咲かせ種子を付けてふえる植物。	**いんかしょくぶつ**〔隠花植物〕
げんがっき〔弦楽器〕琴・バイオリンなど、弦を弾いて鳴らす楽器。	**かんがっき**〔管楽器〕**だがっき**〔打楽器〕
けんかん〔顕官〕	→こうかん〔高官〕
げんかん〔厳寒〕厳しい寒さ。酷寒。	**こくしょ**〔酷暑〕**もうしょ**〔猛暑〕

えんしょ〔炎暑〕

げんかん（さき）〔玄関（先）〕家の入り口を入ったあたり。 **おくざしき**〔奥座敷〕

げんき〔元気〕健康で生き生きしているさま。 **びょうじゃく**〔病弱〕**びょうき**〔病気〕

げんぎ〔原義〕もともとの意味。原意。 **てんい**〔転意〕**てんぎ**〔転義〕

げんきゅう〔原級〕英文法などで、形容詞・副詞の、程度を表す比較級・最上級に対する、もとの形。 **ひかくきゅう**〔比較級〕**さいじょうきゅう**〔最上級〕

げんきゅう〔減給〕給料を減らすこと。降給。 **しょうきゅう**〔昇給〕**ぞうきゅう**〔増給〕**かきゅう**〔加給〕

けんぎゅうせい〔牽牛星〕七夕のひこぼし。 **しょくじょせい**〔織女星〕**おりひめ**〔織姫〕

げんきゅうりゅうち〔原級留置〕学校で、成績不良・出席日数不足などの理由で、もとの学年に止め置かれること。留年。落第。 **しんきゅう**〔進級〕

けんきょ〔謙虚〕控え目で素直なさま。慎み深いさま。 **ごうまん**〔傲慢〕**こうまん**〔高慢〕**おうへい**〔横柄〕**そんだい**〔尊大〕**ふそん**〔不遜〕

けんぎょう〔兼業〕本業の外にする仕事。副業。 **せんぎょう**〔専業〕**ほんぎょう**〔本業〕

けんきん〔献金〕ある目的のために、金銭を寄付すること。 **ぼきん**〔募金〕

げんきん〔厳禁〕厳しく禁止すること。 **こうにん**〔公認〕**もくにん**〔黙認〕**きょか**〔許可〕

げんきん〔現金〕いまあるお金。即座にお金になること。即金。 **まえきん**〔前金〕**さきがね**〔先金〕**あときん・あとがね**〔後金〕**かけ**〔掛け〕

げんきんうり〔現金売り〕商品を現金と交換で売ること。 ㋐**かけうり**〔掛け売り〕㋑**げんきんがい**〔現金買い〕

げんきんがい〔現金買い〕商品を現金と交換で買うこと。 ㋐**かけがい**〔掛け買い〕㋑**げんきんうり**〔現金売り〕

げんきんばらい〔現金払い〕代金を商品と引き換えに払うこと。 **まえばらい**〔前払い〕**さきばらい**〔先払い〕**あとばらい**〔後払い〕

げんけい〔厳刑〕厳しい刑罰。酷刑。 **かんけい**〔寛刑〕

げんご〔原語〕翻訳する前の、もとのことば。 **やくご**〔訳語〕

けんこう〔健康〕体に病気がなくて、すこやかなこと。 **びょうじゃく**〔病弱〕**ふけんこう**〔不健康〕**びょうき**〔病気〕

けんこく〔建国〕国を新しく建てること。 **ぼうこく**〔亡国〕

げんこく〔原告〕裁判所に訴えて出た **ひこく**〔被告〕**さいばんかん**〔裁判

人。	官〕
げんこん〔現今〕現在。いま。当今。	おうじ〔往時〕おうせき〔往昔〕おうねん〔往年〕おうこ〔往古〕せきじ〔昔時〕せきじつ〔昔日〕みらい〔未来〕しょうらい〔将来〕
けんさい〔賢妻〕優れた賢い妻。	ぐさい〔愚妻〕
けんざい〔顕在〕形に現れていること。	せんざい〔潜在〕
げんざい〔現在〕	かこ〔過去〕みらい〔未来〕しょうらい〔将来〕
げんさく〔原作〕もとの作品。	かいさく〔改作〕ほんやく〔翻訳〕ほんあん〔翻案〕
けんさつかん〔検察官〕刑事事件で、犯罪を調べ、公判で法の正当な適用を求める国家公務員。検事。	べんごにん〔弁護人〕さいばんかん〔裁判官〕はんじ〔判事〕ひこく〔被告〕

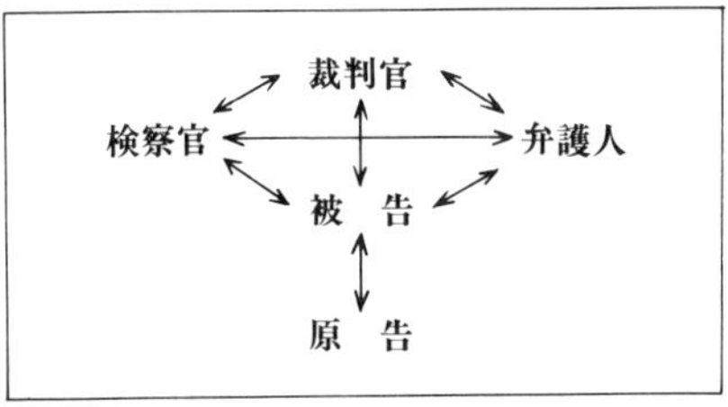

げんさん〔減産〕生産を減らすこと。	ぞうさん〔増産〕
げんさん〔減算〕引き算。減法。	かさん〔加算〕
けんじ〔検事〕	→けんさつかん〔検察官〕
げんし〔原始〕文明が開かれていない状態。原初。	ぶんめい〔文明〕
げんし〔原子〕すべての物質を構成する、最も微小な粒子。	ぶんし〔分子〕
げんし〔減資〕会社が資本金を減らすこと。	ぞうし〔増資〕
げんじつ〔現実〕現にある事実。	りそう〔理想〕くうそう〔空想〕りろん〔理論〕
げんじつしゅぎ〔現実主義〕現実に即して物事を処理しようとする考え。	りそうしゅぎ〔理想主義〕
げんじつてき〔現実的〕考えなどが、現実に即しているさま。	かんねんてき〔観念的〕りそうてき〔理想的〕りろんてき〔理論的〕
けんじゃ〔賢者〕	→けんじん〔賢人〕
げんしゅ〔原種〕動植物の、改良される前のもとの種類。	へんしゅ〔変種〕かいりょうしゅ〔改良種〕
げんしゅう〔減収〕収入が減ること。	ぞうしゅう〔増収〕
げんしょ〔原書〕翻訳するもとの本。	やくしょ〔訳書〕ほんやく〔翻訳〕

けんしょう〔謙称〕へりくだった言い方。
けいしょう〔敬称〕

けんじょう〔献上〕天皇・主君などに差し上げること。
㋐**かし**〔下賜〕㋑**ちょうだい**〔頂戴〕

げんしょう〔減少〕数や量が減って少なくなること。
ぞうだい〔増大〕**ぞうか**〔増加〕

げんしょう〔現象〕外に現れた形。
ほんしつ〔本質〕

けんじょうご〔謙譲語〕話し手の側のへりくだる気持ちを表すことば。
そんけいご〔尊敬語〕**ていねいご**〔丁寧語〕

けんじょうしゃ〔健常者〕病気や障害のない、健康な人。
しょうがいしゃ〔障害者〕**びょうにん**〔病人〕

けんしょく〔兼職〕本務以外に兼ねる職務。
ほんしょく〔本職〕

げんしょく〔原色〕すべての色の基本になる色。絵の具では赤・黄・青、光では赤・緑・青。
かんしょく〔間色〕**ちゅうかんしょく**〔中間色〕

げんしょく〔現職〕現在従事している職務。
ぜんしょく〔前職〕

げんしりょくはつでん〔原子力発電〕原力の核分裂のエネルギーを利用して電気を起こすこと。
すいりょくはつでん〔水力発電〕**かりょくはつでん**〔火力発電〕

けんじん〔賢人〕賢い人。賢者。
ぐじん〔愚人〕**ぐしゃ**〔愚者〕**ぐぶつ**〔愚物〕**どんぶつ**〔鈍物〕**ぼんじん**〔凡人〕

げんすい〔減水〕川などの、水が減ること。
ぞうすい〔増水〕

げんせ〔現世〕現在の世の中。今の世。今生《こんじょう》。
ぜんせ〔前世〕**らいせ**〔来世〕

げんぜい〔減税〕税金を減らすこと。
ぞうぜい〔増税〕

けんせつ〔建設〕建物などを新しくつくること。
はかい〔破壊〕**かいたい**〔解体〕

けんぜん〔健全〕身体や精神がすこやかで異常がないさま。
ふけんぜん〔不健全〕**びょうてき**〔病的〕

けんそ〔険阻〕地形が険しいこと。
へいたん〔平坦〕

けんそう〔喧噪〕やかましいこと。騒がしいこと。
かんせい〔閑静〕**せいじゃく**〔静寂〕**かんじゃく**〔閑寂〕

げんそく〔原則〕多くの場合に共通して当てはまる根本の法則。
れいがい〔例外〕

げんそく〔減速〕速度を落とすこと。
かそく〔加速〕

げんぞく〔還俗〕僧が俗人に戻ること。
しゅっけ〔出家〕

けんそん〔謙遜〕へりくだること。つつましく振舞うこと。
ふそん〔不遜〕**おうへい**〔横柄〕**そんだい**〔尊大〕

げんそん〔減損〕減ること。
ぞうえき〔増益〕

けんたい〔倦怠〕いやになって怠けること。	**ぼっとう**〔没頭〕**ねっちゅう**〔熱中〕
けんだい〔兼題〕歌会や句会で、前もって題を出しておくこと。	**そくだい**〔即題〕**せきだい**〔席題〕
げんたい〔減退〕体力などが衰えること。	**ぞうしん**〔増進〕
げんだい〔原題〕改める前のもとの題。	**かいだい**〔改題〕
げんだい〔現代〕いまの時代。	**こだい**〔古代〕**ぜんだい**〔前代〕**きんだい**〔近代〕**こうだい**〔後代〕
げんだいかなづかい〔現代仮名遣い〕原則として、発音どおりに書く現行の仮名遣い。新仮名遣い。	**れきしてきかなづかい**〔歴史的仮名遣い〕**きゅうかなづかい**〔旧仮名遣い〕
げんだいげき〔現代劇〕現代の世相を題材にした演劇。	**じだいげき**〔時代劇〕
げんだいじん〔現代人〕現代の人間。今人《こんじん》。	**こだいじん**〔古代人〕**こじん**〔古人〕
げんだいてき〔現代的〕現代に即したさま。現代風。	**こてんてき**〔古典的〕
げんだいふう〔現代風〕現代的であること。新しい感じ。今風。	**こふう**〔古風〕**むかしふう**〔昔風〕
げんだいぶん〔現代文〕現代の文章。	**こぶん**〔古文〕
げんたん〔減反〕作付面積を減らすこと。	**ぞうたん**〔増反〕
げんちゅう〔原注・原註〕原作者が付けた注釈。	**やくちゅう**〔訳注・訳註〕
けんちょう〔堅調〕相場が上がる気配を示すこと。	**なんちょう**〔軟調〕
げんてん〔減点〕点を減らすこと。	**かてん**〔加点〕
けんとう〔健闘〕試合などで、一生懸命頑張って闘うこと。善戦。	**くとう**〔苦闘〕**くせん**〔苦戦〕
げんとう〔厳冬〕①冬の最も寒い時期。②寒さの厳しい冬。	①**せいか**〔盛夏〕**こくしょ**〔酷暑〕**えんしょ**〔炎暑〕②**だんとう**〔暖冬〕
けんない〔圏内〕ある範囲の中。	**けんがい**〔圏外〕
けんにん〔兼任〕ふたつ以上の任務を兼ねること。	**せんにん**〔専任〕
げんにん〔現任〕現在その役にあること。	**ぜんにん**〔前任〕**こうにん**〔後任〕
けんぱい〔献杯〕相手に杯をさすこと。	**へんぱい**〔返杯〕
げんぱい〔減配〕①配給量を減らすこと。②配当金を減らすこと。	①**かはい**〔加配〕②**ぞうはい**〔増配〕
けんぴょう〔堅氷〕かたく張った氷。	**はくひょう**〔薄氷〕
げんびん〔減便〕定期的に通う車など	**ぞうびん**〔増便〕

の便数を減らすこと。

げんぴん〔現品〕いま目の前にある品物。現物。　**みほん**〔見本〕

げんぷ〔厳父〕厳しい父。　**じぼ**〔慈母〕

げんぷう〔厳封〕　→みっぷう〔密封〕

げんぶつ〔現物〕①いま目の前にある品物。現品。②取引の対象となる実際の品物。　①**みほん**〔見本〕②**さきもの**〔先物〕

げんぶん〔原文〕翻訳する前の、もとの文章。　**やくぶん**〔訳文〕

げんぽう〔減法〕引き算。減算。　**かほう**〔加法〕**じょうほう**〔乗法〕**じょほう**〔除法〕

げんぼく〔原木〕製材する前の木。　**ざいもく**〔材木〕

げんぽん〔原本〕もとの文書。　**とうほん**〔謄本〕**しょうほん**〔抄本〕**ふくほん**〔副本〕**しゃほん**〔写本〕

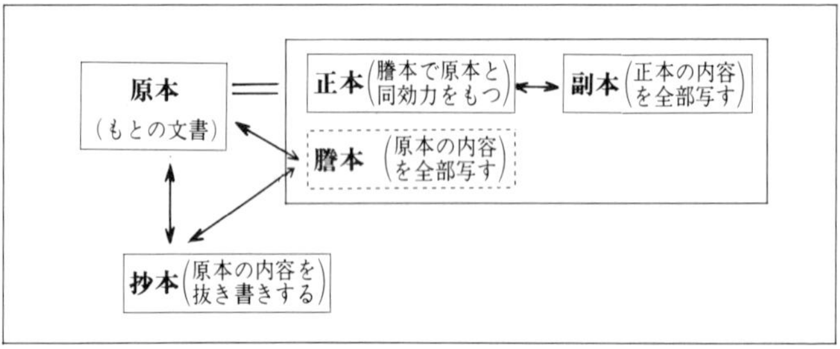

げんまい〔玄米〕精白されてない米。　**せいまい**〔精米〕**はくまい**〔白米〕

げんみつ〔厳密〕すみずみまで注意が行き届いて厳しいさま。　**そろう**〔疎漏・粗漏〕**ずさん**〔杜撰〕

けんむ〔兼務〕ふたつ以上の仕事を掛け持つこと。また、その仕事。　**ほんむ**〔本務〕**せんむ**〔専務〕

けんめい〔賢明〕賢くて道理に明るいさま。　**あんぐ**〔暗愚〕**ぐまい**〔愚昧〕**ぐれつ**〔愚劣〕**ばか**〔馬鹿〕

けんやく〔倹約〕無駄遣いを慎むこと。節約。始末。　**ろうひ**〔浪費〕**ぜいたく**〔贅沢〕

げんゆ〔原油〕精製する前の石油。　**せいゆ**〔精油〕

けんよう〔兼用〕ひとつの物をふたつ以上の用途に使うこと。　**せんよう**〔専用〕

けんり〔権利〕一定の利益を受けることを認められた資格。　**ぎむ**〔義務〕

げんりゅう〔源流〕川のみなもと。物事の起こり。　**まつりゅう**〔末流〕

げんりょう〔減量〕分量や重さを減ら　**ぞうりょう**〔増量〕

すこと。

げんりょう〔原料〕製品をつくるための材料。　**せいひん**〔製品〕

こ

こ〔古〕ふるい。むかし。　**しん**〔新〕**こん・きん**〔今〕

こ〔呼〕息をはく。　**きゅう**〔吸〕

こ〔故〕ふるい。　**しん**〔新〕

こ〔枯〕かれる。すたれる。　**えい**〔栄〕

こ〔子〕こども。　**おや**〔親〕**ちち**〔父〕**はは**〔母〕

こ〔小〕小さい。　**おお**〔大〕

こ〔粉〕こな。　→こな〔粉〕

ご〔後〕あと。のち。うしろ。　**ぜん**〔前〕**せん**〔先〕

ご〔誤〕あやまり。　**せい**〔正〕

こあじ〔小味〕微妙な味。　**おおあじ**〔大味〕

こい〔濃い〕　**うすい**〔薄い〕**あわい**〔淡い〕

こい〔故意〕わざとすること。　**かしつ**〔過失〕

こいくち〔濃い口〕醬油《しょうゆ》の色や味の濃いもの。　**うすくち**〔薄口〕

こいしたう〔恋い慕う〕恋心をいだいて、心をひかれる。　**いみきらう**〔忌み嫌う〕

こいつ〔此奴〕　**あいつ**〔彼奴〕**そいつ**〔其奴〕

こう〔公〕おおやけ。　**し**〔私〕

こう〔功〕てがら。　**ざい**〔罪〕

こう〔厚〕あつい。　**はく**〔薄〕

こう〔向〕むく。従う。　**はい**〔背〕

こう〔好〕このむ。すく。　**お**〔悪〕

こう〔孝〕親を大切にすること。　㋐**ふこう**〔不孝〕㋑**ちゅう**〔忠〕

こう〔巧〕たくみ。じょうず。　**せつ**〔拙〕

こう〔幸〕しあわせ。　**ふこう**〔不幸〕

こう〔広〕ひろい。　**きょう**〔狭〕

こう〔後〕　→ご〔後〕

こう〔攻〕せめる。　**しゅ**〔守〕**ぼう**〔防〕

こう〔斯う〕　**ああ**　**そう**

こう〔甲〕十干の第１。　**おつ**〔乙〕

こう〔硬〕かたい。　**なん**〔軟〕

こう〔紅〕赤い。　**はく**〔白〕

こう〔興〕おこる。盛んになる。　**ぼう**〔亡〕**はい**〔廃〕

こう〔降〕おりる。くだる。　**しょう**〔昇〕**と・とう**〔登〕**じょう**〔乗〕

こう〔高〕たかい。　**てい**〔低〕**あん**〔安〕

ごう〔剛〕つよい。かたい。　**じゅう**〔柔〕

ごう〔号〕作家などが、本名以外に付ける名。ペンネーム。筆名。	**ほんみょう**〔本名〕
ごう〔合〕あう。ひとつになる。	**り**〔離〕**ぶん**〔分〕
こうあつ〔高圧〕強い圧力。高い電圧。	**ていあつ**〔低圧〕
こうい〔好意〕好ましく思う気持ち。親切な思いやり。	**あくい**〔悪意〕**てきい**〔敵意〕
こうい〔高位〕高い位。	**ていい**〔低位〕**かい**〔下位〕**ちゅうい**〔中位〕**むい**〔無位〕
こういん〔公印〕公的な印鑑。	**しいん**〔私印〕
ごうう〔豪雨〕極めて激しく降る雨。大雨。	**しょうう**〔小雨〕**こさめ**〔小雨〕**さいう**〔細雨〕
こううん〔幸運〕幸せ。	**ふうん**〔不運〕**ひうん**〔非運〕
こうえい〔光栄〕	→めいよ〔名誉〕
こうえい〔公営〕地方公共団体による経営。	**しえい**〔私営〕**みんえい**〔民営〕**こくえい**〔国営〕
こうえい〔後衛〕①後方の守り。②テニス・バレーボールなどで、後方にいて主として守備に当たる選手。	①**ぜんえい**〔前衛〕②**ぜんえい**〔前衛〕**ちゅうえい**〔中衛〕
こうえい〔後裔〕	→しそん〔子孫〕
こうえき〔公益〕社会全体の利益。	**しえき**〔私益〕
こうえん〔後援〕行事などで、背後から応援すること。	**しゅさい**〔主催〕**きょうさい**〔共催〕
こうえん〔高遠〕考えが、高く抜きんでて奥深いさま。遠大。	**ひきん**〔卑近〕
こうおん〔高温〕高い温度。	**ていおん**〔低温〕
こうおん〔高音〕高い音。	**ていおん**〔低音〕
ごうおん〔合音〕オ列長音のうち、口の開きが小さく、旧仮名遣いで、オウ・コウ、エウ・ケウなどと表記される音。合口音。	**かいおん**〔開音〕
こうおんどうぶつ〔恒温動物〕	→ていおんどうぶつ〔定温動物〕
こうか〔硬化〕かたくなること。	**なんか**〔軟化〕
こうか〔硬貨〕金属で作られたお金。貨幣。	**しへい**〔紙幣〕
こうか〔降下〕下へおりること。下降。	**じょうしょう**〔上昇〕
こうか〔高価〕値段が高いこと。	**あんか**〔安価〕**れんか**〔廉価〕
こうが〔高雅〕上品で美しいさま。	**ていぞく**〔低俗〕**ひぞく**〔卑俗〕
ごうか〔豪家〕	→ふか〔富家〕
ごうか〔豪華〕ぜいたくで派手なさま。	**しっそ**〔質素〕**かんそ**〔簡素〕**ひんじゃく**〔貧弱〕**そまつ**〔粗末〕
こうかい〔公海〕どこの国にも属さず、各国が自由に利用できる海。	**りょうかい**〔領海〕
こうかい〔公開〕広く一般に開放する	**ひこうかい**〔非公開〕**ひとく**〔秘匿〕

こと。	ひぞう〔秘蔵〕ひみつ〔秘密〕
こうがい〔坑外〕炭坑の外。	**こうない**〔坑内〕
こうがい〔校外〕学校の外。	**こうない**〔校内〕
こうがい〔構外〕囲いの外。建物や敷地の外。	**こうない**〔構内〕
こうがい〔港外〕港の外。	**こうない**〔港内〕
こうがい〔郊外〕都会に近い田園地帯。	**しない**〔市内〕**しがい**〔市街〕
こうがいでんしゃ〔郊外電車〕都市近郊を走っている電車。	**しないでんしゃ**〔市内電車〕
こうかく〔降格〕地位や身分を下げること。格下げ。降等。	**しょうかく**〔昇格〕**しょうしん**〔昇進〕**えいしん**〔栄進〕
こうがく〔後学〕後から学問を始めた者。	**せんがく**〔先学〕
こうがく〔高額〕金額が大きいこと。値段が高いこと。	**ていがく**〔低額〕**しょうがく**〔小額〕
こうがくねん〔高学年〕学校で高い学年。小学校５・６年生。	**ていがくねん**〔低学年〕**ちゅうがくねん**〔中学年〕
こうかくレンズ〔広角 lens〕焦点距離が短く、広い範囲の撮影ができる写真用レンズ。	**ぼうえんレンズ**〔望遠 lens〕
こうかてつどう〔高架鉄道〕地上の高い所に線路のある鉄道。	**ちかてつどう**〔地下鉄道〕**ろめんでんしゃ**〔路面電車〕
こうかつ〔狡猾〕悪賢いこと。	**ぐちょく**〔愚直〕**じっちょく**〔実直〕**じゅんぼく**〔純朴〕**りちぎ**〔律気〕**ばかしょうじき**〔馬鹿正直〕
ごうかばん〔豪華版〕印刷・装丁などを特に立派にしてある書物。	**ふきゅうばん**〔普及版〕
こうかん〔向寒〕寒さに向かうこと。	㋐**こうしょ**〔向暑〕㋑**よかん**〔余寒〕
こうかん〔好感〕よい感じや印象。	**はんかん**〔反感〕
こうかん〔好漢〕好ましく、立派な男。	**あっかん**〔悪漢〕**きょうかん**〔凶漢・兇漢〕
こうかん〔高官〕地位の高い役人。大官。顕官。	**かりょう**〔下僚〕**しょうかん**〔小官〕**ひかん**〔卑官〕**びかん**〔微官〕
こうかんかち〔交換価値〕ある品物を金銭や他の物と交換するときの価値。	**しようかち**〔使用価値〕
こうき〔好機〕よい折。機会。チャンス。	**きき**〔危機〕
こうき〔広軌〕レールの幅が広いこと。	**きょうき**〔狭軌〕
こうき〔後期〕あとの期間。	**ぜんき**〔前期〕**ちゅうき**〔中期〕
こうき〔後記〕後に書くもの。	**ぜんき**〔前記〕
こうき〔香気〕よい香り。	**しゅうき**〔臭気〕
こうき〔高貴〕身分などが、高く尊い	**ひせん**〔卑賤〕**げせん**〔下賤〕

こと。

こうぎ〔巧技〕巧みなわざ。妙技。　**せつぎ**〔拙技〕

こうぎ〔広義〕広い意味。　**きょうぎ**〔狭義〕

ごうき〔剛毅〕意志が強くてくじけないこと。　**ひきょう**〔卑怯〕**きょうだ**〔怯懦〕**おくびょう**〔臆病〕

ごうぎ〔合議〕相談して決めること。　**せんけつ**〔専決〕

こうきあつ〔高気圧〕高い気圧。　**ていきあつ**〔低気圧〕

こうきぎょう〔公企業〕国や公共団体が社会全般の利益のために営む企業。　**しきぎょう**〔私企業〕

こうきゅう〔硬球〕テニス・野球などで、硬い球。　**なんきゅう**〔軟球〕

こうきゅう〔降級〕階級が下がること。　**しょうきゅう**〔昇級〕

こうきゅう〔降給〕　→げんきゅう〔減給〕

こうきゅう〔高級〕程度が高いこと。品質が優れていること。　**ていきゅう**〔低級〕**しょきゅう**〔初級〕**ちゅうきゅう**〔中級〕

こうきゅう〔高給〕高い給料。　**はっきゅう**〔薄給〕

こうきゅうてき〔恒久的〕　→えいぞくてき〔永続的〕

こうきょう〔好況〕景気がよいこと。　**ふきょう**〔不況〕

こうきょうじぎょう〔公共事業〕社会全般の利益を目的とする事業。公益事業。　**えいりじぎょう**〔営利事業〕

こうきょうほうそう〔公共放送〕公的な機関が、公共の利益のために行う放送。　**みんかんほうそう**〔民間放送〕

こうきん〔公金〕国家・団体・会社などの、公的な資金。　**しきん**〔私金〕

こうきん〔拘禁〕　→こうそく〔拘束〕

こうく〔後句〕後の方の語句。　**ぜんく**〔前句〕

こうくう〔高空〕空の高いところ。　**ていくう**〔低空〕

こうぐう〔厚遇〕手厚くもてなすこと。　**れいぐう**〔冷遇〕

こうくうびん〔航空便〕外国向けの郵便や貨物で、航空機を使って運ぶもの。　**せんびん・ふなびん**〔船便〕

こうくつ〔後屈〕身体を後ろに曲げること。　**ぜんくつ**〔前屈〕

こうけい〔後掲〕後ろに掲げてあること。　**ぜんけい**〔前掲〕

こうけい〔後景〕後ろの方の景色。背景。　**ぜんけい**〔前景〕

こうけいき〔好景気〕景気がよいこと。好況。　**ふけいき**〔不景気〕

こうげき〔攻撃〕攻めること。　**はんげき**〔反撃〕**げいげき**〔迎撃〕**ぼうぎょ**〔防御・防禦〕**ぼうえい**

	〔防衛〕**ぼうせん**〔防戦〕**しゅび**〔守備〕
こうけつ〔高潔〕人柄や性格が、けだかくてけがれのないさま。	**ひれつ**〔卑劣〕**ていれつ**〔低劣〕
こうけつあつ〔高血圧〕血圧が高いこと。	**ていけつあつ**〔低血圧〕
こうけん〔公権〕公法上の権利。例えば、憲法で保障された諸権利など。	**しけん**〔私権〕
こうげん〔高原〕高い所にあって、広く平らな土地。	**へいげん**〔平原〕
ごうけん〔剛健〕強くたくましいこと。	**にゅうじゃく**〔柔弱〕
ごうけん〔合憲〕憲法に適合すること。	**いけん**〔違憲〕
こうご〔口語〕話しことば。	**ぶんご**〔文語〕**かきことば**〔書き言葉〕
こうご〔向後〕これから先。今後。きょうこう。	**じゅうらい**〔従来〕**じゅうぜん**〔従前〕
こうこう〔孝行〕親を大切にすること。	㋐**ふこう**〔不孝〕㋑**ちゅうぎ**〔忠義〕
こうこう〔後攻〕野球などで、後から攻撃にうつる方。	**せんこう**〔先攻〕
こうこう〔後項〕後ろの項目。	**ぜんこう**〔前項〕
こうごう〔皇后〕天皇や皇帝のきさき。	**てんのう**〔天皇〕**こうてい**〔皇帝〕
こうこく〔興国〕国をおこすこと。国の力を盛んにすること。	**ぼうこく**〔亡国〕
こうさ〔交差・交叉〕道路などが、十文字に交わること。	**へいこう**〔平行〕
こうさい〔公債〕地方公共団体の発行する債券。	**こくさい**〔国債〕**しゃさい**〔社債〕
こうさん〔降参〕戦いに負けて相手に従うこと。降服。	㋐**てきたい**〔敵対〕**はんげき**〔反撃〕㋑**せいふく**〔征服〕
こうざん〔高山〕高い山。	**しんかい**〔深海〕**へいち**〔平地〕
こうし〔行使〕権利などを、実際に用いること。	**ほうき**〔放棄〕**ほじ**〔保持〕
こうじ〔公事〕おおやけごと。	**しじ**〔私事〕
こうじ〔公示〕公式に示すこと。	**ないじ**〔内示〕
こうじ〔好事〕よい行い。	**あくじ**〔悪事〕
こうじ〔小路〕幅の狭い道。	**おおじ**〔大路〕
こうじ〔高次〕次元の高いこと。	**ていじ**〔低次〕
こうしき〔公式〕公に定められた形式。	**ひこうしき**〔非公式〕**りゃくしき**〔略式〕
こうしき〔硬式〕野球・テニスなどで、硬い球を使用するもの。	**なんしき**〔軟式〕
こうしきせん〔公式戦〕公的な試合。	**オープン戦**〔open 戦〕**れんしゅうじあい**〔練習試合〕

こうしじま〔格子縞〕縦横に筋を入れた模様。	**たてじま**〔縦縞〕**よこじま**〔横縞〕
こうしせい〔高姿勢〕相手に対して強く出る態度。	**ていしせい**〔低姿勢〕
こうしつ〔硬質〕物の質が硬いこと。	**なんしつ**〔軟質〕
こうじつせい〔向日性〕植物が、太陽の方へ向かう性質。向光性。	**はいじつせい**〔背日性〕
こうしゃ〔公舎〕公務員の宿舎。官舎。	**したく**〔私宅〕
こうしゃ〔後者〕ふたつのうち、後の方のもの。	**ぜんしゃ**〔前者〕
こうしゃ〔後車〕後に続く車。	**ぜんしゃ**〔前車〕
こうしゃ〔降車〕車から下りること。下車。	**じょうしゃ**〔乗車〕
こうしゅ〔好守〕じょうずな守備。	**せっしゅ**〔拙守〕
こうしゅうえいせい〔公衆衛生〕社会全体の健康増進のための衛生活動。	**こじんえいせい**〔個人衛生〕
こうしゅうは〔高周波〕周波数の高い電波。	**ていしゅうは**〔低周波〕
こうじゅつ〔口述〕口で述べること。	**きじゅつ**〔記述〕**ひっき**〔筆記〕
こうじゅつ〔後述〕後で述べること。	**ぜんじゅつ**〔前述〕**じょうじゅつ**〔上述〕**きじゅつ**〔既述〕
こうしょ〔向暑〕暑さに向かうこと。	㋐**こうかん**〔向寒〕㋑**ざんしょ**〔残暑〕
こうしょう〔高尚〕程度が高く上品なさま。	**ていぞく**〔低俗〕**げれつ**〔下劣〕**つうぞく**〔通俗〕
こうしょう〔公傷〕公務中に受けた傷。	**ししょう**〔私傷〕
こうじょう〔向上〕よい方向に進むこと。程度が上がること。	**ていか**〔低下〕**ていらく**〔低落〕
こうじょう〔厚情〕厚い情け。厚志。	**はくじょう**〔薄情〕**むじょう**〔無情〕
こうじょう〔攻城〕城を攻めること。	**らくじょう**〔落城〕
ごうじょう〔強情〕意地っぱり。	**じゅうじゅん**〔従順〕**すなお**〔素直〕
こうじょうけん〔好条件〕よい条件。	**あくじょうけん**〔悪条件〕
こうじょうてき〔恒常的〕	→えいぞくてき〔永続的〕
こうじる〔高じる・昂じる〕程度がひどくなる。	**やわらぐ**〔和らぐ〕
こうしん〔高進・昂進・亢進〕精神が高ぶること。	**ちんせい**〔鎮静・沈静〕
こうしん〔後身〕生まれ変わった後の身。	**ぜんしん**〔前身〕
こうしん〔後進〕①後ろへ進むこと。後退。②後から進む人。	①**ぜんしん**〔前進〕②**せんしん**〔先進〕**せんだつ**〔先達〕
こうじん〔公人〕公職にある人。	**しじん**〔私人〕
こうじん〔後人〕後の世の人。	**せんじん**〔先人〕**こんじん**〔今人〕

こうじん〔後陣〕　→ごじん〔後陣〕

こうしんこく〔後進国〕　→かいはつとじょうこく〔開発途上国〕

こうじんをはいす〔後塵を拝す〕他人に先を越される。　**せんべんをつける**〔先鞭を付ける〕

こうすい〔硬水〕カルシウム塩・マグネシウム塩などを多く含む水。石鹸《せっけん》が泡立たない。　**なんすい**〔軟水〕

こうせい〔公正〕公平で正しいこと。　**へんこう**〔偏向〕

こうせい〔恒星〕位置を変えない星。　**ゆうせい**〔遊星〕**わくせい**〔惑星〕

こうせい〔攻勢〕積極的に攻める態勢。　**しゅせい**〔守勢〕

ごうせい〔合成〕ふたつ以上の物を合わせてひとつの物質を作ること。　**ぶんかい**〔分解〕

ごうせいしゅ〔合成酒〕アルコールを中心に、薬品や香料を混ぜて作る酒。　**じょうぞうしゅ**〔醸造酒〕**じょうりゅうしゅ**〔蒸溜酒〕

こうせいせき〔好成績〕よい成績。　**ふせいせき**〔不成績〕**ふしん**〔不振〕

ごうせいせんい〔合成繊維〕　→かがくせんい〔化学繊維〕

こうせき〔功績〕てがら。　**ざいか**〔罪過〕**ざいあく**〔罪悪〕

こうせつ〔公設〕公共団体が設けること。　**しせつ**〔私設〕

こうせつ〔後節〕文章などの、後ろのひと区切り。　**ぜんせつ**〔前節〕

こうせつ〔高説〕　→たくせつ〔卓説〕

こうせん〔交戦〕戦いを交えること。　㋐**ていせん**〔停戦〕**きゅうせん**〔休戦〕**しゅうせん**〔終戦〕㋑**ふせん**〔不戦〕**ちゅうりつ**〔中立〕

こうせん〔公選〕みんなの選挙で選ぶこと。　**かんせん**〔官選〕**しせん**〔私選〕

こうせん〔好戦〕戦いを好むこと。　**えんせん**〔厭戦〕**はんせん**〔反戦〕

こうぜん〔公然〕おおっぴらにするさま。　**ひみつ**〔秘密〕**ないみつ**〔内密〕**ないしょ**〔内緒〕**こっそり**

こうぜん〔昂然〕意気が盛んで恐れないさま。　**しょうぜん**〔悄然〕

こうせんせい〔公選制〕一般有権者の選挙によって選ぶ制度。　**にんめいせい**〔任命制〕

こうそう〔抗争〕互いに張り合って争うこと。　**しんぼく**〔親睦〕

こうそう〔好走〕じょうずに走ること。　**せっそう**〔拙走〕

こうそう〔高層〕層が重なって高いこと。　**ていそう**〔低層〕**ちゅうそう**〔中層〕

こうそう〔高燥〕土地が高くて湿気がないこと。　**ていしつ**〔低湿〕

こうそく〔拘束〕自由を奪うこと。縛　**かいほう**〔解放〕**しゃくほう**〔釈放〕

り付けること。
こうそく〔高速〕はやい速度。 **ていそく**〔低速〕
こうそくじかん〔拘束時間〕会社で、始業時間から終業時間まで。 **じつどうじかん**〔実働時間〕
こうぞくぶたい〔後続部隊〕後から続いて進む軍勢。 **せんとうぶたい**〔先頭部隊〕
こうだ〔好打〕野球で、うまく打つこと。 **ぼんだ**〔凡打〕**ひんだ**〔貧打〕
こうたい〔後退〕後ろへ退くこと。 **ぜんしん**〔前進〕**しんこう**〔進行〕**しんしゅつ**〔進出〕
こうだい〔広大〕広々として大きいこと。 **きょうしょう**〔狭小〕**きょうあい**〔狭隘〕
こうだい〔後代〕のちの世。後世。 **ぜんだい**〔前代〕**げんだい**〔現代〕**とうだい**〔当代〕
こうだい〔高大〕 →えんだい〔遠大〕
こうたん〔降誕〕神や聖者などが生まれ出ること。 **しょうてん**〔昇天〕
こうだん〔後段〕あとの段。 **ぜんだん**〔前段〕**ちゅうだん**〔中段〕
こうだん〔降壇〕弁士などが、壇上から下りること。 **とうだん**〔登壇〕
ごうたん〔豪胆・剛胆〕 →だいたん〔大胆〕
こうち〔巧遅〕じょうずであるが出来が遅いこと。 **せっそく**〔拙速〕
こうち〔耕地〕耕されている土地。 **こうや**〔荒野〕**あれち**〔荒れ地〕
こうち〔高地〕高い土地。 **ていち**〔低地〕**へいち**〔平地〕
こうちせい〔向地性〕植物の根が地中に向かう性質。 **はいちせい**〔背地性〕
こうちゃ〔紅茶〕 **りょくちゃ**〔緑茶〕
こうちょう〔候鳥〕渡り鳥。 **りゅうちょう**〔留鳥〕
こうちょう〔好調〕調子がよいこと。 **ふちょう**〔不調〕
こうちょう〔硬調〕取引市場で、買い人気が高く値上がり気味であること。 **なんちょう**〔軟調〕
こうちょう〔高調〕調子が高まること。 **ていちょう**〔低調〕
こうつごう〔好都合〕都合がよいこと。 **ふつごう**〔不都合〕
こうてい〔公邸〕公務員のために公費で建てた邸宅。 **してい**〔私邸〕**かんてい**〔官邸〕
こうてい〔皇帝〕 ㋐**しんか**〔臣下〕㋑**こうごう**〔皇后〕
こうてい〔肯定〕認めて同意すること。 **ひてい**〔否定〕
こうでい〔拘泥〕こだわること。 **ぼっきゃく**〔没却〕
こうてき〔公的〕公のことに関するさま。 **してき**〔私的〕**こじんてき**〔個人的〕
こうてき〔好適〕うまく合っているこ **ふてき**〔不適〕

と。適当。

こうてつ〔更迭〕ある地位の人を替えること。 **りゅうにん**〔留任〕

こうてん〔公転〕天体が他の天体の周囲を回ること。 **じてん**〔自転〕

こうてん〔好天〕よい天気。 **こうてん**〔荒天〕

こうてん〔好転〕よい方向へ移ること。 **あっか**〔悪化〕

こうてん〔荒天〕荒れ気味の天候。 **こうてん**〔好天〕

こうてんせい〔後天性〕生まれて後に備わった性質。 **せんてんせい**〔先天性〕

こうとう〔公党〕公的に存在の認められている政党。 **しとう**〔私党〕

こうとう〔口答〕口で答えること。 **ひっとう**〔筆答〕

こうとう〔口頭〕口で言うこと。 **ぶんしょ**〔文書〕

こうとう〔好投〕野球で、投手がうまい投球をすること。 **しっとう**〔失投〕**あくとう**〔悪投〕**ぼうとう**〔暴投〕

こうとう〔降等〕 →こうかく〔降格〕

こうとう〔高等〕程度が高いこと。 **しょとう**〔初等〕**かとう**〔下等〕**ちゅうとう**〔中等〕

こうとう〔高騰〕物価が高くなること。 **ていらく**〔低落〕**げらく**〔下落〕

こうどう〔公道〕一般の人が通るための道。 **しどう**〔私道〕

ごうどう〔合同〕①ふたつ以上の物が合わさってひとつになること。②幾何学で、ふたつの図形がぴったりと重なり合う関係にあること。 ①㋐**たんどく**〔単独〕**こべつ**〔個別〕㋑**ぶんり**〔分離〕②**そうじ**〔相似〕

こうとう〔口答〕口で答える形式。 **ひっとう**〔筆答〕

こうとうきょういく〔高等教育〕大学・大学院における教育。 **しょとうきょういく**〔初等教育〕**ちゅうとうきょういく**〔中等教育〕

こうとうしき〔恒等式〕その中の文字に、どんな数を代入しても常に成り立つ等式。 **ほうていしき**〔方程式〕

こうとうどうぶつ〔高等動物〕体のつくりの複雑な動物。 **かとうどうぶつ**〔下等動物〕

こうどうは〔行動派〕実際の行動を重視する派。実践派。 **りろんは**〔理論派〕

こうとうぶ〔後頭部〕頭の後ろの部分。 **ぜんとうぶ**〔前頭部〕**ぜんがくぶ**〔前額部〕**そくとうぶ**〔側頭部〕

こうとく〔高徳〕人徳が高いこと。 **ふとく**〔不徳〕

こうどく〔購読〕書物・雑誌などを買って読むこと。 **しゃくらん**〔借覧〕

こうない〔坑内〕炭坑の内部。 **こうがい**〔坑外〕

こうない〔校内〕学校の内部。 **こうがい**〔校外〕

こうない〔構内〕囲いの中。建物や敷地の内部。　**こうがい**〔構外〕

こうない〔港内〕港の内部。　**こうがい**〔港外〕

こうにち〔好日〕　→しんにち〔親日〕

こうにち〔抗日〕　→はいにち〔排日〕

こうにゅう〔購入〕買い入れること。　**はんばい**〔販売〕**ばいきゃく**〔売却〕

こうにん〔公認〕公的に認めること。　㋐**げんきん**〔厳禁〕㋑**もくにん**〔黙認〕

こうにん〔後任〕前の人に代わって、後からその任に就くこと。　**ぜんにん**〔前任〕**せんにん**〔先任〕

こうにん〔降任〕前よりも低い任務に落とされること。　**しょうにん**〔昇任〕

こうねつ〔高熱〕異常に高い体温。　**へいねつ**〔平熱〕**びねつ**〔微熱〕

こうねん〔後年〕ある年から、何年か後の年。　**せんねん**〔先年〕**とうねん**〔当年〕

こうねん〔高年〕　→こうれい〔高齢〕

こうねんき〔更年期〕女性の月経が閉止する時期。　**ししゅんき**〔思春期〕

こうのう〔後納〕代金などを後で納めること。　**ぜんのう**〔前納〕

ごうのう〔豪農〕財産や勢力を持った大きい農家。　**ひんのう**〔貧農〕

こうは〔硬派〕強くかたい考えの人たち。不良少年などで、暴力を振るうグループ。　**なんぱ**〔軟派〕

こうはい〔後輩〕学校・職場などに後から入った人。　**せんぱい**〔先輩〕**どうはい**〔同輩〕

こうばい〔紅梅〕花の赤い梅。　**はくばい**〔白梅〕

こうばい〔購買〕買い入れること。購入。　**はんばい**〔販売〕

こうばいすう〔公倍数〕ふたつ以上の数に共通の倍数。　**こうやくすう**〔公約数〕

こうばしい〔香ばしい・芳ばしい〕　→かんばしい〔芳しい〕

こうはつ〔後発〕あとから出発すること。　**せんぱつ**〔先発〕

こうはん〔後半〕あとの半分。　**ぜんはん**〔前半〕

こうばん〔降板〕野球で、投手が退くこと。　**とうばん**〔登板〕

ごうばん〔合板〕木材を薄く剝《は》いで、木目が交差するように貼《は》り合わせた板。ベニヤ板。　**たんばん**〔単板〕

こうひ〔公費〕公的な費用。　**しひ**〔私費〕**じひ**〔自費〕

こうび〔後尾〕列のいちばん後ろ。　**せんとう**〔先頭〕

こうひつ〔硬筆〕鉛筆・ペンなど、かたい筆記具。	**もうひつ**〔毛筆〕
こうびとう〔後尾灯〕	→びとう〔尾灯〕
こうひょう〔公表〕公衆に広く発表すること。	**ひとく**〔秘匿〕
こうひょう〔好評〕よい評判。	**あくひょう**〔悪評〕**ふひょう**〔不評〕**しゅうぶん**〔醜聞〕
こうびん〔後便〕後から送る便り。	**ぜんびん**〔前便〕**せんびん**〔先便〕
こうぶ〔後部〕後ろの部分。	**ぜんぶ**〔前部〕**ちゅうぶ**〔中部〕
こうぶ〔荒蕪〕土地が荒れ果てていること。	**ひよく**〔肥沃〕
こうふく〔幸福〕幸せ。	**ふこう**〔不幸〕**ふしあわせ**〔不幸せ〕**はっこう**〔薄幸〕**さいか**〔災禍〕
こうふく〔降服・降伏〕	→こうさん〔降参〕
こうぶつ〔鉱物〕	**どうぶつ**〔動物〕**しょくぶつ**〔植物〕
こうふん〔興奮・昂奮・亢奮〕感情が高ぶること。	**ちんせい**〔鎮静・沈静〕
こうふん〔公憤〕公事に関する憤り。義憤。	**しふん**〔私憤〕
こうぶん〔後文〕後ろにある文章。	**ぜんぶん**〔前文〕
こうぶんしょ〔公文書〕公務に関する文書。	**しぶんしょ**〔私文書〕
こうへん〔後編〕二編または三編から成る文章や書物の最後の編。	**ぜんぺん**〔前編〕**ちゅうへん**〔中編〕
ごうべんか〔合弁花〕花びらが合わさっている花。アサガオなど。	**りべんか**〔離弁花〕
こうほう〔公法〕国家・公共団体、または、それらと私人との関係を定めた法律。憲法・行政法・刑法など。	**しほう**〔私法〕
こうほう〔後方〕後ろの方。	**ぜんぽう**〔前方〕
ごうほう〔合法〕法に合っていること。	**いほう**〔違法〕**ふほう**〔不法〕**ひごうほう**〔非合法〕
こうほうじん〔公法人〕国や地方公共団体のもとに設立された法人。公団・公庫など。	**しほうじん**〔私法人〕
ごうほうらいらく〔豪放磊落〕度量が大きくて、小さなことにこだわらないこと。	**しょうしんよくよく**〔小心翼々〕
こうぼく〔高木〕高く生育する木。喬木《きょうぼく》。	**ていぼく**〔低木〕**かんぼく**〔灌木〕
こうまん〔高慢〕	→ごうまん〔傲慢〕
ごうまん〔傲慢〕おごり高ぶった態度。横柄《おうへい》。	**けんきょ**〔謙虚〕**きょうけん**〔恭謙〕

こうみょう〔光明〕明るく輝いている光。	**あんこく**〔暗黒〕
こうみょう〔功名〕手柄を立てて名を上げること。	**おめい**〔汚名〕**ふめいよ**〔不名誉〕
こうみょう〔巧妙〕非常に巧みなこと。	**ちせつ**〔稚拙〕**せつれつ**〔拙劣〕**へた**〔下手〕
こうみょう〔高名〕	→こうめい〔高名〕
こうむ〔公務〕公的な仕事。	**しよう**〔私用〕
こうむる〔被る・蒙る〕「損害を――」。	**まぬかれる**〔免れる〕**のがれる**〔逃れる〕
こうめい〔高名〕名高いこと。有名。著名。	**むめい**〔無名〕
こうもりがさ〔蝙蝠傘〕	→ようがさ〔洋傘〕
こうや〔荒野〕荒れ果てた野原。	**よくや**〔沃野〕**こうち**〔耕地〕
こうやく〔公約〕公的に交わす約束。	**みつやく**〔密約〕
こうやくすう〔公約数〕ふたつ以上の整数に共通する約数。	**こうばいすう**〔公倍数〕
こうゆう〔公有〕地方公共団体などが所有すること。	**しゆう**〔私有〕**こくゆう**〔国有〕
ごうゆう〔剛勇・豪勇〕強く勇ましいさま。	**きょうだ**〔怯懦〕**ひきょう**〔卑怯〕
こうよう〔公用〕公的な用事。	**しよう**〔私用〕
こうよう〔高揚・昂揚〕精神が高まること。	**ちんたい**〔沈滞〕
こうよう〔紅葉〕秋になって、赤く色付いた葉。	**あおば**〔青葉〕
こうようじゅ〔広葉樹〕桜・ポプラなど、平たくて幅の広い葉を持った木。闊葉樹《かつようじゅ》。	**しんようじゅ**〔針葉樹〕
ごうよく〔強欲〕欲ぶかいこと。貪欲《どんよく》。多欲。	**むよく**〔無欲〕**かよく**〔寡欲〕**しょうよく**〔少欲〕
こうらく〔攻落〕	→こうりゃく〔攻略〕
こうり〔小売り〕	**おろし（うり）**〔卸（売り）〕
こうり〔高利〕高い利息。	**ていり**〔低利〕
ごうり〔合理〕理屈に合うこと。妥当であること。	**ふごうり**〔不合理〕**ひごうり**〔非合理〕
ごうりきはん〔強力犯〕強盗・殺人など、暴力を伴う犯罪。	**ちのうはん**〔知能犯〕
こうりつ〔公立〕地方公共団体がつくり運営すること。	**しりつ**〔私立〕**こくりつ**〔国立〕
こうりつ〔高率〕高い割合。	**ていりつ**〔低率〕
こうりゃく〔後略〕文章などの後ろの部分を略すこと。	**ぜんりゃく**〔前略〕**ちゅうりゃく**〔中略〕

こうりゃく〔攻略〕攻め落とすこと。　**かんらく**〔陥落〕
こうりゅう〔交流〕一定の時間を置いて交互に逆方向に流れる電流。　**ちょくりゅう**〔直流〕
こうりゅう〔興隆〕勢いが盛んになること。　**すいぼう**〔衰亡〕**めつぼう**〔滅亡〕**すいたい**〔衰退〕**ぼつらく**〔没落〕
ごうりゅう〔合流〕流れがひとつに合わさること。　**ぶんき**〔分岐〕
ごうりゅうてん〔合流点〕川の流れがひとつに合わさる地点。　**ぶんきてん**〔分岐点〕
こうりょう〔広量・宏量〕心が広くて、小さなことにこだわらないこと。　**きょうりょう**〔狭量〕**しょうりょう**〔小量〕
こうりん〔後輪〕後ろの車輪。　**ぜんりん**〔前輪〕
こうりんくどう〔後輪駆動〕自動車で、エンジンから後輪に回転力が伝えられる形式。　**ぜんりんくどう**〔前輪駆動〕**ぜんりんくどう**〔全輪駆動〕
こうれい〔好例〕うまく当てはまる例。　**あくれい**〔悪例〕
こうれい〔恒例〕いつも決まって行われること。定例。常例。　**いれい**〔異例・違例〕**とくれい**〔特例〕**りんじ**〔臨時〕
こうれい〔高齢〕たいそう年をとっていること。老齢。　**じゃくねん**〔若年・弱年〕
こうれつ〔後列〕後ろの列。　**ぜんれつ**〔前列〕
こうろく〔高禄〕禄高が多いこと。高給。　**びろく**〔微禄〕
こうわ〔講和〕戦争をやめて、仲直りすること。　**せんせん**〔宣戦〕**こうせん**〔交戦〕
こえふとる〔肥え太る〕　**やせほそる**〔痩せ細る〕
こえる〔肥える〕　**やせる**〔瘠せる〕
こえる〔越える・超える〕　**とどまる**〔止まる・留まる〕**わる**〔割る〕
ゴー〔go〕行く。進め。　**ストップ**〔stop〕
こおとこ〔小男〕小柄な男。　㋐**おおおとこ**〔大男〕㋑**こおんな**〔小女〕
こおり〔氷〕　**みず**〔水〕**すいじょうき**〔水蒸気〕
こおる〔凍る〕　**とける**〔溶ける〕
ゴール〔goal〕決勝点。　**スタート（ライン）**〔start (line)〕
コールド〔cold〕冷たい。　**ホット**〔hot〕
コールドウォー〔cold-war〕武力によらない国際間の激しい対立。冷戦。　**ホットウォー**〔hot-war〕
コールドクリーム〔cold cream〕脂肪分の多い化粧用クリーム。　**バニシングクリーム**〔vanishing cream〕
こおんな〔小女〕小柄な女。　㋐**おおおんな**〔大女〕㋑**こおとこ**〔小男〕
こがい〔戸外〕　→おくがい〔屋外〕

ごかい〔誤解〕意味を取り違えること。	**せいかい**〔正解〕
こがいしゃ〔子会社〕ある会社の支配下にある会社。	**おやがいしゃ**〔親会社〕
ごかく〔互角〕互いの力に差がないこと。五分五分。	**けんかく**〔懸隔〕**だんちがい**〔段違い〕
こかた〔子方〕手下。子分。	**おやかた**〔親方〕
こがた〔小型〕	**おおがた**〔大型〕**ちゅうがた**〔中型〕
こかつ〔枯渇〕水がかれること。衰えてなくなること。	**おういつ**〔横溢〕
こがね〔小金〕わずかの金銭。	**たいきん**〔大金〕
こかぶ〔子株〕増資のとき、持ち株に応じて割り当てられる株。新株。	**おやかぶ**〔親株〕
こがら〔小柄〕小さい体つき。また、細かな模様。	**おおがら**〔大柄〕
ごかん〔語幹〕活用のある語の、変化しない部分。	**ごび**〔語尾〕
こき〔呼気〕口から吐き出す息。	**きゅうき**〔吸気〕
こきおろす〔扱き下ろす〕ひどくけなす。	**ほめたたえる**〔誉め称える・褒め称える〕**ほめそやす**〔誉めそやす〕**おだてあげる**〔煽て上げる〕
こきょう〔故郷〕ふるさと。郷里。郷国。	**いきょう**〔異郷〕**たきょう**〔他郷〕**たこく**〔他国〕
こく〔黒〕くろ。	**びゃく・はく**〔白〕
ごく〔極く〕	**すこし**〔少し〕**やや**〔稍〕
こくうん〔黒雲〕黒い雲。	**はくうん**〔白雲〕
こくえい〔国営〕国が経営すること。官営。	**しえい**〔私営〕**みんえい**〔民営〕**こうえい**〔公営〕
こくえき〔国益〕国の利益。	**しえき**〔私益〕**しり**〔私利〕
こくえん〔黒煙〕黒いけむり。	**はくえん**〔白煙〕
こくがい〔国外〕国の外。	**こくない**〔国内〕
ごくがい〔獄外〕牢獄の外。娑婆《しゃば》。	**ごくちゅう**〔獄中〕**ごくない**〔獄内〕
こくがく〔国学〕江戸時代、わが国の古典に関する学問の総称。	**かんがく**〔漢学〕**ようがく**〔洋学〕
こくご〔国語〕自分の国のことば。日本語。	**がいこくご**〔外国語〕**がいご**〔外語〕
こくさい〔国債〕国の発行する債券。	**こうさい**〔公債〕**しゃさい**〔社債〕
こくさいしゅぎ〔国際主義〕世界の平和と秩序を維持するために、各国が協力し合おうとする考え。世界主義。	**こくすいしゅぎ**〔国粋主義〕**こっかしゅぎ**〔国家主義〕**みんぞくしゅぎ**〔民族主義〕
こくさん〔国産〕国内で製造すること。和製	**はくらい**〔舶来〕**ゆにゅう**〔輸入〕
こくさんしゃ〔国産車〕日本製の自動車。	**がいしゃ**〔外車〕

こくしょ〔酷暑〕厳しい暑さ。猛暑。極暑。　**げんかん**〔厳寒〕**ごっかん**〔極寒〕**げんとう**〔厳冬〕**こっかん**〔酷寒〕
こくしょくじんしゅ〔黒色人種〕黒い皮膚を持っている人種。黒人。　**はくしょくじんしゅ**〔白色人種〕**おうしょくじんしゅ**〔黄色人種〕
こくじん〔黒人〕　**はくじん**〔白人〕
こくすいしゅぎ〔国粋主義〕自国の伝統を最良のものとする排外的な考え。ナショナリズム。　**こくさいしゅぎ**〔国際主義〕**せかいしゅぎ**〔世界主義〕
こくぜい〔国税〕国が課す税金。　**ちほうぜい**〔地方税〕
こぐち〔小口〕取引額などが小さいこと。　**おおぐち**〔大口〕
ごくちゅう〔獄中〕牢獄の中。　**ごくがい**〔獄外〕**しゃば**〔娑婆〕
こくてつ〔国鉄〕日本国有鉄道の略称。ＪＲの前身。　**してつ**〔私鉄〕
こくない〔国内〕国の内部。　**こくがい**〔国外〕**かいがい**〔海外〕**がいこく**〔外国〕
ごくない〔獄内〕　→ごくちゅう〔獄中〕
こくねつ〔酷熱〕　→こくしょ〔酷暑〕
こくひ〔国費〕国家の費用。　**しひ**〔私費〕**こうひ**〔公費〕
こくひょう〔酷評〕厳しい批評。　**ぜっさん**〔絶賛〕**さんじ**〔賛辞〕**げきしょう**〔激賞〕
こくみん〔国民〕その国に属する人。　**こっか**〔国家〕
こくゆう〔国有〕国が所有すること。官有。　**しゆう**〔私有〕**みんゆう**〔民有〕**こうゆう**〔公有〕
こくゆうざいさん〔国有財産〕国が所有する財産。　**しゆうざいさん**〔私有財産〕
ごくらく〔極楽〕仏教でいう、心配や苦しみのない安らかな世界。　**じごく**〔地獄〕
こくりつ〔国立〕国が設立し維持すること。官立。　**しりつ**〔私立〕**こうりつ**〔公立〕
こけいしょく〔固形食〕一定の形や体積のある食物。　**りゅうどうしょく**〔流動食〕
ごげん〔語源〕ことばのもとの意味。　**てんぎ**〔転義〕**てんい**〔転意〕
ここ〔此処〕　**あそこ**〔彼処〕**そこ**〔其処〕
ここ〔個々〕それぞれ。別々。　**いっしょ**〔一緒〕**いっせい**〔一斉〕
こご〔古語〕古い時代に使われたことば。　**しんご**〔新語〕
ごご〔午後〕正午より後。　**ごぜん**〔午前〕
こごう〔古豪〕経験を積んだ実力者。　**しんえい**〔新鋭〕
こごえ〔小声〕小さい声。　**おおごえ**〔大声〕
ここく〔故国〕　→そこく〔祖国〕
ごこく〔後刻〕のちほど。　**せんこく**〔先刻〕**そっこく**〔即刻〕
こころ〔心〕　**からだ**〔体〕**み**〔身〕

こころある〔心有る〕理解や思いやりがある。	**こころない**〔心無い〕
こころおきない〔心置きない〕気を遣わなくてもよい。	**こころのこり**〔心残り〕
こころじょうぶ〔心丈夫〕	→こころづよい〔心強い〕
こころづよい〔心強い〕頼りにできる感じだ。心丈夫。	**こころぼそい**〔心細い〕**こころもとない**〔心許ない〕
こころない〔心無い〕理解や思いやりがない。	**こころある**〔心有る〕
こころのこり〔心残り〕後まで気になって落ち着かない。	**こころおきない**〔心置きない〕
こころぼそい〔心細い〕頼れそうにない感じだ。心もとない。	**こころづよい**〔心強い〕**こころじょうぶ**〔心丈夫〕
こころもとない〔心許ない〕	→こころぼそい〔心細い〕
こころやすい〔心安い〕安心できる。遠慮がいらない。	**きづまり**〔気詰まり〕**きむずかしい**〔気難しい〕
こころよい〔快い〕気持ちがよい。	**きもちわるい**〔気持ち悪い〕
こころをくだく〔心を砕く〕心配する。苦心する。	**こころをやる**〔心を遣る〕
こころをやる〔心を遣る〕気を晴らす。	**こころをくだく**〔心を砕く〕
ごさい〔後妻〕のちぞいの妻。	**せんさい**〔先妻〕
こざかな〔小魚〕小さい魚。	**たいぎょ**〔大魚〕
こさくのう〔小作農〕土地を借りて作物を作る人。小作人。	**じさくのう**〔自作農〕**じぬし**〔地主〕**ごうのう**〔豪農〕
こさめ〔小雨〕小降りの雨。細雨。	**おおあめ**〔大雨〕**ごうう**〔豪雨〕**どしゃぶり**〔土砂降り〕
こさん〔古参〕ずっと前からその職にあること。	**しんざん**〔新参〕**しんまい**〔新米〕
こさんへい〔古参兵〕	→こへい〔古兵〕
こし〔腰〕	**かた**〔肩〕
こじ〔固辞〕かたく辞退すること。	**かいだく**〔快諾〕**しょうだく**〔承諾〕
こじ〔居士〕男子の戒名に付ける称号。	**だいし**〔大姉〕
ごじ〔誤字〕間違った字。	**せいじ**〔正字〕
こしお〔小潮〕干満の差が小さい潮。	**おおしお**〔大潮〕
こしかた〔来し方〕過去。	**ゆくすえ**〔行く末〕
こしがたかい〔腰が高い〕人に対して高ぶった態度をとる。	**こしがひくい**〔腰が低い〕
こしがつよい〔腰が強い〕容易に屈しない。餅《もち》の粘り気が強く、よく伸びる。	**こしがよわい**〔腰が弱い〕
こしがひくい〔腰が低い〕人に対して高ぶった態度をしない。	**こしがたかい**〔腰が高い〕

こしがよわい〔腰が弱い〕意気地がない。餅《もち》の粘り気がなく、伸びが悪い。	**こしがつよい**〔腰が強い〕
ごしちちょう〔五七調〕五音・七音の繰り返しで作られる詩歌のリズム。	**しちごちょう**〔七五調〕
こしつ〔個室〕病院などの、ひとり用の部屋。	**そうしつ**〔総室〕
こしつ〔固執〕自分の考えを主張して譲らないこと。こしゅう。	**じょうほ**〔譲歩〕**だきょう**〔妥協〕
ごじつ〔後日〕のちの日。これから先いつか。他日。	**せんじつ**〔先日〕**ぜんじつ**〔前日〕**かじつ**〔過日〕
こしゅ〔古酒〕長い間熟成させた酒。	**しんしゅ**〔新酒〕
こしゅう〔固執〕	→こしつ〔固執〕
ごじゅうおんじゅん〔五十音順〕アイウエオ順。	**いろはじゅん**〔いろは順〕**エービーシーじゅん**〔ＡＢＣ順〕
こしょ〔古書〕古い書物。古本。	**しんぽん**〔新本〕**しんかん**〔新刊〕
こしらえる〔拵える〕	→つくる〔作る・造る〕
こじれる〔拗れる〕物事が順調に進まずにもつれる。	**ほぐれる**
こじん〔個人〕ひとりびとりの人。	**だんたい**〔団体〕**しゅうだん**〔集団〕**しゃかい**〔社会〕
こじん〔古人〕昔の人。	**げんだいじん**〔現代人〕**こんじん**〔今人〕
ごじん〔後陣〕後方に控えた軍勢。こうじん。	**せんじん**〔先陣〕
こじんえいせい〔個人衛生〕その人自身の健康を守るために行う衛生活動。	**こうしゅうえいせい**〔公衆衛生〕
こじんきょうぎ〔個人競技〕個人対個人で勝負を競うスポーツ。	**だんたいきょうぎ**〔団体競技〕
こじんこうどう〔個人行動〕その人個人として行う行動。	**だんたいこうどう**〔団体行動〕
こじんしどう〔個人指導〕個人個人を対象とする指導。	**しゅうだんしどう**〔集団指導〕
こじんしゅぎ〔個人主義〕個人の利益を第1とする考え。	**ぜんたいしゅぎ**〔全体主義〕**こっかしゅぎ**〔国家主義〕

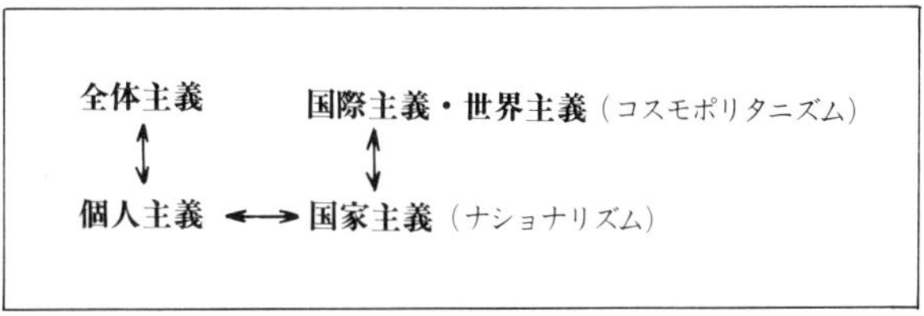

こじんてき〔個人的〕	→してき〔私的〕
こす〔越す・超す〕ある基準を上回る。	**わる**〔割る〕
こずえ〔梢〕枝先。	**みき**〔幹〕**ねもと**〔根本・根元〕
コスモポリタニズム〔cosmopolitanism〕世界はひとつとする考え。世界主義。	**ショービニスム**〔chauvinism フランス〕**ナショナリズム**〔nationalism〕
コスモポリタン〔cosmopolitan〕国籍・人種などにこだわらない人。世界主義者。	**ナショナリスト**〔nationalist〕
こすりつける〔擦り付ける〕なすりつける。	**ぬぐいさる**〔拭い去る〕
ごせ〔後世〕死後の世界。来世。後生。	**ぜんせ**〔前世〕**こんじょう**〔今生〕
こせい〔個性〕個人やその物に特有の性質。	**つうせい**〔通性〕**つうゆうせい**〔通有性〕
こぜい〔小勢〕小人数。寡勢《かせい》。無勢。	**おおぜい**〔大勢〕**たぜい**〔多勢〕
ごせい〔互生〕茎から交互に葉が出る形。	**たいせい**〔対生〕**りんせい**〔輪生〕
こせいてき〔個性的〕その人特有の性質を重んじるさま。	**るいけいてき**〔類型的〕**きかいてき**〔機械的〕
こせこせ（と） 小さなことにこだわるさま。	**ゆったり（と）** **ゆうゆう（と）**〔悠悠（と）〕**のびのび（と）**〔伸び伸び（と）〕**どうどう（と）**〔堂々（と）〕
こぜに〔小銭〕小額のお金。わずかな金。	**たいきん**〔大金〕
ごぜん〔午前〕正午より前。	**ごご**〔午後〕
こそこそ（と） 他人に隠れてするさま。	**どうどう（と）**〔堂々（と）〕
こたい〔固体〕	**えきたい**〔液体〕**きたい**〔気体〕
こだい〔古代〕古い時代。大昔。	**げんだい**〔現代〕**きんだい**〔近代〕
こたいし〔古体詩〕漢詩で、唐代以前からある詩の形式。古体詩。	**きんたいし**〔近体詩〕
こだいじん〔古代人〕	→こじん〔古人〕
こたいはっせい〔個体発生〕生物の個体が、受精してから成体となるまでの過程。	**けいとうはっせい**〔系統発生〕
こたえる〔答える〕	**とう**〔問う〕**きく**〔聞く〕**たずねる**〔尋ねる〕
ごたごた（と） もめたり、混乱したりするさま。	**あっさり（と）**
こたば〔小束〕小さいたば。	**おおたば**〔大束〕
こだわる〔拘る〕わずかなことにいつまでもとらわれる。拘泥する。	**あきらめる**〔諦める〕
こたん〔枯淡〕あっさりした中に、深	**かれい**〔華麗〕**かび**〔華美〕**のうえ**

い趣があるさま。　ん〔濃艶〕

こち〔近〕近い方。近く。　**おち**〔遠〕

ごちそうさま〔御馳走さま〕食事の後のあいさつのことば。　**いただきます**〔頂きます・戴きます〕

こちゃ〔古茶〕前年以前に製造した古い茶。　**しんちゃ**〔新茶〕

ごちゃごちゃ（と）雑然としているさま。　**すっきり**（と）

こちゅう〔古注〕昔の人の行った注釈。　**しんちゅう**〔新注〕

こちら〔此方〕　**あちら**〔彼方〕**そちら**〔其方〕**むこう**〔向こう〕

こつ〔骨〕　→ほね〔骨〕

こっか〔国家〕　**こくみん**〔国民〕

こっかく〔骨格〕動物の体を支える骨組み。　**きんにく**〔筋肉〕**ひふ**〔皮膚〕

こっかこうむいん〔国家公務員〕国家に雇われて、国の仕事をする人。　**ちほうこうむいん**〔地方公務員〕

こっかしゅぎ〔国家主義〕国家の存在を至上のものとする考え。　㋐**こじんしゅぎ**〔個人主義〕㋑**こくさいしゅぎ**〔国際主義〕**せかいしゅぎ**〔世界主義〕

こっかん〔酷寒〕　→げんかん〔厳寒〕

こっき〔克己〕自分の欲望や怠け心に勝つこと。　**ほうじゅう**〔放縦〕

こづくり〔小作り〕体付き・顔付きなどが小さいさま。　**おおづくり**〔大作り〕

こっけい〔酷刑〕　→げんけい〔厳刑〕

こっそり（と）　**おおっぴら**〔大っぴら〕**こうぜん**〔公然〕

こっち　こちら。　**あっち**　**そっち**

こってり（と）しつこいさま。特別に濃厚なさま。　**あっさり**（と）**うっすら**（と）

ゴッド〔god〕神。　**サタン**〔Satan〕

こつぶ〔小粒〕小さい粒。　**おおつぶ**〔大粒〕

こづらにくい〔小面憎い〕顔を見るのも憎らしい感じだ。　**しおらしい**

ごて〔後手〕相手に先を越されること。手遅れ。　**せんて**〔先手〕

こてい〔固定〕位置が定まって動かないこと。　**いどう**〔移動〕**へんどう**〔変動〕**りゅうどう**〔流動〕

こていしさん〔固定資産〕土地・建物など、同じ状態で長く保有される資産。　**りゅうどうしさん**〔流動資産〕

こていしほん〔固定資本〕土地・建　**りゅうどうしほん**〔流動資本〕

物・機械設備など、長期間にわたって、繰り返し生産に役立つ資本。

こていひょう〔固定票〕選挙のたびに同一の人や政党に投じられる票。 **ふどうひょう**〔浮動票〕

こてこて（と） →こってり（と）

こてんてき〔古典的〕昔風なさま。 **げんだいてき**〔現代的〕**きんだいてき**〔近代的〕

こと〔事〕 **もの**〔物〕

こと〔古都〕古い都。旧都。 **しんと**〔新都〕

ことありがお〔事有り顔〕何かわけがありそうなさま。 **こともなげ**〔事も無げ〕

ことう〔孤島〕海上にひとつだけある島。離れ島。 **ぐんとう**〔群島〕**れっとう**〔列島〕

こどう〔古道〕古い道。旧道。 **しんどう**〔新道〕

ごとう〔語頭〕語の頭の部分。 **ごび**〔語尾〕

ごとう〔誤答〕間違った答え。 **せいとう**〔正答〕**せいかい**〔正解〕

こどうぐ〔小道具〕舞台で、俳優が手にする小さな道具。 **おおどうぐ**〔大道具〕

ことおさめ〔事納め〕その年の、あることのし納め。 **ことはじめ**〔事始め〕

ことかく〔事欠く〕なくて困る。 **ことたりる**〔事足りる〕

ことし〔今年〕 **きょねん**〔去年〕**さくねん**〔昨年〕**らいねん**〔来年〕**みょうねん**〔明年〕

ことたりる〔事足りる〕十分である。 **ことかく**〔事欠く〕

ことづかる〔言付かる〕人から伝言などを頼まれる。 **ことづける**〔言付ける〕

ことづける〔言付ける〕人に伝言などを託する。 **ことづかる**〔言付かる〕

ことなる〔異なる〕 **おなじ**〔同じ〕**ひとしい**〔等しい〕**るいする**〔類する〕

ことはじめ〔事始め〕その年のあることのし始め。 **ことおさめ**〔事納め〕

こども〔子供〕 **おとな**〔大人〕**ちちおや**〔父親〕**ははおや**〔母親〕**おとうさん**〔お父さん〕**おかあさん**〔お母さん〕

こどもじみる〔子供染みる〕子供らしく見える。 **おとなびる**〔大人びる〕

こどもっぽい〔子供っぽい〕子供でないのに、子供らしい感じだ。 **おとなっぽい**〔大人っぽい〕

こともなげ〔事も無げ〕何事もなかったように、平然とするさま。 **ことありがお**〔事有り顔〕

こどものひ〔子供の日〕子供の幸せ **ははのひ**〔母の日〕**ちちのひ**〔父の

を願う祝日。５月５日。	日〕
ことわる〔断る〕	㋐**ひきうける**〔引き受ける〕**うけいれる**〔受け入れる〕**うける**〔受ける〕㋑**たのむ**〔頼む〕
こな〔粉〕	**かたまり**〔塊〕
こなぐすり〔粉薬〕粉末のくすり。散薬。	**みずぐすり**〔水薬〕
こなた〔此方〕近くの方。こちら。	**かなた**〔彼方〕**そなた**〔其方〕
こなみ〔小波〕小さな波。さざ波。	**おおなみ**〔大波〕**どとう**〔怒濤〕
こなゆき〔粉雪〕細かな雪。	**ぼたんゆき**〔牡丹雪〕
こにくらしい〔小憎らしい〕いかにも生意気な感じで憎らしい。	**しおらしい**
こにんずう〔小人数〕少ない人数。しょうにんずう。	**おおにんずう**〔大人数〕**たにんずう**〔多人数〕
こぬかあめ〔小糠雨〕しとしとと降る細かい雨。細雨。	**どしゃぶり**〔土砂降り〕**おおあめ**〔大雨〕**ごうう**〔豪雨〕
この〔此の〕	**あの**〔彼の〕**その**〔其の〕
このほど〔此の程〕このごろ。最近。このたび。今度。	**さきほど**〔先程〕**のちほど**〔後程〕
このましい〔好ましい〕よい感じだ。望ましい。好もしい。	**いとわしい**〔厭わしい〕**いやらしい**〔嫌らしい〕**うとましい**〔疎ましい〕
このむ〔好む〕	**きらう**〔嫌う〕**いとう**〔厭う〕**いやがる**〔嫌がる〕**うとむ**〔疎む〕
このもしい〔好もしい〕	→このましい〔好ましい〕
このよ〔此の世〕	**あのよ**〔あの世〕
ごば〔後場〕取引所で、午後の立ち会い。	**ぜんば**〔前場〕
こばこ〔小箱〕小さい箱。	**おおばこ**〔大箱〕
こはば〔小幅〕反物《たんもの》の幅が約36㎝のもの。並幅。また、一般に差の開きが小さいこと。	**おおはば**〔大幅〕
こばむ〔拒む〕応じない。押しとどめる。	㋐**うける**〔受ける〕**うけいれる**〔受け入れる〕**ひきうける**〔引き受ける〕**おうじる**〔応じる〕**とおす**〔通す〕**うべなう**〔諾う〕**みとめる**〔認める〕**ゆるす**〔許す〕㋑**たのむ**〔頼む〕
こばん〔小判〕江戸時代の小型の金貨。	**おおばん**〔大判〕
ごび〔語尾〕①語の終わりの部分。②活用のある語の、活用する部分。活用語尾。	①**ごとう**〔語頭〕②**ごかん**〔語幹〕
コピー〔copy〕写し。複写。	**オリジナル**〔original〕

こびと〔小人〕体の特に小さい人。　**きょじん**〔巨人〕

こひょう〔小兵〕体のつくりが小さい人。小柄。　**だいひょう**〔大兵〕

こふう〔古風〕昔のようであるさま。古くさい感じ。昔風。　**げんだいふう**〔現代風〕**しんぷう**〔新風〕**いまふう**〔今風〕

ごぶごぶ〔五分五分〕実力に差がないこと。互角。　**だんちがい**〔段違い〕

こぶつ〔古物〕人の使った古い物。中古品。　**しんぴん**〔新品〕

こぶね〔小舟・小船〕小さい舟。　**おおぶね**〔大船〕

こぶり〔小振り〕小さく振ること。小さめであること。　**おおぶり**〔大振り〕

こぶり〔小降り〕雨などが少し降ること。　**ほんぶり**〔本降り〕**どしゃぶり**〔土砂降り〕**おおあめ**〔大雨〕

こぶん〔古文〕古い時代の文章。　**げんだいぶん**〔現代文〕

こぶん〔子分〕親分の下にいる者。手下。　**おやぶん**〔親分〕

こへい〔古兵〕前から隊にいる兵士。古参兵。　**しんぺい**〔新兵〕

こべつ〔個別〕ひとつひとつ別々であること。　**ごうどう**〔合同〕**いっかつ**〔一括〕**ほうかつ**〔包括〕

こべつしどう〔個別指導〕　→こじんしどう〔個人指導〕

こべつしんぎ〔個別審議〕会議などで、ひとつひとつ別々に審議すること。　**いっかつしんぎ**〔一括審議〕

こべつてき〔個別的〕ひとつひとつ別々に扱うさま。　**ぜんたいてき**〔全体的〕**ぜんぱんてき**〔全般的〕**がいかつてき**〔概括的〕**そうかつてき**〔総括的〕**かくいつてき**〔画一的〕

ごほうび〔ご褒美〕　**おめだま**〔お目玉〕

こまい〔古米〕前年に取れた米。　**しんまい**〔新米〕

こまか〔細か〕　**おおまか**〔大まか〕**おおざっぱ**〔大雑把〕

こまかい〔細かい〕　**あらい**〔粗い〕

こまごま（と）〔細々（と）〕こまかく。詳しく丁寧に。　**あらあら（と）**〔粗々（と）〕

こまた〔小股〕歩幅が小さいこと。　**おおまた**〔大股〕

こみだし〔小見出し〕新聞や雑誌で、記事の途中に付ける小さな見出し。　**おおみだし**〔大見出し〕

こみち〔小道・小径〕小さな道。　**おおどおり**〔大通り〕

コミック〔comic〕喜劇的な。　**トラジック**〔tragic〕

コミュニズム〔communism〕共産主義。　**キャピタリズム**〔capitalism〕

こむ〔混む〕「電車が――」。　**すく**〔空く〕

こめ〔米〕	**むぎ**〔麦〕
コメディー〔comedy〕喜劇。	**トラジェディー**〔tragedy〕
こもじ〔小文字〕英語などで、大文字以外の小さく書く字体。また、一般的に小さく書かれた文字。	**おおもじ**〔大文字〕
こもの〔小物〕つまらない人物。小人物。	**おおもの**〔大物〕**だいじんぶつ**〔大人物〕
ごや〔後夜〕夜半から夜明けまで。深夜。	**しょや**〔初夜〕
こゆう〔固有〕	→とくゆう〔特有〕
こゆうご〔固有語〕その国にもとからあることば。	**がいらいご**〔外来語〕
こゆび〔小指〕	**おやゆび**〔親指〕
こよう〔雇用〕人を雇い入れること。	**かいこ**〔解雇〕
ごようおさめ〔御用納め〕官庁で、12月28日ごろ、その年の最後の仕事を終えること。	**ごようはじめ**〔御用始め〕
ごようはじめ〔御用始め〕官庁で、1月4日ごろ、その年の最初の仕事を始めること。	**ごようおさめ**〔御用納め〕
こらい〔古来〕昔から。	**きんらい**〔近来〕
こらえる〔堪える〕	→たえる〔耐える・堪える〕
こらしめる〔懲らしめる〕罰を加えて懲りたと思わせる。	**あまやかす**〔甘やかす〕
こりしょう〔凝り性〕物事に熱中する性質。	**あきしょう**〔飽き性〕
こりつ〔孤立〕力を貸す者がなく、ひとりきりであること。	**れんたい**〔連帯〕
こる〔凝る〕物事に熱中する。	**あきる**〔飽きる〕
コルホーズ〔kolkhoz ロシア〕ソ連などの共同経営農場。	**ソフホーズ**〔sovkhoz ロシア〕
これ〔此れ〕	**それ**〔其れ〕**あれ**〔彼れ〕
ゴロ〔grounder〕野球で、地面を転がっていく打球。	**フライ**〔fly〕
ころす〔殺す〕	**いかす**〔生かす〕**うむ**〔生む・産む〕
ころぶ〔転ぶ〕	**おきあがる**〔起き上がる〕**おきる**〔起きる〕
こわい〔強い〕かたくてごわごわしている。	**やわらかい**〔柔らかい〕
こわい〔怖い・恐い〕①「――人」。②「――犬」。③「夜道は――」。	①**やさしい**〔優しい〕②**かわいい**〔可愛い〕③**へいき**〔平気〕
こわごわ〔怖々〕おそるおそる。	**ゆうゆう（と）**〔悠々（と）〕
こわざ〔小技〕相撲・柔道などで、ち	**おおわざ**〔大技〕

（恐い／怖い） ↔ **やさしい**（「――先生」）
こわい ↔ **かわいい**（「――犬」）
こわい ↔ **平気**（「鉄棒をするのは――」）
（強い） ↔ **柔らかい**（「――ご飯」）

ょっとした技。

こわす〔壊す・毀す〕①「家を――」。②「機械を――」。③「話を――」。	①**つくる**〔作る・造る〕**たてる**〔建てる〕**きずく**〔築く〕**こしらえる**〔拵える〕②**なおす**〔直す〕③**まとめる**〔纏める〕
こわばる〔強張る〕しなやかなものがかたくなる。硬直する。	**やわらぐ**〔和らぐ〕
こわれる〔壊れる・毀れる〕①「形が――」。②「家が――」。③「テレビが――」。④「話が――」。	①**できる**〔出来る〕②**たつ**〔建つ〕③**なおる**〔直る〕④**まとまる**〔纏まる〕
こん〔今〕いま。現在。	**こ**〔古〕**おう**〔往〕**じゃく・せき**〔昔〕
こん〔坤〕地。大地。	**けん**〔乾〕
こん〔混〕まじる。	**じゅん**〔純〕
こんい〔懇意〕	→しんみつ〔親密〕
こんか〔婚家〕嫁いだ先の家。	**じっか**〔実家〕**せいか**〔生家〕
こんかい〔今回〕今度。このたび。	**ぜんかい**〔前回〕**じかい**〔次回〕
こんがすり〔紺飛白・紺絣〕紺地に白いかすりのある模様。	**しろがすり**〔白飛白・白絣〕
こんがっき〔今学期〕現在の学期。	**ぜんがっき**〔前学期〕**らいがっき**〔来学期〕
こんかん〔根幹〕	→こんぽん〔根本〕
こんき〔今期〕いまの期間。	**らいき**〔来期〕**じき**〔次期〕**ぜんき**〔前期〕
ごんぐじょうど〔欣求浄土〕汚れのない極楽浄土へ行きたいと願うこと。	**えん（おん）りえど**〔厭離穢土〕
こんけつ〔混血〕異人種の血が混じっていること。	**じゅんけつ**〔純血〕**じゅんけい**〔純系〕
こんげつ〔今月〕この月。本月。	**せんげつ**〔先月〕**ぜんげつ**〔前月〕**らいげつ**〔来月〕
こんご〔今後〕これから先。以後。	**じゅうらい**〔従来〕**じゅうぜん**〔従前〕
こんごうぶつ〔混合物〕2種類以上の物が、化学的変化をせずに混じり合った物。	**かごうぶつ**〔化合物〕
こんさい〔根菜〕イモ・ダイコンなど、根を食用とする野菜類。	**ようさい**〔葉菜〕**かさい**〔果菜〕

こんさく〔混作〕同じ土地に2種類以上の作物を混ぜて栽培すること。	**たんさく**〔単作〕
こんじ〔今時〕	→こんにち〔今日〕②
こんしゅう〔今週〕いまの週。	**せんしゅう**〔先週〕**らいしゅう**〔来週〕**じしゅう**〔次週〕
こんじょう〔今生〕今生きている人生。現世。	**たしょう**〔他生〕**ぜんせ**〔前世〕**らいせ**〔来世〕
こんじん〔今人〕今の世の人。現代人。	**こじん**〔古人〕**せんじん**〔先人〕
こんせい〔混声〕コーラスで、男と女の声を混ぜること。	**だんせい**〔男声〕**じょせい**〔女声〕
こんせん〔混戦〕敵と味方が入り乱れて戦うこと。乱戦。	**どくそう**〔独走〕
コンソメ〔consomme フランス〕澄んだスープ。	**ポタージュ**〔potage フランス〕
こんだく〔混濁〕濁っていること。	**せいちょう**〔清澄〕**とうめい**〔透明〕
こんど〔今度〕このたび。	**せんど**〔先度〕
こんどう〔混同〕混じり合って区別がつかないこと。	**くべつ**〔区別〕**しゅんべつ**〔峻別〕
こんな	**あんな　そんな**
こんなん〔困難〕苦しくむずかしいこと。	**ようい**〔容易〕**へいい**〔平易〕**あんい**〔安易〕
こんにち〔今日〕①きょう。本日。②いま。現代。	①**さくじつ**〔昨日〕**みょうにち**〔明日〕②**せきじつ**〔昔日〕**おうじ**〔往時〕**おうねん**〔往年〕**おうこ**〔往古〕**みらい**〔未来〕**しょうらい**〔将来〕
こんにちは〔今日は〕日中、特に午後、人と出会った時のあいさつのことば。	㋐**おはよう（ございます）**〔お早う（ございます）〕**こんばんは**〔今晩は〕㋑**さようなら**
こんねん〔今年〕	→ことし〔今年〕
こんばん〔今晩〕きょうの晩。	㋐**さくばん**〔昨晩〕**みょうばん**〔明晩〕㋑**けさ**〔今朝〕
こんぱん〔今般〕このたび。	**せんぱん**〔先般〕
こんばんは〔今晩は〕夜、人に出会ったときのあいさつのことば。	㋐**おはよう（ございます）**〔お早う（ございます）〕**こんにちは**〔今日は〕㋑**おやすみ（なさい）**〔お休み（なさい）〕**さようなら**
こんぽん〔根本〕物事の最も大切な部分。おおもと。根幹。	**まっせつ**〔末節〕**まっしょう**〔末梢〕**しよう**〔枝葉〕
こんぽんてき〔根本的〕物事のおおもとに関するさま。	**まっしょうてき**〔末梢的〕
こんまけ〔根負け〕根《こん》くらべをして負けること。根気が続かなくなること。	**ねばりがち**〔粘り勝ち〕

こんや〔今夜〕きょうの夜。今晩。　㋐**さくや**〔昨夜〕**ぜんや**〔前夜〕**みょうや**〔明夜〕㋑**けさ**〔今朝〕

こんらん〔混乱〕入り乱れていること。　**せいとん**〔整頓〕**せいり**〔整理〕**ちつじょ**〔秩序〕

さ

さ〔左〕ひだり。　**う・ゆう**〔右〕

さ〔差〕引き算の答え。　**わ**〔和〕**せき**〔積〕**しょう**〔商〕

サーブ〔serve〕テニス・卓球などで、攻撃側がボールを打ち出すこと。　**レシーブ**〔receive〕

さい〔再〕ふたたび。　**しょ**〔初〕

さい〔妻〕つま。　**ふ**〔夫〕

さい〔細〕ほそい。こまかい。　**きょ**〔巨〕**たい・だい**〔大・太〕

さい〔西〕にし。　**とう**〔東〕**なん**〔南〕**ほく**〔北〕

ざい〔罪〕つみ。　**こう**〔功〕

さいあく〔最悪〕いちばん悪いこと。　**さいぜん**〔最善〕**さいりょう**〔最良〕**ぜっこう**〔絶好〕

ざいあく〔罪悪〕悪事。つみ。　**こうせき**〔功績〕

ざいい〔在位〕天皇や皇帝が、位についていること。　**たいい**〔退位〕**くうい**〔空位〕

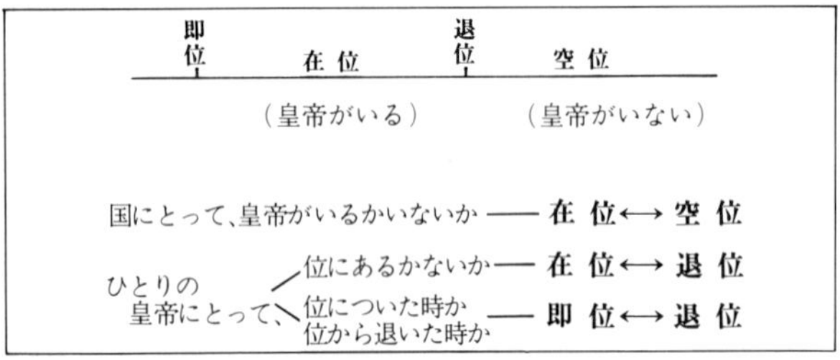

さいう〔細雨〕　→しょうう〔小雨〕

さいえん〔再演〕同じ劇を再び上演すること。　**しょえん**〔初演〕

さいえん〔再縁〕　→さいこん〔再婚〕

さいか〔災禍〕わざわい。災難。　**こうふく**〔幸福〕

さいか〔西下〕東京から西の方へ行くこと。　**とうじょう**〔東上〕

ざいか〔罪過〕罪やあやまち。　**こうせき**〔功績〕

さいかい〔再会〕再び会うこと。　**しょかい**〔初会〕**しょたいめん**〔初対面〕

さいかきゅう〔最下級〕いちばん下の位置。　**さいじょうきゅう**〔最上級〕

ざいがく〔在学〕学生・生徒として学校に籍を置くこと。	**たいがく**〔退学〕**そつぎょう**〔卒業〕
ざいがくせい〔在学生〕	→ざいこうせい〔在校生〕
ざいかん〔在官〕官職にあること。	**にんかん**〔任官〕**たいかん**〔退官〕
ざいきょう〔在京〕都にいること。東京にいること。滞京。	**りきょう**〔離京〕**じょうきょう**〔上京〕**にゅうきょう**〔入京〕
さいきん〔細瑾〕わずかな欠点。	**たいか**〔大過〕
ざいけ〔在家〕世俗の人。在俗。	**しゅっけ**〔出家〕
さいけつ〔採血〕血管から血液を抜き取ること。	**ゆけつ**〔輸血〕
さいけん〔債権〕他人に、金銭の支払いを求める権利。	㋐**さいむ**〔債務〕㋑**ぶっけん**〔物権〕
さいけん〔再建〕建物などを、建て直すこと。さいこん。	**しょうしつ**〔焼失〕**ぜんかい**〔全壊・全潰〕**ぜんめつ**〔全滅〕**かいめつ**〔壊滅・潰滅〕
さいこ〔最古〕いちばん古いこと。	**さいしん**〔最新〕
さいご〔最後〕いちばんあと。最終。	**さいしょ**〔最初〕**さいちゅう**〔最中〕
さいご〔最期〕命の尽きるとき。臨終。	**しゅっしょう**〔出生〕**たんじょう**〔誕生〕
さいこう〔再校〕2度目の校正。	**しょこう**〔初校〕
さいこう〔再考〕考え直すこと。	**いっこう**〔一考〕
さいこう〔再興〕	→ふっこう〔復興〕
さいこう〔採光〕光を取り入れること。	**しゃこう**〔遮光〕
さいこう〔最高〕いちばん高いこと。	**さいてい**〔最低〕**へいきん**〔平均〕
ざいこうせい〔在校生〕現在学校に在籍している学生・生徒。在学生。	**そつぎょうせい**〔卒業生〕**しんにゅうせい**〔新入生〕
さいこうてん〔最高点〕試験で、最もよくできた答案の点数。	**さいていてん**〔最低点〕**へいきんてん**〔平均点〕
さいこうれつ〔最後列〕いちばん後ろの列。	**さいぜんれつ**〔最前列〕
さいごく〔西国〕西の方にある国。	**とうごく**〔東国〕
さいこん〔再婚〕2度目の結婚。再縁。	**しょこん**〔初婚〕**しょえん**〔初縁〕
さいこん〔再建〕	→さいけん〔再建〕
ざいさんか〔財産家〕金持ち。資産家。	**びんぼうにん**〔貧乏人〕
ざいさんけい〔財産刑〕罰金など、財産を強制的に取り上げる刑罰。	**じゆうけい**〔自由刑〕
さいじ〔細事〕	→しょうじ〔小事〕
さいじ〔細字〕細かい文字。細い字。	**ふとじ**〔太字〕
さいしゅう〔最終〕	→さいご〔最後〕
さいしゅうかい〔最終回〕最後の回。	**しょかい**〔初回〕
さいしゅつ〔歳出〕国や地方公共団体の1年間の支出。	**さいにゅう**〔歳入〕

さいしょ〔最初〕いちばんはじめ。	**さいご**〔最後〕**さいしゅう**〔最終〕**さいちゅう**〔最中〕
さいしょう〔最小〕いちばん小さいこと。	**さいだい**〔最大〕
さいしょう〔最少〕いちばん少ないこと。	**さいた**〔最多〕
さいしょう〔細小〕細かく小さいこと。	**きょだい**〔巨大〕
さいじょうきゅう〔最上級〕①いちばん上の位置。②英語などで、形容詞や副詞の、最も著しい程度を表す形。	①**さいかきゅう**〔最下級〕②**げんきゅう**〔原級〕**ひかくきゅう**〔比較級〕
さいしょうげん〔最小限〕ある範囲の中で、いちばん小さいこと。	**さいだいげん**〔最大限〕
さいしょうこうばいすう〔最小公倍数〕ふたつ以上の数の公倍数のうちいちばん小さいもの。	**さいだいこうやくすう**〔最大公約数〕
さいしょく〔菜食〕野菜類を常食とすること。	**にくしょく**〔肉食〕**ざっしょく**〔雑食〕
ざいしょく〔在職〕職に就いていること。	**りしょく**〔離職〕**たいしょく**〔退職〕**しっしょく**〔失職〕
さいしん〔再審〕すでに判決が出ている事件に関する2度目の裁判。	**しょしん**〔初審〕
さいしん〔再診〕2度目以降の診察。	**しょしん**〔初診〕
さいしん〔最新〕いちばん新しいこと。	**さいこ**〔最古〕
さいじん〔才人〕優れた才能を持つ人。才子。天才。	**ぼんじん**〔凡人〕
さいぜん〔最善〕いちばんよいこと。最良。	㋐**さいあく**〔最悪〕㋑**じぜん**〔次善〕
さいぜんれつ〔最前列〕いちばん前の列。	**さいこうれつ**〔最後列〕
さいそく〔細則〕細かい規則。	**そうそく**〔総則〕**つうそく**〔通則〕
ざいぞく〔在俗〕俗世にいること。在家。	**しゅっけ**〔出家〕**だつぞく**〔脱俗〕**ちょうぞく**〔超俗〕
さいた〔最多〕いちばん多いこと。	**さいしょう**〔最少〕
さいたい〔妻帯〕妻を持っていること。	**どくしん**〔独身〕
さいだい〔最大〕いちばん大きいこと。	**さいしょう**〔最小〕
さいだいげん〔最大限〕ある範囲の中で、いちばん大きいこと。	**さいしょうげん**〔最小限〕
さいだいこうやくすう〔最大公約数〕ふたつ以上の数の公約数のうち、いちばん大きいもの。	**さいしょうこうばいすう**〔最小公倍数〕
さいたく〔採択〕選んで取り上げること。	**きゃっか**〔却下〕**ふさいたく**〔不採択〕
ざいたく〔在宅〕自宅にいること。	**がいしゅつ**〔外出〕**たしゅつ**〔他

	出〕るす〔留守〕ふざい〔不在〕
さいたん〔最短〕いちばん短いこと。	さいちょう〔最長〕
ざいだんほうじん〔財団法人〕公益上の目的で提供された財産を管理・運営する法人。	しゃだんほうじん〔社団法人〕
さいちゅう〔最中〕まっただなか。	さいしょ〔最初〕さいご〔最後〕
さいちょう〔最長〕いちばん長いこと。	さいたん〔最短〕
ざいちょう〔在朝〕官職にあること。	ざいや〔在野〕
さいてい〔最低〕いちばん低いこと。	さいこう〔最高〕
ざいてい〔在廷〕法廷に出ていること。	たいてい〔退廷〕
さいていてん〔最低点〕試験で、最も出来の悪い答案の点数。	さいこうてん〔最高点〕へいきんてん〔平均点〕
さいど〔再度〕ふたたび。2度。	いちど〔一度〕
さいど〔彩度〕色の鮮やかさの程度。	しきそう〔色相〕めいど〔明度〕
さいどく〔再読〕読み返すこと。	いちどく〔一読〕
さいにゅう〔歳入〕国や地方公共団体の、1年間の収入。	さいしゅつ〔歳出〕
さいにん〔再任〕同じ人が再び任命されること。留任。	しんにん〔新任〕
ざいにん〔在任〕任務に就いていること。在職。	りにん〔離任〕たいにん〔退任〕
さいばい〔栽培〕植物を人工的に植え育てること。	㋐じせい〔自生〕やせい〔野生〕㋑しいく〔飼育〕
さいはん〔再版〕同じ図書を再び出版すること。	㋐しょはん〔初版〕㋑ぜっぱん〔絶版〕
さいはん〔再犯〕再び罪を犯すこと。	しょはん〔初犯〕
さいばんかん〔裁判官〕裁判所で、法の手続きに従って事実を認定し、判定を下す人。	けんさつかん〔検察官〕べんごにん〔弁護人〕げんこく〔原告〕ひこく〔被告〕
さいひょう〔細評〕細かく詳しい批評。	がいひょう〔概評〕そうひょう〔総評〕
さいぶん〔細分〕細かく分けること。細別。	たいべつ〔大別〕
さいべつ〔細別〕	→さいぶん〔細分〕
さいまつ〔歳末〕年の暮れ。年末。	ねんとう〔年頭〕ねんし〔年始〕
さいみつ〔細密〕	→せいみつ〔精密〕
さいみん〔細民〕	→ひんじゃ〔貧者〕
さいみんざい〔催眠剤〕	→すいみんざい〔睡眠剤〕
さいむ〔債務〕他人に、金銭の支払いを要する義務。	さいけん〔債権〕
ざいめい〔在銘〕刀剣・器物などに製作者の名前が記してあること。	むめい〔無銘〕
さいもく〔細目〕細かい取り決め。	たいこう〔大綱〕

ざいもく〔材木〕建築などの材料となる木。木材。	**げんぼく**〔原木〕
ざいや〔在野〕官職に就かず民間にいること。野党の立場にあること。	**ざいちょう**〔在朝〕
さいよう〔採用〕人物や意見などを取り上げて用いること。	㋐**かいこ**〔解雇〕㋑**きゃっか**〔却下〕
ざいらいご〔在来語〕その国に前からあることば。	**がいらいご**〔外来語〕
ざいらいせん〔在来線〕新幹線が開通する以前からあった鉄道線。	**しんかんせん**〔新幹線〕
さいりゅう〔細流〕小川。	**たいが**〔大河〕**おおかわ**〔大川〕
さいりょう〔最良〕いちばん良いこと。最善。	**さいあく**〔最悪〕
ざいりょう〔材料〕	**せいひん**〔製品〕
サイレント〔silent〕無声映画。	**トーキー**〔talkie〕
さいろん〔細論〕	→しょうろん〔詳論〕
さいわい〔幸い〕	**わざわい**〔災い・禍い〕
ザイン〔Sein ドイツ〕哲学で、存在。実在。	**ゾルレン**〔Sollen ドイツ〕
サウス〔south〕南。南方。	**ノース**〔nouth〕**イースト**〔east〕**ウエスト**〔west〕
さえき〔差益〕価格の変動によって生じる利益。	**さそん**〔差損〕
さえぎる〔遮る〕邪魔をして通さないようにする。	**とおす**〔通す〕
さえる〔冴える〕①光・音などが澄む。②神経などが鋭くなる。	①**にごる**〔濁る〕②**にぶる**〔鈍る〕**ぼける**〔惚ける〕
さか〔逆〕方向・順序・道理などに反すること。	**ま**〔真〕**じゅん**〔順〕
さかえる〔栄える〕	**おとろえる**〔衰える〕**すたれる**〔廃れる〕**ほろびる**〔亡びる・滅びる〕
さかしい〔賢しい〕かしこい。	**おろか**〔愚か〕**おろかしい**〔愚かしい〕
さかて〔逆手〕	→ぎゃくて〔逆手〕
さかゆめ〔逆夢〕吉凶に関して、事実と反対になる夢。	**まさゆめ**〔正夢〕
さからう〔逆らう〕ものの勢いと反対の方向に進もうとする。たてつく。	**したがう**〔従う〕
さかり〔盛り〕勢いのよい時。	**おとろえ**〔衰え〕**おちめ**〔落ち目〕**さがりめ**〔下がり目〕
さかりば〔盛り場〕楽しみを求めて人が多く集まる、にぎやかな所。繁華街。	**ばすえ**〔場末〕
さがりめ〔下がり目〕勢いなどが衰	**あがりめ**〔上がり目〕**さかり**〔盛り〕

えかけること。落ち目。

さがる〔下がる〕　**あがる**〔上がる〕

さがん〔左岸〕川の下流に向かって左側の岸。　**うがん**〔右岸〕

さき〔先〕①「――に立って歩く」。②「――が細くなっている」。　①**あと・のち**〔後〕②**つけね**〔付け根〕

さきおとつい〔一昨昨日〕　→さきおととい〔一昨昨日〕

さきおととい〔一昨昨日〕おとといの前の日。　**しあさって**〔明明後日〕

さきがけ〔先駆け〕まっ先に敵陣に攻め入ること。一番乗り。　**しんがり**〔殿〕

さきがね〔先金〕買う前に払う金。前金《まえきん》。　**あときん・あとがね**〔後金〕**げんきん**〔現金〕**そっきん**〔即金〕

さきだか〔先高〕値段が上がる見込みがあること。　**さきやす**〔先安〕

さきだつ〔先立つ〕先に立ってする。　**おくれる**〔後れる〕

さきばらい〔先払い〕①物を買う前に代金を支払うこと。②運賃などを荷受人が支払うこと。着払い。　①**あとばらい**〔後払い〕**げんきんばらい**〔現金払い〕②**もとばらい**〔元払い〕

さきぶと〔先太〕先の方が根元より太くなっていること。　**さきぼそ**〔先細〕

さきぼそ〔先細〕先の方が根元より細くなっていること。　**さきぶと**〔先太〕

さきほど〔先程〕少し前。さっき。先刻。　**のちほど**〔後程〕**このほど**〔此の程〕

さきもの〔先物〕将来商品を受け取る約束で、先に買う約束をするもの。　**げんぶつ**〔現物〕

さきやす〔先安〕将来値段が安くなる見込みがあること。　**さきだか**〔先高〕

さきやま〔先山〕鉱山などで、先頭に立って掘り進む人。　**あとやま**〔後山〕

さきんじる〔先んじる〕先にする。　**おくれる**〔後れる〕

さく〔削〕けずる。　**てん**〔添〕

さく〔咲く〕花が開く。　**ちる**〔散る〕**しぼむ**〔凋む・萎む〕**すぼむ**〔窄む〕**しおれる**〔萎れる〕**しなびる**〔萎びる〕

さく〔裂く〕①「布を――」。②「仲を――」。　①**つなぐ**〔繋ぐ〕②**むすぶ**〔結ぶ〕

さくい〔作為〕自分の意思でわざとする行為。　**ふさくい**〔不作為〕**むさくい**〔無作為〕

さくげつ〔昨月〕　→せんげつ〔先月〕

さくげん〔削減〕削り減らすこと。　**ついか**〔追加〕**てんか**〔添加〕

さくし〔作詞〕歌詞を作ること。　**さっきょく**〔作曲〕

さくじつ〔昨日〕きのう。	**みょうにち**〔明日〕**ほんじつ**〔本日〕**こんにち**〔今日〕
さくしゃ〔作者〕作品を作る人。	**どくしゃ**〔読者〕**かんしゅう**〔観衆〕
さくしゅう〔昨週〕	→せんしゅう〔先週〕
さくじょ〔削除〕削り除くこと。	**てんか**〔添加〕**ふか**〔付加〕**ついか**〔追加〕
さくねん〔昨年〕去年。前年。	**らいねん**〔来年〕**みょうねん**〔明年〕**ほんねん**〔本年〕**こんねん**〔今年〕**ことし**〔今年〕
さくばん〔昨晩〕きのうの晩。昨夜。	**みょうばん**〔明晩〕**こんばん**〔今晩〕
さくや〔昨夜〕きのうの夜。昨晩。	**みょうや**〔明夜〕**こんや**〔今夜〕**とうや**〔当夜〕
さけい〔左傾〕左に傾くこと。急進的な考えになること。	**うけい**〔右傾〕
さげかじ〔下げ舵〕飛行機などを下降させるかじのとり方。	**あげかじ**〔上げ舵〕
さげしお〔下げ潮〕引き潮。	**あげしお**〔上げ潮〕**みちしお**〔満ち潮〕
さげすむ〔蔑む〕人を見くだす。	**あおぐ**〔仰ぐ〕**あがめる**〔崇める〕**とうとぶ**〔尊ぶ〕**うやまう**〔敬う〕**みあげる**〔見上げる〕
さけぶ〔叫ぶ〕	**ささやく**〔囁く〕**つぶやく**〔呟く〕
さける〔避ける〕	**むかう**〔向かう〕**ぶつかる**
さげる〔下げる〕①「値を——」。②「供物を神前から——」。	①**あげる**〔上げる〕②**そなえる**〔供える〕
さげる〔提げる〕「かばんを——」。	**せおう**〔背負う〕
さげん〔左舷〕左側のふなばた。	**うげん**〔右舷〕
ざこ〔雑魚〕種類の入り混じった小魚。じゃこ。	**たいぎょ**〔大魚〕
さこく〔鎖国〕外国と交通しないこと。	**かいこく**〔開国〕**かいこう**〔開港〕
ささい〔些細〕ほんのわずか。ちょっとしたこと。些末《さまつ》。	**じゅうだい**〔重大〕**じゅうよう**〔重要〕
ささげる〔捧げる〕	→さしあげる〔差し上げる〕②
さざなみ〔細波・漣〕細かな波。	**おおなみ**〔大波〕**どとう**〔怒濤〕
ささやか〔細やか〕ほんのちょっとしたさま。わずか。	**おおげさ**〔大袈裟〕**たいそう**〔大層〕**おおぎょう**〔大仰〕
ささやく〔囁く〕小さな声で言う。さざめく。	**さけぶ**〔叫ぶ〕**わめく**〔喚く〕**どなる**〔怒鳴る〕
ささる〔刺さる〕「とげが——」。	**ぬける**〔抜ける〕
さじ〔瑣事〕	→しょうじ〔小事〕
さしあげる〔差し上げる〕①高くあげる。②目上の人に物を献上する。	①**ひきおろす**〔引き降ろす・引き下ろす〕②㋐**くださる**〔下さる〕㋑**やる**〔遣る〕**いただく**〔頂く・戴

	く〕**たまわる**〔賜る〕
さしぐすり〔差し薬〕目などに差す薬。	**のみぐすり**〔飲み薬〕**ぬりぐすり**〔塗り薬〕
さしこむ〔差し込む〕	**ひきぬく**〔引き抜く〕**ぬきだす**〔抜き出す〕
さししお〔差し潮〕	→みちしお〔満ち潮〕
さしだしにん〔差出人〕郵便物などの送り主。	**うけとりにん**〔受取人〕
さしだす〔差し出す〕	**うけとる**〔受け取る〕
さしでる〔差し出る〕出しゃばる。	**さしひかえる**〔差し控える〕
さしね〔指し値〕取引所に、客が値段を指定して注文を出すこと。	**なりゆき**〔成り行き〕
さしひかえる〔差し控える〕遠慮して後にひかえる。	**さしでる**〔差し出る〕**でしゃばる**〔出しゃばる〕
さしむかい〔差し向かい〕ふたりが向かい合うこと。	**せなかあわせ**〔背中合わせ〕
さしもどす〔差し戻す〕元の場所や状態に返す。	**とりあげる**〔取り上げる〕
さしょう〔些少〕	→きんしょう〔僅少〕
ざしょう〔座礁〕船が暗礁に乗り上げること。	**りしょう**〔離礁〕
さす〔刺す〕「針を——」。	**ぬく**〔抜く〕
さす〔差す〕①「潮が——」。②「杯を——」。	①**ひく**〔引く〕②**うける**〔受ける〕
さずける〔授ける〕「賞を——」。	**うける**〔受ける〕
させつ〔左折〕左へ曲がること。	**うせつ**〔右折〕**ちょくしん**〔直進〕
ざせつ〔挫折〕中途でくじけること。	**かんてつ**〔貫徹〕
させん〔左遷〕前よりも低い地位や官職につけること。	**えいてん**〔栄転〕
ざぞう〔座像〕座っている姿の像。	**りつぞう**〔立像〕
さそく〔左側〕左がわ。	**うそく**〔右側〕**みぎがわ**〔右側〕
さそん〔差損〕価格の変動によって生じる損失。	**さえき**〔差益〕
さだか〔定か〕はっきりしているさま。	**かすか**〔幽か・微か〕**ほのか**〔仄か〕
さだまる〔定まる〕位置がしっかりと決まる。落ち着いた状態になる。	**ゆらぐ**〔揺らぐ〕**ゆれる**〔揺れる〕**ぐらつく**
さだめる〔定める〕しっかりと決める。落ち着いた状態にする。	**ゆるがす**〔揺るがす〕**ぐらつかせる**
さたん〔左端〕左のはし。	**うたん**〔右端〕
サタン〔satan〕悪魔。魔王。	**ゴッド**〔god〕**エンゼル**〔engel〕
さつ〔殺〕ころす。	**かつ**〔活〕**せい**〔生〕
ざつ〔雑〕入り混じる。	**せい**〔整〕**じゅん**〔純〕
ざつえい〔雑詠〕題を決めずに、種々	**だいえい**〔題詠〕

のことをよんだ詩歌。

さっき	→さきほど〔先程〕
さっき〔殺気〕荒々しい気配。	**わき**〔和気〕
さっきょく〔作曲〕歌のふしをつけること。	**さくし**〔作詞〕
ざっきょぼう〔雑居房〕監獄で、ふたり以上の受刑者を一緒に入れるへや。	**どっきょぼう**〔独居房〕**どくぼう**〔独房〕
さっさと 急いで、手際よくするさま。	**ぐずぐず（と）のろのろ（と）もたもた（と）ぼつぼつ（と）そろそろ（と）ゆっくり（と）**
ざっしゅ〔雑種〕異なる種類の雌雄の掛け合わせで生まれたもの。混血種。	**じゅんけつしゅ**〔純血種〕**じゅんけい**〔純系〕
ざっしょく〔雑食〕肉類も野菜類もともに食べること。	**にくしょく**〔肉食〕**さいしょく**〔菜食〕**そうしょく**〔草食〕
ざっしょくどうぶつ〔雑食動物〕イヌ・サルなど、雑食する動物。	**にくしょくどうぶつ**〔肉食動物〕**そうしょくどうぶつ**〔草食動物〕
ざつぜん〔雑然〕ごたごたと入り混じっているさま。	**せいぜん**〔整然〕
ざった〔雑多〕種々の物が入り混じっていること。	**せいいつ**〔斉一〕
ざつだん〔雑談〕とりとめもない話。世間話。	**ようだん**〔要談・用談〕
さっぷうけい〔殺風景〕趣がないさま。	**おもむきぶかい**〔趣深い〕
サディズム〔sadism〕相手の体に苦痛を与えて楽しむ変態性欲。加虐趣味。	**マゾヒズム**〔masochism〕
さとい〔聡い〕かしこい。すばやい。	**おろか**〔愚か〕**にぶい**〔鈍い〕
さとおや〔里親〕他人の子を預かって育てる人。	㋐**さとご**〔里子〕㋑**じつのおや**〔実の親〕**うみのおや**〔生みの親・産みの親〕
さとご〔里子〕他人の家に預けて育てられる子供。	㋐**さとおや**〔里親〕㋑**じつのこ**〔実の子〕
さとる〔悟る〕心の迷いを去って、真の道を理解する。	**まよう**〔迷う〕**なやむ**〔悩む〕
さは〔左派〕急進的な考えのグループ。	**うは**〔右派〕
さばくは〔佐幕派〕幕末に、江戸幕府に味方した人たち。	**きんのうは**〔勤王派・勤皇派〕**そんのうは**〔尊皇派〕**とうばくは**〔倒幕派〕
さばける〔捌ける〕事がはかどる。商品などがさっさと売れる。	**とどこおる**〔滞る〕
さばさば（と） きっぱりしているさま。	**ねちねち（と）**
さびしい〔寂しい・淋しい〕	**にぎやか**〔賑やか〕
さびれる〔寂れる〕衰えて勢いがなく	**にぎわう**〔賑わう〕

なる。荒廃する。	
サブ〔sub〕次の。副。	**メイン**〔main〕
サブタイトル〔subtitle〕副題。	**メインタイトル**〔maintitle〕
さべつ〔差別〕差をつけて区別すること。不平等。	**びょうどう**〔平等〕
さへん〔左辺〕代数式の左の辺。	**うへん**〔右辺〕
さほう〔左方〕左の方。	**うほう**〔右方〕
サボる	→なまける〔怠ける〕
サマー〔summer〕夏。	**ウィンター**〔winter〕**スプリング**〔spring〕**オータム**〔autumn〕
サマースポーツ〔summer sports〕水泳など、夏にする運動。	**ウィンタースポーツ**〔winter sports〕
さます〔冷ます〕熱いものを冷たくする。	**あたためる**〔温める・暖める〕**わかす**〔沸かす〕**ねっする**〔熱する〕
さまたげる〔妨げる〕邪魔をして、できないようにする。妨害する。	**うながす**〔促す〕**すすめる**〔進める〕**たすける**〔助ける〕**てつだう**〔手伝う〕**とおす**〔通す〕
さまつ〔瑣末・些末〕	→ささい〔些細〕
さむい〔寒い〕	**あつい**〔暑い〕**あたたかい**〔暖かい〕
さむがる〔寒がる〕寒さがこたえる。	**あつがる**〔暑がる〕
さむざむ（と）〔寒々（と）〕寒気が身にしみるさま。	**ぬくぬく（と）**〔温々（と）〕
さめきる〔冷め切る〕すっかり冷たくなる。興味が薄らいでしまう。	**わきかえる**〔沸き返る・湧き返る〕**わきたつ**〔沸き立つ・湧き立つ〕
さめはだ〔鮫肌〕ざらざらした皮膚。	**もちはだ**〔餅肌〕
さめる〔冷める〕	**あたたまる**〔温まる・暖まる〕**わく**〔沸く〕
さめる〔覚める・醒める〕①目ざめる。②心が正常に戻る。	①**ねむる**〔眠る〕②**よう**〔酔う〕**まよう**〔迷う〕**きょうじる**〔興じる〕
さや〔鞘・莢〕	**み**〔身・実〕
さやか　はっきりして、気持ちがよいさま。	**ほのか**〔仄か〕**ほんのり（と）**
さゆう〔左右〕左と右。横の方向。	**ぜんご**〔前後〕**じょうげ**〔上下〕
さよう〔作用〕他に対する働き掛け。	**はんさよう**〔反作用〕
さようなら　別れるときのあいさつのことば。さよなら。	**こんにちは**〔今日は〕**おはよう（ございます）**〔お早う（ございます）〕**こんばんは**〔今晩は〕
さよく〔左翼〕左のつばさ。また、急進的な考えの人。	**うよく**〔右翼〕
さら〔新〕新しいもの。	**ふる**〔古〕
さらいげつ〔再来月〕次の次の月。	**せんせんげつ**〔先々月〕
さらいしゅう〔再来週〕次の次の週。	**せんせんしゅう**〔先々週〕
さらいねん〔再来年〕次の次の年。明	**いっさくねん**〔一昨年〕**おととし**

後年。	〔一昨年〕
さらけだす〔さらけ出す〕包み隠さずにありのまま表面に示す。	**つつみかくす**〔包み隠す〕
さらさら（と） 油気がなく滑りがよいさま。	**ねとねと（と）ねばねば（と）**
ざらざら（に） 滑らかでないさま。	**つるつる（に）すべすべ（に）なめらか**〔滑らか〕
さらす〔曝す〕「身を——」。	**つつむ**〔包む〕
ざらにある〔ざらに有る・ざらに在る〕たくさんあって珍しくない。	**めったにない**〔滅多に無い〕
さらゆ〔新湯〕沸かしたてのふろの湯。	**しまいゆ**〔終い湯〕
さりげない〔然り気ない〕何でもない様子だ。わざとらしくない。	**わざとらしい　ものものしい**〔物々しい〕
さる〔去る〕①ある場所から離れていく。②過去の。「——5月5日」。	①㋐**とどまる**〔止まる・留まる〕**のこる**〔残る〕㋑**くる**〔来る〕②**きたる**〔来る〕
さわがしい〔騒がしい〕物音が大きくてやかましい。	**しずか**〔静か〕
さわがせる〔騒がせる〕騒がしくさせる。	**しずめる**〔静める・鎮める〕
さわぎたてる〔騒ぎ立てる〕	**だまりこむ**〔黙り込む〕
さわぐ〔騒ぐ〕①「心が——」。②「子供が——」。③「波が——」。	①**しずまる**〔鎮まる・静まる〕**おちつく**〔落ち着く〕②**だまる**〔黙る〕③**なぐ**〔凪ぐ〕
ざわざわ（と） 声や音が入り混じって騒がしいさま。	**しいんと　ひっそり（と）**
さわやか〔爽やか〕すがすがしいさま。	**うっとうしい**〔鬱陶しい〕
さわん〔左腕〕左のうで。	**うわん**〔右腕〕**みぎうで**〔右腕〕
さん〔山〕やま。	**かい**〔海〕
さん〔散〕ちる。	**しゅう**〔集〕
さんいつ〔散逸・散佚〕まとまっていた物が、ちりぢりになって行方《ゆくえ》が分からなくなること。散失。	**しゅうしゅう**〔収集・蒐集〕**しゅうぞう**〔収蔵〕

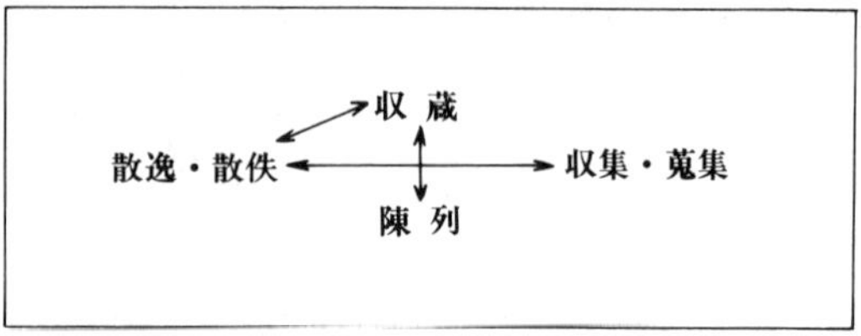

さんいん〔山陰〕山かげ。山の北側。	**さんよう**〔山陽〕
さんか〔参加〕仲間に加わること。	**ふさん**〔不参〕**ふさんか**〔不参加〕

さんか〔酸化〕物質が酸素と化合すること。	**かんげん**〔還元〕
さんかい〔散会〕会合が終わること。	**はっかい**〔発会〕**かいかい**〔開会〕
さんがく〔山岳〕高い山が連なる所。	**きゅうりょう**〔丘陵〕**へいや**〔平野〕
さんぎいん〔参議院〕わが国の国会で、上院に当たる議院。	㋐**しゅうぎいん**〔衆議院〕㋑**きぞくいん**〔貴族院〕
ざんぎゃく〔残虐〕	→ざんこく〔残酷〕
ざんきん〔残金〕余った金銭。	**ふそくきん**〔不足金〕
さんご〔産後〕お産をしたあと。	**さんぜん**〔産前〕
ざんこく〔残酷〕人情がなくてむごいさま。残虐。残忍。	**なさけぶかい**〔情け深い〕**じひぶかい**〔慈悲深い〕
さんざい〔散剤〕粉末状の薬。こなぐすり。	**えきざい**〔液剤〕**じょうざい**〔錠剤〕
さんざい〔散在〕あちこちに散らばっていること。	**みっしゅう**〔密集〕
さんざい〔散財〕多くの金銭を無駄に使うこと。	**ちくざい**〔蓄財〕
さんじ〔賛辞〕ほめることば。	**こくひょう**〔酷評〕
さんじゅつきゅうすう〔算術級数〕	→とうさきゅうすう〔等差級数〕
ざんしょ〔残暑〕秋に残っている暑さ。	㋐**こうしょ**〔向暑〕㋑**よかん**〔余寒〕
さんじょう〔参上〕目上の人の所へ伺うこと。	**じきょ**〔辞去〕
さんじょう〔山上〕	→さんちょう〔山頂〕
ざんしん〔斬新〕新しさが際立っていること。	**ちんぷ**〔陳腐〕
さんずのかわ〔三途の川〕あの世にあって、死後に渡るという川。	**しでのやま**〔死出の山〕
さんせい〔賛成〕他の意見に同意すること。賛同。	**はんたい**〔反対〕**ふさんせい**〔不賛成〕**ほりゅう**〔保留〕
さんせい〔酸性〕酸の性質。	**アルカリ性**〔alkali性〕**えんきせい**〔塩基性〕**ちゅうせい**〔中性〕
さんせん〔参戦〕戦争に参加すること。	**ちゅうりつ**〔中立〕**ふせん**〔不戦〕
さんぜん〔産前〕お産をする前。	**さんご**〔産後〕
さんぞく〔山賊〕山にいる盗賊。	**かいぞく**〔海賊〕
さんそん〔散村〕家があちこちに散在している村。	**しゅうそん**〔集村〕
さんたん〔賛嘆・讃歎〕	→しょうさん〔賞賛・称賛〕
さんち〔山地〕山の多い土地。	**へいち**〔平地〕**へいげん**〔平原〕
さんちょう〔山頂〕山の頂上。	**さんろく**〔山麓〕**さんぷく**〔山腹〕
ざんていてき〔暫定的〕	→いちじてき〔一時的〕
さんどう〔賛同〕	→さんせい〔賛成〕
さんにゅう〔参入〕目上の人の所へ入っていくこと。	**たいしゅつ**〔退出〕

ざんにん〔残忍〕 →ざんこく〔残酷〕

さんにんしょう〔三人称〕第三者を指していうことば。他称。 **いちにんしょう**〔一人称〕**ににんしょう**〔二人称〕

ざんぱい〔惨敗〕みじめに負けること。大敗。完敗。 ㋐**かいしょう**〔快勝〕**らくしょう**〔楽勝〕**あっしょう**〔圧勝〕**たいしょう**〔大勝〕**かんしょう**〔完勝〕㋑**せきはい**〔惜敗〕

さんぱつ〔散発〕ときどき起こること。 **ぞくはつ**〔続発〕**たはつ**〔多発〕**ひんぱつ**〔頻発〕

さんび〔賛美〕 →しょうさん〔賞賛・称賛〕

さんぷく〔山腹〕山の中腹。 **さんちょう**〔山頂〕**ちょうじょう**〔頂上〕**さんじょう**〔山上〕**さんろく**〔山麓〕

さんぶん〔散文〕決まった韻律や字数を持たない、普通の文章。 **いんぶん**〔韻文〕

さんぶんてき〔散文的〕情緒に欠けるさま。 **してき**〔詩的〕

さんまいめ〔三枚目〕滑稽な役を演じる役者。 **にまいめ**〔二枚目〕**たてやくしゃ**〔立て役者〕

さんまん〔散漫〕まとまりがないこと。 **ちみつ**〔緻密〕

さんみ〔酸味〕すっぱい味。 **かんみ**〔甘味〕**しんみ**〔辛味〕

さんもんばん〔三文判〕安物の印鑑。 **じついん**〔実印〕

さんやく〔散薬〕こなぐすり。散剤。 **がんやく**〔丸薬〕**すいやく**〔水薬〕

さんよう〔山陽〕山の南側。 **さんいん**〔山陰〕

さんようすうじ〔算用数字〕 →アラビアすうじ〔Arabia 数字〕

さんらん〔散乱〕ばらばらに散り乱れること。 **せいとん**〔整頓〕

さんろく〔山麓〕山のふもと。 **さんちょう**〔山頂〕**ちょうじょう**〔頂上〕**さんじょう**〔山上〕**さんぷく**〔山腹〕

し

し〔姉〕あね。 **まい**〔妹〕**けい**〔兄〕

し〔始〕はじめ。 **しゅう**〔終〕**まつ**〔末〕**ちゅう**〔中〕

し〔子〕こども。 **しん**〔親〕**ふ**〔父〕**ぼ**〔母〕

し〔師〕教える人。先生。 **てい**〔弟〕

し〔支〕①枝わかれ。②支払う。 ①**ほん**〔本〕**かん**〔幹〕②**しゅう**〔収〕

し〔枝〕えだ。 **かん**〔幹〕

し〔死〕命がなくなる。 **せい・しょう**〔生〕**かつ**〔活〕

し〔私〕わたくし。個人。 **こう**〔公〕

し〔視〕みる。 **ちょう**〔聴〕

し〔詞〕単独で文節を作る語。自立語。	**じ**〔辞〕
し〔詩〕うた。韻文。	**ぶん**〔文〕
し〔資〕資本家。	**ろう**〔労〕
し〔雌〕めす。	**ゆう**〔雄〕
じ〔寺〕お寺。仏閣。	**しゃ**〔社〕
じ〔自〕じぶん。	**た**〔他〕
じ〔辞〕単独で文節を作らず、常に他の語に添えて用いられる語。付属語。	**し**〔詞〕
じあい〔自愛〕①自分の体を大切にすること。②自己の利益を重んじること。利己。	①**じぎゃく**〔自虐〕②**たあい**〔他愛〕
しあげぬり〔仕上げ塗り〕	→うわぬり〔上塗り〕
しあげる〔仕上げる〕すっかり完成する。し終わる。	**しかける**〔仕掛ける・為掛ける〕**しはじめる**〔仕始める・為始める〕
しあさって〔明明後日〕あさっての次の日。	**さきおととい・さきおとつい**〔一昨昨日〕
じあまり〔字余り〕詩歌・俳句などで、規定の音数より多いこと。	**じたらず**〔字足らず〕
しあわせ〔幸せ〕	**ふしあわせ**〔不幸せ〕**ふこう**〔不幸〕
しあん〔試案〕試みに考えた仮の案。	**せいあん**〔成案〕
しいく〔飼育〕動物を飼って育てること。	㋐**やせい**〔野生〕㋑**さいばい**〔栽培〕
じいさん〔爺さん〕	**ばあさん**〔婆さん〕
シーズン〔season〕盛んに行われる季節。	**シーズンオフ**〔season off〕
シーズンオフ〔season off〕季節外れ。	**シーズン**〔season〕
ジーゼルきかんしゃ〔diesel 機関車〕重油と空気を混ぜた気体を圧縮して燃やし、その力を利用して走る機関車。	**じょうききかんしゃ**〔蒸気機関車〕**でんききかんしゃ**〔電気機関車〕
シーソーゲーム〔seesaw game〕追いつ追われつの、せりあいの試合。	**ワンサイドゲーム**〔oneside game〕
しいたげる〔虐げる〕いじめる。苦しめる。	**いつくしむ**〔慈しむ〕**かわいがる**〔可愛がる〕
しいていえば〔強いて言えば〕	**いうまでもなく**〔言う迄も無く〕
シーメール〔sea mail〕船便。	**エアメール**〔air mail〕
じいや〔爺や〕お手伝いの老人。	**ばあや**〔婆や〕
しいれね〔仕入れ値〕商品を仕入れた値段。元値。原価。	**うりね**〔売り値〕
しいれる〔仕入れる〕販売や加工のために、商品や原材料を買い入れる。	㋐**おろす**〔卸す〕㋑**うる**〔売る〕
しいん〔子音〕母音《ぼいん》以外の音。	**ぼいん**〔母音〕
しいん〔私印〕個人の印鑑。	**こういん**〔公印〕

しいんと 静まりかえったさま。	**ざわざわ（と）**
じいん〔寺院〕お寺。	**じんじゃ**〔神社〕**きょうかい**〔教会〕
しえい〔私営〕個人が経営すること。民営。	**こくえい**〔国営〕**こうえい**〔公営〕
しえき〔私益〕個人の利益。私利。	**こくえき**〔国益〕**こうえき**〔公益〕
ジェットき〔jet 機〕ジェットエンジンで飛ぶ航空機。	**プロペラき**〔propeller 機〕
しえん〔支援〕力添えをして助けること。	**たいこう**〔対抗〕**ぼうがい**〔妨害〕**だとう**〔打倒〕
ジェントルマン〔gentleman〕	→ゼントルマン〔gentleman〕
しおうみ〔潮海〕淡水湖に対して、海。	**みずうみ**〔水海・湖〕
しおえる〔為終える〕	→しおわる〔為終わる〕
しおからい〔塩辛い〕	**みずっぽい**〔水っぽい〕**みずくさい**〔水臭い〕
しおさめ〔仕納め・為納め〕これきりで終わりとすること。	**しはじめ**〔仕始め・為始め〕**しぞめ**〔仕初め・為初め〕
しおしお（と） 元気がなく、しょんぼりとするさま。	**いきいき（と）**〔生き生き（と）〕**うきうき（と）**〔浮き浮き（と）〕
しおみず〔塩水〕	**まみず**〔真水〕
しおらしい 素直でいじらしい。	**ずうずうしい**〔図々しい〕**あつかましい**〔厚かましい〕**ふてぶてしい**〔太々しい・不貞不貞しい〕**こづらにくい**〔小面憎い〕**こにくらしい**〔小憎らしい〕**なまいき**〔生意気〕
しおれる〔萎れる〕①花などが、生気を失う。②元気をなくす。	①**さく**〔咲く〕②**はしゃぐ**
しおわる〔為終わる〕し終える。	**しはじめる**〔為始める〕**しかける**〔仕掛ける・為掛ける〕**しのこす**〔為残す〕
しおん〔子音〕	→しいん〔子音〕
じおん〔字音〕漢字の音。	**じくん**〔字訓〕
じか〔自家〕自分の家。	**たけ**〔他家〕
しがい〔市外〕市の区域の外。	**しない**〔市内〕
しがい〔市街〕人家の立ち並ぶ町の中。	**こうがい**〔郊外〕
じかい〔持戒〕戒律を守ること。	**はかい**〔破戒〕
じかい〔次回〕次の回。	**ぜんかい**〔前回〕**せんかい**〔先回〕**こんかい**〔今回〕
しがいせん〔紫外線〕目で見える紫の光より波長の短い光線。	**せきがいせん**〔赤外線〕
しかく〔視覚〕目で見る感覚。	**ちょうかく**〔聴覚〕**きゅうかく**〔嗅覚〕**みかく**〔味覚〕**しょっかく**〔触覚〕

しがく〔私学〕私立の学校。	**かんがく**〔官学〕
しかくい〔四角い〕	**まるい**〔丸い・円い〕
しかける〔仕掛ける・為掛ける〕途中までする。	**しあげる**〔仕上げる〕**しおわる**〔為終わる〕**しおえる**〔為終える〕
しかざん〔死火山〕すでに噴火する活動をやめた火山。	**かっかざん**〔活火山〕**きゅうかざん**〔休火山〕
しかし〔然し・併し〕	**だから　ゆえに**〔故に〕**したがって**〔従って〕
しかしゅう〔私家集〕個人の歌を集めた歌集。	**ちょくせんしゅう**〔勅撰集〕**しせんしゅう**〔私撰集〕
じかじゅふん〔自家受粉・自花受粉〕同じ花の花粉がめしべの先に付いて受精すること。	**たかじゅふん**〔他家受粉〕
じかた〔地方〕日本舞踊で、音楽を受けもつ人。	**たちかた**〔立方〕
しがたい〔為難い〕	→しにくい〔為難い〕
じがね〔地金〕下地の金属。転じて、本性《ほんしょう》。	**めっき**〔鍍金〕
しかめっつら〔顰めっ面〕不愉快そうにしわを寄せた顔。渋面。	**にこにこがお**〔にこにこ顔〕**えがお**〔笑顔〕**わらいがお**〔笑い顔〕
じかようじどうしゃ〔自家用自動車〕自分の家族で使うための自動車。白ナンバー。	**えいぎょうようじどうしゃ**〔営業用自動車〕
しかり〔然り〕はい。そうだ。	**いな**〔否〕
しかる〔叱る〕	**ほめる**〔誉める〕**なだめる**〔宥める〕
しかるに〔然るに〕そうであるのに。	**ゆえに**〔故に〕
しかん〔士官〕	→しょうこう〔将校〕
しかん〔弛緩〕ゆるむこと。だらけること。	**きんちょう**〔緊張〕
しかん〔支管〕本管から枝分かれした管。	**ほんかん**〔本管〕
しがん〔此岸〕仏教でいう、迷いの世界。この世。	**ひがん**〔彼岸〕
じかん〔時間〕	**くうかん**〔空間〕
じかん〔次官〕長官の次の位。副長官。	**ちょうかん**〔長官〕
しき〔始期〕はじめの時期。初期。	**しゅうき**〔終期〕**まっき**〔末期〕**ちゅうき**〔中期〕
じき〔次期〕次の時期。	**ぜんき**〔前期〕**こんき**〔今期〕**とうき**〔当期〕
じき〔磁器〕吸水性のない、上質の焼き物。	**とうき**〔陶器〕
しきい〔敷居〕戸や障子の下部がはまる、溝の付いた横木。	**かもい**〔鴨居〕

しきぎょう〔私企業〕民間人が経営する企業。　**こうきぎょう**〔公企業〕
しきじ〔式辞〕式場で述べるあいさつのことば。　**とうじ**〔答辞〕
しきそう〔色相〕有彩色で、ある色が他の色と区別される特質。色あい。　**めいど**〔明度〕**さいど**〔彩度〕
じきそう〔直送〕　→ちょくそう〔直送〕
じきでし〔直弟子〕師匠から直接に教えを受ける弟子。　**まごでし**〔孫弟子〕**またでし**〔又弟子〕
じきに〔直に〕　→すぐに〔直ぐに〕
じきひつ〔直筆〕自分で直接書くこと。自筆。　**だいひつ**〔代筆〕
しきふく〔式服〕儀式用の服。礼服。　**へいふく**〔平服〕
しきぶとん〔敷き布団〕　**かけぶとん**〔掛け布団〕
じぎゃく〔自虐〕自分をいじめること。　**じあい**〔自愛〕
しきょ〔死去〕　→しぼう〔死亡〕
しぎょ〔死魚〕死んだ魚。　**かつぎょ**〔活魚〕**せいぎょ**〔生魚〕
じきょ〔辞去〕別れを告げて立ち去ること。　**さんじょう**〔参上〕**ほうもん**〔訪問〕
しぎょう〔始業〕仕事や授業を始めること。　**しゅうぎょう**〔終業〕
じきょう〔自供〕　→じはく〔自白〕
しぎょうしき〔始業式〕学校で、学期の初めに行う式。　**しゅうぎょうしき**〔終業式〕
じぎょうしょとく〔事業所得〕継続して営む事業から得られる所得。　**きゅうよしょとく**〔給与所得〕
しぎょうぜん〔始業前〕授業が始まる前。　**ほうかご**〔放課後〕
しきょく〔支局〕本局から分かれて、ある地域の業務を取り扱う所。　**ほんきょく**〔本局〕
しきりに〔頻りに〕ひっきりなしに。　**まれに**〔稀に〕
しきん〔私金〕個人の持っているお金。　**こうきん**〔公金〕
しく〔敷く〕①「ふとんを――」。②「わらを――」。　①㋐**かける**〔掛ける〕㋑**あげる**〔上げる〕**たたむ**〔畳む〕②**かぶせる**〔被せる〕
しぐさ〔仕種・仕草〕俳優の、舞台でする動作や表情。　**せりふ**〔台詞〕
じくじく（と）水気が多いさま。　**からから（に）**
じくん〔字訓〕漢字の訓。　**じおん**〔字音〕
しけつ〔止血〕血をとめること。　**しゅっけつ**〔出血〕**りゅうけつ**〔流血〕
しける〔時化る〕海が荒れる。　**なぐ**〔凪ぐ〕
しける〔湿気る〕湿り気をもつ。　**かわく**〔乾く〕

しげる〔茂る・繁る〕	**かれる**〔枯れる〕
しけん〔私権〕私法上の権利。	**こうけん**〔公権〕
しけん〔私見〕個人的な意見。	**せろん**〔世論〕
しご〔死後〕死んでから後。没後。	**せいぜん**〔生前〕
じこ〔自己〕	→じぶん〔自分〕
じご〔事後〕ことが終わってのち。	**じぜん**〔事前〕
じごう〔次号〕雑誌などの、次の号。	**ぜんごう**〔前号〕**ほんごう**〔本号〕
じごえ〔地声〕生まれ付きの声。	**うらごえ**〔裏声〕**つくりごえ**〔作り声〕
じこく〔自国〕自分の国。	**たこく**〔他国〕**いこく**〔異国〕**がいこく**〔外国〕
じごく〔地獄〕悪人が死後に行くという所。	**ごくらく**〔極楽〕**てんごく**〔天国〕
じこくご〔自国語〕自分の国のことば。国語。	**がいこくご**〔外国語〕
しごと〔仕事〕働くこと。職業としてすること。	**あそび**〔遊び〕
しごとぎ〔仕事着〕労働するときに着る衣服。	**はれぎ**〔晴着〕**ほうもんぎ**〔訪問着〕
しこめ〔醜女〕みにくい女。ぶおんな。	㋐**べっぴん**〔別嬪〕**びじん**〔美人〕**びじょ**〔美女〕**いろおんな**〔色女〕㋑**ぶおとこ**〔醜男〕
ジゴレット〔gigolette フランス〕男を誘惑することを専門にする女。	**ジゴロ**〔gigolo フランス〕
ジゴロ〔gigolo フランス〕女に頼って生活する男。ひも。	**ジゴレット**〔gigolette フランス〕
じざいが〔自在画〕コンパス・定規などを使わずに描く絵。	**ようきが**〔用器画〕
じさく〔自作〕①自分で作ること。②自分の土地を耕作すること。	①**だいさく**〔代作〕**たさく**〔他作〕②**こさく**〔小作〕
じさつ〔自殺〕みずから命を絶つこと。自害。	**たさつ**〔他殺〕
しさん〔資産〕財産。	**ふさい**〔負債〕
じさん〔持参〕ものを持って行く、または、持って来ること。	㋐**そうふ**〔送付〕㋑**じゅり**〔受理〕
しさんかぶ〔資産株〕投機の目的でなく、資産として持つ株式。	**してかぶ**〔仕手株〕
しし〔四肢〕両手と両足。	**どうたい**〔胴体〕
しじ〔支持〕他人の考えや意見に賛成して後押しすること。	**はんばく**〔反駁〕**はんろん**〔反論〕**はんたい**〔反対〕
しじ〔私事〕個人的なこと。わたくしごと。	**こうじ**〔公事〕
じしつ〔自室〕自分のへや。	**たしつ**〔他室〕

じじつ〔事実〕本当のこと。 **きょぎ**〔虚偽〕**きょこう**〔虚構〕**ふじつ**〔不実〕

ししゃ〔支社〕本社から分かれて業務をする所。 **ほんしゃ**〔本社〕

ししゃ〔死者〕死んだ人。死人。 **しょうじゃ・せいじゃ**〔生者〕

じしゃ〔自社〕自分の会社。当社。 **たしゃ**〔他社〕

しじゅう〔始終〕 →いつも〔何時も〕

じしゅう〔次週〕次の週。来週。 **せんしゅう**〔先週〕**こんしゅう**〔今週〕

ししゅつ〔支出〕お金が出ていくこと。 **しゅうにゅう**〔収入〕

じしゅてき〔自主的〕 →じはつてき〔自発的〕

ししゅんき〔思春期〕生殖機能が発達し、異性を慕うようになる時期。青春期。 **こうねんき**〔更年期〕

ししょ〔支所〕官庁などの出先機関。 **ほんしょ**〔本所〕

ししょ〔支署〕消防署などの、本署から分かれたもの。 **ほんしょ**〔本署〕

じしょ〔自書〕自分で書くこと。自筆。 **だいしょ**〔代書〕

じしょ〔自署〕自分で名を書くこと。 **だいしょ**〔代署〕

ししょう〔師匠〕芸事などを教える人。先生。 **でし**〔弟子〕**もんてい**〔門弟〕

ししょう〔私傷〕公務以外で受けた傷。 **こうしょう**〔公傷〕

じしょう〔自称〕話し手が自分自身を指すことば。一人称。 **たいしょう**〔対称〕**たしょう**〔他称〕

しじょうかかく〔市場価格〕債券などの、実際に取り引きされる価格。 **がくめんかかく**〔額面価格〕

じしょく〔辞職〕 →たいしょく〔退職〕

ししん〔視診〕医師が、患者を目で見て病気の状態を判断すること。 **ちょうしん**〔聴診〕**しょくしん**〔触診〕

しじん〔私人〕公の立場を離れた個人。 **こうじん**〔公人〕

じしん〔時針〕 →たんしん〔短針〕

じしん〔自信〕自分自身を信じること。また、その気持ち。自負。 **きぐ**〔危惧〕**れっとうかん**〔劣等感〕

しすい〔止水〕①流れないで止まっている水。②水を止めること。 ①**りゅうすい**〔流水〕②**はいすい**〔配水〕

しずい〔雌蕊〕めしべ。 **ゆうずい**〔雄蕊〕

しずか〔静か〕 **さわがしい**〔騒がしい〕**やかましい**〔喧しい〕**そうぞうしい**〔騒々しい〕

シスター〔sister〕①女のきょうだい。②カトリックの修道女。 ①**ブラザー**〔brother〕②**ファーザー**〔father〕

しずまる〔静まる・鎮まる〕①騒ぎなどがおさまって静かになる。②心が **①あれる**〔荒れる〕**さわぐ**〔騒ぐ〕**あばれる**〔暴れる〕②**たかぶる**

落ち着いて穏やかになる。 〔高ぶる・昂る〕**たかまる**〔高まる・昂る〕**はずむ**〔弾む〕**みだれる**〔乱れる〕

しずみ〔沈み〕沈むこと。 **うき**〔浮き〕

しずむ〔沈む〕 **うかぶ**〔浮かぶ〕**うく**〔浮く〕**のぼる**〔上る・登る・昇る〕

しずめる〔沈める〕 **うかべる**〔浮かべる〕

しずめる〔静める・鎮める〕静かにさせる。落ち着かせる。 **さわがせる**〔騒がせる〕**あおる**〔煽る〕

しせい〔私製〕個人が製造すること。 **かんせい**〔官製〕

じせい〔自制〕自分で欲望を抑えること。 **ほうじゅう**〔放従〕**ほういつ**〔放逸〕**ほうし**〔放恣〕

じせい〔自生〕植物が自然に生えること。野生。 **さいばい**〔栽培〕

しせいはがき〔私製はがき〕絵はがきなど、民間で製造するはがき。 **かんせいはがき**〔官製はがき〕

しせつ〔私設〕個人的に設置すること。 **こうせつ**〔公設〕

しせん〔支線〕鉄道などの、幹線から枝分かれした線。 **かんせん**〔幹線〕**ほんせん**〔本線〕

しせん〔私選〕個人的に選ぶこと。 **こうせん**〔公選〕**かんせん**〔官選〕

しぜん〔自然〕①人間の力を加えない、ありのまま。②宇宙間の人間以外のすべて。天然。③ひとりでになるさま。わざとらしくないさま。 ①**じんこう**〔人工〕**じんい**〔人為〕②**にんげん**〔人間〕③**ふしぜん**〔不自然〕**わざとらしい**〔態とらしい〕

じせん〔自薦〕自分自身を推薦すること。 **たせん**〔他薦〕

じぜん〔事前〕物事が始まる前。 **じご**〔事後〕

じぜん〔次善〕2番目によいこと。 **さいぜん**〔最善〕

しぜんかがく〔自然科学〕自然現象を対象に研究する学問。 **じんぶんかがく**〔人文科学〕**しゃかいかがく**〔社会科学〕

しせんしゅう〔私撰集〕民間または個人が選んで作った歌集。 ㋐**ちょくせんしゅう**〔勅撰集〕㋑**しかしゅう**〔私家集〕

しぜんしゅぎ〔自然主義〕現実を科学的にとらえて、ありのまま描こうとする芸術上の考え。 **ろうまんしゅぎ**〔浪漫主義〕

しぜんじん〔自然人〕法律で、法人でない個人。 **ほうじん**〔法人〕

しぜんぞう〔自然増〕出生率と死亡率の差による人口の増加。 **しゃかいぞう**〔社会増〕

しぜんとうた〔自然陶汰〕自然界で、環境に適しないものは滅んでいくこと。 **じんいとうた**〔人為陶汰〕

しそ〔始祖〕家系のおおもと。元祖。 **ばっそん**〔末孫〕**まつえい**〔末裔〕

しそう〔死相〕死人の顔付き。死に顔。 **せいしょく**〔生色〕

しぞう〔死蔵〕役立てずにしまっておくこと。	**かつよう**〔活用〕**りよう**〔利用〕
しそく〔子息〕むすこ。	㋐**そくじょ**〔息女〕㋑**りょうしん**〔両親〕
じぞく〔持続〕長く続くこと。長く続けること。継続。永続。	**ちゅうぜつ**〔中絶〕**ちゅうだん**〔中断〕**ちゅうし**〔中止〕
しそこなう〔仕損なう・為損なう〕	**しとげる**〔仕遂げる・為遂げる〕
しぞめ〔仕初め・為初め〕	→しはじめ〔仕始め・為始め〕
しそん〔子孫〕	**そせん**〔祖先〕**せんぞ**〔先祖〕**ふそ**〔父祖〕
しそんじる〔仕損じる・為損じる〕	→しそこなう〔仕損なう・為損なう〕
した〔下〕	**うえ**〔上〕**なか**〔中〕
したあご〔下顎〕下のあご。	**うわあご**〔上顎〕
したい〔支隊〕軍隊などで、本隊から分かれたもの。	**ほんたい**〔本隊〕
したい〔死体〕死人の体。死骸《しがい》。遺体。	**せいたい**〔生体〕
じたい〔辞退〕遠慮して引き下がること。引き受けないこと。	㋐**しょうだく**〔承諾〕**かいだく**〔快諾〕㋑**ようきゅう**〔要求〕
じだい〔地代〕土地の借り賃。借地料。	**やちん**〔家賃〕
じだいげき〔時代劇〕江戸時代以前のことを扱った映画や演劇。	**げんだいげき**〔現代劇〕
しだいに〔次第に〕順を追って。だんだん。	**いっきに**〔一気に〕**いっきょに**〔一挙に〕**きゅうに**〔急に〕
じだいもの〔時代物〕浄瑠璃《じょうるり》・歌舞伎《かぶき》で、古い時代に取材した作品。	**せわもの**〔世話物〕
したう〔慕う〕なつかしく思って後を追う。人柄に心をひかれる。	**いとう**〔厭う〕**きらう**〔嫌う〕**うとむ**〔疎む〕
したうけ〔下請け〕他人が請け負った仕事を、さらに請け負うこと。	**もとうけ**〔元請け〕
したうけきぎょう〔下請企業〕親企業から回される仕事を請け負ってする中小企業。	**おやきぎょう**〔親企業〕
したがう〔従う〕①人の後ろに付いて行く。②人の意志や決まりに添う。	①**みちびく**〔導く〕②**そむく**〔背く〕**さからう**〔逆らう〕
したがき〔下書き〕本式に書く前に、ためしに書くもの。	**せいしょ**〔清書〕**じょうしょ**〔浄書〕
したがって〔従って〕	**ところが**〔処が〕**しかし**〔然し〕**けれど（も）**　**だが**　**でも**
したぎ〔下着〕肌に直接着ける衣服。	**うわぎ**〔上着〕
したく〔支度・仕度〕準備。用意。	**かたづけ**〔片付け〕**しまつ**〔始末〕
したく〔私宅〕個人の所有する住宅。私邸。	**かんしゃ**〔官舎〕**こうしゃ**〔公舎〕

したくちびる〔下唇〕下の方のくちびる。	**うわくちびる**〔上唇〕
したしい〔親しい〕近しい。	**うとい**〔疎い〕**つれない**
したしむ〔親しむ〕親しくする。なじむ。	**うとむ**〔疎む〕
したっぱ〔下っ端〕身分や地位の低い者。	**おえらがた**〔お偉方〕
したづみ〔下積み〕荷物などを下の方に積むこと。	**うわづみ**〔上積み〕
したて〔下手〕下の方。へりくだった状態。	**うわて**〔上手〕
したておろし〔仕立て下ろし〕縫い上がったばかりの衣服。	**きふるし**〔着古し〕
したてなげ〔下手投げ〕相撲で、下手から相手のまわしをつかんで投げる技。野球などで、下からすくうようにして投げる投球。アンダースロー。	**うわてなげ**〔上手投げ〕
したぬい〔下縫い〕	→かりぬい〔仮縫い〕
したぬり〔下塗り〕塗料などで、生地《きじ》のすぐ上に塗るもの。荒塗り。	**うわぬり**〔上塗り〕**しあげぬり**〔仕上げ塗り〕**なかぬり**〔中塗り〕
したね〔下値〕相場で、これまでより下がった値段。安値。	**うわね**〔上値〕
したばき〔下履き〕屋外のはきもの。	**うわばき**〔上履き〕
したばり〔下張り・下貼り〕ふすまなどで、生地《きじ》のすぐ上に張るもの。	**うわばり**〔上張り・上貼り〕
したまち〔下町〕都会で、地盤の低い所。東京で、庶民の多く住む地域。	**やまのて**〔山の手〕
したまちことば〔下町言葉〕東京の、主に下町で使われる庶民的なことば。	**やまのてことば**〔山の手言葉〕
したまわる〔下回る〕一定の基準より少なくなる。	**うわまわる**〔上回る〕
したむく〔下向く〕	**うわむく**〔上向く〕
しため〔下目〕下の方へ向けた目。	**うわめ**〔上目〕
したやく〔下役〕下の職階の人。下僚。	**うわやく**〔上役〕**どうやく**〔同役〕
じだらく〔自堕落〕だらしがないさま。	**きちょうめん**〔几帳面〕
じたらず〔字足らず〕詩歌・俳句などで、規定の音数よりも少ないこと。	**じあまり**〔字余り〕
したわしい〔慕わしい〕なつかしく心ひかれる。	**いとわしい**〔厭わしい〕**うとましい**〔疎ましい〕
しちいれ〔質入れ〕借金の抵当として、品物を質屋に預けること。	**しちうけ**〔質受け・質請け〕
しちうけ〔質受け・質請け〕借金を返して、品物を質屋から受け出すこと。	**しちいれ**〔質入れ〕

しちごちょう〔七五調〕詩歌で、7・5のリズムを基調にする形式。	**ごしちちょう**〔五七調〕
じちょう〔自嘲〕自分をあざけること。	**じまん**〔自慢〕
しつ〔失〕うしなう。	**とく**〔得〕**そん**〔存〕
しつ〔湿〕しめる。水気を含む。	**かん**〔乾・干〕
しつ〔疾〕はやい。	**じょ**〔徐〕
しつ〔質〕たち。実体。	**りょう**〔量〕
じつ〔実〕まこと。中身。	**ぎ**〔偽〕**きょ**〔虚〕**めい・な**〔名〕
じつ〔日〕太陽。ひ。	**げつ**〔月〕
しつい〔失意〕思いどおりにならずにがっかりすること。失望。	**とくい**〔得意〕
じついん〔実印〕役所に登録して、重要書類に押す印鑑。	**みとめいん**〔認め印〕**さんもんばん**〔三文判〕
じつう〔実有〕仏教でいう、人間の感覚でとらえられない、事物の本当の姿。	**けう**〔仮有〕
じつえき〔実益〕	→じつり〔実利〕
しっか〔失火〕過失で火事を起こすこと。	㋐**ほうか**〔放火〕㋑**しょうか**〔消火〕**ぼうか**〔防火〕
じっか〔実家〕自分の生まれた家。生家。	**こんか**〔婚家〕**ようか**〔養家〕
しつがい〔室外〕へやの外。	**しつない**〔室内〕
じつがい〔実害〕実際に受けた損害。実損。	**じつえき**〔実益〕**じつり**〔実利〕
しっかいちょうさ〔悉皆調査〕調査対象のすべてについて行う調査。	**ちゅうしゅつちょうさ**〔抽出調査〕**ひょうほんちょうさ**〔標本調査〕
しっかり（と）①「土台が――している」。②「考えが――している」。	①**ぐらぐら（と）**②**ふらふら（と）うっかり（と）**
しつぎ〔質疑〕疑問を問いただすこと。	**おうとう**〔応答〕
しつぎょう〔失業〕働く場所がなく、仕事に就いていないこと。	**しゅうぎょう**〔就業〕**しゅうしょく**〔就職〕
じっきょうほうそう〔実況放送〕現場からそのまま送る放送。生放送。	**ろくおんほうそう**〔録音放送〕
じっけい〔実兄〕血のつながった、本当の兄。	㋐**ぎけい**〔義兄〕㋑**じってい**〔実弟〕**じっし**〔実姉〕
じっけい〔実刑〕実際に刑務所に収容される刑。	**しっこうゆうよ**〔執行猶予〕
しっけん〔失権〕権利を失うこと。	**ふっけん**〔復権〕
じっけん〔実験〕理論が正しいかどうか、実際に確かめてみること。	**りろん**〔理論〕
しっこう〔失効〕効力を失うこと。無効。	**はっこう**〔発効〕**ゆうこう**〔有効〕
しっこうきかん〔執行機関〕議決されたことを実際に行う組織。	**ぎけつきかん**〔議決機関〕

しっこうゆうよ〔執行猶予〕判決後、ある期間その刑の執行を見合わせること。 **じっけい**〔実刑〕

しっこく〔漆黒〕黒くてつやがあること。 **じゅんぱく**〔純白〕

じっこん〔実根〕方程式の根のうち、実数に属するもの。 **きょこん**〔虚根〕

じっこん〔昵懇〕 →しんみつ〔親密〕

じっさい〔実際〕物事のありのまま。 **りろん**〔理論〕**りそう**〔理想〕

じつざい〔実在〕実際にあること。 **かくう**〔架空〕

じっさいてき〔実際的〕 →げんじつてき〔現実的〕

じつざいろん〔実在論〕客観的な事物は、人間の認識とは無関係に存在するとする考え。 **かんねんろん**〔観念論〕

じっし〔実姉〕血のつながった、本当の姉。 ㋐**ぎし**〔義姉〕㋑**じつまい**〔実妹〕**じっけい**〔実兄〕

じっし〔実子〕血のつながった、本当の子。 ㋐**ぎし**〔義子〕**ようし**〔養子〕**けいし**〔継子〕㋑**じつぼ**〔実母〕**じっぷ**〔実父〕

しっしき〔湿式〕液体・溶液などを使う方式。 **かんしき**〔乾式〕

じっしつ〔実質〕本当の中身。実際の内容。 **めいもく**〔名目〕**けいしき**〔形式〕

じっしつちんぎん〔実質賃金〕賃金の額を物価指数で割ったもの。 **めいもくちんぎん**〔名目賃金〕

じっしつてき〔実質的〕形式よりも、中身を重んじるさま。 **けいしきてき**〔形式的〕

じっしゃ〔実車〕タクシーなどが、客を乗せて走行する状態。 **くうしゃ**〔空車〕

しつじゅん〔湿潤〕湿りうるおうこと。 **かんそう**〔乾燥〕

じっしょうてき〔実証的〕確かな証拠によって物事を判断するさま。 ㋐**かんかくてき**〔感覚的〕**ちょっかんてき**〔直感的〕㋑**りろんてき**〔理論的〕

しっしょく〔失職〕仕事を失うこと。失業。 **ざいしょく**〔在職〕**しゅうしょく**〔就職〕

しっしん〔失神・失心〕 →きぜつ〔気絶〕

じつじんいん〔実人員〕実際にそのことに当たる人数。 **ていいん**〔定員〕

じっすう〔実数〕数学で、有理数と無理数の総称。 **きょすう**〔虚数〕

しっせい〔失政〕 →あくせい〔悪政〕

しっせい〔湿性〕しめっぽい性質。 **かんせい**〔乾性〕

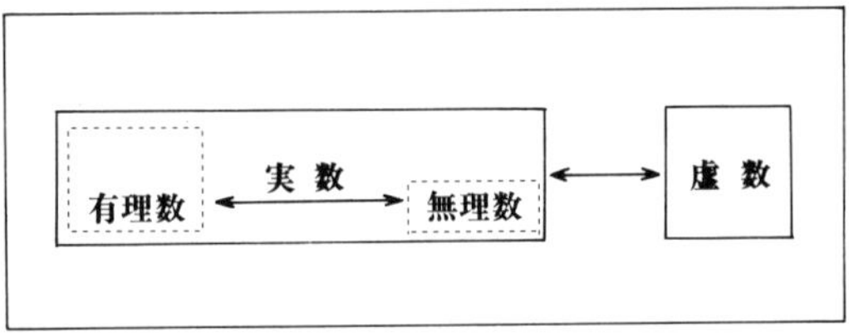

しっせき〔叱責〕過ちなどを、しかって責めること。　**しょうさん**〔賞賛・称賛〕

じっせつ〔実説〕本当にあった話。実話。　**きょせつ**〔虚説〕

じっせん〔実戦〕実際の戦争。　**えんしゅう**〔演習〕

じっせん〔実線〕とぎれずに続いている線。　**てんせん**〔点線〕

じっせん〔実践〕実際に行うこと。　**りろん**〔理論〕

じっせんてき〔実践的〕実際の行動を重んじるさま。　**りろんてき**〔理論的〕**かんねんてき**〔観念的〕

じっせんは〔実践派〕　→こうどうは〔行動派〕

しっそ〔質素〕飾り気がないこと。倹約すること。　**かび**〔華美〕**ぜいたく**〔贅沢〕**ごうか**〔豪華〕**はなやか**〔華やか〕

しっそう〔疾走〕全力で速く走ること。　**じょこう**〔徐行〕

じつぞう〔実像〕物の本当の姿。　**きょぞう**〔虚像〕

じっそく〔実測〕実際に測ること。　**もくそく**〔目測〕

じっそん〔実損〕　→じつがい〔実害〕

じったい〔実体〕物の本質。本体。　**めいもく**〔名目〕**けいしき**〔形式〕

しったかぶり〔知ったか振り〕知らないのに知った振りをすること。　**しらんぷり**〔知らん振り〕**そしらぬふり**〔素知らぬ振り〕

じっちょく〔実直〕まじめで正直なこと。　**こうかつ**〔狡猾〕

しっつい〔失墜〕権威などを落としてしまうこと。　**ばんかい**〔挽回〕

じってい〔実弟〕血のつながった、本当の弟。　㋐**ぎてい**〔義弟〕㋑**じっけい**〔実兄〕**じつまい**〔実妹〕

しつてき〔質的〕中身を中心に考えるさま。　**りょうてき**〔量的〕

しってん〔失点〕競技などで失った点。　**とくてん**〔得点〕

しつでん〔湿田〕水はけが悪い田。　**かんでん**〔乾田〕

しつど〔湿度〕空気中に含む水蒸気の割合。　**おんど**〔温度〕

しっとう〔失投〕野球で、投手が打者の打ちやすい球を投げてしまうこと。　**こうとう**〔好投〕

しっとう〔失当〕道理から外れている　**だとう**〔妥当〕**しとう**〔至当〕

こと。不当。

しっとり（と） ①湿り気をかなり多く含むさま。②落ち着いて物静かなさま。　①**かさかさ（に）** ②**がさがさ（に）**

しつない〔室内〕へやの内部。　**しつがい**〔室外〕

しつねん〔失念〕うっかりして忘れること。物忘れ。　**きおく**〔記憶〕**りゅうい**〔留意〕

じつのおや〔実の親〕血のつながった、本当の親。　㋐**そだてのおや**〔育ての親〕**やしないおや**〔養い親〕**ままおや**〔継親〕**さとおや**〔里親〕㋑**じつのこ**〔実の子〕

じつのこ〔実の子〕血のつながった、本当の子。実子。　㋐**もらいご**〔貰い子〕**ままこ**〔継子〕**さとご**〔里子〕㋑**じつのおや**〔実の親〕**じつのちち**〔実の父〕**じつのはは**〔実の母〕**うみのはは**〔産みの母・生みの母〕

じつのちち〔実の父〕血のつながった、本当の父。実父。　㋐**ままちち**〔継父〕㋑**じつのこ**〔実の子〕㋒**じつのはは**〔実の母〕

じつのはは〔実の母〕生みの母。実母。生母。　㋐**ままはは**〔継母〕㋑**じつのこ**〔実の子〕㋒**じつのちち**〔実の父〕

しっぱい〔失敗〕しくじること。　**せいこう**〔成功〕

しっぴつ〔執筆〕筆を取り上げて文章を書くこと。　**かくひつ**〔擱筆〕

しっぷ〔湿布〕湯や薬液などで湿らせた布。　**かんぷ**〔乾布〕

じっぷ〔実父〕血のつながった、本当の父。　㋐**ぎふ**〔義父〕**ようふ**〔養父〕**けいふ**〔継父〕㋑**じつぼ**〔実母〕㋒**じっし**〔実子〕**じつのこ**〔実の子〕

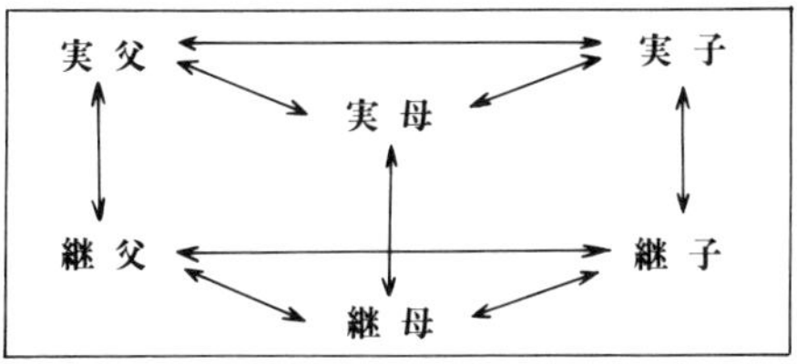

しっぷう〔疾風〕　→きょうふう〔強風〕

じつぶつ〔実物〕本当の物。　**もけい**〔模型〕**みほん**〔見本〕**ふくせい**〔複製〕

しっぽ〔尻尾〕　**あたま**〔頭〕

じつぼ〔地坪〕地面の面積。　**たてつぼ**〔建坪〕

じつぼ〔実母〕血のつながった、本当の母。生母。　㋐**ぎぼ**〔義母〕**ようぼ**〔養母〕**けいぼ**〔継母〕㋑**じっぷ**〔実父〕㋒**じっし**〔実子〕**じつのこ**〔実の子〕

しつぼう〔失望〕望みを失うこと。絶望。	**きぼう**〔希望〕**きたい**〔期待〕**しょくぼう**〔嘱望〕
じっぽう〔実砲〕銃にこめる実弾。	**くうほう**〔空砲〕
しつぼく〔質朴〕正直で飾り気がないさま。	**かび**〔華美〕**はで**〔派手〕
じつまい〔実妹〕血のつながった、本当の妹。	㋐**ぎまい**〔義妹〕㋑**じっし**〔実姉〕**じってい**〔実弟〕
しつめい〔失明〕目が見えなくなること。	**かいがん**〔開眼〕
じつめい〔実名〕本当の名前。本名《ほんみょう》。	**かめい**〔仮名〕**ぎめい**〔偽名〕**ひつめい**〔筆名〕**あだな**〔渾名〕
しつもん〔質問〕分からないことを聞きただすこと。	**かいとう**〔回答〕**おうとう**〔応答〕**とうべん**〔答弁〕**へんとう**〔返答〕
しつよう〔執拗〕しつこくこだわるさま。片意地。	**たんぱく**〔淡白〕
じつようてき〔実用的〕実際の用に役立つさま。実利的。	**しゅみてき**〔趣味的〕
じつようひん〔実用品〕日常生活に役立つ品。	**ぜいたくひん**〔贅沢品〕
じつり〔実利〕実際に手にはいる利益。実益。	**じつがい**〔実害〕**じっそん**〔実損〕
じつりてき〔実利的〕	→じつようてき〔実用的〕
じつわ〔実話〕本当の話。	**つくりばなし**〔作り話〕
して〔為手・仕手〕①動作をする人。②能・狂言の主役。	①**うけて**〔受け手〕**わき**〔脇〕**あど**
してい〔子弟〕子供や弟。	**ふけい**〔父兄〕
してい〔私邸〕個人が所有する邸宅。私宅。	**かんてい**〔官邸〕**こうてい**〔公邸〕**かんしゃ**〔官舎〕**こうしゃ**〔公舎〕
していせき〔指定席〕列車・劇場などの、決められた席。	**じゆうせき**〔自由席〕
してかぶ〔仕手株〕株式相場で、投機の目的で大量に売買される株。	**しさんかぶ**〔資産株〕
してき〔私的〕個人的。	**こうてき**〔公的〕
してき〔詩的〕詩のように趣深いさま。	**さんぶんてき**〔散文的〕
してつ〔私鉄〕民間の会社が経営する鉄道。	**こくてつ**〔国鉄〕
しでのやま〔死出の山〕仏教で、死者が越えて行くという山。	**さんずのかわ**〔三途の川〕
してん〔始点〕動作や運動が開始される点。出発点。	**しゅうてん**〔終点〕
してん〔支店〕本店から分かれた店。出店《でみせ》。	**ほんてん**〔本店〕
してん〔支点〕てこで、支えとなる点。	**りきてん**〔力点〕

じてん〔自転〕天体が、その直径を軸として回転すること。	**こうてん**〔公転〕
しとう〔私党〕個人的な関係で集まった徒党。	**こうとう**〔公党〕
しとう〔至当〕至ってもっともであること。	**ふとう**〔不当〕**しっとう**〔失当〕
しどう〔始動〕エンジンなどが、動き始めること。	**ていし**〔停止〕
しどう〔私道〕個人で設けた道。	**こうどう**〔公道〕
じどう〔児童〕①こども。②小学生。	①**せいじん**〔成人〕**おとな**〔大人〕②㋐**きょうゆ**〔教諭〕**きょういん**〔教員〕**きょうし**〔教師〕**せんせい**〔先生〕㋑**ほごしゃ**〔保護者〕㋒**せいと**〔生徒〕**がくせい**〔学生〕
じどう〔自動〕自分の力で動くこと。	**たどう**〔他動〕**しゅどう**〔手動〕
じどうし〔自動詞〕目的を示す語を必要としない動詞。	**たどうし**〔他動詞〕
しとげる〔仕遂げる・為遂げる〕完全にし終わる。やりとげる。	**しそこなう**〔仕損なう・為損なう〕**しそんじる**〔仕損じる・為損じる〕**しのこす**〔仕残す・為残す〕
しとやか〔淑やか〕物静かで上品なさま。	**がさつ**
しない〔市内〕市の区域内。	**しがい**〔市外〕**こうがい**〔郊外〕
しない〔竹刀〕剣道で用いる、練習用の竹製の刀。	**しんけん**〔真剣〕
しないでんしゃ〔市内電車〕都市の内部を走る電車。	**こうがいでんしゃ**〔郊外電車〕
しなびる〔萎びる〕	→しおれる〔萎れる〕
しなん〔至難〕極めてむずかしいこと。	**あんい**〔安易〕**ようい**〔容易〕**ぶなん**〔無難〕
シニア〔senior〕年長。上級。	**ジュニア**〔junior〕
しにくい〔為難い〕するのがむずかしい。しがたい。	**しやすい**〔為易い〕
しにせ〔老舗〕伝統のある古い店。	**しんみせ**〔新店〕
しにたえる〔死に絶える〕	**いきながらえる**〔生き長らえる〕**いきのびる**〔生き延びる〕**いきのこる**〔生き残る〕
しにはじ〔死に恥〕死後に受ける恥。	**いきはじ**〔生き恥〕
しにわかれ〔死に別れ〕一方が死んで会えなくなること。死別《しべつ》。	**いきわかれ**〔生き別れ〕
しにん〔死人〕	→ししゃ〔死者〕
じにん〔辞任〕役をやめること。退任。	**しゅうにん**〔就任〕**りゅうにん**〔留任〕

しぬ〔死ぬ〕	**いきる**〔生きる〕**うまれる**〔生まれる〕
じぬし〔地主〕土地を持っている人。	㋐**しゃくちにん**〔借地人〕**こさく（にん）**〔小作（人）〕㋑**やぬし**〔家主〕
しのぎ〔鎬〕刀などの刃と峰の間の盛り上がっている部分。	**は**〔刃〕**みね**〔峰〕
しのこす〔為残す〕	**しはたす**〔為果たす〕**しおえる**〔為終える〕**しおわる**〔為終わる〕**しとげる**〔仕遂げる・為遂げる〕
シノニム〔synonym〕同意語。同義語。	**アントニム**〔antonym〕
しのびなく〔忍び泣く〕声を立てずに泣く。	**なきわめく**〔泣き喚く〕**なきさけぶ**〔泣き叫ぶ〕
しのびよる〔忍び寄る〕そっと近付いてくる。	**おそいかかる**〔襲い掛かる〕
しのびわらい〔忍び笑い〕声を立てずにする笑い。	**たかわらい**〔高笑い〕**おおわらい**〔大笑い〕
じのぶん〔地の文〕小説などで、会話・手紙文などを除いた部分。	**かいわぶん**〔会話文〕**てがみぶん**〔手紙文〕
しはい〔支配〕権力を使って、人を思うままに動かすこと。	**れいぞく**〔隷属〕**じゅうぞく**〔従属〕
じはく〔自白〕自分の罪を述べること。自供。	**もくひ**〔黙秘〕
しばしば〔屢々〕	→たびたび〔度々〕
しはじめ〔仕始め・為始め〕仕事や行動の最初。	**しおさめ**〔仕納め・為納め〕
しはじめる〔為始める〕	**しおわる**〔為終わる〕**しおえる**〔為終える〕**しあげる**〔仕上げる〕
しはたす〔為果たす〕	→しとげる〔為遂げる〕
しはつ〔始発〕①そこを起点として出発すること。②ある日のうちで、最初に出発すること。	①**しゅうちゃく**〔終着〕②**しゅうはつ**〔終発〕
じはつ〔次発〕２番目に発車すること。	**せんぱつ**〔先発〕
じはつてき〔自発的〕自分から進んでするさま。	**きょうせいてき**〔強制的〕
しはらう〔支払う〕「代金を――」。	**うけとる**〔受け取る〕
しばらく〔暫く〕	**ながらく**〔長らく〕
しばる〔縛る〕	**とく**〔解く〕**ほどく**〔解く〕
しひ〔私費〕個人の負担する費用。自費。	**こくひ**〔国費〕**かんぴ**〔官費〕**こうひ**〔公費〕
じひ〔自費〕	→しひ〔私費〕
シビア〔severe〕きびしい。厳格。	**ルーズ**〔loose〕
じひつ〔自筆〕自分で書くこと。自書。	**だいひつ**〔代筆〕**だいしょ**〔代書〕

直筆《じきひつ》。	
じひぶかい〔慈悲深い〕あわれみの心が深い。情け深い。	**むじひ**〔無慈悲〕**ざんこく**〔残酷〕**ざんぎゃく**〔残虐〕**ざんにん**〔残忍〕**れいこく**〔冷酷〕
しぶ〔市部〕都道府県の中の、市に属する地域。都市部。	**ぐんぶ**〔郡部〕
しぶ〔支部〕本部から分かれて、ある区域の業務を扱う所。	**ほんぶ**〔本部〕
じふ〔自負〕	→じしん〔自信〕
しぶい〔渋い〕①「――味」。②「――色合い」。③「金の払い方が――」。	①**あまい**〔甘い〕②**はで**〔派手〕**けばけばしい**　③**きまえよい**〔気前良い〕
しぶがき〔渋柿〕しぶい柿の実。	**あまがき**〔甘柿〕
しふく〔私服〕個人の服。	**せいふく**〔制服〕**かんぷく**〔官服〕
しふく〔雌伏〕機会の来るのを待って、じっと耐えていること。	**ゆうひ**〔雄飛〕
じぶくろ〔地袋〕床の間わきの違い棚の下にある小さな戸棚。	**てんぶくろ**〔天袋〕
しぶごのみ〔渋好み〕渋い色合いや服装を好むこと。	**はでごのみ**〔派手好み〕
しぶしぶ〔渋々〕気が進まないさま。いやいや。やっと。	**あっさり**（と）**いそいそ**（と）　**やすやす**（と）〔易々（と）〕
しぶつ〔私物〕個人の所有する物。	**かんぶつ**〔官物〕
しふん〔私憤〕個人的な怒り。	**こうふん**〔公憤〕
じぶん〔自分〕	**あいて**〔相手〕**たにん**〔他人〕
じぶんかって〔自分勝手〕自分の都合のよいように振舞うさま。	**あいておもい**〔相手思い〕**たにんおもい**〔他人思い〕**ひとおもい**〔人思い〕
しぶんしょ〔私文書〕公務以外の目的で作られた文書。	**こうぶんしょ**〔公文書〕
しへい〔紙幣〕紙で作られたお金。札《さつ》。	**かへい**〔貨幣〕**こうか**〔硬貨〕
しべつ〔死別〕死に別れること。	**せいべつ**〔生別〕
じぼ〔慈母〕愛情を持った、優しい母。	**げんぷ**〔厳父〕
しほう〔四方〕東西南北。前後左右。周り。	**じょうげ**〔上下〕
しほう〔私法〕民法・商法など私的な関係について決めた法律。	**こうほう**〔公法〕
しぼう〔死亡〕死ぬこと。死去。死没。	**しゅっしょう・しゅっせい**〔出生〕**たんじょう**〔誕生〕**せいぞん**〔生存〕**ぞんめい**〔存命〕
しほうけん〔司法権〕法によって裁判をする権利。裁判所に属する。	**りっぽうけん**〔立法権〕**ぎょうせいけん**〔行政権〕

しほうしょぶん〔司法処分〕裁判所の権限で行う処分。　**ぎょうせいしょぶん**〔行政処分〕

しほうじん〔私法人〕会社など、私法によって設立を認められた法人。　**こうほうじん**〔公法人〕

しぼむ〔萎む・凋む〕①「花が――」。②「風船が――」。　①**ひらく**〔開く〕**さく**〔咲く〕②**ふくらむ**〔脹らむ〕

しぼる〔絞る・搾る〕①「袋の口を――」。②「生徒を――」。③「問題点を――」。　①**ゆるめる**〔緩める・弛める〕**ひろげる**〔広げる〕**ひらく**〔開く〕②**いたわる**〔労わる〕③**ぼかす**〔暈す〕**ぼやかす**

しほんか〔資本家〕事業に資本を提供している人。　**ろうどうしゃ**〔労働者〕

しほんしゅぎ〔資本主義〕生産手段を持つ資本家が労働者を雇って商品を生産させ、それを売って利潤を得るのを基本とする社会体制。　**しゃかいしゅぎ**〔社会主義〕**きょうさんしゅぎ**〔共産主義〕

しま〔島〕周囲を水に囲まれた、小さな陸地。　**たいりく**〔大陸〕

しまい〔姉妹〕姉と妹。　**きょうだい**〔兄弟〕

しまいゆ〔終い湯〕人が入った後の、湯を抜く前の風呂。しまい風呂。　**さらゆ**〔新湯〕

しまう〔仕舞う・終う〕　**はじめる**〔始める〕

しまつ〔始末〕後片付け。　**したく**〔支度・仕度〕**じゅんび**〔準備〕**ようい**〔用意〕

しまった　失敗したときに、思わず口にすることば。　**しめた**　**しめしめ**

しまる〔締まる・閉まる〕①「戸が――」。②「ねじが――」。③「気持ちが――」。　①**あく**〔明く・開く〕**ひらく**〔開く〕②**ゆるむ**〔弛む・緩む〕③**ゆるむ**〔弛む・緩む〕**たるむ**〔弛む〕　**だれる**

じまん〔自慢〕自分をほめること。自賛。　**じちょう**〔自嘲〕**ひげ**〔卑下〕

じみ〔地味〕派手でなく目立たないさま。　**かび**〔華美〕**はで**〔派手〕**はなやか**〔華やか〕**けばけばしい**

しみこむ〔染み込む〕　**しみでる**〔染み出る〕**わきでる**〔湧き出る〕

しみず〔清水〕きれいに澄んだ水。　**にごりみず**〔濁り水〕

しみでる〔染み出る〕　**しみこむ**〔染み込む〕

しみゃく〔支脈〕枝分かれした山脈や鉱脈。　**しゅみゃく**〔主脈〕

じむや〔事務屋〕事務方面の仕事をする人。　**ぎじゅつや**〔技術屋〕

しめきる〔締め切る・閉め切る〕①　**あけはなす**〔明け放す・開け放す〕

窓などを、完全に閉める。②申込などの受付を終わる。	**あけっぱなす**〔明けっ放す・開けっ放す〕②**うけつける**〔受け付ける〕
しめしめ	→しめた
じめじめ（と） 湿り気が多いさま。	**からから（に）**
しめた　うまくいったとき、思わず口にすることば。	**しまった**
しめだす〔締め出す・閉め出す〕門をとざして中へ入れないようにする。	㋐**むかえいれる**〔迎え入れる〕㋑**とじこめる**〔閉じ込める〕
しめつ〔死滅〕死んで滅びること。死に絶えること。	㋐**はっせい**〔発生〕㋑**せいぞん**〔生存〕**せいそく**〔生息・棲息〕
しめやか　ひっそりと沈んだきま。悲しげなさま。	**はれやか**〔晴れやか〕
しめらす〔湿らす〕	**かわかす**〔乾かす〕
しめる〔湿る〕	**かわく**〔乾く〕
しめる〔締める・閉める〕①「扉を――」。②「ねじを――」。③「帯を――」。	①**あける**〔明ける・開ける〕②**ゆるめる**〔緩める・弛める〕③**とく・ほどく**〔解く〕
じめん〔地面〕	→ちじょう〔地上〕
しも〔下〕下の方。後の方。京都で南の方。	**かみ**〔上〕**なか**〔中〕
しもき〔下期〕１年をふたつに分けた後の方。下半期。	**かみき**〔上期〕
しもざ〔下座〕下位の席。末席。げざ。	**かみざ**〔上座〕**じょうざ**〔上座〕
しもじも〔下々〕一般の民衆。庶民。	**おかみ**〔お上〕
しもたや〔しもた屋〕商店でない一般の家。	**みせや**〔店屋・店家〕
しもて〔下手〕川の下流の方。舞台の客席から見て左側。	**かみて**〔上手〕
しものく〔下の句〕短歌で、後半の７・７の２句。	**かみのく**〔上の句〕
しもはんき〔下半期〕１年をふたつに分けた後の方。下期《しもき》。	**かみはんき**〔上半期〕
しもん〔諮問〕方針や政策などについて、意見を求めること。	**とうしん**〔答申〕
しゃ〔捨〕すてる。	**しゅう**〔拾〕**よう**〔用〕**しゅ**〔取〕
しゃ〔社〕やしろ。神社。	**じ**〔寺〕
じゃ〔邪〕よこしま。不正。	**せい**〔正〕
じゃあく〔邪悪〕よこしまで悪いこと。	**ぜんりょう**〔善良〕
ジャーナリスティック　〔journalistic〕時流に敏感であるが、興味本位で手堅さがないさま。新聞記者的。	**アカデミック**〔academic〕
シャープ〔sharp〕楽譜で、半音上げ	**フラット**〔flat〕

るしるし。嬰《えい》記号。♯。

しゃおん〔謝恩〕受けた恩に感謝すること。　**ぼうおん**〔忘恩〕

しゃかい〔社会〕共同生活を営む人間の集団。世間。世の中。　**こじん**〔個人〕**がっこう**〔学校〕**かてい**〔家庭〕

しゃがい〔社外〕会社の外。　**しゃない**〔社内〕

しゃがい〔車外〕車の外。　**しゃない**〔車内〕**しゃちゅう**〔車中〕

しゃかいかがく〔社会科学〕経済学・政治学など、社会現象を対象に研究する学問。　**じんぶんかがく**〔人文科学〕**しぜんかがく**〔自然科学〕

しゃかいきょういく〔社会教育〕学校や家庭以外の社会で行われる教育。　**がっこうきょういく**〔学校教育〕**かていきょういく**〔家庭教育〕

しゃかいしゅぎ〔社会主義〕生産手段を共有にして、富の偏りを防ぎ、社会全体の発展をはかろうとする政治上の考え。　**しほんしゅぎ**〔資本主義〕

しゃかいじん〔社会人〕主として学生に対し、実社会に出て働いている人。　**がくせい**〔学生〕

しゃかいぞう〔社会増〕外からの転入などによる人口の増加。　**しぜんぞう**〔自然増〕

しゃがむ　ひざを折って低い姿勢になる。　**つったつ**〔突っ立つ・突っ起つ〕**ねころぶ**〔寝転ぶ〕

じゃき〔邪気〕病気や不幸をもたらす悪い気。　**せいき**〔正気〕

じゃきょう〔邪教〕社会に害を与える悪い宗教。邪宗。　**せいきょう**〔正教〕

しゃく〔借〕かりる。　**たい**〔貸〕

じゃく〔弱〕よわい。　**きょう**〔強〕

じゃく〔昔〕むかし。　**こん**〔今〕

じゃく〔若〕わかい。　**ろう**〔老〕

しゃくしじょうぎ〔杓子定規〕融通がまったくきかないさま。　**ゆうずうむげ**〔融通無碍〕

じゃくしゃ〔弱者〕弱い者。　**きょうしゃ**〔強者〕

しゃくしゃく（と）〔綽々（と）〕ゆったりと落ち着いているさま。　**きゅうきゅう（と）**〔汲々（と）〕

じゃくしょう〔弱小〕弱くて小さいさま。　**きょうだい**〔強大〕

じゃくそつ〔弱卒〕弱い兵士。　**きょうへい**〔強兵〕

じゃくたいか〔弱体化〕　→じゃっか〔弱化〕

しゃくちにん〔借地人〕土地を借りている人。　**じぬし**〔地主〕

じゃくてん〔弱点〕短所。欠点。　**びてん**〔美点〕**ちょうしょ**〔長所〕

じゃくでん〔弱電〕家庭用など、低　**きょうでん**〔強電〕

圧・少量の電気を用いる部門。	
じゃくにくきょうしょく〔弱肉強食〕強い者が弱い者を滅ぼして生き残ること。強い者勝ち。	**きょうそんきょうえい**〔共存共栄〕
じゃくねん〔若年・弱年〕年が若いこと。	**ろうねん**〔老年〕**こうねん**〔高年〕**ろうれい**〔老齢〕**こうれい**〔高齢〕**ちゅうねん**〔中年〕
しゃくほう〔釈放〕捕らえられた者を許して自由の身にすること。	**たいほ**〔逮捕〕**こうそく**〔拘束〕**こうきん**〔拘禁〕**とうごく**〔投獄〕
しゃくやにん〔借家人〕家を借りている人。店子《たな》。	**やぬし**〔家主〕
しゃくよう〔借用〕借りて使うこと。	㋐**へんさい**〔返済〕**へんきゃく**〔返却〕㋑**たいよ**〔貸与〕
しゃくらん〔借覧〕本などを借りて読むこと。	**こうどく**〔購読〕
しゃけい〔舎兄〕本当の兄。実兄。	**しゃてい**〔舎弟〕
じゃけん〔邪険・邪慳〕思いやりがなく、冷たい仕打ちをするさま。	**しんせつ**〔親切〕
しゃこう〔斜行〕斜めに行くこと。	**ちょっこう**〔直行〕
しゃこう〔遮光〕光をさえぎること。	**さいこう**〔採光〕
しゃこうせい〔社交性〕人との付き合いがじょうずな性格。	**ないこうせい**〔内向性〕
しゃさい〔社債〕会社が資金を集めるために発行する債券。	**こくさい**〔国債〕**こうさい**〔公債〕
しゃし〔奢侈〕	→ぜいたく〔贅沢〕
しゃじつしゅぎ〔写実主義〕主観を退けて、事実をありのままに描こうとする芸術上の立場。リアリズム。	**ろうまんしゅぎ**〔浪漫主義〕**りそうしゅぎ**〔理想主義〕
しゃしょう〔車掌〕電車・バスなどに乗務し、車内の用務をする人。	㋐**うんてんしゅ**〔運転手〕㋑**じょうきゃく**〔乗客〕
しやすい〔為易い〕するのが簡単である。	**しにくい・しがたい**〔為難い〕
ジャスト〔just〕ちょうど。	**アバウト**〔about〕
しゃせん〔斜線〕直線や平面に垂直または平行でない線。	㋐**すいせん**〔垂線〕**すいちょくせん**〔垂直線〕㋑**へいこうせん**〔平行線〕
しゃだんほうじん〔社団法人〕ある目的のために設立され、法人としての資格を認められた団体。	**ざいだんほうじん**〔財団法人〕
しゃちゅう〔車中〕	→しゃない〔車内〕
じゃっか〔弱化〕弱くなること。	**きょうか**〔強化〕
しゃっかんほう〔尺貫法〕尺・貫などを単位とする。古いはかり方。	**メートルほう**〔mètre フランス法〕

しゃっきん〔借金〕お金を借りること。借りたお金。	㋐**へんきん**〔返金〕㋑**かしきん**〔貸し金〕**ちょきん**〔貯金〕**よきん**〔預金〕
じゃっこく〔弱国〕	→しょうこく〔小国〕
しゃてい〔舎弟〕本当の弟。実弟。	**しゃけい**〔舎兄〕
しゃどう〔車道〕車の通る道。	**ほどう**〔歩道〕**じんどう**〔人道〕
じゃどう〔邪道〕よこしまなやり方。悪い手段。非道。	**せいどう**〔正道〕
しゃない〔社内〕会社の内部。	**しゃがい**〔社外〕
しゃない〔車内〕車の中。車中。	**しゃがい**〔車外〕
しゃば〔娑婆〕監獄の外の一般の社会。獄外。	**ごくちゅう**〔獄中〕**ごくない**〔獄内〕
しゃへい〔遮蔽〕さえぎり覆うこと。	**ろしゅつ**〔露出〕
しゃべり〔喋り〕口数の多いこと。饒舌《じょうぜつ》。多弁。おしゃべり。	**むくち**〔無口〕**だんまり**〔黙り〕**かもく**〔寡黙〕
しゃべりまくる〔喋りまくる〕思う存分にしゃべり立てる。	**だまりこむ**〔黙り込む〕**だまりこくる**〔黙りこくる〕
しゃべる〔喋る〕	**だまる**〔黙る〕
しゃほん〔写本〕書き写した本。	㋐**げんぽん**〔原本〕㋑**かんぽん**〔刊本〕**はんぽん**〔版本〕
しゃめん〔斜面〕傾いている面。斜めの面。	**へいめん**〔平面〕**すいへいめん**〔水平面〕
しゃめん〔赦免〕	→しゃくほう〔釈放〕
じゃろ〔邪路〕よこしまな道。正しくない方法。邪道。	**せいろ**〔正路〕
じゃろん〔邪論〕よこしまな議論。曲論。	**せいろん**〔正論〕
しゅ〔主〕①おもな人。上に立つ人。②家あるじ。③主語。	①**じゅう**〔従〕**ふく**〔副〕②**かく・きゃく**〔客〕③**じゅつ**〔述〕
しゅ〔取〕とる。	**しゃ**〔捨〕
しゅ〔守〕まもる。	**こう**〔攻〕
しゅ〔首〕くび。はじめ。	**び**〔尾〕**まつ**〔末〕
じゅ〔受〕うける。	**じゅ**〔授〕
じゅ〔授〕さずける。	**じゅ**〔受〕
じゅ〔需〕もとめる。	**きゅう**〔給〕
しゅい〔首位〕第1位。首席。最高位。	**まつい**〔末位〕
しゅいしゅぎ〔主意主義〕意志を人間の精神生活の根本とする考え方。	**しゅちしゅぎ**〔主知主義〕**しゅじょうしゅぎ**〔主情主義〕
しゅいん〔主因〕中心的な原因。	**ふくいん**〔副因〕
しゆう〔私有〕個人が持っていること。	**こうゆう**〔公有〕**こくゆう**〔国有〕**かんゆう**〔官有〕
しゅう〔収〕おさめる。とり入れる。	**し**〔支〕**しゃ**〔捨〕
しゅう〔就〕位置につく。おもむく。	**きょ**〔去〕

しゅう〔終〕おわり。	**し**〔始〕**しょ**〔初〕**ちゅう**〔中〕
しゅう〔秋〕あき。	**しゅん**〔春〕**か**〔夏〕**とう**〔冬〕
しゅう〔衆〕多数。	**か**〔寡〕
しゅう〔讐〕うらみ。あだ。	**おん**〔恩〕
しゅう〔醜〕みにくい。	**び**〔美〕
しゅう〔集〕あつめる。あつまる。	**さん**〔散〕
じゆう〔自由〕他から束縛されないさま。思いのままであるさま。	**そくばく**〔束縛〕**ふじゆう**〔不自由〕**きゅうくつ**〔窮屈〕
じゅう〔住〕すまい。住居。	**い**〔衣〕**しょく**〔食〕
じゅう〔従〕付きしたがう。	**しゅ**〔主〕
じゅう〔柔〕やわらかい。よわい。	**ごう**〔剛〕
じゅう〔縦〕たて。	**おう**〔横〕
じゅう〔重〕おもい。	**けい**〔軽〕
しゅうあく〔醜悪〕みにくく汚らわしいさま。	**ぜんび**〔善美〕**びれい**〔美麗〕
しゅうえき〔収益〕利益。もうけ。	**けっそん**〔欠損〕**そんしつ**〔損失〕
しゅうえん〔終演〕演劇などの上演が終わること。	**かいえん**〔開演〕
しゅうか〔集貨〕荷物を集めること。	**はいか**〔配貨〕
じゅうかぜい〔従価税〕品物の価格に応じて課される税金。	**じゅうりょうぜい**〔従量税〕
しゅうかん〔終刊〕刊行を終えること。	**そうかん**〔創刊〕**はっかん**〔発刊〕
じゅうかん〔縦貫〕縦または南北に貫き通すこと。縦断。	**おうだん**〔横断〕
しゅうき〔秋季〕秋の季節。	**しゅんき**〔春季〕**かき**〔夏季〕**とうき**〔冬季〕
しゅうき〔秋期〕秋の期間。秋の間。	**しゅんき**〔春期〕**かき**〔夏期〕**とうき**〔冬期〕
しゅうき〔終期〕終わりの時期。末期。	**しょき**〔初期〕**しき**〔始期〕**ちゅうき**〔中期〕
しゅうき〔臭気〕くさいにおい。悪臭。	**こうき**〔香気〕
しゅうぎいん〔衆議院〕わが国の国会で、下院に当たる議院。	㋐**さんぎいん**〔参議院〕㋑**きぞくいん**〔貴族院〕
しゅうぎょう〔就業〕仕事につくこと。	**しつぎょう**〔失業〕
しゅうぎょう〔終業〕仕事や授業を終えること。	**しぎょう**〔始業〕
しゅうぎょうしき〔終業式〕学校で、学期の終わりに行う式。	**しぎょうしき**〔始業式〕
しゅうきょく〔終局〕事件などの終わり。結末。	**ほったん**〔発端〕
しゅうきょく〔終曲〕交響曲の最後の楽章。歌劇の結びの曲。フィナーレ。	**じょきょく**〔序曲〕

じゅうきんぞく〔重金属〕金・銀・銅・鉄など、比重の重い金属。 **けいきんぞく**〔軽金属〕

しゅうく〔秀句〕優れた俳句。名句。 **だく**〔駄句〕

じゆうけい〔自由刑〕懲役・禁固など、身体の自由を奪う刑罰。 **ざいさんけい**〔財産刑〕

じゅうけい〔従兄〕年上の男のいとこ。 **じゅうてい**〔従弟〕**じゅうし**〔従姉〕

じゆうけいざい〔自由経済〕国家が統制や干渉を加えない経済。 **けいかくけいざい**〔計画経済〕**とうせいけいざい**〔統制経済〕

しゅうけつ〔終結〕物事が終わること。終局。 **はっせい**〔発生〕

しゅうけん〔集権〕権力を集中すること。 **ぶんけん**〔分権〕

じゆうけんきゅう〔自由研究〕各自が自発的に題材を選んで行う研究。 **かだいけんきゅう**〔課題研究〕

しゅうこう〔就航〕船や飛行機が、航路につくこと。 **はいこう**〔廃航〕**けっこう**〔欠航〕**きゅうこう**〔休航〕

しゅうこう〔醜行〕みにくい行い。恥ずかしい行為。 **びこう**〔美行〕

しゅうごう〔集合〕ひとつの所に集まること。 **かいさん**〔解散〕**りさん**〔離散〕

じゅうこう〔重厚〕どっしりして重々しいさま。 **けいはく**〔軽薄〕**せんぱく**〔浅薄〕**ふはく**〔浮薄〕**けいちょう**〔軽佻〕

じゅうこうぎょう〔重工業〕主として生産財を製造する工業。 **けいこうぎょう**〔軽工業〕

しゅうさい〔秀才〕 →てんさい〔天才〕

じゆうざい〔自由財〕空気・日光など、人間の生活に必要であるが、お金なしで自由に手に入るもの。 **けいざいざい**〔経済財〕

じゅうざい〔重罪〕重い罪。重科。 **けいはんざい**〔軽犯罪〕**びざい**〔微罪〕

しゅうさく〔秀作〕優れた作品。傑作。佳作。 **ださく**〔駄作〕**ぐさく**〔愚作〕**ぼんさく**〔凡作〕**せっさく**〔拙作〕

しゅうさつ〔集札〕客の切符を集めること。 **しゅっさつ**〔出札〕**かいさつ**〔改札〕

しゅうし〔修士〕大学院に2年以上在学して、所定の課程を修めた者に与えられる称号。マスター。 **はくし**〔博士〕**がくし**〔学士〕

じゆうし〔自由詩〕特定の形式にとらわれない詩。 **ていけいし**〔定形詩・定型詩〕

じゅうし〔従姉〕年上の女のいとこ。 **じゅうまい**〔従妹〕**じゅうけい**〔従兄〕

じゅうし〔重視〕重く考えること。重要視。重大視。 **けいし**〔軽視〕**むし**〔無視〕**かんか**〔看過〕**もくさつ**〔黙殺〕

しゅうじつ〔終日〕一日中。	**しゅうや**〔終夜〕
じゅうじつ〔充実〕内容が豊かなさま。	**くうきょ**〔空虚〕**けつじょ**〔欠如〕
しゅうじゃく〔執着〕深く思いをかけて、断念できないこと。	**だんねん**〔断念〕
しゅうしゅう〔収集・蒐集〕①寄せ集めること。②郵便物などを集めること。	①**さんいつ**〔散逸・散佚〕②**はいたつ**〔配達〕
しゅうしゅく〔収縮〕引き締まって縮まること。	**ぼうちょう**〔膨張・膨脹〕
しゅうじゅく〔習熟〕慣れてじょうずになること。熟練。	**みじゅく**〔未熟〕
じゅうじゅん〔従順・柔順〕素直で逆らわないさま。温順。	**ごうじょう**〔強情〕**がんこ**〔頑固〕**がんめい**〔頑迷〕**らんぼう**〔乱暴〕
しゅうじょ〔醜女〕みにくい女。しこめ。	㋐**びじょ**〔美女〕**びじん**〔美人〕㋑**ぶおとこ**〔醜男〕
じゅうしょ〔住所〕現に住んでいる所。	**ほんせき**〔本籍〕
しゅうしょう〔就床〕	→しゅうしん〔就寝〕
しゅうしょう〔終章〕書物などの終わりの章。	**じょしょう**〔序章〕
じゅうしょう〔重傷〕重い傷。	**けいしょう**〔軽傷〕
じゅうしょう〔重唱〕それぞれの音程を何人かで受け持って合唱すること。	**せいしょう**〔斉唱〕
じゅうしょう〔重症〕重いけがや病気。	**けいしょう**〔軽症〕
じゅうしょうしゅぎ〔重商主義〕外国貿易に重点を置いて、国の経済発展をはかろうとする政治上の考え方。	**じゅうのうしゅぎ**〔重農主義〕
しゅうしょうろうばい〔周章狼狽〕あわてふためくこと。	**たいぜんじじゃく**〔泰然自若〕
しゅうしょく〔就職〕新しく職につくこと。	**たいしょく**〔退職〕**じしょく**〔辞職〕**りしょく**〔離職〕**しっしょく**〔失職〕**しつぎょう**〔失業〕
しゅうしょく〔秋色〕秋の景色。秋の気配。	**しゅんしょく**〔春色〕
じゅうしょく〔重職〕重要な職務。要職。激職。	**かんしょく**〔閑職〕
しゅうしょくご〔修飾語〕下に来る語句の意義を限定する語。	**ひしゅうしょくご**〔被修飾語〕
しゅうしん〔就寝〕寝床に入ること。就床。	**きしょう**〔起床〕
シューズ〔shoes〕短靴。	**ブーツ**〔boots〕
しゅうぜい〔収税〕税金を取りおさめること。	**のうぜい**〔納税〕

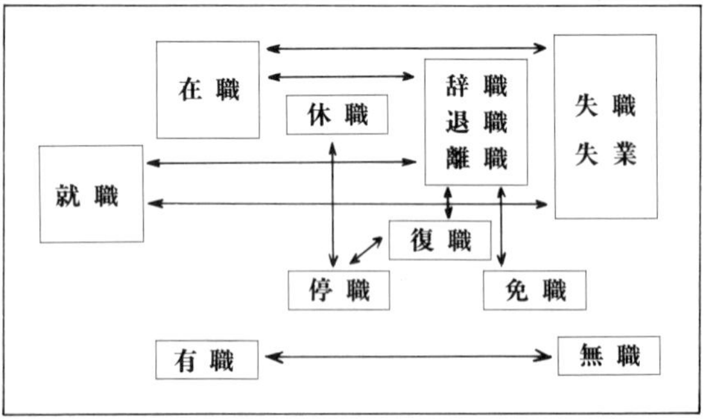

しゅうせいあん〔修正案〕原案に手を加えて直した案。	**げんあん**〔原案〕
じゆうせき〔自由席〕列車・劇場などで、指定されていない席。	**していせき**〔指定席〕
しゅうせん〔終戦〕戦いが終わること。	**かいせん**〔開戦〕**こうせん**〔交戦〕
しゅうぜん〔修繕〕こわれた部分をつくろいなおすこと。修理。	**はそん**〔破損〕
じゅうせん〔縦線〕縦の線。たてせん。	**おうせん・よこせん**〔横線〕
じゅうぜん〔従前〕	→じゅうらい〔従来〕
しゅうぞう〔収蔵〕美術品などを、倉庫にしまっておくこと。	㋐**ちんれつ**〔陳列〕㋑**さんいつ**〔散逸・散佚〕
じゅうそうび〔重装備〕登山・旅行などで、服装や持ち物などを十分に整えること。	**けいそう**〔軽装〕
しゅうそく〔集束〕光がひとつの所に集まること。	**はっさん**〔発散〕
じゅうそく〔充足〕十分に満ち足りていること。	**ふそく**〔不足〕**けつぼう**〔欠乏〕
じゅうぞく〔従属〕他のものの下に、従いつくこと。隷属。	㋐**じりつ**〔自立〕**どくりつ**〔独立〕㋑**しはい**〔支配〕
じゅうぞくこく〔従属国〕他の強国の支配下に置かれている国。	**どくりつこく**〔独立国〕
しゅうそん〔集村〕人家がかたまっている村落。	**さんそん**〔散村〕
じゅうたい〔縦隊〕縦に並んだ隊列。	**おうたい**〔横隊〕
じゅうたい〔渋滞〕とどこおってはかどらないこと。停滞。	**しんちょく**〔進捗〕
じゅうだい〔重大〕軽々しく扱えないこと。非常に大事なこと。重要。	**ささい**〔些細〕**さまつ**〔瑣末〕**けいび**〔軽微〕
しゅうだん〔集団〕多人数の集まり。	**こじん**〔個人〕

じゅうだん〔縦断〕　→じゅうかん〔縦貫〕

しゅうだんしどう〔集団指導〕児童・生徒などを、集団としてまとめて指導すること。　**こじんしどう**〔個人指導〕**こべつしどう**〔個別指導〕

しゅうち〔羞恥〕恥ずかしく思うこと。　**はれんち**〔破廉恥〕

しゅうちゃく〔執着〕　→しゅうじゃく〔執着〕

しゅうちゃく〔終着〕列車が終点に到着すること。　**しはつ**〔始発〕

しゅうちゅう〔集中〕ひとつの所に集めること。　**ぶんさん**〔分散〕

じゅうてい〔従弟〕年下の男のいとこ。　**じゅうけい**〔従兄〕**じゅうまい**〔従妹〕

しゅうてん〔終点〕電車などの最後に行き着く所。終着駅。　**きてん**〔起点〕**してん**〔始点〕

じゅうでん〔充電〕蓄電池に電気を満たすこと。　**ほうでん**〔放電〕

しゅうと〔舅〕夫または妻の父。　㋐**しゅうとめ**〔姑〕㋑**よめ**〔嫁〕**むこ**〔婿〕

じゅうど〔重度〕程度が重いこと。　**けいど**〔軽度〕

しゅうとく〔拾得〕落とし物などを拾うこと。　**いしつ**〔遺失〕

しゅうとくぶつ〔拾得物〕見付けて拾った物。　**いしつぶつ**〔遺失物〕

しゅうとめ〔姑〕夫または妻の母。　㋐**しゅうと**〔舅〕㋑**よめ**〔嫁〕**むこ**〔婿〕

しゅうにゅう〔収入〕お金が入ってくること。　**ししゅつ**〔支出〕

しゅうにん〔就任〕任務につくこと。着任。　**たいにん**〔退任〕**りにん**〔離任〕**じにん**〔辞任〕

じゅうのうしゅぎ〔重農主義〕農業生産に重点を置いて、国力の発展をはかろうとする政治上の考え方。　**じゅうしょうしゅぎ**〔重商主義〕

じゅうばこよみ〔重箱読み〕漢字2字の熟語を、前の字を音、後の字を訓でよむこと。重箱・翌朝《よくあさ》の類。　**ゆとうよみ**〔湯桶読み〕

しゅうはつ〔終発〕1日の最後に発車すること。　**しはつ**〔始発〕

しゅうばん〔終盤〕碁《ご》・将棋《しょうぎ》で、終わりに近い局面。勝負の終わりごろ。　**じょばん**〔序盤〕**ちゅうばん**〔中盤〕

じゅうはん〔従犯〕犯罪を手伝った罪、また、手伝った人。共犯。　**しゅはん**〔主犯〕**せいはん**〔正犯〕

じゅうはん〔重版〕前に出した出版物を重ねて出版すること。　㋐**しょはん**〔初版〕㋑**ぜっぱん**〔絶版〕

じゅうはん〔重犯〕罪を重ねること。また、重ねた人。 — **しょはん**〔初犯〕

しゅうふう〔秋風〕秋に吹く風。 — **しゅんぷう**〔春風〕

しゅうぶん〔秋分〕秋の彼岸《ひがん》の中日。 — **しゅんぶん**〔春分〕

しゅうぶん〔醜聞〕よくない評判。スキャンダル。 — **びだん**〔美談〕**びめい**〔美名〕**めいせい**〔名声〕**こうひょう**〔好評〕

じゅうぶん〔十分・充分〕不足がないさま。完全なさま。 — **ふじゅうぶん**〔不十分・不充分〕**ふそく**〔不足〕**ものたりない**〔物足りない〕

じゅうぶん〔重文〕文の構造で、ひとつの文の中に、対等の主述関係がふたつ以上成り立つもの。 — **たんぶん**〔単文〕**ふくぶん**〔複文〕

じゅうぶんじょうけん〔十分条件〕命題「AならばBである」が正しいときの、Bに対するA。 — **ひつようじょうけん**〔必要条件〕

しゅうへん〔周辺〕まわり。 — **ちゅうしん**〔中心〕**ちゅうおう**〔中央〕

しゅうへん〔終編〕書物の最後の編。 — **しょへん**〔初編〕**ちゅうへん**〔中編〕

しゅうぼう〔醜貌〕みにくい顔。 — **びぼう**〔美貌〕

じゆうぼうえき〔自由貿易〕国家権力による干渉がない貿易。 — **ほごぼうえき**〔保護貿易〕

じゅうまい〔従妹〕年下の女のいとこ。 — **じゅうし**〔従姉〕**じゅうてい**〔従弟〕

しゅうまく〔終幕〕①劇の最後の幕。②劇が終わること。事件などが終わること。 — ①**じょまく**〔序幕〕②**かいまく**〔開幕〕

しゅうまつ〔終末〕 — →けつまつ〔結末〕

しゅうめい〔醜名〕 — →しゅうぶん〔醜聞〕

じゅうめん〔渋面〕 — →しかめっつら〔顰めっ面〕

しゅうや〔終夜〕ひと晩中。夜どおし。 — **しゅうじつ**〔終日〕

じゅうゆ〔重油〕原油を分留した後に残る濃厚な油。 — **けいゆ**〔軽油〕

じゅうよう〔重要〕中心となる大切なこと。重大。 — **ささい**〔些細〕**さまつ**〔瑣末〕

じゅうようし〔重要視〕大切であると認めること。重視。 — **どがいし**〔度外視〕**けいし**〔軽視〕

じゅうらい〔従来〕以前から今まで。従前。 — **こんご**〔今後〕**こうご・きょうこう**〔向後〕

しゅうり〔修理〕つくろいなおすこと。修繕。 — **はそん**〔破損〕

しゅうりょう〔終了〕終わること。 — **かいし**〔開始〕

じゅうりょうきゅう〔重量級〕体重別に競技の行われるレスリング・柔道などで、重い体重の部門。 — **けいりょうきゅう**〔軽量級〕**ちゅうりょうきゅう**〔中量級〕

じゅうりょうぜい〔従量税〕商品の重量や体積に応じて課せられる税金。 **じゅうかぜい**〔従価税〕
しゅうれい〔秋冷〕秋の涼しい気配。 **しゅんだん**〔春暖〕
しゅうれい〔終礼〕学校などで、課業の終わった後、全員が集まって行う会。 **ちょうれい**〔朝礼〕
じゅうろうどう〔重労働〕体力の消耗の大きい、激しい労働。 **けいろうどう**〔軽労働〕
しゅうわい〔収賄〕わいろを受け取ること。 **ぞうわい**〔贈賄〕
しゅえん〔主演〕主役として出演すること。 **じょえん**〔助演〕
しゅかん〔主観〕自分の立場からする考え。 **きゃっかん**〔客観〕
しゅかんてき〔主観的〕主観をもとにして考えるさま。 **きゃっかんてき**〔客観的〕
しゅく〔叔〕父母の年下のきょうだい。 **はく**〔伯〕
しゅく〔縮〕ちぢむ。 **しん**〔伸〕
しゅくい〔祝意〕祝いの気持ち。 **ちょうい**〔弔意〕
しゅくが〔祝賀〕祝い喜ぶこと。 **あいとう**〔哀悼〕**あいせき**〔哀惜〕**ちょうい**〔弔慰〕
じゅくご〔熟語〕ふたつ以上の単語が複合して出来た語。 **たんご**〔単語〕**たんじゅんご**〔単純語〕
しゅくじ〔祝辞〕祝いのことば。祝詞。 **ちょうじ**〔弔辞〕
じゅくし〔熟視〕じっと見ること。見つめること。 **いっけん**〔一見〕**いちべつ**〔一瞥〕**いっこ**〔一顧〕
しゅくじつ〔祝日〕国で定めた祝いの日。 **へいじつ**〔平日〕
しゅくじょ〔淑女〕しとやかで上品な女性。レディ。 **しんし**〔紳士〕
しゅくしょう〔縮小〕小さく縮めること。 **かくだい**〔拡大〕**かくちょう**〔拡張〕
しゅくず〔縮図〕実物を縮小して描いた図。 **かくだいず**〔拡大図〕
じゅくすい〔熟睡〕ぐっすり眠ること。 **かみん**〔仮眠〕**ふみん**〔不眠〕
しゅくぜん〔粛然〕静かで行儀正しいさま。 **そうぜん**〔騒然〕
しゅくだい〔宿題〕自宅での学習に備えて、前もって出す問題。 **そくだい**〔即題〕
じゅくたつ〔熟達〕 →じゅくれん〔熟練〕
しゅくちょく〔宿直〕勤務先に泊って、夜中の番をすること。 **にっちょく**〔日直〕
しゅくでん〔祝電〕祝いの電報。 **ちょうでん**〔弔電〕
じゅくどく〔熟読〕じっくり読むこと。 **つうどく**〔通読〕**そくどく**〔速読〕

精読。味読。 らんどく〔乱読・濫読〕

しゅくふく〔祝福〕幸せを祝うこと。 **じゅそ**〔呪咀〕

じゅくらん〔熟覧〕じっくり目を通すこと。 **つうらん**〔通覧〕**いちらん**〔一覧〕

じゅくりょ〔熟慮〕じっくり考えること。深慮。 **せんりょ**〔浅慮〕**たんりょ**〔短慮〕

じゅくれん〔熟練〕慣れてじょうずになること。熟達。 **みじゅく**〔未熟〕**せいこう**〔生硬〕

じゅくれんこう〔熟練工〕ある技術について、熟練している工員。 **しろうとこう**〔素人工〕**みならいこう**〔見習い工〕

じゅくれんしゃ〔熟練者〕仕事に慣れて技術を身に付けた人。 **しょしんしゃ**〔初心者〕

しゅくん〔主君〕仕えている君主。 **かしん**〔家臣〕**けらい**〔家来〕

しゅご〔主語〕文の成分で、「何がどうする」の「何」に当たる語。 **じゅつご**〔述語〕**かくご・きゃくご**〔客語〕

しゅこうぎょう〔手工業〕簡単な道具を使って物をつくる、小規模な工業。 **きかいこうぎょう**〔機械工業〕

しゅさ〔主査〕中心になって調査や審査を行う人。 **ふくさ**〔副査〕

しゅざ〔首座〕最高位の座席。 **まつざ**〔末座〕

しゅさい〔主催〕中心となって催し行うこと。 **きょうさい**〔共催〕**こうえん**〔後援〕

しゅざい〔主罪〕中心となる罪。 **よざい**〔余罪〕

しゅざん〔珠算〕そろばんを使ってする計算。 **あんざん**〔暗算〕**ひっさん**〔筆算〕

しゅさんぶつ〔主産物〕中心となる主な産物。 **ふくさんぶつ**〔副産物〕

しゅしょう〔首唱〕まっ先に唱えること。 **ついずい**〔追随〕

じゅしょう〔受章〕勲章などを受けること。 **じゅしょう**〔授章〕

じゅしょう〔受賞〕ほうびを受けること。 **じゅしょう**〔授賞〕

じゅしょう〔授章〕勲章などを授けること。 **じゅしょう**〔受章〕

じゅしょう〔授賞〕ほうびを授けること。 **じゅしょう**〔受賞〕

しゅじょうしゅぎ〔主情主義〕感情の重要性を特に強調する考え方。 **しゅちしゅぎ**〔主知主義〕**しゅいしゅぎ**〔主意主義〕

しゅしょく〔主食〕米・パンなど、食事の中心になる食べ物。 **ふくしょく**〔副食〕

しゅしん〔主審〕①審判がふたり以上いるとき、その中心になる人。②野球 ①**ふくしん**〔副審〕②**るいしん**〔塁審〕**せんしん**〔線審〕

で、球審。

しゅじん〔主人〕あるじ。　㋐しようにん〔使用人〕やといにん〔雇い人〕㋑きゃく〔客〕きゃくじん〔客人〕㋒しゅふ〔主婦〕

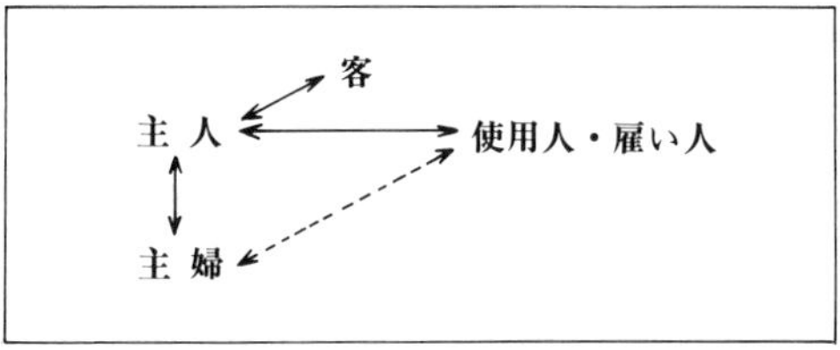

じゅしん〔受信〕通信を受けること。　はっしん〔発信〕そうしん〔送信〕

じゅしん〔受診〕医師の診察を受けること。　しんさつ〔診察〕しんだん〔診断〕

じゅずつなぎ〔数珠繫ぎ〕多くの人や物が、切れ目なくつながること。　とぎれとぎれ

しゅせい〔守勢〕相手に押されて、守る態勢になること。　こうせい〔攻勢〕

しゅせい〔守成〕創設者の後を受け継いで、その事業を守ること。　そうせつ〔創設〕そうし〔創始〕そうぎょう〔創業〕

じゅせいらん〔受精卵〕精子との結合を終え、ひなになるはずの卵。　むせいらん〔無精卵〕

しゅせき〔首席〕最高の席次。第１位。　まっせき・ばっせき〔末席〕

しゅせんとうしゅ〔主戦投手〕野球で、チームの主力となる投手。エースピッチャー。　きゅうえんとうしゅ〔救援投手〕ひかえとうしゅ〔控え投手〕

じゅそ〔呪咀〕人の不幸を願うこと。　しゅくふく〔祝福〕

じゅぞう〔受贈〕人からの贈り物を受け取ること。　きぞう〔寄贈〕ぞうてい〔贈呈〕ぞうよ〔贈与〕

しゅたい〔主体〕目的や意志を持って、何かをする人。　きゃくたい・かくたい〔客体〕

しゅだい〔主題〕中心になる題目。メインタイトル。　ふくだい〔副題〕

じゅたい〔受胎〕　→にんしん〔妊娠〕

しゅたいてき〔主体的〕自分の意志で、積極的に行動するさま。能動的。　じゅどうてき〔受動的〕

じゅたく〔受託〕人から何かを頼まれたり、品物を託されたりすること。　いたく〔委託〕

じゅだく〔受諾〕引き受けること。応諾。承諾。　きょぜつ〔拒絶〕きょひ〔拒否〕

しゅだん〔手段〕しかた。方法。　もくてき〔目的〕

しゅちしゅぎ〔主知主義〕知性や理　しゅいしゅぎ〔主意主義〕しゅじょ

性の働きをすべての認識のもととする考え。　**うしゅぎ**〔主情主義〕

じゅちゅう〔受注・受註〕注文を受けること。　**はっちゅう**〔発注・発註〕

しゅつ〔出〕でる。　**にゅう**〔入〕**けつ**〔欠〕**ぼつ**〔没〕

じゅつ〔述〕述語・述部。　**しゅ**〔主〕

しゅつえん〔出演〕舞台や映画に出て演技をすること。　**きゅうえん**〔休演〕

しゅつえんしゃ〔出演者〕舞台に出て演技をする人。　**かんきゃく**〔観客〕**ちょうしゅう**〔聴衆〕

しゅっか〔出火〕火事を出すこと。火事になること。　㋐**しょうか**〔消火〕**ちんか**〔鎮火〕㋑**ぼうか**〔防火〕

しゅっか〔出荷〕荷物を出すこと。商品を市場へ出すこと。　**にゅうか**〔入荷〕

しゅっきょう〔出郷〕故郷を出ること。　**ききょう**〔帰郷〕

しゅつぎょ〔出漁〕　→しゅつりょう〔出漁〕

しゅっきん〔出勤〕勤務に出ること。　**けっきん**〔欠勤〕**たいきん**〔退勤〕

しゅっきん〔出金〕お金を出すこと。　**にゅうきん**〔入金〕

しゅっけ〔出家〕俗世を捨てて仏門に入ること。僧になること。　㋐**げんぞく**〔還俗〕㋑**ざいけ**〔在家〕**ざいぞく**〔在俗〕

しゅっけつ〔出血〕血液が血管の外に出ること。　**しけつ**〔止血〕

しゅつげん〔出現〕現れ出ること。姿を現すこと。　**しょうしつ**〔消失〕**しょうめつ**〔消滅〕

しゅっこ〔出庫〕商品などを倉庫から出すこと。電車などが車庫から出ること。　**にゅうこ**〔入庫〕

じゅつご〔述語〕文の成分で、「何がどうする」の「どうする」に当たる語。　**しゅご**〔主語〕**きゃくご・かくご**〔客語〕

しゅっこう〔出港〕船が港から出ること。　**にゅうこう**〔入港〕**きこう**〔帰港〕**きこう**〔寄港〕

しゅっこう〔出航〕船が航海に出ること。　㋐**けっこう**〔欠航〕**きゅうこう**〔休航〕㋑**きこう**〔帰航〕

しゅっこう〔出講〕講義に出向くこと。　**けっこう**〔欠講〕**きゅうこう**〔休講〕

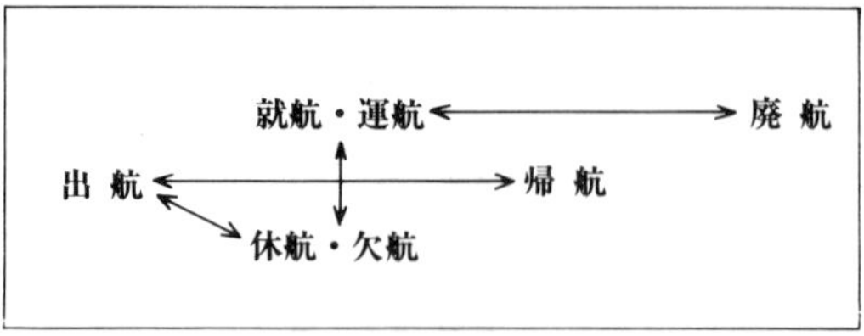

じゅっこう〔熟考〕じっくり考えること。熟慮。	**いっこう**〔一考〕
しゅっこく〔出国〕国外に出ること。	**にゅうこく**〔入国〕**きこく**〔帰国〕
しゅつごく〔出獄〕監獄から外に出ること。	**げごく**〔下獄〕**にゅうごく**〔入獄〕
しゅつざ〔出座〕決められた席に出ること。	**たいざ**〔退座〕
しゅっさつ〔出札〕切符を売ること。	**しゅうさつ**〔集札〕**かいさつ**〔改札〕
しゅっさん〔出産〕子供を産むこと。	㋐**りゅうざん**〔流産〕㋑**にんしん**〔妊娠〕**じゅたい**〔受胎〕
しゅっしゃ〔出社〕会社へ出ること。	**たいしゃ**〔退社〕
しゅっしょ〔出所〕刑務所を出ること。	**にゅうしょ**〔入所〕
しゅっしょう〔出生〕	→しゅっせい〔出生〕
しゅつじょう〔出場〕催しや会などに出ること。競技に出ること。	㋐**たいじょう**〔退場〕㋑**きゅうじょう**〔休場〕**けつじょう**〔欠場〕
しゅつじん〔出陣〕戦場へ出かけること。	**がいせん**〔凱旋〕**きかん**〔帰還〕
しゅっせ〔出世〕世の中に出て、高い地位や身分につくこと。立身。	**れいらく**〔零落〕
しゅっせい〔出征〕軍隊に入って戦地へ行くこと。出陣。	**きかん**〔帰還〕**がいせん**〔凱旋〕
しゅっせい〔出生〕生まれること。しゅっしょう。	**しぼう**〔死亡〕**しきょ**〔死去〕**さいご**〔最期〕
しゅっせき〔出席〕会合などの席に出ること。学校の授業に出ること。	㋐**たいせき**〔退席〕㋑**けっせき**〔欠席〕
しゅつだい〔出題〕問題を出すこと。	**かいとう**〔解答〕
しゅったつ〔出立〕	→しゅっぱつ〔出発〕
しゅっちょう〔出超〕輸入よりも輸出の方が多いこと。	**にゅうちょう**〔入超〕
しゅってい〔出廷〕法廷に出ること。	**たいてい**〔退廷〕
しゅっぱつ〔出発〕スタート。出立。	㋐**とうちゃく**〔到着〕㋑**きちゃく**〔帰着〕
しゅっぱつてん〔出発点〕	**けっしょうてん**〔決勝点〕**とうちゃくてん**〔到着点〕
しゅっぱん〔出帆〕	→しゅっこう〔出港〕
しゅっぱん〔出版〕本などを印刷して売り出すこと。	**ぜっぱん**〔絶版〕
じゅつぶ〔述部〕述語相当の連文節。	**しゅぶ**〔主部〕
しゅっぺい〔出兵〕軍隊を出動させること。	**てっぺい**〔撤兵〕
しゅつもん〔出門〕門から外に出ること。	**にゅうもん**〔入門〕
しゅつりょう〔出漁〕船で魚をとり	**きりょう**〔帰漁〕

に出かけること。しゅつぎょ。

しゅつりょく〔出力〕コンピュータから資料を引き出すこと。アウトプット。　**にゅうりょく**〔入力〕

しゅどう〔手動〕人間の手で動かすこと。　**じどう**〔自動〕**でんどう**〔電動〕

じゅどう〔受動〕他から働きかけを受けること。受け身。　**のうどう**〔能動〕

じゅどうたい〔受動態〕主語が他から働きかけを受けることを表す述語の形式。　**のうどうたい**〔能動態〕

じゅどうてき〔受動的〕受け身であるさま。消極的なさま。　**のうどうてき**〔能動的〕**しゅたいてき**〔主体的〕

しゅとく〔取得〕手に入れること。　**そうしつ**〔喪失〕**ほうき**〔放棄・抛棄〕

ジュニア〔junior〕年少。下級。　**シニア**〔senior〕

しゅはん〔主犯〕ふたり以上で犯罪行為をする場合、その中心となる人。　**きょうはん**〔共犯〕**じゅうはん**〔従犯〕

しゅび〔守備〕まもること。　**こうげき**〔攻撃〕

しゅびいっかん〔首尾一貫〕始めから終わりまで、筋が通っていること。　**しりめつれつ**〔支離滅裂〕

しゅひん〔主賓〕客の中の中心となる人。主客。正客。　**ばいひん**〔陪賓〕

しゅふ〔主婦〕一家の中心となる女性。　**しゅじん**〔主人〕

しゅぶ〔主部〕主語相当の連文節。　**じゅつぶ**〔述部〕

しゅぶん〔主文〕中心となる文。本文。　**ふくぶん**〔副文〕

しゅみてき〔趣味的〕実用よりも趣味を主に考えるさま。　**じつようてき**〔実用的〕**じつりてき**〔実利的〕

しゅみゃく〔主脈〕中心となる山脈や鉱脈。　**しみゃく**〔支脈〕

しゅやく〔主役〕劇などで主人公の役。　**わきやく**〔脇役〕**はやく**〔端役〕

じゅよ〔授与〕賞などを授け与えること。　㋐**はくだつ**〔剝奪〕㋑**じゅりょう**〔受領〕

じゅよう〔需要〕消費者が、商品を買い求めたいとする欲望。　**きょうきゅう**〔供給〕

しゅようちょうぼ〔主要帳簿〕仕訳帳・総勘定元帳など、営業記録の中心となる帳簿。　**ほじょちょうぼ**〔補助帳簿〕

しゅよく〔主翼〕航空機の中心となる大きい翼。　**ほじょよく**〔補助翼〕**びよく**〔尾翼〕

じゅり〔受理〕書類などを受け取って処理すること。　㋐**ていしゅつ**〔提出〕**そうふ**〔送付〕**じさん**〔持参〕㋑**きゃっか**〔却下〕

しゅりゅう〔主流〕中心となる大きな　**しりゅう**〔支流〕**ぼうりゅう**〔傍

流れ。本流。 流〕

しゅりゅうは〔主流派〕団体や政党で、その中心勢力となるグループ。 **はんしゅりゅうは**〔反主流派〕**ひしゅりゅうは**〔非主流派〕

しゅりょう〔首領〕盗賊などの、かしら。 **はいか**〔配下〕

じゅりょう〔受領〕受けとること。領収。 ㋐**じゅよ**〔授与〕㋑**へんのう**〔返納〕

じゅわき〔受話器〕電話などで、相手の話を受ける装置。 **そうわき**〔送話器〕

しゅん〔春〕はる。 **しゅう**〔秋〕**か**〔夏〕**とう**〔冬〕

じゅん〔純〕混じり気がない。 **ざつ**〔雑〕**こん**〔混〕

じゅん〔順〕したがう。道理に合う。 **ぎゃく**〔逆〕**さか**〔逆〕

じゅんえん〔順縁〕よい行いがよい報いを受けること。また、年老いた者が若い者より先に死ぬこと。 **ぎゃくえん**〔逆縁〕

しゅんかん〔瞬間〕ごくわずかの時間。あっという間。 **えいきゅう**〔永久〕**えいえん**〔永遠〕**えいごう**〔永劫〕**ゆうきゅう**〔悠久〕

しゅんき〔春季〕春の季節。 **しゅうき**〔秋季〕**かき**〔夏季〕**とうき**〔冬季〕

しゅんき〔春期〕春の期間。春の間。 **しゅうき**〔秋期〕**かき**〔夏期〕**とうき**〔冬期〕

しゅんきょ〔峻拒〕きびしく拒むこと。どうしても引き受けないこと。 ㋐**かいだく**〔快諾〕㋑**もくにん**〔黙認〕

じゅんきょう〔殉教〕宗教上の教えを守って死ぬこと。 **はいきょう**〔背教〕

じゅんきょう〔順境〕不自由のない順調な境遇。楽境。 **ぎゃっきょう**〔逆境〕**くきょう**〔苦境〕

じゅんけい〔純系〕純粋なもの同士の交配によって生まれた子孫。純血種。 **ざっしゅ**〔雑種〕**こんけつ**〔混血〕

しゅんげざい〔峻下剤〕効き目の強い下剤。 **かんげざい**〔緩下剤〕

じゅんけつ〔純潔〕異性と交渉をもっていないさま。 **いんらん**〔淫乱〕**いんぽん**〔淫奔〕

じゅんけつ〔純血〕他の種の血が混じっていないこと。 **こんけつ**〔混血〕**ざっしゅ**〔雑種〕

しゅんげん〔峻厳〕非常に厳しいさま。 **おんわ**〔温和・穏和〕

しゅんこう〔竣工〕 →かんこう〔完工〕

じゅんこう〔順光〕撮影のとき、カメラの後ろから射す光線。 **ぎゃっこう**〔逆光〕

じゅんこう〔順行〕順を追って行くこと。順序どおりにすること。 **ぎゃっこう**〔逆行〕

しゅんさい〔俊才〕 →てんさい〔天才〕

しゅんじ〔瞬時〕　→しゅんかん〔瞬間〕

じゅんしゅ〔順守・遵守〕決まりをよく守ること。厳守。　**いはん**〔違反〕

しゅんじゅん〔逡巡〕　→ちゅうちょ〔躊躇〕

しゅんしょく〔春色〕春の景色。　**しゅうしょく**〔秋色〕

じゅんしん〔純真〕　→じゅんすい〔純粋〕

じゅんすい〔純粋〕混じり気がないこと。邪心がないこと。　**ふじゅん**〔不純〕

じゅんせつ〔順接〕ふたつの文や句が、順当な関係で結ばれる接続の仕方。　**ぎゃくせつ**〔逆接〕

しゅんそく〔駿足〕走るのが速いこと。　**どんそく**〔鈍足〕

じゅんたく〔潤沢〕　→ほうふ〔豊富〕

しゅんだん〔春暖〕春に感じる暖かさ。　**しゅうれい**〔秋冷〕

じゅんちょう〔順調〕すらすらと調子よく進むさま。　**ふじゅん**〔不順〕**ふちょう**〔不調〕**へんちょう**〔変調〕

じゅんて〔順手〕鉄棒で、手の甲を普通にする握り方。　**ぎゃくて**〔逆手〕**さかて**〔逆手〕

じゅんとう〔順当〕道理にかなっているさま。　**ふとう**〔不当〕

じゅんのう〔順応〕環境などに合うように行動すること。　**ぎゃっこう**〔逆行〕

じゅんぱく〔純白〕まっ白。　**しっこく**〔漆黒〕

じゅんび〔準備〕前もってする用意。　**かたづけ**〔片付け〕**しまつ**〔始末〕

しゅんびん〔俊敏〕頭がよくて、行動がすばやいこと。　**ぐどん**〔愚鈍〕**ろどん**〔魯鈍〕

しゅんぷう〔春風〕春に吹く風。　**しゅうふう**〔秋風〕

じゅんぷう〔順風〕進む方向へ吹く風。追い風。　**ぎゃくふう**〔逆風〕**むかいかぜ**〔向かい風〕

しゅんぶん〔春分〕春の彼岸《ひがん》の中日。　**しゅうぶん**〔秋分〕

じゅんぶんがく〔純文学〕純粋に芸術性を追求する文学。　**たいしゅうぶんがく**〔大衆文学〕**つうぞくぶんがく**〔通俗文学〕

しゅんべつ〔峻別〕はっきりと区別すること。　**こんどう**〔混同〕

じゅんぽう〔順法・遵法〕法をよく守ること。　**いほう**〔違法〕**だっぽう**〔脱法〕

じゅんぼく〔純朴・醇朴〕飾り気がなくて素直なさま。素朴。　**こうかつ**〔狡猾〕**ろうかい**〔老獪〕

しゅんめ〔駿馬〕脚の速い優れた馬。　**だば**〔駄馬〕**どば**〔駑馬〕

じゅんりゅう〔順流〕順当に水が流れること。　**ぎゃくりゅう**〔逆流〕

しょ〔初〕はじめ。　㋐**しゅう**〔終〕**まつ**〔末〕**ちゅう**〔中〕㋑**さい**〔再〕

しょ〔暑〕あつい。　**かん**〔寒〕

じょ〔女〕おんな。	だん・なん〔男〕
じょ〔序〕	→じょぶん〔序文〕
じょ〔徐〕ゆっくり。	きゅう〔急〕しつ〔疾〕
じょ〔除〕①のぞく。②割り算。	①か〔加〕②じょう〔乗〕か〔加〕げん〔減〕
じょいん〔女陰〕女性の性器。	だんこん〔男根〕
しよう〔子葉〕植物が芽を出したとき、最初に出る葉。	ほんよう・ほんば〔本葉〕
しよう〔枝葉〕枝や葉。中心から離れた大切でない部分。	こんかん〔根幹〕こんぽん〔根本〕
しよう〔私用〕個人的な用事。	こうよう〔公用〕こうむ〔公務〕
しょう〔勝〕かつ。	はい〔敗〕ふ〔負〕
しょう〔商〕①商業。②割り算の答え。	①こう〔工〕のう〔農〕②せき〔積〕わ〔和〕さ〔差〕
しょう〔妾〕めかけ。	さい〔妻〕ほんさい〔本妻〕
しょう〔将〕軍隊を率いる人。	へい〔兵〕
しょう〔小〕ちいさい。	だい〔大〕きょ〔巨〕ちゅう〔中〕
しょう〔少〕①すくない。②わかい。	①た〔多〕②ろう〔老〕
しょう〔昇〕のぼる。	こう〔降〕
しょう〔生〕	→せい〔生〕
しょう〔詳〕くわしい。	りゃく〔略〕
しょう〔賞〕ほうび。	ばつ〔罰〕
じょう〔上〕うえ。	げ・か〔下〕ちゅう〔中〕
じょう〔乗〕①のる。②掛け算。	①こう〔降〕げ〔下〕②じょ〔除〕か〔加〕げん〔減〕
じょう〔常〕つね。変わることがない。	い〔異〕へん〔変〕
じょう〔情〕感情。こころ。	ち〔知〕い〔意〕
しょうい〔小異〕わずかの違い。	㋐たいさ〔大差〕㋑だいどう〔大同〕
じょうい〔上位〕上のくらい。高位。	かい〔下位〕ちゅうい〔中位〕
じょうい〔上意〕上に立つ者の考え。	かい〔下意〕
じょうい〔譲位〕君主が、その位を譲ること。	そくい〔即位〕
じょういろん〔攘夷論〕江戸時代末期の、開港をせまる諸外国を討とうとする考え方。	かいこくろん〔開国論〕
しょういん〔勝因〕勝った原因。	はいいん〔敗因〕
じょういん〔上院〕二院制の国会で、下院に対する議会。	かいん〔下院〕
じょういん〔乗員〕乗物に乗って勤務する人。乗務員。	じょうきゃく〔乗客〕
じょういん〔冗員・剰員〕余った人員。過員。	㋐よういん〔要員〕㋑けついん〔欠員〕
しょうう〔小雨〕わずかな雨。こさめ。	ごうう〔豪雨〕

しょううちゅう〔小宇宙〕人間。人間が、宇宙の諸要素に対応する機能を備えているとする考えによる。 **だいうちゅう**〔大宇宙〕
しょううん〔祥雲〕 →ずいうん〔瑞雲〕
しょうえん〔小円〕球を、その中心を通らない平面で切ったとき、その切り口に出来る円。 **だいえん**〔大円〕
じょうえん〔上演〕劇などを舞台で演じること。 **きゅうえん**〔休演〕
しょうか〔小過〕小さな過ち。 **たいか**〔大過〕
しょうか〔消火〕火を消すこと。 ㋐**てんか**〔点火〕**ちゃっか**〔着火〕**はっか**〔発火〕**しゅっか**〔出火〕**しっか**〔失火〕**ほうか**〔放火〕㋑**ぼうか**〔防火〕
しょうが〔小我〕自分だけの中に閉じこめられた、ちっぽけな自我。 **たいが**〔大我〕
じょうか〔浄化〕よごれを取り去って、きれいにすること。 **おせん**〔汚染〕
しょうかい〔照会〕問い合わせること。 **かいとう**〔回答〕
しょうかい〔詳解〕詳しく解説すること。精解。 **りゃっかい**〔略解〕
じょうかい〔上界〕 →てんじょうかい〔天上界〕
じょうがい〔城外〕城のそと。 **じょうない**〔城内〕
じょうがい〔場外〕限られた場所の外。 **じょうない**〔場内〕
しょうがいしゃ〔障害者〕体の働きが損なわれている人。 **けんじょうしゃ**〔健常者〕
しょうかく〔昇格〕地位が上がること。昇進。栄進。 **こうかく**〔降格〕**こうとう**〔降等〕
しょうがく〔小額〕小さい単位の金額。 **こうがく**〔高額〕
しょうがく〔少額〕わずかの金額。 **たがく**〔多額〕**きょがく**〔巨額〕
じょうがく〔上顎〕うわあご。 **かがく**〔下顎〕
じょうがし〔上菓子〕上等の菓子。 **だがし**〔駄菓子〕
しょうかぞく〔小家族〕人数の少ない家族。 **だいかぞく**〔大家族〕
しようかち〔使用価値〕実際に使ったときの値打ち。 **こうかんかち**〔交換価値〕
しょうかん〔召還〕外交官などを、任地から呼び戻すこと。 **はけん**〔派遣〕
しょうかん〔小官〕①地位の低い役人。下僚。②役人の自称。卑官。 ①**たいかん**〔大官〕**こうかん**〔高官〕**けんかん**〔顕官〕②**きかん**〔貴官〕
じょうかん〔上巻〕2巻または3巻に分かれた書物の、最初の巻。 **げかん**〔下巻〕**ちゅうかん**〔中巻〕
じょうかん〔上官〕主として軍隊で、 **ぶか**〔部下〕**かりょう**〔下僚〕

地位の上の人。
しょうき〔小器〕小さなうつわ。度量の小さい人。小人物。 **たいき**〔大器〕
しょうき〔正気〕確かな精神状態。 **きょうき**〔狂気〕
しょうき〔詳記〕詳しく書き記すこと。詳述。 **りゃっき**〔略記〕
しょうぎ〔小義〕ちょっとした道義。 **たいぎ**〔大義〕
じょうき〔上記〕上に書いてあること。 **かき**〔下記〕
じょうききかんしゃ〔蒸気機関車〕蒸気の圧力を利用して走らせる機関車。 **でんききかんしゃ**〔電気機関車〕**ジーゼルきかんしゃ**〔diesel 機関車〕
じょうきげん〔上機嫌〕きげんがよいこと。 **ふきげん**〔不機嫌〕
じょうきゃく〔乗客〕乗り物の客。 **じょう（む）いん**〔乗（務）員〕**うんてんし**〔運転士〕**しゃしょう**〔車掌〕
じょうきゃく〔常客〕いつも来る客。得意客。 **しんきゃく**〔新客〕**いちげん**〔一見〕**ちんきゃく**〔珍客〕
しょうきゅう〔昇級〕位や等級が上がること。地位を上げること。 **こうきゅう**〔降級〕
しょうきゅう〔昇給〕給料が上がること。給料を上げること。 **こうきゅう**〔降給〕**げんきゅう**〔減給〕
じょうきゅう〔上級〕上の等級。上の学年。 **かきゅう**〔下級〕**しょきゅう**〔初級〕**ちゅうきゅう**〔中級〕
じょうきゅうせい〔上級生〕上の学年の学生・生徒。 **かきゅうせい**〔下級生〕**どうきゅうせい**〔同級生〕
じょうきょう〔上京〕都へ出て行くこと。東京へ行くこと。入京。 ㋐**げこう**〔下向〕**りきょう**〔離京〕**たいきょう**〔退京〕㋑**ざいきょう**〔在京〕**たいきょう**〔滞京〕
しょうきょくてき〔消極的〕自分から進んでしないさま。控え目。 **せっきょくてき**〔積極的〕
しょうきん〔賞金〕ほうびとしてもらうお金。 **ばっきん**〔罰金〕
じょうくう〔上空〕空の上の方。 **ていくう**〔低空〕
じょうげ〔上下〕上と下。 **さゆう**〔左右〕**ぜんご**〔前後〕**しほう**〔四方〕
しょうけい〔小計〕一部分の合計。 **そうけい**〔総計〕**るいけい**〔累計〕**ごうけい**〔合計〕
じょうげどう〔上下動〕上下方向の動き。 **すいへいどう**〔水平動〕
しょうけん〔正絹〕 →ほんけん〔本絹〕
じょうげん〔上弦〕弓のつるを上向きにした形の月。陰暦で上旬の月。 **かげん**〔下弦〕
じょうげん〔上限〕上の方の限界。 **かげん**〔下限〕

じょうけんつき〔条件付き〕約束などに、一定の条件を付けること。	**むじょうけん**〔無条件〕
じょうご〔上戸〕酒が好きでたくさん飲む人。酒飲み。	**げこ**〔下戸〕
じょうご〔冗語〕無駄なことば。	**ようご**〔要語〕
しょうこう〔将校〕軍隊で、兵卒を指揮する階級。少尉《しょうい》以上。士官。	**へいそつ**〔兵卒〕**へいし**〔兵士〕
じょうこう〔上皇〕位を譲ったあとの、元の天皇。	㋐**てんのう**〔天皇〕㋑**ほうおう**〔法皇〕
しょうこく〔小国〕小さい国。弱国。	**たいこく**〔大国〕**きょうこく**〔強国〕
じょうこん〔上根〕仏教で、仏道修行の素質を持つ人。	**げこん**〔下根〕
しょうさ〔小差〕わずかの違い。	**たいさ**〔大差〕
じょうざ〔上座〕	→かみざ〔上座〕
しょうさい〔詳細〕詳しく細かいこと。	**がいりゃく**〔概略〕**がいよう**〔概要〕**たいりゃく**〔大略〕**たいよう**〔大要〕
じょうざい〔錠剤〕丸く固めた薬。	**さんざい**〔散剤〕**えきざい**〔液剤〕
じょうさく〔上策〕優れたはかりごと。うまい計画。	**げさく**〔下策〕**ぐさく**〔愚策〕
しょうさつ〔小冊〕小さな書物。薄っぺらな本。小冊子。	**たいさつ**〔大冊〕
しょうさっし〔小冊子〕	→しょうさつ〔小冊〕
しょうさん〔賞賛・称賛〕ほめたたえること。	**ひなん**〔非難〕**あっこう**〔悪口〕**あくば**〔悪罵〕**ばとう**〔罵倒〕**つうば**〔痛罵〕**ちょうば**〔嘲罵〕**ちょうしょう**〔嘲笑〕**しっせき**〔叱責〕
しょうじ〔小事〕小さなこと。つまらないこと。瑣事《さじ》。	**だいじ**〔大事〕
じょうし〔上司〕上役。	**ぶか**〔部下〕**どうりょう**〔同僚〕
じょうし〔上肢〕動物の前あし。人間の腕。	**かし**〔下肢〕
じょうじ〔常時〕ふだん。いつも。	**いちじ**〔一時〕
しょうじき〔正直〕まじめで、うそを言わないこと。	**ふしょうじき**〔不正直〕**うそつき**〔嘘吐き〕**ずるい**〔狡い・猾い〕
じょうしきてき〔常識的〕常識にかなっているさま。	**ひじょうしき**〔非常識〕
しょうしつ〔消失〕	→しょうめつ〔消滅〕
しょうしつ〔焼失〕すっかり焼けてなくなること。焼亡。	**さいけん・さいこん**〔再建〕
じょうしつ〔上質〕品質が優れていること。上等。	**なみ**〔並み〕

しようしゃ〔使用者〕人を雇い入れて使う人。雇い主。	**しようにん**〔使用人〕**やといにん**〔雇い人〕
しょうしゃ〔勝者〕勝った人。	**はいしゃ**〔敗者〕
しょうじゃ〔生者〕生きている人。	**ししゃ**〔死者〕**しにん**〔死人〕
じょうしゃ〔乗車〕車に乗ること。	**げしゃ**〔下車〕**こうしゃ**〔降車〕
しょうしゅう〔召集〕①兵士を呼び出して集めること。②国会議員を呼び集めて議会を開くこと。	①**おうしょう**〔応召〕②**かいさん**〔解散〕
じょうじゅうふへん〔常住不変〕因縁《いんねん》によらないものは、永久に存在すること。	**ういてんぺん**〔有為転変〕
しょうじゅつ〔詳述〕詳しく述べること。	**りゃくじゅつ**〔略述〕
じょうじゅつ〔上述〕	→ぜんじゅつ〔前述〕
じょうしゅび〔上首尾〕うまくいっていること。結果がよいこと。	**ふしゅび**〔不首尾〕
じょうじゅん〔上旬〕月の初めの10日間。初旬。	**げじゅん**〔下旬〕**ちゅうじゅん**〔中旬〕
しょうじょ〔少女〕年若い女。年少の女性。	㋐**しょうねん**〔少年〕㋑**ろうじょ**〔老女〕
じょうしょ〔浄書〕	→せいしょ〔清書〕
しょうしょう〔少々〕ほんの少し。	**たた**〔多々〕
じょうしょう〔上昇〕上へあがること。のぼること。	**かこう**〔下降〕**こうか**〔降下〕**ていか**〔低下〕
じょうじょう〔上々〕非常に優れていること。上の上。	**げげ**〔下々〕
しょうじょうぶっきょう〔小乗仏教〕自己の悟りを目的とした仏教の教え。	**だいじょうぶっきょう**〔大乗仏教〕
しょうしょく〔少食・小食〕少ししか食べないこと。食事の量が少ないこと。	**たいしょく**〔大食〕
じょうじる〔乗じる〕掛け算をする。	**じょする**〔除する〕
しょうしん〔小心〕気が小さいこと。	**だいたん**〔大胆〕**ごうたん**〔豪胆〕
しょうしん〔昇進〕	→しょうかく〔昇格〕
じょうじん〔常人〕普通の人。並みの人。凡人。	㋐**へんじん**〔変人〕**きじん**〔奇人〕**きょうじん**〔狂人〕㋑**いじん**〔偉人〕**けつじん**〔傑人〕
しょうじんぶつ〔小人物〕つまらない人。	**だいじんぶつ**〔大人物〕
しょうしんよくよく〔小心翼々〕気が小さくて、少しのことにもびくびくすること。	**だいたんふてき**〔大胆不敵〕**ごうほうらいらく**〔豪放磊落〕

じょうず〔上手〕	**へた**〔下手〕**まずい**〔拙い〕
じょうすい〔上水〕飲料用の水。	**げすい**〔下水〕
じょうすい〔浄水〕きれいな水。	**おすい**〔汚水〕
じょうすいどう〔上水道〕飲料用の水を送る水道。	**げすいどう**〔下水道〕
しょうすう〔小数〕整数でない実数。	**せいすう**〔整数〕**ぶんすう**〔分数〕
しょうすう〔少数〕数が少ないこと。	**たすう**〔多数〕**むすう**〔無数〕
しょうすうは〔少数派〕集団の中に、考えや立場の異なる複数のグループがあるとき、その少ない方の派。	**たすうは**〔多数派〕
しょうする〔賞する〕ほめる。	**ばっする**〔罰する〕
しょうせい〔小成〕ちょっとした成功。	**たいせい**〔大成〕
しょうせい〔小生〕自分自身をさす謙称。わたくし。	**きでん**〔貴殿〕
しょうせい〔笑声〕笑い声。	**どせい**〔怒声〕
じょうせい〔上製〕上等なつくり方をすること。	**なみせい**〔並製〕
じょうせき〔上席〕上位の席。上座。	**まっせき**〔末席〕
じょうせき〔定石〕決まったやり方。	**きしゅ**〔奇手〕
しょうせつ〔詳説〕詳しい説明。細かい解説。精説。	**がいせつ**〔概説〕**りゃくせつ**〔略説〕
じょうせつ〔常設〕常に設けてあること。	**かせつ**〔仮設〕
じょうぜつ〔饒舌〕口数が多いこと。おしゃべり。多弁。	**むくち**〔無口〕**かもく**〔寡黙〕**かげん**〔寡言〕
しょうぜん〔悄然〕しょんぼりするさま。	**こうぜん**〔昂然〕
じょうせん〔乗船・上船〕船に乗ること。	**げせん**〔下船〕
しょうせんきょく〔小選挙区〕１名の議員を選出する制度の選挙区。	**だいせんきょく**〔大選挙区〕**ちゅうせんきょく**〔中選挙区〕
しょうそ〔勝訴〕訴訟に勝つこと。	**はいそ**〔敗訴〕
しょうそう〔少壮〕若くて元気なさま。	**ろうきゅう**〔老朽〕
じょうそう〔上層〕組織の中で上の部分。上の階級。上級。上流。	**かそう**〔下層〕**ちゅうそう**〔中層〕
じょうぞうしゅ〔醸造酒〕日本酒・ビール・ぶどう酒など、穀物や果実を発酵させてつくる酒。	**じょうりゅうしゅ**〔蒸溜酒〕**ごうせいしゅ**〔合成酒〕
しょうたい〔正体〕本当の姿。	**かめん**〔仮面〕**ばけのかわ**〔化けの皮〕
じょうたい〔上体〕	→じょうはんしん〔上半身〕
じょうたい〔上腿〕脚のひざから上。	㋐**かたい**〔下腿〕㋑**じょうはく**〔上膊〕

じょうたい〔常体〕丁寧語を用いない、「である」「だ」調の文体。 **けいたい**〔敬体〕

じょうたい〔常態〕普通の様子。常の状態。 **きょうたい**〔狂態〕**へんたい**〔変態〕

しょうだく〔承諾〕人の頼みや申し入れを受け入れること。応諾。受諾。 **きょぜつ**〔拒絶〕**きょひ**〔拒否〕**じたい**〔辞退〕**こじ**〔固辞〕

じょうたつ〔上達〕学問や腕前などが進むこと。じょうずになること。 **たいほ**〔退歩〕

しょうたん〔小胆〕肝っ玉が小さいこと。小心。 **だいたん**〔大胆〕**ごうたん**〔豪胆〕

じょうたん〔上端〕上のはし。 **かたん**〔下端〕**まんなか**〔真ん中〕

じょうだん〔上段〕上の段。 **かだん・げだん**〔下段〕**ちゅうだん**〔中段〕

じょうだん〔冗談〕ふざけてする話。ふざけてすること。 **ほんき**〔本気〕**しんけん**〔真剣〕

しょうち〔小知〕ちょっとした知恵。浅はかな知恵。 **だいち**〔大知〕

しょうち〔承知〕願いなどを聞いて、引き受けること。 **きょぜつ**〔拒絶〕**きょひ**〔拒否〕

じょうち〔上知〕優れた知恵。知恵のある人。 **かぐ**〔下愚〕

じょうちょう〔冗長〕 →じょうまん〔冗漫〕

じょうてい〔上底〕台形の平行な2辺のうち、上の方。 **かてい**〔下底〕

しょうてき〔小敵〕ちっぽけな敵。弱い敵。 **たいてき**〔大敵〕**きょうてき**〔強敵〕

じょうでき〔上出来〕うまく出来ること。また、うまく出来たもの。 **ふでき**〔不出来〕

じょうてもの〔上手物〕上等の品。高級品。 **げてもの**〔下手物〕

しょうてん〔昇天〕聖者などが死ぬこと。 **こうたん**〔降誕〕

しょうでん〔詳伝〕詳しい伝記。 **りゃくでん**〔略伝〕

じょうど〔浄土〕清らかな仏の世界。 **えど**〔穢土〕

しょうとう〔小刀〕小さな刀。 **だいとう**〔大刀〕

しょうとう〔消灯〕明かりを消すこと。 **てんとう**〔点灯〕

じょうとう〔上等〕 **かとう**〔下等〕**ちゅうとう**〔中等〕**なみ**〔並〕

しょうどうてき〔衝動的〕 →ほっさてき〔発作的〕

じょうない〔城内〕城の内部。 **じょうがい**〔城外〕

じょうない〔場内〕限られた場所の中。 **じょうがい**〔場外〕

しょうなん〔小難〕ちょっとした災難。 **だいなん**〔大難〕

しょうに〔小児〕こども。小人。 **せいじん**〔成人〕**おとな**〔大人〕**だ**

いにん〔大人〕

しようにん〔使用人〕人に雇われている人。雇い人。　**しようしゃ**〔使用者〕**やといぬし**〔雇い主〕**しゅじん**〔主人〕

しょうにん〔小人〕　→しょうに〔小児〕

しょうにん〔承認〕あることを、もっともだと認めること。　**ひにん**〔否認〕**ふしょうにん**〔不承認〕

しょうにん〔昇任〕上の地位に上がること。昇格。昇進。　**こうにん**〔降任〕

しょうにんずう〔小人数〕　→こにんずう〔小人数〕

しょうねん〔少年〕　**しょうじょ**〔少女〕**せいねん**〔青年〕**ろうねん**〔老年〕**ろうじん**〔老人〕

しょうのつき〔小の月〕ひと月の日数が30日以下の月。　**だいのつき**〔大の月〕

しょうは〔小破〕少し破損すること。　**たいは**〔大破〕**ちゅうは**〔中破〕

じょうば〔乗馬〕馬に乗ること。　**げば**〔下馬〕**らくば**〔落馬〕

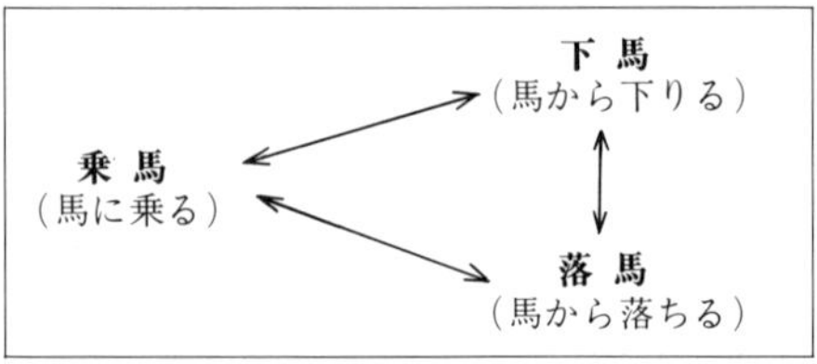

じょうはく〔上膊〕腕のひじから上の部分。　㋐**かはく**〔下膊〕㋑**じょうたい**〔上腿〕

じょうはつ〔蒸発〕液体がその表面からしだいに気体に変わること。　㋐**ぎょうけつ**〔凝結〕**ぎょうしゅく**〔凝縮〕㋑**ぎょうこ**〔凝固〕

じょうはんしん〔上半身〕体の腰から上の部分。上体。　**かはんしん**〔下半身〕

しょうひ〔消費〕金品・時間などを使ってなくすこと。　**せいさん**〔生産〕

しょうひざい〔消費財〕個人の消費を目的として生産される財物。　**せいさんざい**〔生産財〕

しょうひしゃ〔消費者〕物を使う人。　**せいさんしゃ**〔生産者〕

しょうひん〔小品〕ちょっとした作品。　**たいさく**〔大作〕

じょうひん〔上品〕行儀よくて品格があること。　**げひん**〔下品〕

じょうふ〔情夫〕浮気《うわき》の相手の男。　**じょうふ**〔情婦〕

じょうふ〔情婦〕浮気《うわき》の相手の女。　**じょうふ**〔情夫〕

じょうぶ〔上部〕上の部分。　**かぶ**〔下部〕**ちゅうぶ**〔中部〕

じょうぶ〔丈夫〕元気なさま。　**びょうじゃく**〔病弱〕

しょうふく〔承服〕承知して従うこと。　**ふふく**〔不服〕

しょうふだ〔正札〕掛け値なしの定価　**あかふだ**〔赤札〕

を書いて商品に付ける札。

じょうふんべつ〔上分別〕道理をふまえたよい考え。　**むふんべつ**〔無分別〕

しょうへい〔招聘〕礼を尽くして招くこと。　**ついほう**〔追放〕

しょうへん〔小片〕小さなかけら。　**たいかい**〔大塊〕

しょうべん〔小便〕尿。　**だいべん**〔大便〕

じょうへん〔上編〕書物などの最初の編。　**げへん**〔下編〕**ちゅうへん**〔中編〕

じょうほ〔譲歩〕人に譲ること。　**こじつ・こしゅう**〔固執〕

しょうほう〔勝報・捷報〕戦いや試合に勝った知らせ。　**はいほう**〔敗報〕

じょうほう〔上方〕上の方。　**かほう**〔下方〕

じょうほう〔乗法〕掛け算。乗算。　**じょほう**〔除法〕**かほう**〔加法〕**げんぽう**〔減法〕

しょうぼく〔小木〕小さな木。　**たいぼく**〔大木〕**きょぼく**〔巨木〕

しょうほん〔抄本〕①一部を抜き書きした書物。②文書の一部分の写し。　①**げんぽん**〔原本〕**かんぽん**〔完本〕②**とうほん**〔謄本〕

じょうまん〔冗漫〕長たらしくてまとまりが悪いさま。冗長。　**かんけつ**〔簡潔〕

じょうみゃく〔静脈〕血を、体の各部から心臓に送る管。　**どうみゃく**〔動脈〕

しょうみょう〔小名〕江戸時代、知行《ちぎょう》1万石未満の諸侯。　**だいみょう**〔大名〕

じょうむいん〔乗務員〕乗り物を動かしたり、乗客の世話をしたりするのを仕事とする人。乗員。　**じょうきゃく**〔乗客〕

しょうめつ〔消滅〕消えてなくなること。消失。　**しゅつげん**〔出現〕**はっせい**〔発生〕**そんざい**〔存在〕

しょうめん〔正面〕真向かい。真表の面。表面。　**はいめん**〔背面〕**りめん**〔裏面〕**はいご**〔背後〕**そくめん**〔側面〕

しょうめんしょうとつ〔正面衝突〕車などが、真正面からぶつかり合うこと。　**ついとつ**〔追突〕**そくめんしょうとつ**〔側面衝突〕

しょうもう〔消耗〕使ってなくすこと。　**ちくせき**〔蓄積〕

しょうもうひん〔消耗品〕使うたびになくなっていく品物。　**びひん**〔備品〕

じょうもの〔上物〕上等の品。高級品。　**やすもの**〔安物〕

しょうやく〔抄訳〕原本の一部を翻訳すること。　**ぜんやく**〔全訳〕**かんやく**〔完訳〕

じょうやど〔上宿〕高級な旅館。　**やすやど**〔安宿〕

じょうやとい〔常雇い〕長期にわたって雇い入れること。本雇い。　**りんじやとい**〔臨時雇い〕**ひやとい**〔日雇い〕

しょうゆう〔小勇〕つまらないことにはやる勇気。	**だいゆう**〔大勇〕
しょうよ〔賞与〕年に2～3回、月々の給料以外に支給されるお金。ボーナス。	**げっきゅう**〔月給〕
じょうようかんじ〔常用漢字〕常用漢字表に入っている漢字。	**ひょうがいかんじ**〔表外漢字〕
じょうようしゃ〔乗用車〕人が乗るために使う車。	**かもつしゃ**〔貨物車〕
じょうよきん〔剰余金〕余ったお金。残金。	**ふそくきん**〔不足金〕
しょうよく〔小欲・少欲〕欲が少ないこと。欲深くないこと。寡欲。	**たいよく**〔大欲〕**たよく**〔多欲〕**ごうよく**〔強欲〕**どんよく**〔貪欲〕
しょうらい〔将来〕これから先。未来。	**かこ**〔過去〕**おうじ**〔往時〕**げんざい**〔現在〕**げんこん**〔現今〕
じょうらく〔上洛〕都へのぼること。京都へ行くこと。	**げらく**〔下洛〕
しょうり〔勝利〕勝つこと。	**はいぼく**〔敗北〕**はいせん**〔敗戦〕
しょうり〔小利〕わずかな利益。	**きょり**〔巨利〕
じょうりゃく〔上略〕文章などの前の部分を略すこと。前略。	**げりゃく**〔下略〕**ちゅうりゃく**〔中略〕
じょうりゅう〔上流〕川の流れの上《かみ》の方。社会の階層の上部。上層。	**かりゅう**〔下流〕**ちゅうりゅう**〔中流〕
じょうりゅうかいきゅう〔上流階級〕生活程度や地位の高い階級。	**かそうかいきゅう**〔下層階級〕**かりゅうかいきゅう**〔下流階級〕**ちゅうりゅうかいきゅう**〔中流階級〕
じょうりゅうしゅ〔蒸溜酒〕焼酎《しょうちゅう》・ウイスキーなど、蒸溜してアルコール分を強化した酒。	**じょうぞうしゅ**〔醸造酒〕**ごうせいしゅ**〔合成酒〕
しょうりょう〔小量〕①わずかの分量。少量。②心が狭いこと。狭量。	①**たいりょう**〔大量〕②**こうりょう**〔広量〕
しょうりょう〔少量〕わずかの分量。	**たりょう**〔多量〕
じょうりょくじゅ〔常緑樹〕年中緑の葉を持つ木。	**らくようじゅ**〔落葉樹〕
しょうれい〔奨励〕すすめはげますこと。	**よくせい**〔抑制〕**よくあつ**〔抑圧〕**きんし**〔禁止〕**きんあつ**〔禁圧〕
じょうれい〔常例〕	→こうれい〔恒例〕
じょうれん〔常連〕	→じょうきゃく〔常客〕
しょうろん〔詳論〕詳しく論じること。	**がいろん**〔概論〕
しょえん〔初演〕劇を初めて演じること。音楽を初めて演奏すること。	**さいえん**〔再演〕
しょえん〔初縁〕	→しょこん〔初婚〕
じょえん〔助演〕主役の演技を助ける	**しゅえん**〔主演〕

ために出演すること。	
じょおう〔女王〕女の王さま。また、王の后《きさき》。	㋐**おう**〔王〕㋑**しんか**〔臣下〕**しん**〔臣〕
ショート〔short〕短い。	**ロング**〔long〕
ショートスカート〔short skirt〕ひざの上あたりまでの短いスカート。	**ロングスカート**〔long skirt〕
ショービニズム〔chauvinism〕極端な愛国主義。排外思想。	**コスモポリタニズム**〔cosmopolitanism〕
しょか〔初夏〕夏の初め。	㋐**ばんか**〔晩夏〕**せいか**〔盛夏〕㋑**しょとう**〔初冬〕**しょしゅん**〔初春〕**しょしゅう**〔初秋〕
しょかい〔初回〕第1回。	**さいしゅうかい**〔最終回〕
しょかい〔初会〕初めて会うこと。初対面。	**さいかい**〔再会〕
じょがい〔除外〕範囲の外に置くこと。	**ほうがん**〔包含〕
しょき〔初期〕初めの時期。初めごろ。	**まっき**〔末期〕**しゅうき**〔終期〕**ちゅうき**〔中期〕
しょき〔暑気〕暑さ。	**かんき**〔寒気〕
しょきゅう〔初級〕初めの等級。最も下のクラス。初等。	**じょうきゅう**〔上級〕**こうきゅう**〔高級〕**ちゅうきゅう**〔中級〕
じょきょく〔序曲〕歌劇で、開幕前に奏でる曲。物事の初め。	**しゅうきょく**〔終曲〕
しょく〔食〕たべもの。食事。	**い**〔衣〕**じゅう**〔住〕
じょく〔辱〕はじ。	**えい**〔栄〕
しょくぎょうふじん〔職業婦人〕仕事を持っている女性。	**かていふじん**〔家庭婦人〕
しょくご〔食後〕食事のあと。	**しょくぜん**〔食前〕**しょっかん**〔食間〕
しょくじゅ〔植樹〕樹木を植えること。	**ばっさい**〔伐採〕
しょくじょせい〔織女星〕たなばたの女性の星。おりひめ。	**けんぎゅうせい**〔牽牛星〕**ひこぼし**〔彦星〕
しょくしん〔触診〕医師が患者の体を手で触れて診断すること。	**ししん**〔視診〕**ちょうしん**〔聴診〕
しょくぜん〔食前〕食事の前。	**しょくご**〔食後〕**しょっかん**〔食間〕
しょくば〔職場〕仕事をする場所。勤務場所。	**かてい**〔家庭〕**がっこう**〔学校〕
しょくぶつ〔植物〕	**どうぶつ**〔動物〕**こうぶつ**〔鉱物〕
しょくぶつえん〔植物園〕	**どうぶつえん**〔動物園〕
しょくぼう〔嘱望〕	→**きたい**〔期待〕
しょくみんち〔植民地・殖民地〕本国が統治する国外の領土。	**ほんごく**〔本国〕**どくりつこく**〔独立国〕
しょくもう〔植毛〕毛を植えること。	**だつもう**〔脱毛〕
しょくりょうひん〔食料品〕	**いりょうひん**〔衣料品〕

しょくりん〔植林〕山に木を植えて育てること。	**ばっさい**〔伐採〕
しょくれき〔職歴〕職業に関する経歴。	**がくれき**〔学歴〕
しょけい〔初経〕	→しょちょう〔初潮〕
しょけい〔諸兄〕多くの男子に対する尊敬語。みなさん。	**しょし**〔諸姉〕
じょけい〔叙景〕景色を写し述べること。	**じょじ**〔叙事〕**じょじょう**〔叙情・抒情〕
しょげる がっかりして元気をなくす。	**はしゃぐ**
しょげん〔緒言〕	→じょぶん〔序文〕
しょこう〔初校〕第1回目の校正刷り。	**さいこう**〔再校〕
じょこう〔女工〕工場で働く女性。女子の工員。	**だんしこう**〔男子工〕
じょこう〔徐行〕車などが、ゆっくり進むこと。緩行。	**しっそう**〔疾走〕**きゅうこう**〔急行〕
しょこん〔初婚〕初めての結婚。初縁。	**さいこん**〔再婚〕**さいえん**〔再縁〕
しょし〔庶子〕妻以外の女から生まれた子。	**ちゃくし**〔嫡子〕
しょし〔諸姉〕多くの女子に対する尊敬語。みなさん。	**しょけい**〔諸兄〕
じょし〔女子〕おんな。	**だんし**〔男子〕
じょじ〔女児〕女の子。	**だんじ**〔男児〕
じょじ〔叙事〕事柄を述べること。	**じょじょう**〔叙情・抒情〕**じょけい**〔叙景〕
しょしゅう〔初秋〕秋の初め。	㋐**ばんしゅう**〔晩秋〕**ちゅうしゅう**〔中秋〕㋑**しょしゅん**〔初春〕**しょか**〔初夏〕**しょとう**〔初冬〕
しょしゅん〔初春〕春の初め。	㋐**ばんしゅん**〔晩春〕**ちゅうしゅん**〔中春〕㋑**しょしゅう**〔初秋〕**しょか**〔初夏〕**しょとう**〔初冬〕

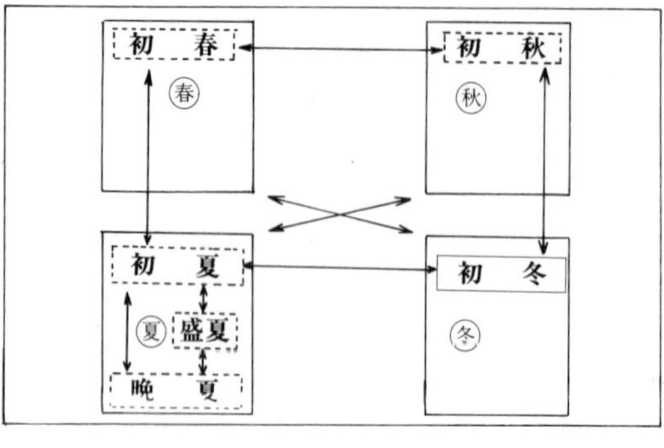

しょじょ〔処女〕性的経験のない女性。 **どうてい**〔童貞〕

じょしょう〔序章〕前書きの章。 **しゅうしょう**〔終章〕

じょじょう〔叙情・抒情〕感情を述べること。 **じょじ**〔叙事〕**じょけい**〔叙景〕

じょじょに〔徐々に〕 →しだいに〔次第に〕

しょしん〔初診〕初めて受ける診察。 **さいしん**〔再診〕

しょしん〔初審〕最初の審理。一審。 **さいしん**〔再審〕

しょしんしゃ〔初心者〕物事をし始めたばかりの人。未熟な人。 **じゅくれんしゃ**〔熟練者〕**けいけんしゃ**〔経験者〕

じょする〔除する〕割り算をする。 **じょうじる**〔乗じる〕

じょせい〔助成〕研究や事業の、完成を助けること。 **よくせい**〔抑制〕**ぼうし**〔防止〕**ぼうがい**〔妨害〕

じょせい〔女声〕女の声。 **だんせい**〔男声〕**こんせい**〔混声〕

じょせい〔女性〕おんな。 **だんせい**〔男性〕

じょせいてき〔女性的〕女らしく、弱弱しいさま。やさしく細やかなさま。 **だんせいてき**〔男性的〕

じょせき〔除籍〕戸籍などから、名前を削ること。 **にゅうせき**〔入籍〕**ふくせき**〔復籍〕

じょせつ〔除雪〕積もった雪を取り除くこと。 **せきせつ**〔積雪〕

じょそう〔女装〕男が、女の姿をすること。 **だんそう**〔男装〕

じょそんだんぴ〔女尊男卑〕男性より女性の方が地位が高いとすること。 **だんそんじょひ**〔男尊女卑〕

じょたい〔除隊〕兵役を解かれること。 **にゅうたい**〔入隊〕**にゅうえい**〔入営〕

しょたいめん〔初対面〕初めて顔を合わせること。 **さいかい**〔再会〕

しょたいもち〔所帯持ち・世帯持ち〕所帯を持って暮らす人。 **ひとりもの**〔独り者〕

しょち〔処置〕物事を取りはからって、片を付けること。処理。 **ほうち**〔放置〕**みしょち**〔未処置〕

しょちゅう〔暑中〕暑い期間。暑期。 **かんちゅう**〔寒中〕

しょちょう〔初潮〕婦人の月経が初めてあること。 **へいけい**〔閉経〕

じょちょう〔助長〕成長を助けようとして外から力を加えること。 **そがい**〔阻害〕**そし**〔阻止〕**ぼうし**〔防止〕**せいし**〔制止〕**ぼうがい**〔妨害〕

しょっかく〔触覚〕物に触れて感じる感覚。 **しかく**〔視覚〕**ちょうかく**〔聴覚〕**きゅうかく**〔嗅覚〕**みかく**〔味覚〕

しょっかん〔食間〕食事と食事との間。 **しょくぜん**〔食前〕**しょくご**〔食後〕

しょっちゅう →たびたび〔度々〕

しょっぱな〔初っ端〕物事の初め。 **どんじり**〔どん尻〕

発端。	
しょでん〔初伝〕芸事などの初級の伝授。	**おくでん**〔奥伝〕
しょとう〔初冬〕冬の初め。	㋐**ばんとう**〔晩冬〕**げんとう**〔厳冬〕㋑**しょか**〔初夏〕**しょしゅん**〔初春〕**しょしゅう**〔初秋〕
しょとう〔初等〕最初の等級。初歩。下級。	**こうとう**〔高等〕**ちゅうとう**〔中等〕
しょどう〔所動〕	→じゅどう〔受動〕
しょとうきょういく〔初等教育〕小学校の教育。	**こうとうきょういく**〔高等教育〕**ちゅうとうきょういく**〔中等教育〕
しょにち〔初日〕興行などの、初めの日。	**せんしゅうらく**〔千秋楽〕**まつじつ**〔末日〕
しょねん〔初年〕初めの年。	**まつねん**〔末年〕
しょはん〔初版〕書物の最初の版。第1版。初刷り。	**さいはん**〔再版〕**じゅうはん**〔重版〕
しょはん〔初犯〕初めて犯す罪。	**さいはん**〔再犯〕**じゅうはん**〔重犯〕**るいはん**〔累犯〕
じょばん〔序盤〕碁《ご》・将棋《しょうぎ》で、さし始めの局面。競技などの初め。	**しゅうばん**〔終盤〕**ちゅうばん**〔中盤〕
じょぶん〔序文〕書物などの前書き。はしがき。序。緒言。	**ばつぶん**〔跋文〕**あとがき**〔後書き〕**ほんぶん**〔本文〕
しょへん〔初編〕書物の最初の編。	**しゅうへん**〔終編〕**ちゅうへん**〔中編〕
しょほ〔初歩〕学問・芸道などの最初の段階。	**おうぎ・おくぎ**〔奥義〕
じょほう〔除法〕割り算。除算。	**じょうほう**〔乗法〕**かほう**〔加法〕**げんぽう**〔減法〕
じょまく〔序幕〕芝居の最初の幕。物事の初め。	**しゅうまく**〔終幕〕
しょみん〔庶民〕一般の民衆。人民。大衆。	**きぞく**〔貴族〕
しょみんてき〔庶民的〕気取らずに親しみやすいさま。大衆的。	**きぞくてき**〔貴族的〕
じょめい〔除名〕名簿から名前を削って、組織から追い出すこと。	**だったい**〔脱退〕
しょや〔初夜〕夕方から夜中まで。	**ごや**〔後夜〕
じょゆう〔女優〕女の俳優。	**だんゆう**〔男優〕
じょりょく〔助力〕手助けすること。力添え。協力。	**ぼうがい**〔妨害〕
しょろん〔緒論〕	→じょろん〔序論〕
じょろん〔序論〕前置きの論。緒論。	**けつろん**〔結論〕**ほんろん**〔本論〕
じらい〔爾来〕	→いらい〔以来〕

しらが〔白髪〕白くなった髪。はくはつ。	**くろかみ**〔黒髪〕
しらき〔白木〕樹皮をめくった木。また、削っただけの木。しろき。	**くろき**〔黒木〕
しらくも〔白雲〕白い雲。	**くろくも**〔黒雲〕
しらせる〔知らせる〕	**かくす**〔隠す〕**ふせる**〔伏せる〕
しらはえ〔白南風〕梅雨の終わりごろに吹く南風。	**くろはえ**〔黒南風〕
しらんぷり〔知らん振り〕わざと知らない振りをすること。そ知らぬ振り。	**しったかぶり**〔知ったか振り〕
しり〔尻〕	**あたま・かしら**〔頭〕
しり〔私利〕	→しえき〔私益〕
しりあがり〔尻上がり〕後になるほどよくなること。	**しりさがり**〔尻下がり〕
しりおも〔尻重〕動作が鈍いこと。	**しりがる**〔尻軽〕
しりがる〔尻軽〕動作がすばやいこと。	**しりおも**〔尻重〕
じりき〔自力〕自分の力。	**たりき**〔他力〕
しりごみ〔尻込み〕ためらって前へ出ないこと。	**でしゃばり**〔出しゃ張り〕
しりさがり〔尻下がり〕後になるほど悪くなること。	**しりあがり**〔尻上がり〕
しりすぼまり〔尻窄まり〕口が広く、先の方へ行くほど狭くなること。	**すえひろがり**〔末広がり〕
しりぞく〔退く〕	**すすむ**〔進む〕
しりぞける〔退ける〕	**すすめる**〔進める〕
しりつ〔私立〕民間人が設立すること。	**こくりつ**〔国立〕**かんりつ**〔官立〕**こうりつ**〔公立〕
じりつ〔自律〕自分のわがままや怠け心を抑えること。	**たりつ**〔他律〕
じりつ〔自立〕ひとり立ち。独立。	**いぞん**〔依存〕**じゅうぞく**〔従属〕**れいぞく**〔隷属〕
じりつご〔自立語〕単独で文節を作ることができる語。	**ふぞくご**〔付属語〕
じりつしん〔自立心〕自分でひとり立ちしようとする心。独立心。	**いらいしん**〔依頼心〕
しりめつれつ〔支離滅裂〕筋道が立たずに、めちゃめちゃであること。	**りろせいぜん**〔理路整然〕**しゅびいっかん**〔首尾一貫〕
しりゅう〔支流〕本流から枝分かれした流れ。	**ほんりゅう**〔本流〕**しゅりゅう**〔主流〕
しりょう〔死霊〕死者の霊魂。死んだ人の怨念《おんねん》。	**いきりょう**〔生き霊〕
しりょく〔視力〕目の能力。	**ちょうりょく**〔聴力〕
しりょぶかい〔思慮深い〕考え深い。	**あさはか**〔浅はか〕

しれる〔知れる〕	**かくれる**〔隠れる〕
しろ〔白〕	**くろ**〔黒〕**あか**〔赤〕
しろうと〔素人〕専門家でない人。経験の乏しい人。	**くろうと**〔玄人〕**せんもんか**〔専門家〕
しろうとこう〔素人工〕技術を身に着けていない工員。	**じゅくれんこう**〔熟練工〕
しろがすり〔白飛白・白絣〕白地に紺や黒のかすりのある模様。	**こんがすり**〔紺飛白・紺絣〕
しろくろ〔白黒〕写真・映画などで、色彩のついてないもの。	**カラー**〔color〕**てんねんしょく**〔天然色〕
しろぼし〔白星〕相撲の星取り表で、勝ったしるし。勝つこと。てがら。	**くろぼし**〔黒星〕
しろみ〔白身〕①「牛肉の——」。②「たまごの——」。	①**あかみ**〔赤身〕②**きみ**〔黄身〕
しろみそ〔白味噌〕甘口の白いみそ。	**あかみそ**〔赤味噌〕
しろめ〔白目〕眼球の白い部分。	**くろめ**〔黒目〕
しん〔伸〕のびる。	**しゅく**〔縮〕**くつ**〔屈〕
しん〔信〕まこと。	**ぎ**〔疑〕
しん〔心〕こころ。	**しん**〔身〕
しん〔新〕あたらしい。	**きゅう**〔旧〕**こ**〔古・故〕
しん〔深〕ふかい。	**せん**〔浅〕
しん〔真〕まこと。	**ぎ**〔偽〕**がん**〔贋〕**か**〔仮〕
しん〔神〕かみ。	**ぶつ**〔仏〕
しん〔臣〕けらい。	**くん**〔君〕**きみ**〔君〕**おう**〔王〕**じょおう**〔女王〕
しん〔親〕①したしい。②おや。	①**そ**〔疎〕②**し**〔子〕
しん〔身〕からだ。	**しん**〔心〕
しん〔進〕すすむ。	**たい**〔退〕
じん〔人〕ひと。	**てん**〔天〕**ち**〔地〕
じんい〔人為〕	→じんこう〔人工〕
じんいとうた〔人為陶汰〕品種改良のために、優秀な生物だけを人為的に選び残していくこと。	**しぜんとうた**〔自然陶汰〕
しんいり〔新入り〕	→しんがお〔新顔〕
しんうち〔真打ち〕寄席《よせ》で、最後に出演する芸に秀でた人。	**ぜんざ**〔前座〕
しんえい〔新鋭〕新しく出て勢いがよいこと。	**こごう**〔古豪〕**ろうきゅう**〔老朽〕
しんえん〔深淵〕川などの深いところ。ふち。深間《ふかま》。	**あさせ**〔浅瀬〕
しんえん〔深遠〕奥が深くて、はかり知れないこと。	**せんぱく**〔浅薄〕
しんか〔臣下〕君主に仕える者。けら	**くんしゅ**〔君主〕**おう**〔王〕**じょお**

い。　う〔女王〕てんのう〔天皇〕こうてい〔皇帝〕

しんか〔進化〕より高い方向に変わること。　**たいか**〔退化〕**たいこう**〔退行〕

しんかい〔深海〕ふかい海。　㋐**せんかい**〔浅海〕㋑**こうざん**〔高山〕

しんがい〔侵害〕他人の権利などを、おかすこと。　**ようご**〔擁護〕

じんかい〔人界〕　→げかい〔下界〕

しんがお〔新顔〕新しく仲間に入った人。新入り。　**ふるがお**〔古顔〕**ふるかぶ**〔古株〕

しんがた〔新型・新形〕新しい形式。　**きゅうがた**〔旧型・旧形〕

しんかなづかい〔新仮名遣い〕　**きゅうかなづかい**〔旧仮名遣い〕**れきしてきかなづかい**〔歴史的仮名遣い〕

しんかぶ〔新株〕増資のために、新しく発行する株式。　**きゅうかぶ**〔旧株〕

しんがら〔新柄〕新しく出た柄。　**きゅうがら**〔旧柄〕

しんがり〔殿〕退却のとき、最後尾で敵を防ぐ部隊。いちばん後ろ。　**さきがけ**〔先駆け・先駈け〕**まっさき**〔真っ先〕

しんかん〔新刊〕新しく刊行した本。　**きゅうかん**〔旧刊〕**こしょ**〔古書〕**ふるほん**〔古本〕

しんかん〔新館〕新しく完成した建物。　**きゅうかん**〔旧館〕

しんかん〔深閑・森閑〕ひっそりと静まっているさま。　**そうぜん**〔騒然〕

しんかん〔神官〕　→かんぬし〔神主〕

しんかんせん〔新幹線〕高速の、新しい鉄道幹線。　**ざいらいせん**〔在来線〕

しんき〔新奇〕新しく珍しいこと。　**ちんぷ**〔陳腐〕

しんきじく〔新機軸〕新しいやり方。　**きゅうとう**〔旧套〕

しんきゃく〔新客〕　→いちげん〔一見〕

しんきゅう〔進級〕学年が進むこと。　**げんきゅうりゅうち**〔原級留置〕**りゅうねん**〔留年〕**らくだい**〔落第〕

しんきょ〔新居〕新しい住まい。新宅。　**きゅうきょ**〔旧居〕

しんきょう〔新教〕キリスト教の一派。プロテスタント。　**きゅうきょう**〔旧教〕

しんきん〔親近〕親しみ近付くこと。　**そえん**〔疎遠〕**けいえん**〔敬遠〕

しんぐ〔神具〕神を祭るための道具。　**ぶつぐ**〔仏具〕

しんぐう〔新宮〕神霊を分けて新しく祭る神社。若宮《わかみや》。　**ほんぐう**〔本宮〕

シングル〔single〕ひとつ。ひとり。　**ダブル**〔double〕

シングルス〔singles〕テニスや卓球で、競技者が１対１で対戦する形式。　**ダブルス**〔doubles〕

シングルヒット〔single hit〕野球で、打者が一塁まで進める安打。単打。	**ロングヒット**〔long hit〕
シングルベッド〔single bed〕ひとり用の寝台。	**ダブルベッド**〔double bed〕
じんくん〔仁君〕慈しみ深い君主。	**ぼうくん**〔暴君〕
しんけいしつ〔神経質〕細かいことに気を遣う性質。神経過敏。	**むしんけい**〔無神経〕**のんき**〔呑気・暢気〕**ふとっぱら**〔太っ腹〕
しんげき〔新劇〕外国の影響を受けて発達した、現代風の演劇。	**きゅうげき**〔旧劇〕
しんげき〔進撃〕進んで敵を攻めること。攻撃。	**たいきゃく**〔退却〕**てったい**〔撤退〕**はいたい**〔敗退〕
しんげつ〔新月〕みかづき。	**まんげつ**〔満月〕
しんけん〔真剣〕①本当に切れる刀。②まじめ。本気。	①**ぼくとう**〔木刀〕**しない**〔竹刀〕②**じょうだん**〔冗談〕
じんけん〔人絹〕絹に似せて人工的に作った糸や布。レーヨン。	**ほんけん**〔本絹〕**しょうけん**〔正絹〕
しんご〔新語〕新しく出来たことば。	**こご**〔古語〕
しんこう〔新興〕新しく出来て勢力を振るうこと。	**きせい**〔既成〕
しんこう〔親交〕親しい交わり。	**ぼつこうしょう**〔没交渉〕
しんこう〔進攻〕	→しんげき〔進撃〕
しんこう〔進行〕前へ進むこと。	**たいこう**〔退行〕**たいほ**〔退歩〕**こうたい**〔後退〕**ていし**〔停止〕
じんこう〔人工〕人が手を加えて作ること。人為。	**てんねん**〔天然〕**しぜん**〔自然〕
じんこうせいたい〔人口静態〕ある時点における人口とその内容。	**じんこうどうたい**〔人口動態〕
じんこうどうたい〔人口動態〕ある期間における人口の変動状態。	**じんこうせいたい**〔人口静態〕
じんさい〔人災〕人間の過失などによって引き起こされる災害。	**てんさい**〔天災〕
しんさく〔新作〕新しい作品。	**きゅうさく**〔旧作〕
しんさく〔真作〕本物の作品。	**がんさく**〔贋作〕**ぎさく**〔偽作〕
しんさつ〔診察〕医師が患者をみること。診断。	**じゅしん**〔受診〕
しんざん〔新参〕	→しんまい〔新米〕②
しんし〔紳士〕①教養があり、礼儀正しい男の人。②成人の男性。「——服」。	①**しゅくじょ**〔淑女〕②**ふじん**〔婦人〕
しんじ〔信士〕男子の戒名《かいみょう》に付ける称号。	**しんにょ**〔信女〕
しんじ〔神事〕神を祭ること。祭り。	**ぶつじ**〔仏事〕
しんしき〔新式〕新しい形式。	**きゅうしき**〔旧式〕
しんしつ〔心室〕心臓の下半部。血液	**しんぼう**〔心房〕

を動脈に送り出すところ。

しんじつ〔信実〕 →せいじつ〔誠実〕

しんじつ〔真実〕まこと。本当。 **きょぎ**〔虚偽〕**うそ**〔嘘〕

しんしゃ〔新車〕新しい車。 **ちゅうこしゃ**〔中古車〕

じんじゃ〔神社〕神を祭るやしろ。 **ぶっかく**〔仏閣〕**きょうかい**〔教会〕

しんしゅ〔新酒〕醸造したてで、まだ火入れしてない酒。 **こしゅ**〔古酒〕

しんしゅつ〔侵出〕他国の領土などへ、出掛けておかすこと。 **しんにゅう**〔侵入〕

しんしゅつ〔滲出〕水などが、しみ出ること。 **しんにゅう**〔滲入〕

しんしゅつ〔進出〕進み出ること。 **てったい**〔撤退〕**こうたい**〔後退〕

しんしゅてき〔進取的〕進んで物事を行うさま。積極的。 **たいえいてき**〔退嬰的〕

しんしゅん〔新春〕新しい年が明けたころ。新年。 **きゅうとう**〔旧冬〕**きゅうろう**〔旧臘〕

しんじょ〔神助〕神の助け。神佑《しんゆう》。 **しんばつ**〔神罰〕

しんしょう〔真症〕疑う余地のない病気。真性。 **ぎじしょう**〔疑似症〕

しんしょう〔辛勝〕かろうじて勝つこと。 ㋐**あっしょう**〔圧勝〕**らくしょう**〔楽勝〕**かいしょう**〔快勝〕**たいしょう**〔大勝〕㋑**せきはい**〔惜敗〕

じんじょう〔尋常〕 →ふつう〔普通〕

しんじょうてき〔心情的〕心で推しはかるさま。感情的。 **ろんりてき**〔論理的〕

しんじる〔信じる〕 **うたがう**〔疑う〕

しんしん〔新進〕新しく現れ出た人。 **たいか**〔大家〕**ろうたいか**〔老大家〕

しんじん〔新人〕その道に新しく仲間入りした人。新進。 **たいか**〔大家〕**ろうたいか**〔老大家〕

しんすい〔進水〕新造船を初めて水上に浮かばせること。 **はいせん**〔廃船〕

しんせい〔新制〕新しい制度。 **きゅうせい**〔旧制〕

しんせい〔真性〕①人の手の加わらない、ありのままの性質。②確かにその病気に間違いないこと。 ①**かせい**〔仮性〕②**ぎじ**〔疑似〕

じんせい〔仁政〕 →ぜんせい〔善政〕

しんせき〔真跡〕その人の、本当の筆跡。真筆。 **ぎひつ**〔偽筆〕

しんせき〔親戚〕 →しんぞく〔親族〕

しんせつ〔新設〕新しく設けること。 ㋐**きせつ**〔既設〕**きせい**〔既成〕㋑**はいし**〔廃止〕

しんせつ〔新説〕新しい学説。 **きゅうせつ**〔旧説〕**つうせつ**〔通説〕

しんせつ〔真説〕本当の説。信頼でき **ぞくせつ**〔俗説〕

る説。

しんせつ〔親切〕心が温くて思いやりがあること。　**ふしんせつ**〔不親切〕**れいたん**〔冷淡〕**はくじょう**〔薄情〕**じゃけん**〔邪険・邪慳〕**いじわる**〔意地悪〕**つれない**　**つめたい**〔冷たい〕

しんせん〔新鮮〕新しくてみずみずしいこと。　**ちんぷ**〔陳腐〕

しんぜん〔神前〕神の前。　**ぶつぜん**〔仏前〕

しんぜん〔親善〕仲よく付き合うこと。友好。　**はんもく**〔反目〕

しんそう〔深層〕内部の層。奥底。　**ひょうそう**〔表層〕

じんぞう〔人造〕人の力でつくり出すこと。人工。　**てんねん**〔天然〕

じんぞうせんい〔人造繊維〕　→かがくせんい〔化学繊維〕

じんぞうひりょう〔人造肥料〕　→かがくひりょう〔化学肥料〕

しんぞく〔親族〕血筋や縁組みでつながった一族。親類。親戚。　**たにん**〔他人〕

じんだい〔甚大〕非常に程度が大きいこと。　**けいび**〔軽微〕**けいしょう**〔軽少〕

しんたいりく〔新大陸〕新発見によって開かれた大陸。南北アメリカ・オーストラリア。　**きゅうたいりく**〔旧大陸〕

しんたく〔新宅〕①新しい住まい。②分家。別家。　①**きゅうたく**〔旧宅〕②**ほんけ**〔本家〕

しんだん〔診断〕　→しんさつ〔診察〕

しんちく〔新築〕建物を新しくつくること。　㋐**かいたい**〔解体〕㋑**かいちく**〔改築〕**ぞうちく**〔増築〕

しんちゃ〔新茶〕その年の新芽でつくった茶。　**こちゃ**〔古茶〕**ひねちゃ**〔ひね茶〕

しんちゅう〔新注・新註〕新しく付けられた注釈。　**こちゅう**〔古注・古註〕

しんちゅう〔進駐〕軍隊が、他国の領土に長期間滞在すること。　**てったい**〔撤退〕

しんちょ〔新著〕新しく書かれた書物。　**きゅうちょ**〔旧著〕

しんちょう〔伸長〕体などを、のばすこと。　**くっきょく**〔屈曲〕

しんちょう〔慎重〕注意深いさま。　**けいそつ**〔軽率〕**そこつ**〔粗忽・楚忽〕**かるはずみ**〔軽はずみ〕**いいかげん**〔好い加減〕

しんちょく〔進捗〕進みはかどること。　**ていたい**〔停滞〕**じゅうたい**〔渋滞〕**ていとん**〔停頓〕

しんづけ〔新漬け〕新しい漬け物。　**ふるづけ**〔古漬け〕

しんてい〔心底〕心のそこ。　**ぜったん**〔舌端〕**ぜっとう**〔舌頭〕

くちさき〔口先〕

しんてい〔新帝〕新しく位についた天皇や皇帝。　**せんてい**〔先帝〕

しんてん〔進展〕発展に向かうこと。　**ていとん**〔停頓〕**ていたい**〔停滞〕

しんでん〔新田〕新しく開かれた田。　**ほんでん**〔本田〕

しんと〔新都〕新しいみやこ。　**きゅうと**〔旧都〕**こと**〔古都〕

しんとう〔神道〕神を祭る、わが国古来の宗教。　**ぶっきょう**〔仏教〕**キリストきょう**〔Christo ポルトガル教〕

しんどう〔新道〕新しく開かれた道。　**きゅうどう**〔旧道〕**こどう**〔古道〕

じんどう〔人道〕　→ほどう〔歩道〕

しんどく〔真読〕経文を、省略しないで全部読むこと。　**てんどく**〔転読〕

しんにち〔親日〕外国人が、日本に親しみを持つこと。知日。　**こうにち**〔抗日〕**はいにち**〔排日〕**はんにち**〔反日〕

しんにゅう〔侵入〕他国の軍隊が領土の中へ入って来ておかすこと。　㋐**てったい**〔撤退〕㋑**しんしゅつ**〔侵出〕

しんにゅう〔滲入〕水などが、しみ込んでくること。　**しんしゅつ**〔滲出〕

しんにゅう〔進入〕進んで入ること。　**たいきょ**〔退去〕**たいさん**〔退散〕

しんにゅうせい〔新入生〕新しく入学する学生・生徒。　**そつぎょうせい**〔卒業生〕**ざいこうせい**〔在校生〕**ざいがくせい**〔在学生〕

しんにょ〔信女〕女性の戒名《かいみょう》に付ける称号。　**しんじ**〔信士〕

しんにん〔新任〕新しく就任すること。　㋐**せんにん**〔先任〕**ぜんにん**〔前任〕**きゅうにん**〔旧任〕㋑**さいにん**〔再任〕

しんねん〔信念〕信じて疑わない心。　**ぎねん**〔疑念〕

しんねん〔新年〕新しい年。　**きゅうねん**〔旧年〕

しんねんかい〔新年会〕年の初めに行う宴会。　**ぼうねんかい**〔忘年会〕

しんのう〔親王〕天皇の息子。また、天皇の男の孫。　**ないしんのう**〔内親王〕

しんぱ〔新派〕新しい流派。　**きゅうは**〔旧派〕

しんぱい〔心配〕気掛かりなこと。　**あんしん**〔安心〕**あんど**〔安堵〕

しんばつ〔神罰〕神から与えられる罰。　㋐**しんじょ**〔神助〕**しんゆう**〔神佑〕㋑**ぶつばち**〔仏罰〕

しんぱん〔新版〕新しく出版された本。また、版を改めた本。　**きゅうはん**〔旧版〕

しんぱん〔親藩〕江戸時代、将軍家の親類に当たる諸藩。　**ふだい**〔譜代〕**とざま**〔外様〕

しんぴ〔真皮〕内側の皮膚。　**ひょうひ**〔表皮〕

しんぴつ〔真筆〕その人の、本当の筆　**ぎひつ**〔偽筆〕**ぎしょ**〔偽書〕

跡。真跡。	
しんぴつ〔親筆〕その人自身で書いたもの。直筆《じきひつ》。	**だいひつ**〔代筆〕
しんぴん〔新品〕新しい品物。	**ちゅうこひん**〔中古品〕**こぶつ**〔古物〕**ふるもの**〔古物〕**はいひん**〔廃品〕
しんぷ〔新婦〕花嫁。	㋐**しんろう**〔新郎〕**はなむこ**〔花婿〕㋑**なこうど**〔仲人〕
しんぷ〔神父〕カトリック教の司祭。	**ぼくし**〔牧師〕**そうりょ**〔僧侶〕**しんかん**〔神官〕**かんぬし**〔神主〕
しんぷう〔新風〕新しい傾向。	**こふう**〔古風〕
しんぷく〔心服〕	→かんぷく〔感服〕
じんぶつが〔人物画〕人物を描いた絵。	**ふうけいが**〔風景画〕**せいぶつが**〔静物画〕
じんぶんかがく〔人文科学〕人類文化に関する学問。じんもんかがく。	**しぜんかがく**〔自然科学〕**しゃかいかがく**〔社会科学〕
しんぶんすう〔真分数〕$\frac{1}{2}$・$\frac{3}{5}$など、分子が分母より小さい分数。	**かぶんすう**〔仮分数〕**たいぶんすう**〔帯分数〕
しんぺい〔新兵〕新しく入隊した兵士。	**こ（さん）へい**〔古（参）兵〕
しんぺん〔新編〕新しく編集した本。	**きゅうへん**〔旧編〕
しんぽ〔進歩〕①よい方向へ進むこと。②社会を改革する方向。	①㋐**たいほ**〔退歩〕㋑**ていたい**〔停滞〕**ていとん**〔停頓〕②**ほしゅ**〔保守〕
しんぼう〔心房〕心臓の上半分。	**しんしつ**〔心室〕
しんぽう〔新法〕新しく作られた法令。	**きゅうほう**〔旧法〕
しんぼうづよい〔辛抱強い〕よく物事に耐える。	**あきっぽい**〔飽きっぽい〕
しんぼく〔親睦〕親しんで仲よくすること。	**こうそう**〔抗争〕**はんもく**〔反目〕
しんぼん〔新盆〕新暦で行う盂蘭盆《うらぼん》。	**きゅうぼん**〔旧盆〕
しんぽん〔新本〕新しい書物。	**こしょ**〔古書〕**ふるほん**〔古本〕
しんまい〔新米〕①その年に新しく取れた米。②新しく仲間入りした人。	①**こまい**〔古米〕②**こさん**〔古参〕**ふるがお**〔古顔〕**ふるかぶ**〔古株〕
しんみ〔辛味〕からみ。	**かんみ**〔甘味〕**さんみ**〔酸味〕
しんみせ〔新店〕新しく開かれた店。	**しにせ**〔老舗〕
しんみつ〔親密〕非常に親しく仲がよいこと。昵懇。懇意。親近。	**そえん**〔疎遠〕**ぼつこうしょう**〔没交渉〕
しんみり（と）静かでもの悲しいさま。	**うきうき（と）**〔浮き浮き（と）〕
しんや〔深夜〕夜中。夜更け。	㋐**まひる**〔真昼〕**にっちゅう**〔日中〕**はくちゅう**〔白昼〕**そうちょう**〔早朝〕㋑**よい**〔宵〕
しんやく〔新訳〕新しく訳したもの。	**きゅうやく**〔旧訳〕
しんやくせいしょ〔新約聖書〕キリ	**きゅうやくせいしょ**〔旧約聖書〕

ストとその弟子たちの事跡を記した聖書。

しんゆう〔神佑〕 →しんじょ〔神助〕

しんよう〔信用〕確かだと信じて受け入れること。 **ぎわく**〔疑惑〕**ふしん**〔不信〕

しんようじゅ〔針葉樹〕松・杉など、針のような葉を持つ木。 **こうようじゅ**〔広葉樹〕**かつようじゅ**〔闊葉樹〕

しんらい〔信頼〕信じて頼ること。 **けいかい**〔警戒〕**ふしん**〔不信〕

しんりょ〔深慮〕 →じゅくりょ〔熟慮〕

しんるい〔親類〕 →しんぞく〔親族〕

しんれき〔新暦〕新しいこよみ。太陽暦。陽暦。 **きゅうれき**〔旧暦〕

しんろ〔進路〕進む道。 **たいろ**〔退路〕

しんろう〔新郎〕はなむこ。 ㋐**しんぷ**〔新婦〕**はなよめ**〔花嫁〕 ㋑**なこうど**〔仲人〕

す

ず〔図〕物の形を分かりやすく描いた絵。 **ひょう**〔表〕

すい〔水〕みず。 **か**〔火〕

すい〔粋〕風流を好む。いきである。 **ぶすい**〔不粋〕**やぼ**〔野暮〕

すい〔衰〕おとろえる。 **せい**〔盛〕

すい〔酔〕よう。 **かく**〔覚〕**せい**〔醒〕

すい〔酸い〕 →すっぱい〔酸っぱい〕

すいあつ〔水圧〕水の圧力。 **きあつ**〔気圧〕**ふうあつ**〔風圧〕

ずいいきん〔随意筋〕意思のままに動く筋肉。 **ふずいいきん**〔不随意筋〕

すいうん〔水運〕水上で行う運送。 **りくうん**〔陸運〕**くうゆ**〔空輸〕

すいうん〔衰運〕衰えていく運命。 **せいうん**〔盛運〕

ずいうん〔瑞雲〕めでたい前ぶれの雲。祥雲。 **よううん**〔妖雲〕

すいおん〔水温〕水の温度。 **きおん**〔気温〕

すいか〔水禍〕 →すいがい〔水害〕

すいがい〔水害〕水による被害。水禍。 **かんがい**〔干害〕**かさい**〔火災〕

すいがん〔酔顔〕酔ったときの顔。 **すめん**〔素面〕

すいき〔衰期〕衰える時期。衰退期。 **せいき**〔盛期〕

すいげん〔水源〕川の水の流れ始めるもとの所。 **かこう**〔河口〕

すいこむ〔吸い込む〕 ㋐**ふきこむ**〔吹き込む〕㋑**はきだす**〔吐き出す〕**すいだす**〔吸い出す〕**ふきだす**〔吹き出す〕**ふきかける**〔吹き掛ける〕

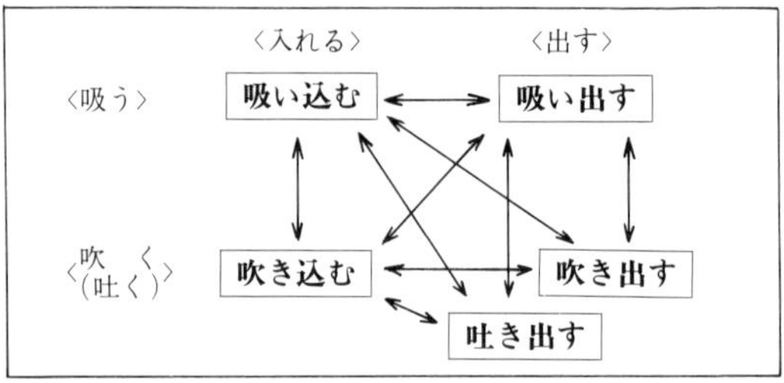

すいさいが〔水彩画〕水溶性の絵の具で描いた絵。	**ゆさいが**〔油彩画〕**あぶらえ**〔油絵〕
すいさつ〔推察〕おしはかること。	**かくにん**〔確認〕**だんてい**〔断定〕
すいさんぶつ〔水産物〕海・湖・川などでとれる産物。	**のうさんぶつ**〔農産物〕**のうさくもつ**〔農作物〕**りくさんぶつ**〔陸産物〕
ずいじ〔随時〕時に応じて。いつでも。	**ていじ**〔定時〕**ていこく**〔定刻〕
すいしゃ〔水車〕水の力で回る車。	**ふうしゃ**〔風車〕
すいじょう〔水上〕水の上。	㋐**りくじょう**〔陸上〕**くうちゅう**〔空中〕㋑**すいちゅう**〔水中〕**すいてい**〔水底〕
すいじょうき〔水蒸気〕セ氏100度以上で、水が気体となったもの。	**みず**〔水〕**こおり**〔氷〕
すいじょうきょうぎ〔水上競技〕水上で行うスポーツ。	**りくじょうきょうぎ**〔陸上競技〕
すいしん〔推進〕おしすすめること。	**ぼうし**〔防止〕**よくせい**〔抑制〕**よくし**〔抑止〕
すいじん〔粋人〕風流を好む人。	**やぼてん**〔野暮天〕
すいせい〔水性〕水に溶けやすい性質。	**ゆせい**〔油性〕
すいせい〔水生・水棲〕水の中で生きること。水に住むこと。	**りくせい**〔陸生・陸棲〕
すいせいがん〔水成岩〕水中に堆積《たいせき》したものによって出来た岩。	**かせいがん**〔火成岩〕**へんせいがん**〔変成岩〕
すいせん〔垂線〕	→すいちょくせん〔垂直線〕
すいせんしき〔水洗式〕便所で、排泄物《はいせつぶつ》を水で流す方式。	**くみとりしき**〔汲み取り式〕
すいそう〔水葬〕亡骸《なきがら》を海中に葬ること。	**かそう**〔火葬〕**どそう**〔土葬〕**ふうそう**〔風葬〕
すいそく〔推測〕	→すいさつ〔推察〕
すいたい〔衰退・衰頽〕衰えること。衰微。	㋐**こうりゅう**〔興隆〕**はってん**〔発展〕**はったつ**〔発達〕**はんえい**〔繁栄〕**はんじょう**〔繁盛〕㋑**ふっこう**〔復興〕**さいこう**〔再興〕

すいだす〔吸い出す〕	㋐**ふきだす**〔吹き出す〕㋑**すいこむ**〔吸い込む〕**ふきこむ**〔吹き込む〕
すいちゅう〔水中〕水のなか。	**すいめん**〔水面〕**すいじょう**〔水上〕**すいてい**〔水底〕
すいちょく〔垂直〕平らな面に対して直角に交わるさま。鉛直。	**すいへい**〔水平〕
すいちょくしこう〔垂直思考〕既成概念や常識に基づく考え。	**すいへいしこう**〔水平思考〕
すいちょくせん〔垂直線〕直線や平面と90度で交わる線。垂線。	**へいこうせん**〔平行線〕**しゃせん**〔斜線〕
すいてい〔水底〕水のそこ。	**すいめん**〔水面〕**すいじょう**〔水上〕**すいちゅう**〔水中〕
すいてい〔推定〕推しはかって決めること。	**だんてい**〔断定〕**かくにん**〔確認〕
すいでん〔水田〕たんぼ。	**りくでん**〔陸田〕
すいとう〔水稲〕水田で作られる米。	**りくとう**〔陸稲〕**おかぼ**〔陸稲〕
すいび〔衰微〕	→すいたい〔衰退〕
ずいぶん〔随分〕かなり。非常に。	**ちょっと**〔一寸〕**いささか**〔些か・聊か〕**すこし**〔少し〕
すいへい〔水平〕静かな水面のように平らであること。	**すいちょく**〔垂直〕**えんちょく**〔鉛直〕
すいへいしこう〔水平思考〕既成概念に捕らわれない考え方。	**すいちょくしこう**〔垂直思考〕
すいへいせん〔水平線〕水上で、水と空との境の線。	**ちへいせん**〔地平線〕
すいへいどう〔水平動〕水平方向の震動。横揺れ。	**じょうげどう**〔上下動〕
すいへいめん〔水平面〕	→へいめん〔平面〕
すいぼう〔水防〕水害を防ぐこと。	**ぼうか**〔防火〕
すいぼう〔衰亡〕衰えほろびること。	**ぼっこう**〔勃興〕**こうりゅう**〔興隆〕
すいみん〔睡眠〕眠ること。	**かくせい**〔覚醒〕
すいみんざい〔睡眠剤〕眠くなる薬。催眠剤。	**かくせいざい**〔覚醒剤〕
すいめん〔水面〕水の表面。水上。	**すいてい**〔水底〕**すいちゅう**〔水中〕
すいやく〔水薬〕みずぐすり。液剤。	**さんやく**〔散薬〕**がんやく**〔丸薬〕
すいよく〔水浴〕水につかること。冷浴。	**おんよく**〔温浴〕
すいよせる〔吸い寄せる〕	**ふきちらす**〔吹き散らす〕
すいりょう〔推量〕	→すいてい〔推定〕
すいりょくはつでん〔水力発電〕水の力を利用して電気を起こすこと。	**かりょくはつでん**〔火力発電〕**げんしりょくはつでん**〔原子力発電〕
すいれいしきエンジン〔水冷式 engine〕水で冷やす形式のエンジン。	**くうれいしきエンジン**〔空冷式 engine〕

すう〔吸う〕「息を――」。	**はく**〔吐く〕
ずうずうしい〔図々しい〕	→あつかましい〔厚かましい〕
すうはい〔崇拝〕あがめ敬うこと。崇敬。	**けいぶ**〔軽侮〕**けいべつ**〔軽蔑〕**ぶべつ**〔侮蔑〕**ぼうとく**〔冒瀆〕
すえ〔末〕	**もと**〔本〕
すえおく〔据え置く〕価格などを、元のままにしておく。	**ひきあげる**〔引き上げる〕**ひきさげる**〔引き下げる〕
すえおそろしい〔末恐ろしい〕将来どうなるか心配である。	**すえたのもしい**〔末頼もしい〕
すえたのもしい〔末頼もしい〕将来が期待される。	**すえおそろしい**〔末恐ろしい〕
すえっこ〔末っ子〕いちばん下の子。末子《ばっし》。	**はつご**〔初子〕
すえひろがり〔末広がり〕末の方にいくに従って広がっているさま。末広。	**しりすぼまり**〔尻窄まり〕
すかす〔賺す〕機嫌をとる。なだめる。	**おどす**〔脅す・嚇す〕
すがすがしい〔清々しい〕さわやかで気持ちがよい。	**うっとうしい**〔鬱陶しい〕
すかっと　気持ちが晴れるさま。せいせい。	**くさくさ（と）**
すがりつく〔縋り付く〕	**ふりきる**〔振り切る〕
すがる〔縋る〕寄り添いつかまえて頼み込むようにする。	**ふりきる**〔振り切る〕
すぎ〔過ぎ〕「５時10分――」。	**まえ**〔前〕
すく〔好く〕このむ。	**きらう**〔嫌う〕**いやがる**〔嫌がる〕
すく〔空く〕①「電車が――」。②「腹が――」。③「手が――」。	①**こむ**〔込む〕②**ふくれる**〔脹れる〕**はる**〔張る〕③**ふさがる**〔塞がる〕
すぐ（に）〔直ぐ（に）〕	**なかなか**　**やっと**　**ようやく**〔漸く〕**おもむろに**〔徐ろに〕**ゆっくり（と）**
スクールガール〔school-girl〕女の生徒。	**スクールボーイ**〔school-boy〕
スクールボーイ〔school-boy〕男の生徒。	**スクールガール**〔school-girl〕
すぐさま〔直ぐさま〕	→すぐ〔直ぐ〕
すくない〔少ない〕	**おおい**〔多い〕
すくめる〔竦める〕「首を――」。	**もたげる**〔擡げる〕
すぐれる〔優れる〕	**おとる**〔劣る〕
すこし〔少し〕	**たくさん**〔沢山〕**いっぱい**〔一杯〕**たいそう**〔大層〕**ごく**〔極く〕**ずいぶん**〔随分〕**よほど**〔余程〕**ずっと**　**かなり**〔可成り〕

すさぶ〔荒ぶ〕荒れて、こまやかでなくなる。すさむ。	**なごむ**〔和む〕
ずさん〔杜撰〕いい加減であるさま。こまやかさがないさま。	**めんみつ**〔綿密〕**ちみつ**〔緻密〕**せいみつ**〔精密〕**げんみつ**〔厳密〕
すしずめ〔鮨詰め・寿司詰め〕狭い所にたくさん詰められていること。ぎゅうぎゅう詰め。	**がらすき・がらあき**〔がら空き〕
すじむかい〔筋向かい〕斜め向かい。	**まむかい**〔真向かい〕
すすぐ〔雪ぐ〕①水で洗って汚れをとる。②恥・罪などを除き去る。	①**よごす・けがす**〔汚す〕②**かぶる**〔被る〕
すずしい〔涼しい〕ひんやりとして快い。	㋐**あつい**〔暑い〕**むしあつい**〔蒸し暑い〕㋑**あたたかい**〔暖かい〕
すすむ〔進む〕①「隊列が――」。②「時計が――」。③「作業が――」。	①**しりぞく**〔退く〕②**おくれる**〔遅れる・後れる〕③**とどこおる**〔滞る〕**とまる**〔止まる〕**とどまる**〔留まる〕
すずむ〔涼む〕	**あたたまる**〔温まる〕
すすめ〔進め〕青の交通信号の意味。	**とまれ**〔止まれ・停まれ〕
すすめる〔勧める・奨める〕何かを、他人がするようにし向ける。	**とめる**〔止める〕**とどめる**〔留める〕**せいする**〔制する〕**さまたげる**〔妨げる〕
すすめる〔進める〕①「兵を――」。②「時計を――」。③「仕事を――」。	①**しりぞける**〔退ける〕②**おくらせる**〔遅らせる・後らせる〕③**とどこおらせる**〔滞らせる〕
すすりなく〔啜り泣く〕息を小刻みに吸って、すするように泣く。	**なきさけぶ**〔泣き叫ぶ〕**なきわめく**〔泣き喚く〕
スタート（ライン）〔start (line)〕出発点。	**ゴール**〔goal〕
スタッカート〔staccato イタリア〕音楽で、音符ごとに区切って歌い奏すること。断音。断奏。	**レガート**〔legato イタリア〕
スタッフ〔staff〕映画などの、製作陣。	**キャスト**〔cast〕
すたれる〔廃れる〕①おとろえる。②はやらなくなる。	①**おこる**〔興る〕**さかえる**〔栄える〕②**はやる**〔流行る〕
スタンダード〔standard〕並《なみ》の。	**デラックス**〔de luxe フランスの英語よみ〕
すっきり（と）滞りがなくて、快いさま。さっぱり。	**ごたごた（と）　ごちゃごちゃ（と）　もやもや（と）**
ずっと　非常に。たいへん。	**すこし**〔少し〕**やや**〔稍〕
すっぱい〔酸っぱい〕	**からい**〔辛い〕**あまい**〔甘い〕**にがい**〔苦い〕
すてき〔素敵〕	**つまらない**〔詰まらない〕
すでに〔既に〕	**まだ**〔未だ〕**いまだ（に）**〔未だ

	(に)〕
すてる〔捨てる・棄てる〕①「ごみを――」。②「計画を――」。③「試合を――」。	①**ひろう**〔拾う〕②**もちいる**〔用いる〕③**ねばる**〔粘る〕
ステレオ〔stereo〕ふたつのスピーカーで再生する放送や録音。	**モノラル**〔monoural〕
ストッキング〔stockings〕長い靴下。	**ソックス**〔socks〕
ストップ〔stop〕止まれ。	**ゴー**〔go〕
ストライク〔strike〕野球で、ホームベースのストライクゾーンを通った投球。	**ボール**〔ball〕
すなお〔素直〕曲がったところがなく純真であるさま。	**いこじ**〔意固地・依怙地〕**ごうじょう**〔強情〕**ひねくれ**〔拈くれ〕**いじわる**〔意地悪〕
すばやい〔素早い〕	**のろい**〔鈍い〕
すばらしい〔素晴らしい〕たいそう立派だ。	**みすぼらしい**〔見窄らしい〕**いやらしい**〔嫌らしい〕**つまらない**〔詰まらない〕**くだらない**〔下らない〕
スピーディ〔speedy〕速度がはやいさま。快速。	**スロー**〔slow〕
ずぶとい〔図太い〕大胆でずうずうしい。	**せんさい**〔繊細〕
スペシャリスト〔specialist〕専門家。	**ディレッタント**〔dilettante〕
すべすべ(と) 物の表面が滑らかなさま。つるつる。	**ざらざら(と)**
すべて〔総て・全て〕全部。	**いちぶ**〔一部〕**なかば**〔半ば〕**ほとんど**〔殆ど〕
すべりおちる〔滑り落ちる〕	**はいあがる**〔這い上がる〕**はいのぼる**〔這い上る・這い登る〕**よじのぼる**〔攀じ登る〕
すべる〔滑る〕①「戸が――」。②「試験に――」。	①**きしむ**〔軋む〕②**うかる**〔受かる〕
スポーティ〔sporty〕服装などが軽快なさま。	**ドレッシィ**〔dressy〕
すぼむ〔窄む〕①しだいに細く狭くなる。②ちぢむ。しぼむ。	①**ひろがる**〔広がる〕②**ひらく**〔開く〕**さく**〔咲く〕
すぼめる〔窄める〕「肩を――」。	**はる**〔張る〕**ひろげる**〔広げる〕
ずぼら だらしないこと。	**きちょうめん**〔几帳面〕**りちぎ**〔律気〕
すまい〔住まい〕住むところ。住居。	**たべもの**〔食べ物〕**きもの**〔着物〕
すます〔澄ます〕①濁りをなくす。②つんとして気取った態度をとる。	①**にごす**〔濁す〕**にごらせる**〔濁らせる〕②**おどける**〔戯ける〕**ふざ**

	ける
すみ〔角・隅〕内へ深く入りくんだところ。角《かど》を内側から見たいい方。	㋐**かど**〔角〕㋑**まんなか**〔真ん中〕
すみこみ〔住み込み〕主人の家に寝泊りしていること。	**かよい**〔通い〕**つうきん**〔通勤〕
すみづらい〔住み辛い〕住むのに都合が悪い。住みにくい。	**すみよい**〔住み良い〕**すみやすい**〔住み易い〕
すみにくい〔住み難い〕住むのがむずかしい。住みづらい。	**すみやすい**〔住み易い〕**すみよい**〔住み良い〕
すみやか〔速やか〕すばやく。	**おもむろ**〔徐ろ〕**ゆっくり**
すみやすい〔住み易い〕住むのに都合がよい。住みよい。	**すみにくい**〔住み難い〕**すみづらい**〔住み辛い〕
すみよい〔住み良い〕住むのに都合がよい。住みやすい。	**すみづらい**〔住み辛い〕**すみにくい**〔住み難い〕
すむ〔澄む〕①「水が――」。②「空が――」。	①**にごる**〔濁る〕②**くもる**〔曇る〕
すめん〔素面〕酔っていないときの顔。	**すいがん**〔酔顔〕
すもうとり〔相撲取り〕	→りきし〔力士〕
スモール〔small〕小さい。	**ラージ**〔large〕**ビッグ**〔big〕
すらり（と） 背が高くてスマートなさま。	**ずんぐり（と）** **でっぷり（と）**
ずりおちる〔擦り落ちる〕	→すべりおちる〔滑り落ちる〕
すりきり〔摩り切り・摺り切り〕粉末や粒状の物を容器に入れ、ふちの高さで平らにならすさま。	**やまもり**〔山盛り〕
ずるい〔狡い〕悪賢い。こすい。	**しょうじき**〔正直〕**かたい**〔堅い〕
ずるがしこい〔狡賢い〕悪知恵が働いてこざかしい。悪賢い。	**ばかしょうじき**〔馬鹿正直〕
するどい〔鋭い〕	**にぶい**〔鈍い〕**のろい**〔鈍い〕
すれちがう〔擦れ違う〕「道で――」。	**いきあたる**〔行き当たる〕**ぶつかる** **であう**〔出会う〕
スロー〔slow〕速度が遅い。緩やかだ。	**クイック**〔quick〕**スピーディ**〔speedy〕
すわりこむ〔座り込む〕座って動かない。	**たちあがる**〔立ち上がる〕
すわる〔座る〕	**たつ**〔立つ・起つ〕**ねころぶ**〔寝転ぶ〕
ずんぐり（と） 背が低くて太っているさま。	**すらり（と）**

せ

せ〔瀬〕川の、浅くて流れが速い所。	**ふち**〔淵〕

浅瀬。	
せ〔背〕せなか。	**はら**〔腹〕
ぜ〔是〕よい。道理にかなう。	**ひ**〔非〕**ひ**〔否〕
せい〔姓〕かばね。みょうじ。	**めい**〔名〕
せい〔成〕なす。出来上がる。	**はい**〔敗〕
せい〔整〕ととのう。	**ざつ**〔雑〕
せい〔正〕①ただしい。②主なもの。中心。③本来のもの。ふつう。④プラスの数。	①**じゃ**〔邪〕**ご**〔誤〕②**ふく**〔副〕**ぞく**〔続〕③**い**〔異〕**ぎゃく**〔逆〕**へん**〔変〕④**ふ**〔負〕
せい〔清〕きよい。	**だく**〔濁〕
せい〔生〕うまれる。いきる。	**し**〔死〕**さつ**〔殺〕
せい〔盛〕さかん。栄える。	**すい**〔衰〕
せい〔晴〕はれ。	**う**〔雨〕**どん**〔曇〕
せい〔精〕くわしい。	**そ**〔粗〕
せい〔西〕にし。	**とう**〔東〕**なん**〔南〕**ほく**〔北〕
せい〔醒〕さめる。目ざめる。	**すい**〔酔〕
せい〔静〕①動かない。②音がしない。	①**どう**〔動〕②**そう**〔騒・躁〕
せいあくせつ〔性悪説〕人間の生まれ付きの性質は悪であるとする、古代中国の荀子《じゅんし》の考え方。	**せいぜんせつ**〔性善説〕
せいあん〔成案〕出来上がった文案・考案。	**そうあん**〔草案〕**そあん**〔素案〕**しあん**〔試案〕**ふくあん**〔腹案〕
せいいつ〔斉一〕一様に整いそろっていること。	**ざった**〔雑多〕
せいいっぱい〔精一杯〕力のかぎり。	**いいかげん**〔好い加減〕
せいうん〔盛運〕栄える運命。	**すいうん**〔衰運〕
せいおん〔清音〕濁音符・半濁音符を付けないで表す音。	**だくおん**〔濁音〕**はんだくおん**〔半濁音〕
せいおん〔静穏〕	→へいおん〔平穏〕
せいか〔正課〕学校などで修めるべき正規の課業。	**かがい**〔課外〕
せいか〔生家〕自分の生まれた家。実家。	**ようか**〔養家〕**こんか**〔婚家〕
せいか〔生花〕自然の生きた花。	**ぞうか**〔造花〕
せいか〔盛夏〕夏のまっ盛り。	㋐**げんとう**〔厳冬〕㋑**しょか**〔初夏〕**ばんか**〔晩夏〕
せいかい〔正解〕①正しい解釈。②正しい解答。正答。	①**ごかい**〔誤解〕**きょっかい**〔曲解〕②**ごとう**〔誤答〕
せいかい〔精解〕詳しい解釈。	**りゃっかい**〔略解〕
せいかいけん〔制海権〕国が、ある範囲の海上を支配する権利。	**せいくうけん**〔制空権〕
せいがく〔声楽〕人の声による音楽。	**きがく**〔器楽〕
せいかつねんれい〔生活年齢〕誕生	**せいしんねんれい**〔精神年齢〕

日をもとに数えた年齢。	
せいかん〔静観〕手出しをせずに見ていること。	**かいにゅう**〔介入〕
せいがん〔青眼〕好意を持って相手を見る目付き。	**はくがん**〔白眼〕
せいき〔正気〕公明正大な天地の気。	**じゃき**〔邪気〕
せいき〔盛期〕盛んな時期。	**すいき**〔衰期〕
せいぎ〔正義〕人の行いの正しい筋道。道理。	**ふぎ**〔不義〕
せいきゅう〔性急〕気短であること。せっかち。	**ゆうちょう**〔悠長〕
せいぎょ〔成魚〕成長した魚。	**ちぎょ**〔稚魚〕**ようぎょ**〔幼魚〕
せいぎょ〔生魚〕①生きている魚。活魚。②なまの魚。	①**しぎょ**〔死魚〕②**えんかんぎょ**〔塩乾魚・塩干魚〕**ほしざかな**〔干し魚〕
せいきょう〔正教〕世の人々を救う正しい宗教。	**じゃきょう**〔邪教〕
せいきょう〔盛況〕活気のあるさま。	**ふきょう**〔不況〕
せいきょく〔正極〕プラスの電極。	**ふきょく**〔負極〕
せいきん〔精勤〕せっせと仕事に励むこと。	**たいだ**〔怠惰〕**たいまん**〔怠慢〕
せいくうけん〔制空権〕国が、ある範囲の空を支配する権利。	**せいかいけん**〔制海権〕
せいくん〔請訓〕外国にいる役人が本国に指示を求めること。	**かいくん**〔回訓〕
せいけい〔西経〕イギリスの旧グリニッジ天文台を通る子午線《しごせん》を０度とし、西へ180度までの経線。	**とうけい**〔東経〕
せいけつ〔清潔〕汚れがなくて、清らかなさま。	**ふけつ**〔不潔〕
せいけん〔聖賢〕知徳の特に優れている人。聖人や賢人。	**ぼんぐ**〔凡愚〕
せいげんつき〔制限付き〕限度を決めてあること。	**むせいげん**〔無制限〕
せいこう〔成功〕物事を成し遂げること。	**しっぱい**〔失敗〕**ふしゅび**〔不首尾〕
せいこう〔生硬〕慣れていなくてぎごちないさま。	**れんたつ**〔練達〕**じゅくれん**〔熟練〕**じゅくたつ**〔熟達〕
せいこう〔精巧〕細かくて、巧みなこと。	**そざつ**〔粗雑〕
せいこうほう〔正攻法〕正面から正々堂々と攻める方法。	**うらのて**〔裏の手〕**きしゅうさくせん**〔奇襲作戦〕
ぜいこみ〔税込み〕給料などの、税を	**てどり**〔手取り〕

引かれる前の額。	
せいざ〔正座〕膝をそろえてきちんと座ること。	**あぐら**〔胡座〕
せいさい〔正妻〕正式の妻。本妻。	**ないさい**〔内妻〕**しょう**〔妾〕**めかけ**〔妾〕
せいさく〔製作〕物をつくること。	**はかい**〔破壊〕
せいさん〔生産〕生活に必要な物資をつくり出すこと。	**しょうひ**〔消費〕
せいさん〔精算〕詳しい計算。	**がいさん**〔概算〕
せいさんざい〔生産財〕他の物資を生産するために使用される財。	**しょうひざい**〔消費財〕
せいさんしゃ〔生産者〕物資をつくり出す人。	**しょうひしゃ**〔消費者〕
せいさんしゃかかく〔生産者価格〕生産者が出荷するときの値段。	**しょうひしゃかかく**〔消費者価格〕
せいし〔制止〕人の言動を、抑え止めること。抑止。阻止。	**ちょうはつ**〔挑発〕**じょちょう**〔助長〕
せいし〔正使〕中心となる使者。	**ふくし**〔副使〕
せいし〔精子〕男子・おすの生殖細胞。	**らんし**〔卵子〕
せいし〔静止〕まったく動かないこと。	**うんどう**〔運動〕
せいじ〔正字〕①正しい文字。②略さずに書いた字。	①**ごじ**〔誤字〕**あてじ**〔当て字〕**ぞくじ**〔俗字〕②**りゃくじ**〔略字〕
せいしき〔正式〕正しいやり方。本式。	**りゃくしき**〔略式〕
せいしつ〔性質〕生まれ付きの気だて。気質。	**たいしつ**〔体質〕
せいしつ〔正室〕正式の妻。本妻。	**そくしつ**〔側室〕
せいじつ〔誠実〕まじめで正直なこと。信実。	**ふじつ**〔不実〕
せいじゃ〔生者〕生きている人。	**ししゃ**〔死者〕
せいじゃく〔静寂〕静かでひっそりとしているさま。静粛。	**けんそう**〔喧噪〕
ぜいじゃく〔脆弱〕もろくて弱いこと。	**きょうけん**〔強健〕**きょうじん**〔強靭〕
せいしゅ〔清酒〕漉《こ》して透明にした酒。	**だくしゅ**〔濁酒〕
せいじゅく〔成熟〕完全に発育すること。果実などが、十分に実ること。	**みじゅく**〔未熟〕
せいしょ〔清書〕下書きをもとにきれいに書くこと。浄書。	**したがき**〔下書き〕
せいしょう〔斉昌〕多くの人が同じ節《ふし》を声を合わせて歌うこと。	**じゅうしょう**〔重唱〕
せいじょう〔正常〕正しく、変わった点がないこと。	**いじょう**〔異常〕

せいじょう〔清浄〕清らかで汚れがないこと。　**ふじょう**〔不浄〕

せいしょく〔生色〕元気そうな顔付き。　**しそう**〔死相〕

せいしん〔成心〕前から持っている偏見。先入観。　**きょしん**〔虚心〕

せいしん〔精神〕こころ。　㋐**にくたい**〔肉体〕㋑**ぶっしつ**〔物質〕

せいじん〔成人〕一人前の人。おとな。　**みせいねん**〔未成年〕**しょうに**〔小児〕

せいしんてき〔精神的〕精神面を中心に考えるさま。　**にくたいてき**〔肉体的〕**ぶっしつてき**〔物質的〕

せいしんねんれい〔精神年齢〕知能の発達段階をもとに考えた年齢。　**せいかつねんれい**〔生活年齢〕**れきねんれい**〔暦年齢〕

せいしんろうどう〔精神労働〕頭脳を使う仕事。知的労働。　**にくたいろうどう**〔肉体労働〕

せいすい〔清水〕きれいに澄んだ水。　**おすい**〔汚水〕**だくすい**〔濁水〕

せいすい〔静水〕静かに止まっている水。　**りゅうすい**〔流水〕

せいすう〔整数〕1・2・3のような自然数と、それにマイナスの付いた数、および0。　**しょうすう**〔小数〕**ぶんすう**〔分数〕

せいすう〔正数〕プラスの数。　**ふすう**〔負数〕

せいせい（と）〔清々（と）〕さわやかですがすがしいさま。さっぱり。　**くさくさ（と）**

せいせい〔精製〕混じり気を除いて、純粋の物をつくること。　**そせい**〔粗製〕

せいせつ〔精説〕　→しょうせつ〔詳説〕

せいぜん〔整然〕よく整っているさま。　**ざつぜん**〔雑然〕

せいぜん〔生前〕生きていた時。　**しご**〔死後〕**ぼつご**〔没後〕

せいぜん〔西漸〕しだいに西の方へ移ること。　**とうぜん**〔東漸〕

せいぜんせつ〔性善説〕人間の生まれ付きの性質は善であるとする、古代中国の孟子《もうし》の考え方。　**せいあくせつ**〔性悪説〕

せいそ〔清楚〕清らかでさっぱりしたさま。　**かび**〔華美〕**のうえん**〔濃艶〕

せいそう〔正装〕儀式などに出る、正式の服装。　**りゃくそう**〔略装〕**へいふく**〔平服〕

せいそう〔盛装〕着飾った服装。　**けいそう**〔軽装〕

せいそうけん〔成層圏〕気温がほぼ一定になる、地上10キロメートル以上の大気圏。　**たいりゅうけん**〔対流圏〕**ちゅうかんけん**〔中間圏〕

せいそく〔生息・棲息〕生物が、生　**しめつ**〔死滅〕**ぜつめつ**〔絶滅〕

きてすんでいること。
せいそく〔正則〕正しい規則。また、規則にかなうこと。　**へんそく**〔変則〕
せいぞん〔生存〕生き長らえること。生き残ること。　**しめつ**〔死滅〕**しぼう**〔死亡〕**ぜつめい**〔絶命〕
せいたい〔生体〕生きている肉体。　**したい**〔死体〕
せいたい〔静態〕じっとして動かない状態。　**どうたい**〔動態〕
せいだい〔盛大〕非常に盛んなさま。　**ひんじゃく**〔貧弱〕
ぜいたく〔贅沢〕身分にふさわしくないほどに高級な品を用いること。驕奢。　**しっそ**〔質素〕**けんやく**〔倹約〕**せつやく**〔節約〕
ぜいたくひん〔贅沢品〕実際の役に立ちにくい高級品。　**じつようひん**〔実用品〕**ひつじゅひん**〔必需品〕
せいだす〔精出す〕　→いそしむ〔勤しむ〕
せいちゅう〔成虫〕脱皮や変態を済ませて、成長した虫。　**ようちゅう**〔幼虫〕
せいちょう〔正調〕音曲などの、正しい調子。　**へんちょう**〔変調〕
せいちょう〔清澄〕清らかに澄んでいるさま。　**おだく**〔汚濁〕**こんだく**〔混濁〕
せいてき〔静的〕動きのないさま。　**どうてき**〔動的〕
せいてん〔晴天〕よく晴れた空。　**うてん**〔雨天〕**どんてん**〔曇天〕
せいでんき〔静電気〕ある場所にあって、他へ流れない電気。　**どうでんき**〔動電気〕
せいと〔生徒〕中学校・高等学校で教育を受ける者。　㋐**きょうゆ**〔教諭〕**きょういん**〔教員〕**きょうし**〔教師〕**せんせい**〔先生〕㋑**ほごしゃ**〔保護者〕㋒**じどう**〔児童〕**がくせい**〔学生〕
せいとう〔正当〕正しく道理にかなっていること。　**ふとう**〔不当〕
せいとう〔正答〕正しい答え。　**ごとう**〔誤答〕
せいとう〔正統〕正しい系統。　**いたん**〔異端〕
せいとう〔精糖〕精製した砂糖。白砂糖。　**そとう**〔粗糖〕
せいどう〔正道〕正しいやり方。　**じゃどう**〔邪道〕
せいどく〔精読〕細かい点に注意して、詳しく読むこと。熟読。　**つうどく**〔通読〕**そくどく**〔速読〕**らんどく**〔乱読・濫読〕
せいとん〔整頓〕きちんと片付いていること。　**さんらん**〔散乱〕**こんらん**〔混乱〕
せいなん〔西南〕西と南の中間の方位。　**とうほく**〔東北〕**せいほく**〔西北〕**とうなん**〔東南〕
せいにく〔生肉〕なまの肉。　**ふにく**〔腐肉〕
せいねん〔成年〕満20歳以上の人。成　**みせいねん**〔未成年〕

人。
せいねん〔生年〕生まれた年。 **ぼつねん**〔没年〕
せいねん〔青年〕20歳前後の若い人。若者。 **しょうねん**〔少年〕**ろうねん**〔老年〕**ろうじん**〔老人〕
せいのすう〔正の数〕プラスの数。 **ふのすう**〔負の数〕
せいはん〔正犯〕 →しゅはん〔主犯〕
せいひょう〔青票〕国会で採決のとき、反対の意を表す票。 **はくひょう**〔白票〕
せいひれい〔正比例〕ふたつの量が互いに関連して変化し、その比が一定であること。比例。 **はんぴれい**〔反比例〕**ぎゃくひれい**〔逆比例〕
せいひん〔製品〕つくられた品物。 **ざいりょう**〔材料〕**げんりょう**〔原料〕
せいふく〔制服〕ある集団に属する人が着ることを定められている服。 **しふく**〔私服〕
せいぶつ〔生物〕生命のある物。動物と植物。 **むせいぶつ**〔無生物〕
せいぶつが〔静物画〕花・果物・器物などを描いた絵。 **じんぶつが**〔人物画〕**ふうけいが**〔風景画〕
せいぶんほう〔成文法〕文書として公布された法令。成文律。 **ふぶんりつ**〔不文律〕
せいべつ〔生別〕生きたままで別れること。 **しべつ**〔死別〕
せいへん〔正編〕書物の中心として編まれた部分。本編。 **ぞくへん**〔続編〕
せいぼ〔生母〕 →じつぼ〔実母〕
せいほく〔西北〕西と北の中間の方位。 **とうなん**〔東南〕**せいなん**〔西南〕**とうほく**〔東北〕
せいほん〔正本〕公文書の謄本で、原本と同じ効力を有するもの。 **ふくほん**〔副本〕
せいまい〔精米〕玄米を搗《つ》いて白くした米。白米。 **げんまい**〔玄米〕
せいみつ〔精密〕細かい点まで注意が行き届いていること。 **そりゃく**〔粗略・疎略〕**そざつ**〔粗雑〕**ずさん**〔杜撰〕
せいもん〔正門〕正面にある、中心の門。表門。 **うらもん**〔裏門〕
せいやく〔成約〕約束が成り立つこと。 **はやく**〔破約〕**かいやく**〔解約〕
せいゆ〔精油〕精製された石油。 **げんゆ**〔原油〕
せいよう〔静養〕心身を静かに休めること。 **かつどう**〔活動〕**かつやく**〔活躍〕
せいよう〔西洋〕ヨーロッパとアメリカ。西欧。 **とうよう**〔東洋〕
せいようが〔西洋画〕 →ようが〔洋画〕

せいり〔整理〕片付けて、秩序のある状態に整えること。	**こんらん**〔混乱〕**こんざつ**〔混雑〕**ふんきゅう**〔紛糾〕
せいりゅう〔清流〕清らかな水の流れ。	**だくりゅう**〔濁流〕
せいりょくてき〔精力的〕物事に勢いよく取り組むさま。	**だせいてき**〔惰性的〕
せいろ〔正路〕正しい道。	**じゃろ**〔邪路〕
せいろん〔正論〕道理にかなった、正しい議論。	**じゃろん**〔邪論〕**きょくろん**〔曲論〕**ぞくろん**〔俗論〕
セーフ〔safe〕野球で、走者が塁に生きること。	**アウト**〔out〕
せおう〔背負う〕①「赤ん坊を――」。②「荷物を――」。	①**だく**〔抱く〕**おろす**〔下ろす・降ろす〕②㋐**さげる**〔提げる〕**かかえる**〔抱える〕㋑**おろす**〔下ろす・降ろす〕

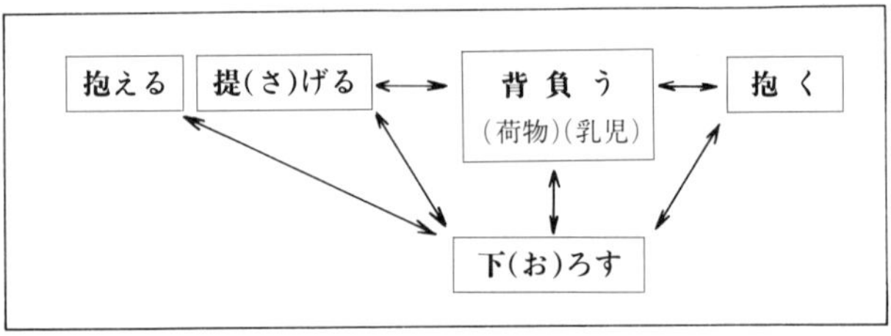

せかいしゅぎ〔世界主義〕世界はひとつとして、全人類的な幸福をはかろうとする考え。コスモポリタニズム。	**こくすいしゅぎ**〔国粋主義〕**みんぞくしゅぎ**〔民族主義〕
せかせか（と） あわただしく落ち着かないさま。	**ゆったり（と）** **のびのび（と）** **のんびり（と）**
せがれ〔倅〕むすこ。	㋐**おやじ**〔親父〕**おふくろ**〔お袋〕㋑**むすめ**〔娘〕
せき〔夕〕日が暮れるころ。夕方。	**ちょう**〔朝〕
せき〔石〕いし。つまらないもの。	**ぎょく・たま**〔玉〕
せき〔積〕掛け算の答え。	**しょう**〔商〕**わ**〔和〕**さ**〔差〕
せき〔隻〕ひとつ。	**そう**〔双〕
せきあく〔積悪〕悪事を積み重ねること。積み重なった悪事。	**せきぜん**〔積善〕
せきがいせん〔赤外線〕目に見える赤色の光よりも波長の長い光線。	**しがいせん**〔紫外線〕
せきがく〔碩学〕学問がひろく深いこと。博学。	**せんがく**〔浅学〕
せきがん〔隻眼〕片目。ひとつ目。独眼。	**そうがん**〔双眼〕
せきじ〔昔時〕	→おうじ〔往時〕

せきじつ〔昔日〕	→おうじ〔往時〕
せきせつ〔積雪〕雪が積もること。	**じょせつ**〔除雪〕
せきぜん〔寂然〕もの寂しいさま。	**そうぜん**〔騒然〕
せきぜん〔積善〕善行を積み重ねること。積み重ねた善行。	**せきあく**〔積悪〕
せきだい〔席題〕歌会などで、その場で出す題。	**けんだい**〔兼題〕
せきはい〔惜敗〕わずかの差で惜しくも負けること。	㋐**しんしょう**〔辛勝〕㋑**ざんぱい**〔惨敗〕**かんぱい**〔完敗〕**たいはい**〔大敗〕
せきぶん〔積分〕与えられた関数を導関数とする関数を求めること。	**びぶん**〔微分〕
せきりょく〔斥力〕互いにはねかえすように働く力。	**いんりょく**〔引力〕
せく〔堰く・塞く〕流れなどを、ふさぎ止めること。	**とおす**〔通す〕
せけんしらず〔世間知らず〕社会的経験が乏しく、人情に疎い人。	**くろうにん**〔苦労人〕
せし〔セ氏〕水の氷点を0度、沸点を100度とする温度計の目盛り。	**かし**〔カ氏・華氏〕
せしゅう〔世襲〕親の地位を、子孫が代々受け継ぐこと。	**ぜんじょう**〔禅譲〕**ほうばつ**〔放伐〕
せぞく〔世俗〕世間のならわし。	**りぞく**〔離俗〕**ちょうぞく**〔超俗〕**だつぞく**〔脱俗〕
せつ〔拙〕まずい。つたない。	**こう**〔巧〕**こう**〔好〕
ぜっか〔舌禍〕自分の言ったことばがもとで、振り掛かるわざわい。	**ひっか**〔筆禍〕
せつがん〔接岸〕船を岸に横づけすること。着岸。	**りがん**〔離岸〕
せつがんレンズ〔接眼 lens〕顕微鏡などの目に接する方のレンズ。	**たいぶつレンズ**〔対物 lens〕
せつぎ〔拙技〕まずいわざ。	**こうぎ**〔巧技〕**びぎ**〔美技〕**みょうぎ**〔妙技〕
せっきょくてき〔積極的〕進んで物事をするさま。	**しょうきょくてき**〔消極的〕**たいえいてき**〔退嬰的〕
せっきん〔接近〕近寄ること。	**かくぜつ**〔隔絶〕**けんかく**〔懸隔〕
せっけっきゅう〔赤血球〕血液中にある、赤い小さな血球。	**はっけっきゅう**〔白血球〕
ぜつご〔絶後〕将来2度と起こらないこと。	**くうぜん**〔空前〕
せっこう〔拙攻〕まずい攻め方。	㋐**もうこう**〔猛攻〕㋑**せっしゅ**〔拙守〕
せっこう〔拙稿〕まずい原稿。自分の	**ぎょっこう**〔玉稿〕

原稿の謙称。

ぜっこう〔絶好〕この上なくよいこと。　**さいあく**〔最悪〕

ぜっこん〔舌根〕舌の付け根。　**ぜったん**〔舌端〕**ぜっとう**〔舌頭〕

せっさく〔拙作〕　→ださく〔駄作〕

ぜっさん〔絶賛〕ほめあげること。激賞。　**こくひょう**〔酷評〕**つうば**〔痛罵〕

せっし〔摂氏〕　→せし〔セ氏〕

せっしゃ〔拙者〕それがし。わたし。　**きでん**〔貴殿〕

せっしゃ〔摂社〕本社の祭神と縁の深い神を祭る神社。　**ほんしゃ**〔本社〕

せっしゅ〔拙守〕まずい守り。　㋐**こうしゅ**〔好守〕㋑**せっこう**〔拙攻〕

せっしゅ〔摂取〕栄養を、体内に取り入れること。　**はいせつ**〔排泄〕

せっしゅう〔接収〕権力で取り上げること。　**へんかん**〔返還〕

せっしょく〔節食〕食事の量を適度に減らすこと。　**かしょく**〔過食〕**ほうしょく**〔飽食〕**ぼうしょく**〔暴食〕

せつじょく〔雪辱〕恥をすすぐこと。　**くつじょく**〔屈辱〕**ちじょく**〔恥辱〕

せっしょくでんせん〔接触伝染〕患者と直接触れ合うことによって病気がうつること。　**くうきでんせん**〔空気伝染〕

せっする〔接する〕つながる。ふれる。　**はなれる**〔離れる〕

せっせい〔節制〕欲望を抑えて、節度を守ること。　**きょうらく**〔享楽〕**ほうじゅう・ほうしょう**〔放縦〕

せっせと　絶え間なく、仕事に励むさま。　**のらくら（と）**

せっそう〔拙走〕野球などで、まずく走ること。　**こうそう**〔好走〕

せっそく〔拙速〕速く仕上げるが、出来栄えがまずいこと。　**こうち**〔巧遅〕

ぜったい〔絶対〕他と比較するまでもないこと。　**そうたい**〔相対〕

ぜったいてき〔絶対的〕他と比較する必要がないさま。　**そうたいてき**〔相対的〕**ひかくてき**〔比較的〕

せったく〔拙宅〕自分の家の謙称。　**きたく**〔貴宅〕

ぜったん〔舌端〕①舌のさき。舌頭。②口さき。弁説。　①**ぜっこん**〔舌根〕②**しんてい**〔心底〕

せっち〔設置〕設備を設けること。　**てっきょ**〔撤去〕

ぜっちょう〔絶頂〕最高のところ。てっぺん。　**どんぞこ**〔どん底〕

せってい〔設定〕物事を設け定めること。　**てっぱい**〔撤廃〕

ぜっとう〔舌頭〕	→ぜったん〔舌端〕
せっとうご〔接頭語〕単語の前に付けて、意味を添える語。	**せつびご**〔接尾語〕
せつな〔刹那〕	→いっしゅん〔一瞬〕
せつない〔切ない〕精神的に苦しくて耐えがたい。悲しい。	**たのしい**〔楽しい〕**うれしい**〔嬉しい〕
ぜっぱん〔絶版〕一度出した書物の刊行をやめること。	㋐**じゅうはん**〔重版〕**さいはん**〔再版〕**ぞっかん**〔続刊〕㋑**しゅっぱん**〔出版〕**かんこう**〔刊行〕
せつびご〔接尾語〕単語の後ろに付けて、意味を添える語。	**せっとうご**〔接頭語〕
せつびしきん〔設備資金〕固定設備を整えるための資金。	**うんてんしきん**〔運転資金〕
せつぶん〔拙文〕まずい文章。	**めいぶん**〔名文〕
ぜつぼう〔絶望〕望みを失うこと。失望。	**ゆうぼう**〔有望〕**きぼう**〔希望〕**きたい**〔期待〕
ぜっぽう〔舌鋒〕鋭い弁舌。	**ひっぽう**〔筆鋒〕
ぜつめい〔絶命〕生命が絶えること。死ぬこと。	**ぞんめい**〔存命〕**せいぞん**〔生存〕
ぜつめつ〔絶滅〕生物などが、死に絶えること。	**はんしょく**〔繁殖〕**せいそく**〔生息・棲息〕
せつやく〔節約〕無駄のないように切り詰めること。倹約。	**ろうひ**〔浪費〕**らんぴ**〔乱費〕**ぜいたく**〔贅沢〕
せつりつ〔設立〕会社などを、新しくつくること。	**かいさん**〔解散〕
せつれつ〔拙劣〕非常にまずいこと。	**こうみょう**〔巧妙〕
せなか〔背中〕	→せ〔背〕
せなかあわせ〔背中合わせ〕互いに背と背を合わせること。	**さしむかい**〔差し向かい〕
ぜにん〔是認〕よいと認めること。	**ひにん**〔否認〕
せばまる〔狭まる〕狭くなる。	**ひろがる**〔広がる〕
せばめる〔狭める〕狭くする。	**ひろげる**〔広げる〕
ぜひ（とも）〔是非（とも）〕必ず。きっと。	**なるべく**〔成る可く〕**できるだけ**〔出来るだけ〕
せまい〔狭い〕	**ひろい**〔広い〕
せまくるしい〔狭苦しい〕狭くて、息が詰まりそうだ。	**だだっぴろい**〔徒っ広い〕
せめあぐむ〔攻め倦む〕攻めるのがむずかしくてもてあます。	**せめやぶる**〔攻め破る〕**せめおとす**〔攻め落とす〕
せめいる〔攻め入る〕	→せめこむ〔攻め込む〕
せめおとす〔攻め落とす〕攻めてうまく手に入れる。攻め破る。	㋐**せめあぐむ**〔攻め倦む〕㋑**ふせぎとめる**〔防ぎ止める〕
せめこむ〔攻め込む〕攻め入る。	**にげだす**〔逃げ出す〕

せめやぶる〔攻め破る〕　→せめおとす〔攻め落とす〕

せめる〔攻める〕「城を――」。　**まもる**〔守る・護る〕**ふせぐ**〔防ぐ〕

せめる〔責める〕「人の過ちを――」。　**ゆるす**〔許す〕

せりふ〔台詞・科白〕俳優が舞台で語ることば。　**しぐさ**〔仕草〕

せろん〔世論〕世間一般の考えや意見。　**しけん**〔私見〕

せわしい〔忙しい〕　→いそがしい〔忙しい〕

せわもの〔世話物〕浄瑠璃《じょうるり》や歌舞伎《かぶき》で、当時の世相に取材した作品。　**じだいもの**〔時代物〕

せん〔先〕さき。　**ご・こう**〔後〕

せん〔戦〕たたかい。　**わ**〔和〕

せん〔浅〕あさい。　**しん**〔深〕

せん〔線〕細長いすじ。　**てん**〔点〕**めん**〔面〕

せん〔賤〕いやしい。　**き**〔貴〕

ぜん〔全〕すべて。みんな。　**はん**〔半〕

ぜん〔前〕まえ。　㋐**ご・こう**〔後〕**ちゅう**〔中〕㋑**げん**〔現〕**もと**〔元〕

ぜん〔善〕よい。　**あく**〔悪〕**ふぜん**〔不善〕

ぜんい〔善意〕よい心。　**あくい**〔悪意〕

せんいん〔船員〕船に乗り組んで働く人。船乗り。　㋐**せんきゃく**〔船客〕㋑**せんしゅ**〔船主〕

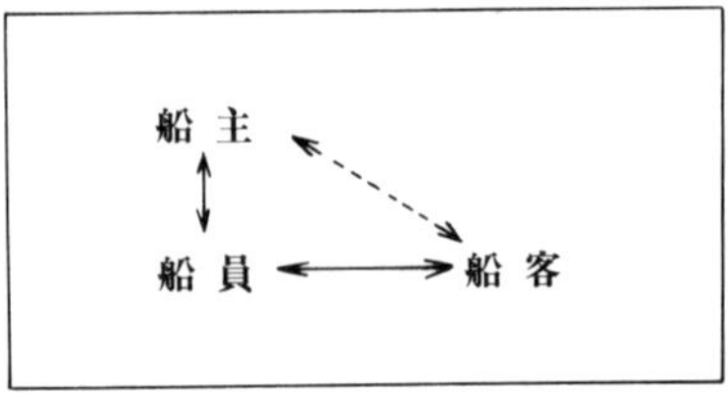

ぜんいん〔全員〕ある集団の中の、すべての人。　**いちいん**〔一員〕

ぜんいん〔善因〕よい結果を招く原因となるよい行い。　㋐**あくいん**〔悪因〕㋑**ぜんか**〔善果〕

ぜんえい〔前衛〕①前方のまもり。②球技で、相手の陣の近くにいる選手。　①**こうえい**〔後衛〕②**こうえい**〔後衛〕**ちゅうえい**〔中衛〕

ぜんおん〔全音〕音楽で、半音の2倍の音程。　**はんおん**〔半音〕

せんか〔選科〕一部の科目を選んで履習する学科。別科。　**ほんか**〔本科〕

ぜんか〔善果〕よい行いの報いとして受けるよい結果。　㋐**あっか**〔悪果〕㋑**ぜんいん**〔善因〕

せんかい〔先回〕　→ぜんかい〔前回〕

せんかい〔浅海〕浅い海。	**しんかい**〔深海〕
せんがい〔船外〕船の外。	**せんない**〔船内〕**せんちゅう**〔船中〕
せんがい〔選外〕選にもれること。落選。	**にゅうせん**〔入選〕
ぜんかい〔前回〕前の回。先回。	**じかい**〔次回〕**こんかい**〔今回〕
ぜんかい〔全壊〕家などが、全部壊れること。	㋐**はんかい**〔半壊〕㋑**さいけん**〔再建〕**ふっこう**〔復興〕**さいこう**〔再興〕
ぜんかい〔全快〕病気が、すっかりよくなること。治癒。快癒。全治。本復。	**はつびょう**〔発病〕**りびょう**〔罹病〕**りかん**〔罹患〕**ふしょう**〔負傷〕
ぜんかい〔全開〕栓などを、全部開くこと。	㋐**ぜんぺい**〔全閉〕**みっぺい**〔密閉〕㋑**はんかい**〔半開〕
せんがく〔先学〕学問上の先輩。	**こうがく**〔後学〕
せんがく〔浅学〕学問が浅く未熟であること。	**せきがく**〔碩学〕**はくがく**〔博学〕
ぜんがく〔全額〕全部の金額。	**はんがく**〔半額〕
ぜんがくぶ〔前額部〕	→ぜんとうぶ〔前頭部〕
せんがっき〔先学期〕この前の学期。	**らいがっき**〔来学期〕**こんがっき**〔今学期〕
ぜんき〔前期〕①期間の初め。②この前の期間。	①**こうき**〔後期〕**ちゅうき**〔中期〕②**じき**〔次期〕**らいき**〔来期〕**こんき**〔今期〕**とうき**〔当期〕
ぜんき〔前記〕前に書いたこと。前述。	**こうき**〔後記〕
せんきゃく〔船客〕船に乗る客。	**せんいん**〔船員〕
せんぎょ〔鮮魚〕なまの魚。	**えんかんぎょ**〔塩乾魚・塩干魚〕**ほしうお**〔干し魚〕
せんきょう〔仙境・仙郷〕仙人の住むところ。仙界。	**ぞっかい**〔俗界〕
せんぎょう〔専業〕もっぱらその仕事に従事していること。	**けんぎょう**〔兼業〕
せんきょけん〔選挙権〕選挙で投票する権利。	**ひせんきょけん**〔被選挙権〕
ぜんく〔前句〕前の俳句。前の文句。	**こうく**〔後句〕
せんくち〔先口〕順番が先であること。	**あとくち**〔後口〕
ぜんくつ〔前屈〕体を前に曲げること。	**こうくつ**〔後屈〕
ぜんけい〔前掲〕前に挙げてあること。前述。	**こうけい**〔後掲〕
ぜんけい〔前景〕①手前の景色。②舞台で、客席に近い方にある景物。	①**こうけい**〔後景〕②**はいけい**〔背景〕
せんけつ〔専決〕ひとりで決めること。	**ごうぎ**〔合議〕
せんげつ〔先月〕今月の前の月。前月。	**らいげつ**〔来月〕**こんげつ**〔今月〕**とうげつ**〔当月〕
ぜんけつ〔全欠〕期間中、全部休むこ	**かいきん**〔皆勤〕

と。	
ぜんげつ〔前月〕①その月の前の月。②今月の前の月。先月。	①**よくげつ**〔翌月〕**とうげつ**〔当月〕②**らいげつ**〔来月〕**こんげつ**〔今月〕**とうげつ**〔当月〕
せんけん〔浅見〕浅はかな考えや意見。	**たっけん**〔卓見・達見〕
ぜんげん〔漸減〕少しずつ減ること。逓減。	㋐**ぜんぞう**〔漸増〕㋑**きゅうげん**〔急減〕
せんご〔戦後〕戦争のあと。	**せんぜん**〔戦前〕**せんちゅう**〔戦中〕
ぜんご〔前後〕まえとうしろ。	**さゆう**〔左右〕**じょうげ**〔上下〕
せんこう〔先攻〕野球などで、先に攻めること。先攻め。	**こうこう**〔後攻〕
ぜんこう〔前項〕前の項目。	**こうこう**〔後項〕
ぜんこう〔善行〕よい行い。	**あくぎょう**〔悪行〕**ひこう**〔非行〕**あくじ**〔悪事〕
ぜんごう〔前号〕雑誌などで、この号の前の号。	**じごう**〔次号〕**ほんごう**〔本号〕
ぜんごう〔善業〕よい報いを受けるもととなるよい行い。	**あくごう**〔悪業〕
せんこく〔先刻〕さきほど。	**ごこく**〔後刻〕
ぜんこくし〔全国紙〕全国規模で発行される新聞。	**ちほうし**〔地方紙〕
ぜんこくてき〔全国的〕国全体を対象とするさま。	**きょくちてき**〔局地的〕
せんごは〔戦後派〕戦後の混乱期に成長し、自由に振舞おうとする人々。アプレゲール。	**せんぜんは**〔戦前派〕**せんちゅうは**〔戦中派〕
ぜんざ〔前座〕寄席《よせ》で、初めの方に出演する人。	**しんうち**〔真打ち〕
せんさい〔先妻〕もとの妻。前妻。	**ごさい**〔後妻〕
せんさい〔繊細〕神経などが、か弱く微妙であるさま。	**ずぶとい**〔図太い〕
せんざい〔潜在〕内部にひそんで、表面に現れないこと。	**けんざい**〔顕在〕
せんさばんべつ〔千差万別〕多くの物が、それぞれ違っていること。	**だいどうしょうい**〔大同小異〕**せんぺんいちりつ**〔千編一律〕
せんじ〔戦時〕戦争をしている時。戦争中。	**へいじ**〔平時〕
ぜんじ〔善事〕	→ぜんこう〔善行〕
ぜんじ〔漸次〕	→しだいに〔次第に〕
せんじつ〔先日〕過去のある日。この間。	**ごじつ**〔後日〕**たじつ**〔他日〕**ほんじつ**〔本日〕
ぜんじつ〔前日〕①その日の前の日。②この間のある日。先日。	①**よくじつ**〔翌日〕**とうじつ**〔当日〕②**ごじつ**〔後日〕**ほんじつ**〔本日〕

ぜんじつせい〔全日制〕 →ぜんにちせい〔全日制〕
ぜんしゃ〔前者〕ふたつのうち、前の方のもの。 **こうしゃ**〔後者〕
ぜんしゃ〔前車〕先に進む車。 **こうしゃ**〔後車〕
せんしゅ〔先主〕先代の主人。 **とうしゅ**〔当主〕
せんしゅ〔船主〕船の持ち主。 **せんいん**〔船員〕
せんしゅ〔船首〕船のへさき。 **せんび**〔船尾〕
せんしゅう〔先週〕この前の週。 **らいしゅう**〔来週〕**じしゅう**〔次週〕**こんしゅう**〔今週〕
せんしゅう〔選集〕作品の中から一部を選んだ本。 **ぜんしゅう**〔全集〕
ぜんしゅう〔全集〕作品のすべてを集めた本。 **せんしゅう**〔選集〕
せんしゅうらく〔千秋楽〕興行の最終日。 **しょにち**〔初日〕
ぜんじゅつ〔前述〕前に述べてあること。前記。上述。既述。 **こうじゅつ**〔後述〕
せんしょう〔戦勝〕戦いに勝つこと。 **せんぱい**〔戦敗〕**はいせん**〔敗戦〕
せんじょう〔洗浄〕汚れを洗い流すこと。 **おせん**〔汚染〕
ぜんしょう〔全勝〕全部勝つこと。無敗。 **ぜんぱい**〔全敗〕
ぜんしょう〔全焼〕すべて焼けてしまうこと。 **はんしょう**〔半焼〕
ぜんじょう〔禅譲〕古代中国で、天子がその位を徳のある人に譲ること。 **ほうばつ**〔放伐〕**せしゅう**〔世襲〕
ぜんしょうとう〔前照灯〕車の前方を照らす灯火。ヘッドライト。 **こうびとう**〔後尾灯〕**びとう**〔尾灯〕
せんしょく〔染色〕色を染めること。 **だっしょく**〔脱色〕
ぜんしょく〔前職〕前に就いていた職。 **げんしょく**〔現職〕
せんしん〔先進〕先に進むこと。 **こうしん**〔後進〕
せんしん〔線審〕野球・サッカーなどの球技で、ボールが線から外へ出たかどうかを判定する審判。 **しゅしん**〔主審〕**きゅうしん**〔球審〕**るいしん**〔塁審〕
せんじん〔先人〕昔の人。前に生ていた人。 **こうじん**〔後人〕**こんじん**〔今人〕
せんじん〔先陣〕本隊の前にある軍陣。 **こうじん・ごじん**〔後陣〕**ほんじん**〔本陣〕
ぜんしん〔全身〕からだ全体。 **きょくぶ**〔局部〕**きょくしょ**〔局所〕
ぜんしん〔前身〕変化する前の姿。境遇などが変わる前の身分。 **こうしん**〔後身〕
ぜんしん〔前進〕前に進むこと。進行。 **こうたい**〔後退〕**こうしん**〔後進〕**たいほ**〔退歩〕**たいきゃく**〔退却〕

ぜんしん〔漸進〕順を追って次第に進むこと。 **きゅうしん**〔急進〕**ひやく**〔飛躍〕
せんしんこく〔先進国〕文化程度などが、他よりも先に進んでいる国。 **こうしんこく**〔後進国〕**かいはつとじょうこく**〔開発途上国〕
ぜんしんぞう〔全身像〕絵画・彫刻などで、全身を形どった像。 **はんしんぞう**〔半身像〕**きょうぞう**〔胸像〕
せんすい〔潜水〕水の中にもぐること。 **ふじょう**〔浮上〕
ぜんせ〔前世〕生まれる前の世。 **ごせ**〔後世〕**らいせ**〔来世〕**げんせ**〔現世〕**こんじょう**〔今生〕
せんせい〔先生〕 **じどう**〔児童〕**せいと**〔生徒〕**がくせい**〔学生〕
ぜんせい〔善政〕よい政治。仁政。 **あくせい**〔悪政〕**かせい**〔苛政〕**ぼうせい**〔暴政〕**しっせい**〔失政〕
せんせいこっか〔専制国家〕 →どくさいこっか〔独裁国家〕
せんせいせいじ〔専制政治〕 →どくさいせいじ〔独裁政治〕
ぜんせつ〔前節〕文章などの前のひと区切り。 **こうせつ**〔後節〕
せんせん〔宣戦〕相手に戦いの開始を告げること。 **こうわ**〔講和〕**わぼく**〔和睦〕
せんぜん〔戦前〕戦争の始まる前。 **せんご**〔戦後〕**せんちゅう**〔戦中〕
ぜんせん〔善戦〕力いっぱいよく戦うこと。健闘。 **くせん**〔苦戦〕
せんせんきょうきょう〔戦々恐々・戦々兢々〕恐れてびくびくするさま。 **たいぜんじじゃく**〔泰然自若〕**だいたんふてき**〔大胆不敵〕
せんせんげつ〔先々月〕先月の前の月。 **さらいげつ**〔再来月〕
せんせんしゅう〔先先週〕先週の前の週。 **さらいしゅう**〔再来週〕
せんぜんは〔戦前派〕戦争以前に成人し、古い考えを持ち続けている人々。アバンゲール。 **せんごは**〔戦後派〕**せんちゅうは**〔戦中派〕
せんぞ〔先祖〕家系の初代の人。また、それに連なる代々の人。祖先。 **しそん**〔子孫〕**ばっそん**〔末孫〕**こうえい**〔後裔〕**まつえい**〔末裔〕
せんそう〔戦争〕たたかい。 **へいわ**〔平和〕
ぜんぞう〔漸増〕しだいにふえること。少しずつふえること。逓増。 ㋐**ぜんげん**〔漸減〕㋑**きゅうぞう**〔急増〕
せんぞく〔専属〕ひとつの会社や団体にだけ所属していること。 **フリー**〔free〕
せんだい〔先代〕前の世代。前の代の主人。 **とうだい**〔当代〕**とうしゅ**〔当主〕
ぜんたい〔全体〕 →ぜんぶ〔全部〕
ぜんだい〔前代〕前の時代。 **こうだい**〔後代〕**げんだい**〔現代〕**とうだい**〔当代〕

ぜんたいしゅぎ〔全体主義〕国家のためには個人の利益を制限するのもやむを得ないとする考え方。	**こじんしゅぎ**〔個人主義〕
ぜんたいてき〔全体的〕すべてを対象として扱うさま。	**ぶぶんてき**〔部分的〕**こべつてき**〔個別的〕
せんたくかもく〔選択科目〕学生・生徒が自由に選んで履習する科目。	**ひっしゅうかもく**〔必修科目〕
せんだつ〔先達〕先に立って進む人。	**こうしん**〔後進〕
ぜんだま〔善玉〕よい人。善人。	**あくだま**〔悪玉〕
せんたん〔先端・尖端〕物のいちばん先の部分。尖った先。	**まったん**〔末端〕**ねもと**〔根元〕**つけね**〔付け根〕
ぜんだん〔前段〕文章などで、前のひと区切り。	**こうだん**〔後段〕**ちゅうだん**〔中段〕
ぜんち〔全治〕	→ぜんかい〔全快〕
せんちゅう〔戦中〕戦争をしている期間。戦争中。戦時。	**せんぜん**〔戦前〕**せんご**〔戦後〕
せんちゅうは〔戦中派〕戦争中に青春期を迎え、戦争に巻き込まれた世代。	**せんぜんは**〔戦前派〕**せんごは**〔戦後派〕
ぜんちょう〔全長〕全体の長さ。	**ぜんぷく**〔全幅〕
せんて〔先手〕碁《ご》・将棋《しょうぎ》で、先に打つ方。先に攻勢に出ること。	**ごて**〔後手〕
せんてい〔先帝〕先代の天皇・皇帝。	**しんてい**〔新帝〕
ぜんてい〔前提〕ある事柄が成立するための条件。	**けつろん**〔結論〕
せんてんせい〔先天性〕生まれ付き備わっている性質。	**こうてんせい**〔後天性〕
せんど〔先度〕さきごろ。	**こんど**〔今度〕
せんとう〔先頭〕いちばん先。	**こうび**〔後尾〕
せんどう〔扇動・煽動〕行動を起こすようにけしかけること。アジテーション。	**そし**〔阻止〕**よくし**〔抑止〕
ぜんとう〔漸騰〕しだいに値段が上がること。	㋐**ぜんらく**〔漸落〕㋑**きゅうとう**〔急騰〕**ぼうとう**〔暴騰〕
ぜんどう〔善導〕よい方向へ導くこと。徳化。	**ゆうわく**〔誘惑〕
ぜんとうぶ〔前頭部〕頭の前の部分。前額部。	**こうとうぶ**〔後頭部〕**そくとうぶ**〔側頭部〕
せんとうぶたい〔先頭部隊〕先頭に立って進む軍勢。	**こうぞくぶたい**〔後続部隊〕
ゼントルマン〔gentleman〕紳士。	**レディー**〔lady〕
せんない〔船内〕船の中。船中。	**せんがい**〔船外〕
ぜんなん〔善男〕仏教で、信心深い男。	**ぜんにょ**〔善女〕
ぜんに〔禅尼〕仏の道に入った女性。	**ぜんもん**〔禅門〕

ぜんにちせい〔全日制〕通学生を対象に毎日昼間に授業をする、学校形態。　**ていじせい**〔定時制〕**つうしんせい**〔通信制〕
ぜんにょ〔善女〕仏教で、信心深い女。　㋐**ぜんなん**〔善男〕㋑**あくじょ**〔悪女〕
せんにん〔仙人〕山中に住むという、悟りきった理想の人物。　**ぞくじん**〔俗人〕
せんにん〔先任〕先に任務に着いた人。　**こうにん**〔後任〕**しんにん**〔新任〕
せんにん〔専任〕もっぱらその任に当たること。　**けんにん**〔兼任〕
ぜんにん〔前任〕以前、その任にあった人。　**こうにん**〔後任〕**げんにん**〔現任〕**しんにん**〔新任〕
ぜんにん〔善人〕よい人。　**あくにん**〔悪人〕**わるもの**〔悪者〕
せんねん〔先年〕過去のある年。　**こうねん**〔後年〕
ぜんねん〔前年〕①ことしの前の年。去年。昨年。②ある年の前の年。　①**らいねん**〔来年〕**みょうねん**〔明年〕**こんねん**〔今年〕**ほんねん**〔本年〕②**よくねん**〔翌年〕**とうねん**〔当年〕
ぜんのう〔全納〕全部おさめること。　**ぶんのう**〔分納〕
ぜんのう〔前納〕期日が来ない前に納めること。　**えんのう**〔延納〕**たいのう**〔滞納・怠納〕**こうのう**〔後納〕
ぜんば〔前場〕取引所で、午前の立ち合い。　**ごば**〔後場〕
せんぱい〔先輩〕先にその道に入った人。　**こうはい**〔後輩〕**どうはい**〔同輩〕
せんぱい〔戦敗〕　→はいせん〔敗戦〕
ぜんぱい〔全敗〕全部負けること。　**むはい**〔無敗〕**ぜんしょう**〔全勝〕
せんぱく〔浅薄〕人柄・知識などが、浅くて薄っぺらなさま。　**じゅうこう**〔重厚〕**しんえん**〔深遠〕
せんぱつ〔先発〕先に出発すること。　**こうはつ**〔後発〕**じはつ**〔次発〕
せんぱん〔先般〕この前。　**こんぱん**〔今般〕
ぜんはん〔前半〕前の半分。　**こうはん**〔後半〕
ぜんぱん〔全般〕　→ぜんぶ〔全部〕
ぜんぱんてき〔全般的〕全部にわたっているさま。　**ぶぶんてき**〔部分的〕**こべつてき**〔個別的〕
せんび〔船尾〕船の後ろの部分。とも。　**せんしゅ**〔船首〕
ぜんび〔善美〕美しく立派であること。　**しゅうあく**〔醜悪〕
せんびん〔先便〕先に出した便り。前便。先信。　**こうびん**〔後便〕
せんびん〔船便〕外国向けの郵便物などで、船を使って運ぶもの。シーメール。　**こうくうびん**〔航空便〕
ぜんびん〔前便〕　→せんびん〔先便〕
ぜんぶ〔全部〕ものごとのすべて。全　**いちぶ**〔一部〕**ぶぶん**〔部分〕**いっ**

体。	たん〔一端〕いちぶぶん〔一部分〕はんぶん〔半分〕
ぜんぶ〔前部〕前の部分。	こうぶ〔後部〕はいぶ〔背部〕ちゅうぶ〔中部〕
ぜんぷく〔全幅〕はばいっぱい。	ぜんちょう〔全長〕
ぜんぶん〔全文〕ある文章の全体。	ばっすい〔抜粋〕
ぜんぶん〔前文〕前の文章。手紙などの、初めに書く文。	こうぶん〔後文〕ほんぶん〔本文〕
ぜんぺい〔全閉〕全部閉めてしまうこと。	ぜんかい〔全開〕はんかい〔半開〕
ぜんぺん〔前編〕2部または3部からなる書物の、最初の編。	こうへん〔後編〕ちゅうへん〔中編〕
せんぺんいちりつ〔千編一律〕多くのものが同じ様子で変化に乏しいこと。	せんぺんばんか〔千変万化〕せんさばんべつ〔千差万別〕
せんぺんばんか〔千変万化〕さまざまに変化すること。	せんぺんいちりつ〔千編一律〕
せんべんをつける〔先鞭を付ける〕人に先立って着手する。先手を打つ。	こうじんをはいす〔後塵を拝す〕
せんぽう〔先方〕相手方。向こう。	とうほう〔当方〕
ぜんぼう〔全貌〕	→ぜんめん〔全面〕
ぜんぽう〔前方〕前のほう。	こうほう〔後方〕
ぜんぽう〔善報〕よいことをした報い。	あくほう〔悪報〕
せんむ〔専務〕もっぱらその仕事に当たること。	けんむ〔兼務〕
ぜんめつ〔全滅〕残らず滅びてしまうこと。	さいけん〔再建〕
ぜんめん〔全面〕すべての面。	いちめん〔一面〕はんめん〔半面〕
ぜんめん〔前面〕前のほう。表の方。	はいめん〔背面〕はいご〔背後〕そくめん〔側面〕
ぜんめんてき〔全面的〕あらゆる面にわたるさま。	ぶぶんてき〔部分的〕いちめんてき〔一面的〕
ぜんもん〔禅門〕仏門に入った男。	ぜんに〔禅尼〕
せんもんか〔専門家〕特定の分野の知識や技能にたけている人。	もんがいかん〔門外漢〕しろうと〔素人〕
せんもんきょういく〔専門教育〕特定の分野に関する、専門的な教育。	いっぱんきょういく〔一般教育〕
せんもんてん〔専門店〕特定の商品だけを専門的に売る小売店。	ひゃっかてん〔百貨店〕
ぜんや〔前夜〕①きのうの夜。昨夜。②その日の前の夜。	①みょうや〔明夜〕みょうばん〔明晩〕こんや〔今夜〕②よくばん〔翌晩〕とうや〔当夜〕
ぜんやく〔全訳〕全部を訳すこと。また、訳したもの。	しょうやく〔抄訳〕

せんゆう〔専有〕ひとりで所有すること。ひとり占め。　**きょうゆう**〔共有〕

せんよう〔専用〕①その人だけが使うこと。②ある目的だけに使うこと。　①**きょうよう**〔共用〕②**けんよう**〔兼用〕

（使う人がひとり） ←→ **共用**（ふたり以上で使う）
専用
（用途がひとつ） ←→ **兼用**（ふたつ以上の用途に使う）

ぜんよう〔全容〕全体の姿。すべての様子。全面。　**いちめん**〔一面〕**いったん**〔一端〕

ぜんよう〔善用〕よい方に使うこと。　**あくよう**〔悪用〕

ぜんら〔全裸〕まるはだか。　**はんら**〔半裸〕**ちゃくい**〔着衣〕

ぜんらく〔漸落〕しだいに値下がりすること。　㋐**ぜんとう**〔漸騰〕㋑**きゅうらく**〔急落〕**ぼうらく**〔暴落〕

せんらん〔戦乱〕戦いで、国が乱れること。　**たいへい**〔太平〕**へいわ**〔平和〕

ぜんりゃく〔前略〕文章の、前の部分を省略すること。　**こうりゃく**〔後略〕**げりゃく**〔下略〕**ちゅうりゃく**〔中略〕

せんりょ〔浅慮〕浅はかな考え。　**しんりょ**〔深慮〕**じゅくりょ**〔熟慮〕

せんりょう〔占領〕軍隊が、相手国の領土を軍事力で支配すること。　**てっしゅう**〔撤収〕**てったい**〔撤退〕

ぜんりょう〔善良〕性格が、素直でよいこと。　**あくらつ**〔悪辣〕**あくしつ**〔悪質〕**ふりょう**〔不良〕**じゃあく**〔邪悪〕**きょうあく**〔凶悪・兇悪〕**どうもう**〔獰猛〕

せんりょうやくしゃ〔千両役者〕格式が高く、芸に優れた役者。　**だいこんやくしゃ**〔大根役者〕

ぜんりん〔前輪〕車の前の車輪。　**こうりん**〔後輪〕

ぜんりんくどう〔全輪駆動〕自動車で、エンジンの回転を前後すべての車輪に伝える方式。四輪駆動。　**ぜんりんくどう**〔前輪駆動〕**こうりんくどう**〔後輪駆動〕

ぜんりんくどう〔前輪駆動〕自動車で、エンジンの回転を前輪に伝える方式。　**こうりんくどう**〔後輪駆動〕**ぜんりんくどう**〔全輪駆動〕

ぜんれつ〔前列〕前の列。　**こうれつ**〔後列〕

そ

そ〔疎〕①あらい。まばら。②うとい。　①**みつ**〔密〕②**しん**〔親〕

そ〔粗〕あらい。
せい〔精〕**みつ**〔密〕

そあく〔粗悪〕粗末で質が悪いこと。
ゆうりょう〔優良〕**ゆうしゅう**〔優秀〕

そあん〔素案〕練られていないもとの案。
せいあん〔成案〕

そいつ〔其奴〕
こいつ〔此奴〕**あいつ**〔彼奴〕

そう〔僧〕仏の道に入った人。
㋐**ぞく**〔俗〕**ぞくじん**〔俗人〕㋑**かんぬし**〔神主〕**ぼくし**〔牧師〕**しんぷ**〔神父〕

そう〔早〕はやい。
ばん〔晩〕

そう〔送〕おくる。
げい〔迎〕

そう〔双〕ふたつ。一対。
たん〔単〕**せき**〔隻〕

そう〔騒・躁〕さわがしい。
せい〔静〕

そう〔添う・沿う〕そば近くにいる。付き従う。
はなれる〔離れる〕

そう〔然う〕そのように。
こう〔斯う〕**ああ**

ぞう〔増〕ふえる。
げん〔減〕

ぞう〔憎〕にくしみ。
あい〔愛〕

そうあん〔草案〕下書きの案。素案。
せいあん〔成案〕

そうい〔相違・相異〕違うこと。
いっち〔一致〕**るいじ**〔類似〕

ぞういん〔増員〕人員をふやすこと。
げんいん〔減員〕

ぞうえき〔増益〕①ふやし加えること。②利益がふえること。
①**げんそん**〔減損〕②**げんえき**〔減益〕

ぞうお〔憎悪〕嫌い憎むこと。嫌悪。
あいこう〔愛好〕**ねつあい**〔熱愛〕

ぞうか〔増加〕ふえること。
げんしょう〔減少〕

ぞうか〔造花〕紙・布などで作った花。
せいか〔生花〕

そうかい〔爽快〕さわやかで気持ちがよいこと。
ゆううつ〔憂鬱〕

そうかい〔総会〕ある組織に属する人全員の会議。
ぶかい〔部会〕

ぞうがく〔増額〕金額をふやすこと。
げんがく〔減額〕

そうかくさくいん〔総画索引〕漢和辞典の文字を、総画数の順に並べて、所在ページを示すもの。
おんくんさくいん〔音訓索引〕**ぶしゅさくいん**〔部首索引〕

そうかくびき〔総画引き〕漢字の総画数によって引く漢和辞典の引き方。
おんくんびき〔音訓引き〕**ぶしゅびき**〔部首引き〕

そうかつてき〔総括的〕すべてをひとまとめにするさま。概括的。
こべつてき〔個別的〕

そうかへいきん〔相加平均〕n個の数をすべて加え、それをnで割った数。算術平均。
そうじょうへいきん〔相乗平均〕

そうかん〔創刊〕新聞・雑誌などを、初めて刊行すること。
はいかん〔廃刊〕**しゅうかん**〔終刊〕**ぞっかん**〔続刊〕

そうがん〔双眼〕両方の目。両眼。　**せきがん**〔隻眼〕**どくがん**〔独眼〕

そうきゅう〔送球〕ボールを送ること。　**へんきゅう**〔返球〕**ほきゅう**〔捕球〕

ぞうきゅう〔増給〕　→しょうきゅう〔昇給〕

そうきょ〔壮挙〕勇ましく立派な企てや振舞い。　**ぐきょ**〔愚挙〕

そうぎょう〔創業〕事業を始めること。開業。　㋐**はいぎょう**〔廃業〕㋑**しゅせい**〔守成〕

そうぎょう〔操業〕機械を動かして仕事をすること。　**きゅうぎょう**〔休業〕

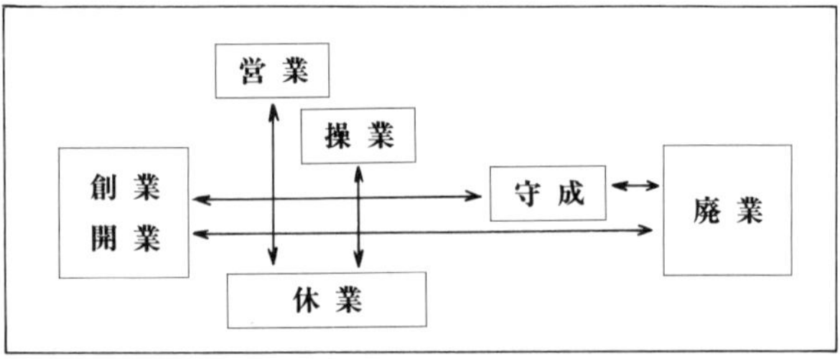

そうきん〔送金〕お金を送ること。　**へんきん**〔返金〕

そうけ〔宗家〕　→ほんけ〔本家〕

そうけい〔総計〕すべての合計。　**しょうけい**〔小計〕

そうけん〔壮健〕　→きょうけん〔強健〕

そうげん〔草原〕草がいちめんに生えている野原。　**さばく**〔砂漠〕

そうごう〔総合・綜合〕別々のものをひとつにまとめること。　**ぶんせき**〔分析〕**ぶんり**〔分離〕

そうごうかぜい〔総合課税〕すべての所得の合計額に対して課税すること。　**ぶんりかぜい**〔分離課税〕

そうごうだいがく〔総合大学〕多くの学部からなる大学。　**たんかだいがく**〔単科大学〕

そうごてき〔相互的〕互いのことを考えてするさま。　**いっぽうてき**〔一方的〕

そうこん〔早婚〕若くて結婚すること。　**ばんこん**〔晩婚〕

そうさく〔創作〕文芸作品などを、新しく作り出すこと。　**もさく**〔模作〕**とうさく**〔盗作〕**ほんあん**〔翻案〕

ぞうさん〔増産〕生産をふやすこと。　**げんさん**〔減産〕

そうし〔創始〕新しく物事を始めること。　**はいし**〔廃止〕**しゅせい**〔守成〕

そうじ〔相似〕ふたつの図形で、その一方を拡大または縮小すると、もう一方と重なり合う状態にあること。　**ごうどう**〔合同〕

そうじ〔送辞〕在校生が卒業生を送る　**とうじ**〔答辞〕

あいさつのことば。

ぞうし〔増資〕資本金をふやすこと。　**げんし**〔減資〕

そうしそうあい〔相思相愛〕男女が互いに恋し合うこと。　**かたおもい**〔片思い・片想い〕

そうしつ〔喪失〕うしないなくすこと。　**かくとく**〔獲得〕**しゅとく**〔取得〕

そうしつ〔総室〕病院などで、数人が共同で入る部屋。　**こしつ**〔個室〕

そうしゅう〔早秋〕　→しょしゅう〔初秋〕

ぞうしゅう〔増収〕収入がふえること。　**げんしゅう**〔減収〕

そうじゅく〔早熟〕普通より早く熟すること。　**ばんじゅく**〔晩熟〕

そうしゅん〔早春〕　→しょしゅん〔初春〕

そうしょ〔草書〕漢字をひどく崩して書いた形。　**かいしょ**〔楷書〕**ぎょうしょ**〔行書〕

そうしようしょくぶつ〔双子葉植物〕被子植物のうち、胚《はい》に子葉が2枚あるもの。　**たんしようしょくぶつ**〔単子葉植物〕

そうじょうへいきん〔相乗平均〕n個の数を掛け合わせ、そのn乗根を求めた数。幾何平均。　**そうかへいきん**〔相加平均〕

そうしょく〔草食〕草を主として食べること。　**にくしょく**〔肉食〕**ざっしょく**〔雑食〕

そうしょくどうぶつ〔草食動物〕ヤギ・ゾウなど、草を主に食べる動物。　**にくしょくどうぶつ**〔肉食動物〕**ざっしょくどうぶつ**〔雑食動物〕

そうしん〔痩身〕やせた体。痩軀《そうく》。　**ひまん**〔肥満〕

そうしん〔送信〕　→はっしん〔発信〕

ぞうしん〔増進〕ふえていくこと。ふやしていくこと。　**げんたい**〔減退〕

そうすい〔送水〕水道の水を送ること。　**だんすい**〔断水〕

ぞうすい〔増水〕水量がふえること。　**げんすい**〔減水〕**かっすい**〔渇水〕

そうせい〔早世〕　→ようせつ〔夭折〕

そうせい〔早成〕早く出来上がること。　**ばんせい**〔晩成〕

そうせい〔早生〕果実などが、普通より早く出来ること。わせ。　**ばんせい**〔晩生〕

ぞうぜい〔増税〕税金をふやすこと。　**げんぜい**〔減税〕

そうせつ〔創設〕組織などを新しくつくること。　**はいし**〔廃止〕**しゅせい**〔守成〕

そうぜん〔騒然〕がやがやと騒がしいさま。　**しゅくぜん**〔粛然〕**せきぜん**〔寂然〕**しんかん**〔森閑・深閑〕

そうぞう〔創造〕自分で新しくつくること。　**もほう**〔模倣〕**もぞう**〔模造〕

そうぞうしい〔騒々しい〕　→さわがしい〔騒がしい〕

そうそく〔総則〕全体の事柄に共通す　**さいそく**〔細則〕

る決まり。	
そうそふ〔曾祖父〕祖父・祖母の父。ひいじいさん。	㋐**そうそぼ**〔曾祖母〕㋑**そうそん**〔曾孫〕
そうそぼ〔曾祖母〕祖父・祖母の父。ひいばあさん。	㋐**そうそふ**〔曾祖父〕㋑**そうそん**〔曾孫〕
そうそん〔曾孫〕孫の子。ひまご。	**そうそふ**〔曾祖父〕**そうそぼ**〔曾祖母〕
そうたい〔僧体〕僧の姿。僧形《そうぎょう》。法体《ほったい》。	**ぞくたい**〔俗体〕
そうたい〔早退〕定刻よりも早く退出すること。早引き。	**ちこく**〔遅刻〕
そうたい〔相対〕ふたつのものが、互いに比較において成り立つこと。	**ぜったい**〔絶対〕
ぞうだい〔増大〕ふえて大きくなること。	**げんしょう**〔減少〕
そうたいてき〔相対的〕他との比較において成り立つさま。	**ぜったいてき**〔絶対的〕
ぞうたん〔増反〕耕作面積をふやすこと。	**げんたん**〔減反〕
そうち〔瘦地〕養分の少ない、やせた土地。	**よくち**〔沃地〕**よくど**〔沃土〕
ぞうちく〔増築〕家を建て増しすること。	**しんちく**〔新築〕
そうちゃく〔早着〕予定時刻より早く到着すること。	㋐**えんちゃく**〔延着〕㋑**そうはつ**〔早発〕
そうちょう〔早朝〕朝はやく。	**しんや**〔深夜〕
そうちょう〔荘重〕厳かなさま。荘厳。	**けいかい**〔軽快〕
ぞうちょう〔増長〕おごり高ぶった状態になること。つけあがること。	**いしゅく**〔畏縮〕
ぞうてい〔贈呈〕人に物をあげること。進呈。	**じゅぞう**〔受贈〕
そうでん〔送電〕電気を送ること。	㋐**ていでん**〔停電〕㋑**はつでん**〔発電〕
そうなん〔遭難〕災難にあうこと。	**ひなん**〔避難〕
ぞうはい〔増配〕株式の配当をふやすこと。	**げんぱい**〔減配〕
そうはつ〔早発〕予定時刻より早く出発すること。	㋐**ちはつ**〔遅発〕㋑**そうちゃく**〔早着〕
そうはつ〔双発〕発動機がふたつあること。	**たんぱつ**〔単発〕
そうひょう〔総評〕全体にわたる批評。	**さいひょう**〔細評〕
ぞうびん〔増便〕列車・バスなどの、便数をふやすこと。	**げんびん**〔減便〕

そうふ〔送付〕書類などを、送り届けること。　㋐**じゅり**〔受理〕㋑**じさん**〔持参〕

そうべつ〔送別〕別れて行く人を送ること。　㋐**りゅうべつ**〔留別〕㋑**かんげい**〔歓迎〕

そうほう〔双方〕　→りょうほう〔両方〕

そうむけいやく〔双務契約〕売買契約など、双方が互いに義務を負い合う形の契約。　**へんむけいやく**〔片務契約〕

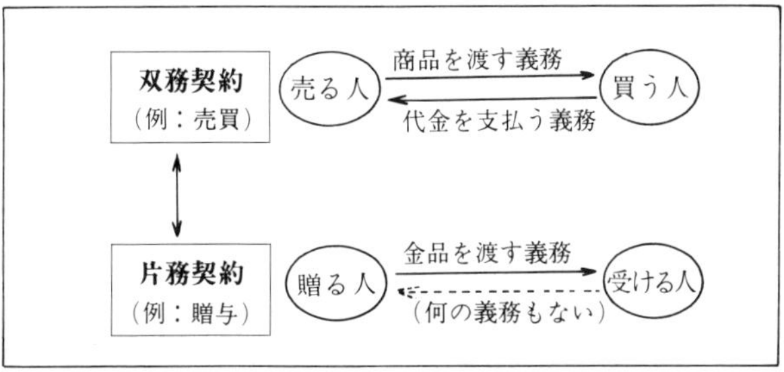

ぞうよ〔贈与〕財産などを、無償で人に与えること。　㋐**じゅぞう**〔受贈〕㋑**たいよ**〔貸与〕

そうらん〔騒乱・争乱〕争いによって、世間が騒ぎ乱れること。　**へいわ**〔平和〕

そうりょ〔僧侶〕　→そう〔僧〕

ぞうりょう〔増量〕分量をふやすこと。　**げんりょう**〔減量〕

そうろん〔総論〕事柄全体をひっくるめての議論。　**かくろん**〔各論〕

ぞうわい〔贈賄〕人に賄賂《わいろ》を贈ること。　**しゅうわい**〔収賄〕

そうわき〔送話器〕電話で、話を送る方の器具。　**じゅわき**〔受話器〕

そえん〔疎遠〕関係がうとくなること。　**しんみつ**〔親密〕**しんきん**〔親近〕**こんい**〔懇意〕**じっこん**〔昵懇〕

ソーシャリズム〔socialism〕社会主義。　**キャピタリズム**〔capitalism〕

そがい〔阻害〕邪魔をして妨げること。　**じょちょう**〔助長〕

そかく〔組閣〕内閣を組織すること。　**とうかく**〔倒閣〕

そく〔速〕はやい。　**ち**〔遅〕

ぞく〔俗〕①下品。いやしい。②仏門に入っていない人。　①**が**〔雅〕②**そう**〔僧〕

ぞく〔続〕①つづく。②後に続くもの。　①**だん**〔断〕②**せい**〔正〕

ぞくあく〔俗悪〕下品で悪いこと。卑俗。　**ゆうが**〔優雅〕**ゆうび**〔優美〕

そくい〔即位〕天皇や皇帝が、その位につくこと。　**たいい**〔退位〕**じょうい**〔譲位〕

そくおん〔促音〕つまる音。「ッ」。　**はつおん**〔撥音〕**ちょくおん**〔直音〕**ようおん**〔拗音〕

ぞくぐん〔賊軍〕朝廷や政府に敵対する軍隊。　**かんぐん**〔官軍〕

ぞくご〔俗語〕民間で常に用いる、くだけたことば。　**がご**〔雅語〕

ぞくじ〔俗字〕正しい字ではないが、世間一般で用いられる字。　**せいじ**〔正字〕

そくしつ〔側室〕身分の高い人の、めかけ。そばめ。　**せいしつ**〔正室〕

そくじょ〔息女〕他人の娘。お嬢さん。　㋐**しそく**〔子息〕㋑**りょうしん**〔両親〕

そくしん〔促進〕うながしすすめること。はかどらせること。　**よくせい**〔抑制〕**ぼうし**〔防止〕**よくあつ**〔抑圧〕

ぞくじん〔俗人〕①一般世間の人。世俗の人。②風流心のない人。　①**そう**〔僧〕**そうりょ**〔僧侶〕**せんにん**〔仙人〕②**がじん**〔雅人〕

ぞくじんしゅぎ〔属人主義〕国の内外を問わず、国民にその国の法律を適用しようとする考え方。　**ぞくちしゅぎ**〔属地主義〕

そくせいさいばい〔促成栽培〕花や野菜を、温室などで発育させて、収穫期を早める栽培法。　**よくせいさいばい**〔抑制栽培〕

ぞくせつ〔俗説〕世間に伝えられている根拠のない説。　**しんせつ**〔真説〕

ぞくぞく（と）〔続々（と）〕後から後からと続くさま。　**とぎれとぎれ（に）**〔跡切れ跡切れ（に）〕**ぼつぼつ（と）**

そくだい〔即題〕①その場で解答させる問題。②歌会などで、その場で題を出すこと。　①**しゅくだい**〔宿題〕②**けんだい**〔兼題〕

ぞくたい〔俗体〕一般人の姿。　**そうたい**〔僧体〕

ぞくちしゅぎ〔属地主義〕国民か否かを問わず、領土内ではその国の法律を適用しようとする考え方。　**ぞくじんしゅぎ**〔属人主義〕

ぞくとう〔続騰〕株式などが、値上がりを続けること。　**ぞくらく**〔続落〕

そくとうぶ〔側頭部〕頭の横の部分。　**ぜんとうぶ**〔前頭部〕**ぜんがくぶ**〔前額部〕**こうとうぶ**〔後頭部〕

そくどく〔速読〕ひととおり速く目を通すこと。　**じゅくどく**〔熟読〕**みどく**〔味読〕**せいどく**〔精読〕

そくばく〔束縛〕縛り付けること。自由を奪うこと。　**じゆう**〔自由〕**かいほう**〔解放〕

ぞくはつ〔続発〕続いて起こること。	**さんぱつ**〔散発〕
ぞくはん〔続版〕	→ぞっかん〔続刊〕
そくひつ〔速筆〕書くのが速いこと。	**ちひつ**〔遅筆〕
そくぶつてき〔即物的〕実際の物に即して考えるさま。	**かんねんてき**〔観念的〕
ぞくへん〔続編〕書物・映画などで、正編に続く第2編。	**せいへん**〔正編〕
ぞくほう〔続報〕続いて知らせること。前のものに続く知らせ。	**だいいっぽう**〔第一報〕**いっぽう**〔一報〕
ぞくみょう〔俗名〕生前の名前。俗人の名前。ぞくめい。	**かいみょう**〔戒名〕**ほうみょう**〔法名〕
ぞくめい〔俗名〕	→ぞくみょう〔俗名〕
そくめん〔側面〕物を横から見た面。左右の面。	**しょうめん**〔正面〕**ぜんめん**〔前面〕**はいめん**〔背面〕**はいご**〔背後〕
そくめんしょうとつ〔側面衝突〕車などが、相手の横に衝突すること。	**しょうめんしょうとつ**〔正面衝突〕**ついとつ**〔追突〕
そくめんず〔側面図〕立体を真横から見て描いた図。	**りつめんず**〔立面図〕**へいめんず**〔平面図〕
ぞくらく〔続落〕株式などが、引き続き値を下げること。	**ぞくとう**〔続騰〕
ぞくり〔俗吏〕能力や品位に欠ける役人。	**のうり**〔能吏〕
ぞくろん〔俗論〕根拠に乏しい意見。俗説。	**せいろん**〔正論〕
そぐわしい　ふさわしい。	**そぐわない**
そぐわない　釣りあわない。	**そぐわしい**
そこ〔其処〕	**ここ**〔此処〕**あそこ**〔彼処〕
そご〔齟齬〕意見などに、食い違いが生じること。	**そつう**〔疎通〕**ふごう**〔符合〕
そこく〔祖国〕自分の生まれた国。母国。故国。自国。	**たこく**〔他国〕**いこく**〔異国〕**いほう**〔異邦〕**がいこく**〔外国〕
そこつ〔粗忽〕そそっかしく不注意であること。	**しんちょう**〔慎重〕**ちゅういぶかい**〔注意深い〕
そこづみ〔底積み〕他の荷物の下に積むこと。いちばん下に積む荷。	**うわづみ**〔上積み〕
そこで〔其処で〕そういうわけで。それだから。	**ところが**〔処が〕
そこなう〔損なう・害なう〕傷付ける。いためる。	**なおす**〔直す〕
そこね〔底値〕相場などで、最も低い値段。	**てんじょうね**〔天井値〕
そこねる〔損ねる〕	→そこなう〔損なう〕

そざつ〔粗雑〕あらっぽいこと。大ざっぱ。	**せいみつ**〔精密〕**せいこう**〔精巧〕**さいみつ**〔細密〕**めんみつ**〔綿密〕**ちみつ**〔緻密〕**たんねん**〔丹念〕**ていねい**〔丁寧〕**ていちょう**〔丁重・鄭重〕
そし〔阻止〕食い止めること。阻害。	**せんどう**〔扇動・煽動〕**じょちょう**〔助長〕
そしょく〔粗食〕粗末な物を食べること。	**びしょく**〔美食〕
そしらぬふり〔素知らぬ振り〕	→しらんぷり〔知らん振り〕
そしる〔謗る〕	→けなす〔貶す〕
そせい〔疎生〕まばらに生えること。	**みっせい**〔密生〕
そせい〔粗製〕ぞんざいにつくること。	**せいせい**〔精製〕
そせい〔蘇生〕息を吹き返すこと。	**きぜつ**〔気絶〕**しっしん**〔失神〕
そせん〔祖先〕	→せんぞ〔先祖〕
そぞう〔塑像〕粘土などでつくった像。	**ちょうぞう**〔彫像〕
そだち〔育ち〕育ちかた。生いたち。	**うじ**〔氏〕**うまれ**〔生まれ〕
そだてのおや〔育ての親〕実子でない子を養い育てた親。養い親。養父母。	㋐**うみのおや**〔生みの親・産みの親〕**じつのおや**〔実の親〕㋑**もらいご**〔貰い子〕**さとご**〔里子〕
そちら	**こちら**　**あちら**
そつう〔疎通〕意見・意思が、うまく通じ合うこと。	**そご**〔齟齬〕
ぞっかい〔俗界〕俗世間。	**ほっかい**〔法界〕**せんかい**〔仙界〕
ぞっかん〔続刊〕雑誌や書物などを、引き続いて刊行すること。	㋐**はいかん**〔廃刊〕**きゅうかん**〔休刊〕**ぜっぱん**〔絶版〕㋑**そうかん**〔創刊〕
そつぎょう〔卒業〕学校で、所定の学業を学び終えること。	㋐**にゅうがく**〔入学〕**ざいがく**〔在学〕㋑**たいがく**〔退学〕
そつぎょうせい〔卒業生〕学校を卒業した人。	**しんにゅうせい**〔新入生〕**ざいがくせい**〔在学生〕**ざいこうせい**〔在校生〕
そっきん〔即金〕商品と引き替えに、その場で代金を払うこと。現金。	**まえきん**〔前金〕**あときん**〔後金〕**かけ**〔掛け〕
ソックス〔socks〕短い靴下。	**ストッキング**〔stockings〕
ぞっこう〔続行〕続けて行うこと。	**ちゅうし**〔中止〕**ていし**〔停止〕
そっこうせい〔速効性〕効き目が速く現れる性質。	**ちこうせい**〔遅効性〕
そっこく〔即刻〕すぐさま。直ちに。即時。	**ごこく**〔後刻〕
ぞっこく〔属国〕	→じゅうぞっこく〔従属国〕
そっせん〔率先〕人に先立ってすること。	**ついずい**〔追随〕**ついじゅう**〔追従〕

そっち そちら。	**こっち** **あっち**
そっちょく〔率直〕飾り気がないさま。ありのまま。	**うえん**〔迂遠〕**えんきょく**〔婉曲〕
そでなし〔袖無し〕衣服で、袖のついてないもの。ノースリーブ。	**ながそで**〔長袖〕**はんそで**〔半袖〕
そと〔外〕	**うち**〔内〕**なか**〔中〕
そとう〔粗糖〕精製してない砂糖。	**せいとう**〔精糖〕
そとうみ〔外海〕陸地の外側にある広い海。外洋。	**うちうみ**〔内海〕
そとがけ〔外掛け〕相撲の技で、足を相手の脚の外側に掛けて倒すもの。	**うちがけ**〔内掛け〕
そとがわ〔外側〕	**うちがわ**〔内側〕**なかがわ**〔中側〕
そとづら〔外面〕外部に向けた顔付き・態度。	**うちづら**〔内面〕
そとでし〔外弟子〕師匠の家へ外から通って来る弟子。	**うちでし**〔内弟子〕
そとのり〔外法〕容器・部屋などの、外側を基準にして測った寸法。	**うちのり**〔内法〕
そとぼり〔外堀〕城の外側の堀。	**うちぼり**〔内堀〕
そとまご〔外孫〕他家に嫁いだ娘が産んだ孫。	**うちまご**〔内孫〕
そとまた〔外股〕足先を外に向けた歩き方。	**うちまた**〔内股〕
そなえる〔供える〕神仏に物を差し上げる。	**さげる**〔下げる〕
そなえる〔備える・具える〕「道具を――」。	**かく**〔欠く〕
そなた〔其方〕そちらの方。	**こなた**〔此方〕**あなた・かなた**〔彼方〕
そなわる〔備わる・具わる〕	**かける**〔欠ける〕
その〔其の〕	**この**〔此の〕**あの**
そびやかす〔聳やかす〕肩などを、高く張って立てる。いからせる。	**おとす**〔落とす〕
そふ〔祖父〕父・母の父。	㋐**そぼ**〔祖母〕㋑**まご**〔孫〕
そふく〔粗服〕粗末な服。	**びふく**〔美服〕
ソフト〔soft〕柔らかい。	**ハード**〔hard〕
ソフトウエア〔software〕コンピュータを利用するために必要なプログラムや技術。	**ハードウエア**〔hardwere〕
ソフホーズ〔sovkhoz ロシア〕ソ連の国営農場。ソホーズ。	**コルホーズ**〔kolkhoz ロシア〕
そぼ〔祖母〕父・母の母。	㋐**そふ**〔祖父〕㋑**まご**〔孫〕
そぼう〔粗暴〕乱暴で荒々しいさま。	**おんわ**〔温和・穏和〕

そまつ〔粗末〕①おろそかにすること。大切にしないこと。②作りが劣ること。下等。	①**たいせつ**〔大切〕②**ごうか**〔豪華〕
そむく〔背く〕①ある物に背を向ける。②人に従わずに逆らう。	①**むく**〔向く〕②**したがう**〔従う〕
そむける〔背ける〕反対の方へ向ける。	**むける**〔向ける〕
そや〔粗野〕荒っぽくて洗練されていないさま。	**ゆうが**〔優雅〕
そよかぜ〔微風〕そよそよと吹く風。静かに吹く風。微風《びふう》。	**おおかぜ**〔大風〕**はやて**〔疾手〕**ぼうふう**〔暴風〕
そよそよ（と）風が静かに吹くさま。	**びゅうびゅう**（と）
そよふく〔そよ吹く〕風が静かに吹く。	**ふきすさぶ**〔吹き荒ぶ〕**ふきあれる**〔吹き荒れる〕
そら〔空〕	**りく・おか**〔陸〕**うみ**〔海〕
そらす〔逸らす〕わきを向ける。それさせる。はずす。	**むける**〔向ける〕**ひく**〔引く・惹く〕**あてる**〔当てる〕
そりみ〔反り身〕体を後ろに曲げること。のけぞった体形。	**まえかがみ**〔前屈み〕
そりゃく〔粗略・疎略〕おろそかで、いい加減であること。ぞんざい。	**ていねい**〔丁寧〕**ていちょう**〔丁重・鄭重〕**たんねん**〔丹念〕**にゅうねん**〔入念〕**せいみつ**〔精密〕**さいみつ**〔細密〕**ちみつ**〔緻密〕
そりん〔疎林〕木がまばらに生えている林。	**みつりん**〔密林〕
そる〔剃る〕「ひげを——」。	**はやす**〔生やす〕
ゾルレン〔Sollen《ドイツ》〕当為《とうい》。当然そうあらねばならないこと。	**ザイン**〔Sein《ドイツ》〕
それ〔其れ〕	**これ**〔此れ〕**あれ**
それで〔其れで〕	→そこで〔其処で〕
それる〔逸れる〕「弾丸が——」。	**あたる**〔当たる〕
そろう〔揃う〕「人数が——」。	**かける**〔欠ける〕
そろう〔疎漏・粗漏〕いいかげんで、手落ちがあること。手抜かり。	**ばんぜん**〔万全〕**げんみつ**〔厳密〕**ちゅうい**〔注意〕**ちゅういぶかい**〔注意深い〕
そろそろ（と）「——歩く」。	**さっさと**
そわせる〔添わせる〕仲を取りもって、男女を夫婦にさせる。	**ひきはなす**〔引き離す・引き放す〕**わかれさせる**〔別れさせる〕
そわそわ（と）落ち着かないさま。	**どっしり**（と）
そん〔存〕ある。保つ。	**ぼう**〔亡〕**しつ**〔失〕
そん〔尊〕とうとい。たっとぶ。	**ひ**〔卑〕
そん〔損〕	**とく**〔得〕**えき**〔益〕**もうけ**〔儲け〕
そんがい〔損害〕そこなわれること。不利益を受けること。損失。	**りとく**〔利得〕**りえき**〔利益〕

ぞんがい〔存外〕	→あんがい〔案外〕
そんき〔尊貴〕	→こうき〔高貴〕
そんきん〔損金〕損したお金。損害金。損失金。	**えききん**〔益金〕**りきん**〔利金〕
そんけい〔尊敬〕人を敬うこと。	**けいべつ**〔軽蔑〕**けいぶ**〔軽侮〕**ぶべつ**〔侮蔑〕
そんけいご〔尊敬語〕尊敬すべき人に関する物や動作に用いて、その人への敬意を表す語。	**けんじょうご**〔謙譲語〕**ていねいご**〔丁寧語〕
そんざい〔存在〕①あること。そこにあるもの。②現象を超えた根本にあるもの。ザイン。	①**しょうめつ**〔消滅〕**しょうしつ**〔消失〕②**とうい**〔当為〕
ぞんざい　ていねいでないさま。投げやりなさま。	**ねんいり**〔念入り〕**ていねい**〔丁寧〕**ていちょう**〔丁重・鄭重〕**たんねん**〔丹念〕**にゅうねん**〔入念〕**だいじ**〔大事〕
そんしつ〔損失〕損をして失うこと。損害。	**りえき**〔利益〕**りとく**〔利得〕**しゅうえき**〔収益〕
そんしょう〔尊称〕他の人やその所有物を尊んでいうことば。敬称。	**ひしょう**〔卑称〕**けんしょう**〔謙称〕
そんじる〔損じる〕いたむ。こわれる。	**なおる**〔直る〕
そんすう〔尊崇〕たっとびあがめること。敬崇。	**ぼうとく**〔冒瀆〕
そんする〔損する〕損をする。利益を失う。	**とくする**〔得する〕**もうかる**〔儲かる〕**もうける**〔儲ける〕
ぞんずる〔存ずる〕「思う」の謙譲語。	**おおもいになる**〔お思いになる〕
そんぞく〔存続〕引き続いてあること。	**はいし**〔廃止〕**だんぜつ**〔断絶〕
そんぞく〔尊属〕父母と同列、または、それより上の世代。	**ひぞく**〔卑属〕
そんだい〔尊大〕高ぶってえらそうにするさま。傲慢《ごうまん》。横柄。	**けんきょ**〔謙虚〕**けんそん**〔謙遜〕
そんち〔存置〕制度などを、そのまま置いておくこと。	**はいし**〔廃止〕
そんちょう〔尊重〕尊び重んじること。大切にすること。	**むし**〔無視〕**けいし**〔軽視〕**けいべつ**〔軽蔑〕
そんな	**こんな**　**あんな**
そんのうは〔尊皇派〕	→きんのうは〔勤王派・勤皇派〕
ぞんめい〔存命〕生き長らえること。生存。	**らくめい**〔落命〕**ぜつめい**〔絶命〕**しぼう**〔死亡〕

た

た〔他〕ほか。よそ。	**じ**〔自〕

た〔多〕おおい。　**しょう**〔少〕**か**〔寡〕

た〔田〕たんぼ。　**はた・はたけ**〔畑・畠〕

だ〔打〕野球で、ボールをうつ。打球。　**とう**〔投〕**ほ**〔捕〕

たあい〔他愛〕自己を犠牲にして、他人の幸せをはかること。　**じあい**〔自愛〕

ダーク〔dark〕暗い。黒ずんでいる。　**ライト**〔light〕

たい〔怠〕なまける。　**きん**〔勤〕

たい〔貸〕かす。　**しゃく**〔借〕

たい〔退〕しりぞく。　**しん**〔進〕

たい・だい〔大〕おおきい。　**しょう**〔小〕**さい**〔細〕**ちゅう**〔中〕

ダイアローグ〔dialogue〕対話。劇で、対話形式のせりふ。　**モノローグ**〔monologue〕

たいあん〔大安〕陰陽道《おんようどう》で、すべてによいとされる日。だいあん。　**ぶつめつ**〔仏滅〕

たいい〔退位〕天皇や皇帝が位を退くこと。　**そくい**〔即位〕**ざいい**〔在位〕

たいいく〔体育〕健康な身体をつくる教育。　**ちいく**〔知育〕**とくいく**〔徳育〕

だいいっぽう〔第一報〕最初に入った知らせ。一報。　**ぞくほう**〔続報〕

たいいん〔退院〕①病気が治って病院から帰ること。②議員が衆議院や参議院から帰ること。　①**にゅういん**〔入院〕②**とういん**〔登院〕

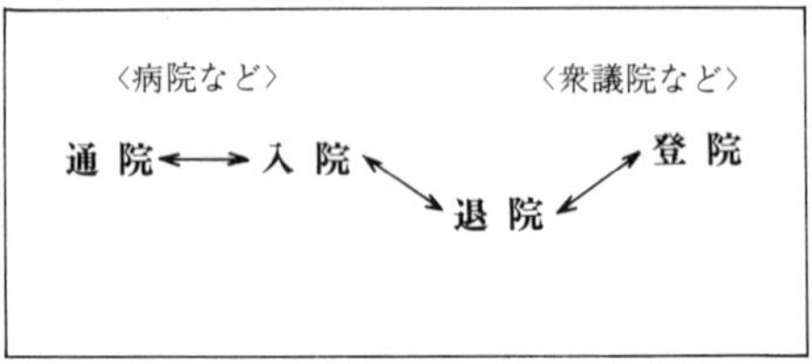

たいいんれき〔太陰暦〕月の満ち欠けを基準にしたこよみ。陰暦。旧暦。　**たいようれき**〔太陽暦〕

だいうちゅう〔大宇宙〕人間自体を小宇宙とするのに対し、宇宙そのもの。大自然。　**しょううちゅう**〔小宇宙〕

だいえい〔題詠〕決められた題で詩歌を作ること。　**ざつえい**〔雑詠〕

たいえいてき〔退嬰的〕尻込みするさま。積極的にしないさま。　**しんしゅてき**〔進取的〕**せっきょくてき**〔積極的〕

たいえき〔退役〕士官が現役を退くこと。　**げんえき**〔現役〕

だいえん〔大円〕球を、中心を通る平　**しょうえん**〔小円〕

面で切ったとき、切り口に出来る円。

たいか〔大家〕その道に特に秀でた人。巨匠。 **しんしん**〔新進〕**しんじん**〔新人〕

たいか〔大過〕大きな過失。とんでもない過ち。 ㋐**しょうか**〔小過〕**さいきん**〔細瑾〕㋑**たいこう**〔大功〕

たいか〔退化〕以前の状態に後戻りすること。 **しんか**〔進化〕

たいが〔大我〕個人的な執着心を捨てた、自由自在の境界《きょうがい》。 **しょうが**〔小我〕

たいが〔大河〕大きな川。 **さいりゅう**〔細流〕**おがわ**〔小川〕

たいかい〔大塊〕大きなかたまり。 **しょうへん**〔小片〕

たいかい〔退会〕会をやめること。 **にゅうかい**〔入会〕

たいがい〔体外〕からだの外。 **たいない**〔体内〕

たいがい〔対外〕外部に対すること。 **たいない**〔対内〕

たいがく〔退学〕卒業せずに学校をやめること。 ㋐**にゅうがく**〔入学〕**ざいがく**〔在学〕㋑**そつぎょう**〔卒業〕㋒**ふくがく**〔復学〕

だいかぞく〔大家族〕多人数の家族。 **しょうかぞく**〔小家族〕

たいかん〔大官〕 →こうかん〔高官〕

たいかん〔耐寒〕寒さに耐えること。 **ぼうかん**〔防寒〕**ひかん**〔避寒〕

たいかん〔退官〕官職を退くこと。 **にんかん**〔任官〕**ざいかん**〔在官〕

たいき〔大器〕大きいうつわ。優れた人物。 **しょうき**〔小器〕

たいぎ〔大義〕人間の根本の道。 **しょうぎ**〔小義〕

だいきぎょう〔大企業〕大きな規模の企業。 **ちゅうしょうきぎょう**〔中小企業〕**れいさいきぎょう**〔零細企業〕

たいぎご〔対義語〕意味が反対になったり、対《つい》になったりするふたつ以上のことば。反対語。 **どうぎご**〔同義語〕**るいぎご**〔類義語〕**どういご**〔同意語〕

たいきゃく〔退却〕後ろへ下がること。 **しんげき**〔進撃〕**しんこう**〔進攻〕**ぜんしん**〔前進〕

たいきょ〔退去〕立ちのくこと。 **しんにゅう**〔進入〕**たいざい**〔滞在〕

たいぎょ〔大魚〕大きい魚。 **こざかな**〔小魚〕**ざこ**〔雑魚〕

たいきょう〔滞京〕 →ざいきょう〔在京〕

たいきょう〔退京〕 →りきょう〔離京〕

たいきん〔大金〕たくさんのお金。 **こぜに**〔小銭〕**こがね**〔小金〕

たいきん〔退勤〕勤務を終わって、勤め先を出ること。 **しゅっきん**〔出勤〕

たいぐ〔大愚〕非常に愚かなこと。 **たいけん**〔大賢〕

たいくつ〔退屈〕物事に飽きていやになるさま。 **ねっちゅう**〔熱中〕**ぼっとう**〔没頭〕

たいけい〔体刑〕肉体的な自由を奪う刑。自由刑。 **ばっきんけい**〔罰金刑〕

たいけつ〔対決〕互いに自分の正しさを主張する両者が、決着をつけようとすること。	**だきょう**〔妥協〕
たいけん〔大賢〕非常に賢いこと。	**たいぐ**〔大愚〕
たいげん〔体言〕自立語で活用がなく、主語になる語。名詞・代名詞。	**ようげん**〔用言〕
たいこう〔大功〕大きな手柄。	**たいざい**〔大罪〕**たいか**〔大過〕
たいこう〔大綱〕根本的な事柄。おおもと。また、あらまし。大要。	**さいもく**〔細目〕
たいこう〔対抗〕①互いに勝負を競い合うこと。②競馬などで、優勝候補と実力を競う馬、または、人。	①**きょうりょく**〔協力〕**ていけい**〔提携〕**しえん**〔支援〕**けったく**〔結託〕②**ほんめい**〔本命〕
たいこう〔退行〕未発達の段階へ後戻りすること。	**しんか**〔進化〕**しんこう**〔進行〕
たいこく〔大国〕大きくて、強い国。	**しょうこく**〔小国〕**じゃっこく**〔弱国〕
だいこんやくしゃ〔大根役者〕芸が未熟で、へたな俳優。	**せんりょうやくしゃ**〔千両役者〕
たいさ〔大差〕大きな差。	**しょうさ**〔小差〕**きんさ**〔僅差〕**しょうい**〔小異〕
たいざ〔退座〕座席から退くこと。	**ちゃくざ**〔着座〕**しゅつざ**〔出座〕
たいざい〔大罪〕重大な罪。重罪。	㋐**たいこう**〔大功〕㋑**びざい**〔微罪〕
たいざい〔滞在〕とどまっていること。	**たいきょ**〔退去〕
たいさく〔大作〕①優れた作品。名作。傑作。秀作。②規模の大きい作品。	①**ださく**〔駄作〕**ぼんさく**〔凡作〕**ぐさく**〔愚作〕②**しょうひん**〔小品〕
だいさく〔代作〕他人が代わって作ること。	**じさく**〔自作〕
たいさつ〔大冊〕厚い、大きな書物。	**しょうさつ**〔小冊〕**しょうさっし**〔小冊子〕
たいさん〔退散〕立ち去ること。ばらばらになって逃げること。	**しんにゅう**〔進入〕
だいさんごく〔第三国〕そのことにかかわっていない国。	**とうじこく**〔当事国〕
だいさんしゃ〔第三者〕そのことにかかわっていない人。	**とうじしゃ**〔当事者〕
だいし〔大姉〕女性の戒名に付ける称号。	**こじ**〔居士〕
だいじ〔大事〕①重大なこと。大きな仕事。②ていねい。大切。	①**しょうじ**〔小事〕**さいじ**〔細事〕**さじ**〔瑣事〕②**ぞんざい**　**いいかげん**〔いい加減〕
たいした〔大した〕「彼は――人物だ」。	**つまらない**〔詰まらない〕
たいしつ〔体質〕体のたち。	**きしつ**〔気質〕**せいしつ**〔性質〕

たいしゃ〔退社〕①会社をやめること。②仕事を終わって会社を出ること。	①**にゅうしゃ**〔入社〕②**しゅっしゃ**〔出社〕
たいしゅうぶんがく〔大衆文学〕一般大衆を対象にした、通俗的な文学。	**じゅんぶんがく**〔純文学〕
たいしゅつ〔退出〕その場から引き下がること。	**さんにゅう**〔参入〕
だいしょ〔代書〕本人に代わって書くこと。代筆。	**じしょ**〔自書〕**じひつ**〔自筆〕
だいしょ〔代署〕本人に代わってその名前を書くこと。	**じしょ**〔自署〕
たいしょう〔大勝〕大差で勝つこと。快勝。楽勝。圧勝。	㋐**たいはい**〔大敗〕㋑**しんしょう**〔辛勝〕
たいしょう〔大笑〕おおわらい。高笑い。哄笑《こうしょう》。	**びしょう**〔微笑〕**しのびわらい**〔忍び笑い〕
たいしょう〔対称〕話し手が、話し相手を指していうことば。二人称。	**じしょう**〔自称〕**たしょう**〔他称〕
たいじょう〔退場〕会場から出ること。	**にゅうじょう**〔入場〕**しゅつじょう**〔出場〕**とうじょう**〔登場〕
だいじょうぶっきょう〔大乗仏教〕すべての人を救おうとする仏教の教え。	**しょうじょうぶっきょう**〔小乗仏教〕
だいじょうぶ〔大丈夫〕「走っても――だ」。	**だめ**〔駄目〕
たいしょく〔大食〕たくさん食べること。	**しょうしょく**〔小食・少食〕
たいしょく〔退職〕職をやめること。辞職。離職。	㋐**しゅうしょく**〔就職〕**ざいしょく**〔在職〕㋑**めんしょく**〔免職〕㋒**ふくしょく**〔復職〕
だいじんぶつ〔大人物〕偉大な人。傑物。おおもの。	**しょうじんぶつ**〔小人物〕**こもの**〔小物〕
たいじんほけん〔対人保険〕人に関する損害を補償する保険。	**たいぶつほけん**〔対物保険〕
たいせい〔大成〕大きく成功すること。	**しょうせい**〔小成〕
たいせい〔対生〕葉や枝が、それぞれの節にふたつずつ付いている形式。	**ごせい**〔互生〕**りんせい**〔輪生〕
たいせい〔胎生〕子が、母の体内である程度発達してから生まれること。哺乳類《ほにゅうるい》に見られる。	**らんせい**〔卵生〕
たいせき〔退席〕席を退くこと。座席を立って出ていくこと。退座。	**ちゃくせき**〔着席〕**しゅっせき**〔出席〕
たいせつ〔大切〕「物を――にする」。	**そまつ**〔粗末〕
だいせんきょく〔大選挙区〕数人の議員を選出する選挙区。	**しょうせんきょく**〔小選挙区〕**ちゅうせんきょく**〔中選挙区〕
たいぜんじじゃく〔泰然自若〕どっ	**せんせんきょうきょう**〔戦々恐々・

しりと落ち着いていて、物事に動じないさま。　戦々兢々〕しゅうしょうろうばい〔周章狼狽〕

たいそう〔大層〕ひどく。非常に。大変。　**すこし**〔少し〕**いささか**〔聊か〕**ちょっと**〔一寸〕**ささやか**

たいだ〔怠惰〕なまけおこたること。怠慢。　**きんべん**〔勤勉〕**せいきん**〔精勤〕

だいたい〔大体〕　→おおよそ〔大凡〕

たいだん〔退団〕団体から退くこと。　**にゅうだん**〔入団〕

だいたん〔大胆〕度胸があって物事を恐れないさま。豪胆。　**しょうたん**〔小胆〕**しょうしん**〔小心〕**おくびょう**〔臆病〕**ひきょう**〔卑怯〕

だいだんえん〔大団円〕劇や小説で、すべてがうまく収まる最終場面。　**はきょく**〔破局〕

だいたんふてき〔大胆不敵〕肝っ玉が太くて、何事にも動じないこと。　**しょうしんよくよく**〔小心翼々〕**せんせんきょうきょう**〔戦々恐々・戦々兢々〕

だいち〔大地〕陸地。　**てんくう**〔天空〕**かいよう**〔海洋〕

だいち〔大知〕非常に優れた知恵。　**しょうち**〔小知〕

たいちょう〔退庁〕公務員が勤め先の役所から帰ること。　**とうちょう**〔登庁〕

たいてい〔退廷〕法廷を退くこと。　**にゅうてい**〔入廷〕**しゅってい**〔出廷〕**ざいてい**〔在廷〕

たいてき〔大敵〕おおぜいの敵。てごわい敵。強敵。　**しょうてき**〔小敵〕

たいど〔大度〕度量が大きいこと。　**きょうりょう**〔狭量〕

だいとう〔大刀〕大きな刀。　**しょうとう**〔小刀〕

だいどう〔大同〕ほぼ同じであること。　**しょうい**〔小異〕

だいどうしょうい〔大同小異〕ほぼ同じで、大きな差違がないこと。　**せんさばんべつ**〔千差万別〕

たいない〔体内〕体のなか。　**たいがい**〔体外〕

たいない〔対内〕内部に対すること。　**たいがい**〔対外〕

だいなん〔大難〕大きな災難。　**しょうなん**〔小難〕

たいにち〔滞日〕外国人が、日本に滞在すること。在日。　**りにち**〔離日〕**ほうにち**〔訪日〕**らいにち**〔来日〕

たいにん〔退任〕任務を退くこと。離任。　**しゅうにん**〔就任〕**ちゃくにん**〔着任〕**ざいにん**〔在任〕**りゅうにん**〔留任〕

だいにん〔代人〕代わりの人。代理人。　**ほんにん**〔本人〕

だいにん〔大人〕おとな。　**しょうにん**〔小人〕

たいのう〔滞納・怠納〕税金などを、期日が過ぎても納めないこと。　**ぜんのう**〔前納〕**かんのう**〔完納〕

だいのつき〔大の月〕日数が31日ある月。　**しょうのつき**〔小の月〕

たいは〔大破〕ひどく破損すること。	**しょうは**〔小破〕**ちゅうは**〔中破〕
たいはい〔大敗〕大きく負けること。さんざんに負かされること。惨敗。	㋐**たいしょう**〔大勝〕㋑**せきはい**〔惜敗〕
たいはん〔大半〕おおかた。ほとんど。大部分。	**いちぶ**〔一部〕**いちぶぶん**〔一部分〕
たいひ〔貸費〕学費を貸し与えること。	**きゅうひ**〔給費〕
だいひつ〔代筆〕本人の代わりに書くこと。代書。	**じひつ**〔自筆〕**じきひつ**〔直筆〕**しんぴつ**〔親筆〕
だいひょう〔大兵〕体が大きくたくましい人。	**こひょう**〔小兵〕
たいぶ〔退部〕クラブ活動などの部をやめること。	**にゅうぶ**〔入部〕
たいぶつほけん〔対物保険〕物に対する損害を補償する保険。	**たいじんほけん**〔対人保険〕
たいぶつレンズ〔対物 lens〕顕微鏡などで、物体の近くにあるレンズ。	**せつがんレンズ**〔接眼 lens〕
だいぶぶん〔大部分〕	**いちぶぶん**〔一部分〕
たいぶんすう〔帯分数〕$1\frac{1}{2}$のように、整数と真分数の和の形で表される数。	**かぶんすう**〔仮分数〕**しんぶんすう**〔真分数〕
たいへい〔太平・泰平〕世の中が平和に治まっていること。	**せんらん**〔戦乱〕
たいべつ〔大別〕大きく分けること。	**さいぶん**〔細分〕**さいべつ**〔細別〕
たいへん〔大変〕	→たいそう〔大層〕
だいべん〔大便〕	**しょうべん**〔小便〕
たいほ〔退歩〕悪い方へ戻ること。後退。後戻り。	**しんぽ**〔進歩〕**ぜんしん**〔前進〕**しんこう**〔進行〕**じょうたつ**〔上達〕**はったつ**〔発達〕
たいほ〔逮捕〕犯人などを、捕らえること。	㋐**しゃくほう**〔釈放〕㋑**とんそう**〔遁走〕**とうそう**〔逃走〕**とうぼう**〔逃亡〕
たいぼく〔大木〕大きな木。巨木。	**しょうぼく**〔小木〕
たいまん〔怠慢〕なまけおこたること。怠惰。	**きんべん**〔勤勉〕**せいきん**〔精勤〕
だいみょう〔大名〕江戸時代、知行《ちぎょう》1万石以上の武家。	**しょうみょう**〔小名〕**はたもと**〔旗本〕
だいゆう〔大勇〕大事な場面で発揮される、本当の勇気。	**しょうゆう**〔小勇〕
たいよ〔貸与〕貸し与えること。	㋐**しゃくよう**〔借用〕㋑**ぞうよ**〔贈与〕**きょうよ**〔供与〕
たいよう〔大洋〕広大な海。大海。	**たいりく**〔大陸〕
たいよう〔大要〕	→がいりゃく〔概略〕
たいよう〔太陽〕	**ちきゅう**〔地球〕**つき**〔月〕
たいようれき〔太陽暦〕地球が太陽	**たいいんれき**〔太陰暦〕

を１周するのを１年と決めた暦。陽暦。新暦。

たいよく〔大欲〕 →ごうよく〔強欲〕

たいら〔平ら〕「地面が――である」。 **でこぼこ**〔凸凹〕

たいりく〔大陸〕広くて大きい陸地。 ㋐**たいよう**〔大洋〕**かいよう**〔海洋〕㋑**しま**〔島〕

たいりくせいきこう〔大陸性気候〕大陸内部の、温度差の大きい気候。内陸性気候。 **かいようせいきこう**〔海洋性気候〕

たいりつ〔対立〕反対の立場でにらみ合うこと。 **きょうちょう**〔協調〕**ていけい**〔提携〕**けったく**〔結託〕**だけつ**〔妥結〕**だきょう**〔妥協〕

だいりにん〔代理人〕本人の代わりをする人。代人。 **ほんにん**〔本人〕

たいりゃく〔大略〕 →がいりゃく〔概略〕

たいりゅうけん〔対流圏〕対流が起こり、温度の変化がある、地表から約１万メートルまでの大気圏。 **せいそうけん**〔成層圏〕**ちゅうかんけん**〔中間圏〕

たいりょう〔大漁〕魚がたくさんとれること。豊漁《ほうりょう》。 **ふりょう**〔不漁〕

たいりょう〔大量〕 →たりょう〔多量〕

たいりょう〔退寮〕学生寮や社員寮を引き払うこと。 **にゅうりょう**〔入寮〕

たいりょく〔体力〕肉体的な力。 **ちりょく**〔知力〕**きりょく**〔気力〕

たいろ〔退路〕逃げ道。 **しんろ**〔進路〕

たいわ〔対話〕人と向かい合ってする話。 ㋐**どくわ**〔独話〕㋑**かいわ**〔会話〕

たうえ〔田植え〕稲を田に植えること。 **いねかり**〔稲刈り〕

ダウン〔down〕下がる。 **アップ**〔up〕

たえず〔絶えず〕つねに。いつも。しょっちゅう。 **たまに**〔偶に〕**まれに**〔稀に〕

たえる〔絶える〕「話が――」。 **つづく**〔続く〕**つながる**〔繋がる〕

たえる〔耐える〕こらえる。我慢する。 **くじける**〔挫ける〕**くっする**〔屈する〕

たおす〔倒す〕「人形を――」。 **おこす**〔起こす〕

たおれこむ〔倒れ込む〕 **たちあがる**〔立ち上がる〕

たおれる〔倒れる〕 **おきる**〔起きる〕

だが しかし。けれども。でも。 **だから** **ゆえに**〔故に〕**したがって**〔従って〕

たかい〔高い〕①「身長が――」。②「値段が――」。 ①**ひくい**〔低い〕②**やすい**〔安い〕

たがく〔多額〕多くの金額。 **しょうがく**〔少額〕

だがし〔駄菓子〕安価で粗末な菓子。 **じょうがし**〔上菓子〕

たかじゅふん〔他家受粉〕別の花の花粉がめしべの先に付いて受精すること。異花受粉。	**じかじゅふん**〔自家受粉・自花受粉〕
だがっき〔打楽器〕つづみ・ドラムなど、たたいて音を出す楽器。	**かんがっき**〔管楽器〕**げんがっき**〔弦楽器〕
たかね〔高値〕高い値段。	**やすね**〔安値〕
たかは〔鷹派〕強硬に自分の意見を主張する人。強硬派。	**はとは**〔鳩派〕
たかばなし〔高話〕大声でする話。	**ひそひそばなし**〔ひそひそ話〕
たかぶる〔高ぶる・昂る〕①気分が高調する。興奮する。②えらそうな態度をとる。	①**しずまる**〔静まる・鎮まる〕②**へりくだる**〔遜る〕**へつらう**〔諂う・諛う〕
たかまる〔高まる〕①高くなる。②勢いが強くなる。	①**ひくまる**〔低まる〕②**しずまる**〔静まる・鎮まる〕**おとろえる**〔衰える〕
たから〔宝〕高価で大切な品物。	**くず**〔屑〕**あくた**〔芥〕
だから　従って。ゆえに。	**だが**　**しかし**〔然し・併し〕**けれども**　**でも**
たかわらい〔高笑い〕大声で笑うこと。大笑。大笑い。	**しのびわらい**〔忍び笑い〕**ほほえみ**〔微笑み〕
だかんしへい〔兌換紙幣〕金貨と交換できる紙幣。	**ふかんしへい**〔不換紙幣〕
だきあげる〔抱き上げる〕幼児などを、抱いて持ち上げる。	**だきおろす**〔抱き下ろす〕
だきおろす〔抱き下ろす〕抱いて下へおろす。	**だきあげる**〔抱き上げる〕
だきかかえる〔抱き抱える〕	**つきはなす**〔突き放す・突き離す〕
だきしめる〔抱き締める〕	**つきとばす**〔突き飛ばす〕
だきつく〔抱き付く〕	→だきよせる〔抱き寄せる〕
だきゅう〔打球〕野球で、打者が打ったボール。	**とうきゅう**〔投球〕**ほきゅう**〔捕球〕
たきょう〔他郷〕	→いきょう〔異郷〕
だきょう〔妥協〕折れ合って事を処理すること。	**けつれつ**〔決裂〕**たいりつ**〔対立〕**たいけつ**〔対決〕**こしつ**〔固執〕
だきよせる〔抱き寄せる〕	**つきはなす**〔突き放す・突き離す〕
だく〔濁〕にごる。	**せい**〔清〕
だく〔諾〕承知する。引き受ける。	**ひ**〔否〕
だく〔抱く〕「幼児を――」。	㋐**おう**〔負う〕**せおう**〔背負う〕㋑**はなす**〔放す・離す〕**おろす**〔下ろす・降ろす〕
だく〔駄句〕つまらない俳句。へたな文句。	**しゅうく**〔秀句〕**めいく**〔名句〕**かく**〔佳句〕
だくおん〔濁音〕仮名に「〃」を付け	**せいおん**〔清音〕**はんだくおん**〔半

て表す音。　濁音〕

たくさん〔沢山〕「お金が——ある」。　**すこし**〔少し〕**ちょっと**〔一寸〕**わずか**〔僅か〕

だくしゅ〔濁酒〕こうじのかすが混じって、白く濁っている酒。濁り酒。　**せいしゅ**〔清酒〕

たくしん〔宅診〕医者が自宅で患者を診察すること。　**おうしん**〔往診〕

だくすい〔濁水〕濁った水。濁り水。　**せいすい**〔清水〕

たくせつ〔卓説〕優れた意見。高説。　**ぐせつ**〔愚説〕

たくそう〔託送〕人に頼んで物を送ること。託配。　**じきそう・ちょくそう**〔直送〕**ちょくはい**〔直配〕

たくましい〔逞しい〕体などががっしりしていて、強そうだ。　**かよわい**〔か弱い〕**ひよわい**〔ひ弱い〕**よわよわしい**〔弱々しい〕

たくみ〔巧み〕じょうずだ。　**へた**〔下手〕**つたない**〔拙い〕**まずい**〔拙い〕

だくりゅう〔濁流〕濁った水の流れ。　**せいりゅう**〔清流〕

たくろん〔卓論〕優れた議論。高論。　**ぐろん**〔愚論〕

たくわえる〔蓄える・貯える〕「大金を——」。　**ついやす**〔費やす〕

たけ〔丈〕高さ。長さ。　**はば**〔幅〕**ゆき**〔裄〕

たけ〔他家〕よその家。　**じか**〔自家〕**とうけ**〔当家〕

たげい〔多芸〕多くの芸に通じていること。　**むげい**〔無芸〕

だげきせん〔打撃戦〕野球で、投手力が弱く、打ち合いになるゲーム。　**とうしゅせん**〔投手戦〕

だけつ〔妥結〕両者が折れ合って、話がまとまること。　**けつれつ**〔決裂〕**たいりつ**〔対立〕

たげん〔多元〕物事のもととなる多くのもの。　**いちげん**〔一元〕**にげん**〔二元〕

たげん〔多言〕　→じょうぜつ〔饒舌〕

だけん〔駄犬〕価値の低い雑種の犬。　**めいけん**〔名犬〕

たげんろん〔多元論〕宇宙のすべての物事は、多くの構成要素から成り立つとする考え。　**いちげんろん**〔一元論〕**にげんろん**〔二元論〕

たこう〔多幸〕多くの幸せに恵まれること。　㋐**たなん**〔多難〕㋑**はっこう**〔薄幸〕

だこう〔蛇行〕①川などが、うねって流れること。②車がジグザグに走ること。　①**ちょっこう**〔直行〕②**ちょくしん**〔直進〕

たこく〔他国〕①よその国。外国。②故郷以外の土地。他郷。　①**じこく**〔自国〕**どうこく**〔同国〕②**こきょう**〔故郷〕

たさい〔多才〕多くの才能を持っていること。　**むさい**〔無才〕**ひさい**〔非才・菲才〕

たさいぼうしょくぶつ〔多細胞植物〕個体が多くの細胞から出来ている植物。	**たんさいぼうしょくぶつ**〔単細胞植物〕
たさいぼうどうぶつ〔多細胞動物〕個体が多くの細胞から成る動物。	**たんさいぼうどうぶつ**〔単細胞動物〕
たさく〔他作〕他人の作品。	**じさく**〔自作〕
たさく〔多作〕作品が多いこと。	**かさく**〔寡作〕
ださく〔駄作〕つまらない作品。	**かさく**〔佳作〕**しゅうさく**〔秀作〕**けっさく**〔傑作〕**めいさく**〔名作〕**たいさく**〔大作〕
たさつ〔他殺〕他人に殺されること。	**じさつ**〔自殺〕
たじ〔多事〕変事が続くこと。	**ぶじ**〔無事〕
たしか〔確か〕「記憶が——だ」。	**ふたしか**〔不確か〕**ふせいかく**〔不正確〕**あやふや**
たしざん〔足し算〕	**ひきざん**〔引き算〕**かけざん**〔掛け算〕**わりざん**〔割り算〕
たしつ〔他室〕ほかのへや。	**じしつ**〔自室〕**とうしつ**〔当室〕
たじつ〔他日〕将来のいつか。後日。	**かじつ**〔過日〕**せんじつ**〔先日〕**ほんじつ**〔本日〕
たしゃ〔他社〕よその会社。ほかの会社。	**じしゃ**〔自社〕**とうしゃ**〔当社〕**どうしゃ**〔同社〕
たしゃ〔他者〕	→たにん〔他人〕
だしゃ〔打者〕野球で、投手の投げるボールをバットで打つ人。バッター。	**とうしゅ**〔投手〕
たしゅつ〔他出〕よそへ出かけること。外出。	**ざいたく**〔在宅〕
たしゅみ〔多趣味〕多くの趣味を持っていること。	**むしゅみ**〔無趣味〕**ぼつしゅみ**〔没趣味〕
たしょう〔他生〕現在生きている世とは別の世。前世と来世。	**こんじょう**〔今生〕
たしょう〔他称〕話し手が、第三者を指していうことば。三人称。	**じしょう**〔自称〕**たいしょう**〔対称〕
たしょく〔他職〕ほかの仕事。	**どうしょく**〔同職〕
たしょく〔多食〕	→たいしょく〔大食〕
たしんきょう〔多神教〕同時に多くの神を崇拝する宗教。	**いっしんきょう**〔一神教〕
たす〔足す〕「5——2」。	**ひく**〔引く〕
だす〔出す〕①「お金を——」。②「首を——」。	①**いれる**〔入れる〕②**ひく**〔引く〕**ひっこめる**〔引っ込める〕
たすう〔多数〕数が多いこと。	**しょうすう**〔少数〕
たすうは〔多数派〕数が多い方のグループ。	**しょうすうは**〔少数派〕
たすける〔助ける〕	**さまたげる**〔妨げる〕**くじく**〔挫く〕

たずねる〔尋ねる〕	**こたえる**〔答える〕
たぜい〔多勢〕おおぜい。多人数。	**ぶぜい**〔無勢〕**こぜい**〔小勢〕
だせいてき〔惰性的〕これまでどおりに、何となくしているさま。	**せいりょくてき**〔精力的〕
たせん〔他薦〕他人が推薦すること。	**じせん**〔自薦〕
たそがれ〔黄昏〕夕暮れ。	**あかつき**〔暁〕**あけぼの**〔曙〕**よあけ**〔夜明け〕**あけがた**〔明け方〕
たた〔多々〕物事の多いさま。たくさん。	**しょうしょう**〔少々〕
ただい〔多大〕非常に多いこと。	**きんしょう**〔僅少〕**びしょう**〔微少〕**けいしょう**〔軽少〕**けいび**〔軽微〕
ただいま（かえりました）〔只今（帰りました）〕外から帰ったときのあいさつのことば。	㋐**いってきます**〔行って来ます〕㋑**おかえり（なさい）**〔お帰り（なさい）〕
たたえる〔称える〕	→ほめる〔誉める〕
たたきこわす〔叩き壊す・叩き毀す〕	**つくりあげる**〔作り上げる・造り上げる〕
たたきつぶす〔叩き潰す〕	→たたきこわす〔叩き壊す・叩き毀す〕
ただし〔但し〕	**なお**〔尚〕
ただす〔正す〕間違いを直す。改める。	**あやまる**〔誤る〕**まちがえる**〔間違える〕**ゆがめる**〔歪める〕**みだす**〔乱す〕
だだっぴろい〔徒っ広い〕むやみに広い。	**せまくるしい**〔狭苦しい〕
たたむ〔畳む〕①「ござを——」。②「布を——」。③「テントを——」。	①**ひろげる**〔広げる〕②**のばす**〔延ばす〕③**はる**〔張る〕
たちあがる〔立ち上がる〕	**すわりこむ**〔座り込む〕**うずくまる**〔蹲る〕**ねころぶ**〔寝転ぶ〕**よこたわる**〔横たわる〕**たおれこむ**〔倒れ込む〕
たちえり〔立ち襟〕洋服のえり形で、首の周りで立った形のもの。	**おりえり**〔折り襟〕
たちかた〔立ち方〕能楽の舞台で演技をする人。また、舞踊の踊り手。	**じかた**〔地方〕**はやしかた**〔囃子方〕
たちどまる〔立ち止まる〕	**とおりすぎる**〔通り過ぎる〕**あるきだす**〔歩き出す〕
たちやく〔立ち役〕歌舞伎《かぶき》で、善人になる男役。	**かたきやく**〔仇役・敵役〕
たちわざ〔立ち技〕柔道やレスリングで、立ったまま掛ける技。	**ねわざ**〔寝技〕
たつ〔建つ〕「家が——」。	**こわれる**〔壊れる〕**つぶれる**〔潰れる〕

たつ〔断つ・絶つ〕切りはなす。やめる。	**むすぶ**〔結ぶ〕**つなぐ**〔繋ぐ〕**つづける**〔続ける〕
たつ〔立つ〕①「いすから――」。②「席を――」。③「――た姿勢」。	①**すわる**〔座る〕②**つく**〔着く〕③**よこたわる**〔横たわる〕**ねころぶ**〔寝転ぶ〕**ふせる**〔伏せる〕
だつ〔奪〕うばう。	**よ**〔与〕
だつ〔脱〕ぬぐ。取り去る。	**ちゃく**〔着〕
だつい〔脱衣〕衣服を脱ぐこと。	**ちゃくい**〔着衣〕
だっかい〔奪回〕取られた物を、奪いかえすこと。奪還。	**だっしゅ**〔奪取〕**りゃくだつ**〔略奪〕
だっかい〔脱会〕会から抜けること。会員であることをやめること。退会。	**にゅうかい**〔入会〕
だっかん〔奪還〕	→だっかい〔奪回〕
たっけん〔卓見・達見〕優れた考えや意見。	**せんけん**〔浅見〕
だっこ〔抱っこ〕抱くこと。	**おんぶ**
だっこう〔脱稿〕原稿を書き終わること。	**きこう**〔起稿〕
だっしゅ〔奪取〕人の物を、奪い取ること。略奪。	**だっかい**〔奪回〕**だっかん**〔奪還〕
だっしょく〔脱色〕色を抜くこと。色抜き。	**ちゃくしょく**〔着色〕**せんしょく**〔染色〕
だつぜい〔脱税〕不正な手段で、税を逃れること。	**のうぜい**〔納税〕
だつぞく〔脱俗〕	→ちょうぞく〔超俗〕
だったい〔脱退〕組織などから抜け出ること。離脱。	㋐**かにゅう**〔加入〕**かめい**〔加盟〕㋑**ふっき**〔復帰〕㋒**じょめい**〔除名〕

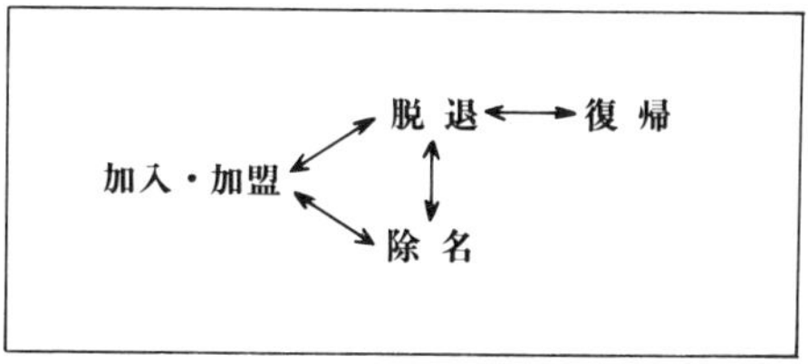

たっとい〔尊い・貴い〕	→とうとい
だっとう〔脱党〕党派から抜け出ること。	**にゅうとう**〔入党〕**ふくとう**〔復党〕
たっとぶ〔尊ぶ〕	→とうとぶ〔尊ぶ〕
たっぴつ〔達筆〕じょうずな文字。能筆。能書。	**あくひつ**〔悪筆〕
たっぷり（と）「――食べる」。	**ちょっぴり**（と）

たつべん〔達弁〕　→ゆうべん〔雄弁〕

だつぼう〔脱帽〕帽子を脱ぐこと。　**ちゃくぼう**〔着帽〕

だっぽう〔脱法〕ごまかして、法の規制を逃れること。　**じゅんぽう**〔順法・遵法〕

だつもう〔脱毛〕毛を抜くこと。　**しょくもう**〔植毛〕

たて〔縦〕　**よこ**〔横〕

たていと〔縦糸・経糸〕織物の、縦に織り込んである糸。　**よこいと**〔横糸・緯糸〕**ぬきいと**〔緯糸〕

たてうりじゅうたく〔建て売り住宅〕建ててから売り出す住宅。　**ちゅうもんじゅうたく**〔注文住宅〕

たてがき〔縦書き〕文字を縦に並べて書くこと。　**よこがき**〔横書き〕

たてかける〔立て掛ける〕「材木を——」。　**よこたえる**〔横たえる〕

たてぐみ〔縦組み〕活字などを縦の方向に組むこと。　**よこぐみ**〔横組み〕

たてざま〔縦様〕縦の方向。　**よこざま**〔横様〕

たてじく〔縦軸〕数学で、直交する座標の縦の軸。y 軸。　**よこじく**〔横軸〕**エックスじく**〔x 軸〕

たてじま〔縦縞〕縦に入れてある縞模様《しまもよう》。　**よこじま**〔横縞〕**こうしじま**〔格子縞〕

たてせん〔縦線〕縦向きの線。　**よこせん**〔横線〕**おうせん**〔横線〕

たてつぼ〔建坪〕建築物の占める面積。　**じつぼ**〔地坪〕**のべつぼ**〔延べ坪〕

たてなが〔縦長〕縦に長いさま。　**よこなが**〔横長〕

たてなみ〔縦波〕進行方向に平行な波。　**よこなみ**〔横波〕

たてまえ〔建て前〕表向きの原則。方針。　**ほんね**〔本音〕

たてまつる〔奉る〕　→さしあげる〔差し上げる〕

たてやく〔立て役〕芝居の主役。主演。　**わきやく**〔脇役〕**にまいめ**〔二枚目〕**さんまいめ**〔三枚目〕

たてゆれ〔縦揺れ〕縦方向に揺れること。ピッチング。　**よこゆれ**〔横揺れ〕

たてる〔建てる〕「家を——」。　**こわす**〔壊す〕**つぶす**〔潰す〕

たてる〔立てる〕「材木を——」。　**よこたえる**〔横たえる〕**ねかせる**〔寝かせる〕

だでん〔打電〕電報を打つこと。　**にゅうでん**〔入電〕

たどう〔他動〕他から働きかけること。他の力で動かされること。　**じどう**〔自動〕

だとう〔妥当〕うまく当てはまること。　**ふとう**〔不当〕**しっとう**〔失当〕

だとう〔打倒〕うち倒すこと。　**ようご**〔擁護〕**しえん**〔支援〕

たどうし〔他動詞〕目的を表す語を必要とする動詞。　**じどうし**〔自動詞〕

たどたどしい　未熟で、滑らかでない。　**りゅうちょう**〔流暢〕**なめらか**〔滑

	らか〕
たなこ〔店子〕貸し家を借りている人。	**おおや**〔大家〕**やぬし**〔家主〕
たなん〔多難〕困難や災いが多いこと。	㋐**たこう**〔多幸〕㋑**ぶなん**〔無難〕**ぶじ**〔無事〕
たに〔谷〕山と山との間のくぼんだ所。	**みね**〔峰〕
たにかぜ〔谷風〕昼間、谷から山頂に向けて吹く風。	**やまかぜ**〔山風〕
たにん〔他人〕①自分以外の人。②血縁関係にない人。	①**じぶん**〔自分〕**ほんにん**〔本人〕**とうにん**〔当人〕②**しんぞく**〔親族〕**しんせき**〔親戚〕**みうち**〔身内〕
たにんおもい〔他人思い〕	→ひとおもい〔人思い〕
たにんずう〔多人数〕人数が多いこと。おおぜい。大人数	**しょうにんずう**〔小人数・少人数〕**こにんずう**〔小人数〕
たねちがい〔種違い〕きょうだいで、父が違うこと。異父。	**はらちがい**〔腹違い〕
たねまき〔種蒔き〕作物の種を蒔くこと。	**とりいれ**〔取り入れ〕
たねんせいそうほん〔多年生草本〕発芽から枯れるまで3年以上生きる植物。	**いちねんせいそうほん**〔一年生草本〕**にねんせいそうほん**〔二年生草本〕
たのしい〔楽しい〕	**くるしい**〔苦しい〕**つらい**〔辛い〕**せつない**〔切ない〕
たのしむ〔楽しむ〕	**くるしむ**〔苦しむ〕**なやむ**〔悩む〕
たのみこむ〔頼み込む〕「友人に借金を――」。	**ひきうける**〔引き受ける〕
たのむ〔頼む〕	**ことわる**〔断る〕**こばむ**〔拒む〕
たのもしい〔頼もしい〕頼りになりそうだ。	**たよりない**〔頼り無い〕
だは〔打破〕古いやり方などを、打ち破ること。	**とうしゅう**〔踏襲〕
だば〔駄馬〕運搬用などの、下等の馬。	**めいば**〔名馬〕**しゅんめ**〔駿馬〕
たはつ〔多発〕	→ぞくはつ〔続発〕
たびじ〔旅路〕旅に出る道。旅の途中。	**いえじ**〔家路〕
たびたび〔度々〕何度も。しばしば。しょっちゅう。	**ときどき**〔時々〕**ときおり**〔時折〕**たまたま**〔偶々〕**ときたま**〔時偶〕**たまに**〔偶に〕**まれに**〔稀に〕
たびょう〔多病〕病気になることが多いこと。やまいがち。	**むびょう**〔無病〕
だぶだぶ 大き過ぎるさま。	**きちきち　ぴっちり**
ダブル〔double〕二重。ふたつ。	**シングル**〔single〕
ダブルス〔doubles〕卓球・テニスなどでふたりずつ組んでする試合。	**シングルス**〔singles〕

ダブルベッド〔double-bed〕ふたり用の寝台。	**シングルベッド**〔single-bed〕
たぶん〔多分〕たいてい。恐らく。	㋐**まさか** ㋑**かならず**〔必ず〕**きっと** ㋒**けっして**〔決して〕
たぶん〔多聞〕多くのことを聞いて知っていること。	**かぶん**〔寡聞〕
たべもの〔食べ物〕	㋐**のみもの**〔飲み物〕㋑**きもの**〔着物〕**すまい**〔住まい〕
たべる〔食べる〕	㋐**のむ**〔飲む〕㋑**はく**〔吐く〕
たべん〔多弁〕	→じょうぜつ〔饒舌〕
だべん〔駄弁〕無駄なおしゃべり。無駄口。	**ねつべん**〔熱弁〕
たほう〔他方〕ほかの方。別の方。	**いっぽう**〔一方〕**かたほう**〔片方〕
たまご〔卵〕	**おやどり**〔親鳥・親鶏〕
たましい〔魂〕こころ。精神。霊魂。	**からだ**〔体〕
たまたま〔偶々〕	→まれに〔稀に〕
たまに〔偶に〕	→まれに〔稀に〕
だまりこくる〔黙りこくる〕	→だまりこむ〔黙り込む〕
だまりこむ〔黙り込む〕ものを言わずに口を閉ざしてしまう。	**しゃべりまくる**〔喋りまくる〕**さわぎたてる**〔騒ぎ立てる〕**かたりかける**〔語り掛ける〕
だまる〔黙る〕ものを言わないでいる。	**しゃべる**〔喋る〕**さわぐ**〔騒ぐ〕**かたる**〔語る〕**はなす**〔話す〕
たまわる〔賜る〕「受ける」の謙譲語。いただく。	㋐**くださる**〔下さる〕㋑**さしあげる**〔差し上げる〕**たてまつる**〔奉る〕
だめ〔駄目〕「走っては――だ」。	**だいじょうぶ**〔大丈夫〕**よろしい**〔宜しい〕
ためこむ〔溜め込む〕お金や品物をたくさん溜めておく。	**つかいはたす**〔使い果たす〕
ためらう〔躊躇う〕決心がつかずにぐずぐずする。	**おもいきる**〔思い切る〕
ためん〔他面〕ほかの面。	**いちめん**〔一面〕
ためん〔多面〕多くの面。	**いちめん**〔一面〕
たもうさく〔多毛作〕同じ耕地で、1年に3回以上作物を収穫すること。	**いちもうさく**〔一毛作〕**にもうさく**〔二毛作〕
たもつ〔保つ〕持ち続ける。	**てばなす**〔手放す〕
たやす〔絶やす〕途中でやめる。	**つぐ**〔継ぐ〕**つづける**〔続ける〕
たやすい〔容易い〕	**むずかしい**〔難しい〕
たよう〔多様〕さまざまな様子。	**いちよう**〔一様〕
たよく〔多欲〕	→ごうよく〔強欲〕
たよりない〔頼りない〕頼りにならない感じだ。心細い。	**たのもしい**〔頼もしい〕
だらける　しまりがなくなる。怠ける。	**はりきる**〔張り切る〕**ひきしまる**

気がゆるむ。 〔引き締まる〕**がんばる**〔頑張る〕**いそしむ**〔勤しむ〕**せいだす**〔精出す〕

だらしない しまりがない。 **きちょうめん**〔几帳面〕

だらだら（と） 気分や動作が引き締まらないさま。 **きびきび（と）**

たりき〔他力〕他のものの力。 **じりき**〔自力〕

たりつ〔他律〕自分の行動を、他から決められること。 **じりつ**〔自律〕

たりゅう〔他流〕ほかの流派。 **どうもん**〔同門〕

たりょう〔多量〕量が多いこと。 **しょうりょう**〔少量・小量〕**びりょう**〔微量〕

たりる〔足りる〕 **かける**〔欠ける〕

たるむ〔弛む〕「精神が――」。 **しまる**〔締まる〕**ひきしまる**〔引き締まる〕**はる**〔張る〕**はりつめる**〔張り詰める〕

たれまく〔垂れ幕〕舞台の上から垂れ下がっている幕。 **ひきまく**〔引き幕〕

だれる →たるむ〔弛む〕

たわむれ〔戯れ〕ふざけること。遊び。冗談。 **ほんき**〔本気〕

たん〔単〕ひとつ。 **ふく**〔複〕**そう**〔双〕

たん〔淡〕うすい。 **のう**〔濃〕

たん〔短〕みじかい。 **ちょう**〔長〕

だん〔断〕たちきる。 **ぞく**〔続〕

だん〔暖〕あたたかい。 **れい**〔冷〕**かん**〔寒〕

だん〔男〕おとこ。 **じょ**〔女〕

たんいつ〔単一〕それだけで、混じる物がないこと。 **ふくごう**〔複合〕

たんおん〔短音〕短く響く音。 **ちょうおん**〔長音〕

たんかだいがく〔単科大学〕1学部だけの大学。 **そうごうだいがく**〔総合大学〕

たんがん〔単眼〕昆虫などの、簡単な構造の目。 **ふくがん**〔複眼〕

たんき〔短期〕期間が短いこと。 **ちょうき**〔長期〕**ちゅうき**〔中期〕

たんき〔短気〕気が短いこと。きみじか。性急。 **のんき**〔呑気・暢気〕**きなが**〔気長〕

だんき〔暖気〕暖かい空気。暖かな気候。 **れいき**〔冷気〕**かんき**〔寒気〕

たんきとうひょう〔単記投票〕用紙にひとりの名だけ書いて投票する方式。 **れんきとうひょう**〔連記投票〕

たんきょり〔短距離〕短い距離。 **ちょうききょり**〔長距離〕**ちゅうきょり**〔中距離〕

たんく〔短句〕短い句。	**ちょうく**〔長句〕
たんぐつ〔短靴〕足首までの短い靴。シューズ。	**ながぐつ**〔長靴〕
たんこ〔淡湖〕まみずをたたえたみずうみ。	**かんこ**〔鹹湖〕
だんこう〔断行〕思い切って実行すること。	**ちゅうちょ**〔躊躇〕**ちぎ**〔遅疑〕**しゅんじゅん**〔逡巡〕
たんごのせっく〔端午の節句〕5月5日の男の子のための節句。	**もものせっく**〔桃の節句〕
だんこん〔男根〕男子の生殖器。	**じょいん**〔女陰〕
たんさいぼうしょくぶつ〔単細胞植物〕個体が1個の細胞から出来ている、下等な植物。	**たさいぼうしょくぶつ**〔多細胞植物〕
たんさいぼうどうぶつ〔単細胞動物〕個体が1個の細胞から出来ている、下等な動物。	**たさいぼうどうぶつ**〔多細胞動物〕
たんさく〔単作〕同じ耕地に、同じ種類の作物を作ること。	㋐**かんさく**〔間作〕㋑**こんさく**〔混作〕
たんし〔短詩〕短い形式の詩。	**ちょうし**〔長詩〕
だんし〔男子〕おとこ。男性。	**じょし**〔女子〕
だんじ〔男児〕男の子。	**じょじ**〔女児〕
たんじかん〔短時間〕短い時間。	**ちょうじかん**〔長時間〕
たんしき〔単式〕単純な形式。	**ふくしき**〔複式〕
たんしきぼき〔単式簿記〕複式簿記の方式によらない簿記。	**ふくしきぼき**〔複式簿記〕
だんしこう〔男子工〕男子の工員。	**じょこう**〔女工〕
たんじつしょくぶつ〔短日植物〕日照時間が短くなると開花する植物。	**ちょうじつしょくぶつ**〔長日植物〕
だんしゅ〔断酒〕酒を飲まないようにすること。禁酒。	㋐**いんしゅ**〔飲酒〕㋑**きんえん**〔禁煙〕
たんしゅく〔短縮〕短く縮めること。	**えんちょう**〔延長〕
たんじゅん〔単純〕入り組んでなくて、簡単であること。	**ふくざつ**〔複雑〕
たんじゅんご〔単純語〕単語のうち、それ以上細かい構成要素に分解できない語。「山」「犬」など。	**ふくごうご**〔複合語〕**じゅくご**〔熟語〕
たんしょ〔短所〕劣っているところ。欠点。	**ちょうしょ**〔長所〕**びてん**〔美点〕**りてん**〔利点〕
たんしょう〔短小〕短くて小さいこと。	**ちょうだい**〔長大〕
たんじょう〔誕生〕生まれること。	**しきょ**〔死去〕**しぼう**〔死亡〕**ぜつめい**〔絶命〕**さいご**〔最期〕
たんしようしょくぶつ〔単子葉植物〕胚《はい》の子葉が1枚の被子植物。	**そうしようしょくぶつ**〔双子葉植物〕

たんじょうび〔誕生日〕生まれた日。	**めいにち**〔命日〕**きじつ**〔忌日〕
だんしょく〔暖色〕赤や橙《だいだい》色など、暖かい感じのする色。	**かんしょく**〔寒色〕
たんしん〔短針〕時計の短い方の針。時を示す針。時針。	**ちょうしん**〔長針〕**ふんしん**〔分針〕**びょうしん**〔秒針〕
たんすい〔淡水〕塩分を含まない水。まみず。	**えんすい**〔塩水〕**かいすい**〔海水〕**かんすい**〔鹹水〕
だんすい〔断水〕水道に水を送るのを止めること。	**そうすい**〔送水〕**きゅうすい**〔給水〕**はいすい**〔配水〕
たんすいぎょ〔淡水魚〕まみずに住む魚。	**かんすいぎょ**〔鹹水魚〕
たんすいろ〔短水路〕水泳で、25メートルのプール。	**ちょうすいろ**〔長水路〕
たんすう〔単数〕数がひとつであること。	**ふくすう**〔複数〕
たんせい〔嘆声〕悲しみ嘆く声。	**かんせい**〔歓声〕
だんせい〔男声〕男性の声。	**じょせい**〔女声〕**こんせい**〔混声〕
だんせい〔男性〕おとこ。男子。	**じょせい**〔女性〕
だんせいてき〔男性的〕男らしいさま。たくましいさま。	**じょせいてき**〔女性的〕
だんぜつ〔断絶〕断ち切ること。絶えること。	**けいしょう**〔継承〕**そんぞく**〔存続〕
たんせん〔単線〕鉄道で、ひとつの軌道を上り・下りの列車が共用するもの。	**ふくせん**〔複線〕**ふくふくせん**〔複々線〕
たんぞう〔鍛造〕熱した金属を、たたいてさまざまな形をつくること。	**ちゅうぞう**〔鋳造〕
だんそう〔男装〕女が男の服装をすること。	**じょそう**〔女装〕
だんぞく〔断続〕切れたり続いたりすること。	**れんぞく**〔連続〕
だんそんじょひ〔男尊女卑〕男を尊び、女を低くみること。	**じょそんだんぴ**〔女尊男卑〕
たんだ〔単打〕野球で、打者が1塁まで行ける安打。シングルヒット。	**ちょうだ**〔長打〕
だんたい〔団体〕人の集まり。	**こじん**〔個人〕
だんたいきょうぎ〔団体競技〕団体として勝負を競うスポーツ。	**こじんきょうぎ**〔個人競技〕
だんたいこうどう〔団体行動〕グループとして行動すること。	**こじんこうどう**〔個人行動〕**たんどくこうどう**〔単独行動〕
だんだん（に）〔段々（に）〕順を追って。しだいに。少しずつ。	**いっきょに**〔一挙に〕**いっきに**〔一気に〕
だんちがい〔段違い〕両者の間に、優劣の差がはっきりとあること。	**ごかく**〔互角〕**はくちゅう**〔伯仲〕

たんちょ〔単著〕単独で書いた本。	**きょうちょ**〔共著〕
たんちょう〔単調〕単純で変化に乏しいこと。	**ふくざつ**〔複雑〕
たんちょう〔短調〕音楽で、短音階による音曲。	**ちょうちょう**〔長調〕
だんてい〔断定〕はっきりと判断を下すこと。	**すいてい**〔推定〕**すいそく**〔推測〕**すいりょう**〔推量〕
だんとう〔暖冬〕普通の年よりも暖かい冬。	㋐**げんとう**〔厳冬〕㋑**れいか**〔冷夏〕
たんどく〔単独〕ひとりですること。	**きょうどう**〔共同〕**ごうどう**〔合同〕
たんどくこうどう〔単独行動〕自分ひとりでする行動。個人行動。	**だんたいこうどう**〔団体行動〕
たんどくないかく〔単独内閣〕ひとつの党だけで組織する内閣。	**れんりつないかく**〔連立内閣〕
たんどくはん〔単独犯〕ひとりで罪を犯した者。	**きょうはん**〔共犯〕
だんなさま〔旦那様〕	**おくさま**〔奥様〕
たんねん〔丹念〕心を込めてするさま。念入り。	**いいかげん**〔いい加減〕**ぞんざい** **そざつ**〔粗雑〕**そりゃく**〔粗略・疎略〕
だんねん〔断念〕きっぱりとあきらめること。	**しゅうじゃく・しゅうちゃく**〔執着〕
たんのう〔堪能〕	→かんのう〔堪能〕
たんぱ〔短波〕波長の短い電波。	**ちょうは**〔長波〕**ちゅうは**〔中波〕
たんぱく〔淡白・淡泊〕あっさりしているさま。さっぱりとするさま。	**のうこう**〔濃厚〕**しつよう**〔執拗〕
たんぱつ〔単発〕①飛行機で、発動機をひとつしか持たないもの。②銃で、弾丸を１発ずつ発射するもの。	①**そうはつ**〔双発〕②**れんぱつ**〔連発〕
だんぱつ〔断髪〕短く切った髪型。	**ちょうはつ**〔長髪〕
たんばん〔単板〕張り合わせてない板。	**ごうはん**〔合板〕
だんぷう〔暖風〕	→おんぷう〔温風〕
たんぶん〔単文〕ひとつの文の中で、主語と述語の関係が１回だけあるもの。	**ふくぶん**〔複文〕**じゅうぶん**〔重文〕
たんぶん〔短文〕短い文。	**ちょうぶん**〔長文〕
たんぺん〔短編〕小説・映画などで、短い作品。	**ちょうへん**〔長編〕**ちゅうへん**〔中編〕
たんぼ〔田圃〕	**はたけ**〔畑・畠〕
だんぼう〔暖房〕へやを暖める装置。	**れいぼう**〔冷房〕
だんまり〔黙り〕ものを言わないこと。無口。	**おしゃべり**〔お喋り〕**しゃべり**〔喋り〕
たんめい〔短命〕命が短いこと。若死に。夭折。夭逝《ようせい》。	**ちょうめい**〔長命〕**ちょうじゅ**〔長寿〕

だんゆう〔男優〕男の俳優。	**じょゆう**〔女優〕
たんよう〔単葉〕全体が1枚から成る葉。また、主翼がひとえの飛行機。	**ふくよう**〔複葉〕
たんり〔単利〕元金だけに、利息を付ける方式。	**ふくり**〔複利〕
だんりゅう〔暖流〕暖かい海水の流れ。	**かんりゅう**〔寒流〕
たんりょ〔短慮〕	→せんりょ〔浅慮〕

ち

ち〔地〕つち。	**てん**〔天〕**じん**〔人〕
ち〔治〕おさまる。	**らん**〔乱〕
ち〔知〕理性の働き。知能。	**じょう**〔情〕**い**〔意〕
ち〔血〕血液。	**にく**〔肉〕
ち〔遅〕おそい。	**そく**〔速〕
ちい〔地異〕地上で起きる災害。地変。	**てんぺん**〔天変〕
ちいく〔知育〕知識を豊かにし、知能の向上をめざす教育。	**とくいく**〔徳育〕**たいいく**〔体育〕
ちいさい〔小さい〕	**おおきい**〔大きい〕
ちいさな〔小さな〕	**おおきな**〔大きな〕
ちえん〔地縁〕同じ土地に住む人のつながり。	**けつえん**〔血縁〕
ちか〔地下〕地面の下。地中。	**ちじょう**〔地上〕**ちひょう**〔地表〕
ちかい〔近い〕	**とおい**〔遠い〕
ちがう〔違う〕	**おなじ**〔同じ〕
ちかおとり〔近劣り〕近くで見る方が劣って見えること。	**ちかまさり**〔近勝り〕
ちかく〔地核〕地球の中心の部分。	**ちひょう**〔地表〕**ちかく**〔地殻〕
ちかく〔地殻〕地球の表層の部分。	**ちかく**〔地核〕
ちかしい〔近しい〕	→したしい〔親しい〕
ちかしつ〔地下室〕地下にあるへや。	**おくじょう**〔屋上〕
ちかづく〔近付く〕近くへ寄る。	**とおのく**〔遠退く〕**とおざかる**〔遠ざかる〕**へだたる**〔距たる〕
ちかづける〔近付ける〕近くへ寄せる。	**とおざける**〔遠ざける〕**へだてる**〔距てる〕
ちかてつ（どう）〔地下鉄（道）〕地下の軌道を走る鉄道。	**こうかてつどう**〔高架鉄道〕**ろめんでんしゃ**〔路面電車〕
ちかまさり〔近勝り〕近くで見る方が優れて見えること。	**ちかおとり**〔近劣り〕
ちかまわり〔近回り〕近道を通って行くこと。	**とおまわり**〔遠回り〕
ちかみち〔近道〕目的地へ行くのに近い道。てっとりばやい手段。	**まわりみち**〔回り道〕**とおみち**〔遠道〕

ちかよせる〔近寄せる〕	→ちかづける〔近付ける〕
ちかよる〔近寄る〕	→ちかづく〔近付く〕
ちぎ〔遅疑〕	→ちゅうちょ〔躊躇〕
ちきゅう〔地球〕	**たいよう**〔太陽〕**つき**〔月〕
ちぎょ〔稚魚〕卵からかえったばかりの幼い魚。	**せいぎょ**〔成魚〕
ちきょう〔地峡〕ふたつの大きな陸地を結ぶ細長い陸地。	**かいきょう**〔海峡〕
ちぎん〔地銀〕地方銀行。	**とぎん**〔都銀〕
ちくごやく〔逐語訳〕1語ずつ原文に忠実に翻訳すること。直訳。	**いやく**〔意訳〕
ちくざい〔蓄財〕金銭を蓄えること。	**さんざい**〔散財〕**とうじん**〔蕩尽〕
ちくじょうしんぎ〔逐条審議〕ひとつずつ箇条を追って審議すること。	**いっかつしんぎ**〔一括審議〕
ちくせき〔蓄積〕蓄えること。	**しょうもう**〔消耗〕
ちくでん〔蓄電〕電池に、電気を蓄えること。	**ほうでん**〔放電〕
ちぐはぐ　食い違っているさま。	**ぴったり**
ちけい〔地形〕土地のありさま。	**ちしつ**〔地質〕
ちこうせい〔遅効性〕時間をおいて効果が現れる性質。	**そっこうせい**〔速効性〕
ちこく〔遅刻〕時間に遅れること。	**そうたい**〔早退〕**はやびき**〔早引き〕
ちさん〔治山〕植林などをして、山を整えること。	**ちすい**〔治水〕
ちさん〔遅参〕遅れて来ること。	**ちゅうざ**〔中座〕
ちしつ〔地質〕土地の性質。	**ちけい**〔地形〕
ちしまかいりゅう〔千島海流〕	→おやしお〔親潮〕
ちしゃ〔知者・智者〕知恵のある人。賢い人。賢者。	**ぐしゃ**〔愚者〕
ちじょう〔地上〕①地面の上。②この世。	①㋐**ちか**〔地下〕**ちちゅう**〔地中〕**ちてい**〔地底〕㋑**かいじょう**〔海上〕**くうちゅう**〔空中〕②**てんじょう**〔天上〕
ちじょく〔恥辱〕	→くつじょく〔屈辱〕
ちじん〔地神〕大地の神。地祇《ちぎ》。	**てんじん**〔天神〕
ちすい〔治水〕堤防を築いたりして、川の流れを整えること。	**ちさん**〔治山〕
ちせい〔治世〕よく治まった世の中。	**らんせい**〔乱世〕
ちせい〔知性〕判断の能力。認識する力。理性。	**かんせい**〔感性〕**かんじょう**〔感情〕
ちせつ〔稚拙〕子供じみてまずいさま。	**ろうこう**〔老巧〕**ろうれん**〔老練〕**こうみょう**〔巧妙〕
ちだい〔地代〕	→じだい〔地代〕

ちち〔父〕	㋐**はは**〔母〕㋑**こ**〔子〕**むすこ**〔息子〕**むすめ**〔娘〕
ちち（と）〔遅々（と）〕進み方が遅く、時間のかかるさま。	**ちゃくちゃく（と）**〔着々（と）〕
ちちおや〔父親〕父。おとうさん。	㋐**ははおや**〔母親〕㋑**むすこ**〔息子〕**むすめ**〔娘〕**こ**〔子〕
ちぢこまる〔縮こまる〕いじけて体を小さくする。	**いばる**〔威張る〕
ちちのひ〔父の日〕父の愛に感謝する日。6月の第3日曜日。	㋐**ははのひ**〔母の日〕㋑**こどものひ**〔子供の日〕
ちぢまる〔縮まる〕	→ちぢむ〔縮む〕
ちぢむ〔縮む〕短くなる。小さくなる。	**のびる**〔伸びる・延びる〕**ひらく**〔開く〕
ちぢめる〔縮める〕	**のばす**〔伸ばす・延ばす〕**ひらける**〔開ける〕
ちちゅう〔地中〕大地の中。地下。	㋐**ちじょう**〔地上〕**ちひょう**〔地表〕㋑**くうちゅう**〔空中〕**かいちゅう**〔海中〕

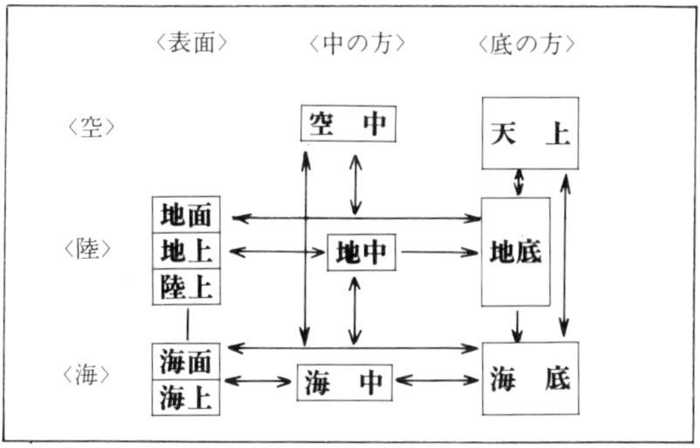

ちつじょ〔秩序〕整った関係。	**むちつじょ**〔無秩序〕**こんらん**〔混乱〕
ちてい〔地底〕大地の底。地核。	㋐**ちじょう**〔地上〕**ちひょう**〔地表〕**じめん**〔地面〕㋑**かいてい**〔海底〕**てんじょう**〔天上〕
ちどうせつ〔地動説〕地球などの惑星が太陽の周りを回るとする学説。	**てんどうせつ**〔天動説〕
ちどん〔遅鈍〕動作などが、遅くて鈍いこと。	**びんそく**〔敏速〕**びんしょう**〔敏捷〕
ちにち〔知日〕	→しんにち〔親日〕
ちのうはん〔知能犯〕詐欺《さぎ》・横領など、知能を使ってする犯罪。	**ごうりきはん**〔強力犯〕

ちはい〔遅配〕期日より遅れて配ること。	**かんぱい**〔完配〕
ちはつ〔遅発〕定刻より遅れて出発すること。	㋐**そうはつ**〔早発〕㋑**えんちゃく**〔延着〕
ちび（り）ちび（り）（と）少しずつ飲むさま。	**がぶがぶ（と）　ぐいぐい（と）**
ちひつ〔遅筆〕書くのが遅いこと。	**そくひつ**〔速筆〕
ちひょう〔地表〕地球の表面。地面。	**ちかく**〔地核〕**ちてい**〔地底〕**ちちゅう**〔地中〕**ちか**〔地下〕
ちへいせん〔地平線〕はるか遠くで陸と空とが接する線。	**すいへいせん**〔水平線〕
ちへん〔地変〕	→ちい〔地異〕
ちほう〔地方〕首都以外の地。いなか。	**ちゅうおう**〔中央〕**みやこ**〔都〕
ちほうぎんこう〔地方銀行〕ひとつの地方を中心に営業する銀行。地銀。	**としぎんこう**〔都市銀行〕
ちほうこうむいん〔地方公務員〕地方公共団体の仕事をする公務員。	**こっかこうむいん**〔国家公務員〕
ちほうし〔地方紙〕地方単位で発行される新聞。	**ぜんこくし**〔全国紙〕
ちほうぜい〔地方税〕地方公共団体が徴収する税金。	**こくぜい**〔国税〕
ちほうぶんけん〔地方分権〕政治権力を、地方公共団体に分け与える方式。	**ちゅうおうしゅうけん**〔中央集権〕
チマ　朝鮮の女性が着る、長いスカートのような衣装。	**チョゴリ**
ちみつ〔緻密〕細部まで心配りが行き届いて正確なさま。きめこまかいこと。精密。	**そりゃく**〔粗略・疎略〕**そざつ**〔粗雑〕**ずさん**〔杜撰〕**さんまん**〔散漫〕
ちゃく〔着〕①きる。つける。②つく。	①**だつ**〔脱〕②**はつ**〔発〕
ちゃくい〔着衣〕衣服を身に着けること。	㋐**だつい**〔脱衣〕㋑**らたい**〔裸体〕**ぜんら**〔全裸〕
ちゃくいぞう〔着衣像〕衣装を着けた肖像。	**らぞう**〔裸像〕
ちゃくえき〔着駅〕列車が到着する駅。	**はつえき**〔発駅〕
ちゃくがん〔着岸〕船が岸に着くこと。接岸。	**りがん**〔離岸〕
ちゃくざ〔着座〕座席に着くこと。	**たいざ**〔退座〕
ちゃくし〔嫡子〕本妻から生まれた、跡取りむすこ。	**しょし**〔庶子〕
ちゃくしゅ〔着手〕仕事などを始めること。手を着けること。	**かんせい**〔完成〕
ちゃくしょく〔着色〕色を着けること。	**だっしょく**〔脱色〕

ちゃくしん〔着信〕便りが届くこと。 **はっしん**〔発信〕**そうしん**〔送信〕
ちゃくすい〔着水〕水上飛行機が、水上に降り着くこと。 **りすい**〔離水〕
ちゃくせき〔着席〕決められた席に着くこと。席に座ること。 **きりつ**〔起立〕**たいせき**〔退席〕
ちゃくちゃく（と）〔着々（と）〕物事が手際よくはかどるさま。 **ちち（と）**〔遅々（と）〕
ちゃくにん〔着任〕①新しい任地に着くこと。②新しい任務に着くこと。就任。 ①**ふにん**〔赴任〕②**りにん**〔離任〕**たいにん**〔退任〕
ちゃくぼう〔着帽〕帽子をかぶること。 **だつぼう**〔脱帽〕
ちゃくりく〔着陸〕航空機が地上に降り着くこと。 **りりく**〔離陸〕
ちゃっか〔着火〕 →てんか〔点火〕
ちゃっこう〔着工〕 →きこう〔起工〕
チャンス〔chance〕競技などで、うまくいきそうな場面。好機。 **ピンチ**〔pinch〕
ちゆ〔治癒〕 →ぜんかい〔全快〕
ちゅう〔中〕①うち。②なかほど。 ①**がい**〔外〕②㋐**だい**〔大〕**しょう**〔小〕㋑**じょう**〔上〕**げ**〔下〕㋒**ぜん**〔前〕**ご**〔後〕㋓**しょ**〔初〕**し**〔始〕**しゅう**〔終〕
ちゅう〔忠〕主君に対するまこと。 ㋐**ふちゅう**〔不忠〕㋑**こう**〔孝〕
ちゅう〔昼〕ひる。 **や**〔夜〕
ちゅうい〔中位〕中ほどの位置・順位。 **じょうい**〔上位〕**こうい**〔高位〕**かい**〔下位〕**ていい**〔低位〕
ちゅうい〔注意〕気を付けること。 **ふちゅうい**〔不注意〕**そろう**〔疎漏・粗漏〕**ゆだん**〔油断〕
ちゅういぶかい〔注意深い〕 **そこつ**〔粗忽〕**そろう**〔粗漏・疎漏〕**ふちゅうい**〔不注意〕
ちゅうえい〔中衛〕9人制のバレーボールで、前衛と後衛との間の選手。 **ぜんえい**〔前衛〕**こうえい**〔後衛〕
ちゅうおう〔中央〕①まん中。②首都。 ①**しゅうへん**〔周辺〕②**ちほう**〔地方〕
ちゅうおうしゅうけん〔中央集権〕政治権力を中央政府が握る方式。 **ちほうぶんけん**〔地方分権〕
ちゅうがた〔中形・中型〕中ほどの大きさ。 **おおがた**〔大形・大型〕**こがた**〔小形・小型〕
ちゅうかん〔中巻〕3冊ひとそろえの本の、まん中の巻。 **じょうかん**〔上巻〕**げかん**〔下巻〕
ちゅうかん〔昼間〕日中。ひるま。 **やかん**〔夜間〕
ちゅうかんしょく〔中間色〕 →かんしょく〔間色〕
ちゅうき〔中期〕①中ほどの時期。② ①**ぜんき**〔前期〕**しょき**〔初期〕**し**

中くらいの期間。　き〔始期〕こうき〔後期〕まっき〔末期〕しゅうき〔終期〕②ちょうき〔長期〕たんき〔短期〕

ちゅうぎ〔忠義〕主君に対し、まことを尽くすこと。　**㋐ふちゅう**〔不忠〕**㋑こうこう**〔孝行〕

ちゅうきゅう〔中級〕中くらいの等級・程度。　**じょうきゅう**〔上級〕**こうきゅう**〔高級〕**かきゅう**〔下級〕**しょきゅう**〔初級〕**ていきゅう**〔低級〕

ちゅうきょり〔中距離〕中くらいの距離。　**ちょうきょり**〔長距離〕**たんきょり**〔短距離〕

ちゅうきん〔昼勤〕　→にっきん〔日勤〕

ちゅうけい〔中継〕中間で受け継ぐこと。なかつぎ。　**ちょくつう**〔直通〕**ちょくそう**〔直送〕

ちゅうこうせい〔昼行性〕明るいときに活動する性質。　**やこうせい**〔夜行性〕

ちゅうこく〔忠告〕真心で意見すること。　**ついしょう**〔追従〕**あゆ**〔阿諛〕

ちゅうこしゃ〔中古車〕ある期間、他の人が使った後の車。　**しんしゃ**〔新車〕

ちゅうこひん〔中古品〕ある期間、他の人が使用した品物。古物。　**しんぴん**〔新品〕**はいひん**〔廃品〕

ちゅうざ〔中座〕終わりまで待たずに、中途で席をはずすこと。　**ちさん**〔遅参〕

ちゅうざいしょ〔駐在所〕警察官が、受け持ち区域の事務を処理する場所。　**ほんしょ**〔本署〕

ちゅうさんかいきゅう〔中産階級〕ある程度の資産を持っている人。中流階級。　**ゆうさんかいきゅう**〔有産階級〕**むさんかいきゅう**〔無産階級〕

ちゅうし〔中止〕途中でやめること。　**ぞっこう**〔続行〕**けいぞく**〔継続〕**じぞく**〔持続〕

ちゅうしゅつちょうさ〔抽出調査〕集団から標本を抜き出して行う調査。標本調査。　**しっかいちょうさ**〔悉皆調査〕

ちゅうじゅん〔中旬〕月の半ばの10日間。　**じょうじゅん**〔上旬〕**げじゅん**〔下旬〕

ちゅうしょう〔抽象〕頭でまとめた形。　**ぐしょう**〔具像〕**ぐたい**〔具体〕

ちゅうしょうが〔抽象画〕画家の頭に浮かぶ形を描いた絵。　**ぐしょうが**〔具像画〕

ちゅうしょうきぎょう〔中小企業〕規模のあまり大きくない企業。　**だいきぎょう**〔大企業〕**れいさいきぎょう**〔零細企業〕

ちゅうしょうてき〔抽象的〕　**ぐたいてき**〔具体的〕

ちゅうしょく〔昼食〕ひるめし。　**ちょうしょく**〔朝食〕**ゆうしょく**

〔夕食〕やしょく〔夜食〕

ちゅうしん〔中心〕まん中。
しゅうへん〔周辺〕

ちゅうしん〔忠臣〕忠義な家来。主君思いの家来。
かんしん〔奸臣〕ぎゃくしん〔逆臣〕ねいしん〔佞臣〕らんしん〔乱臣〕

ちゅうすう〔中枢〕まん中になる大切なもの。
まったん〔末端〕まっしょう〔末梢〕

ちゅうすうしんけい〔中枢神経〕脳・脊椎《せきつい》など、体の中心になる神経。
まっしょうしんけい〔末梢神経〕

ちゅうせい〔中性〕酸性でもアルカリ性でもないこと。
さんせい〔酸性〕アルカリ性〔alkali 性〕えんきせい〔塩基性〕

ちゅうせい〔中正〕偏りがなく正しいこと。
へんこう〔偏向〕きょくたん〔極端〕

ちゅうぜつ〔中絶〕途中で絶えること。中途でやめること。
㋐けいぞく〔継続〕じぞく〔持続〕㋑かんけつ〔完結〕

ちゅうせんきょく〔中選挙区〕議員2～3人を選出する選挙区。
しょうせんきょく〔小選挙区〕だいせんきょく〔大選挙区〕

ちゅうそう〔中層〕①何層にも層をなしているもののうち、中ほどの層。②中ほどの高さ。
①じょうそう〔上層〕かそう〔下層〕②こうそう〔高層〕ていそう〔低層〕

ちゅうぞう〔鋳造〕熱して溶かした金属を、鋳型《いがた》に入れて器具を造ること。
たんぞう〔鍛造〕

ちゅうだん〔中断〕中途で切れること。途中で切ること。
㋐れんぞく〔連続〕けいぞく〔継続〕じぞく〔持続〕㋑かんけつ〔完結〕

ちゅうだん〔中段〕まん中の段。
㋐じょうだん〔上段〕げだん〔下段〕㋑ぜんだん〔前段〕こうだん〔後段〕

ちゅうちょ〔躊躇〕ためらうこと。決めかねて迷うこと。逡巡《しゅんじゅん》。遅疑。
けっこう〔決行〕だんこう〔断行〕けつだん〔決断〕

ちゅうとう〔中東〕トルコ・インドなど、近東と極東の中間の地域。
きんとう〔近東〕きょくとう〔極東〕

ちゅうとう〔中等〕中ほどの等級。
㋐じょうとう〔上等〕かとう〔下等〕㋑こうとう〔高等〕しょとう〔初等〕

ちゅうとうきょういく〔中等教育〕中学校・高等学校の教育。
しょとうきょういく〔初等教育〕こうとうきょういく〔高等教育〕

ちゅうどく〔中毒〕毒にあたること。
げどく〔解毒〕

ちゅうねん〔中年〕40～50歳くらいの年齢。壮年。
じゃくねん〔若年・弱年〕ろうねん〔老年〕

ちゅうは〔中波〕中くらいの波長の電磁波。
ちょうは〔長波〕たんぱ〔短波〕

ちゅうは〔中破〕中程度に壊れること。
たいは〔大破〕しょうは〔小破〕

ちゅうばん〔中盤〕囲碁《いご》・将棋《しょうぎ》等で、戦いの半ばごろ。物事の中期の段
じょばん〔序盤〕しゅうばん〔終盤〕

階。

ちゅうび〔中火〕中くらいの強さの火。 **つよび**〔強火〕**よわび**〔弱火〕**とろび**〔とろ火〕

ちゅうぶ〔中部〕まん中の部分。 ㋐**じょうぶ**〔上部〕**かぶ**〔下部〕㋑**ぜんぶ**〔前部〕**こうぶ**〔後部〕

ちゅうふく〔中腹〕山の中ほど。頂上と麓《ふもと》との中間。山腹。 **ちょうじょう**〔頂上〕**いただき**〔頂〕**ふもと**〔麓〕

ちゅうへん〔中編〕①3部からなる書物・映画などの、まん中。②小説などで、中くらいの分量の作品。 ①**ぜんぺん**〔前編〕**しょへん**〔初編〕**じょうへん**〔上編〕**こうへん**〔後編〕**しゅうへん**〔終編〕**げへん**〔下編〕②**ちょうへん**〔長編〕**たんぺん**〔短編〕

ちゅうもく〔注目〕目をつけること。注意。注視。 **むし**〔無視〕**けいし**〔軽視〕**かんか**〔看過〕

ちゅうもんじゅうたく〔注文住宅〕客の注文に応じて建築する家。 **たてうりじゅうたく**〔建て売り住宅〕

ちゅうもんひん〔注文品〕誂《あつら》えの品。オーダーメイド。 **きせいひん**〔既製品〕**きかくひん**〔規格品〕**できあい**〔出来合い〕

ちゅうよう〔中庸〕 →ちゅうせい〔中正〕

ちゅうりつ〔中立〕どの国とも戦争状態にないこと。 **こうせん**〔交戦〕**さんせん**〔参戦〕

ちゅうりゃく〔中略〕文章などの、途中を略すこと。 **ぜんりゃく**〔前略〕**じょうりゃく**〔上略〕**こうりゃく**〔後略〕**げりゃく**〔下略〕

ちゅうりゅう〔中流〕川の中ほど。 **じょうりゅう**〔上流〕**かりゅう**〔下流〕

ちゅうりゅうかいきゅう〔中流階級〕社会的地位や生活程度が中位の階級。 **じょうりゅうかいきゅう**〔上級階級〕**かそうかいきゅう**〔下層階級〕

ちゅうりょうきゅう〔中量級〕柔道・レスリングなどで、中程度の体重の部門。 **じゅうりょうきゅう**〔重量級〕**けいりょうきゅう**〔軽量級〕

ちょう〔弔〕とむらう。 **けい**〔慶〕

ちょう〔朝〕①あさ。②朝廷。お上。 ①**せき**〔夕〕**ばん**〔晩〕②**や**〔野〕

ちょう〔聴〕きく。 **かん**〔看〕**し**〔視〕

ちょう〔重〕 →じゅう〔重〕

ちょう〔長〕①ながい。②年齢が上。 ①**たん**〔短〕②**よう**〔幼〕

ちょうあく〔徴悪〕悪を懲らしめること。 **かんぜん**〔勧善〕

ちょうい〔弔意〕死者をいたむ気持ち。 **しゅくい**〔祝意〕

ちょうい〔弔慰〕死者をとむらい、遺族を慰めること。 **しゅくが**〔祝賀〕**けいしゅく**〔慶祝〕

ちょうう〔朝雨〕朝に降る雨。 **やう**〔夜雨〕

ちょうえきけい〔懲役刑〕刑務所に入れて労役に服させる刑。	**きんこけい**〔禁固刑〕
ちょうおん〔長音〕長く引っぱる音。	**たんおん**〔短音〕
ちょうか〔超過〕限度を超えること。	**みまん**〔未満〕**ふそく**〔不足〕
ちょうかい〔懲戒〕不正を、懲らしめ戒めること。	**ひょうしょう**〔表彰〕**ほうしょう**〔褒賞〕
ちょうかい〔朝会〕	→ちょうれい〔朝礼〕
ちょうかいめんしょく〔懲戒免職〕規律に反した者を懲らしめ、職をやめさせること。	**いがんたいしょく**〔依願退職〕
ちょうかく〔聴覚〕耳で音を聞く感覚。	**しかく**〔視覚〕**きゅうかく**〔嗅覚〕**みかく**〔味覚〕**しょっかく**〔触覚〕
ちょうかく〔頂角〕三角形の頂点にある角。	**ていかく**〔底角〕
ちょうかん〔朝刊〕毎朝発行する新聞。	**ゆうかん**〔夕刊〕
ちょうき〔長期〕長い期間。	**たんき**〔短期〕**ちゅうき**〔中期〕
ちょうきょり〔長距離〕長い距離。	**たんきょり**〔短距離〕**ちゅうきょり**〔中距離〕
ちょうく〔長句〕長い句。	**たんく**〔短句〕
ちょうけい〔長兄〕いちばん上の兄。	㋐**ちょうし**〔長姉〕㋑**まってい**〔末弟〕
ちょうし〔長姉〕いちばん上の姉。	**ちょうけい**〔長兄〕
ちょうし〔長子〕いちばん上の子。	**ばっし**〔末子〕
ちょうし〔長詩〕長い詩。	**たんし**〔短詩〕
ちょうじ〔弔辞〕死者をいたみとむらうことば。	**しゅくじ**〔祝辞〕
ちょうじかん〔長時間〕長い時間。	**たんじかん**〔短時間〕
ちょうじつしょくぶつ〔長日植物〕日照時間が長くなると開花する植物。	**たんじつしょくぶつ**〔短日植物〕
ちょうじゃ〔長者〕①年上の人。年長者。②お金持ち。富豪。	①**しょうしゃ**〔少者〕②**ひんじゃ**〔貧者〕**びんぼうにん**〔貧乏人〕
ちょうじゅ〔長寿〕長生き。長命。	**たんめい**〔短命〕**ようせつ**〔夭折〕**ようせい**〔夭逝〕**そうせい**〔早世〕
ちょうしゅう〔徴収〕国や公共団体が、税金などを取り立てること。	**のうにゅう**〔納入〕**のうふ**〔納付〕
ちょうしゅう〔聴衆〕音楽・講演などを聞く人。	**かんしゅう**〔観衆〕**かんきゃく**〔観客〕
ちょうしょ〔長所〕優れている点。美点。	**たんしょ**〔短所〕**けってん**〔欠点〕**じゃくてん**〔弱点〕
ちょうじょ〔長女〕いちばん上の女の子。	㋐**ちょうなん**〔長男〕㋑**まつじょ**〔末女〕
ちょうしょう〔嘲笑〕ばかにして笑うこと。あざけり笑うこと。冷笑。	**しょうさん**〔称賛・賞賛〕**さんたん**〔賛嘆・讃歎〕**かんたん**〔感嘆〕

ちょうじょう〔頂上〕山のいただき。山頂。	ふもと〔麓〕ちゅうふく〔中腹〕
ちょうしょく〔朝食〕あさめし。	ゆうしょく〔夕食〕ちゅうしょく〔昼食〕やしょく〔夜食〕
ちょうしん〔聴診〕医師が患者の体内の音を聴いて、診断の手掛かりとすること。	ししん〔視診〕しょくしん〔触診〕
ちょうしん〔長針〕時計の長い方の針。分針。	たんしん〔短針〕じしん〔時針〕びょうしん〔秒針〕
ちょうすいろ〔長水路〕水泳で、50メートル以上のプール。	たんすいろ〔短水路〕
ちょうぜい〔徴税〕税金を取りたてること。	㋐めんぜい〔免税〕㋑のうぜい〔納税〕
ちょうせん〔挑戦〕こちらから戦いをしかけること。	㋐おうせん〔応戦〕ぼうせん〔防戦〕㋑わぼく〔和睦〕
ちょうぞう〔彫像〕木・石・金属などを彫って作った像。	そぞう〔塑像〕
ちょうぞく〔超俗〕俗世間を超えていること。世間離れ。	ざいぞく〔在俗〕せぞく〔世俗〕つうぞく〔通俗〕
ちょうだ〔長打〕野球で、2塁打以上の安打。ロングヒット。	たんだ〔単打〕
ちょうだい〔長大〕長くて大きいこと。	たんしょう〔短小〕
ちょうだい〔頂戴〕いただくこと。	㋐かし〔下賜〕㋑けんじょう〔献上〕
ちょうちょう〔長調〕音楽で、長音階の調子。	たんちょう〔短調〕
ちょうてん〔頂点〕いちばん高い所。頂上の一点。	ていへん〔底辺〕ていめん〔底面〕
ちょうでん〔弔電〕おくやみの電報。	しゅくでん〔祝電〕
ちょうど〔丁度〕	ほぼ〔略〕おおよそ〔大凡〕およそ〔凡そ〕だいたい〔大体〕
ちょうなん〔長男〕いちばん上の男の子。	㋐ちょうじょ〔長女〕㋑まつなん〔末男〕
ちょうにん〔町人〕江戸時代の、都市に住む商人や職人とその家族。	ぶし〔武士〕のうみん〔農民〕
ちょうは〔長波〕波長の長い電磁波。	たんぱ〔短波〕ちゅうは〔中波〕
ちょうば〔嘲罵〕あざけりののしること。ばかにして悪くいうこと。	しょうさん〔称賛・賞賛〕さんたん〔賛嘆・讃歎〕かんたん〔感嘆〕
ちょうはつ〔挑発・挑撥〕そそのかすこと。けしかけること。	せいし〔制止〕よくし〔抑止〕
ちょうはつ〔長髪〕長く伸ばした髪。	だんぱつ〔断髪〕
ちょうばつ〔懲罰〕懲らしめ罰すること。	ひょうしょう〔表彰〕ほうしょう〔褒賞〕
ちょうぶん〔長文〕長い文章。	たんぶん〔短文〕

ちょうへい〔徴兵〕兵士を強制的に集めること。 **ぼへい**〔募兵〕
ちょうへん〔長編〕小説などの、長いもの。 **たんぺん**〔短編〕 **ちゅうへん**〔中編〕
ちょうめい〔長命〕 →ちょうじゅ〔長寿〕
ちょうりょく〔聴力〕耳で聞く力。 **しりょく**〔視力〕
ちょうれい〔朝礼〕学校・会社などで、朝、全員が集まってあいさつを交わし、連絡などをする会。 **しゅうれい**〔終礼〕
ちょきん〔貯金〕お金をたくわえること。 **しゃっきん**〔借金〕
ちょく〔直〕まっすぐ。正しい。 **きょく**〔曲〕
ちょくおん〔直音〕国語で、1母音、または、1子音と1母音とからなる音。 **ようおん**〔拗音〕**はつおん**〔撥音〕 **そくおん**〔促音〕
ちょくご〔直後〕すぐあと。 **ちょくぜん**〔直前〕
ちょくしゃ〔直射〕目標に向かって、弾などをまっすぐに撃つこと。 **きょくしゃ**〔曲射〕
ちょくじょう〔直上〕すぐ上。 **ちょっか**〔直下〕
ちょくしん〔直進〕まっすぐに進むこと。 ㋐**だこう**〔蛇行〕㋑**うせつ**〔右折〕 **させつ**〔左折〕
ちょくせつ〔直接〕間に他のものがはさまらないこと。じか。 **かんせつ**〔間接〕
ちょくせつぜい〔直接税〕所得税・事業税など、税金の負担者から直接徴収する税金。 **かんせつぜい**〔間接税〕
ちょくせつせんきょ〔直接選挙〕選挙民が、首長などを直接選挙する制度。 **かんせつせんきょ**〔間接選挙〕
ちょくせつてき〔直接的〕間に隔てるものがないさま。じか。 **かんせつてき**〔間接的〕
ちょくせつもくてき〔直接目的〕英文法などで、動詞の目的語のうち、人を表すもの。 **かんせつもくてき**〔間接目的〕
ちょくせつわほう〔直接話法〕他人のことばを、そのまま引用する形式。 **かんせつわほう**〔間接話法〕
ちょくせん〔直線〕まっすぐな線。 **きょくせん**〔曲線〕
ちょくぜん〔直前〕すぐまえ。 **ちょくご**〔直後〕
ちょくせんしゅう〔勅撰集〕天皇の命令で選ばれた歌集。 **しせんしゅう**〔私撰集〕**しかしゅう**〔私家集〕
ちょくそう〔直送〕相手のもとに直接送ること。 **たくそう**〔託送〕 **ちゅうけい**〔中継〕
ちょくつう〔直通〕列車などが、乗り換えなしに直接目的地まで通じること。 **のりかえ**〔乗り換え〕**ちゅうけい**〔中継〕

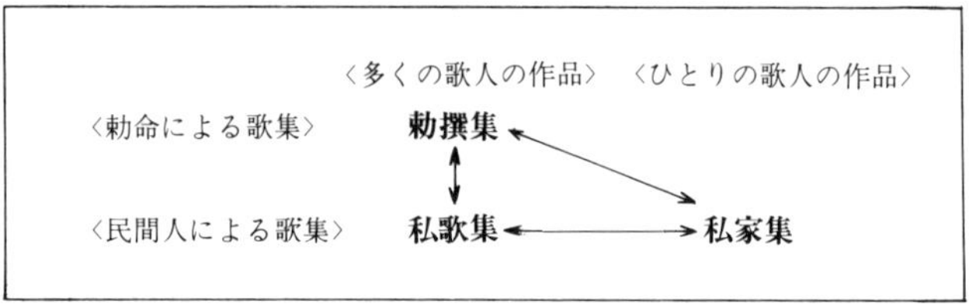

ちょくはい〔直配〕相手のもとに直接配達すること。	**たくそう**〔託送〕
ちょくめん〔直面〕直接に物事に対すること。じかに接すること。	**かいひ**〔回避〕
ちょくやく〔直訳〕原文の語句をそのまま訳すこと。逐語訳《ちくごやく》。	**いやく**〔意訳〕
ちょくゆ〔直喩〕比喩で、「……のように」などの語句を使って、直接表現するもの。明喩。	**いんゆ**〔隠喩〕**あんゆ**〔暗喩〕
ちょくりゅう〔直流〕①まっすぐな流れ。②回路の中を電流が常に一定方向に流れること。	①**きょくりゅう**〔曲流〕②**こうりゅう**〔交流〕
ちょくれつ〔直列〕電池などの異なった極を導線で次々につなぐこと。	**へいれつ**〔並列〕
ちょこちょこ（と） 小股《こまた》で忙しそうに歩くさま。	**の（っ）しの（っ）し（と）**
チョゴリ　丈の短い朝鮮服の上衣。	**チマ**
ちょしゃ〔著者〕本などを書き著す人。著作者。	**どくしゃ**〔読者〕
ちょすい〔貯水〕ダムなどに、水をためておくこと。	**ほうすい**〔放水〕
ちょぞう〔貯蔵〕物を蓄えること。	**ほうしゅつ**〔放出〕
ちょっか〔直下〕すぐ下。	**ちょくじょう**〔直上〕
ちょっかく〔直角〕90度の角。	**えいかく**〔鋭角〕**どんかく**〔鈍角〕
ちょっかんてき〔直観的〕物事を目で見てすぐ判断するさま。直覚的。	**ろんりてき**〔論理的〕**かがくてき**〔科学的〕**じっしょうてき**〔実証的〕
ちょっきゅう〔直球〕野球で、投手のまっすぐな投球。ストレート。	**へんかきゅう**〔変化球〕
ちょっけい〔直径〕円の中心を通り、円周上の一点から他の一点に通じる線。さしわたし。	**はんけい**〔半径〕
ちょっけい〔直系〕血筋などが、まっすぐにつながっていること。	**ぼうけい**〔傍系〕
ちょっこう〔直航〕船などが、途中で	**きこう**〔寄航〕

寄り道せずに目的地に行くこと。

ちょっこう〔直行〕①回り道をしないで、直接に行くこと。②まっすぐに進むこと。	①**うかい**〔迂回〕**よりみち**〔寄り道〕②**しゃこう**〔斜行〕**だこう**〔蛇行〕
ちょっと〔一寸〕	**たくさん**〔沢山〕**ずいぶん**〔随分〕**よほど**〔余程〕**たいそう**〔大層〕
ちょっぴり（と）すこし。ちょっと。	**どっさり（と）** **たっぷり（と）**
ちょめい〔著名〕世間に名が知れていること。有名。	**むめい**〔無名〕
ちらかす〔散らかす〕	**かたづける**〔片付ける〕
ちらかる〔散らかる〕	**かたづく**〔片付く〕
ちらす〔散らす〕	**あつめる**〔集める〕**よせる**〔寄せる〕
ちらばる〔散らばる〕①散らかる。②ちりぢりになる。ばらばらに離れる。	①**かたづく**〔片付く〕②**あつまる**〔集まる〕**むらがる**〔群がる〕
ちりょう〔治療〕病気を治すこと。	**よぼう**〔予防〕
ちりょく〔知力・智力〕知恵の働き。知能。	**きりょく**〔気力〕**たいりょく**〔体力〕**わんりょく**〔腕力〕
ちる〔散る〕①「花が――」。②「人が――っていく」。	①**さく**〔咲く〕②**よる**〔寄る〕**あつまる**〔集まる〕**むらがる**〔群がる〕
ちん〔沈〕しずむ。	**ふ**〔浮〕
ちんあげ〔賃上げ〕賃金を上げること。	**ちんさげ**〔賃下げ〕
ちんか〔沈下〕地面などが、沈んで低くなること。沈降。	**りゅうき**〔隆起〕**ふじょう**〔浮上〕
ちんか〔鎮火〕火事の火が消えること。	**しゅっか**〔出火〕**はっか**〔発火〕
ちんがし〔賃貸し〕	→ちんたい〔賃貸〕
ちんがり〔賃借り〕	→ちんしゃく〔賃借〕
ちんきゃく〔珍客〕めったに来ない珍しい客。	**じょうきゃく**〔常客〕**じょうれん**〔常連〕
ちんこう〔沈降〕	→ちんか〔沈下〕
ちんさげ〔賃下げ〕賃金を下げること。	**ちんあげ**〔賃上げ〕
ちんしゃく〔賃借〕代金を払って物を借りること。賃借り。	**ちんたい**〔賃貸〕
ちんせい〔沈静・鎮静〕気持ちが落ち着くこと。静かで穏やかになること。	**こうふん**〔興奮〕**こうしん**〔高進・昂進〕
ちんたい〔沈滞〕活気を失って沈みがちであること。	**こうよう**〔高揚・昂揚〕
ちんたい〔賃貸〕代金を受け取って物を貸すこと。賃貸し。	㋐**ちんしゃく**〔賃借〕㋑**ぶんじょう**〔分譲〕
ちんでん〔沈殿・沈澱〕液体中にまじった物が、底にたまること。	**ふゆう**〔浮遊・浮游〕
ちんぷ〔陳腐〕ありふれていて、新しさがないさま。	**しんせん**〔新鮮〕**ざんしん**〔斬新〕**しんき**〔新奇〕**めずらしい**〔珍しい〕

ちんぼつ〔沈没〕船などが水中に沈むこと。	**ふじょう**〔浮上〕
ちんもく〔沈黙〕口をきかないでいること。	**はつげん**〔発言〕
ちんれつ〔陳列〕人に見せるために物を並べること。	**しゅうぞう**〔収蔵〕

つ

ついか〔追加〕後から加えること。	**さくげん**〔削減〕**さくじょ**〔削除〕
ついしけん〔追試験〕正規の試験の後で特別に行う試験。	**よびしけん**〔予備試験〕**ほんしけん**〔本試験〕
ついじゅう〔追従〕	→ついずい〔追随〕
ついしょう〔追従〕人にこびへつらうこと。ご機嫌を取ること。阿諛《あゆ》。	㋐**ちゅうこく**〔忠告〕**かんげん**〔諫言〕㋑**あっこう**〔悪口〕**ひぼう**〔誹謗〕
ついずい〔追随〕後から付き従うこと。追従《ついじゅう》。	**そっせん**〔率先〕**しゅしょう**〔主唱〕
ついせき〔追跡〕後を追いかけること。	**とうそう**〔逃走〕**とうぼう**〔逃亡〕
ついたち〔一日・朔日〕ひと月の最初の日。	**みそか**〔三十日・晦日〕**つごもり**〔晦〕**まつじつ**〔末日〕
ついでに〔序に〕機会を利用して。	**わざわざ**〔態々〕
ついとつ〔追突〕車などが、後から突き当たること。	**しょうめんしょうとつ**〔正面衝突〕**そくめんしょうとつ**〔側面衝突〕
ついひ〔追肥〕作物の生育途中に与える肥料。おいごえ。	**きひ**〔基肥〕**もとごえ**〔本肥・基肥〕
ついほう〔追放〕追い払うこと。	**しょうへい**〔招聘〕
ついやす〔費やす〕使ってなくする。	**たくわえる**〔貯える〕
つういん〔通院〕治療を受けるために、病院などへ通うこと。	**にゅういん**〔入院〕
つうか〔通過〕①列車などが、止まらずに通り過ぎること。②法案などが、可決されること。	①**ていしゃ**〔停車〕②**ひけつ**〔否決〕
つうきん〔通勤〕勤め先へ通うこと。	**すみこみ**〔住み込み〕
つうしょう〔通称〕本名と異なる通り名。俗称。	**ほんみょう・ほんめい**〔本名〕
つうじょう〔通常〕ふつう。正常。	**いじょう**〔異常〕**ひじょう**〔非常〕**りんじ**〔臨時〕
つうじょうこっかい〔通常国会〕憲法の規定で、毎年定期に開かれる国会。	**りんじこっかい**〔臨時国会〕
つうじる〔通じる〕①「道が――」。②「バスが――」。③「電話が――」。	①**ふさがる**〔塞がる〕**きゅうする**〔窮する〕②**とまる**〔止まる〕③**きれる**〔切れる〕

つうしんせい〔通信制〕通学できない人のために、主として通信手段によって教育を行う課程。 **ぜんにち（じつ）せい**〔全日制〕**ていじせい**〔定時制〕

つうせい〔通性〕 →つうゆうせい〔通有性〕

つうせつ〔通説〕世間一般に通用している説。 **いせつ**〔異説〕**しんせつ**〔新説〕

つうそく〔通則〕①世間一般に当てはまる決まり。②全般的な決まり。 ①**へんそく**〔変則〕②**さいそく**〔細則〕

つうぞく〔通俗〕世間並みでありふれていること。 **ちょうぞく**〔超俗〕**こうしょう**〔高尚〕

つうぞくぶんがく〔通俗文学〕 →たいしゅうぶんがく〔大衆文学〕

つうどく〔通読〕ひととおり目を通すこと。ざっと読むこと。 **じゅくどく**〔熟読〕**せいどく**〔精読〕**みどく**〔味読〕

つうば〔痛罵〕 →あくば〔悪罵〕

ツーピース〔two-piece〕上着とスカートが別になっている婦人服。 **ワンピース**〔one-piece〕

つうゆう〔通有〕一般に備えていること。共通に持っていること。 **とくゆう**〔特有〕**こゆう**〔固有〕

つうゆうせい〔通有性〕一般に持っている性質。通性。 **こせい**〔個性〕**とくせい**〔特性〕**とくしつ**〔特質〕

つうらん〔通覧〕全体をひととおり見ること。 **じゅくらん**〔熟覧〕

つうれい〔通例〕一般のしきたり。共通の例。慣例。 **とくれい**〔特例〕**いれい**〔異例〕**りんじ**〔臨時〕

つうろん〔通論〕①一般に認められている議論。②全体に当てはまる議論。だいたいを述べる議論。 ①**いろん**〔異論〕②**かくろん**〔各論〕

つかいはたす〔使い果たす〕全部使ってしまう。 **ためこむ**〔溜め込む〕

つかのま〔束の間〕ちょっとの間。瞬間。瞬時。一瞬。 **とこしえ**〔常しえ〕**とわ**〔永〕

つかまえる〔捕まえる〕 **とりにがす**〔取り逃がす〕**にがす**〔逃がす〕**はなす**〔放す〕

つかまる〔捕まる〕 **にげる**〔逃げる〕**のがれる**〔逃れる〕

つかむ〔掴む〕 **はなす**〔放す〕

つき〔月〕①地球の衛星。②１年の12分の１。 ①**たいよう**〔太陽〕**ひ**〔日〕**ちきゅう**〔地球〕②**とし**〔年〕**ひ**〔日〕

つぎ〔次〕「その――の日」。 **まえ**〔前〕

つきあたる〔突き当たる〕 **よける**〔避ける〕

つきかえす〔突き返す〕 →つっかえす〔突っ返す〕

つきずえ〔月末〕月の終わり。 **つきはじめ**〔月初め〕

つきだす〔突き出す〕「腕を――」。 **ひっこめる**〔引っ込める〕

つぎつぎ（に）〔次々（に）〕順々に。 **とぎれとぎれ**〔途切れ途切れ（に）〕

後から後から。引き続いて。	**ぽつりぽつり（と）**
つきでる〔突き出る〕	**ひっこむ**〔引っ込む〕
つきとばす〔突き飛ばす〕	**だきつく**〔抱き付く〕**だきよせる**〔抱き寄せる〕**だきしめる**〔抱き締める〕
つきなみ〔月並み〕	→ありきたり〔在り来り〕
つきはじめ〔月初め〕月の初め。	**つきずえ**〔月末〕
つきはなす〔突き放す〕	**かかえこむ**〔抱え込む〕**だきつく**〔抱き付く〕**だきよせる**〔抱き寄せる〕**だきかかえる**〔抱き抱える〕**よせつける**〔寄せつける〕
つきよ〔月夜〕月光の明るい夜。	**やみよ**〔闇夜〕
つきる〔尽きる〕①「話が――」。②「食糧が――」。	①**つづく**〔続く〕②**のこる**〔残る〕
つく〔付く〕①「しみが――」。②「部下が――」。	①**おちる**〔落ちる〕**とれる**〔取れる〕②**はなれる**〔放れる・離れる〕
つく〔就く〕「職に――」。	**はなれる**〔離れる〕
つく〔着く〕	**たつ**〔立つ・発つ〕**はなれる**〔離れる〕
つく〔点く〕「電灯が――」。	**きえる**〔消える〕
つぐ〔継ぐ〕「家業を――」。	**たやす**〔絶やす〕
つぐむ〔噤む〕口を閉じる。	**ひらく**〔開く〕
つくり〔旁〕漢字の構成要素で、右側にある部分。	**へん**〔偏〕
つくりあげる〔作り上げる・造り上げる〕	**たたきこわす**〔叩き壊す・叩き毀す〕**たたきつぶす**〔叩き潰す〕
つくりごえ〔作り声〕わざと作った声。	**じごえ**〔地声〕
つくりばなし〔作り話〕わざと本当らしく作った話。いつわり。	**じつわ**〔実話〕
つくる〔作る・造る〕	**こわす**〔壊す〕**つぶす**〔潰す〕
つけくわえる〔付け加える〕「説明の部分を――」。	**けずる**〔削る〕**はぶく**〔省く〕
つけね〔付け値〕買い手が付ける値段。	**いいね**〔言い値〕
つけね〔付け根〕物が付いている根元。	**さき**〔先〕**せんたん**〔先端〕
つける〔付ける・着ける〕①「ズボンに泥を――」。②「目を――」。③「衣装を――」。	**おとす**〔落とす〕**とる**〔取る〕②**はなす**〔放す・離す〕③**ぬぐ**〔脱ぐ〕
つける〔点ける〕「明かりを――」。	**けす**〔消す〕
つごもり〔晦〕月末の最後の日。みそか。末日。	**ついたち**〔一日〕
つたない〔拙い〕まずい。へただ。	**うまい**〔旨い〕**たくみ**〔巧み〕
つち〔地〕地面。地上。	**あめ**〔天〕

つっかえす〔突っ返す〕	**うけとる**〔受け取る〕
つづきもの〔続き物〕何号かに連載される読み物。	**よみきり**〔読み切り〕
つづく〔続く〕	**たえる**〔絶える〕**きれる**〔切れる〕**つきる**〔尽きる〕**やむ**〔止む〕**とぎれる**〔途切れる〕
つづける〔続ける〕	**たやす**〔絶やす〕**たつ**〔絶つ〕**きる**〔切る〕**やめる**〔止める〕**きりあげる**〔切り上げる〕
つっこむ〔突っ込む〕①「相手の陣に——」。②「箱の中に書類を——」。	①**ひきあげる**〔引き上げる〕②**ひきだす**〔引き出す〕**ひきぬく**〔引き抜く〕
つったつ〔突っ立つ〕まっすぐに立つ。	**ねころぶ**〔寝転ぶ〕**しゃがむ**　**よろめく**　**よろける**
つつましい〔慎ましい〕控え目でしとやかである。	**ずうずうしい**〔図々しい〕**あつかましい**〔厚かましい〕
つつみかくす〔包み隠す〕①「日焼けした肌を——」。②「身の上を——」。	①**さらけだす**〔さらけ出す〕**みせびらかす**〔見せびらかす〕②**うちあける**〔打ち明ける〕
つつむ〔包む〕	**ひらく**〔開く〕**あける**〔明ける・開ける〕**さらす**〔晒す〕
つとめる〔努める〕努力する。	**おこたる**〔怠る〕**なまける**〔怠ける〕
つとめる〔勤める〕「会社に——」。	**やめる**〔辞める〕**やすむ**〔休む〕**あそぶ**〔遊ぶ〕
つながる〔繋がる〕	**きれる**〔切れる〕**たえる**〔絶える〕**はなれる**〔放れる・離れる〕
つなぎあわせる〔繋ぎ合わせる〕	**きりおとす**〔切り落とす〕**きりはなす**〔切り離す〕
つなぎとめる〔繋ぎ止める〕	**きりはなす**〔切り離す〕**きりおとす**〔切り落とす〕
つなぐ〔繋ぐ〕	**きる**〔切る〕**たつ**〔絶つ〕**はなす**〔放す〕**さく**〔裂く〕
つねぎ〔常着〕日常着る衣服。普段着。平服。	**はれぎ**〔晴れ着〕**ほうもんぎ**〔訪問着〕**よそいき**〔余所行き〕
つねづね〔常々〕	→いつも〔何時も〕
つねに〔常に〕	→いつも〔何時も〕
つのる〔募る〕ますますひどくなる。激しさを加える。	**うすらぐ**〔薄らぐ〕**やわらぐ**〔和らぐ〕**よわまる**〔弱まる〕
つぶす〔潰す〕	**つくる**〔作る・造る〕**きずく**〔築く〕**たてる**〔立てる・建てる〕**こしらえる**〔拵える〕**まとめる**〔纏める〕**なおす**〔直す〕
つぶやく〔呟く〕小声でぶつぶつ言う。	**さけぶ**〔叫ぶ〕**わめく**〔喚く〕**どな**

	る〔怒鳴る〕
つぶより〔粒選り〕	→えりすぐり〔選りすぐり〕
つぶる〔瞑る〕「目を――」。	**ひらく**〔開く〕**あける**〔開ける〕
つぶれる〔潰れる〕	→こわれる〔壊れる・毀れる〕
つま〔妻〕	**おっと**〔夫〕
つまさき〔爪先〕足の指の先。	**かかと**〔踵〕
つまらない〔詰まらない〕①おもしろくない。②価値がない。	①**おもしろい**〔面白い〕**きょうみぶかい**〔興味深い〕**すてき**〔素敵〕②**えらい**〔偉い〕**りっぱ**〔立派〕**いぎぶかい**〔意義深い〕**すばらしい**〔素晴らしい〕**たいした**〔大した〕
つまる〔詰まる〕	**とおる**〔通る〕**ひらく**〔開く〕
つみ〔罪〕悪い行い。	**ばつ**〔罰〕
つむ〔積む〕「車に荷物を――」。	**おろす**〔下ろす・降ろす〕
つむる〔瞑る〕	→つぶる〔瞑る〕
つめえり〔詰め襟〕洋服の襟形で、外側へ折り返さずに、立ったまま詰まった形になっているもの。	**おりえり**〔折り襟〕
つめこむ〔詰め込む〕	**ほうりだす**〔放り出す〕
つめたい〔冷たい〕①「水が――」。②「心が――」。	①**あつい**〔熱い〕**あたたかい**〔暖かい〕**ぬくい**〔温い〕**ぬるい**〔温い〕②**なさけぶかい**〔情深い〕**しんせつ**〔親切〕
つめる〔詰める〕「車の間隔を――」。	**はなす**〔離す〕**ひらける**〔開ける〕
つもる〔積もる〕「雪が――」。	**きえる**〔消える〕
つゆあけ〔梅雨明け〕つゆの期間が終わること。	**つゆ（の）いり**〔梅雨（の）入り〕
つゆ（の）いり〔梅雨（の）入り〕つゆの期間に入ること。入梅。	**つゆあけ**〔梅雨明け〕
つよい〔強い〕	**よわい**〔弱い〕
つよがり〔強がり〕欠点を隠して強く見せかけるために言うことば。	**よわね**〔弱音〕**なきごと**〔泣き言〕
つよき〔強気〕気が強いこと。負けん気。	**よわき**〔弱気〕
つよごし〔強腰〕強い態度。	**よわごし**〔弱腰〕
つよび〔強火〕火力の強い火。	**よわび**〔弱火〕**とろび**〔とろ火〕**ちゅうび**〔中火〕
つよふくみ〔強含み〕相場が、上がり気味であること。	**よわふくみ**〔弱含み〕
つよまる〔強まる〕しだいに強くなる。	**よわまる**〔弱まる〕**うすらぐ**〔薄らぐ〕**やわらぐ**〔和らぐ〕
つよめる〔強める〕強くする。	**よわめる**〔弱める〕

つらい〔辛い〕「――仕事」。	**たのしい**〔楽しい〕**らく**〔楽〕
つらなる〔貫なる〕並んで続く。	**とぎれる**〔跡切れる・途切れる〕
つらぬく〔貫く〕最後までやりとげる。	**くじける**〔挫ける〕
つるぎ〔剣〕両刃の刀。	**かたな**〔刀〕
つるくび〔鶴首〕細くて長い首。	**いくび**〔猪首〕
つるつる（に）表面が滑らかなさま。	**ざらざら**（に） **がさがさ**（と）
つれこむ〔連れ込む〕自分と一緒に人を中へ入らせる。	**つれだす**〔連れ出す〕
つれだす〔連れ出す〕自分と一緒に人を外へ出させる。	**つれこむ**〔連れ込む〕
つれない ①情けがない。薄情である。②よそよそしい。	①**やさしい**〔優しい〕**しんせつ**〔親切〕②**したしい**〔親しい〕

て

て〔手〕	**あし**〔足〕
であう〔出合う・出会う〕	㋐**いきちがう**〔行き違う〕**すれちがう**〔擦れ違う〕㋑**わかれる**〔別れる〕
てあし〔手足〕手と足。	**あたま**〔頭〕**どうたい**〔胴体〕
てあて〔手当〕本給以外に付加される賃金。	**ほんきゅう**〔本給〕
てあら〔手荒〕取り扱いが乱暴なさま。	**てやわらか**〔手柔か〕
てい〔低〕ひくい。	**こう**〔高〕
てい〔定〕さだまる。	**へん**〔変〕**よう**〔揺〕
てい〔弟〕①おとうと。②でし。	①**けい**〔兄〕**まい**〔妹〕②**し**〔師〕
ていあつ〔低圧〕圧力が低いこと。	**こうあつ**〔高圧〕
ていい〔低位〕低い位置。下位。	**こうい**〔高位〕**ちゅうい**〔中位〕
ていいん〔定員〕規則などで、決められている人員。	**じつじんいん**〔実人員〕
ていおん〔低温〕低い温度。	**こうおん**〔高温〕
ていおん〔低音〕低い音や声。	**こうおん**〔高音〕
ていおんどうぶつ〔定温動物〕哺乳《ほにゅう》類・鳥類など、体温が一定である動物。温血動物。恒温動物。	**へんおんどうぶつ**〔変温動物〕**れいけつどうぶつ**〔冷血動物〕
ていか〔低下〕①高度・温度などが下がること。②程度が下がること。低落。	①**じょうしょう**〔上昇〕②**こうじょう**〔向上〕
ていか〔定価〕決められた売り値。	**とっか**〔特価〕
ていがい〔廷外〕法廷の外。	**ていない**〔廷内〕
ていかく〔底角〕三角形の底辺の両端にある角。	**ちょうかく**〔頂角〕
ていがく〔低額〕少ない金額。	**こうがく**〔高額〕
ていがく〔停学〕学生や生徒がある期	㋐**きゅうがく**〔休学〕㋑**ふくがく**

間登校をさしとめられること。	〔復学〕
ていがくねん〔低学年〕学校で下級の学年。	**こうがくねん**〔高学年〕
ていかっしゃ〔定滑車〕軸を固定してある滑車。	**どうかっしゃ**〔動滑車〕
ていかんし〔定冠詞〕英文法などで、名詞を特定する冠詞。	**ふていかんし**〔不定冠詞〕
ていき〔定期〕時期や期限が決まっていること。	**りんじ**〔臨時〕
ていきあつ〔低気圧〕低い気圧。	**こうきあつ**〔高気圧〕
ていき（じょうしゃ）けん〔定期（乗車）券〕ある期間中、決められた区間の中で自由に乗降できる乗車券。	**ふつう（じょうしゃ）けん**〔普通（乗車）券〕**かいすう（じょうしゃ）けん**〔回数（乗車）券〕
ていきゅう〔低級〕程度が低こと。下級。	**こうきゅう**〔高級〕**ちゅうきゅう**〔中級〕
ていきゅう〔定休〕決まった休日。	**りんきゅう**〔臨休〕
ていきよきん〔定期預金〕一定期間、引き出さない約束で預け入れる預金。	**ふつうよきん**〔普通預金〕
ていくう〔低空〕空の低いところ。	**こうくう**〔高空〕**じょうくう**〔上空〕
ていけい〔提携〕手を結んで共同で物事をすること。	**たいりつ**〔対立〕**たいこう**〔対抗〕
ていけいし〔定型詩〕音数・句数などに、一定の決まった形式がある詩。	**じゆうし**〔自由詩〕
ていけつ〔締結〕契約・条約などを取り決めること。	**はき**〔破棄〕**はいき**〔廃棄〕**はやく**〔破約〕
ていけつあつ〔低血圧〕血圧が異常に低いこと。	**こうけつあつ**〔高血圧〕
ていげん〔逓減〕	→ぜんげん〔漸減〕
ていこう〔抵抗〕逆らいはむかうこと。	**くっぷく**〔屈服〕
ていこく〔定刻〕	→ていじ〔定時〕
ていし〔停止〕とまること。	㋐**しどう**〔始動〕㋑**しんこう**〔進行〕**ぞっこう**〔続行〕
ていじ〔低次〕精神的な面で、程度が低いこと。低次元。	**こうじ**〔高次〕
ていじ〔定時〕決められた時刻。定刻。	**ずいじ**〔随時〕**りんじ**〔臨時〕
ていしせい〔低姿勢〕遠慮して下手《したて》に出るさま。	**こうしせい**〔高姿勢〕
ていじせい〔定時制〕夜間・農閑期など、時間や期間を限って授業を行う課程。	**ぜんにち（じつ）せい**〔全日制〕**つうしんせい**〔通信制〕
ていしつ〔低湿〕土地が低くて湿気が多いこと。	**こうそう**〔高燥〕
ていしゃ〔停車〕電車などがとまるこ	㋐**はっしゃ**〔発車〕㋑**つうか**〔通

と。　過〕

ていしゅ〔亭主〕夫。主人。　**にょうぼう**〔女房〕

ていしゅうは〔低周波〕周波数の低い電波。　**こうしゅうは**〔高周波〕

ていしゅかんぱく〔亭主関白〕一家の中で、夫が非常にいばっていること。　**かかあでんか**〔嬶天下〕

ていしゅく〔貞淑〕女性で、性格がおとなしく、しとやかであること。　**ふてい**〔不貞〕**いんらん**〔淫乱〕**いんぽん**〔淫奔〕

ていしゅつ〔提出〕書類などを差し出すこと。　㋐**てっかい**〔撤回〕㋑**じゅり**〔受理〕㋒**きゃっか**〔却下〕

ていじょ〔貞女〕身持ちのよい女。貞婦。　**いんぷ**〔淫婦〕

ていしょく〔停職〕規律違反などで、ある期間勤務をさしとめられること。　㋐**きゅうしょく**〔休職〕㋑**ふくしょく**〔復職〕

ていすう〔定数〕数学で、変数の値に関係なく、常に決まった値をとる数。常数。　**へんすう**〔変数〕

ていせつ〔定説〕世間でこうと決まっている説。　**いせつ**〔異説〕

ていせつ〔貞節〕　→ていしゅく〔貞淑〕

ていせん〔停戦〕戦闘行為を一時的に中止すること。　**かいせん**〔開戦〕**こうせん**〔交戦〕

ていそう〔低層〕幾重にも重なった層の、低い重なり部分。　**こうそう**〔高層〕**ちゅうそう**〔中層〕

ていぞう〔逓増〕　→ぜんぞう〔漸増〕

ていそく〔低速〕速度が遅いこと。　**こうそく**〔高速〕

ていぞく〔低俗〕低級で卑しいこと。卑俗。　**こうしょう**〔高尚〕**こうが**〔高雅〕**ゆうが**〔優雅〕

ていたい〔停滞〕滞って進まないこと。渋滞。　**しんちょく**〔進捗〕**しんてん**〔進展〕**しんこう**〔進行〕

ていち〔低地〕低い土地。　**こうち**〔高地〕

ていちょう〔丁重・鄭重〕ていねいで礼儀正しいこと。　**そざつ**〔粗雑〕**そりゃく**〔粗略・疎略〕**ぞんざい**

ていちょう〔低調〕調子が出ないこと。下がり気味。不調。　**こうちょう**〔高調・好調〕**かっぱつ**〔活発〕

ていでん〔停電〕電気をとめること。　**そうでん**〔送電〕

ていとん〔停頓〕滞って、行き詰まること。　**しんてん**〔進展〕**しんちょく**〔進捗〕

ていない〔廷内〕法廷の内部。　**ていがい**〔廷外〕

ていねい〔丁寧〕細かいところまで心を配るさま。　**ぞんざい**　**いいかげん**〔いい加減〕**そざつ**〔粗雑〕**そりゃく**〔粗略・疎略〕

ていねいご〔丁寧語〕「です」「ます」　**そんけいご**〔尊敬語〕**けんじょうご**

など、話し手の、聞き手に対する敬意を表す語。	〔謙譲語〕
ていふ〔貞婦〕	→ていじょ〔貞女〕
ていへん〔底辺〕三角形の下の辺。	**ちょうてん**〔頂点〕
ていぼく〔低木〕人間の背丈より高くならない木。灌木《かんぼく》。	**こうぼく**〔高木〕**きょうぼく**〔喬木〕
ていほん〔定本〕古典などで、世間一般に標準とされている本。	**いほん**〔異本〕
ていまい〔弟妹〕弟と妹。	**けいし**〔兄姉〕
ていめん〔底面〕立方体の底の面。	**ちょうてん**〔頂点〕
ていらく〔低落〕①値段が安くなること。②価値が下がること。	①**こうとう**〔高騰〕②**こうじょう**〔向上〕
ていり〔低利〕金利が安いこと。	**こうり**〔高利〕
ていりつ〔低率〕比率が低いこと。	**こうりつ**〔高率〕
ていれい〔定例〕	→こうれい〔恒例〕
ていれつ〔低劣〕	→ひれつ〔卑劣〕
ディレッタント〔dilettante〕多方面の趣味を楽しむ人。好事家《こうずか》。	**スペシャリスト**〔specialist〕
デーゲーム〔day game〕昼間に行われる試合。	**ナイトゲーム**〔night game〕**ナイター**〔nighter〕
テーゼ〔These ドイツ〕初めに立てられた命題。正。	**アンチテーゼ**〔Antithese ドイツ〕
テールライト〔tail light〕	→テールランプ〔tail lamp〕
テールランプ〔tail lamp〕車の後ろにある赤色の明かり。後尾灯。尾灯。テールライト。	**ヘッドライト**〔head light〕
でかける〔出掛ける〕	**かえりつく**〔帰り着く〕**もどる**〔戻る〕
てかせ〔手枷〕手の自由を奪う刑具。	**あしかせ**〔足枷〕**くびかせ**〔首枷〕
てがみぶん〔手紙文〕手紙の文章。書簡文。	**じのぶん**〔地の文〕**かいわぶん**〔会話文〕
でがらし〔出涸らし〕茶の葉に何度も湯を注いで、味や香りのなくなったもの。	**でばな**〔出花〕
てき〔敵〕	**みかた**〔味方〕**とも**〔友〕
てき〔適〕かなう。	**ふてき**〔不適〕
できあい〔出来合い〕注文前に作っておく品。既製品。レディーメード。	**あつらえ**〔誂え〕**ちゅうもんひん**〔注文品〕
てきい〔敵意〕相手にはむかう気持ち。反感。敵対心。	**こうい**〔好意〕**ゆうじょう**〔友情〕
てきかく〔的確〕正しく確かなさま。的を射ているさま。てっかく。	**まとはずれ**〔的外れ〕
てきかく〔適格〕資格を備えているこ	**ふてき**〔不適〕**けっかく**〔欠格〕ふ

と。規格に合っていること。てっかく。	**てきかく**〔不適格〕
てきぐん〔敵軍〕敵の軍勢。敵の軍隊。	**ゆうぐん**〔友軍〕
てきする〔敵する〕対抗する。はむかう。	**くみする**〔組する・与する〕
てきせいひょうか〔適正評価〕適当に正しく評価すること。	**かだいひょうか**〔過大評価〕**かしょうひょうか**〔過小評価〕
てきせつ〔適切〕ぴったり合って、ふさわしいこと。適当。	**ふてき**〔不適〕**ふてきせつ**〔不適切〕
てきたい〔敵対〕敵意をもって対抗すること。はむかうこと。	㋐**ゆうこう**〔友好〕**きょうちょう**〔協調〕**きょうりょく**〔協力〕㋑**こうふく**〔降伏〕**こうさん**〔降参〕
てきど〔適度〕ちょうどよい程度。	**かど**〔過度〕**きょくど**〔極度〕
てきとう〔適当〕うまく当てはまること。ちょうどよいこと。	**ふてきとう**〔不適当〕**ふとう**〔不当〕**ふてき**〔不適〕**かとう**〔過当〕
てきにん〔適任〕その任務によく合っていること。	**ふてきにん**〔不適任〕**ふてき**〔不適〕
てきぱき（と）物事を手際よく処理するさま。	**ぐずぐず（と）**　**のろのろ（と）**　**もたもた（と）**
てきびしい〔手厳しい〕手心を加えず、非常に厳しい。	**てぬるい**〔手緩い〕
てきほう〔適法〕法にかなっていること。合法。	**いほう**〔違法〕**ふほう**〔不法〕
できる〔出来る〕	**こわれる**〔壊れる・毀れる〕**つぶれる**〔潰れる〕
できるだけ〔出来る丈〕	**ぜひ（とも）**〔是非（とも）〕
てぎれきん〔手切れ金〕夫婦関係などを解消するために払う金。	**ゆいのうきん**〔結納金〕
でぐち〔出口〕	**いりぐち**〔入り口〕
てくび〔手首〕	**あしくび**〔足首〕
でこぼこ〔凸凹〕物の表面に高低があるさま。	**たいら**〔平ら〕
てごわい〔手強い〕相手として扱いにくい。	**くみしやすい**〔与し易い〕
デザート〔dessert〕食後に出る果物や菓子。	**オードブル**〔hors d'œuvre フランス〕
でし〔弟子〕	**ししょう**〔師匠〕**とうりょう**〔頭領・棟梁〕
てした〔手下〕親分の下にいる者。子分。	**おやぶん**〔親分〕**かしら**〔頭〕**とうもく**〔頭目〕
でしゃばり〔出しゃばり〕何にでも口や手を出したがる人。	**ひっこみじあん**〔引っ込み思案〕**しりごみ**〔尻込み〕
でしゃばる〔出しゃばる〕「彼はすぐ――」。	**ひっこむ**〔引っ込む〕**ひかえる**〔控える〕**さしひかえる**〔差し控え

る〕

でじろ〔出城〕出先の城。　**ねじろ**〔根城〕

でずき〔出好き〕外出を好むこと。出まめ。　**でぶしょう**〔出不精・出無精〕

でだし〔出出し〕出始め。最初。　**むすび**〔結び〕

でたらめ〔出鱈目〕「――な行動」。　**まじめ**〔真面目〕**きちょうめん**〔几帳面〕

てっかい〔撤回〕一度出したものを引っこめること。　**ていしゅつ**〔提出〕

てっきょ〔撤去〕建物などを、取り除くこと。　**せっち**〔設置〕

てっしゅう〔撤収〕　→てったい〔撤退〕

てったい〔撤退〕軍隊が、陣地を取り払って退くこと。撤収。　**しんしゅつ**〔進出〕**しんにゅう**〔進入〕**しんげき**〔進撃〕**しんこう**〔進攻〕**せんりょう**〔占領〕**しんちゅう**〔進駐〕

てつだう〔手伝う〕「仕事を――」。　**さまたげる**〔妨げる〕

てっていてき〔徹底的〕どこまでも突っこんでするさま。　**びおんてき**〔微温的〕

てっとりばやい〔手っ取り早い〕するのに手間がかからない。　**まだるっこい**〔間怠っこい〕

てっぱい〔撤廃〕取り除いてやめること。　**せってい**〔設定〕

でっぱる〔出っ張る〕外の方へ突き出る。　**ひっこむ**〔引っ込む〕**へこむ**〔凹む〕**くぼむ**〔窪む〕

でっぷり（と）太っているさま。　**ほっそり**（と）　**すらり**（と）

てっぺい〔撤兵〕外国へ派遣した軍隊を引き揚げること。　**しゅっぺい**〔出兵〕**はへい**〔派兵〕

てておや〔父親〕　→ちちおや〔父親〕

てどり〔手取り〕給料から税金などを差し引いた後の、実際の収入。　**ぜいこみ**〔税込み〕

てぬるい〔手緩い〕厳しくない。ゆるい。　**てきびしい**〔手厳しい〕

てのこう〔手の甲〕手の外側。　**てのひら**〔手の平・掌〕

てのひら〔手の平・掌〕手の内側。　**てのこう**〔手の甲〕

では　それでは。　**でも**

でばな〔出花〕茶の葉に湯を注いだばかりで、味も香りもよいもの。　**でがらし**〔出涸らし〕

てばなす〔手放す〕人手に渡す。　**たもつ**〔保つ〕**もつ**〔持つ〕

でぶしょう〔出不精・出無精〕外出を面倒がること。出嫌い。　**でずき**〔出好き〕

でふね〔出船〕港を出て行く船。　**いりふね**〔入り船〕

てぶり〔手振り〕手で示す動作。手付　**みぶり**〔身振り〕**くちぶり**〔口振

き。	り〕
デフレ（ーション）〔deflation〕 商品の供給が多すぎて物価が下がり、金詰まりになる現象。	**インフレ（ーション）**〔inflation〕
てまえがって〔手前勝手〕	→じぶんかって〔自分勝手〕
てまどる〔手間取る〕仕事などに、意外に時間がかかる。	**はかどる**〔捗る〕
でみせ〔出店〕	→してん〔支店〕
でむかえる〔出迎える〕「客を――」。	**みおくる**〔見送る〕
デメリット〔demerit〕短所。欠点。	**メリット**〔merit〕
でも それはそうだが。しかし。	**だから** **ゆえに**〔故に〕**したがって**〔従って〕**では**
てもと〔手元・手許〕手のそば。	**あしもと**〔足元・足下・足許〕
てら〔寺〕	→じいん〔寺院〕
デラックス〔de luxe フランス〕豪華な。高級の。	**スタンダード**〔standard〕
てる〔照る〕「日が――」。	**くもる**〔曇る〕**かげる**〔陰る・翳る〕
でる〔出る〕	**はいる**〔入る〕
てわたす〔手渡す〕「給料を――」。	**うけとる**〔受け取る〕**とりあげる**〔取り上げる〕
てん〔天〕おおぞら。	**ち**〔地〕**じん**〔人〕
てん〔添〕そえる。加える。	**さく**〔削〕
てん〔点〕①小さな黒ぼし。②火が、つく。	**せん**〔線〕**めん**〔面〕②**めつ**〔滅〕
てんい〔転意〕	→てんぎ〔転義〕
でんえん〔田園〕いなか。	**とかい**〔都会〕
てんか〔添加〕付け加えること。	**さくじょ**〔削除〕**さくげん**〔削減〕
てんか〔点火〕火をともすこと。火をつけること。着火。	**しょうか**〔消火〕
てんかい〔天界〕	→てんじょうかい〔天上界〕
てんがい〔店外〕店の外。	**てんない**〔店内〕
てんぎ〔転義〕もとの意味から転じた意味。	**げんぎ**〔原義〕**げんい**〔原意〕**ほんぎ**〔本義〕**ごげん**〔語源〕
でんききかんしゃ〔電気機関車〕電気モーターの力で動く機関車。	**じょうききかんしゃ**〔蒸気機関車〕**ジーゼルきかんしゃ**〔diesel 機関車〕
てんくう〔天空〕大空。	**だいち**〔大地〕**りくち**〔陸地〕**かいよう**〔海洋〕
てんごく〔天国〕天上にあるという、苦しみのない世界。	**じごく**〔地獄〕
てんさい〔天才〕生まれ付きの優れた才能。秀才。俊才。英才。偉才。異才。鋭才。鬼才。奇才。	**ぼんさい**〔凡才〕**ひさい**〔非才〕**ぐさい**〔愚才〕**どんさい**〔鈍才〕**ぼんじん**〔凡人〕

てんさい〔天災〕地震・洪水など、自然によって起こる災い。	**じんさい**〔人災〕
てんざい〔点在〕あちこちに散らばってあること。散在。	**みっしゅう**〔密集〕
てんし〔天使〕天の神の使者。	**あくま**〔悪魔〕
てんしゃく〔転借〕人の借りた物をさらに借りること。また借り。	**てんたい**〔転貸〕
でんじゅ〔伝受〕人から伝え受けること。	**でんじゅ**〔伝授〕
でんじゅ〔伝授〕人に伝え授けること。	**でんじゅ**〔伝受〕
てんしゅつ〔転出〕他の所へ移って出て行くこと。	**てんにゅう**〔転入〕
てんじょ〔天助〕天の助け。天佑《てんゆう》。	**てんばつ**〔天罰〕
てんじょう〔天上〕空の上。	**ちじょう**〔地上〕**ちてい**〔地底〕**かいじょう**〔海上〕**かいてい**〔海底〕
てんじょう〔天井〕	**ゆか**〔床〕
てんじょううら〔天井裏〕	**ゆかした**〔床下〕
てんじょうかい〔天上界〕天上にあるという世界。天界。	**げかい**〔下界〕**じんかい**〔人界〕
てんじょうさじき〔天井桟敷〕劇場で、階上の後ろにある下等の客席。	**かぶりつき**〔齧り付き〕
てんじょうね〔天井値〕相場などで、最も高い値段。	**そこね**〔底値〕
てんじん〔天神〕天の神。	**ちじん**〔地神〕
てんせん〔点線〕	**じっせん**〔実線〕
てんたい〔転貸〕人から借りた物を別の人に貸すこと。また貸し。	**てんしゃく**〔転借〕
てんとう〔点灯〕明かりをともすこと。	**しょうとう**〔消灯〕
でんどう〔電動〕電力で動かすこと。	**しゅどう**〔手動〕
てんどうせつ〔天動説〕地球は動かずにいて、他の天体がその周りを回るとする考え方。	**ちどうせつ**〔地動説〕
てんどく〔転読〕経文を途中省略してとびとびに読むこと。	**しんどく**〔真読〕
てんない〔店内〕店の内部。	**てんがい**〔店外〕
てんにゅう〔転入〕他の所から移って入ってくること。	**てんしゅつ**〔転出〕
てんにん〔転任〕他の任務に就くこと。	**りゅうにん**〔留任〕
てんねん〔天然〕人の手の加わらない状態。	**じんこう**〔人工〕**じんい**〔人為〕**じんぞう**〔人造〕
てんねんしょく〔天然色〕	→カラー〔color〕
てんねんせんい〔天然繊維〕綿や絹など天然の動植物から作り出す繊維。	**かがくせんい**〔化学繊維〕**じんぞうせんい**〔人造繊維〕**ごうせいせん**

	い〔合成繊維〕
てんねんひりょう〔天然肥料〕枯れ葉や動物の糞《ふん》など、天然に産する肥料。	**かがくひりょう**〔化学肥料〕**じんぞうひりょう**〔人造肥料〕
てんのう〔天皇〕日本の君主。憲法では、日本国民統合の象徴とされ、統治権はない。	㋐**じょうこう**〔上皇〕**ほうおう**〔法皇〕㋑**こうごう**〔皇后〕㋒**しんか**〔臣下〕

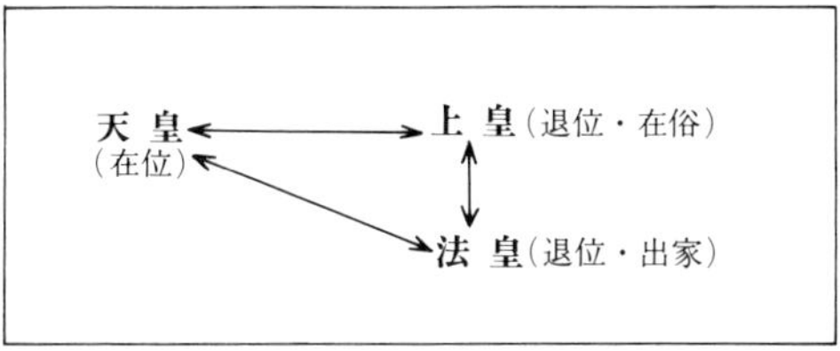

てんばつ〔天罰〕天の与える罰。	**てんじょ**〔天助〕**てんゆう**〔天佑〕
てんぶくろ〔天袋〕違い棚や押し入れの上にある戸棚。	**じぶくろ**〔地袋〕
てんぺん〔天変〕暴風・雷など、天空に起こる異変。	**ちい**〔地異〕**ちへん**〔地変〕
てんぼう〔展望〕将来への見通し。	**かいこ**〔回顧〕
てんゆう〔天佑〕	→てんじょ〔天助〕

と

と〔吐〕はく。	**どん**〔呑〕
と〔登〕のぼる。	**こう**〔降〕**げ**〔下〕
ど〔怒〕いかる。	**き**〔喜〕
とい〔問い〕	**こたえ**〔答え〕**へんじ**〔返事〕
といかけ〔問い掛け〕	**うけこたえ**〔受け答え〕**へんじ**〔返事〕
といや〔問屋〕	→とんや〔問屋〕
とう〔冬〕ふゆ。	**か**〔夏〕**しゅん**〔春〕**しゅう**〔秋〕
とう〔刀〕かたな。片刃の刀剣。	**けん**〔剣〕
とう〔投〕野球などで、ボールを投げる。	**だ**〔打〕**ほ**〔捕〕
とう〔東〕ひがし。	**さい・せい**〔西〕**なん**〔南〕**ほく**〔北〕
とう〔当〕①道理にかなう。②選ばれる。選に入る。	①**ふとう**〔不当〕**ひ**〔否〕②**らく**〔落〕
とう〔登〕のぼる。	**こう**〔降〕**げ**〔下〕
とう〔答〕こたえ。	**もん**〔問〕
とう〔頭〕かしら。先端。	**び**〔尾〕

とう〔騰〕あがる。	**らく**〔落〕
とう〔問う〕	**こたえる**〔答える〕
どう〔動〕うごく。	**せい**〔静〕
どう〔同〕おなじ。いっしょ。	**い**〔異〕**べつ**〔別〕
どう〔胴〕	→どうたい〔胴体〕
とうい〔当為〕哲学で、こうあるべきだと要求されること。ゾルレン。	**そんざい**〔存在〕
どうい〔同意〕①意味が同じこと。同義。②人の意見に賛成すること。賛同。	①**はんい**〔反意〕**いぎ**〔異義〕②**はんろん**〔反論〕**いぎ**〔異議〕**はんたい**〔反対〕
どういご〔同意語〕意味がほとんど変わらない語。同義語。	**はんいご**〔反意語〕**はんたいご**〔反対語〕**いぎご**〔異義語〕**たいぎご**〔対義語〕**たいご**〔対語〕
とういつ〔統一〕ひとつにまとまること。	**ぶんれつ**〔分裂〕
どういつ〔同一〕同じであること。差がないこと。	**ふどう**〔不同〕**べっこ**〔別個〕
どういつにん〔同一人〕	→どうにん〔同人〕
とういん〔登院〕議員が、衆議院や参議院に出席すること。	**たいいん**〔退院〕
とういん〔頭韻〕詩などで、互いに同じ音で始まるいくつかの語や句をそろえる方法。	**きゃくいん**〔脚韻〕
どういん〔動員〕戦争のために、兵士を呼び集めること。	**ふくいん**〔復員〕
どうか〔同化〕生物が、外から取り入れた物質を自分の体に合う成分に変えること。	**いか**〔異化〕
どうか〔銅貨〕銅で作られた貨幣。	**きんか**〔金貨〕**ぎんか**〔銀貨〕
とうがい〔党外〕政党の外部。	**とうない**〔党内〕
どうがい〔堂外〕堂の外部。	**どうない**〔堂内〕
とうかく〔倒閣〕内閣を倒すこと。	**そかく**〔組閣〕
どうかっしゃ〔動滑車〕軸が移動できるように綱でつるした滑車。	**ていかっしゃ**〔定滑車〕
とうき〔冬季〕冬の季節。	**かき**〔夏季〕**しゅんき**〔春季〕**しゅうき**〔秋季〕
とうき〔冬期〕冬の期間。冬の間。	**かき**〔夏期〕**しゅんき**〔春期〕**しゅうき**〔秋期〕
とうき〔当期〕当面している時期。今の時期。今期。	**ぜんき**〔前期〕**じき**〔次期〕**らいき**〔来期〕
とうき〔陶器〕素地《きじ》の締まりがややゆるい焼き物。	**じき**〔磁器〕
とうき〔騰貴〕値段が高くなること。	**げらく**〔下落〕

値上がり。	
どうき〔動機〕ある行動を起こす、直接の原因。きっかけ。	**けっか**〔結果〕
どうぎ〔同義〕	→どうい〔同意〕
どうぎご〔同義語〕	→どういご〔同意語〕
とうきゅう〔投球〕野球で、ボールを投げること。	㋐**だきゅう**〔打球〕㋑**ほきゅう**〔捕球〕
どうきゅうせい〔同級生〕自分と同じ学年の者。	**じょうきゅうせい**〔上級生〕**かきゅうせい**〔下級生〕
どうきょ〔同居〕同じ家に住んで、一緒に暮らすこと。	**べっきょ**〔別居〕**どっきょ**〔独居〕
どうきろん〔動機論〕行為の結果よりも、その動機に重点を置く考え。	**けっかろん**〔結果論〕
とうけ〔当家〕この家。自分の家。	**たけ**〔他家〕
とうけい〔東経〕イギリスの旧グリニッジ天文台を通る子午線《しごせん》を0度とし、東へ180度までの経線。	**せいけい**〔西経〕
どうけい〔同形・同型〕形や形式が同じこと。	**いけい**〔異形・異型〕
どうけい〔同系〕血筋が同じこと。同系列。同系統。	**いけい**〔異系〕**べっけい**〔別系〕
とうげつ〔当月〕①そのことのあった月。②この月。今月。	①**ぜんげつ**〔前月〕**よくげつ**〔翌月〕②**せんげつ**〔先月〕**ぜんげつ**〔前月〕**らいげつ**〔来月〕
とうご〔頭語〕	→きご〔起語〕
どうご〔同語〕同じことば。	**べつご**〔別語〕
とうこう〔登校〕授業を受けるために学校へ来ること。	**げこう**〔下校〕
とうごう〔統合〕いくつかの物を、ひとつにまとめること。	**ぶんり**〔分離〕**ぶんさん**〔分散〕**ぶんかつ**〔分割〕**ぶんれつ**〔分裂〕
とうこうせん〔等高線〕地図で、同じ高さの所をつないだ線。	**とうしんせん**〔等深線〕
とうごく〔投獄〕牢屋《ろうや》に入れること。	**しゃくほう**〔釈放〕**しゃめん**〔赦免〕
とうごく〔東国〕東方の国。関東。	**さいごく**〔西国〕
どうこく〔同国〕同じ国。同郷。	**たこく**〔他国〕
とうこん〔当今〕	→げんこん〔現今〕
とうざい〔東西〕東と西。	**なんぼく**〔南北〕
とうさきゅうすう〔等差級数〕各項が、前の項と同じ差になっている数列。算術級数。	**とうひきゅうすう**〔等比級数〕**きかきゅうすう**〔幾何級数〕
とうさく〔盗作〕他人の作品を自分の作品として発表すること。	**そうさく**〔創作〕
どうさん〔動産〕現金・商品など、移	**ふどうさん**〔不動産〕

動させられる資産。

とうじ〔冬至〕年間で夜が最も長い日。　**げし**〔夏至〕

とうじ〔答辞〕卒業式などで、あいさつを受けた者が答えて述べることば。　**しきじ**〔式辞〕**そうじ**〔送辞〕

どうし〔導師〕法会《ほうえ》などで、主役をつとめる僧。　**ばんそう**〔伴僧〕

とうじこく〔当事国〕そのことに直接関係のある国。　**だいさんごく**〔第三国〕

とうじしゃ〔当事者〕そのことに直接関係をもっている人。　**だいさんしゃ**〔第三者〕**ぼうかんしゃ**〔傍観者〕

とうしつ〔等質〕　→どうしつ〔同質〕

とうじつ〔当日〕そのことのある日。　**ぜんじつ**〔前日〕**よくじつ**〔翌日〕

どうしつ〔同室〕同じへや。　**べっしつ**〔別室〕**たしつ**〔他室〕

どうしつ〔同質〕同じ品質。等質。　**いしつ**〔異質〕

とうじつうり〔当日売り〕切符などを、その日に売ること。　**まえうり**〔前売り〕

とうしゃ〔投射〕光を物に当てること。　**はんしゃ**〔反射〕

とうしゃ〔当社〕この会社。　**たしゃ**〔他社〕

どうしゃ〔同社〕同じ会社。その会社。　**たしゃ**〔他社〕

とうしゅ〔投手〕ピッチャー。　㋐**ほしゅ**〔捕手〕㋑**だしゃ**〔打者〕

とうしゅ〔当主〕現在の主人。　**せんだい**〔先代〕**せんしゅ**〔先主〕

どうしゅ〔同種〕種類が同じこと。　**いしゅ**〔異種〕**べっしゅ**〔別種〕

とうしゅう〔踏襲〕古いやり方をそのまま受け継ぐこと。　**だは**〔打破〕**かいかく**〔改革〕

とうしゅせん〔投手戦〕野球で、投手の力量が勝負を決めるゲーム。　**だげきせん**〔打撃戦〕

とうしょ〔当初〕初めのころ。　**けつまつ**〔結末〕**しゅうまつ**〔終末〕

とうじょう〔東上〕西の方から東京へ向かうこと。　**さいか**〔西下〕

とうじょう〔登場〕舞台などに、姿を現すこと。　**たいじょう**〔退場〕

どうじょう〔同情〕人の境遇や気持ちをその身になって思いやること。　**はんぱつ**〔反発・反撥〕**ひはん**〔批判〕**ひなん**〔非難〕

どうしょく〔同職〕同じ職業・職務。　**たしょく**〔他職〕

とうしん〔答申〕上位者の問いに対して、意見を述べること。　**しもん**〔諮問〕

とうじん〔蕩尽〕財産などを、使い果たすこと。　**ちくざい**〔蓄財〕

どうにん〔同人〕同じ人。　**べつじん**〔別人〕

とうしんせん〔等深線〕地図で、同じ深さの所をつないだ線。　**とうこうせん**〔等高線〕

とうじんは〔党人派〕政党の中から育った政治家。　**かんりょうは**〔官僚派〕

どうせい〔同性〕男女の性が同じこと。	**いせい**〔異性〕
とうせいけいざい〔統制経済〕物資の生産・配給・価格などを、国家が管理する経済方式。	**じゆうけいざい**〔自由経済〕
どうせき〔同席〕同じ座席。	**べっせき**〔別席〕
とうせん〔当選〕選挙で選ばれること。	**らくせん**〔落選〕
とうぜん〔東漸〕しだいに東の方へ移ること。	**せいぜん**〔西漸〕
とうそう〔逃走〕逃げること。遁走《とんそう》。逃亡。	**ついせき**〔追跡〕**ほばく**〔捕縛〕**たいほ**〔逮捕〕
とうそう〔闘争〕たたかう。	**わごう**〔和合〕
どうそう〔同送〕一緒に送ること。	**べっそう**〔別送〕
とうだい〔当代〕①今の時代。現代。②現在の主人。当主。	①**ぜんだい**〔前代〕**こうだい**〔後代〕**まつだい**〔末代〕②**せんだい**〔先代〕**れきだい**〔歴代〕
どうたい〔動態〕変化している状態。	**せいたい**〔静態〕
どうたい〔導体〕	→りょうどうたい〔良導体〕
どうたい〔胴体〕	**てあし**〔手足〕**しし**〔四肢〕**あたま**〔頭〕
とうだん〔登壇〕壇に上がること。	**こうだん**〔降壇〕
とうちゃく〔到着〕目的地などに、行き着くこと。	㋐**しゅっぱつ**〔出発〕**しゅったつ**〔出立〕㋑**みちゃく**〔未着〕**ふちゃく**〔不着〕
とうちゃくてん〔到着点〕最後に着く地点。	**しゅっぱつてん**〔出発点〕
とうちゅう〔頭注・頭註〕本文の上に付ける注釈。	**きゃくちゅう**〔脚注・脚註〕
とうちょう〔登庁〕役所に出勤すること。	**たいちょう**〔退庁〕
どうちょう〔同調〕人の意見などに調子を合わせること。	**はんろん**〔反論〕**はんばく**〔反駁〕
どうてい〔童貞〕性的経験のない男性。	**しょじょ**〔処女〕
どうてき〔動的〕動きのあるさま。	**せいてき**〔静的〕
とうてん〔読点〕文の途中の切れ目に付ける点。てん（、）。	**くてん**〔句点〕
どうでんき〔動電気〕電流として流れている電気。	**せいでんき**〔静電気〕
とうとい〔尊い〕	**いやしい**〔卑しい・賤しい〕
どうどう（と）〔堂々（と）〕落ち着いて立派なさま。	**おずおず**（と）〔怖ず怖ず（と）〕**びくびく**（と）**こそこそ**（と）
どうとく〔道徳〕人間として行うべき正しい道。	**あくとく**〔悪徳〕
とうとぶ〔尊ぶ・貴ぶ〕あがめうや	**いやしめる**〔卑しめる・賤しめる〕

まう。尊敬する。 さげすむ〔蔑む〕みくだす〔見下す〕みさげる〔見下げる〕

とうない〔党内〕政党の内部。 **とうがい**〔党外〕

どうない〔堂内〕堂の内部。 **どうがい**〔堂外〕

とうなん〔東南〕東と南との中間の方位。 **せいほく**〔西北〕**とうほく**〔東北〕**せいなん**〔西南〕

とうにん〔当人〕その人自身。 **あいて**〔相手〕**たにん**〔他人〕

とうねん〔当年〕①その年。②ことし。今年。 ①**ぜんねん**〔前年〕**よくねん**〔翌年〕②**さくねん**〔昨年〕**ぜんねん**〔前年〕**らいねん**〔来年〕**みょうねん**〔明年〕

どうはい〔同輩〕同じ地位・身分の者。同じ年に入った者。 **せんぱい**〔先輩〕**こうはい**〔後輩〕

とうばくは〔討幕派〕幕末に、幕府を攻め討つことを主張した一派。 **さばくは**〔佐幕派〕

とうばん〔当番〕仕事の番に当たること。 **ひばん**〔非番〕

とうばん〔登板〕野球で、投手がマウンドに上がること。 **こうばん**〔降板〕

とうひきゅうすう〔等比級数〕各項が、前の項と同じ比になっている数列。幾何級数。 **とうさきゅうすう**〔等差級数〕**さんじゅつきゅうすう**〔算術級数〕

とうひょう〔投票〕選挙で票を入れること。 ㋐**かいひょう**〔開票〕㋑**きけん**〔棄権〕

とうびょう〔投錨〕船がいかりを下ろして停泊すること。 **ばつびょう**〔抜錨〕

どうふ〔同父〕父が同じであること。 ㋐**いふ**〔異父〕㋑**どうぼ**〔同母〕**どうふく**〔同腹〕

どうふう〔同封〕封筒の中に、一緒に入れること。 **べっぷう**〔別封〕**べっそう**〔別送〕**べつびん**〔別便〕

どうふく〔同腹〕 **どうぼ**〔同母〕

どうぶつ〔動物〕 **しょくぶつ**〔植物〕**こうぶつ**〔鉱物〕

どうぶつえん〔動物園〕 **しょくぶつえん**〔植物園〕

とうべん〔答弁〕質問に答えること。 **しつもん**〔質問〕

どうぼ〔同母〕母が同じであること。同腹。 ㋐**いぼ**〔異母〕**いふく**〔異腹〕㋑**どうふ**〔同父〕

とうほう〔当方〕自分の方。 **せんぽう**〔先方〕

とうぼう〔逃亡〕 →とうそう〔逃走〕

どうほう〔同胞〕同じ国の人。同国人。 **いほうじん**〔異邦人〕**がいこくじん**〔外国人〕

とうほく〔東北〕東と北との中間の方位。北東。 **せいなん**〔西南〕**とうなん**〔東南〕**せいほく**〔西北〕

とうほん〔謄本〕原本の全部を写した ㋐**げんぽん**〔原本〕㋑**しょうほん**

もの。	〔抄本〕
どうみゃく〔動脈〕血液を心臓から体の各部に送る血管。	**じょうみゃく**〔静脈〕
とうめい〔透明〕すきとおるさま。	**ふとうめい**〔不透明〕**はんとうめい**〔半透明〕**こんだく**〔混濁〕
どうめい〔同名〕同じ名前。	**べつめい**〔別名〕
どうもう〔獰猛〕	→きょうあく〔凶悪〕
とうもく〔頭目〕かしら。親方。	**てした**〔手下〕**はいか**〔配下〕
どうもん〔同門〕同じ流派。	**たりゅう**〔他流〕
とうや〔当夜〕①その夜。②きょうの夜。今夜。	①**ぜんや**〔前夜〕**よくばん**〔翌晩〕②**さくや**〔昨夜〕**みょうや**〔明夜〕
どうやく〔同役〕同じ役目の人。	**うわやく**〔上役〕**したやく**〔下役〕
とうよう〔東洋〕	**せいよう**〔西洋〕
どうよう〔動揺〕動き揺れること。落ち着かないこと。不安定。	**あんてい**〔安定〕**ふどう**〔不動〕
どうり〔道理〕正しい筋道。	**むり**〔無理〕**ひどう**〔非道〕
とうりょう〔頭領・棟梁〕かしら。親方。	**はいか**〔配下〕**でし**〔弟子〕
どうりょう〔同僚〕地位・身分・職務などが同じ人。同輩。同役。	**じょうし**〔上司〕**ぶか**〔部下〕
どうるい〔同類〕種類が同じこと。	**いるい**〔異類〕
とおい〔遠い〕	**ちかい**〔近い〕
トーキー〔tarkie〕音声付きの映画。	**サイレント**〔silent〕
とおざかる〔遠ざかる〕	**ちかづく**〔近付く〕**ちかよる**〔近寄る〕**むかう**〔向かう〕
とおざける〔遠ざける〕	**ちかづける**〔近付ける〕**ちかよせる**〔近寄せる〕
とおす〔通す〕①「道を――」。②「行列を――」。③「針に糸を――」。④「人の意見を――」。	①**ふさぐ**〔塞ぐ〕**さえぎる**〔遮る〕**せく**〔塞く・堰く〕②**とめる**〔止める〕**さまたげる**〔妨げる〕③**ぬく**〔抜く〕④**こばむ**〔拒む〕
トーナメント〔tournament〕組み合わせ方式の勝ち抜き試合。	**リーグ（せん）**〔league（戦）〕
とおのく〔遠のく〕	→とおざかる〔遠ざかる〕
とおまわり〔遠回り〕遠い道を回っていくこと。迂回《うかい》。	**ちかまわり**〔近回り〕
とおみち〔遠道〕遠回りになる道。	**ちかみち**〔近道〕
とおりすぎる〔通り過ぎる〕	**たちどまる**〔立ち止まる〕
とおりぬけ〔通り抜け〕通り抜けられる所。	**いきどまり**〔行き止まり〕
とおる〔通る〕「スープがのどを――」。	**つまる**〔詰まる〕
とかい〔都会〕人口が多くにぎやかな町。大きな町。	**でんえん**〔田園〕**いなか**〔田舎〕**のうそん**〔農村〕**へきち**〔僻地〕へ

	きそん〔僻村〕
どがいし〔度外視〕問題にもしないこと。無視。	**じゅうようし**〔重要視〕
とかす〔溶かす〕「粉薬を水に——」。	**かためる**〔固める〕
ときおり〔時折〕	→ときどき〔時々〕
ときたま〔時偶〕	→ときどき〔時々〕
ときどき〔時々〕まれに。たまに。時折。時たま。	**しばしば**〔屢々〕**たびたび**〔度々〕**つねづね**〔常々〕**いつも**〔何時も〕**つねに**〔常に〕**しょっちゅう**
どきどき	→はらはら
ときはなす〔解き放す〕	**とじこめる**〔閉じ込める〕
とぎれとぎれ（に）〔途切れ途切れ（に）・跡切れ跡切れ（に）〕途中で何度か切れながら長く続くさま。	**ぞくぞく**（と）〔続々（と）〕**つぎつぎ**（に）〔次々（に）〕**じゅずつなぎ**〔数珠繋ぎ〕
とぎれる〔跡切れる・途切れる〕途中で切れること。中断する。	**つづく**〔続く〕**つらなる**〔連なる〕
とぎん〔都銀〕都市銀行。	**ちぎん**〔地銀〕
とく〔得〕利益がある。手に入る。	**そん**〔損〕**しつ**〔失〕
とく〔解く〕①「縄を——」。②「帯を——」。③「着物を——」。	①**むすぶ**〔結ぶ〕**しばる**〔縛る〕**くくる**〔括る〕②**しめる**〔締める〕③**ぬう**〔縫う〕
どく〔毒〕害を与えるもの。	**くすり**〔薬〕
とくい〔得意〕①うまくいって満足すること。②手慣れて自分に合っていること。	①**しつい**〔失意〕②**ふとくい**〔不得意〕**にがて**〔苦手〕
とくい〔特異〕他と特に違うこと。	**ふつう**〔普通〕**じんじょう**〔尋常〕
とくいく〔徳育〕人格を磨き、道徳心を育てる教育。	**ちいく**〔知育〕**たいいく**〔体育〕
どくえん〔独演〕ひとりで演じること。	**きょうえん**〔共演〕
どくがん〔独眼〕片目。ひとつ目。	**そうがん**〔双眼〕
どくご〔独語〕ひとりごと。	**たいわ**〔対話〕**かいわ**〔会話〕
どくさいこっか〔独裁国家〕特定の個人や階級が、政治権力を握っている国家。専制国家。	**みんしゅこっか**〔民主国家〕**ほうちこっか**〔法治国家〕
どくさいせいじ〔独裁政治〕特定の個人や階級が、権力を握って行う政治。専制政治。	**みんしゅせいじ**〔民主政治〕**ぎかいせいじ**〔議会政治〕
どくさいてき〔独裁的〕特定の個人や階級が政権をひとり占めするさま。専制的。	**みんしゅてき**〔民主的〕
とくさく〔得策〕よいはかりごと。うまいやり方。上策。	**ぐさく**〔愚策〕**げさく**〔下策〕
どくじせい〔独自性〕そのものだけ	**るいじせい**〔類似性〕

に特有な性質。

とくしつ〔特質〕 →とくせい〔特性〕

とくじつ〔篤実〕まじめで情義にあついこと。 **いんけん**〔陰険〕

どくしゃ〔読者〕作品を読む人。 **さくしゃ**〔作者〕**ちょしゃ**〔著者〕**ひっしゃ**〔筆者〕**きしゃ**〔記者〕

とくしゅ〔特殊〕普通と違っていること。特別。 **いっぱん**〔一般〕**ふへん**〔普遍〕**ふつう**〔普通〕

どくしょう〔独唱〕ひとりで歌うこと。 **がっしょう**〔合唱〕

とくしん〔篤信〕信仰心があついこと。 **ふしんじん**〔不信心〕

どくしん〔独身〕結婚していないこと。ひとり身。 **さいたい**〔妻帯〕**きこん**〔既婚〕

とくする〔得する〕利益を得る。もうける。 **そんする**〔損する〕

どくする〔毒する〕 →がいする〔害する〕

とくせい〔特性〕そのものだけが持っている性質。特質。 **つうせい**〔通性〕**つうゆうせい**〔通有性〕

とくせい〔特製〕特別に念を入れてつくること。 **なみせい**〔並製〕**なみ**〔並み〕

どくせん〔独占〕ひとり占めすること。 **きょうゆう**〔共有〕

どくそう〔独創〕自分で、独自につくること。 **もほう**〔模倣〕

どくそう〔独奏〕ひとりで楽器を演奏すること。 **がっそう**〔合奏〕

どくそう〔独走〕他を引き離して、ひとり先頭を走ること。 **こんせん**〔混戦〕

ドクター〔doctor〕博士。 **マスター**〔master〕**バチェラー**〔bachelor〕

ドクターコース〔doctor course〕大学院の博士課程。 **マスターコース**〔master course〕

どくだんろん〔独断論〕自己の主観だけで判断する考え方。 **かいぎろん**〔懐疑論〕

とくてい〔特定〕特にそのものと決めること。 **ふとくてい**〔不特定〕**ほうかつ**〔包括〕

とくてん〔得点〕点を取ること。また、取った点数。 **しってん**〔失点〕

どくとく〔独特〕そのものだけが持っていること。 **きょうつう**〔共通〕

とくべつ〔特別〕普通と違うこと。特殊。 **ふつう**〔普通〕**いっぱん**〔一般〕

どくぼう〔独房〕受刑者をひとりだけで入れる監房。独居房。 **ざっきょぼう**〔雑居房〕

とくめい〔匿名〕名前を隠しておくこ **きめい**〔記名〕

と。

とくゆう〔特有〕そのものだけが持っていること。　**つうゆう**〔通有〕**きょうゆう**〔共有〕**きょうつう**〔共通〕

どくりつ〔独立〕他の支配を受けずにひとり立ちすること。　**じゅうぞく**〔従属〕**れいぞく**〔隷属〕**いぞん**〔依存〕

どくりつこく〔独立国〕ひとり立ちしている国。　**じゅうぞくこく**〔従属国〕**ぞっこく**〔属国〕**しょくみんち**〔植民地〕

どくりつしん〔独立心〕ひとり立ちしようとする心。自立心。　**いらいしん**〔依頼心〕

とくれい〔特例〕特別に認められた例。特別なならわし。　**つうれい**〔通例〕**こうれい**〔恒例〕**じょうれい**〔常例〕**ていれい**〔定例〕

どくわ〔独話〕　→どくご〔独語〕

とける〔溶ける・融ける〕「塩が水に――」。　**かたまる**〔固まる〕

とける〔解ける〕①「ひもが――」。②「氷が――」。　①**むすぼれる**〔結ぼれる〕**もつれる**〔縺れる〕②**こおる**〔凍る〕**はる**〔張る〕

どける〔退ける・除ける〕　→のける〔退ける〕

とこう〔渡航〕船に乗って海外へ行くこと。　**らいこう**〔来航〕

とこしえ〔永しえ〕いつまでも続くこと。永遠。永久。　**つかのま**〔束の間〕

ところが　**そこで**　**それで**　**したがって**〔従って〕

とざす〔閉ざす〕「口を――」。　**ひらく**〔開く〕**あける**〔明ける・開ける〕

とざま〔外様〕将軍の一族やもとからの家来でない大名や武士。　**しんぱん**〔親藩〕**ふだい**〔譜代〕

とざん〔登山〕山に登ること。　**げざん**〔下山〕

とし〔年〕　**つき**〔月〕**ひ**〔日〕

とし〔都市〕　→とかい〔都会〕

としあけ〔年明け〕新年になってから。　**としのうち**〔年の内〕

としうえ〔年上〕年齢が上。年長。　**としした**〔年下〕**おないどし**〔同い年〕

としガス〔都市 gas〕大都市で大きな規模で供給される燃料用ガス。　**プロパンガス**〔propane gas〕

としぎんこう〔都市銀行〕大都市中心に店を持ち、全国的に営業する銀行。都銀。　**ちほうぎんこう**〔地方銀行〕

とじこめる〔閉じ込める〕　㋐**ときはなす**〔解き放す〕㋑**しめだす**〔締め出す〕

としした〔年下〕年齢が下であること。　**としうえ**〔年上〕**おないどし**〔同い

年少。	年〕
としのうち〔年の内〕新年になる前。年内。	**としあけ**〔年明け〕
どしゃぶり〔土砂降り〕雨が激しく降ること。	**こぶり**〔小降り〕**こさめ**〔小雨〕**こぬかあめ**〔小糠雨〕
としゅたいそう〔徒手体操〕器具を使わずにする体操。	**きかいたいそう**〔器械体操〕
としより〔年寄り〕老いた人。	**わかもの**〔若者〕**わこうど**〔若人〕
とじる〔閉じる〕	**ひらく**〔開く〕**あける**〔明ける・開ける〕**ひらける**〔開ける〕
としん〔都心〕大きな町の中心部。	**ばすえ**〔場末〕
どせい〔怒声〕怒ってどなる声。	**かんせい**〔歓声〕**しょうせい**〔笑声〕**ひめい**〔悲鳴〕
どそう〔土葬〕遺骸《いがい》を土中に埋めて葬ること。	**かそう**〔火葬〕**すいそう**〔水葬〕**ふうそう**〔風葬〕
どちゃく〔土着〕その土地に前から住んでいること。	**がいらい**〔外来〕**とらい**〔渡来〕
とつ〔凸〕もりあがる	**おう**〔凹〕**へい**〔平〕
とっか〔特価〕特に設定した安い値段。	**ていか**〔定価〕
とっきゅうれっしゃ〔特急列車〕	**ふつうれっしゃ**〔普通列車〕**きゅうこうれっしゃ**〔急行列車〕
どっきょ〔独居〕ひとりで住むこと。	**ぐんきょ**〔群居〕**どうきょ**〔同居〕
どっきょぼう〔独居房〕	→どくぼう〔独房〕
とつぐ〔嫁ぐ〕女性が結婚して男性の家に行く。嫁《よめ》にいく。	**めとる**〔娶る〕
どっさり（と）たくさん。	**ちょっぴり（と）**
どっしり（と）落ち着いて重々しいさま。	**そわそわ（と）ふわふわ（と）**
とっぱん〔凸版〕印刷する文字や絵が、版の平面より盛り上がっている方式。	**おうはん**〔凹版〕**へいはん**〔平版〕
トップ〔top〕先頭。	**ラスト**〔last〕
トップバッター〔top batter〕野球で最初に打席に入る選手。	**ラストバッター**〔last batter〕
トップランナー〔top runner〕リレー競技などで、最初に走る選手。	→ファーストランナー〔first runner〕
とつべん〔訥弁〕へたな話し方。口べた。	**のうべん**〔能弁〕**ゆうべん**〔雄弁〕**たつべん**〔達弁〕
とつレンズ〔凸 lens〕	**おうレンズ**〔凹 lens〕
とてい〔徒弟〕親方に使われている者。子方。	**おやかた**〔親方〕
どとう〔怒濤〕怒り狂う大波。	**さざなみ**〔細波・漣〕**おおなみ**〔大波〕
とどこおらせる〔滞らせる〕進まな	**すすめる**〔進める〕

いようにする。

とどこおる〔滞る〕流れがつかえて先へ進まない。	**はかどる**〔捗る〕**さばける**〔捌ける〕**すすむ**〔進む〕**ながれる**〔流れる〕
ととのう〔整う〕「服装が——っている」。	**みだれる**〔乱れる〕**くずれる**〔崩れる〕
ととのえる〔整える〕「列を——」。	**みだす**〔乱す〕**くずす**〔崩す〕
とどまる〔止まる・留まる〕①「故郷に——」。②「作業が——」。③「損害が少額に——」。	①**さる**〔去る〕**はなれる**〔離れる〕②**すすむ**〔進む〕**はかどる**〔捗る〕③**こえる**〔越える・超える〕
とどめる〔止める・留める〕	**うつす**〔移す〕**すすめる**〔進める〕
どなる〔怒鳴る〕大声で叫ぶ。	**ささやく**〔囁く〕**つぶやく**〔呟く〕
どば〔駑馬〕歩みの遅い馬。	**しゅんめ**〔駿馬〕**めいば**〔名馬〕
とびあがる〔飛び上がる〕	**とびおりる**〔飛び下りる・飛び降りる〕
とびおりる〔飛び下りる・飛び降りる〕	**とびあがる**〔飛び上がる〕**とびたつ**〔飛び立つ〕**とびのる**〔飛び乗る〕
とびかかる〔飛び掛かる〕	**とびのく**〔飛び退く〕
とびこむ〔飛び込む〕「家に——」。	**とびだす**〔飛び出す〕
とびだす〔飛び出す〕	**とびこむ**〔飛び込む〕
とびたつ〔飛び立つ〕	**とびおりる**〔飛び下りる・飛び降りる〕**とまる**〔止まる〕
とびつく〔飛び付く〕	**とびのく**〔飛び退く〕
とびのく〔飛び退く〕	**とびかかる**〔飛び掛かる〕**とびつく**〔飛び付く〕
とびのる〔飛び乗る〕	**とびおりる**〔飛び降りる〕
とぼしい〔乏しい〕「家計が——」。	**ゆたか**〔豊か〕
とまりがけ〔泊まり掛け〕その日のうちに帰らずによそで泊まること。	**ひがえり**〔日帰り〕
とまる〔止まる・留まる・停まる〕①「電車が——」。②「歩行者が四つ角で——」。③「鳥が木の枝に——」。④「川の流れが——」。	①**うごく**〔動く〕**はしる**〔走る〕②**あるく**〔歩く〕**すすむ**〔進む〕③**とびたつ**〔飛び立つ〕④**つうじる**〔通じる〕**ながれる**〔流れる〕
とまれ〔止まれ・停まれ〕赤の交通信号。	**すすめ**〔進め〕
とむ〔富む〕「常識に——」。	**かける**〔欠ける〕
とめる〔止める・留める・停める〕	**うごかす**〔動かす〕**すすめる**〔進める〕**とおす**〔通す〕
とも〔共〕「送料——で千円」。	**べつ**〔別〕
とも〔友〕	**てき・かたき**〔敵〕
とも〔艫〕船尾。	**へさき**〔舳先〕
ともす〔点す・灯す〕「電灯を——」。	**けす**〔消す〕
ともる〔点る・灯る〕	**きえる**〔消える〕

とやま〔外山〕人里に近い麓《ふもと》の方の山。	**おくやま**〔奥山〕**みやま**〔深山〕
とらい〔渡来〕外国から渡って来ること。	**どちゃく**〔土着〕
ドライ〔dry〕乾いた。感情に流されない。合理的な。	**ウエット**〔wet〕
とらえる〔捕らえる〕	**にがす**〔逃がす〕**はなす**〔放す〕
どらごえ〔銅鑼声〕濁っていて太い声。	**かなきりごえ**〔金切り声〕
トラジェディー〔tragedy〕悲劇。	**コメディー**〔comedy〕
トラジック〔tragic〕悲劇的。	**コミック**〔comic〕
トラックきょうぎ〔track 競技〕陸上競技。競走・リレーなど、競走路を使って行う。	**フィールドきょうぎ**〔field 競技〕
とりあう〔取り合う〕	→うばいあう〔奪い合う〕
とりあげる〔取り上げる・採り上げる〕①「落としたハンカチを――」。②「子供からおもちゃを――」。③「議案として――」。	①**とりおとす**〔取り落とす〕②**あたえる**〔与える〕**てわたす**〔手渡す〕③**さしもどす**〔差し戻す〕
とりいれ〔取り入れ〕農作物の収穫。	**たねまき**〔種蒔き〕
とりおさえる〔取り押さえる〕「犯人を――」。	**とりにがす**〔取り逃がす〕
とりおとす〔取り落とす〕	**とりあげる**〔取り上げる〕
とりかじ〔取り舵〕船首を左へ回す舵のとり方。	**おもかじ**〔面舵〕
とりしまりやく〔取締役〕株式会社や有限会社で、事業経営に当たる役員。	**かんさやく**〔監査役〕
とりつける〔取り付ける〕「金具を――」。	**とりはずす**〔取り外す〕
とりにがす〔取り逃がす〕	**とりおさえる**〔取り押さえる〕**つかまえる**〔捕まえる〕
とりのぞく〔取り除く〕	**もうける**〔設ける〕**おく**〔置く〕
とりはずす〔取り外す〕	**とりつける**〔取り付ける〕
とりふだ〔取り札〕カルタの、取る方のふだ。	**よみふだ**〔読み札〕
とる〔取る・捕る・執る〕①「人の物を――」。②「人の手を――」。③「筆を――」。④「名札を――」。	①**あたえる**〔与える〕**かえす**〔返す〕**もどす**〔戻す〕②**はなす**〔放す・離す〕③**おく**〔置く〕④**つける**〔付ける〕
ドレッシー〔dressy〕洋装で、優雅に装うさま。	**スポーティ**〔sporty〕
とれる〔取れる〕「しみが――」。	**つく**〔付く〕
とろび〔とろ火〕	→よわび〔弱火〕
とわ〔永久〕	→とこしえ〔永しえ〕

どん〔呑〕のみこむ。 **と**〔吐〕

どん〔曇〕くもり。 **せい**〔晴〕**う**〔雨〕

どん〔鈍〕にぶい。 **えい**〔鋭〕**びん**〔敏〕**り**〔利〕

どんか〔鈍化〕鈍くなること。 **げっか**〔激化・劇化〕

どんかく〔鈍角〕90度より大きい角。 **えいかく**〔鋭角〕**ちょっかく**〔直角〕

どんかん〔鈍感〕感覚が鈍いこと。 **びんかん**〔敏感〕

どんき〔鈍器〕よく切れない刃物。刃のついてない凶器。 **えいき**〔鋭器〕**りき**〔利器〕

どんこん〔鈍根〕才能がなく、理解力に乏しいこと。 **りこん**〔利根〕

どんさい〔鈍才〕 →ぼんさい〔凡才〕

どんじゅう〔鈍重〕動作などが、鈍くてのろいこと。 **えいびん**〔鋭敏〕**びんしょう**〔敏捷〕**きびん**〔機敏〕

どんじり〔どん尻〕いちばん終わり。最後。 **まっさき**〔真っ先〕**しょっぱな**〔初っ端〕

とんそう〔遁走〕 →とうそう〔逃走〕

どんそく〔鈍足〕走り方が遅いこと。 **しゅんそく**〔俊足・駿足〕

どんぞこ〔どん底〕いちばん底。最悪の状態。 **ぜっちょう**〔絶頂〕

どんつう〔鈍痛〕鈍い痛み。 **げきつう**〔激痛〕

とんでもない もってのほかだ。 **あたりまえ**〔当たり前〕

どんてん〔曇天〕くもり空。 **せいてん**〔晴天〕**かいせい**〔快晴〕**うてん**〔雨天〕

どんどん（と）「――進む」。 **ぼつぼつ（と）** **ぼちぼち（と）**

どんぶつ〔鈍物〕 →ぐぶつ〔愚物〕

とんや〔問屋〕卸売りをする店。卸屋。といや。 **こうりてん**〔小売店〕

どんよく〔貪欲〕 →ごうよく〔強欲〕

どんより（と）①「――くもった空」。②「――濁った眼」。 ①**からり（と）**②**ぱっちり（と）**

な

な〔名〕①なまえ。②名称。名目。 ①**うじ**〔氏〕**かばね**〔姓〕②**じつ**〔実〕

ない〔内〕うち。 **がい・げ**〔外〕

ない〔無い〕 **ある**〔有る・在る〕

ないいん〔内因〕内部にある原因。 **がいいん**〔外因〕

ないえん〔内苑・内園〕宮中・神社などの、内部にある庭。 **がいえん**〔外苑・外園〕

ないか〔内科〕内臓の病気を治療する医学の分野。 **げか**〔外科〕

ないかい〔内海〕周りを陸地で囲まれ **がいかい**〔外海〕**かいよう**〔海洋〕

ている海。うちうみ。

ないかい〔内界〕心の中の世界。　**がいかい**〔外界〕

ないかく〔内角〕多角形の隣り合う2辺が、その内部に作る角。また、野球で、ホームプレートの打者に近い方。インコーナー。　**がいかく**〔外角〕

ないかん〔内患〕　→ないゆう〔内憂〕

ないきょく〔内局〕中央官庁の内部に設けられた局。　**がいきょく**〔外局〕

ないきん〔内勤〕会社などの内部で仕事をすること。　**がいきん**〔外勤〕

ないこう〔内項〕比例式 a：b=c：d における b と c 。　**がいこう**〔外項〕

ないこうせい〔内向性〕内にこもりがちな性格。　**がいこうせい**〔外向性〕**しゃこうせい**〔社交性〕

ないこうせん〔内航船〕国内航路の船。　**がいこうせん**〔外航船〕

ないさい〔内妻〕正式に結婚していない妻。内縁の妻。　**せいさい**〔正妻〕**ほんさい**〔本妻〕

ないざい〔内在〕原因などが、内部にあること。　**がいざい**〔外在〕

ないざいりつ〔内在律〕詩で、形には現れない詩人の心の内部のリズム。　**がいざいりつ**〔外在律〕

ないじ〔内示〕内々で知らせること。　**こうじ**〔公示〕

ないじ〔内耳〕耳の奥にあって、聴覚をつかさどるところ。　**がいじ**〔外耳〕

ないじつ〔内実〕内部にある、本当の姿。　**がいけい**〔外形〕**がいかん**〔外観〕**ひょうめん**〔表面〕**みかけ**〔見掛け〕

ないじゅ〔内需〕国内の需要。　**がいじゅ**〔外需〕

ないしゅっけつ〔内出血〕体の内部での出血。　**がいしゅっけつ**〔外出血〕

ないしょ〔内緒・内証〕公にせずに、内輪で済ませること。内密。　**おおっぴら**〔大っぴら〕**こうぜん**〔公然〕

ないしょく〔内職〕家事の合い間などにする補助的な仕事。アルバイト。　**ほんしょく**〔本職〕

ないしん〔内心〕①心の内部。②三角形の内接円の中心。　①**がいけん**〔外見〕**がいかん**〔外観〕②**がいしん**〔外心〕

ないじん〔内陣〕神社や寺で、神体や本尊などの祭ってある奥まった部分。　**がいじん**〔外陣〕

ないしんのう〔内親王〕天皇の息女、または孫の女子。　**しんのう**〔親王〕

ないせい〔内政〕国内の政治。　**がいこう**〔外交〕

ないせき〔内戚〕父方の親戚。	**がいせき**〔外戚〕
ないせつ〔内接〕円や多角形が、別の図の内部に接していること。	**がいせつ**〔外接〕
ないせん〔内線〕建物の内部にある線。同じ建物の内部で通話する電話線。	**がいせん**〔外線〕
ないそう〔内装〕部屋などの内部の装い。	**がいそう**〔外装〕
ナイター〔nighter〕	→ナイトゲーム〔night game〕
ないだい〔内題〕書物の扉や本文の初めに書かれた題。	**げだい**〔外題〕
ないだく〔内諾〕内々の約束。	**かくやく**〔確約〕
ないち〔内地〕国内の土地。もとからの領土。本土。	**がいち**〔外地〕
ないちまい〔内地米〕内地で産する米。	**がいまい**〔外米〕
ないてい〔内定〕内々に決まること。	**かくてい**〔確定〕**ほんぎまり**〔本決まり〕
ないてん〔内典〕仏教で、仏教内部の書物。仏典。経典。	**げてん**〔外典〕
ナイトゲーム〔night game〕夜間に屋外でする試合。ナイター。	**デーゲーム**〔day game〕
ないぶ〔内部〕内側の部分。	**がいぶ**〔外部〕
ないふくやく〔内服薬〕飲みぐすり。	**がいようやく**〔外用薬〕
ないぶん〔内分〕ひとつの線分を、その上の１点でふたつに分けること。	**がいぶん**〔外分〕
ないぶんぴ〔内分泌〕体内の腺《せん》が、分泌物を体内に送り出す作用。	**がいぶんぴ**〔外分泌〕
ないへき〔内壁〕建物の内側のかべ。	**がいへき**〔外壁〕
ないほう〔内包〕ひとつの概念の内に含まれる性質全体。	**がいえん**〔外延〕
ないみつ〔内密〕表向きにせず秘密にしておくこと。内緒。	**こうぜん**〔公然〕
ないむ〔内務〕国内の行政。内政。	**がいむ**〔外務〕
ないめん〔内面〕中身。うちがわ。	**がいめん**〔外面〕
ないめんてき〔内面的〕物事の中身を問題にするさま。	**がいめんてき**〔外面的〕**ひょうめんてき**〔表面的〕
ないや〔内野〕野球で、各塁を結ぶ線の内側。	**がいや**〔外野〕
ないやしゅ〔内野手〕野球で、内野を守る選手。	**がいやしゅ**〔外野手〕
ないゆう〔内憂〕内部から起こる心配ごと。内患。	**がいかん**〔外患〕
ないよう〔内容〕内部の実質。中身。	**けいしき**〔形式〕**がいかん**〔外観〕

	がいけい〔外形〕
ないりくせいきこう〔内陸性気候〕	→たいりくせいきこう〔大陸性気候〕
ないりんざん〔内輪山〕古い噴火口の中に新しく出来た火山。	**がいりんざん**〔外輪山〕
なお〔猶・尚〕更に言えば。付け加えると。	**ただし**〔但し〕
なおす〔直す・治す〕①「機械を――」。②「機嫌を――」。③「ひざを――」。④「体を――」。	①**こわす**〔壊す〕**つぶす**〔潰す〕②**そこなう**〔損なう〕**そこねる**〔損ねる〕③**くずす**〔崩す〕④**いためる**〔痛める〕
なおる〔直る・治る〕	**こわれる**〔壊れる〕**つぶれる**〔潰れる〕**そんじる**〔損じる〕**やむ**〔病む〕
なおれ〔名折れ〕名誉が傷つくこと。不名誉。恥。	**ほまれ**〔誉れ〕**ほこり**〔誇り〕
なか〔中〕①限られた範囲の内。内部。②両端でない部分。中央。中間。	①**そと**〔外〕②**かみ**〔上〕**うえ**〔上〕**しも**〔下〕**した**〔下〕

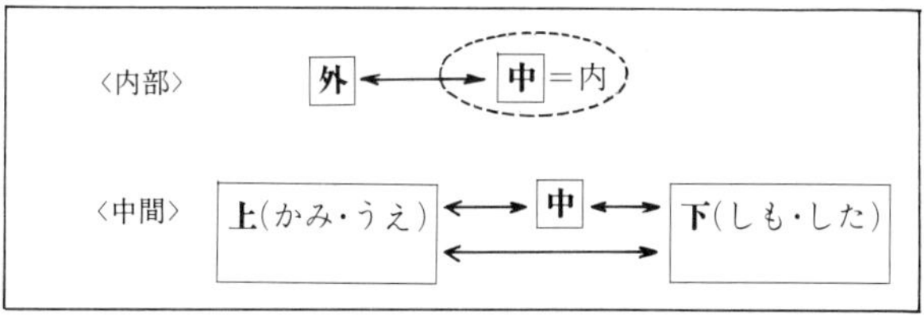

ながい〔長い〕	**みじかい**〔短い〕
ながいき〔長生き〕長く生きること。長命。長寿。	**わかじに**〔若死に〕**はやじに**〔早死に〕**ようせい**〔夭逝〕**ようせつ**〔夭折〕
なかがわ〔中側〕	→うちがわ〔内側〕
ながぐつ〔長靴〕	**たんぐつ**〔短靴〕
ながそで〔長袖〕長い袖。長い袖を付けた服。	**はんそで**〔半袖〕**そでなし**〔袖無し〕**ノースリーブ**〔no sleeve〕
なかだか〔中高〕まん中が高くなること。	**なかびく**〔中低〕
なかたがい〔仲違い〕仲が悪くなること。不仲。不和。	**なかなおり**〔仲直り〕
なかなおり〔仲直り〕悪かった仲がよくなること。和解。	**なかたがい**〔仲違い〕**けんか**〔喧嘩〕
なかなか〔中々〕「――見付からない」。	**すぐに**〔直ぐに〕
なかぬり〔中塗り〕塗料などの、下塗りと上塗りの間に塗るもの。	**うわぬり**〔上塗り〕**しあげぬり**〔仕上げ塗り〕**したぬり**〔下塗り〕あ

	らぬり〔荒塗り・粗塗り〕
なかば〔半ば〕半分くらい。	**すべて**〔総て・全て〕
なかびく〔中低〕まん中あたりが低くなっていること。	**なかだか**〔中高〕
ながびく〔長引く〕「交渉が——」。	**はかどる**〔捗る〕
なかま〔仲間〕一緒に物事をする人。	**のけもの**〔退け者〕
なかまいり〔仲間入り〕	**なかまはずれ**〔仲間外れ〕
なかまはずれ〔仲間外れ〕	**なかまいり**〔仲間入り〕
なかみ〔中身・中味〕中に入っている物。内容。	㋐**いれもの**〔入れ物〕**ようき**〔容器〕㋑**うわべ**〔上辺〕**けいしき**〔形式〕**がいかん**〔外観〕**がいけん**〔外見〕**みかけ**〔見掛け〕**ひょうめん**〔表面〕
ながらく〔長らく・永らく〕長い間。	**しばらく**〔暫く〕
ながれる〔流れる〕「水が——」。	**とまる**〔止まる〕**とどこおる**〔滞る〕**よどむ**〔淀む〕
なぎ〔凪〕海に風波がなく穏やかな状態。	**しけ**〔時化〕
なきがお〔泣き顔〕	**えがお**〔笑顔〕**わらいがお**〔笑い顔〕**おこりがお**〔怒り顔〕
なきごと〔泣き言〕	→よわね〔弱音〕
なきさけぶ〔泣き叫ぶ〕大声で泣く。	**すすりなく**〔啜り泣く〕**しのびなく**〔忍び泣く〕
なきじょうご〔泣き上戸〕酒に酔うと泣く癖のある人。	**わらいじょうご**〔笑い上戸〕**おこりじょうご**〔怒り上戸〕
なきだす〔泣き出す〕	**なきやむ**〔泣き止む〕
なきやむ〔泣き止む〕	**なきだす**〔泣き出す〕
なきわめく〔泣き喚く〕	→なきさけぶ〔泣き叫ぶ〕
なく〔泣く〕	**わらう**〔笑う〕
なぐ〔凪ぐ〕海の波が穏やかになる。	**あれる**〔荒れる〕**さわぐ**〔騒ぐ〕**しける**〔時化る〕
なぐさむ〔慰む〕心が晴れる。	**なやむ**〔悩む〕**くるしむ**〔苦しむ〕**かなしむ**〔悲しむ〕
なぐさめる〔慰める〕人の心をいたわる。	**なやませる**〔悩ませる〕**くるしめる**〔苦しめる〕
なくす〔無くす〕「財布を——」。	**みつける**〔見付ける〕
なくなる〔亡くなる〕死ぬ。	**うまれる**〔生まれる〕
なくなる〔無くなる〕①「お金が——」。②「財布が——」。	①**のこる**〔残る〕②**みつかる**〔見付かる〕**もどる**〔戻る〕
なげかわしい〔嘆かわしい〕情けない状態だ。	**よろこばしい**〔喜ばしい〕
なげく〔嘆く〕「身の上を——」。	**よろこぶ**〔喜ぶ〕
なげる〔投げる〕「ボールを——」。	**うける**〔受ける〕

なこうど〔仲人〕結婚の仲立ちをする人。	**しんろう**〔新郎〕**しんぷ**〔新婦〕**はなむこ**〔花婿〕**はなよめ**〔花嫁〕
なごませる〔和ませる〕心を穏やかにさせる。	**いらだてる**〔苛立てる〕**いためる**〔痛める〕
なごむ〔和む〕心が穏やかになる。	**いらだつ**〔苛立つ〕**いたむ**〔痛む〕**すさぶ**〔荒ぶ〕
なごやか〔和やか〕「——な雰囲気」。	**けわしい**〔険しい〕
なさけ〔情け〕思いやり。	**あだ**〔仇〕
なさけない〔情け無い〕あまりにもみじめである。	**ありがたい**〔有り難い〕
なさけぶかい〔情け深い〕	**つめたい**〔冷たい〕**れいたん**〔冷淡〕**はくじょう**〔薄情〕**ざんこく**〔残酷〕**ざんぎゃく**〔残虐〕
なさる「する」の尊敬語。	**いたす**〔致す〕
なじみ（きゃく）〔馴染み（客）〕顔見知りになっている（客）。	**いちげん**〔一見〕**しんきゃく**〔新客〕
ナショナリスト〔nationalist〕国家主義者。民族主義者。	**コスモポリタン**〔cosmopolitan〕
ナショナリズム〔nationalism〕国家主義。民族主義。	**コスモポリタニズム**〔cosmopolitan-ism〕
なすりつける〔擦り付ける〕罪などを人のせいにする。	**ぬぐいさる**〔拭い去る〕
なだめる〔宥める〕人の心を荒立てないようにとりなす。	**けしかける**〔嗾ける〕**おどす**〔威す・脅す〕**しかる**〔叱る〕
なだらか　傾斜がゆるいさま。	**けわしい**〔険しい〕**きゅう**〔急〕
なつ〔夏〕	**ふゆ**〔冬〕**はる**〔春〕**あき**〔秋〕
ナット〔nut〕内側にねじが切ってあり、ボルトにはめて締め付けるもの。	**ボルト**〔bolt〕
なっとく〔納得〕心から理解すること。	**ふふく**〔不服〕**はんぱつ**〔反発・反撥〕
なっとくずく〔納得ずく〕納得した上でするさま。	**むりやり**〔無理遣り〕
なつふく〔夏服〕夏に着る薄い服。	**ふゆふく**〔冬服〕**あいふく**〔合服・間服〕
なつもの〔夏物〕夏に着る衣服。夏着。	**ふゆもの**〔冬物〕**あいもの**〔間物・合物〕
なつやま〔夏山〕夏の山。夏の登山。	**ふゆやま**〔冬山〕
なでがた〔撫で肩〕なだらかな肩。	**いかりがた**〔怒り肩〕
ななめ〔斜め〕「——の道」。	**まっすぐ**〔真直ぐ〕
ななめうしろ〔斜め後ろ〕	㋐**まうしろ**〔真後ろ〕㋑**すじむかい**〔筋向かい〕**ななめまえ**〔斜め前〕
ななめまえ〔斜め前〕	→すじむかい〔筋向かい〕
なにげない〔何気ない〕さりげない。	**わざとらしい**〔態とらしい〕

わざとらしくない。	
なまいき〔生意気〕人を小ばかにしているさま。	**しおらしい**
なまうお〔生魚〕	→なまざかな〔生魚〕
なまえ〔名前〕	**みょうじ**〔苗字・名字〕**うじ**〔氏〕
なまがし〔生菓子〕饅頭《まんじゅう》など、餡《あん》を主体にした菓子。	**ひがし**〔干菓子〕
なまき〔生木〕地面に生えている木。切ったばかりの木。	**かれき**〔枯れ木〕
なまきず〔生傷〕出来立ての傷。	**ふるきず**〔古傷〕
なまける〔怠ける〕	**はたらく**〔働く〕**はげむ**〔励む〕**いそしむ**〔勤しむ〕**つとめる**〔努める〕**せいだす**〔精出す〕**がんばる**〔頑張る〕
なまざかな〔生魚〕とれたままの魚。なまうお。	**ほしうお**〔干し魚〕**えんかんぎょ**〔塩乾魚・塩干魚〕
なまち〔生血〕出たばかりの血。いきち。	**ふるち**〔古血〕
なまへんじ〔生返事〕気のない返事。	**ふたつへんじ**〔二つ返事〕
なまほうそう〔生放送〕	→じっきょうほうそう〔実況放送〕
なまもの〔生物〕①煮たり焼いたりしてない食べ物。②なまざかな。	①**にもの**〔煮物〕**やきもの**〔焼き物〕②**ひもの**〔干物〕
なみ〔並〕普通のもの。中程度。	**じょうしつ**〔上質〕**とくせい**〔特製〕
なみせい〔並製〕特に念を入れずに、普通に作ること。	**じょうせい**〔上製〕**とくせい**〔特製〕
なみはば〔並幅〕織物の普通の幅。約36センチメートル。	**ひろはば**〔広幅〕**おおはば**〔大幅〕
なめらか〔滑らか〕すべすべしているさま。滞りのないさま。	**ざらざら**　**あらい**〔粗い〕**たどたどしい**
なやませる〔悩ませる〕思いわずらわせる。苦しめる。	**なぐさめる**〔慰める〕
なやむ〔悩む〕思いわずらう。苦しい思いをする。	**なぐさむ**〔慰む〕**たのしむ**〔楽しむ〕**さとる**〔悟る・覚る〕
ならう〔習う〕	**おしえる**〔教える〕
ならびに〔並びに〕	→および〔及び〕
なりあがる〔成り上がる〕身分の低い者が急に出世する。	**なりさがる**〔成り下がる〕**おちぶれる**〔落ちぶれる〕
なりさがる〔成り下がる〕落ちぶれる。零落する。	**なりあがる**〔成り上がる〕
なりゆき〔成り行き〕取引所の売買で、値段をその場の動向に任せること。	**さしね**〔指し値〕
なるべく〔成る可く〕	**ぜひ**〔是非〕**かならず**〔必ず〕
なれ〔慣れ〕慣れること。	**ふなれ**〔不慣れ〕

なれなれしい〔馴れ馴れしい〕いかにも心安そうだ。 **よそよそしい**〔余所余所しい〕**うとうとしい**〔疎々しい〕

なわしろ〔苗代〕稲の苗を育てる田。 **ほんでん**〔本田〕

なん〔南〕みなみ。 **ほく**〔北〕**とう**〔東〕**さい・せい**〔西〕

なん〔男〕 →だん〔男〕

なん〔軟〕やわらかい。 **こう**〔硬〕

なん〔難〕むずかしい。 **い**〔易〕

なんい〔南緯〕赤道から南の緯度。 **ほくい**〔北緯〕

なんか〔南下〕南へ向かって進むこと。南進。 **ほくじょう**〔北上〕

なんか〔軟化〕物が軟らかくなること。また、態度が穏やかになること。 **こうか**〔硬化〕

なんかい〔難解〕分かりにくいこと。 **へいい**〔平易〕

なんきゅう〔軟球〕テニス・野球などの、軟らかいボール。 **こうきゅう**〔硬球〕

なんぎょうどう〔難行道〕仏教で、自力の修行で救いが得られるとする教え。 **いぎょうどう**〔易行道〕

なんきょく〔南極〕地軸の南の端。 **ほっきょく**〔北極〕

なんごく〔南国〕南の方の暖かい国。 **ほっこく**〔北国〕**きたぐに**〔北国〕

なんざん〔難産〕むずかしいお産。 **あんざん**〔安産〕

なんじ〔汝〕対称の代名詞。お前。 **われ**〔我・吾〕**かれ**〔彼〕

なんしき〔軟式〕テニス・野球などで、軟らかい球を使う方式。 **こうしき**〔硬式〕

なんしつ〔軟質〕軟らかい性質。 **こうしつ**〔硬質〕

なんじゃく〔軟弱〕軟らかくて弱いさま。すぐ相手に従ってしまうさま。 **きょうこう**〔強硬〕**きょうこ**〔強固〕**ゆうけん**〔雄健〕**ゆうこん**〔雄渾〕

なんすい〔軟水〕カルシウムやマグネシウムの塩類を含まない水。 **こうすい**〔硬水〕

なんせい〔南西〕南と西の中間の方位。 **ほくとう**〔北東〕**なんとう**〔南東〕**ほくせい**〔北西〕

なんせん〔南船〕河川・湖沼が多く、船を用いた、華南地方の古代の交通。 **ほくば**〔北馬〕

なんちょう〔南朝〕南北朝時代に、吉野に都した朝廷。 **ほくちょう**〔北朝〕

なんちょう〔軟調〕軟らかい調子。価格が下がり気味であること。 **こうちょう**〔硬調〕**けんちょう**〔堅調〕

なんと〔南都〕平城京。奈良の都。 **ほくと**〔北都〕

なんとう〔南東〕南と東の中間の方位。 **ほくせい**〔北西〕**なんせい**〔南西〕**ほくとう**〔北東〕

なんなく〔難無く〕わけもなく。たや **かろうじて**〔辛うじて〕**やっと　よ**

すく。　うやく

なんぱ〔軟派〕不良少年のうち、主に男女の不純な遊びをするもの。　**こうは**〔硬派〕

なんぷう〔南風〕南の方から吹く風。暖かい風。みなみかぜ。　**ほくふう**〔北風〕

なんぼく〔南北〕南と北。　**とうざい**〔東西〕

なんめん〔南面〕南向き。　**ほくめん**〔北面〕

に

にあい〔似合い〕釣り合っていること。　**ふにあい**〔不似合い〕

にあげ〔荷揚げ〕船の積み荷を陸にあげること。　**ふなづみ**〔船積み〕

にいさん〔兄さん〕　㋐**ねえさん**〔姉さん〕㋑**おとうと**〔弟〕

にいづま〔新妻〕結婚して間もない妻。　㋐**ふるづま**〔古妻〕㋑**はなむこ**〔花婿〕

にいんせい〔二院制〕わが国の衆・参両院のように、ふたつの議院で議会を運営する制度。　**いちいんせい**〔一院制〕

にうけ〔荷受け〕荷物を受け取ること。　**におくり**〔荷送り〕**にだし**〔荷出し〕

にうけにん〔荷受人〕荷物を受け取る側の人。　**におくりにん**〔荷送人〕

にえゆ〔煮え湯〕煮えたぎった湯。熱湯。　**ぬるまゆ**〔微温湯〕

におくり〔荷送り〕荷物を送り出すこと。出荷。荷出し。　**にうけ**〔荷受け〕

におくりにん〔荷送人〕荷物を送る側の人。送り主。　**にうけにん**〔荷受人〕

にがい〔苦い〕「この薬は――」。　**あまい**〔甘い〕**からい**〔辛い〕**すっぱい**〔酸ぱい〕

にがす〔逃がす〕「犯人を――」。　**とらえる**〔捕らえる〕**つかまえる**〔捕まえる・摑まえる〕

にがて〔苦手〕自分に合わない、不得手なこと。　**えて**〔得手〕**とくい**〔得意〕**おはこ**〔十八番〕

にがにがしい〔苦々しい〕非常に不愉快である。いとわしい。　**よろこばしい**〔喜ばしい〕**ほほえましい**〔微笑ましい〕

にぎやか〔賑やか〕　**さびしい**〔寂しい・淋しい〕

にぎわう〔賑わう〕にぎやかになる。　**さびれる**〔寂れる〕

にく〔肉〕　㋐**ほね**〔骨〕**こつ**〔骨〕**かわ**〔皮〕㋑**れい**〔霊〕

にくい〔憎い〕　**かわいい**〔可愛い〕

にくい〔難い〕……するのがむずかし　**やすい**〔易い〕

い。「わかり――」。	
にくかい〔肉界〕肉体的な世界。	**れいかい**〔霊界〕
にくぎゅう〔肉牛〕食肉用に飼う牛。	**にゅうぎゅう**〔乳牛〕**えきぎゅう**〔役牛〕
にくしみ〔憎しみ〕	**いつくしみ**〔慈しみ〕**あい**〔愛〕
にくしょく〔肉食〕動物の肉を食べること。	**さいしょく**〔菜食〕**そうしょく**〔草食〕**ざっしょく**〔雑食〕
にくしょくどうぶつ〔肉食動物〕主として肉類を食べて生きる動物。	**そうしょくどうぶつ**〔草食動物〕**ざっしょくどうぶつ**〔雑食動物〕
にくたい〔肉体〕生身のからだ。	**せいしん**〔精神〕**れいこん**〔霊魂〕
にくたいてき〔肉体的〕肉体に関するさま。	**せいしんてき**〔精神的〕
にくたいろうどう〔肉体労働〕体力を使ってする仕事。力仕事。	**せいしんろうどう**〔精神労働〕
にくまれぐち〔憎まれ口〕人に悪く思われるような言い方。	**おべっか**
にくまれもの〔憎まれ者〕人から憎まれる人。	**にんきもの**〔人気者〕
にくむ〔憎む〕	**あいする**〔愛する〕**かわいがる**〔可愛がる〕**いつくしむ**〔慈しむ〕
にくようしゅ〔肉用種〕鶏などで、食用肉をとる目的の品種。	**らんようしゅ**〔卵用種〕
にくらしい〔憎らしい〕	**かわいらしい**〔可愛らしい〕
にげきる〔逃げ切る〕完全に逃げる。	**おいつく**〔追い付く〕
にげこむ〔逃げ込む〕逃げてある所へ入り込む。	**にげだす**〔逃げ出す〕
にげさる〔逃げ去る〕	**おいかける**〔追い掛ける〕
にげだす〔逃げ出す〕	**にげこむ**〔逃げ込む〕**せめこむ**〔攻め込む〕
にげのびる〔逃げ延びる〕逃げて命をつなぐ。	**おいつく**〔追い付く〕
にげまわる〔逃げ回る〕	**おいまわす**〔追い回す〕
にげる〔逃げる〕	㋐**むかう**〔向かう〕㋑**おう**〔追う〕**おいかける**〔追い掛ける〕㋒**つかまる**〔捕まる・摑まる〕
にげん〔二元〕互いに相反した性質を持ちながら、すべての物事の根元を成すふたつのもの。	**いちげん**〔一元〕**たげん**〔多元〕
にげんろん〔二元論〕宇宙の事物を相反するふたつの構成要素から説明しようとする考え。	**いちげんろん**〔一元論〕**たげんろん**〔多元論〕
にごす〔濁す〕①濁らせる。②ことばをわざとあいまいにする。	①**すます**〔澄ます〕②**いいきる**〔言い切る〕**いいはなつ**〔言い放つ〕

にこにこ（と）　→にっこり（と）

にこにこがお〔にこにこ顔〕いかにもうれしそうな顔付き。笑い顔。笑顔。　**しかめっつら**〔顰めっ面〕**じゅうめん**〔渋面〕

にごらせる〔濁らせる〕濁るようにする。　**すます**〔澄ます〕

にごりみず〔濁り水〕濁った水。　**しみず**〔清水〕

にごる〔濁る〕　**すむ**〔澄む〕**さえる**〔冴える〕

にし〔西〕　**ひがし**〔東〕**きた**〔北〕**みなみ**〔南〕

にせもの〔偽物・贋物〕本物ににせて作った物。　**ほんもの**〔本物〕

にだし〔荷出し〕　→におくり〔荷送り〕

にち〔日〕①太陽。ひ。②昼間。　①**げつ**〔月〕②**や**〔夜〕

にちぶ〔日舞〕日本舞踊。　**ようぶ**〔洋舞〕**せいようぶよう**〔西洋舞踊〕

にちようび〔日曜日〕　**しゅうじつ**〔週日〕

にっきゅう〔日給〕1日いくらと決めた給料。　**げっきゅう**〔月給〕**ねんぽう**〔年俸〕

にっきん〔日勤〕朝から夕方までの勤め。　**やきん**〔夜勤〕

にっこう〔日光〕太陽の光。陽光。　**げっこう**〔月光〕

にっこり（と）にこにこ。「——した顔」。　**むっつり（と）**

にっしょく〔日食・日蝕〕月が太陽と地球との間に入って、地球から太陽が欠けて見える現象。　**げっしょく**〔月食・月蝕〕

にっしんげっぽ〔日進月歩〕日々休みなく進歩すること。　**きゅうたいいぜん**〔旧態依然〕

にっちゅう〔日中〕ひなか。　**やちゅう**〔夜中〕**やかん**〔夜間〕**しんや**〔深夜〕**よなか**〔夜中〕**よふけ**〔夜更け〕

にっちょく〔日直〕昼間に行う当番。　**しゅくちょく**〔宿直〕

ににんしょう〔二人称〕話し手が、話し相手を指して言うことば。対称。　**いちにんしょう**〔一人称〕**さんにんしょう**〔三人称〕

にねんせいそうほん〔二年生草本〕芽が出てから実を結ぶまで2年にわたって生きる植物。　**いちねんせいそうほん**〔一年生草本〕**たねんせいそうほん**〔多年生草本〕

にばい〔二倍〕同じ数をふたつ掛けること。倍。　**はんぶん**〔半分〕

にぶい〔鈍い〕①「——刀」。②「——人」。　①**するどい**〔鋭い〕②**するどい**〔鋭い〕**さとい**〔賢い〕

にぶる〔鈍る〕「腕が——」。　**さえる**〔冴える〕

にほんが〔日本画〕日本風の絵画。　**せいようが**〔西洋画〕**ようが**〔洋画〕

にほんかいりゅう〔日本海流〕　→くろしお〔黒潮〕

にほんじん〔日本人〕日本の人。邦人。	**がいこくじん**〔外国人〕**がいじん**〔外人〕**いほうじん**〔異邦人〕**いじん**〔異人〕
にほんがみ〔日本髪〕日本式の婦人の髪形。	**ようはつ**〔洋髪〕
にほんしゅ〔日本酒〕日本式の醸造法によって、米から作る酒。	**ようしゅ**〔洋酒〕
にほんぶよう〔日本舞踊〕	→にちぶ〔日舞〕
にほんま〔日本間〕	→わしつ〔和室〕
にまいめ〔二枚目〕芝居で、美男子の役者。	**さんまいめ**〔三枚目〕**たてやくしゃ**〔立て役者〕
にもうさく〔二毛作〕同じ田畑で1年に2回作物を作ること。	**いちもうさく**〔一毛作〕**たもうさく**〔多毛作〕
にもの〔煮物〕煮た食べ物。	㋐**なまもの**〔生物〕㋑**やきもの**〔焼き物〕
にゃく〔若〕	→じゃく〔若〕
にゅう〔入〕はいる。	**しゅつ**〔出〕
ニュー〔new〕新しい。現代の。	**オールド**〔old〕
にゅういん〔入院〕治療を受けるために病院に入ること。	㋐**たいいん**〔退院〕㋑**つういん**〔通院〕
にゅうえい〔入営〕	→にゅうたい〔入隊〕
にゅうか〔入荷〕荷物が入ること。着荷。	**しゅっか**〔出荷〕
にゅうかい〔入会〕新しく会に入ること。会員になること。	**たいかい**〔退会〕**だっかい**〔脱会〕
にゅうがく〔入学〕生徒や学生として学校に入ること。	**そつぎょう**〔卒業〕**たいがく**〔退学〕

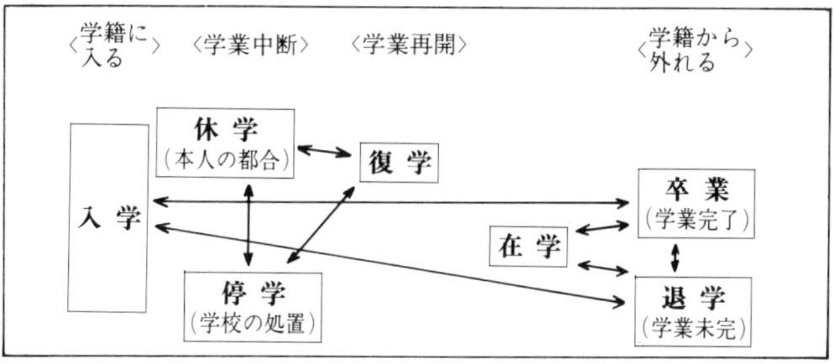

にゅうぎゅう〔乳牛〕牛乳を採るために飼う牛。	**にくぎゅう**〔肉牛〕**えきぎゅう**〔役牛〕
にゅうきょう〔入京〕	→じょうきょう〔上京〕
にゅうきん〔入金〕お金が入ること。お金を入れること。	**しゅっきん**〔出金〕

にゅうこ〔入庫〕荷物が倉庫に入ること。電車やバスが車庫に入ること。	**しゅっこ**〔出庫〕
にゅうこう〔入港〕船が港に入ること。	**しゅっこう**〔出港〕
にゅうこく〔入国〕よその国に入ること。	**しゅっこく**〔出国〕
にゅうごく〔入獄〕牢獄に入ること。下獄。	**しゅつごく**〔出獄〕
にゅうさつ〔入札〕請負《うけおい》や売買などで、値段を書いた札を入れること。	**らくさつ**〔落札〕
にゅうし〔乳歯〕乳児のときに生えて、後で抜け替わる歯。	**えいきゅうし**〔永久歯〕
にゅうしゃ〔入射〕光などが、進み入ること。投射。	**はんしゃ**〔反射〕
にゅうしゃ〔入社〕社員として、新しく会社に入ること。	**たいしゃ**〔退社〕
にゅうじゃく〔柔弱〕性格や体格が弱々しいさま。軟弱。	**きょうけん**〔強健〕**がんけん**〔頑健〕**ごうけん**〔剛健〕**きょうこ**〔強固〕
にゅうしょ〔入所〕訓練所・刑務所などに入ること。	**たいしょ**〔退所〕**しゅっしょ**〔出所〕
にゅうじょう〔入城〕戦いに勝って、敵の城に入ること。	**らくじょう**〔落城〕
にゅうじょう〔入場〕場内に入ること。	**たいじょう**〔退場〕
にゅうせき〔入籍〕戸籍に入れること。	**じょせき**〔除籍〕
にゅうせん〔入選〕作品などを出して、審査に合格すること。	**らくせん**〔落選〕**せんがい**〔選外〕
にゅうたい〔入隊〕軍隊・自衛隊などに入ること。	**じょたい**〔除隊〕
にゅうだん〔入団〕団体に入ること。	**たいだん**〔退団〕
にゅうちょう〔入超〕輸入が輸出より多くなること。	**しゅっちょう**〔出超〕
にゅうてい〔入廷〕法廷に入ること。	**たいてい**〔退廷〕
にゅうでん〔入電〕電報・電信などが入ること。	**だでん**〔打電〕
にゅうとう〔入党〕政党に入って、新しく党員となること。	**だっとう**〔脱党〕**りとう**〔離党〕
にゅうねん〔入念〕念を入れること。ていねい。丹念。念入り。	**そりゃく**〔粗略・疎略〕**ぞんざい**
にゅうぶ〔入部〕部活動のクラブに入ること。	**たいぶ**〔退部〕
ニューファッション〔new fashion〕新しい流行のもの。	**オールドファッション**〔old fashion〕

にゅうもん〔入門〕①門から内部に入ること。②新しく弟子入りすること。	①**しゅつもん**〔出門〕②**はもん**〔破門〕
にゅうよう〔入用〕必要。いりよう。	**ふよう**〔不用・不要〕**むよう**〔無用〕
にゅうりょう〔入寮〕学生寮・社員寮などに入ること。	**たいりょう**〔退寮〕
にゅうりょく〔入力〕コンピュータに情報を入れること。インプット。	**しゅつりょく**〔出力〕
にゅうわ〔柔和〕	→おんわ〔温和・穏和〕
にょ〔女〕	→じょ〔女〕
にょう〔尿〕小便。	**ふん**〔糞〕**べん**〔便〕
にょうい〔尿意〕小便がしたい感じ。	**べんい**〔便意〕
にょうぼう〔女房〕妻。	**ていしゅ**〔亭主〕
にらむ〔睨む〕	**ほほえむ**〔微笑む〕
にん〔任〕仕事に就かせる。	**めん**〔免〕
にんい〔任意〕心のままに選ばせること。	**きょうせい**〔強制〕
にんかん〔任官〕官職に就かせること。官職につくこと。	**めんかん**〔免官〕**たいかん**〔退官〕
にんきもの〔人気者〕人の受けがよい人。世間の評判がよい人。	**きらわれもの**〔嫌われ者〕**にくまれもの**〔憎まれ者〕
にんげん〔人間〕	**しぜん**〔自然〕
にんげんわざ〔人間業〕人間の仕業。	**かみわざ**〔神業〕
にんじる〔任じる〕役目に就ける。任命する。	**めんじる**〔免じる〕
にんしん〔妊娠〕胎児を宿すこと。みごもること。受胎。	㋐**ひにん**〔避妊〕**ふにん**〔不妊〕㋑**しゅっさん**〔出産〕
にんめい〔任命〕役目に就けること。	**かいにん**〔解任〕**めんしょく**〔免職〕**ひめん**〔罷免〕
にんめいせい〔任命制〕ある役職に就く人を、上位の人が任命する制度。	**こうせんせい**〔公選制〕
にんよう〔任用〕役目に就けて使うこと。	**かいにん**〔解任〕

ぬ

ぬいばり〔縫い針〕縫いものに使う針。	**まちばり**〔待ち針〕
ぬう〔縫う〕「着物を——」。	**ほどく**〔解く〕**とく**〔解く〕
ぬがせる〔脱がせる〕「服を——」。	**きせる**〔着せる〕
ぬきいと〔緯糸〕	→よこいと〔横糸・緯糸〕
ぬきだす〔抜き出す〕「カードを——」。	**さしこむ**〔差し込む〕
ぬく〔抜く〕①「針を——」。②「釘を——」。③「刀を——」。④「しおり	①**さす**〔刺す〕②**うつ**〔打つ〕③**おさめる**〔納める〕④**はさむ**〔挟

を――」。⑤「棒を――」。	む〕⑤**とおす**〔通す〕
ぬぐ〔脱ぐ〕①「衣装を――」。②「洋服を――」。③「ズボンを――」。④「帽子を――」。	①**つける**〔着ける〕**まとう**〔纏う〕②**きる**〔着る〕③**はく**〔穿く・履く〕④**かぶる**〔被る〕

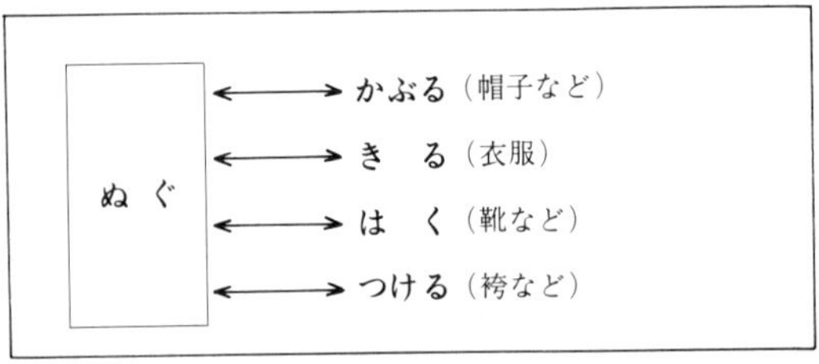

ぬくい〔温い〕温かい。	**つめたい**〔冷たい〕
ぬぐいさる〔拭い去る〕きれいにふき取る。	**こすりつける**〔擦り付ける〕**なすりつける**〔擦り付ける〕
ぬぐう〔拭う〕「罪を――」。	**かぶる**〔被る〕**きる**〔着る〕
ぬくぬく（と）〔温々（と）〕いかにも温かそうなさま。	**さむざむ（と）**〔寒々（と）〕**ひえびえ（と）**〔冷え冷え（と）〕
ぬくめし〔温飯〕温かいご飯。あつめし。	**ひやめし**〔冷飯〕
ぬくめる〔温める〕	→あたためる〔暖める・温める〕
ぬくもる〔温もる〕	→あたたまる〔暖まる・温まる〕
ぬけだす〔抜け出す〕	**はいりこむ**〔入り込む〕**おちこむ**〔落ち込む〕
ぬけでる〔抜け出る〕	→ぬけだす〔抜け出す〕
ぬける〔抜ける〕	**ささる**〔刺さる〕**はさまる**〔挟まる〕
ぬけろじ〔抜け露路・抜け路地〕通り抜けできる小さな道。	**ふくろこうじ**〔袋小路〕
ぬすむ〔盗む〕「お金を――」。	**かえす**〔返す〕**もどす**〔戻す〕
ぬらす〔濡らす〕	**かわかす**〔乾かす〕**ほす**〔干す〕
ぬりぐすり〔塗り薬〕病気や傷の部分に塗って治す薬。	**のみぐすり**〔飲み薬〕**さしぐすり**〔注し薬〕
ぬる〔塗る〕「ペンキを――」。	**はがす**〔剝がす〕
ぬるい〔温い〕それほど熱くなくて感じが悪い。	**あつい**〔熱い〕**あたたかい**〔温かい〕**つめたい**〔冷たい〕
ぬるまゆ〔微温湯〕温度が低い湯。さめた湯。びおんとう。	**にえゆ**〔煮え湯〕
ぬれる〔濡れる〕	**かわく**〔乾く〕

ね

ねあげ〔値上げ〕値段を上げること。	**ねさげ**〔値下げ〕

ねいしん〔佞臣〕	→かんしん〔奸臣〕
ねいりばな〔寝入り端〕眠りに就いて間もないとき。ねばな。	**おきぬけ**〔起き抜け〕
ねいる〔寝入る〕眠り始める。	**おきだす**〔起き出す〕**めざめる**〔目覚める〕
ねえさん〔姉さん〕	**にいさん**〔兄さん〕**いもうと**〔妹〕
ネガ〔nega (tive)〕写真の原版。陰画。	**ポジ**〔posi (tive)〕
ねがいさげる〔願い下げる〕願いを取り下げる。	**ねがいでる**〔願い出る〕
ねがいでる〔願い出る〕願いごとを申し出る。	**ねがいさげる**〔願い下げる〕
ねかせる〔寝かせる〕	**おこす**〔起こす〕**たてる**〔立てる・起てる〕
ネガチブ〔negative〕①否定的。②消極的。	①**ポジチブ**〔positive〕②**アクチブ**〔active〕
ねこむ〔寝込む〕	→ねいる〔寝入る〕
ねころぶ〔寝転ぶ〕	**おきあがる**〔起き上がる〕**たつ**〔立つ〕**たちあがる**〔立ち上がる〕**うずくまる**〔蹲る〕**しゃがむ　すわる**〔座る・坐る〕
ねさげ〔値下げ〕値段を下げること。	**ねあげ**〔値上げ〕
ねじろ〔根城〕根拠とする本城。行動の根拠となる所。	**でじろ**〔出城〕
ねすぎ〔寝過ぎ〕	**ねぶそく**〔寝不足〕
ねちねち（と）しつこいさま。	**さばさば**（と）　**あっさり**（と）
ねつ〔熱〕あつい。	**れい**〔冷〕
ねつあい〔熱愛〕熱烈に愛すること。	**ぞうお**〔憎悪〕
ねっき〔熱気〕熱い空気。	**れいき**〔冷気〕**かんき**〔寒気〕
ねつく〔寝付く〕	→ねいる〔寝入る〕
ねっけつかん〔熱血漢〕情熱的な男。	**れいけつかん**〔冷血漢〕
ねっしん〔熱心〕ひどく心を打ちこむさま。	**れいたん**〔冷淡〕**ふねっしん**〔不熱心〕
ねっする〔熱する〕熱を加える。	**ひやす**〔冷やす〕**さます**〔冷ます〕
ねっせん〔熱戦〕熱のこもった激しい試合。	**ぼんせん**〔凡戦〕
ねったい〔熱帯〕赤道に近く、気温の高い地域。	**かんたい**〔寒帯〕**おんたい**〔温帯〕
ねっちゅう〔熱中〕心を集中すること。夢中になること。	**たいくつ**〔退屈〕**けんたい**〔倦怠〕
ねっとう〔熱湯〕熱い湯。	**れいすい**〔冷水〕**おんすい**〔温水〕
ねっぷう〔熱風〕熱い風。	**かんぷう**〔寒風〕**れいふう**〔冷風〕
ねつべん〔熱弁〕熱のこもった話し方。	**だべん**〔駄弁〕

ねつれつ〔熱烈〕感情が高ぶって激しいさま。　**れいせい**〔冷静〕

ねとねと（と）　→ねばねば（と）

ねばねば（と）粘ってくっつきやすいさま。　**さらさら（と）**

ねばりがち〔粘り勝ち〕忍耐した末に勝つこと。　**こんまけ**〔根負け〕

ねばりづよい〔粘り強い〕辛抱強い。根気がある。　**あきっぽい**〔飽きっぽい〕**もろい**〔脆い〕

ねばる〔粘る〕根気強く食い下がる。　**あきらめる**〔諦める〕**すてる**〔捨てる〕

ねびき〔値引き〕値段を安くすること。　**かけね**〔掛け値〕

ねぶそく〔寝不足〕眠り足りないこと。　**ねすぎ**〔寝過ぎ〕

ねぼう〔寝坊〕目が覚めにくいこと。いぎたないこと。　**めざとい**〔目敏い〕

ねむる〔眠る〕　**さめる**〔覚める〕**めざめる**〔目覚める〕

ねもと〔根元・根本〕根の部分。付け根。　**えださき**〔枝先〕**こずえ**〔梢〕**せんたん**〔先端〕

ねる〔寝る〕　**おきる**〔起きる〕

ねわざ〔寝技〕柔道やレスリングで、寝た姿勢で相手に掛ける技。　**たちわざ**〔立ち技〕

ねん〔年〕とし。　**がつ・げつ**〔月〕**にち**〔日〕

ねんいり〔念入り〕よく注意するさま。ていねい。入念。　**ぞんざい**　**いいかげん**〔いい加減〕

ねんし〔年始〕年の初め。年初。年頭。　**ねんまつ**〔年末〕**さいまつ**〔歳末〕

ねんしょ〔年初〕　→ねんし〔年始〕

ねんしょう〔年少〕年が若いこと。　**ねんちょう**〔年長〕

ねんちょう〔年長〕年齢が上であること。年上。　**ねんしょう**〔年少〕

ねんとう〔年頭〕　→ねんし〔年始〕

ねんぷ〔年賦〕支払い額を、年にいくらと決めて払うこと。　㋐**いっかつばらい**〔一括払い〕**いちじばらい**〔一時払い〕**そっきん**〔即金〕㋑**げっぷ**〔月賦〕

ねんぽう〔年俸〕年にいくらと決めて支払う給料。　**げっきゅう**〔月給〕**にっきゅう**〔日給〕

ねんまつ〔年末〕年の終わり。歳末。　**ねんし**〔年始〕**ねんとう**〔年頭〕**ねんしょ**〔年初〕

の

の〔野〕のはら。　**やま**〔山〕

のう〔濃〕こい。　**たん**〔淡〕

のうえん〔濃艶〕あでやかで美しいさま。つやっぽいさま。	**せいそ**〔清楚〕**こたん**〔枯淡〕
のうかい〔納会〕取引所で、月の最後の立ち会い。年の最後は、大納会。	**はっかい**〔発会〕
のうかんき〔農閑期〕農事の暇な時期。	**のうはんき**〔農繁期〕
のうこう〔濃厚〕濃いこと。しつこく、こってりしていること。	**きはく**〔希薄・稀薄〕**たんぱく**〔淡白・淡泊〕
のうこうみんぞく〔農耕民族〕決まった土地に住み、田畑を耕して生活する民族。	**ゆうぼくみんぞく**〔遊牧民族〕
のうさくぶつ〔農作物〕田畑で作られるもの。農産物。	**かいさんぶつ**〔海産物〕**すいさんぶつ**〔水産物〕
のうさんぶつ〔農産物〕	→のうさくぶつ〔農作物〕
のうじゅうけつ〔脳充血〕脳の血管に多くの血が流れこんで起こる症状。	**のうひんけつ**〔脳貧血〕
のうしゅく〔濃縮〕溶液を濃くすること。	**きしゃく**〔希釈・稀釈〕
のうしょ〔能書〕	→たっぴつ〔達筆〕
のうぜい〔納税〕税金を納めること。	㋐**だつぜい**〔脱税〕㋑**ちょうぜい**〔徴税〕**しゅうぜい**〔収税〕

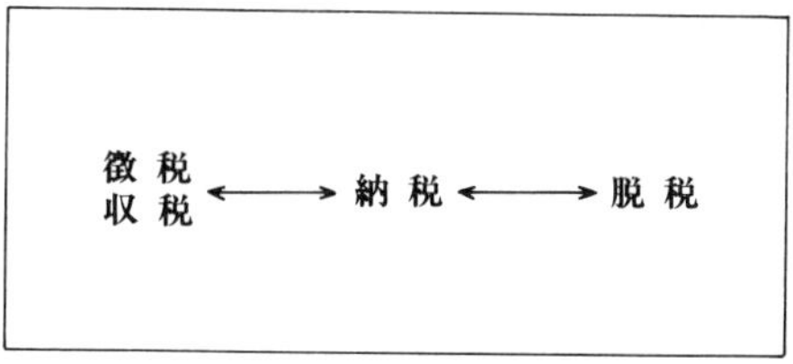

のうそん〔農村〕農業で生計を立てる人の多い村。	㋐**ぎょそん**〔漁村〕㋑**とかい**〔都会〕
のうどう〔能動〕他に働き掛けること。	**じゅどう**〔受動〕**しょどう**〔所動〕
のうどうたい〔能動態〕主語が他に働き掛けることを表す述語の形式。	**じゅどうたい**〔受動態〕
のうどうてき〔能動的〕他に働き掛けるさま。	**じゅどうてき**〔受動的〕
のうなし〔能なし〕能力が乏しく、役に立たない人。	**やりて**〔遣り手〕
のうにゅう〔納入〕金品を納め入れること。	㋐**ちょうしゅう**〔徴収〕㋑**はんしゅつ**〔搬出〕
のうはんき〔農繁期〕農事に忙しい時期。	**のうかんき**〔農閑期〕
のうひつ〔能筆〕	→たっぴつ〔達筆〕

のうひんけつ〔脳貧血〕脳の血管に血が不足して起こる症状。	**のうじゅうけつ**〔脳充血〕
のうふ〔納付〕税金などを納めること。	**ちょうしゅう**〔徴収〕
のうふ〔農夫〕農業に従事する男。	㋐**のうふ**〔農婦〕㋑**ぎょふ**〔漁夫〕
のうふ〔農婦〕農業に従事する女性。	**のうふ**〔農夫〕
のうふきん〔納付金〕税金などで、納める金。	**かんぷきん**〔還付金〕
のうべん〔能弁〕	→ゆうべん〔雄弁〕
のうみつ〔濃密〕濃くてこまやかであること。密度が濃いこと。	**きはく**〔希薄・稀薄〕
のうみん〔農民〕農業で生計を立てる人。	㋐**ぎょみん**〔漁民〕**りょうし**〔漁師〕㋑**ぶし**〔武士〕**ちょうにん**〔町人〕
のうり〔能吏〕能力の優れた役人。	**ぞくり**〔俗吏〕
ノー〔no〕否定のことば。いいえ。	**イエス**〔yes〕
ノース〔north〕北。北方。	**サウス**〔south〕**イースト**〔east〕**ウエスト**〔west〕
ノースリーブ〔no sleeve〕	→そでなし〔袖無し〕
ノーマル〔normal〕正常な。標準的。	**アブノーマル**〔abnormal〕
ノーモア〔no more〕もういやだ。	**ワンスモア**〔once more〕
のがれる〔逃れる〕①「追っ手を——」。②「責任を——」。③「損害を——」。	①**つかまる**〔捕まる・摑まる〕②**はたす**〔果たす〕③**こうむる**〔被る・蒙る〕
のけざま〔仰け様〕仰向けになるさま。	**うつむき**〔俯き〕
のけもの〔除け者〕仲間はずれ。	**なかま**〔仲間〕
のける〔退ける〕取り除く。どける。	**おく**〔置く〕
のこる〔残る〕①消えないでいる。②去らない。③余りが出る。	①**きえる**〔消える〕②**さる**〔去る〕③**なくなる**〔無くなる〕**つきる**〔尽きる〕
のせる〔乗せる・載せる〕「荷を——」。	**おろす**〔下ろす・降ろす〕
のぞく〔除く〕	**ふくむ**〔含む〕**くわえる**〔加える〕
のち〔後〕あと。	**まえ**〔前〕**さき**〔先〕
のちのち〔後々〕これから先。将来。	**まえまえ**〔前々〕
のちほど〔後程〕少したって後に。後刻。	**さきほど**〔先程〕**さっき**　**このほど**〔此の程〕
の(っ)しの(っ)し(と) 大股《おおまた》でゆっくり歩くさま。	**ちょこちょこ(と)**
ので「疲れた——、休もう」。	**のに**　**が**　**けれど(も)**
のどか〔長閑〕落ち着いて静かなさま。	**あわただしい**〔慌ただしい〕
のに「若い——、しっかりしている」。	**ので**　**から**
ののしりたおす〔罵り倒す〕さんざんに悪口を言う。	**ほめあげる**〔誉め上げる・褒め上げる〕**ほめそやす**〔誉めそやす・褒

	めそやす〕**ほめちぎる**〔誉めちぎる・褒めちぎる〕**ほめたたえる**〔誉め称える・褒め称える〕**おだてあげる**〔煽て上げる〕
ののしる〔罵る〕大声で叱《しか》る。悪口を言う。	**ほめる**〔誉める・褒める〕
のばす〔伸ばす・延ばす〕①「腰を――」。②「紙を――」。③「期間を――」。	①**まげる**〔曲げる〕**かがめる**〔屈める〕②**おる**〔折る〕**たたむ**〔畳む〕**まく**〔巻く〕③**ちぢめる**〔縮める〕**はやめる**〔早める〕
のびあがる〔伸び上がる・延び上がる〕足をつま立てて立つ。	**かがみこむ**〔屈み込む〕
のびのび（と）〔伸び伸び（と）〕のんびりして余裕があるさま。	**こせこせ(と)**　**いじいじ(と)**　**せかせか(と)**
のびる〔伸びる・延びる〕①「腰が――」。②「紙のはしが――」。③期日が――」。	①**まがる**〔曲がる〕**かがむ**〔屈む〕②**おれる**〔折れる〕③**ちぢむ**〔縮む〕**ちぢまる**〔縮まる〕**はやまる**〔早まる〕
のべつぼ〔延べ坪〕建物の総床面積。	**たてつぼ**〔建て坪〕
のぼり〔上り・登り〕下から上へ行くこと。地方から都へ向かうこと。	**くだり**〔下り・降り〕
のぼりあゆ〔上り鮎〕春に川をさかのぼっていく若鮎。	**おちあゆ**〔落ち鮎〕
のぼりざか〔上り坂・登り坂〕	**くだりざか**〔下り坂・降り坂〕
のぼる〔上る・登る・昇る〕①「坂道を――」。②「日が――」。	①**おりる**〔下りる・降りる〕**くだる**〔下る・降る〕②**しずむ**〔沈む〕**おちる**〔落ちる〕
のみぐすり〔飲み薬〕口から飲む薬。内服薬。	**ぬりぐすり**〔塗り薬〕**さしぐすり**〔注し薬〕
のみこむ〔飲み込む〕	**はきだす**〔吐き出す〕
のみもの〔飲み物〕	**たべもの**〔食べ物〕
のむ〔飲む・呑む〕	㋐**はく**〔吐く〕㋑**たべる**〔食べる〕**くう**〔食う〕
のらいぬ〔野良犬〕飼い主のない犬。野犬。	**かいいぬ**〔飼い犬〕
のら(り)くら（り)(と) 怠けるさま。	**せっせと**
のりかえ〔乗り換え〕目的地へ行く途中で、他の乗物に乗り継ぐこと。	**ちょくつう**〔直通〕
のりき〔乗り気〕進んで物事をしようとする気分。やる気。	**いやけ**〔嫌気〕**きのりうす**〔気乗り薄〕
のる〔乗る〕「車に――」。	**おりる**〔降りる・下りる〕
のろい〔呪い〕恨みのある相手に、不幸があるように祈ること。	**いわい**〔祝い〕

のろい〔鈍い〕①にぶい。ばかだ。②遅い。	①**するどい**〔鋭い〕**さとい**〔聡い〕②**はやい**〔早い・速い〕**すばやい**〔素早い〕
のろのろ（と） 動作が鈍くて、時間のかかるさま。	**てきぱき（と）はきはき（と）さっさと**
のんき〔暢気・呑気〕物事を気にしないさま。気楽。気長。	**たんき**〔短気〕**しんけいしつ**〔神経質〕
のんびり（と）ゆったりとして心がくつろぐさま。	**くよくよ（と）せかせか（と）**
ノンフィクション〔non fiction〕事実に沿って書かれた作品。	**フィクション**〔fiction〕
ノンプロ〔nonpro (fessional)〕職業的・専門的でないこと。	**プロ**〔pro (fessional)〕

は

は〔刃〕刀などの薄く鋭くて、ものを切る部分。	**みね**〔峰〕**しのぎ**〔鎬〕
ばあさん〔婆さん〕	㋐**じいさん**〔爺さん〕㋑**むすめ**〔娘〕
ハード〔hard〕かたい。	**ソフト**〔soft〕
ハードウェア〔hard ware〕コンピュータの機械装置の部分。	**ソフトウェア**〔soft ware〕
ばあや〔婆や〕お手伝いの老女。	**じいや**〔爺や〕
はい	**いいえ**
はい〔廃〕すたれる。	**こう**〔興〕
はい〔敗〕①まける。やぶれる。②しくじる。	①**しょう**〔勝〕②**せい**〔成〕
はい〔背〕①せなか。後ろ。②そむく。	①**ふく**〔腹〕②**こう**〔向〕
ハイ〔high〕高い。	**ロー**〔low〕
ばい〔倍〕	→にばい〔二倍〕
ばい〔買〕かう。	**ばい**〔売〕
ばい〔売〕うる。	**ばい**〔買〕
はいあがる〔這い上がる〕	**すべりおちる**〔滑り落ちる〕**ずりおちる**〔擦り落ちる〕**おちこむ**〔落ち込む〕
はいいん〔廃院〕病院などを廃止すること。	**かいいん**〔開院〕
はいいん〔敗因〕負けた原因。	**しょういん**〔勝因〕
はいか〔配下〕手下。部下。子分。	**しゅりょう**〔首領〕**とうもく**〔頭目〕**とうりょう**〔頭領・棟梁〕
はいか〔配貨〕荷物を配ること。	**しゅうか**〔集貨〕
ばいか〔倍加〕	→ばいぞう〔倍増〕

ばいか〔売価〕売る時の値段。売り値。 **げんか**〔原価〕
はいがい〔拝外〕外国のものを崇拝すること。 **はいがい**〔排外〕
はいがい〔排外〕外国のものをしりぞけようとすること。 **はいがい**〔拝外〕
ばいがく〔倍額〕2倍の金額。 **はんがく**〔半額〕
はいかん〔廃刊〕新聞・雑誌などの刊行をやめること。 ㋐**そうかん**〔創刊〕**はっかん**〔発刊〕㋑**ぞっかん**〔続刊〕㋒**ふっかん**〔復刊〕
はいかん〔廃館〕図書館などを廃止すること。 **かいかん**〔開館〕
はいき〔廃棄〕①不用品として捨てること。②条約を一方的に無効にすること。 ①㋐**りよう**〔利用〕**かつよう**〔活用〕㋑**ほぞん**〔保存〕②**ていけつ**〔締結〕
はいき〔排気〕外へ吐き出される気体。 **きゅうき**〔吸気〕
ばいきゃく〔売却〕売り払うこと。 **こうにゅう**〔購入〕
はいきょう〔背教〕キリスト教で、教えにそむくこと。 **じゅんきょう**〔殉教〕
はいぎょう〔廃業〕事業をやめること。 **かいぎょう**〔開業〕**そうぎょう**〔創業〕
はいく〔俳句〕5・7・5から成り、季題をよみこむ短詩。 **わか**〔和歌〕
はいけい〔拝啓〕手紙の初めに書くことば。 **けいぐ**〔敬具〕
はいけい〔背景〕後ろのけしき。 **ぜんけい**〔前景〕
はいご〔背後〕後ろ。隠れた面。 **ぜんめん**〔前面〕**しょうめん**〔正面〕**そくめん**〔側面〕
はいこう〔廃校〕学校を廃止すること。 **かいこう**〔開校〕
はいこう〔廃航〕航路を廃止すること。 **しゅうこう**〔就航〕
ばいこく〔売国〕自国の損害を承知の上で、他国の利益をはかって、私利を得ようとすること。 **きゅうこく**〔救国〕
はいし〔廃止〕すでにあるものをやめること。 ㋐**しんせつ**〔新設〕**そうせつ**〔創設〕**そうし**〔創始〕㋑**そんぞく**〔存続〕**そんち**〔存置〕㋒**ふっかつ**〔復活〕
はいじつせい〔背日性〕植物の根などに見られる、光と反対の方向に伸びる性質。背光性。 **こうじつせい**〔向日性〕
はいしゃ〔敗者〕戦いに負けた者。 **しょうしゃ**〔勝者〕
はいしゅつ〔排出〕中の物を外に押し出すこと。 **きゅうにゅう**〔吸入〕
はいすい〔廃水〕使用済みの捨てる水。 **ようすい**〔用水〕

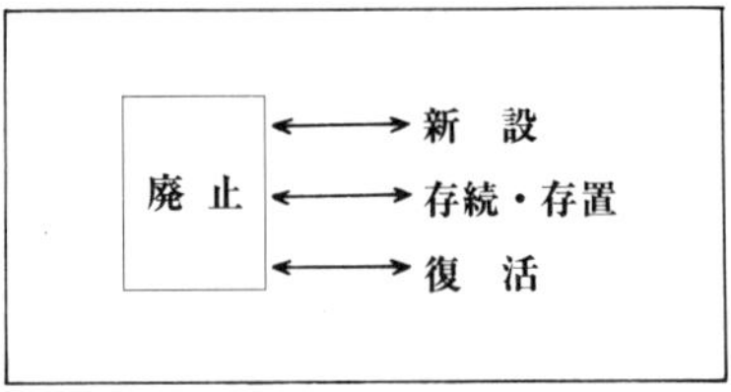

はいすい〔排水〕不用な水を、外へ流し出すこと。	**きゅうすい**〔給水〕
はいすい〔配水〕水道水などを、あちこちに配給すること。	**しすい**〔止水〕**だんすい**〔断水〕
ばいすう〔倍数〕ある数を何倍かした数。	**やくすう**〔約数〕
はいする〔廃する〕やめる。廃止する。	**もうける**〔設ける〕
はいせつ〔排泄〕老廃物などを体外に出すこと。	**せっしゅ**〔摂取〕
はいせん〔廃船〕使わなくなった船を処分すること。	**しんすい**〔進水〕
はいせん〔敗戦〕戦いに負けること。	**せんしょう**〔戦勝〕
はいそ〔敗訴〕訴訟に敗れること。	**しょうそ**〔勝訴〕
はいそう〔敗走〕	→はいたい〔敗退〕
ばいぞう〔倍増〕２倍にふえること。倍加。	**はんげん**〔半減〕
はいたい〔敗退〕負けて退くこと。	**しんげき**〔進撃〕
はいだす〔這い出す〕「穴から――」。	**はいりこむ**〔入り込む〕
はいたつ〔配達〕配り届けること。	**しゅうしゅう**〔収集〕
はいた〔排他〕他人を仲間入りさせまいとすること。	**ゆうこう**〔友好〕**きょうちょう**〔協調〕
はいちせい〔背地性〕植物の芽などにある、地面と反対の方向へ向かう性質。	**こうちせい**〔向地性〕
ハイティーン〔high-teens〕10歳代の後半。	**ローティーン**〔low-teens〕
はいでん〔拝殿〕神社で、神を拝むための建物。	**ほんでん**〔本殿〕
はいにち〔排日〕外国人が、日本的なものをしりぞけること。反日。	**しんにち**〔親日〕**こうにち**〔好日〕**ちにち**〔知日〕
はいのぼる〔這い上る・這い登る〕	**すべりおちる**〔滑り落ちる〕**ずりおちる**〔擦り落ちる〕
ハイハードル〔high hurdle〕陸上競技で、110mの間に高さ1.064mの障害を10個跳び越えて走る男子の種目。	**ローハードル**〔low hurdle〕

ハイヒール〔high-heel〕かかとの高い女性の靴。	**ローヒール**〔low-heel〕
はいひん〔廃品〕使えなくなった品物。	**しんぴん**〔新品〕**ちゅうこひん**〔中古品〕
ばいひん〔陪賓〕相伴《しょうばん》に預かる客。	**しゅひん**〔主賓〕
はいふ〔配布〕物を配ること。	**かいしゅう**〔回収〕
はいほう〔敗報〕負けた知らせ。	**しょうほう**〔勝報・捷報〕
はいぼく〔敗北〕戦いに負けること。	**しょうり**〔勝利〕
はいめん〔背面〕後ろの面。	**ぜんめん**〔前面〕**しょうめん**〔正面〕**そくめん**〔側面〕
はいりこむ〔入り込む〕「巣の中へ——」。	**はいだす**〔這い出す〕**ぬけだす**〔抜けだす〕
はいる〔入る〕	**でる**〔出る〕
はえる〔生える〕「草が——」。	**かれる**〔枯れる〕
ばか〔馬鹿〕	**かしこい**〔賢い〕**りこう**〔利口〕**けんめい**〔賢明〕
はかい〔破壊〕物をこわすこと。	**けんせつ**〔建設〕**せいさく**〔製作〕
はかい〔破戒〕仏の戒めを破ること。	**じかい**〔持戒〕
ばかしょうじき〔馬鹿正直〕正直過ぎて気がきかないさま。	**ずるがしこい**〔狡賢い〕**こうかつ**〔狡猾〕
はがす〔剝がす〕①「ポスターを——」。②「ペンキを——」。	①**はる**〔張る・貼る〕**はりつける**〔張り付ける・貼り付ける〕②**ぬる**〔塗る〕
はかせ〔博士〕	→はくし〔博士〕
はかどる〔捗る〕①「作業が——」。②「筆が——」。	①**てまどる**〔手間取る〕**ながびく**〔長引く〕②**とどこおる**〔滞る〕**とどまる**〔留まる・止まる〕
はからずも〔図らずも〕	→いがいにも〔意外にも〕
はき〔破棄〕条約などを、一方的に取り消すこと。	**ていけつ**〔締結〕
はきそうじ〔掃き掃除〕ほうきで掃いてする掃除。	**ふきそうじ**〔拭き掃除〕
はきだす〔吐き出す〕	**のみこむ**〔飲み込む〕**すいこむ**〔吸い込む〕
はきはき（と）賢くて、言語・動作がしっかりしているさま。	**ぐずぐず**（と）　**のろのろ**（と）
はきょく〔破局〕悲惨な結末。	**だいだんえん**〔大団円〕
はく〔伯〕年長。	**しゅく**〔叔〕
はく〔白〕しろい。	**こく**〔黒〕**こう**〔紅〕
はく〔薄〕うすい。	**こう**〔厚〕
はく〔吐く〕	**のむ**〔飲む〕**すう**〔吸う〕**たべる**〔食べる〕
はく〔穿く・履く〕腰から下、または	**ぬぐ**〔脱ぐ〕

足に着ける。	
はぐ〔剝ぐ〕引きはがす。脱がせる。	**おおう**〔覆う〕**きせる**〔着せる〕

吐く ←→ **吸う**（気体・液体）
吐く ←→ **飲む**（液体）
吐く ←→ **食べる・食う**（固体）

はくあい〔博愛〕多くの人々を平等に愛すること。	㋐**へんあい**〔偏愛〕㋑**りこ**〔利己〕
はくあいしゅぎ〔博愛主義〕	**りこしゅぎ**〔利己主義〕
はくうん〔白雲〕白い雲。	**こくうん**〔黒雲〕
はくえん〔白煙〕白いけむり。	**こくえん**〔黒煙〕
はくがく〔博学〕広く学問に通じていること。博識。	**せんがく**〔浅学〕**むがく**〔無学〕**むち**〔無知〕
はくがん〔白眼〕冷淡な目つき。	**せいがん**〔青眼〕
はくし〔博士〕最高の学位。はかせ。	**しゅうし**〔修士〕**がくし**〔学士〕
はくしき〔博識〕広く知識を備えていること。博学。	**むち**〔無知〕
はくじゃく〔薄弱〕弱くて確かでないさま。	**きょうこ**〔強固〕
はくじょう〔白状〕	→じはく〔自白〕
はくじょう〔薄情〕情が薄いこと。冷淡。不親切。	**こうじょう**〔厚情〕**しんせつ**〔親切〕**なさけぶかい**〔情け深い〕
はくしょくじんしゅ〔白色人種〕皮膚の色が白い人種。ヨーロッパ人。	**ゆうしょくじんしゅ**〔有色人種〕**おうしょくじんしゅ**〔黄色人種〕**こくしょくじんしゅ**〔黒色人種〕
はくじん〔白人〕	**こくじん**〔黒人〕
ばくぜん〔漠然〕はっきりしないさま。	**はんぜん**〔判然〕**れきぜん**〔歴然〕**かくぜん**〔画然〕
ばくだい〔莫大〕極めて多大であること。この上なく量が多いこと。	**きんしょう**〔僅少〕**さしょう**〔些少〕
はくだつ〔剝奪〕資格などを、奪い取ること。	**ふよ**〔付与〕**じゅよ**〔授与〕
はくちゅう〔伯仲〕勢力などが釣り合っていて優劣がないこと。	**あっとう**〔圧倒〕**だんちがい**〔段違い〕**けんかく**〔懸隔〕
はくちゅう〔白昼〕ま昼。昼ひなか。	**あんや**〔暗夜〕**しんや**〔深夜〕
はくばい〔白梅〕白い花の咲く梅。	**こうばい**〔紅梅〕
はくひょう〔白票〕国会などで用いる、賛成を表す票。	**せいひょう**〔青票〕

はくひょう〔薄氷〕薄く壊れやすい氷。	**けんぴょう**〔堅氷〕
はくぼ〔薄暮〕たそがれ。夕暮れ。	**れいめい**〔黎明〕
はくまい〔白米〕搗っいて白くした米。	**げんまい**〔玄米〕
はくらい〔舶来〕品物が外国から来ること。輸入。	**こくさん**〔国産〕
はくり〔薄利〕少しの利益。	**ぼうり**〔暴利〕
ばくろ〔暴露〕秘密や悪事をばらすこと。	**いんぺい**〔隠蔽〕**ひとく**〔秘匿〕
はげしい〔激しい・烈しい〕①「――変化」。②「――性格」。	①**ゆるい**〔緩い〕**ゆるやか**〔緩やか〕②**やさしい**〔優しい〕**おだやか**〔穏やか〕
ばけのかわ〔化けの皮〕	→かめん〔仮面〕
はげます〔励ます〕元気付ける。	**くじく**〔挫く〕
はげむ〔励む〕「勉強に――」。	**なまける**〔怠ける〕**おこたる**〔怠る〕**くじける**〔挫ける〕
はけん〔派遣〕命令して人に行かせること。	**しょうかん**〔召還〕
はさまる〔挟まる〕「隙間《すきま》に物が――」。	**ぬける**〔抜ける〕
はさむ〔挟む・挿む〕「しおりを――」。	**ぬく**〔抜く〕
はし〔端〕①「机の――」。②「家の――」。	①**まんなか**〔真ん中〕②**おく**〔奥〕
はじ〔恥〕	**ほこり**〔誇り〕**ほまれ**〔誉れ〕**めいよ**〔名誉〕**えいよ**〔栄誉〕
はしがき〔端書き〕①書物などで、本文の前に書くことば。序文。②手紙の終わりに書き添えることば。追って書き。	①**あとがき**〔後書き〕**おくがき**〔奥書き〕②**まえがき**〔前書き〕
はじまり〔始まり〕	→はじめ〔初め・始め〕
はじまる〔始まる〕	**おわる**〔終わる〕**おえる**〔終える〕**やむ**〔止む〕
はじめ〔初め・始め〕	**おわり**〔終わり〕**むすび**〔結び〕
はじめて〔初めて〕	**ふたたび**〔再び〕
はじめる〔始める〕	**おえる**〔終える〕**しまう**〔仕舞う・終う〕**やめる**〔止める〕
はしゃぐ 調子に乗ってふざけたり騒いだりする。	**しおれる** **しょげる**
はしゅつしょ〔派出所〕警察官が本署から出向いて勤務する所。	**ほんしょ**〔本署〕
はしる〔走る〕	㋐**あるく**〔歩く〕㋑**とまる**〔止まる・停まる〕
はじる〔恥じる〕「あやまちを――」。	**ほこる**〔誇る〕

ばすえ〔場末〕都会の、中心から外れた所。	**としん**〔都心〕**さかりば**〔盛り場〕
はずかしい〔恥ずかしい〕	**ほこらしい**〔誇らしい〕
はずす〔外す〕①「ボタンを——」。②「的を——」。③「ピントを——」。④「括弧を——」。	①**かける**〔掛ける〕**はめる**〔嵌める〕②**あてる**〔当てる〕③**あわせる**〔合わせる〕④**くくる**〔括る〕
バスト〔bust〕女性の胸の部分。	**ウエスト**〔waist〕**ヒップ**〔hip〕
ハズバンド〔husband〕夫。	**ワイフ**〔wife〕
はずむ〔弾む〕①「心が——」。②「チップを——」。	①**しずむ**〔沈む〕②**けちる**
はずれる〔外れる〕①「鍵が——」。②「予想が——」。③「人間の道に——」。④「ボタンが——」。	①**かかる**〔掛かる・懸かる〕②**あたる**〔当たる〕③**かなう**〔適う〕④**はまる**〔嵌まる〕
はそん〔破損〕壊れること。壊すこと。	**しゅうり**〔修理〕**しゅうぜん**〔修繕〕
はた（け）〔畑・畠〕	**た**〔田〕**たんぼ**〔田圃〕
バター〔butter〕	**マーガリン**〔margarine〕
はたして〔果たして〕思ったとおり。予想どおり。	**おもいがけず**〔思い掛けず〕**いがいにも**〔意外にも〕**はからずも**〔図らずも〕
はたす〔果たす〕「責任を——」。	**のがれる**〔逃れる〕
はたらく〔働く〕	**あそぶ**〔遊ぶ〕**やすむ**〔休む〕**なまける**〔怠ける〕
バチェラー〔bachelor〕大学卒業生に与えられる称号。学士。	**ドクター**〔doctor〕**マスター**〔master〕
はつ〔発〕「午前8時——」。	**ちゃく**〔着〕
ばつ〔跋〕	→ばつぶん〔跋文〕
ばつ〔罰〕悪い行いに対する懲らしめ。	㋐**しょう**〔賞〕**ほうび**〔褒美〕㋑**つみ**〔罪〕
ばつ	→ぺけ
はついく〔発育〕しだいに大きく育つこと。	**ろうか**〔老化〕**ろうすい**〔老衰〕
はつえき〔発駅〕出発する駅。	**ちゃくえき**〔着駅〕
はつおん〔撥音〕はねる音。ン。	**そくおん**〔促音〕**ちょくおん**〔直音〕**ようおん**〔拗音〕
はっか〔発火〕火を出すこと。火がつくこと。出火。	**しょうか**〔消火〕**ちんか**〔鎮火〕
はっかい〔発会〕①会を始めること。会の組織をつくること。②取引所で、月初めの立ち会い。年の最初は、大発会。	①**へいかい**〔閉会〕**さんかい**〔散会〕②**のうかい**〔納会〕
はっかん〔発刊〕新聞や雑誌を、新しく出すこと。	**はいかん**〔廃刊〕**しゅうかん**〔終刊〕**きゅうかん**〔休刊〕
はっきゅう〔薄給〕安い給料。	**こうきゅう**〔高給〕

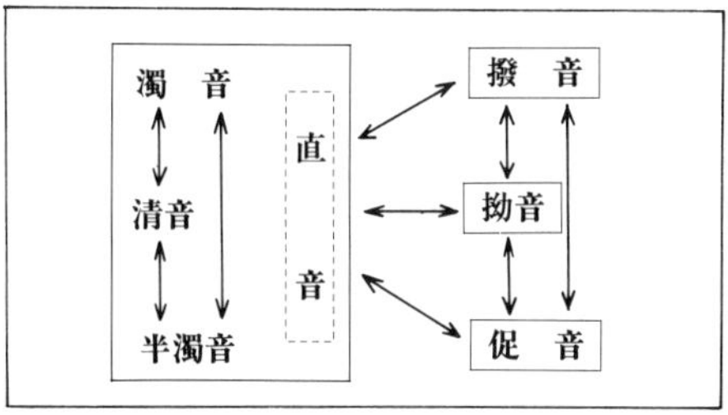

はっきり（と） 区別が明らかなさま。	㋐**ぼんやり（と） うっすら（と） うすうす**〔薄々〕㋑**ぐずぐず（と）**
ばっきん〔罰金〕懲らしめの目的で出させる金。	**しょうきん**〔賞金〕
ばっきんけい〔罰金刑〕罪の償いとして、罰金を納めさせる刑罰。	**たいけい**〔体刑〕
バック〔back〕後ろ。背面。	**フロント**〔front〕
はっくつ〔発掘〕埋められていたものを掘り出すこと。	**まいぞう**〔埋蔵〕**まいぼつ**〔埋没〕
バックハンド〔backhand〕テニス・卓球などで、自分の利き腕と反対側に来た球を打つこと。	**フォアハンド**〔forehand〕
はっけっきゅう〔白血球〕血液中の無色の血球。	**せっけっきゅう**〔赤血球〕
はっけん〔発見〕未知の物を見つけ出すこと。	**まいぼつ**〔埋没〕**みはっけん**〔未発見〕
はつげん〔発言〕会議などで意見を述べること。	**ちんもく**〔沈黙〕
はつご〔初子〕その夫婦から初めて生まれる子。ういご。	**すえっこ**〔末っ子〕
はっこう〔発効〕法的な効力を発生すること。	**しっこう**〔失効〕
はっこう〔発行〕書類や図書を作って世に出すこと。	**かいしゅう**〔回収〕
はっこう〔薄幸・薄倖〕不幸。	**たこう**〔多幸〕**こうふく**〔幸福〕
ばっさい〔伐採〕木などを、切り倒すこと。	**しょくじゅ**〔植樹〕**しょくりん**〔植林〕
はっさん〔発散〕①外へまき散らすこと。②物体から出た光が広がっていくこと。	①**きゅうしゅう**〔吸収〕②**しゅうそく**〔集束〕**しゅうれん**〔収斂〕
ばっし〔末子〕いちばん下の子。すえっこ。	**ちょうし**〔長子〕
パッシブ〔passive〕消極的。受動的。	**アクティブ**〔active〕

はっしゃ〔発車〕車が動き出すこと。	**ていしゃ**〔停車〕
はっしん〔発信〕郵便・電信などを出すこと。送信。	**ちゃくしん**〔着信〕**じゅしん**〔受信〕
ばっすい〔抜粋〕要点を抜き出したもの。抜き書き。	**ぜんぶん**〔全文〕
ばっする〔罰する〕罰を与える。懲らしめる。	㋐**しょうする**〔賞する〕㋑**めんじる**〔免じる〕**ゆるす**〔許す・赦す〕
はっせい〔発生〕①事件などが起きること。②生まれ出ること。	①**しゅうけつ**〔終結〕**らくちゃく**〔落着〕②**しめつ**〔死滅〕**しょうめつ**〔消滅〕
ばっせき〔末席〕	→まっせき〔末席〕
ばっそん〔末孫〕血筋の遠い末。ずっと後代の子孫。後裔《こうえい》。	**せんぞ**〔先祖〕**そせん**〔祖先〕**しそ**〔始祖〕
バッター〔batter〕野球で、打者。	**ピッチャー**〔pitcher〕**キャッチャー**〔catcher〕
バッターボックス〔batter's box〕打者の席。	**ピッチャープレート**〔pitcher's plate〕**キャッチャーボックス**〔catcher's box〕
はったつ〔発達〕成長して以前よりよい状態になること。	**たいほ**〔退歩〕**すいたい**〔衰退〕
はっちゅう〔発注・発註〕注文を出すこと。	**じゅちゅう**〔受注・受註〕
ぱっちり（と）目がはっきりしているさま。	**どんより**（と）
はってん〔発展〕勢いが伸び広がること。栄えること。	**すいたい**〔衰退〕**すいび**〔衰微〕
はつでん〔発電〕電気を起こすこと。	**そうでん**〔送電〕
ハット〔hat〕つばのついている帽子。	**キャップ**〔cap〕
バッド〔bad〕悪い。	**グッド**〔good〕
はつなり〔初生り・初成り〕果実が初めて実ること。また、その果実。	**うらなり**〔末生り・末成り〕
はつねつ〔発熱〕病気で、体温が異常に高くなること。	**げねつ**〔解熱・下熱〕
はつびょう〔発病〕病気になること。罹病《りびょう》。罹患。	**ちゆ**〔治癒〕**ぜんかい**〔全快〕**かいゆ**〔快癒〕**ぜんち**〔全治〕**ほんぷく**〔本復〕
はっぴょう〔発表〕公に示すこと。	**ひとく**〔秘匿〕
ばつびょう〔抜錨〕船が出航の前にいかりを上げること。	**とうびょう**〔投錨〕
はっぷん〔発奮〕心を奮い立たせること。	**らくたん**〔落胆〕**きおち**〔気落ち〕
ばつぶん〔跋文〕書物などの、後書き。跋。	**じょぶん**〔序文〕**じょ**〔序〕**まえがき**〔前書き〕**ほんぶん**〔本文〕

はで〔派手〕華やかで人目に立つさま。	**じみ**〔地味〕**しぶい**〔渋い〕**しつぼく**〔質朴〕
はでごのみ〔派手好み〕派手なことを好むこと。	**しぶごのみ**〔渋好み〕
ばとう〔罵倒〕口汚くののしること。	**かんたん**〔感嘆〕**さんたん**〔賛嘆〕**しょうさん**〔賞賛・称賛〕
パトス〔pathos ギリシャ〕熱情的な精神。激情。情熱。	**エトス**〔ēthos ギリシャ〕**ロゴス**〔logos ギリシャ〕
はとは〔鳩派〕穏やかに事を運ぼうとする考えの人々。穏健派。	**たかは**〔鷹派〕
はなしことば〔話し言葉〕	**かきことば**〔書き言葉〕**ぶんご**〔文語〕**ぶんしょうご**〔文章語〕
はなしじょうず〔話し上手〕話をするのがじょうずなこと。能弁。雄弁。	㋐**はなしべた**〔話し下手〕**くちべた**〔口下手〕㋑**ききじょうず**〔聞き上手〕
はなして〔話し手〕	㋐**ききて**〔聞き手〕㋑**かきて**〔書き手〕
はなしべた〔話し下手〕話をするのがへたな人。口下手《くちべた》。訥弁《とつべん》。	㋐**はなしじょうず**〔話し上手〕㋑**ききべた**〔聞き下手〕
はなす〔放す・離す〕①「手を――」。②「犬を――」。③「舟を岸から――」。④「車間距離を――」。⑤「額を――」。⑥「わが子を――」。⑦「荷物を――」。	①㋐**つかむ**〔摑む〕**とる**〔取る〕**つなぐ**〔繋ぐ〕㋑**あわせる**〔合わせる〕②**とらえる**〔捕らえる〕**つかまえる**〔捕まえる・摑まえる〕③**よせる**〔寄せる〕**つける**〔着ける〕④**つめる**〔詰める〕⑤**あつめる**〔集める〕**くっつける** ⑥**だく**〔抱く〕⑦**もつ**〔持つ〕
はなす〔話す〕	㋐**だまる**〔黙る〕㋑**きく**〔聞く〕㋒**かく**〔書く〕
はなはだ〔甚だ〕非常に。大層。	**いささか**〔些か〕**すこし**〔少し〕**ちょっと**〔一寸〕
はなはだしい〔甚だしい〕程度が激しい。	**ほどよい**〔程良い〕
はなむこ〔花婿〕新婚の男。新郎。	㋐**はなよめ**〔花嫁〕**しんぷ**〔新婦〕**にいづま**〔新妻〕㋑**なこうど**〔仲人〕
はなやか〔華やか〕	**じみ**〔地味〕**かんそ**〔簡素〕**しっそ**〔質素〕
はなよめ〔花嫁〕新婚の女。新婦。	㋐**はなむこ**〔花婿〕**しんろう**〔新郎〕㋑**なこうど**〔仲人〕
はなれ〔離れ〕おもやから離れて建てられた座敷。	**おもや**〔母屋〕
はなれる〔放れる・離れる〕①「足	①**つく**〔付く〕**くっつく**　**ひっつく**

が地面から――」。②「ふたりの心が――」。③「客が――」。④「任務を――」。⑤「任地を――」。⑥「会の趣旨から――」。⑦「直線が円から――」。 ②**あう**〔合う〕**つながる**〔繋がる〕③**よる**〔寄る〕**あつまる**〔集まる〕④**つく**〔就く〕⑤**とどまる**〔留まる・止まる〕⑥**そう**〔添う・沿う〕⑦**せっする**〔接する〕

バニシングクリーム〔vanishing cream〕脂肪分の少ない化粧下クリーム。 **コールドクリーム**〔cold cream〕

はねかえす〔跳ね返す〕 **ひきつける**〔引き付ける〕

はは〔母〕 ㋐**ちち**〔父〕㋑**こ**〔子〕**むすめ**〔娘〕**むすこ**〔息子〕

はば〔幅〕 **たけ**〔丈〕

パパ〔papa〕父の愛称。 **ママ**〔mama〕

ははおや〔母親〕 ㋐**ちちおや・ておや**〔父親〕㋑**こども**〔子供〕**むすめ**〔娘〕**むすこ**〔息子〕

ははのひ〔母の日〕母の愛に感謝する日。５月の第２日曜日。 ㋐**ちちのひ**〔父の日〕㋑**こどものひ**〔子供の日〕

はぶく〔省く〕除く。減らす。 **くわえる**〔加える〕**つけくわえる**〔付け加える〕

パブリック〔public〕公の。公的。 **プライベート**〔private〕

はへい〔派兵〕軍隊を差し向けること。 **てっぺい**〔撤兵〕

はほん〔端本〕何冊かでひとそろえになる本のうち、一部が欠けているもの。 **かんぽん**〔完本〕

はま〔浜〕海に沿った平らな地。海岸。 ㋐**おき**〔沖〕㋑**いそ**〔磯〕

はまて〔浜手〕山と海が接した所で、浜の方。 **やまのて**〔山の手〕

はまべ〔浜辺〕平らな砂地の岸辺。 ㋐**おきあい**〔沖合い〕㋑**いそべ**〔磯辺〕

はまる〔嵌まる〕「ボタンが――」。 **はずれる**〔外れる〕

はめる〔嵌める〕「ふすまを――」。 **はずす**〔外す〕

はもん〔破門〕師弟の関係を絶たれること。 **にゅうもん**〔入門〕

はやい〔早い・速い〕 **おそい**〔遅い〕**のろい**〔鈍い〕**ゆるい**〔緩い〕

はやうまれ〔早生まれ〕１月１日から４月１日までに生まれた人。 **おそうまれ**〔遅生まれ〕

はやおき〔早起き〕朝早く起きること。 ㋐**あさね**〔朝寝〕㋑**はやね**〔早寝〕

はやく〔破約〕約束を一方的に取り消すこと。 **けいやく**〔契約〕**せいやく**〔成約〕**ていけつ**〔締結〕

はやく〔端役〕演劇などで、重要でない役。脇役。 **しゅやく**〔主役〕

はやくも〔早くも〕 **ようやく**〔漸く〕**やっと**

はやざき〔早咲き〕時季より早く咲くこと。	**おそざき**〔遅咲き〕
はやしかた〔囃し方〕能楽などの舞台で、音楽の演奏をする人。	**たちかた**〔立ち方〕**じかた**〔地方〕
はやじに〔早死に〕	→わかじに〔若死に〕
はやす〔生やす〕①「草を――」。②「ひげを――」。	①**からす**〔枯らす〕**かりとる**〔刈り取る〕②**そる**〔剃る〕
はやて〔疾風〕激しい風。しっぷう。	**そよかぜ**〔微風〕**びふう**〔微風〕
はやで〔早出〕早く出勤すること。	**おそで**〔遅出〕
はやね〔早寝〕夜、早く寝ること。	㋐**よふかし**〔夜更かし〕㋑**はやおき**〔早起き〕
はやばまい〔早場米〕収穫時期の早い地方でとれる米。	**おそばまい**〔遅場米〕
はやばん〔早番〕交替制で、先に出る番。	**おそばん**〔遅番〕
はやびき〔早引き・早退き〕	→そうたい〔早退〕
はやまる〔早まる・速まる〕はやくなる。	**のびる**〔延びる〕**おくれる**〔後れる・遅れる〕
はやめる〔早める・速める〕①「時計の針を――」。②「会の時期を――」。	①**おくらせる**〔遅らせる〕②**のばす**〔延ばす〕
はやる〔逸る〕心が勇み立つ。	**おちつく**〔落ち着く〕
はやる〔流行る〕	**すたれる**〔廃れる〕
はら〔腹〕	**せ**〔背〕
はらいさげる〔払い下げる〕	**かいあげる**〔買い上げる〕
はらいのける〔払い除ける〕	**かかえこむ**〔抱え込む〕
はらいもどす〔払い戻す〕貯金などを、預けた人に返す。	**うけいれる**〔受け入れる〕
はらう〔払う〕①「お金を――」。②「罪を――」。	①**うけとる**〔受け取る〕②**きる**〔着る〕**かぶる**〔被る〕
はらちがい〔腹違い〕きょうだいで、母が違うこと。異腹。	**たねちがい**〔種違い〕
はらはら 非常に心配するさま。	**ほっと**
ばらまく〔散播く〕「お金を――」。	**よせあつめる**〔寄せ集める〕**かきあつめる**〔掻き集める〕
バランス〔balance〕釣り合い。均衡。安定。	**アンバランス**〔unbalance〕
はりきる〔張り切る〕元気いっぱいである。やる気十分になっている。	**だらける**
はりだす〔張り出す〕外に突き出す。	**へこむ**〔凹む〕
はりつける〔貼り付ける・張り付ける〕「ポスターを――」。	**はがす**〔剝がす〕
はりつめる〔張り詰める〕「気が――」。	**ゆるむ**〔緩む・弛む〕**たるむ**〔弛む〕

はる〔春〕	**あき**〔秋〕**なつ**〔夏〕**ふゆ**〔冬〕
はる〔張る〕㊀【自動】①「綱がぴんと――」。②「腹が――」。③「氷が――」。④「気が――」。㊁【他動】①「テントを――」。②「切手を――」。③「肩を――」。④「気を――」。	㊀①**たるむ**〔弛む〕②**すく**〔空く〕**へる**〔減る〕③**とける**〔解ける〕④**ゆるむ**〔緩む・弛む〕㊁①**たたむ**〔畳む〕②**はがす**〔剝がす〕③**すぼめる**〔窄める〕④**ゆるめる**〔緩める・弛める〕
はれ〔晴れ〕	**くもり**〔曇り〕**あめ**〔雨〕
はれぎ〔晴れ着〕晴れの場で着る衣服。	**つねぎ**〔常着〕**ふだんぎ**〔不断着〕**しごとぎ**〔仕事着〕
はればれ（と）〔晴れ晴れ（と）〕心にわだかまりがないさま。	**くよくよ（と）**　**くさくさ（と）**
はれやか〔晴れやか〕晴れ晴れして、心が明るいさま。	**しめやか**　**うっとうしい**〔鬱陶しい〕
はれる〔晴れる〕	**くもる**〔曇る〕**ふる**〔降る〕
はれんち〔破廉恥〕恥を知らないこと。	**しゅうち**〔羞恥〕
はん〔半〕なかば。	**ぜん**〔全〕
はん〔繁〕①わずらわしい。②忙しい。	①**かん**〔簡〕②**かん**〔閑〕
ばん〔晩〕①よる。②おそい。	①**あさ**〔朝〕**ひる**〔昼〕**ゆう**〔夕〕②**そう**〔早〕
はんい〔反意〕意味が反対であること。反義。	**どうい**〔同意〕**るいぎ**〔類義〕
はんいご〔反意語〕	→はんたいご〔反対語〕
はんえい〔繁栄〕栄えること。繁盛《はんじょう》。	**すいび**〔衰微〕**すいたい**〔衰退〕
はんおん〔半音〕音楽で、全音の半分の音程。	**ぜんおん**〔全音〕
ばんか〔挽歌〕人の死を悼み悲しむ歌。	**がか**〔賀歌〕
ばんか〔晩夏〕夏の終わり。	㋐**しょか**〔初夏〕**せいか**〔盛夏〕㋑**ばんとう**〔晩冬〕**ばんしゅん**〔晩春〕**ばんしゅう**〔晩秋〕
はんかい〔半壊〕半ば壊れること。	**ぜんかい**〔全壊〕
はんかい〔半開〕半ば開けること。	**ぜんかい**〔全開〕**ぜんぺい**〔全閉〕
ばんかい〔挽回〕失ったものを取り返すこと。	**しっつい**〔失墜〕
はんがく〔半額〕半分の金額。	**ぜんがく**〔全額〕**ばいがく**〔倍額〕
ばんがた〔晩方〕	**あさがた**〔朝方〕
はんかん〔反感〕反抗する気持ち。	**きょうかん**〔共感〕**こうかん**〔好感〕
はんぎご〔反義語〕	→はんたいご〔反対語〕
はんぎゃく〔反逆・叛逆〕そむくこと。	**ふくじゅう**〔服従〕**きふく**〔帰服〕**きじゅん**〔帰順〕**きょうじゅん**〔恭順〕
はんきょう〔反共〕共産主義に反対すること。	**ようきょう**〔容共〕

はんけい〔半径〕	**ちょっけい**〔直径〕
はんげき〔反撃〕攻撃し返すこと。反攻。	㋐**こうげき**〔攻撃〕㋑**こうふく**〔降服〕**こうさん**〔降参〕
はんけつ〔判決〕裁判官が、訴えに決まりをつけ、結果を言い渡すこと。	**きゅうけい**〔求刑〕
はんげん〔半減〕半分に減ること。	**ばいぞう**〔倍増〕**ばいか**〔倍加〕
はんこう〔反抗〕手向かうこと。	㋐**ふくじゅう**〔服従〕**きじゅん**〔帰順〕**きふく**〔帰服〕㋑**げいごう**〔迎合〕
はんこう〔反攻〕	→はんげき〔反撃〕
ばんごはん〔晩御飯〕	**あさごはん**〔朝御飯〕**ひるごはん**〔昼御飯〕
ばんこん〔晩婚〕年をとってから結婚すること。	**そうこん**〔早婚〕
はんさ〔煩瑣〕	→はんざつ〔煩雑・繁雑〕
はんざつ〔煩雑・繁雑〕ごてごてしてわずらわしいこと。煩瑣《はんさ》。	**かんたん**〔簡単〕**かんりゃく**〔簡略〕**かんい**〔簡易〕
はんさよう〔反作用〕力を加えられた物体が、逆に力を加え返す働き。	**さよう**〔作用〕
はんじ〔判事〕	→さいばんかん〔裁判官〕
ばんじ〔万事〕すべてのこと。	**いちじ**〔一事〕
はんしゃ〔反射〕光などが、物の表面ではねかえって反対方向に進むこと。	**とうしゃ**〔投射〕**にゅうしゃ**〔入射〕
ばんしゅう〔晩秋〕秋の終わり。	㋐**しょしゅう**〔初秋〕**そうしゅう**〔早秋〕㋑**ばんしゅん**〔晩春〕**ばんか**〔晩夏〕**ばんとう**〔晩冬〕
ばんじゅく〔晩熟〕普通より遅く成熟すること。	**そうじゅく**〔早熟〕
はんしゅつ〔搬出〕運び出すこと。	**はんにゅう**〔搬入〕**のうにゅう**〔納入〕
はんしゅりゅうは〔反主流派〕中心となる人たちと異なった考えを持つ人々のグループ。反対派。	**しゅりゅうは**〔主流派〕
ばんしゅん〔晩春〕春の終わり。	㋐**しょしゅん**〔初春〕**そうしゅん**〔早春〕㋑**ばんしゅう**〔晩秋〕**ばんか**〔晩夏〕**ばんとう**〔晩冬〕
はんしょう〔半焼〕火事で半ば焼けること。	**ぜんしょう**〔全焼〕
はんじょう〔繁盛・繁昌〕商売などが栄えること。	**すいび**〔衰微〕**すいたい**〔衰退〕
ばんしょう〔晩鐘〕日没につく鐘。入相の鐘。	**ぎょうしょう**〔暁鐘〕
はんしょく〔繁殖〕動物や植物が、ど	**ぜつめつ**〔絶滅〕

んどんふえること。	
パンしょく〔パン食〕パンを主食とすること。	**べいしょく**〔米食〕
はんしんぞう〔半身像〕絵画や彫刻で、上半身の像。	**ぜんしんぞう**〔全身像〕
はんしんろん〔汎神論〕神は、すべての物に存在するとする考え。	**むしんろん**〔無神論〕
はんする〔反する〕①「校則に――」。②「先人に――した考え」。	①**あう**〔合う〕②**るいする**〔類する〕
はんせい〔半生〕生涯の半ば。	**いっしょう**〔一生〕
ばんせい〔晩成〕普通より遅く出来上がること。	**そうせい**〔早成〕
ばんせい〔晩生〕植物が、普通より遅く生育すること。おくて。	**そうせい**〔早生〕
はんせん〔反戦〕戦争に反対すること。	**こうせん**〔好戦〕
はんせん〔帆船〕帆で走る船。帆掛け船。	**きせん**〔汽船〕
はんぜん〔判然〕はっきりするさま。	**ばくぜん**〔漠然〕
ばんぜん〔万全〕手落ちがないこと。	**そろう**〔粗漏〕
ばんそう〔伴僧〕法会《ほうえ》で、導師に付き従う僧。	**どうし**〔導師〕
はんそで〔半袖〕	**ながそで**〔長袖〕**そでなし**〔袖無し〕
はんたい〔反対〕	㋐**さんせい**〔賛成〕**さんどう**〔賛同〕**どうい**〔同意〕**しじ**〔支持〕㋑**ほりゅう**〔保留〕
はんたいご〔反対語〕意味が反対になることば。対義語。反意語。反義語。	**どういご**〔同意語〕**どうぎご**〔同義語〕**るいぎご**〔類義語〕
はんだくおん〔半濁音〕パ・ピなど、半濁点を付けて表す音。	**せいおん**〔清音〕**だくおん**〔濁音〕
はんとう〔反騰〕下がっていた相場が、急に跳ね上がること。	**はんらく**〔反落〕
ばんとう〔晩冬〕冬の終わり。	㋐**しょとう**〔初冬〕**ちゅうとう**〔中冬〕㋑**ばんか**〔晩夏〕**ばんしゅん**〔晩春〕**ばんしゅう**〔晩秋〕
はんとうめい〔半透明〕半ば透けて見えること。	**とうめい**〔透明〕**ふとうめい**〔不透明〕
はんにち〔反日〕	→はいにち〔排日〕
はんにゅう〔搬入〕運び入れること。	**はんしゅつ**〔搬出〕
はんにんそく〔半人足〕ひとりで半人分しか役に立たないこと。半人前。	**いちにんまえ**〔一人前〕
はんにんまえ〔半人前〕	→はんにんそく〔半人足〕
ばんねん〔晩年〕一生の終わりの時期。老年期。	**ようねん**〔幼年〕**ようじ**〔幼時〕

はんばい〔販売〕品物を売ること。	**こうにゅう**〔購入〕**こうばい**〔購買〕
はんばく〔反駁〕他人の意見に対し、論じ返すこと。反論。抗弁。	**しじ**〔支持〕**どうちょう**〔同調〕**どうい**〔同意〕
はんぱつ〔反発・反撥〕受け付けないで跳ね返すこと。	**なっとく**〔納得〕**しんぷく**〔心服〕**かんぷく**〔感服〕**きょうめい**〔共鳴〕**どうじょう**〔同情〕
はんぴれい〔反比例〕ふたつの変数の、一方が2倍・3倍になると、片方が2分の1・3分の1になるような関係。逆比例。	**せいひれい**〔正比例〕**ひれい**〔比例〕
はんぶん〔半分〕	㋐**ぜんぶ**〔全部〕**ぜんたい**〔全体〕㋑**にばい**〔二倍〕**ばい**〔倍〕
はんぼう〔繁忙〕忙しいこと。	**かんさん**〔閑散〕
ばんめし〔晩飯〕ゆうごはん。夕飯。	**あさめし**〔朝飯〕**ひるめし**〔昼飯〕
はんめん〔半面〕①顔の半分。②一方だけの面。	①**ぜんめん**〔全面〕**ぜんぼう**〔全貌〕③**りょうめん**〔両面〕
はんめん〔反面〕反対の面。	**いちめん**〔一面〕
はんもく〔反目〕にらみ合うこと。仲が悪いこと。対立。	**しんぼく**〔親睦〕**しんぜん**〔親善〕**わごう**〔和合〕**きょうちょう**〔協調〕
はんら〔半裸〕半ばはだかであること。	**ぜんら**〔全裸〕
はんらく〔反落〕上がっていた相場が、一転して下がり始めること。	**はんとう**〔反騰〕
はんろん〔反論〕相手の意見に対して言い返すこと。反駁《はんぱく》。	**どうちょう**〔同調〕**どうい**〔同意〕**しじ**〔支持〕

ひ

ひ〔卑〕いやしい。	**そん**〔尊〕
ひ〔否〕いな。そうでない。わるい。	**か**〔可〕**だく**〔諾〕**ぜ**〔是〕**とう**〔当〕
ひ〔彼〕かれ。あちら。	**が**〔我〕
ひ〔悲〕かなしい。かなしむ。	**き**〔喜〕
ひ〔日〕①太陽。②昼。	①**つき**〔月〕②**よ**〔夜〕
ひ〔火〕	**みず**〔水〕
ひ〔非〕よくない。そうでない。	**ぜ**〔是〕**り**〔理〕
び〔尾〕しっぽ。うしろ。あと。	**とう**〔頭〕**しゅ**〔首〕
び〔美〕うつくしい。	**しゅう**〔醜〕
ひあい〔悲哀〕かなしみ。	**かんき**〔歓喜〕
ひあがる〔干上がる・乾上がる〕「池の水が——」。	**あふれる**〔溢れる〕
ピアニシモ〔pianissimo イタリア〕音楽で、「極めて弱く」の記号。pp。	**フォルティシモ**〔fortissimo イタリア〕

ピアノ〔piano イタリア〕音楽で、「弱く」の記号。p。	**フォルテ**〔forte イタリア〕
ピー・エム〔p.m.〕午後。	**エー・エム**〔a.m.〕
ビー・シー〔B.C.〕西暦紀元前。	**エー・ディー**〔A.D.〕
ひいじじ〔曾祖父〕祖父・祖母の父。ひいじいさん。	㋐**ひいばば**〔曾祖母〕㋑**ひまご**〔曾孫〕
ピース〔peace〕平和。	**ウォー**〔war〕
ヒーター〔heater〕暖房装置。	**クーラー**〔cooler〕
ひいでる〔秀でる〕優れる。まさる。	**おとる**〔劣る〕
ひいばば〔曾祖母〕祖父・祖母の母。ひいばあさん。	㋐**ひいじじ**〔曾祖父〕㋑**ひまご**〔曾孫〕
ヒーロー〔hero〕英雄。小説や劇の、男の主人公。	**ヒロイン**〔heroine〕
ひうん〔非運・悲運〕運が開けないこと。悲しい運命。不運。	**かいうん**〔開運〕**こううん**〔幸運〕
ひえきる〔冷え切る〕	→さめきる〔冷め切る〕
ひえびえ（と）〔冷え冷え（と）〕冷えて冷たくなるさま。	**ぬくぬく（と）**〔温々（と）〕
ひえる〔冷える〕	**あたたまる**〔暖まる・温まる〕**ぬくもる**〔温もる〕
びおんてき〔微温的〕やり方が、中途半端でなまぬるいさま。	**てっていてき**〔徹底的〕
ひがい〔被害〕損害をこうむること。	**かがい**〔加害〕
ひがいしゃ〔被害者〕他人から害を加えられた人。	**かがいしゃ**〔加害者〕
ひかえとうしゅ〔控え投手〕主戦投手といつでも交代できるように、待機している投手。救援投手。	**しゅせんとうしゅ**〔主戦投手〕
ひかえめ〔控え目〕内輪目。	**おおげさ**〔大袈裟〕
ひがえり〔日帰り〕出発した日のうちに帰ること。	**とまりがけ**〔泊まり掛け〕
ひかえる〔控える〕表面に出ないで、後ろで待つ。	**でしゃばる**〔出しゃばる〕
ひかくきゅう〔比較級〕英語などで、形容詞・副詞の示す状態の度合いが他と比べて著しいことを表す形。	**げんきゅう**〔原級〕**さいじょうきゅう**〔最上級〕
ひかくてき〔比較的〕他と比べて。わりあいに。相対的。	**あっとうてき**〔圧倒的〕**ぜったいてき**〔絶対的〕
ひかげ〔日陰〕日光の当たらない所。	**ひなた**〔日向〕
ひがさ〔日傘〕日よけのためにさす傘。パラソル。	**あまがさ**〔雨傘〕
ひがし〔東〕	**にし**〔西〕**みなみ**〔南〕**きた**〔北〕
ひがし〔干菓子・乾菓子〕乾かして	**なまがし**〔生菓子〕

原　　級（good, bad, bigなど）

比較級（better, worse, biggerなど）

最 上 級（best, worst, biggestなど）

水分を少なくした菓子。

ひかり〔光〕	**やみ**〔闇〕
ひかん〔卑官〕	→しょうかん〔小官〕
ひかん〔悲観〕望みがないとして見ること。	**らっかん**〔楽観〕
ひかん〔避寒〕寒さを避けること。	㋐**ひしょ**〔避暑〕㋑**たいかん**〔耐寒〕
ひがん〔彼岸〕仏教でいう、悟りの世界。あの世。	**しがん**〔此岸〕
びかん〔微官〕	→しょうかん〔小官〕
びぎ〔美技〕	→こうぎ〔巧技〕
ひきあげる〔引き上げる・引き揚げる〕①引っぱって上へあげる。②値段を高くする。③集団で立ち去る。	①**ひきおろす**〔引き下ろす・引き降ろす〕**おしさげる**〔押し下げる〕**つっこむ**〔突っ込む〕②**ひきさげる**〔引き下げる〕**すえおく**〔据え置く〕③**おしかける**〔押し掛ける〕**おしよせる**〔押し寄せる〕
ひきいれる〔引き入れる〕引きずりこむ。誘い入れる。	**ひっぱりだす**〔引っぱり出す〕**ひきずりだす**〔引き摺り出す〕**おしだす**〔押し出す〕**おいだす**〔追い出す〕**おしかえす**〔押し返す〕
ひきうける〔引き受ける〕頼まれたことを受け入れる。	㋐**ことわる**〔断る〕**こばむ**〔拒む〕㋑**おしつける**〔押し付ける〕**たのみこむ**〔頼み込む〕
ひきおろす〔引き下ろす・引き降ろす〕引っぱって下へ下ろす。	**ひきあげる**〔引き上げる〕**おしあげる**〔押し上げる〕**さしあげる**〔差し上げる〕
ひきさく〔引き裂く〕「ふたりの仲を――」。	**むすびつける**〔結び付ける〕
ひきさげる〔引き下げる〕	**ひきあげる**〔引き上げる〕**おしあげる**〔押し上げる〕**すえおく**〔据え置く〕
ひきざん〔引き算〕	**たしざん**〔足し算〕**よせざん**〔寄せ算〕**かけざん**〔掛け算〕**わりざん**〔割り算〕

ひきしお〔引き潮〕しだいに沖の方へ引いていく潮。さげしお。干潮。	**みちしお**〔満ち潮〕**あげしお**〔上げ潮〕**さししお**〔差し潮〕
ひきしまる〔引き締まる〕「心が――」。	**ゆるむ**〔緩む・弛む〕**たるむ**〔弛む〕**だれる**　**だらける**
ひきしめる〔引き締める〕「気持ちを――」。	**ゆるめる**〔緩める・弛める〕
ひきずりこむ〔引き摺り込む〕無理に引っぱって入れる。引っぱりこむ。	**ひきずりだす**〔引き摺り出す〕**ひっぱりだす**〔引っ張り出す〕
ひきずりだす〔引き摺り出す〕無理に引っぱって外に出す。引っぱり出す。	**ひきずりこむ**〔引き摺り込む〕**ひっぱりこむ**〔引っ張り込む〕**ひきいれる**〔引き入れる〕
ひきだす〔引き出す〕①「押し入れから――」。②「お金を銀行から――」。	①**おしこむ**〔押し込む〕**つっこむ**〔突っ込む〕②**あずける**〔預ける〕**あずけいれる**〔預け入れる〕
ひきつける〔引き付ける〕①「磁石は鉄を――」。②「彼女はぼくを――て離さない」。	①**はねかえす**〔跳ね返す〕②**おいはらう**〔追い払う〕**つきはなす**〔突き放す〕
ひきど〔引き戸〕左右に開閉する戸。	**ひらきど**〔開き戸〕
ひきとめる〔引き止める〕	**おいたてる**〔追い立てる〕
ひきとる〔引き取る〕「子供を――」。	**あずける**〔預ける〕
ひきぬく〔引き抜く〕	**おしこむ**〔押し込む〕**さしこむ**〔挿し込む〕**つっこむ**〔突っ込む〕
ひきはなす〔引き放す・引き離す〕	**そわせる**〔添わせる〕**くっつける**〔くっ付ける〕
ひきまく〔引き幕〕左右に引いて開閉する幕。	**たれまく**〔垂れ幕〕
びきょ〔美挙〕立派な行い。快挙。壮挙。	**ぐきょ**〔愚挙〕
ひきょう〔卑怯〕臆病《おくびょう》で意気地がないさま。	**だいたん**〔大胆〕**ごうたん**〔剛胆〕**ごうき**〔剛毅〕**ゆうかん**〔勇敢〕**ごうゆう**〔剛勇〕
ひきよせる〔引き寄せる〕	**つきはなす**〔突き放す〕**おいはらう**〔追い払う〕
ひきわける〔引き分ける〕	**かつ**〔勝つ〕**まける**〔負ける〕
ひきわたす〔引き渡す〕「罪人を――」。	**あずかる**〔預かる〕
ひきん〔卑近〕身近で分かりやすいこと。	**こうえん**〔高遠〕**うえん**〔迂遠〕
ひきんぞく〔卑金属〕空気中でさびやすい金属。	**ききんぞく**〔貴金属〕
ひく〔引く〕㊀【自動】①「波が――」。②「潮が――」。㊁【他動】①「車を――」。②「手を――」。③「5から2を――」。④「注意を――」。	㊀①**よる**〔寄る〕**よせる**〔寄せる〕②**さす**〔差す〕**みちる**〔満ちる〕㊁①**おす**〔押す〕②**だす**〔出す〕③**たす**〔足す〕**くわえる**〔加え

る〕④**そらす**〔逸らす〕

ひくい〔低い〕　**たかい**〔高い〕

びくびく（と）　恐がって落ち着かないさま。　**ゆうゆう（と）**〔悠々（と）〕**どうどう（と）**〔堂々（と）〕

ひくまる〔低まる〕低くなる。　**たかまる**〔高まる〕

ひぐれ〔日暮れ〕日が暮れるころ。夕方。　**よあけ**〔夜明け〕**あさあけ**〔朝明け〕

ひげ〔卑下〕自分を卑しめること。　**じまん**〔自慢〕

ひげき〔悲劇〕悲しい結果に終わる劇。　**きげき**〔喜劇〕

ひけつ〔否決〕会議に掛けられた案件を多数でよくないと決めること。　**かけつ**〔可決〕**つうか**〔通過〕

ひけん〔比肩〕優劣が付けにくいこと。　**あっとう**〔圧倒〕

びげん〔微減〕少しだけ減ること。　㋐**びぞう**〔微増〕㋑**げきげん**〔激減〕

ひご〔卑語〕卑しいことば。俗語。　**がご**〔雅語〕

ひこう〔非行〕よくない行い。不良行為。　**ぜんこう**〔善行〕

びこう〔美行〕美しい行い。　**しゅうこう**〔醜行〕

ひこく〔被告〕裁判に訴えられた人。　㋐**げんこく**〔原告〕㋑**さいばんかん**〔裁判官〕**はんじ**〔判事〕**けんさつかん**〔検察官〕**けんじ**〔検事〕**べんごにん**〔弁護人〕

ひこぼし〔彦星〕　→けんぎゅうせい〔牽牛星〕

ひさい〔非才〕　→ぼんさい〔凡才〕

びさい〔微細〕　→びしょう〔微小〕

びざい〔微罪〕ごく軽い罪。　**じゅうざい**〔重罪〕**たいざい**〔大罪〕

ひししょくぶつ〔被子植物〕胚珠《はいしゅ》が子房で包まれている顕花植物。　**らししょくぶつ**〔裸子植物〕

びしてき〔微視的〕肉眼で見分けられないほど、細かいさま。　**きょしてき**〔巨視的〕

びじゃく〔微弱〕かすかで弱いこと。　**きょうれつ**〔強烈〕

ひしゅうしょくご〔被修飾語〕上接する語句で意義を限定される語。　**しゅうしょくご**〔修飾語〕

ひしょ〔避暑〕暑さを避けること。　**ひかん**〔避寒〕

びじょ〔美女〕　→びじん〔美人〕

ひしょう〔卑小〕卑しくてつまらないこと。　**いだい**〔偉大〕**えんだい**〔遠大〕**ゆうだい**〔雄大〕**こうだい**〔高大〕

ひしょう〔卑称〕自分や他人を卑しめていう言い方。　**そんしょう**〔尊称〕

ひじょう〔非常〕ふだんと異なること。普通でないこと。　**つうじょう**〔通常〕**へいじょう**〔平常〕**へいぜい**〔平生〕

ひじょう〔非情〕①人間らしい温かさを持っていないこと。②感情を持たない木や石の類。無情。　①**おんじょう**〔温情〕②**うじょう**〔有情〕

びしょう〔微小〕極めて小さいこと。	**きょだい**〔巨大〕
びしょう〔微少〕極めて少ないこと。僅少《きんしょう》。	**ただい**〔多大〕
びしょう〔微笑〕かすかに笑うこと。ほほえみ。	**たいしょう**〔大笑〕**こうしょう**〔哄笑〕**おおわらい**〔大笑い〕**たかわらい**〔高笑い〕
ひじょうじ〔非常時〕戦争など重大な事態に陥ったとき。	**へいじ**〔平時〕**へいじょう**〔平常〕**へいぜい**〔平生〕
ひじょうしき〔非常識〕常識にかなっていないこと。常識外れ。	**じょうしき（てき）**〔常識（的）〕
びしょく〔美食〕うまい物ばかり食べること。	**そしょく**〔粗食〕
びじん〔美人〕顔かたちの美しい女性。美女。	㋐**ふびじん**〔不美人〕**しゅうじょ**〔醜女〕**あくじょ**〔悪女〕**ぶおんな**〔醜女〕**しこめ**〔醜女〕㋑**びだ（な）ん（し）**〔美男（子）〕**いろおとこ**〔色男〕
びせい〔美声〕きれいな声。	**あくせい**〔悪声〕
ひせん〔卑賤〕身分や地位が低くて卑しいこと。	**こうき**〔高貴〕**そんき**〔尊貴〕
ひせん〔非戦〕戦争に加わらないこと。	**さんせん**〔参戦〕
ひせんきょけん〔被選挙権〕候補者として立候補し、選挙される権利。	**せんきょけん**〔選挙権〕
ひぞう〔秘蔵〕大切にしまいこんでおくこと。	**こうかい**〔公開〕**ちんれつ**〔陳列〕**かいちん**〔開陳〕
びぞう〔微増〕わずかにふえること。	㋐**びげん**〔微減〕㋑**げきぞう**〔激増〕

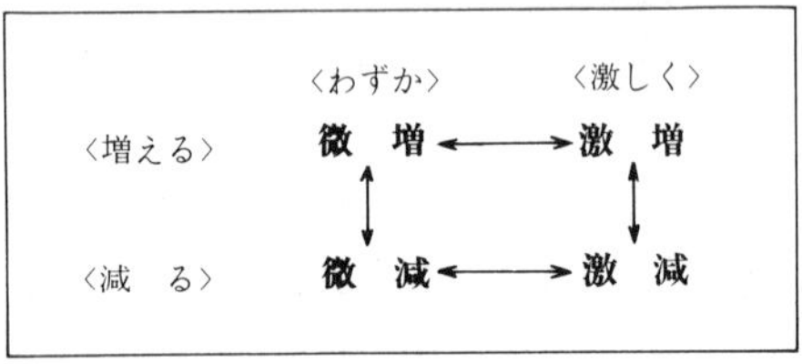

ひそか〔密か〕人目を避けてこっそりとするさま。内緒。	**あらわ**〔露〕**おおっぴら**〔大っぴら〕
ひぞく〔卑俗〕	→ていぞく〔低俗〕
ひぞく〔卑属〕親族のうち、目下の者。子・孫など。	**そんぞく**〔尊属〕
ひそひそばなし〔ひそひそ話〕他人に聞こえないように、小声でする話。	**たかばなし**〔高話〕
ひそむ〔潜む〕隠れて姿を見せない。	**あらわれる**〔現れる〕
ひそめる〔潜める〕外へ現れないよう	**あらわす**〔現す・表す〕

にする。隠す。

ひだい〔肥大〕組織が、膨れて大きくなること。
いしゅく〔萎縮〕

ひだり〔左〕
みぎ〔右〕

ひだりあし〔左足・左脚〕
㋐**みぎあし**〔右足・右脚〕㋑**ひだりて**〔左手〕**ひだりうで**〔左腕〕

ひだりうで〔左腕〕
㋐**みぎうで**〔右腕〕**うわん**〔右腕〕㋑**ひだりあし**〔左脚〕

ひだりがわ〔左側〕
みぎがわ〔右側〕**うそく**〔右側〕

ひだりきき〔左利き〕右手よりも左手の方がよくきくこと。
みぎきき〔右利き〕

ひだりて〔左手〕①左の手。②左の方。
①㋐**みぎて**〔右手〕㋑**ひだりあし**〔左足・左脚〕②**みぎて**〔右手〕

ひだりまわり〔左回り〕時計の針と反対方向に回ること。
みぎまわり〔右回り〕

ひだりむき〔左向き〕左へ向くこと。
みぎむき〔右向き〕

ひだりよつ〔左四つ〕相撲で、互いに左手を相手の右手の下に組んだ体勢。
みぎよつ〔右四つ〕

ひだりより〔左寄り〕左の方へ寄ること。左翼的。
みぎより〔右寄り〕

びだん（し）〔美男（子）〕顔かたちの優れた男性。好男子。色男。
㋐**ぶおとこ**〔醜男〕㋑**びじん**〔美人〕**びじょ**〔美女〕

びだん〔美談〕立派な行いに関する、心打たれる話。佳話。
しゅうぶん〔醜聞〕

びちく〔備蓄〕非常に備えて蓄えておくこと。
ほうしゅつ〔放出〕

ひっか〔筆禍〕書いた文章がもとで、わざわいを受けること。
ぜっか〔舌禍〕

ひっき〔筆記〕文字で書きしるすこと。
こうじゅつ〔口述〕

ひっきたい〔筆記体〕筆記用の字体。
かつじたい〔活字体〕

ビッグ〔big〕大きい。
スモール〔small〕**リトル**〔little〕

ひっくりかえる〔ひっくり返る〕
おきあがる〔起き上がる〕

びっくり　突然で驚くさま。
へいき〔平気〕

ひっこみじあん〔引っ込み思案〕進んで物事をしない性質。尻込み。
でしゃばり〔出しゃ張り〕

ひっこむ〔引っ込む〕①内部に退く。②内側にへこむ。
①**でしゃばる**〔出しゃ張る〕②**でっぱる**〔出っ張る〕**つきでる**〔突き出る〕

ひっこめる〔引っ込める〕「手を――」。
つきだす〔突き出す〕**だす**〔出す〕

ひっさん〔筆算〕紙に書いてする計算。
あんざん〔暗算〕**しゅざん**〔珠算〕

ひっしゃ〔筆者〕文章などを書く人。作者。著者。記者。
どくしゃ〔読者〕

ひっしゅうかもく〔必修科目〕その課程で、必ず履習すべき科目。	**せんたくかもく**〔選択科目〕
ひつじゅひん〔必需品〕生活に欠かすことのできない品。	**ぜいたくひん**〔贅沢品〕
ひつぜん〔必然〕必ずそうなるはずのこと。	**ぐうぜん**〔偶然〕
ひっそり（と）「――した通り」。	**ざわざわ（と）　がやがや（と）**
ひったくる〔引ったくる〕	**おしつける**〔押し付ける〕
ぴったり　きっちりと合うさま。	**ちぐはぐ**
ピッチャー〔pitcher〕投手。	㋐**キャッチャー**〔catcher〕㋑**バッター**〔batter〕
ピッチャープレート〔pitcher's plate〕投手板。	**キャッチャーボックス**〔catcher's box〕**バッターボックス**〔batter's box〕
ぴっちり　すきまなく、くっついているさま。ぴったり。	**だぶだぶ**
ピッチング〔pitching〕船が縦に揺れること。縦揺れ。	**ローリング**〔rolling〕
ひっつく〔引っ付く〕	**はなれる**〔離れる〕
ひっとう〔筆答〕質問に、文字に書いて答えること。	**こうとう**〔口答〕
ひっぱりあい〔引っ張り合い〕両方から引っ張り合う。	**おしあい**〔押し合い〕
ひっぱりこむ〔引っ張り込む〕	→ひきずりこむ〔引き摺り込む〕
ひっぱりだす〔引っ張り出す〕	→ひきずりだす〔引き摺り出す〕
ヒップ〔hip〕女性の腰の部分。腰まわり。	**バスト**〔bast〕**ウエスト**〔waist〕
ひっぽう〔筆鋒〕筆の先。文章の鋭さ。	**ぜっぽう**〔舌鋒〕
ひつめい〔筆名〕作家などが、文章を書くときに使う名前。ペンネーム。	**ほんみょう**〔本名〕**じつめい**〔実名〕
ひつめつ〔必滅〕必ず滅びること。	**ふめつ**〔不滅〕
ひつよう〔必要〕必ずいること。	**ふよう**〔不用・不要〕**ふひつよう**〔不必要〕
ひつようじょうけん〔必要条件〕「AならばBである」という命題で、Aに対するB。	**じゅうぶんじょうけん**〔十分条件〕
ひてい〔否定〕そうでないとしりぞけること。打ち消すこと。	**こうてい**〔肯定〕
ひでり〔日照り〕	**あめふり**〔雨降り〕
びてん〔美点〕優れているところ。利点。長所。	**けってん**〔欠点〕**じゃくてん**〔弱点〕**たんしょ**〔短所〕
ひどい〔酷い・非道い〕	→はなはだしい〔甚だしい〕
ひどう〔非道〕道理から外れること。	**どうり**〔道理〕

びとう〔尾灯〕	→こうびとう〔後尾灯〕
ひとえ〔一重〕花びらが、重なっていない花。	**やえ**〔八重〕
ひとえ（もの）〔単衣（物）〕裏を付けない着物。	**あわせ**〔袷〕
ひとおもい〔人思い〕他人のことを心に懸けること。	**じぶんかって**〔自分勝手〕
ひとく〔秘匿〕秘密にして隠しておく。隠蔽《いんぺい》。秘密。	**こうかい**〔公開〕**こうひょう**〔公表〕**はっぴょう**〔発表〕**ばくろ**〔暴露〕
びとく〔美徳〕立派なよい行い。	**あくとく**〔悪徳〕
ひとしい〔等しい〕	**ことなる**〔異なる〕
ひとりじめ〔一人占め・独り占め〕獲物などを、自分ひとりのものにすること。独占。	**やまわけ**〔山分け〕
ひとりもの〔独り者〕結婚していない人。独身者。	**ふうふもの**〔夫婦者〕**しょたいもち**〔所帯持ち〕
ひな〔雛〕卵からかえったばかりの鳥。	**おやどり**〔親鳥〕
ひなか〔日中〕昼間。にっちゅう。	**よなか**〔夜中〕**よふけ**〔夜更け〕
ひなた〔日向〕日光の当たっている所。	**ひかげ**〔日陰〕**かげ**〔陰〕
ひなどり〔雛鳥〕	→ひな〔雛〕
ひなん〔避難〕災難を避けて安全な場所へ移ること。	**そうなん**〔遭難〕
ひなん〔非難〕欠点や過ちをとがめること。	㋐**べんご**〔弁護〕**どうじょう**〔同情〕㋑**しょうさん**〔称賛・賞賛〕**さんたん**〔賛嘆・讃歎〕
びなん〔美男〕	→びだん（し）〔美男（子）〕
ひにく〔皮肉〕意地の悪いあてこすり。	**せじ**〔世辞〕
ひにん〔否認〕事実と認めないこと。	**ぜにん**〔是認〕**しょうにん**〔承認〕
ひにん〔避妊〕わざと妊娠しないようにすること。	**にんしん**〔妊娠〕**じゅたい**〔受胎〕
ひねくれる〔拈くれる〕性質が素直でない。根性《こんじょう》が曲がっている。	**すなお**〔素直〕
ひねちゃ〔ひね茶〕	→こちゃ〔古茶〕
びねつ〔微熱〕体温が平常より少し高いこと。37°C前後の熱。	**こうねつ**〔高熱〕**へいねつ**〔平熱〕
ひねもす 朝から晩まで。一日中。	**よもすがら**〔夜もすがら〕
ひのいり〔日の入り〕	**ひので**〔日の出〕
ひので〔日の出〕	**ひのいり**〔日の入り〕
ひはん〔批判〕物事の良い悪いを判定すること。	**どうじょう**〔同情〕**げいごう**〔迎合〕
ひばん〔非番〕自分の番に当たっていないこと。	**とうばん**〔当番〕

びひん〔備品〕備え付けの品。	**しょうもうひん**〔消耗品〕
ひふ〔皮膚〕体の表面の皮。	**きんにく**〔筋肉〕**こっかく**〔骨格〕
びふう〔微風〕かすかな風。そよかぜ。	**れっぷう**〔烈風〕**しっぷう**〔疾風〕**きょうふう**〔強風〕**ぼうふう**〔暴風〕**はやて**〔疾風〕
びふう〔美風〕よい習わし。良俗。	**あくふう**〔悪風〕**へいふう**〔弊風〕**あくしゅう**〔悪習〕**あくへい**〔悪弊〕
ビフォア〔before〕……の前の。	**アフター**〔after〕
ひふく〔被覆〕覆いかぶせること。	**らしゅつ**〔裸出〕**ろしゅつ**〔露出〕
びふく〔美服〕美しい服装。	**そふく**〔粗服〕
びぶん〔微分〕ある関数の導関数を求めること。	**せきぶん**〔積分〕
びぶん〔美文〕優れた文章。名文。	**あくぶん**〔悪文〕
ひほう〔悲報〕悲しい知らせ。	**ろうほう**〔朗報〕
ひぼう〔誹謗〕そしりののしること。根拠のない悪口を言うこと。	㋐**ついしょう**〔追従〕**あゆ**〔阿諛〕㋑**べんご**〔弁護〕
びぼう〔美貌〕美しい顔かたち。	**しゅうぼう**〔醜貌〕
ひぼし〔日干し〕日光で直接乾かすこと。ひなた干し。	**かげぼし**〔陰干し〕
ひぼん〔非凡〕特に優れていること。	**へいぼん**〔平凡〕
ひま〔暇〕手がすいていること。	**いそがしい**〔忙しい〕**せわしい**〔忙しい〕
ひまご〔曾孫〕孫の子。そうそん。	**ひいじじ**〔曾祖父〕**ひいばば**〔曾祖母〕
ひまん〔肥満〕太り過ぎていること。	**そうしん**〔痩身〕
ひみつ〔秘密〕人に知られないように包み隠すこと。秘匿《ひとく》。	**こうかい**〔公開〕**こうぜん**〔公然〕
ひめい〔悲鳴〕悲しみや驚きのために発する叫び声。	**かんせい**〔歓声〕
びめい〔美名〕良い評判。名声。	**あくめい**〔悪名〕**しゅうめい**〔醜名〕**あくひょう**〔悪評〕**しゅうぶん**〔醜聞〕
ひめる〔秘める〕人に分からないようにする。隠す。	**あらわす**〔現す・表す〕**あかす**〔明かす〕**あばく**〔暴く〕
ひめん〔罷免〕職務をやめさせること。免職。	**にんめい**〔任命〕
ひもの〔干物〕魚などを干したもの。乾物《かんぶつ》。	**なまもの**〔生物〕
ひやく〔飛躍〕急速に進むこと。	**ぜんしん**〔漸進〕
びゃく〔白〕	→はく〔白〕
ひやざけ〔冷や酒〕冷たいまま飲む酒。	**かんざけ**〔燗酒〕
ひやす〔冷やす〕冷えるようにする。	**あたためる**〔暖める・温める〕**ぬく**

冷たくする。
める〔温める〕**ねっする**〔熱する〕

ひゃっかてん〔百貨店〕多種類の商品を売る、大規模な小売店。デパート。
せんもんてん〔専門店〕

ひやとい〔日雇い〕その日だけの約束で働く人。臨時雇い。
じょうやとい〔常雇い〕

ひやひや　不安を感じるさま。
ほっと

ひやめし〔冷や飯〕炊いてから時間がたって、冷たくなった飯。
ぬくめし〔温飯〕

ひややか〔冷やか〕
あたたか〔暖か・温か〕

ひややっこ〔冷や奴〕生の豆腐を冷水に浸し、醤油《しょうゆ》と薬味で食べるもの。
ゆどうふ〔湯豆腐〕

びゅうびゅう（と） 風が激しく吹くさま。
そよそよ（と）

ひょう〔表〕①おもて。②要点が一目で分かるようにまとめて表すもの。
①**り**〔裏〕②**ず**〔図〕

ひょういもじ〔表意文字〕漢字のように、特定の意味を表す文字。
ひょうおんもじ〔表音文字〕

ひょうおんもじ〔表音文字〕仮名のように、音を表す文字。
ひょういもじ〔表意文字〕

ひょうがいかんじ〔表外漢字〕「常用漢字表」に含まれない漢字。
じょうようかんじ〔常用漢字〕

びょうき〔病気〕
げんき〔元気〕**けんこう**〔健康〕

ひょうきん〔剽軽〕気軽で、おどけたさま。
きんげん〔謹厳〕

ひょうけつ〔氷結〕
→けっぴょう〔結氷〕

びょうじゃく〔病弱〕病気がちで体が弱いこと。虚弱。
きょうけん〔強健〕**そうけん**〔壮健〕**がんけん**〔頑健〕**けんこう**〔健康〕**げんき**〔元気〕**じょうぶ**〔丈夫〕**きょうそう**〔強壮〕

ひょうじゅんご〔標準語〕国語の基範となる全国共通のことば。
ほうげん〔方言〕

ひょうしょう〔表彰〕善行をほめて広く知らせること。
ちょうかい〔懲戒〕**ちょうばつ**〔懲罰〕

びょうしん〔秒針〕時計の秒を示す針。
ふんしん〔分針〕**ちょうしん**〔長針〕**じしん**〔時針〕**たんしん**〔短針〕

ひょうそう〔表層〕表面の層。うわべ。
しんそう〔深層〕

びょうてき〔病的〕心身が正常でないさま。
けんぜん〔健全〕

びょうどう〔平等〕すべて等しく一切の差別がないこと。
ふびょうどう〔不平等〕**さべつ**〔差別〕

びょうにん〔病人〕病気にかかっている人。
㋐**けんじょうしゃ**〔健常者〕㋑**いし**〔医師〕**いしゃ**〔医者〕**かんごふ**

〔看護婦〕

ひょうひ〔表皮〕動物や植物の体の表面を覆う層。
しんぴ〔真皮〕

ひょうほんちょうさ〔標本調査〕
→ちゅうしつちょうさ〔抽出調査〕

ひょうめん〔表面〕外から見える面。おもて。うわべ。
㋐**りめん**〔裏面〕**うら**〔裏〕㋑**ないじつ**〔内実〕**なかみ**〔中身・中味〕

ひよく〔肥沃〕土地がよく肥えていること。
ふもう〔不毛〕**こうぶ**〔荒蕪〕

びよく〔尾翼〕飛行機の胴体の後ろにあるつばさ。
しゅよく〔主翼〕

ひょっとして
→もしかすると

ひより〔日和〕よい天気。
あめふり〔雨降り〕

ひよわい〔ひ弱い〕
→よわよわしい〔弱々しい〕

ひら〔平〕ふつう。並み。特別な地位に着いていないこと。
やくづき〔役付き〕

ひらがな〔平仮名〕
かたかな〔片仮名〕**かんじ**〔漢字〕

ひらきど〔開き戸〕前後に開閉する戸。
ひきど〔引き戸〕

ひらきなおる〔開き直る〕非を認めずに、ふてぶてしい態度をとる。
わびる〔詫びる〕

ひらく〔開く〕㊀【自動】①「戸が――」。②「点差が――」。③「花が――」。㊁【他動】①「門を――」。②「口を――」。③「目を――」。④「包みを――」。⑤「カメラの絞りを――」。
㊀①**しまる**〔締まる・閉まる〕②**ちぢまる**〔縮まる〕**つまる**〔詰まる〕③**しぼむ**〔凋む・萎む〕**すぼむ・つぼむ**〔窄む〕㊁①**とざす**〔閉ざす〕**とじる**〔閉じる〕**しめる**〔締める・閉める〕②**とざす**〔閉ざす〕**つぐむ**〔噤む〕③**とじる**〔閉じる〕**つぶる**〔瞑る〕④**つつむ**〔包む〕⑤**しぼる**〔絞る〕

ひらける〔開ける〕
→ひらく〔開く〕㊀

ひらじろ〔平城〕平地に築かれた城。
やまじろ〔山城〕

ひりき〔非力〕力がないこと。能力に乏しいこと。微力。
ゆうりょく〔有力〕**きょうりょく**〔強力〕

びりょう〔微量〕極めてわずかの量。
たりょう〔多量〕**たいりょう**〔大量〕

びりょく〔微力〕力が極めて弱いこと。能力に乏しいこと。非力《ひりき》。
きょうりょく〔強力〕**ゆうりょく**〔有力〕

ひる〔昼〕
よる〔夜〕**あさ**〔朝〕**ゆう**〔夕〕**ばん**〔晩〕

ひる〔干る〕潮がひく。
みちる〔満ちる〕

ひるげ〔昼餉〕ひるごはん。
あさげ〔朝餉〕**ゆうげ**〔夕餉〕

ひるごはん〔昼御飯〕
あさごはん〔朝御飯〕**ゆうごはん**〔夕御飯〕**ばんごはん**〔晩御飯〕

ひるすぎ〔昼過ぎ〕
ひるまえ〔昼前〕

ひるひなか〔昼日中〕
→ひるま〔昼間〕

ひるま〔昼間〕	**よなか**〔夜中〕**やかん**〔夜間〕
ひるまえ〔昼前〕	**ひるすぎ**〔昼過ぎ〕
ひるめし〔昼飯〕	**あさめし**〔朝飯〕**ゆうめし**〔夕飯〕**ばんめし**〔晩飯〕
ひれい〔比例〕	→せいひれい〔正比例〕
びれい〔美麗〕美しく、きれいなこと。	**しゅうあく**〔醜悪〕
ひれつ〔卑劣〕性行が、劣って卑しいこと。低劣。	**こうけつ**〔高潔〕
ひろい〔広い〕	**せまい**〔狭い〕
ヒロイン〔heroine〕女傑。小説などの女主人公。	**ヒーロー**〔hero〕
ひろう〔拾う〕①「ごみを――」。②「お金を――」。	①**すてる**〔捨てる〕②**おとす**〔落とす〕
ひろがる〔広がる〕広くなる。	**せばまる**〔狭まる〕**すぼまる**〔窄まる〕
びろく〔微禄〕わずかな給与。薄給。	**こうろく**〔高禄〕
ひろげる〔広げる〕①「間口を――」。②「ふろしきを――」。③「巻き物を――」。	①**せばめる**〔狭める〕**すぼめる**〔窄める〕**しぼる**〔搾る〕②**たたむ**〔畳む〕③**まく**〔巻く〕
ひろはば〔広幅〕反物などで、普通より幅の広いもの。	**なみはば**〔並幅〕
ひわ〔悲話〕涙を誘う悲しい話。	**ろうわ**〔朗話〕
ひん〔貧〕まずしい。	**ふ**〔富〕
びん〔敏〕すばやい。かしこい。	**どん**〔鈍〕
ピン〔pinta ポルトガル〕第1番。最上。	**キリ**〔cruz ポルトガル〕
ひんか〔貧家〕貧しい家。	**ふか・ふうか**〔富家〕**ごうか**〔豪家〕
びんかん〔敏感〕感じ方が鋭いこと。	**どんかん**〔鈍感〕
ひんきゅう〔貧窮〕	→ひんこん〔貧困〕
ひんく〔貧苦〕	→ひんこん〔貧困〕
ひんこん〔貧困〕貧しくて生活に困ること。貧窮。貧苦。	**ふゆう**〔富裕〕**ゆうふく**〔裕福〕
ひんじゃ〔貧者〕	→ひんみん〔貧民〕
ひんじゃく〔貧弱〕弱々しく、みすぼらしいこと。	**ごうか**〔豪華〕**せいだい**〔盛大〕**りっぱ**〔立派〕
びんしょう〔敏捷〕きびきびしてすばやいさま。敏活。	**かんまん**〔緩慢〕**どんじゅう**〔鈍重〕**ちどん**〔遅鈍〕
ひんせん〔貧賤〕貧しくて身分が低いこと。	**ふうき**〔富貴〕
ひんそう〔貧相〕いかにもみすぼらしいさま。	**ふくそう**〔福相〕
びんそく〔敏速〕	→びんしょう〔敏捷〕
ひんだ〔貧打〕野球で、打撃が振るわないこと。	**こうだ**〔好打〕**きょうだ**〔強打〕

ピンチ〔pinch〕競技などで、危ない場面。危機。	**チャンス**〔chance〕
ひんのう〔貧農〕貧しい農民。	**ふのう**〔富農〕**ごうのう**〔豪農〕
ひんぱつ〔頻発〕	→ぞくはつ〔続発〕
ぴんぴん（と）元気で活発なさま。	**ぐったり**（と）
びんぼう〔貧乏〕貧しいこと。	**ゆうふく**〔裕福〕**ふゆう**〔富裕〕**かねもち**〔金持ち〕
びんぼうがみ〔貧乏神〕家に宿って、その家を貧しくする神。	**ふくのかみ**〔福の神〕
びんぼうにん〔貧乏人〕貧しい人。貧者。	**かねもち**〔金持ち〕**ぶげんしゃ**〔分限者〕**きんまんか**〔金満家〕**ふごう**〔富豪〕**ちょうじゃ**〔長者〕
びんぼうぶるい〔貧乏震い〕いじけたふうに、体を震わすこと。	**むしゃぶるい**〔武者震い〕
ひんみん〔貧民〕貧しい人々。貧者。細民。	**ふしゃ**〔富者〕**ふごう**〔富豪〕**ふみん**〔富民〕**かねもち**〔金持ち〕
ひんやり（と）冷たさを感じるさま。	**ほかほか**（と）　**ぽかぽか**（と）

ふ

ふ〔俯〕うつむく。	**ぎょう**〔仰〕
ふ〔夫〕おっと。おとこ。	**ふ**〔婦〕**さい**〔妻〕
ふ〔婦〕おんな。つま。	**ふ**〔夫〕
ふ〔富〕とむ。豊かになる。	**ひん**〔貧〕
ふ〔浮〕うく。うかぶ。	**ちん**〔沈〕
ふ〔父〕ちち。男親。	㋐**ぼ**〔母〕㋑**し**〔子〕
ふ〔負〕①まける。②マイナス。	①**しょう**〔勝〕②**せい**〔正〕
ぶ〔武〕軍事。	**ぶん**〔文〕
ファーザー〔father〕①父。②カトリックの神父。	①**マザー**〔mather〕②**シスター**〔sister〕
ファースト〔first〕第一。最初。	**ラスト**〔last〕
ファーストランナー〔first runner〕リレー競技で、最初に走る選手。	**アンカー**〔anchor〕
ファウル〔foul〕野球で、打球が１塁線と３塁線の外に出ること。	**フェア**〔fair〕
ふあたり〔不当たり〕興行などで、客が集まらないこと。不入り。	**おおあたり**〔大当たり〕
ぶあつい〔分厚い〕「――ノート」。	**うすっぺら**〔薄っぺら〕
ふあん〔不安〕気がかりなこと。心配。	**あんしん**〔安心〕
フィールドきょうぎ〔field 競技〕陸上競技で、トラックの内側の広い場所で行う競技。跳躍・投擲《とうてき》。	**トラックきょうぎ**〔track 競技〕
フィクション〔fiction〕作り話。虚構。	**ノンフィクション**〔nonfiction〕

ふいり〔不入り〕入場客が集まらないこと。	**おおいり**〔大入り〕
ふうあつ〔風圧〕風の圧力。	**すいあつ**〔水圧〕
ふうか〔富家〕金持ち。財産家。資産家。ふか。	**ひんか**〔貧家〕
ふうがわり〔風変わり〕様子が普通と異なるさま。	**ありきたり**〔在り来たり〕**つきなみ**〔月並み〕
ふうかん〔封緘〕閉じて封をすること。厳封。	**かいふう**〔開封〕
ふうき〔富貴〕金持ちで身分が高いこと。ふっき。	**ひんせん**〔貧賤〕
ふうけいが〔風景画〕自然の景色を描いた絵。	**じんぶつが**〔人物画〕**せいぶつが**〔静物画〕
ふうさ〔封鎖〕出入りできないように閉ざすこと。	**かいほう**〔開放〕
ふうしゃ〔風車〕風の力で回る仕掛けの車。	**すいしゃ**〔水車〕
ふうそう〔風葬〕遺体を風雨にさらし、自然に任せる葬り方。	**どそう**〔土葬〕**すいそう**〔水葬〕**かそう**〔火葬〕
ブーツ〔boots〕長靴。	**シューズ**〔shoes〕
ふうふもの〔夫婦者〕夫婦ひと組の人。所帯持ち。	**ひとりもの**〔一人者・独り者〕
ふうん〔不運〕巡り合わせが悪いこと。	**こううん**〔幸運〕**うん**〔運〕
フェア〔fair〕野球で、打球が1塁線と3塁線の間に入ること。	**ファウル**〔foul〕
フェードアウト〔fade-out〕映画などで、画面をしだいに暗くして、画像を消す方法。溶暗。	**フェードイン**〔fade-in〕
フェードイン〔fade-in〕映画などで、暗い画面をしだいに明るくする方法。溶明。	**フェードアウト**〔fade-out〕
ふえて〔不得手〕不得意。苦手。	**えて**〔得手〕**おはこ**〔十八番〕
ふえる〔増える・殖える〕	**へる**〔減る〕
フォアハンド〔forehand〕テニス・卓球などで、自分のきき腕の側で球を打つこと。	**バックハンド**〔backhand〕
ぶおとこ〔醜男〕顔かたちのみにくい男。	㋐**ぶおんな**〔醜女〕**しこめ**〔醜女〕㋑**いろおとこ**〔色男〕**びだんし**〔美男子〕
フォルテ〔forte イタリア〕音楽で、「強く」の記号。f 。	**ピアノ**〔piano イタリア〕
フォルティシモ〔fortissimo イタリア〕音楽で、「極めて強く」の記号。ff。	**ピアニシモ**〔pianissimo イタリア〕

ふおん〔不穏〕穏やかでないこと。険悪。　へいおん〔平穏〕おんとう〔穏当〕
ぶおんな〔醜女〕顔かたちのみにくい女。しこめ。　㋐ぶおとこ〔醜男〕㋑べっぴん〔別嬪〕いろおんな〔色女〕びじん〔美人〕
ふか〔不可〕よくないこと。　か〔可〕
ふか〔付加〕付け加えること。添加。追加。　さくじょ〔削除〕
ふか〔富家〕　→ふうか〔富家〕
ぶか〔部下〕目下の人。配下。手下。　じょうし〔上司〕じょうかん〔上官〕どうりょう〔同僚〕
ふかい〔深い〕　あさい〔浅い〕
ふかい〔不快〕快くないこと。不愉快。　ゆかい〔愉快〕かいてき〔快適〕
ぶかい〔部会〕それぞれの部門に分かれて行う会。　そうかい〔総会〕いいんかい〔委員会〕
ぶがい〔部外〕ある部に属していないこと。　ぶない〔部内〕
ふかく〔俯角〕目の高さより下の物を見るとき、物と目の高さとの間の角度。　ぎょうかく〔仰角〕
ふかで〔深手〕深い傷。重傷。　あさで〔浅手〕
ふかま〔深間〕川などの深い所。深み。　あさせ〔浅瀬〕
ふかん〔不堪〕芸道に優れていないこと。　かんのう〔堪能〕
ふかん〔俯瞰〕高い所から見下ろすこと。　ぎょうぼう〔仰望〕
ぶかん〔武官〕軍事にたずさわる役人。　ぶんかん〔文官〕
ふかんしへい〔不換紙幣〕金貨や銀貨と交換する保証のない紙幣。　だかんしへい〔兌換紙幣〕
ふぎ〔不義〕正しい道から外れること。　せいぎ〔正義〕
ふきあれる〔吹き荒れる〕　→ふきすさぶ〔吹き荒ぶ〕
ふきかける〔吹き掛ける〕「息を――」。　すいこむ〔吸い込む〕
ふきげん〔不機嫌〕機嫌が悪いこと。　じょうきげん〔上機嫌〕
ふきこむ〔吹き込む〕吹いて中へ入れる。　㋐ふきだす〔吹き出す〕㋑すいこむ〔吸い込む〕㋒すいだす〔吸い出す〕
ふきすさぶ〔吹き荒ぶ〕風が、荒々しく吹く。　そよふく〔そよ吹く〕
ふきそ〔不起訴〕犯罪について調べた結果、裁判に訴えないと決めること。　きそ〔起訴〕きそゆうよ〔起訴猶予〕
ふきそうじ〔拭き掃除〕ぞうきんでふいてきれいに掃除すること。　はきそうじ〔掃き掃除〕
ふきそくどうし〔不規則動詞〕英語　きそくどうし〔規則動詞〕

などで、語尾変化が不規則な動詞。

ふきだす〔吹き出す〕吹いて外へ出す。　㋐ふきこむ〔吹き込む〕㋑すいだす〔吸い出す〕㋒すいこむ〔吸い込む〕

ふきちらす〔吹き散らす〕　ふきよせる〔吹き寄せる〕すいよせる〔吸い寄せる〕

ふきゅう〔不急〕差し迫っていないこと。　かきゅう〔火急〕

ふきゅうばん〔普及版〕書籍などで、装訂を簡略化し定価を安くしたもの。　ごうかばん〔豪華版〕

ふきょう〔不況〕景気が悪いこと。不景気。　こうきょう〔好況〕かっきょう〔活況〕せいきょう〔盛況〕

ふきょく〔負極〕電池などの、マイナス極。　せいきょく〔正極〕

ふきよせる〔吹き寄せる〕　ふきちらす〔吹き散らす〕

ふぎり〔不義理〕義理にそむくこと。　ぎりだて〔義理立て〕

ぶきりょう〔不器量・無器量〕特に女性で、顔かたちが醜いこと。　きりょうよし〔器量好し〕

ふきん〔付近〕近く。そのあたり。　えんぽう〔遠方〕

ふく〔伏〕ふせる。うつむく。　き〔起〕ぎょう〔仰〕

ふく〔副〕そえもの。　せい〔正〕しゅ〔主〕

ふく〔復〕かえり。　おう〔往〕

ふく〔福〕幸い。幸せ。　か〔禍〕わざわい〔災い・禍〕

ふく〔腹〕はら。　はい〔背〕

ふく〔複〕ふたつ以上。　たん〔単〕

ふくあん〔腹案〕人に示さずに心の中に持っている計画。私案。　せいあん〔成案〕

ふくいん〔副因〕中心でない原因。　しゅいん〔主因〕

ふくいん〔復員〕兵士などが、任務を解かれて家に帰ること。　どういん〔動員〕

ふくえん〔復縁〕離縁した者が、元の関係に戻ること。　りえん〔離縁〕

ふくが〔伏臥〕うつぶせに寝転がること。　ぎょうが〔仰臥〕おうが〔横臥〕

ふくがく〔復学〕休学・停学などの学生・生徒が、再び学校に行くこと。　きゅうがく〔休学〕ていがく〔停学〕たいがく〔退学〕

ふくがん〔複眼〕トンボなどに見られる、小さな個眼が束状に集まった眼。　たんがん〔単眼〕

ふくぎょう〔副業〕本業以外にする仕事。内職。　ほんぎょう〔本業〕

ふくごう〔複合〕ふたつ以上のものが、集まってひとつになること。　たんいつ〔単一〕

ふくごうご〔複合語〕ふたつ以上の　たんじゅんご〔単純語〕

語が結合して出来た語。

ふくさ〔副査〕主査を助けて審査する人。　**しゅさ**〔主査〕

ふくざつ〔複雑〕物事が込み入っていて面倒なさま。　**たんじゅん**〔単純〕**かんたん**〔簡単〕**たんちょう**〔単調〕

ふくさんぶつ〔副産物〕ある製品を造る過程で、付随して造られる物質。　**しゅさんぶつ**〔主産物〕

ふくし〔副使〕正式の使者に付き従う使者。　**せいし**〔正使〕

ふくしき〔複式〕2個以上からなる方式。　**たんしき**〔単式〕

ふくしきこきゅう〔腹式呼吸〕腹部を伸縮させてする深い呼吸。　**きょうしきこきゅう**〔胸式呼吸〕

ふくしきぼき〔複式簿記〕すべての取引について、借り方と貸し方に記帳する簿記の方式。　**たんしきぼき**〔単式簿記〕

ふくしゅう〔復習〕習ったことを、後でもう一度学習すること。　**よしゅう**〔予習〕

ふくじゅう〔服従〕他人の言うままに従うこと。　**はんこう**〔反抗〕**はんぎゃく**〔反逆〕

ふくしょく〔副職〕本職以外に持っている職。内職。　**ほんしょく**〔本職〕

ふくしょく〔副食〕主食に添えて食べるもの。おかず。　**しゅしょく**〔主食〕

ふくしょく〔復職〕元の職務に戻ること。　**きゅうしょく**〔休職〕**ていしょく**〔停職〕**たいしょく**〔退職〕**りしょく**〔離職〕

ふくしん〔副審〕主審を助けて審判する人。　**しゅしん**〔主審〕

ふくしん〔復信〕　→へんしん〔返信〕

ふくすう〔複数〕ふたつ以上の数。　**たんすう**〔単数〕

ふくせい〔復姓〕一度変わった苗字《みょうじ》が再び元に戻ること。　**かいせい**〔改姓〕

ふくせい〔複製〕実物をまねて作ったもの。　**じつぶつ**〔実物〕**ほんもの**〔本物〕

ふくせいが〔複製画〕元の絵と同じように作った絵。　**げんが**〔原画〕

ふくせき〔復籍〕元の戸籍に戻ること。　**じょせき**〔除籍〕

ふくせん〔複線〕鉄道で、上りと下りの軌道が別になっているもの。　**たんせん**〔単線〕**ふくふくせん**〔複複線〕

ふくそう〔福相〕めでたい感じの人相。　**ひんそう**〔貧相〕

ふくだい〔副題〕書物などの標題のわきに添えた題目。サブタイトル。　**しゅだい**〔主題〕

ふくちょう〔復調〕悪くなった調子が元に戻ること。 **へんちょう**〔変調〕

ふくつ〔不屈〕困難にくじけないこと。 **くっぷく**〔屈伏〕

ふくとう〔復党〕離れた党に戻ること。 **りとう**〔離党〕**だっとう**〔脱党〕

ふくどく〔服毒〕毒を飲むこと。 **げどく**〔解毒〕

ふくのかみ〔福の神〕幸せを授けるという神。 **びんぼうがみ**〔貧乏神〕

ふくはい〔復配〕無配であった株式の配当を復活すること。 **むはい**〔無配〕

ぶくぶく（に）太ってしまりのないさま。 **がっしり**（と） **がりがり**（に） **げっそり**（と）

ふくふくせん〔複々線〕鉄道で、複線を２組並列したもの。 **ふくせん**〔複線〕**たんせん**〔単線〕

ふくぶん〔副文〕主となる文に付け加えた文。 **ほんぶん**〔本文〕**しゅぶん**〔主文〕

ふくぶん〔複文〕主語・述語の結び付いたものが、さらに文全体の主部・述部を形成する構造の文。 **たんぶん**〔単文〕**じゅうぶん**〔重文〕

ふくほん〔副本〕①原本の写し。②正本と同じ内容を写したもの。 ①**げんぽん**〔原本〕②**せいほん**〔正本〕

ふくむ〔含む〕「家族を——」。 **のぞく**〔除く〕

ふくよう〔複葉〕シダなど、小さい葉がいくつも集まって全体でひとつの葉を形成するもの。 **たんよう**〔単葉〕

ふくらむ〔膨らむ・脹らむ〕①「風船が——」。②「腹が——」。 ①**しぼむ**〔萎む〕②**へこむ**〔凹む〕**すく**〔空く〕**へる**〔減る〕

ふくり〔複利〕元金に利子を加えた額にさらに利子を付ける方法。 **たんり**〔単利〕

ふくれる〔膨れる・脹れる〕 →ふくらむ〔膨らむ・脹らむ〕

ふくろ〔復路〕かえり道。帰路。帰途。 **おうろ**〔往路〕

ふくろこうじ〔袋小路〕先が行き止まりになっている小さい道。 **ぬけろじ**〔抜け露路・抜け路地〕

ふくん〔夫君〕他人の夫の敬称。御主人。旦那。 **ふじん**〔夫人〕

ぶけ〔武家〕武士の家柄。 **くげ**〔公家〕

ふけい〔父兄〕父と兄。保護者。 **してい**〔子弟〕

ふけい〔父系〕父方の血筋。 **ぼけい**〔母系〕

ふけいき〔不景気〕景気が悪いこと。 **こうけいき**〔好景気〕

ふけいざい〔不経済〕無駄な費用がかかること。 **けいざいてき**〔経済的〕

ふけこむ〔老け込む〕すっかり老人らしくなる。老い込む。 **わかがえる**〔若返る〕**わかやぐ**〔若やぐ〕

ふけつ〔不潔〕汚いこと。 **せいけつ**〔清潔〕

ふけやく〔老け役〕演劇などで、老人の役。	**わかやく**〔若役〕
ふけん〔父権〕父親として持つ権利。	**ぼけん**〔母権〕
ぶげんしゃ〔分限者〕	→ざいさんか〔財産家〕
ふこう〔不孝〕親を大切にしないこと。	**こう**〔孝〕**こうこう**〔孝行〕
ふこう〔不幸〕幸せでないこと。不幸せ。	**こう**〔幸〕**こうふく**〔幸福〕**しあわせ**〔幸せ〕**けいじ**〔慶事〕**いわいごと**〔祝い事〕**よろこびごと**〔喜び事・慶び事〕
ふごう〔富豪〕大金持ち。富者。	**ひんみん**〔貧民〕**ひんじゃ**〔貧者〕**さいみん**〔細民〕**びんぼうにん**〔貧乏人〕
ふごう〔符合〕ふたつ以上のものがぴったり合うこと。	**そご**〔齟齬〕
ふさい〔負債〕支払う義務のある借金。借財。	**しさん**〔資産〕
ふざい〔不在〕家にいないこと。るす。	**ざいたく**〔在宅〕
ぶさいく〔不細工〕出来が悪く、見た感じが冴えないこと。	**りっぱ**〔立派〕**みごと**〔見事〕**みやすい**〔見易い〕**みよい**〔見良い〕
ふさがる〔塞がる〕①「部屋が――」。②「電話が――」。	①**すく**〔空く〕**あく**〔空く〕②**つうじる**〔通じる〕
ふさく〔不作〕農作物の出来が悪いこと。凶作。	**ほうさく**〔豊作〕**へいさく**〔平作〕
ふさぐ〔塞ぐ〕「道を――」。	**あける**〔空ける〕**とおす**〔通す〕
ふざける　わざと冗談などを言う。	**すます**〔澄ます〕
ぶさほう〔不作法・無作法〕行儀が悪いこと。無礼。非礼。	**れいぎただしい**〔礼儀正しい〕
ふさわしい〔相応しい〕似つかわしい。	**ふにあい**〔不似合い〕
ふさん〔不参〕参加しないこと。	**さんか**〔参加〕
ふし〔父子〕父と子。	**ぼし**〔母子〕
ふじ〔不時〕	→ひじょうじ〔非常時〕
ぶし〔武士〕さむらい。	**のうみん**〔農民〕**ちょうにん**〔町人〕
ぶじ〔無事〕異常がないこと。	㋐**ゆうじ**〔有事〕㋑**たじ**〔多事〕**たなん**〔多難〕
ふしあわせ〔不幸せ〕不幸。	**しあわせ**〔幸せ〕**こうふく**〔幸福〕
ふじつ〔不実〕①まことの心がないこと。②事実でないこと。	①**せいじつ**〔誠実〕**しんじつ**〔信実〕②**じじつ**〔事実〕
ふしゃ〔富者〕	→ふごう〔富豪〕
ぶしゅさくいん〔部首索引〕漢和辞典の文字を、その部首に従って分類して並べ、所在ページを示したもの。	**そうかくさくいん**〔総画索引〕**おんくんさくいん**〔音訓索引〕
ふしゅび〔不首尾〕結果がよくないこ	**じょうしゅび**〔上首尾〕**せいこう**

と。不成功。失敗。　〔成功〕
ぶしゅびき〔部首引き〕漢字の部首によって引く漢和辞典の引き方。　そうかくびき〔総画引き〕おんくんびき〔音訓引き〕
ふじゅん〔不純〕純粋でないこと。心が素直でないこと。　じゅんすい〔純粋〕じゅんしん〔純真〕
ふじゅん〔不順〕順調でないこと。　じゅんちょう〔順調〕
ふしょう〔負傷〕けがをすること。　ぜんかい〔全快〕ぜんち〔全治〕ちゆ〔治癒〕かいゆ〔快癒〕
ふじょう〔不浄〕清らかでないこと。　せいじょう〔清浄〕
ふじょう〔浮上〕浮かび上がること。水中から水面に出ること。　ちんか〔沈下〕ちんぼつ〔沈没〕せんすい〔潜水〕
ぶしょう〔不精・無精〕怠けがちであること。骨惜しみ。　まめ〔忠実〕
ふしょうぶしょう〔不承不承〕仕方なしに。いやいや。　いいだくだく〔唯々諾々〕
ふしん〔不信〕信じられないこと。　しんよう〔信用〕しんらい〔信頼〕
ふしん〔不振〕勢いが振るわないこと。成績がよくないこと。　りゅうせい〔隆盛〕こうせいせき〔好成績〕
ふじん〔夫人〕他人の妻に対する敬称。　ふくん〔夫君〕
ふじん〔婦人〕一人前の女性。　しんし〔紳士〕
ぶじん〔武人〕武士。軍人。　ぶんじん〔文人〕
ふしんじん〔不信心〕神や仏を信じないこと。　とくしん〔篤信〕
ぶすい〔不粋・無粋〕風流でないさま。やぼ。　すい〔粋〕
ふずいいきん〔不随意筋〕意志のままに動かせない筋肉。　ずいいきん〔随意筋〕
ふすう〔負数〕マイナスの数。　せいすう〔正数〕
ふせい〔不正〕正しくないこと。　せいとう〔正当〕
ふせい〔父性〕父としての性質。　ぼせい〔母性〕
ぶぜい〔無勢〕人数が極めて少ないこと。　たぜい〔多勢〕おおぜい〔大勢〕
ふせいあい〔父性愛〕父の子に対する愛。　ぼせいあい〔母性愛〕
ふせいせき〔不成績〕成績がよくないこと。　こうせいせき〔好成績〕
ふせぎとめる〔防ぎ止める〕　せめやぶる〔攻め破る〕せめおとす〔攻め落とす〕
ふせぐ〔防ぐ〕　せめる〔攻める〕おそう〔襲う〕
ふせる〔伏せる・臥せる〕①下を向く。うつむく。②腹ばいになって横たわる。③知らせないようにする。　①あおぐ〔仰ぐ〕②たつ〔立つ・起つ〕おきる〔起きる〕③しらせる〔知らせる〕
ふせん〔不戦〕戦いに加わらないこと。　さんせん〔参戦〕こうせん〔交戦〕

非戦。

ふぜん〔不善〕よくないこと。悪。 **ぜん**〔善〕

ふせんしょう〔不戦勝〕相手の棄権で、試合せずに勝ちとなること。 **ふせんぱい**〔不戦敗〕

ふせんぱい〔不戦敗〕棄権して、試合せずに負けとなること。 **ふせんしょう**〔不戦勝〕

ふそ〔父祖〕 →せんぞ〔先祖〕

ふそく〔不足〕足りないこと。満足しないこと。 **じゅうそく**〔充足〕**まんぞく**〔満足〕**じゅうぶん**〔十分・充分〕**かじょう**〔過剰〕**ちょうか**〔超過〕**か**〔過〕

ふそく〔付則〕規則を補うために付け加えた決まり。 **ほんそく**〔本則〕

ふそくきん〔不足金〕足りない金銭。 **ざんきん**〔残金〕**じょうよきん**〔剰余金〕

ふぞくご〔付属語〕単独で文節を構成せずに、自立語の後に付いて意味を添える語。 **じりつご**〔自立語〕

ふそくぶん〔不足分〕足りない分。 **よぶん**〔余分〕

ふそん〔不遜〕思い上がっているさま。 **けんそん**〔謙遜〕**けんきょ**〔謙虚〕

ふた〔蓋〕 **み**〔身〕

ふだい〔譜代〕江戸時代、元から徳川家に仕えていた家来。 **とざま**〔外様〕**しんぱん**〔親藩〕

ぶたい〔舞台〕演技などを行う場所。 ㋐**がくや**〔楽屋〕㋑**きゃくせき**〔客席〕

ふたおや〔二親〕父と母の両方。両親。 **かたおや**〔片親〕

ふたしか〔不確か〕確かでないこと。あやふやなこと。不正確。 **たしか**〔確か〕**かくじつ**〔確実〕**せいかく**〔正確〕

ふたたび〔再び〕もう一度。 **はじめて**〔初めて〕

ふたつへんじ〔二つ返事〕すぐに気持ちよくする返事。 **なまへんじ**〔生返事〕

ぶだん〔武断〕武力で抑えつけてする政治。 **ぶんち・ぶんじ**〔文治〕

ふだんぎ〔不断着・普段着〕 →つねぎ〔常着〕

ふち〔淵〕川の深いところ。 **せ**〔瀬〕**あさせ**〔浅瀬〕

ふちゃく〔不着〕着かないこと。 **とうちゃく**〔到着〕

ふちゅう〔不忠〕主君に真心をもって仕えないこと。 **ちゅう**〔忠〕**ちゅうぎ**〔忠義〕

ふちゅうい〔不注意〕十分気を付けないこと。 **ちゅうい**〔注意〕**ちゅういぶかい**〔注意深い〕

ふちょう〔不調〕調子がよくないこと。変調。 **かいちょう**〔快調〕**じゅんちょう**〔順調〕**こうちょう**〔好調〕

ぶつ〔仏〕ほとけ。 **しん**〔神〕

ふつう〔不通〕道や鉄道などが通じなくなること。	**かいつう**〔開通〕
ふつう〔普通〕特に変わったところがないこと。尋常。	**とくべつ**〔特別〕**とくしゅ**〔特殊〕**いじょう**〔異常〕**とくい**〔特異〕
ふつう（じょうしゃ）けん〔普通（乗車）券〕電車やバスに、乗るたびに買う普通の切符。	**ていき（じょうしゃ）けん**〔定期（乗車）券〕**かいすう（じょうしゃ）けん**〔回数（乗車）券〕
ふつうよきん〔普通預金〕いつでも自由に出し入れができる預金。	**ていきよきん**〔定期預金〕
ふつうれっしゃ〔普通列車〕各駅に停車する列車。	**きゅうこうれっしゃ**〔急行列車〕**とっきゅうれっしゃ**〔特急列車〕
ぶっかく〔仏閣〕	→じいん〔寺院〕
ふっかつ〔復活〕一度廃止したものを再び生かすこと。	**はいし**〔廃止〕
ぶつかる　ぶち当たる。	**よける・さける**〔避ける〕**すれちがう**〔擦れ違う〕
ふっかん〔復刊〕一度やめた新聞や雑誌を再び刊行すること。	**きゅうかん**〔休刊〕**はいかん**〔廃刊〕
ふっき〔富貴〕	→ふうき〔富貴〕
ふっき〔復帰〕元の組織や任務に戻ること。	**りだつ**〔離脱〕**だったい**〔脱退〕
ぶっきょう〔仏教〕釈迦《しゃか》の教え。仏の道。	**しんとう**〔神道〕**キリストきょう**〔Christo ポルトガル教・基督教〕
ぶつぐ〔仏具〕仏を祭るのに使う器具。	**しんぐ**〔神具〕
ふっくら（と）肉付きのよいさま。	**げっそり（と）**　**がりがり（に）**
ふっけん〔復権〕失った権利を取り戻すこと。	**しっけん**〔失権〕
ぶっけん〔物権〕物を支配する権利。	**さいけん**〔債権〕
ふっこ〔復古〕昔の状態に戻すこと。	**かいしん**〔改新〕**かくしん**〔革新〕
ふっこう〔復興〕元どおり盛んになること。再興。再建。	**すいたい**〔衰退〕**すいび**〔衰微〕**かいめつ**〔壊滅・潰滅〕**ぜんめつ**〔全滅〕**ぜんかい**〔全壊・全潰〕
ふつごう〔不都合〕都合が悪いこと。	**こうつごう**〔好都合〕
ぶつじ〔仏事〕仏教の行事。法事。	**しんじ**〔神事〕
ぶっしつ〔物質〕客観的に存在するもの。	**せいしん**〔精神〕**れいこん**〔霊魂〕
ぶっしつてき〔物質的〕金銭や物質にかかわるさま。	**せいしんてき**〔精神的〕
プッシュ〔push〕押す。	**プル**〔pull〕
ぶつぜん〔仏前〕ほとけの前。	**しんぜん**〔神前〕
ぶつだん〔仏壇〕	**かみだな**〔神棚〕
ふってい〔払底〕全部なくなること。	**じゅんたく**〔潤沢〕**ほうふ**〔豊富〕
ふっとう〔沸騰〕煮えたぎること。	㋐**ぎょうけつ**〔凝結〕㋑**ぎょうこ**

	〔凝固〕
ぶつのう〔物納〕税などを物で納めること。	**きんのう**〔金納〕
ぶつばち〔仏罰〕仏から与えられる罰。	**しんばつ**〔神罰〕
ぶつめつ〔仏滅〕陰陽道《おんようどう》で、すべてに不吉であるとされる日。	**たいあん**〔大安〕
ぶつりへんか〔物理変化〕物質の成分はそのままで、状態が変わること。	**かがくへんか**〔化学変化〕
ぶつりりょうほう〔物理療法〕電気や光線などの物理作用で病気を治す方法。	**かがくりょうほう**〔化学療法〕
ふてい〔不定〕決まっていないこと。	**いってい**〔一定〕
ふてい〔不貞〕みさおを守らないこと。	**ていせつ**〔貞節〕**ていしゅく**〔貞淑〕
ふていかんし〔不定冠詞〕英文法などで、名詞を特定しない冠詞。	**ていかんし**〔定冠詞〕
ふてき〔不適〕うまく当てはまらないこと。	**てき**〔適〕**こうてき**〔好適〕**てきとう**〔適当〕**てきにん**〔適任〕**てきせつ**〔適切〕**てきごう**〔適合〕**てきかく**〔適格〕
ふでき〔不出来〕出来が悪いこと。	**じょうでき**〔上出来〕
ふでぶしょう〔筆不精・筆無精〕書くことを面倒がること。	**ふでまめ**〔筆忠実〕
ふてぶてしい〔太々しい・不貞不貞しい〕憎らしいほど図太い。	**しおらしい**
ふでまめ〔筆忠実〕書くことを面倒がらずにすること。	**ふでぶしょう**〔筆不精・筆無精〕
ふとい〔太い〕	**ほそい**〔細い〕
ふとう〔不当〕正しくないこと。道理に合わないこと。不適当。不穏当。	**とう**〔当〕**せいとう**〔正当〕**じゅんとう**〔順当〕**しとう**〔至当〕**だとう**〔妥当〕**てきとう**〔適当〕**おんとう**〔穏当〕
ふどう〔不動〕動かないこと。	**どうよう**〔動揺〕
ふどう〔不同〕同じでないこと。	**どういつ**〔同一〕
ふどうさん〔不動産〕土地・建物など、場所を移せない財産。	**どうさん**〔動産〕
ふどうたい〔不導体〕熱や電気を伝えない物体。絶縁体。	**りょうどうたい**〔良導体〕**どうたい**〔導体〕
ふどうひょう〔浮動票〕直前まで、誰に投票するか決めていない票。	**こていひょう**〔固定票〕
ふとく〔不徳〕人の道に外れていること。不道徳。	**ゆうとく**〔有徳〕**こうとく**〔高徳〕
ふとくい〔不得意〕得意でないこと。不向き。苦手。	**とくい**〔得意〕**おはこ**〔十八番〕

ふとじ〔太字〕太い文字。	**ほそじ**〔細字〕**さいじ**〔細字〕
ふとっぱら〔太っ腹〕度量が大きく、小事にこだわらないこと。	**しんけいしつ**〔神経質〕**けちんぼ（う）**〔けちん坊〕
ふとりじし〔太り肉〕肉付きがよく太っている体。肥満体。	**やせじし**〔痩せ肉〕
ふとる〔太る〕	**ほそる**〔細る〕**やせる**〔痩せる〕
ぶない〔部内〕関係する部の内部。	**ぶがい**〔部外〕
ふなづみ〔船積み〕荷物を船に積むこと。	**りくあげ**〔陸揚げ〕**にあげ**〔荷揚げ〕
ふなれ〔不慣れ・不馴れ〕慣れていないこと。	**なれ**〔慣れ・馴れ〕
ぶなん〔無難〕平凡ながら安全なこと。	**しなん**〔至難〕**たなん**〔多難〕
ふにあい〔不似合い〕ふさわしくないこと。不釣り合い。	**にあい**〔似合い〕**ふさわしい**〔相応しい〕
ふにく〔腐肉〕腐った肉。	**せいにく**〔生肉〕
ふにん〔不妊〕妊娠しないこと。	**にんしん**〔妊娠〕**じゅたい**〔受胎〕
ふにん〔赴任〕勤務地に赴くこと。	**ちゃくにん**〔着任〕
ふねんせい〔不熱性〕燃えない性質。	**かねんせい**〔可燃性〕
ふねんぶつ〔不燃物〕燃えない物。	**かねんぶつ**〔可燃物〕
ふのう〔不能〕できないこと。不可能。	**かのう**〔可能〕
ふのう〔富農〕	→ごうのう〔豪農〕
ふのすう〔負の数〕マイナスの数。	**せいのすう**〔正の数〕
ふはい〔不敗〕	→むはい〔無敗〕
ふはく〔浮薄〕	→けいはく〔軽薄〕
ふび〔不備〕十分備わっていないこと。	**かんび**〔完備〕**ぐび**〔具備〕
ふびじん〔不美人〕顔かたちのよくない女性。醜女。	**びじん**〔美人〕**びじょ**〔美女〕
ふひょう〔不評〕評判がよくないこと。悪い評判。悪評。	**こうひょう**〔好評〕
ふふく〔不服〕不満に思うこと。納得しないこと。	**しょうふく**〔承服〕**なっとく**〔納得〕
ぶぶん〔部分〕全体のなかの、一部。	**ぜんたい**〔全体〕**ぜんぶ**〔全部〕**ぜんぱん**〔全般〕
ぶぶんしょく〔部分食・部分蝕〕一部分が欠けた日食や月食。	**かいきしょく**〔皆既食・皆既蝕〕
ぶぶんてき〔部分的〕一部分についていうさま。	**ぜんぱんてき**〔全般的〕**ぜんたいてき**〔全体的〕**ぜんめんてき**〔全面的〕
ふぶんりつ〔不文律〕文書の形式を備えていない決まり。不文法。	**せいぶんほう**〔成文法〕
ぶべつ〔侮蔑〕	→けいべつ〔軽蔑〕
ふへん〔不偏〕一方に偏らないこと。公正。	**へんこう**〔偏向〕

ふへん〔不変〕変わらないこと。	**へんか**〔変化〕
ふへん〔普遍〕広く行きわたること。すべてに当てはまること。	**とくしゅ**〔特殊〕**とくべつ**〔特別〕
ふべん〔不便〕便利でないこと。	**べんり**〔便利〕
ふほう〔不法〕法に反すること。無法。	**てきほう**〔適法〕**ごうほう**〔合法〕
ふまじめ〔不真面目〕まじめでないこと。	**まじめ**〔真面目〕
ふまん〔不満〕満足しないこと。不平。不服。	**まんぞく**〔満足〕
ふみん〔不眠〕眠らないこと。	**じゅくすい**〔熟睡〕
ふみん〔富民〕	→ふごう〔富豪〕
ふむき〔不向き〕好みや性格に合わないこと。	**むき**〔向き〕
ふめい〔不明〕はっきりと分からないこと。不詳。	**めいはく**〔明白〕
ふめつ〔不滅〕いつまでも滅びないこと。不朽。	**めつぼう**〔滅亡〕**ひつめつ**〔必滅〕
ふもう〔不毛〕土地がやせていて、植物が育たないこと。荒蕪《こうぶ》。	**ひよく**〔肥沃〕
ふもと〔麓〕山のすそ。山麓《さんろく》。	**いただき**〔頂〕**ちょうじょう**〔頂上〕**みね**〔峰〕**ちゅうふく**〔中腹〕
ふやす〔増やす〕	**へらす**〔減らす〕
ふゆ〔冬〕	**なつ**〔夏〕**はる**〔春〕**あき**〔秋〕
ふゆう〔富裕〕豊かでゆとりがあること。金持ち。	**ひんこん**〔貧困〕**ひんきゅう**〔貧窮〕**ひんく**〔貧苦〕**びんぼう**〔貧乏〕
ふゆう〔浮遊・浮游〕水面に浮かびただようこと。	**ちんでん**〔沈殿・沈澱〕
ふゆふく〔冬服〕冬に着る服。	**なつふく**〔夏服〕**あいふく**〔合服・間服〕
ふゆもの〔冬物〕冬に着る衣服。冬着。	**なつもの**〔夏物〕**あいもの**〔合物・間物〕
ふゆやま〔冬山〕冬の山。冬の登山。	**なつやま**〔夏山〕
ふよ〔付与〕資格などを授け与えること。	**はくだつ**〔剝奪〕
ふよう〔不用・不要〕必要がないこと。いらないこと。	**にゅうよう**〔入用〕**いりよう**〔入り用〕**ひつよう**〔必要〕
ふようい〔不用意〕注意や準備が足りないこと。	**よういしゅうとう**〔用意周到〕**ようじんぶかい**〔用心深い〕
ふようじょう〔不養生〕健康に気を付けないこと。不摂生。	**ようじょう**〔養生〕
ぶようじん〔不用心〕注意が足りないこと。	**ようじん**〔用心〕**ようじんぶかい**〔用心深い〕
ふようせい〔不溶性〕溶けない性質。	**かようせい**〔可溶性〕

フライ〔fly〕野球で、高く上がる打球。	**ゴロ　ライナー**〔liner〕
プライベート〔private〕私的な。	**パブリック**〔public〕
ブラザー〔brother〕兄弟。	**シスター**〔sister〕
プラス〔plus〕加える。正の数。	**マイナス**〔minus〕
ブラック〔black〕黒い。	**ホワイト**〔white〕
フラット〔flat〕楽譜で、半音下げるしるし。♭。	**シャープ**〔sharp〕
ふらふら（と）しっかりせずに揺れ動くさま。	**しっかり（と）**
ふり〔不利〕立場がよくないこと。利益がないこと。	**ゆうり**〔有利〕
ふりあおぐ〔振り仰ぐ〕上方を遥かに見渡す。	**みおろす**〔見下ろす〕
ふりあげる〔振り上げる〕	→ふりかざす〔振り翳す〕
フリー〔free〕どこにも所属しない状態。自由な立場。	**せんぞく**〔専属〕
ふりおろす〔振り下ろす〕	**ふりあげる**〔振り上げる〕**ふりかざす**〔振り翳す〕
ふりかざす〔振り翳す〕「刀を——」。	**ふりおろす**〔振り下ろす〕
ふりきる〔振り切る〕「人の手を——」。	**すがる**〔縋る〕**すがりつく**〔縋り付く〕
ふりだす〔降り出す〕「雨が——」。	**ふりやむ**〔降り止む〕**あがる**〔上がる〕**やむ**〔止む〕
ふりつづく〔降り続く〕「長雨が——」。	**ふりやむ**〔降り止む〕**あがる**〔上がる〕**やむ**〔止む〕
ふりはじめる〔降り始める〕	→ふりだす〔降り出す〕
ふりやむ〔降り止む〕	**ふりだす**〔降り出す〕**ふりはじめる**〔降り始める〕**ふりつづく**〔降り続く〕
ふりょう〔不漁〕漁獲が少ないこと。	**たいりょう**〔大漁〕**ほうりょう**〔豊漁〕
ふりょう〔不良〕よくないこと。	**りょう**〔良〕**りょうこう**〔良好〕**ぜんりょう**〔善良〕**ゆうりょう**〔優良〕**ゆうしゅう**〔優秀〕
プリンス〔prince〕王子。	㋐**プリンセス**〔princess〕㋑**キング**〔king〕**クイーン**〔queen〕
プリンセス〔princess〕王女。	㋐**プリンス**〔prince〕㋑**キング**〔king〕**クイーン**〔queen〕
ふる〔古〕古いもの。	**さら**〔新〕
ふる〔降る〕「雨が——」。	**やむ**〔止む〕**あがる**〔上がる〕**はれる**〔晴れる〕
プル〔pull〕引く。	**プッシュ**〔push〕
ふるい〔古い〕	**あたらしい**〔新しい〕

ブルーカラー〔blue collar〕現場関係で働く人。肉体労働者。	**ホワイトカラー**〔white collar〕
ふるがお〔古顔〕前からいた人。古株。古参。	**しんがお**〔新顔〕**しんまい**〔新米〕**しんいり**〔新入り〕
ふるかぶ〔古株〕	→ふるがお〔古顔〕
ふるきず〔古傷〕古くなった傷。	**なまきず**〔生傷〕
ふるくさい〔古臭い〕	→ふるめかしい〔古めかしい〕
ふるさと〔古里・故郷〕	→こきょう〔故郷〕
ブルジョワ〔bourgeois フランス〕資本家。金持ち。	**プロレタリア**〔prolétariat フランス〕
ふるち〔古血〕古くて色の変わった血。	**なまち**〔生血〕
ふるづけ〔古漬け〕長く漬けておいた漬け物。	**しんづけ**〔新漬け〕**いちやづけ**〔一夜漬け〕
ふるづま〔古妻〕長く連れ添った妻。	**にいづま**〔新妻〕**わかづま**〔若妻〕
ふるて〔古手〕長く同じ仕事に携わってきた人。古株。	**あらて**〔新手〕**わかて**〔若手〕
ふるほん〔古本〕古くなった本。古書。	**しんぽん**〔新本〕**しんかん**〔新刊〕
ふるめかしい〔古めかしい〕いかにも古い感じだ。	**まあたらしい**〔真新しい〕**めあたらしい**〔目新しい〕
ふるもの〔古物〕	→こぶつ〔古物〕
ぶれい〔無礼〕礼儀をわきまえないさま。失礼。	**いんぎん**〔慇懃〕
ブレーキ〔brake〕車輪の回転を止める装置。減速・停止装置。	**アクセル**〔accelerator〕
プレーボール〔play ball〕球技の開始。	**ゲームセット**〔game set〕
プロ（フェッショナル）〔professional〕専門の。職業としての。	**アマ（チュア）**〔amateur〕　**ノンプロ**〔non professional〕
ふろうしょとく〔不労所得〕利子・配当金など、働かないで得る所得。	**きんろうしょとく**〔勤労所得〕
ふろく〔付録〕雑誌などに添えられたおまけのもの。	**ほんし**〔本紙・本誌〕**ほんぺん**〔本編〕
プロスポーツ〔professional sports〕職業として行うスポーツ。	**アマチュアスポーツ**〔amateur sports〕
プロテスタント〔protestant〕キリスト教の、新教。	**カトリック**〔catholic〕
プロパンガス〔propane gas〕ボンベに入れて供給される、燃料用の液化石油ガス。	**としガス**〔都市 gas〕
プロペラき〔propeller 機〕プロペラを回して進む飛行機。	**ジェットき**〔jet 機〕
プロレタリア〔prolétariat フランス〕賃金労働者。貧乏な人。	**ブルジョア**〔bourgeois フランス〕

プロローグ〔prologue〕演劇・音楽などの、序章。序曲。 **エピローグ**〔epilogue〕
フロント〔front〕正面。前面。 **リア**〔rear〕**バック**〔back〕
ふわ〔不和〕仲が悪いこと。 **わごう**〔和合〕
ふわふわ（と）落ち着かないさま。 **どっしり（と）**
ふん〔糞〕大便。 **にょう**〔尿〕
ぶん〔分〕わける。わかれる。 **ごう**〔合〕
ぶん〔文〕①学芸。②散文。 ①**ぶ**〔武〕②**し**〔詩〕
ぶんいん〔分院〕病院などで、本院から分かれたところ。 **ほんいん**〔本院〕
ぶんか〔文科〕自然科学以外の学科。 **りか**〔理科〕
ぶんかい〔分解〕①一体となっているものを各部分に分けること。②化合物が２種以上の物質に分かれること。 ①**くみたて**〔組み立て〕②**ごうせい**〔合成〕**かごう**〔化合〕
ぶんかつ〔分割〕いくつかに分けること。 **いっかつ**〔一括〕**とうごう**〔統合〕**へいごう**〔併合〕
ぶんかつばらい〔分割払い〕代金を何回かに分けて支払うこと。 **いちじばらい**〔一時払い〕**いっかつばらい**〔一括払い〕
ぶんかん〔分館〕旅館・美術館などで、本館から分かれた建物。 **ほんかん**〔本館〕
ぶんかん〔文官〕軍事以外の事項をつかさどる役人。 **ぶかん**〔武官〕
ふんき〔奮起〕勇気を奮い起こすこと。 **らくたん**〔落胆〕**きおち**〔気落ち〕
ふんぎ〔紛議〕 →ふんそう〔紛争〕
ぶんき〔分岐〕枝分かれすること。 **ごうりゅう**〔合流〕
ぶんきてん〔分岐点〕川や道などの分かれる所。 **ごうりゅうてん**〔合流点〕
ふんきゅう〔紛糾〕物事がもつれ乱れること。 **かいけつ**〔解決〕**せいり**〔整理〕
ぶんきょく〔分局〕本局や支局から分かれた局。 **ほんきょく**〔本局〕
ぶんけ〔分家〕本家から分かれて一家を成したもの。 **ほんけ**〔本家〕**そうけ**〔宗家〕
ふんげき〔憤激〕ひどく憤ること。 **かんげき**〔感激〕
ぶんけん〔分権〕権力を分散すること。 **しゅうけん**〔集権〕
ぶんご〔文語〕書きことば。文章語。また、古典語。 **こうご**〔口語〕**はなしことば**〔話し言葉〕
ぶんこう〔分校〕本校から分かれた校舎。 **ほんこう**〔本校〕
ぶんさつ〔分冊〕ひとまとまりの書物を何冊かに分けたもの。 **がっさつ**〔合冊〕
ぶんさん〔分散〕分かれて散らばること。分け散らすこと。 **しゅうちゅう**〔集中〕**けっしゅう**〔結集〕**とうごう**〔統合〕

ぶんし〔分子〕①もとの化学的性質を失わずに物質を分解し得る最小粒子。②分数で、横線の上の数。	①**げんし**〔原子〕②**ぶんぼ**〔分母〕
ぶんじ〔文治〕	→ぶんち〔文治〕
ぶんしゅく〔分宿〕分かれて別々の宿に泊まること。	**がっしゅく**〔合宿〕
ぶんしょ〔分署〕警察署・消防署などの、本署から分かれたもの。	**ほんしょ**〔本署〕
ぶんしょ〔文書〕文字で書いたもの。書類。	**こうとう**〔口頭〕
ぶんじょう〔分譲〕建物などを、分けて譲り渡すこと。	**ちんたい**〔賃貸〕
ぶんしょうご〔文章語〕	→ぶんご〔文語〕
ふんしん〔分針〕	→ちょうしん〔長針〕
ぶんじん〔文人〕文学などに携わる風流な人。	**ぶじん**〔武人〕
ぶんすう〔分数〕$\frac{a}{b}$のような数。	**せいすう**〔整数〕**しょうすう**〔小数〕
ぶんせき〔分析〕複雑な事柄を分けてその要素を明らかにすること。	**そうごう**〔総合〕
ふんそう〔紛争〕もめごとが起きること。いざこざ。	**わかい**〔和解〕**きょうちょう**〔協調〕
ぶんち〔文治〕軍事的な力によらずに国を治めること。ぶんじ。	**ぶだん**〔武断〕
ぶんちゅう〔文中〕文章の中ほど。	**ぶんとう**〔文頭〕**ぶんまつ**〔文末〕
ぶんてん〔分店〕本店や支店から分かれた店。	**ほんてん**〔本店〕
ぶんとう〔文頭〕文章の初め。	**ぶんまつ**〔文末〕**ぶんちゅう**〔文中〕
ふんにゅう〔粉乳〕水分を除いて粉状にした牛乳。こなミルク。	**れんにゅう**〔練乳・煉乳〕
ぶんのう〔分納〕税金などを何回かに分けて納めること。	**ぜんのう**〔全納〕
ふんばる〔踏ん張る〕じっとこらえている。へこたれない。	**へこたれる**
ぶんぴつ〔分筆〕土地登記で、ひとつの土地をいくつかに分けること。	**がっぴつ**〔合筆〕
ぶんぼ〔分母〕分数で、横線の下の数。	**ぶんし**〔分子〕
ぶんまつ〔文末〕文章の終わり。	**ぶんとう**〔文頭〕**ぶんちゅう**〔文中〕
ぶんみん〔文民〕軍人以外の人。	**ぐんじん**〔軍人〕
ぶんめい〔文明〕人類が科学の力によって、生活を向上させた状態。	**みかい**〔未開〕**やばん**〔野蛮〕**げんし**〔原始〕
ぶんり〔分離〕分けて離れ離れにすること。	**がっぺい**〔合併〕**へいごう**〔併合〕**ごうどう**〔合同〕**とうごう**〔統合〕**けつごう**〔結合〕**そうごう**

〔総合・綜合〕

ぶんりかぜい〔分離課税〕ある種の所得について、他の所得と合算せずに、税金を課すこと。 **そうごうかぜい**〔総合課税〕

ぶんりゅう〔分流〕本流から分かれた流れ。 **ほんりゅう**〔本流〕

ぶんれつ〔分裂〕ひとつのものが分かれてばらばらになること。 **とういつ**〔統一〕**とうごう**〔統合〕

へ

へい〔兵〕兵士。兵卒。 **しょう**〔将〕

へい〔平〕たいら。 **とつ**〔凸〕**おう**〔凹〕

へい〔閉〕とじる。しめる。 **かい**〔開〕

へいい〔平易〕やさしいこと。容易。 **なんかい**〔難解〕**こんなん**〔困難〕

へいいん〔閉院〕国会が終わること。病院などを閉じること。廃院。 **かいいん**〔開院〕

へいえん〔閉園〕動物園・幼稚園などを閉じること。 **かいえん**〔開園〕

へいおん〔平穏〕穏やかなこと。 **ふおん**〔不穏〕**けんあく**〔険悪〕

へいか〔閉架〕図書館で、本を書庫に納めていること。 **かいか**〔開架〕

へいかい〔閉会〕会を閉じること。 **かいかい**〔開会〕

へいかん〔閉館〕図書館などを閉じること。 **かいかん**〔開館〕

へいき〔平気〕心が乱されないこと。 **びっくり**〔吃驚〕**こわい**〔恐い・怖い〕

へいきんてん〔平均点〕点数の総和を科目数や受験者数で割って得た数値。 **さいこうてん**〔最高点〕**さいていてん**〔最低点〕

へいけい〔閉経〕婦人の月経がなくなること。 **しょちょう**〔初潮〕**しょけい**〔初経〕

へいげん〔平原〕広々とした平らな野原。 **こうげん**〔高原〕**きゅうりょう**〔丘陵〕**さんち**〔山地〕**さんがく**〔山岳〕

へいこう〔平行〕ふたつの直線が交わらないこと。 **こうさ**〔交差・交叉〕

へいこう〔閉校〕学校を閉鎖すること。廃校。 **かいこう**〔開校〕

へいこう〔閉講〕講義・講習会を終わること。 **かいこう**〔開講〕

へいごう〔併合〕ふたつ以上のものを、ひとつに合わせること。合併。 **ぶんり**〔分離〕**ぶんかつ**〔分割〕

へいこうせん〔平行線〕同じ平面の **すいちょくせん**〔垂直線〕**すいせん**

上にあって、互いに交わらないふたつの線。	〔垂線〕**しゃせん**〔斜線〕
へいさ〔閉鎖〕施設などを閉ざすこと。	**かいほう**〔開放〕**かいせつ**〔開設〕
へいさく〔平作〕	→へいねんさく〔平年作〕
へいし〔兵士〕軍隊で、士官の指揮を受ける下級の兵。兵卒。	**しょうこう**〔将校〕**しかん**〔士官〕
へいじ〔平時〕戦乱などのない普通のとき。	**ふじ**〔不時〕**せんじ**〔戦時〕**ひじょうじ**〔非常時〕
へいしき〔閉式〕式が終わること。	**かいしき**〔開式〕
へいじつ〔平日〕普通の日。	**しゅくじつ**〔祝日〕**きゅうじつ**〔休日〕
へいじょう〔平常〕ふだん。つね。通常。平生《へいぜい》。	**ひじょう**〔非常〕**ふじ**〔不時〕
へいじょう〔閉場〕会場を閉じること。	**かいじょう**〔開場〕
べいしょく〔米食〕米を主食にすること。	**パンしょく**〔pão ポルトガル食〕
へいせい〔平静〕	→れいせい〔冷静〕
へいぜい〔平生〕	→へいじょう〔平常〕
へいぜん〔平然〕落ち着いているさま。	**そうぜん**〔騒然〕**がくぜん**〔愕然〕
へいそつ〔兵卒〕	→へいし〔兵士〕
へいたん〔平坦〕土地が平らなさま。	**けんそ**〔険阻〕
へいち〔平地〕平らな土地。	**さんち**〔山地〕**こうち**〔高地〕**こうざん**〔高山〕
へいてい〔閉廷〕法廷で裁判を終わること。	**かいてい**〔開廷〕
へいてん〔閉店〕店を閉じること。	**かいてん**〔開店〕
へいねつ〔平熱〕健康時の体温。	**こうねつ**〔高熱〕**びねつ**〔微熱〕
へいねん〔平年〕①気候・作柄などが普通の年。②２月が28日の年。	①**ほうねん**〔豊年〕**きょうねん**〔凶年〕②**うるうどし**〔閏年〕
へいねんさく〔平年作〕農作物の出来が普通であること。平作。	**ほうさく**〔豊作〕**ふさく**〔不作〕**きょうさく**〔凶作〕
へいはん〔平版〕インクの付く部分と付かない部分に凹凸のない印刷方式。	**とっぱん**〔凸版〕**おうはん**〔凹版〕
へいふう〔弊風〕	→あくしゅう〔悪習〕
へいふく〔平服〕常の服装。ふだん着。	**れいふく**〔礼服〕**しきふく**〔式服〕**れいそう**〔礼装〕**せいそう**〔正装〕
へいほう〔平方〕同じ数を２回掛け合わせること。２乗。	㋐**りっぽう**〔立方〕㋑**へいほうこん**〔平方根〕
へいほうこん〔平方根〕a に対して、２乗すると a になるような数。	㋐**りっぽうこん**〔立方根〕㋑**へいほう**〔平方〕
へいぼん〔平凡〕ありふれていること。	**ひぼん**〔非凡〕**きばつ**〔奇抜〕
へいまく〔閉幕〕幕が下りること。	**かいまく**〔開幕〕

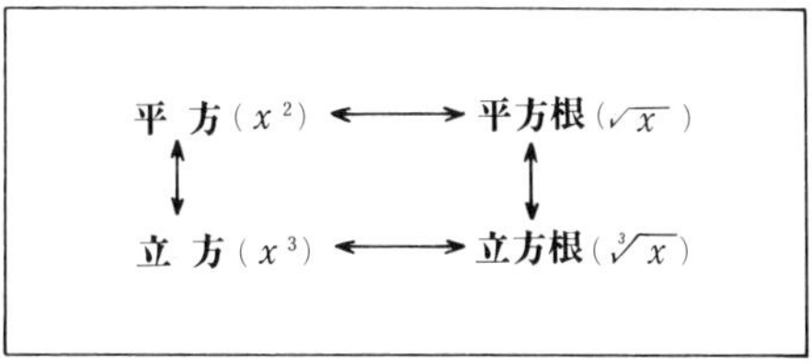

へいみん〔平民〕特別な位階のない、普通の人民。	**きぞく**〔貴族〕
へいめん〔平面〕平らな面。	㋐**きょくめん**〔曲面〕**しゃめん**〔斜面〕㋑**りったい**〔立体〕
へいめんこうさ〔平面交差〕道路や鉄道が、平面上で交差すること。	**りったいこうさ**〔立体交差〕
へいめんず〔平面図〕物体を水平面上に投影して描いた図。	**りつめんず**〔立面図〕**そくめんず**〔側面図〕
へいめんてき〔平面的〕物事の表面を問題にするさま。	**りったいてき**〔立体的〕
へいもん〔閉門〕門を閉ざすこと。	**かいもん**〔開門〕
へいや〔平野〕広々とした野原。平原。	**さんがく**〔山岳〕
へいれつ〔並列〕電池などの、正極同士、負極同士を連結すること。	**ちょくれつ**〔直列〕
へいわ〔平和〕争いがなく穏やかな状態。	**せんそう**〔戦争〕**せんらん**〔戦乱〕**そうらん**〔争乱〕
へいわさんぎょう〔平和産業〕軍需品の生産に関係のない産業。	**ぐんじゅさんぎょう**〔軍需産業〕
へきそん〔僻村〕	→へきち〔僻地〕
へきち〔僻地〕都会から遠く離れた、不便な土地。	**とかい**〔都会〕**きんこう**〔近郊〕
ぺけ　だめ。まちがい。また、そのしるし。ばつ。×。	**まる**〔丸〕
へこたれる　気力がなくなる。へたばる。	**ふんばる**〔踏ん張る〕**がんばる**〔頑張る〕
へこむ〔凹む〕「表面が――」。	**はりだす**〔張り出す〕**もりあがる**〔盛り上がる〕**ふくらむ**〔膨らむ〕
へさき〔舳先〕船の先。船首。	**とも**〔艫〕
ペシミスト〔pessimist〕悲観論者。厭世家。	**オプチミスト**〔optimist〕
ペシミズム〔pessimism〕悲観主義。悲観論。厭世主義。	**オプチミズム**〔optimism〕
へた〔下手〕	**じょうず**〔上手〕**こうみょう**〔巧妙〕**たくみ**〔巧み〕**うまい**〔巧い〕
へだたる〔隔たる〕	**ちかづく**〔近付く〕

へだてる〔隔てる〕　**ちかづける**〔近付ける〕
へたばる　→へこたれる
べつ〔別〕他とちがう。　**どう**〔同〕**きょう**〔共〕**おなじ**〔同じ〕**いっしょ**〔一緒〕
べっか〔別科〕本科と別に設けられる科。専科。　**ほんか**〔本科〕
べつがく〔別学〕男女などが、別々に学ぶこと。　**きょうがく**〔共学〕
べっかん〔別館〕本館と別に設けられている建物。　**ほんかん**〔本館〕
べっきょ〔別居〕夫婦や親子が、別れて住むこと。　**どうきょ**〔同居〕
べっけ〔別家〕本家から分かれた家。　**ほんけ**〔本家〕
べっけい〔別系〕別の系統。　**どうけい**〔同系〕
べっけん〔瞥見〕　→いっけん〔一見〕
べっこ〔別個〕別なもの。別なこと。　**どういつ**〔同一〕
べつご〔別語〕別のことば。異語。　**どうご**〔同語〕
べっしつ〔別室〕別のへや。　**どうしつ**〔同室〕
べっしゅ〔別種〕別の種類。異種。　**どうしゅ**〔同種〕
べつじん〔別人〕別の人。他人。　**どうにん**〔同人〕**ほんにん**〔本人〕**どういつにん**〔同一人〕
べっせき〔別席〕他の座席にいること。　**どうせき**〔同席〕**あいせき**〔相席〕
べっそう〔別荘〕山間や海浜に建てた、本宅以外の家。セカンドハウス。　**ほんたく**〔本宅〕**ほんてい**〔本邸〕
べっそう〔別送〕別々に送ること。　**どうそう**〔同送〕**どうふう**〔同封〕
べったく〔別宅〕本宅以外の家。別邸。セカンドハウス。　**ほんたく**〔本宅〕
べってい〔別邸〕　→べったく〔別宅〕
ヘッドライト〔head-light〕自動車などの、前照灯。　**テールランプ**〔tail-lamp〕**テールライト**〔tail-light〕
べつびん〔別便〕別に送ること。別の便り。別送。別封。　**どうふう**〔同封〕**どうそう**〔同送〕
べっぴん〔別嬪〕美しい女性。美女。美人。　**しこめ**〔醜女〕**ぶおんな**〔醜女〕
べつふう〔別封〕別に出す封書。別便。　**どうふう**〔同封〕
べつべつ〔別々〕　**いっしょ**〔一緒〕**いっせい**〔一斉〕
べつめい〔別名〕別の呼び名。別称。異称。　**ほんみょう**〔本名〕**どうめい**〔同名〕
へつらう〔諂う〕機嫌をとる。おべっかを使う。　**いばる**〔威張る〕**たかぶる**〔高ぶる〕
ペディキュア〔pedicure〕足の爪に塗ってつやを出すエナメル。　**マニキュア**〔manicure〕
ヘビー〔heavy〕重い。　**ライト**〔light〕

へらす〔減らす〕	**ふやす**〔増やす〕**ます**〔増す〕
へりくだる〔遜る〕	**おごる**〔驕る〕**たかぶる**〔高ぶる〕**いばる**〔威張る〕
へる〔減る〕①「体重が——」。②おなかが——」。	①**ふえる**〔増える〕**ます**〔増す〕②**ふくれる**〔膨れる・脹れる〕**ふくらむ**〔膨らむ・脹らむ〕
へん〔偏〕漢字で、文字の左側にある部首。	**つくり**〔旁り〕
へん〔変〕かわっている。	**じょう**〔常〕**てい**〔定〕**せい**〔正〕
べん〔便〕大便。糞《ふん》。	**にょう**〔尿〕
へんあい〔偏愛〕特定の人だけを愛すること。	**はくあい**〔博愛〕**けんあい**〔兼愛〕
べんい〔便意〕大便をしたい気持ち。	**にょうい**〔尿意〕
へんおんどうぶつ〔変温動物〕魚類・カエル・ヘビなど、環境に従って体温の変わる動物。冷血動物。	**ていおんどうぶつ**〔定温動物〕**こうおんどうぶつ**〔恒温動物〕
へんか〔変化〕変わること。	**ふへん**〔不変〕
へんかきゅう〔変化球〕野球の投手の投球や、バレーボールのサーブ球などで、途中で変化するもの。	**ちょっきゅう**〔直球〕
へんかん〔返還〕預ったり取り上げたりしたものを、元に返すこと。	**ぼっしゅう**〔没収〕**せっしゅう**〔接収〕
へんきゃく〔返却〕借りたものを返すこと。	**しゃくよう**〔借用〕
へんきゅう〔返球〕野球で、受けたボールを返すこと。	**そうきゅう**〔送球〕
へんきょう〔偏狭〕度量が狭いこと。狭量。	**かんだい**〔寛大〕**かんよう**〔寛容〕
べんきょう〔勉強〕「学校の——」。	**あそび**〔遊び〕
へんきん〔返金〕お金を返すこと。	㋐**しゃっきん**〔借金〕㋑**そうきん**〔送金〕
べんご〔弁護〕その人のために言い開きをすること。	**ひぼう**〔誹謗〕**ろんなん**〔論難〕**ひなん**〔非難〕
へんこう〔偏向〕ある方向に偏っていること。	**こうせい**〔公正〕**ちゅうせい**〔中正〕**ふへん**〔不偏〕
べんごにん〔弁護人〕刑事裁判で、被告の立場や利益を代弁するのを任務とする人。	**けんさつかん**〔検察官〕**けんじ**〔検事〕**さいばんかん**〔裁判官〕**はんじ**〔判事〕**ひこく**〔被告〕
へんさい〔返済〕借りた金品を返すこと。	**しゃくよう**〔借用〕
へんざい〔偏在〕偏って存在すること。	**へんざい**〔遍在〕
へんざい〔遍在〕広く存在すること。	**へんざい**〔偏在〕
へんじ〔返事〕	**とい**〔問い〕**といかけ**〔問い掛け〕

へんしゅ〔変種〕生物で、原種から変化し、性質や形が異なるもの。　**げんしゅ**〔原種〕

へんしん〔返信〕返事の手紙。復信。　**おうしん**〔往信〕

へんじん〔変人〕変わった人。奇人。　**じょうじん**〔常人〕

へんすう〔変数〕数学で、いろいろな値を取ることできる数。　**ていすう**〔定数〕

へんせいがん〔変成岩〕地中で、高温・高圧などのために組織が変わった岩石。　**すいせいがん**〔水成岩〕**かせいがん**〔火成岩〕

へんそく〔変則〕規則どおりでないこと。　**せいそく**〔正則〕**つうそく**〔通則〕

へんたい〔変態〕普通と変わった状態。　**じょうたい**〔常態〕

へんちょう〔変調〕①普通と変わった調子。②調子が悪くなること。不順。　①**せいちょう**〔正調〕②**かいちょう**〔快調〕**じゅんちょう**〔順調〕**ふくちょう**〔復調〕

へんとう〔返答〕答えること。返事。　**しつもん**〔質問〕

へんどう〔変動〕変わり動くこと。　**あんてい**〔安定〕**こてい**〔固定〕

ペンネーム〔pen name〕　→ひつめい〔筆名〕

へんねんたい〔編年体〕歴史で、年代順に記す記述法。　**きでんたい**〔紀伝体〕

へんのう〔返納〕いったん受け取ったものを、元に戻すこと。　**じゅりょう**〔受領〕

へんぱい〔返杯・返盃〕差された杯の酒を飲んで、相手につぎ返すこと。　**けんぱい**〔献杯・献盃〕

べんぴ〔便秘〕大便が出ないこと。糞詰まり。　**げり**〔下痢〕

へんむけいやく〔片務契約〕贈与など、当事者の一方だけが義務を負う契約。　**そうむけいやく**〔双務契約〕

へんめい〔変名〕本名を隠すために付ける名。　**ほんみょう**〔本名〕

べんり〔便利〕都合がよいこと。よく役に立つこと。　**ふべん**〔不便〕

ほ

ぼ〔母〕はは。　㋐**ふ**〔父〕㋑**し**〔子〕

ぼいん〔母音〕ア・イ・ウ・エ・オの音。ぼおん。　**しいん・しおん**〔子音〕

ほう〔方〕しかく。四角いもの。　**えん**〔円〕

ぼう〔亡〕①ほろびる。②なくなる。　①**こう**〔興〕②**そん**〔存〕

ぼう〔忙〕いそがしい。　**かん**〔閑〕

ぼう〔防〕ふせぐ。　**こう**〔攻〕

ほういつ〔放逸〕　→ほうじゅう〔放縦〕

ぼうえい〔防衛〕防ぎ守ること。防御。　**こうげき**〔攻撃〕

ぼうえんレンズ〔望遠 lens〕遠方の物体を撮影するための、焦点距離の長いレンズ。　**こうかくレンズ**〔広角 lens〕

ほうおう〔法皇〕僧になった元の天皇。　**じょうこう**〔上皇〕**てんのう**〔天皇〕

ほうおん〔報恩〕受けた恩に報いること。恩返し。謝恩。　**ぼうおん**〔忘恩〕

ぼうおん〔忘恩〕受けた恩を忘れること。　**ほうおん**〔報恩〕**しゃおん**〔謝恩〕

ほうか〔放火〕建物などに、わざと火をつけること。　㋐**しっか**〔失火〕㋑**しょうか**〔消火〕

ほうか〔邦貨〕わが国の貨幣。　**がいか**〔外貨〕

ほうが〔邦画〕日本で作られた映画。　**ようが**〔洋画〕

ぼうか〔防火〕火事を防ぐこと。　㋐**しっか**〔失火〕**しゅっか**〔出火〕㋑**しょうか**〔消火〕㋒**すいぼう**〔水防〕

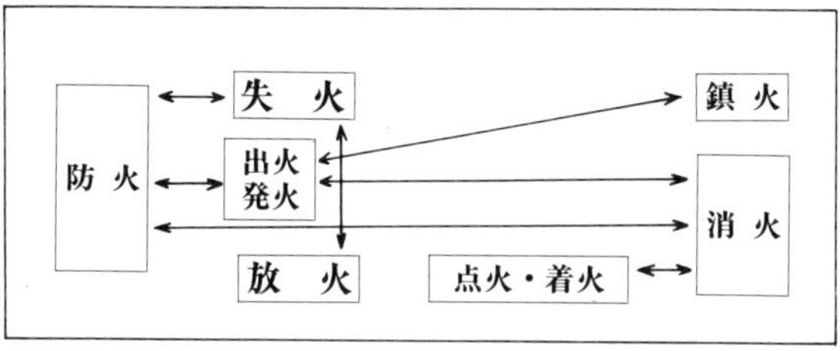

ぼうがい〔妨害〕邪魔すること。　**じょせい**〔助成〕**じょちょう**〔助長〕**じょりょく**〔助力〕**しえん**〔支援〕**きょうりょく**〔協力〕

ほうがく〔邦楽〕わが国固有の音楽。和楽。　**ようがく**〔洋楽〕

ほうかご〔放課後〕学校の授業などが終わった後。　**しぎょうぜん**〔始業前〕

ほうかつ〔包括〕ひっくるめてひとつにすること。　**こべつ**〔個別〕**とくてい**〔特定〕

ほうがん〔包含〕内部に含み持つこと。　**じょがい**〔除外〕

ぼうかん〔傍観〕手出しをせずに、そばで見ていること。　**かいにゅう**〔介入〕

ぼうかん〔防寒〕寒さを防ぐこと。　㋐**ぼうしょ**〔防暑〕㋑**たいかん**〔耐寒〕

ぼうかんしゃ〔傍観者〕そばで成りゆきを見ている人。　**とうじしゃ**〔当事者〕

ほうき〔放棄・抛棄〕権利・地位などを、あえて投げ捨てること。	**かくとく**〔獲得〕**しゅとく**〔取得〕**こうし**〔行使〕**ほじ**〔保持〕**りゅうほ**〔留保〕
ぼうきゃく〔忘却〕忘れ去ること。	**きおく**〔記憶〕
ぼうぎょ〔防御・防禦〕	→ぼうえい〔防衛〕
ぼうきょう〔防共〕共産主義が入るのを防ぐこと。	**ようきょう**〔容共〕
ぼうグラフ〔棒 graph〕数量を棒線の長さで表したグラフ。	**おれせんグラフ**〔折れ線 graph〕**えんグラフ**〔円 graph〕
ぼうくん〔暴君〕乱暴な君主。	**じんくん**〔仁君〕
ほうけい〔方形〕四角い形。	**えんけい**〔円形〕
ぼうけい〔傍系〕直系から分かれた系統。	**ちょっけい**〔直系〕
ほうげん〔方言〕ある地方で話されることば。地方語。	**きょうつうご**〔共通語〕**ひょうじゅんご**〔標準語〕
ほうけんしゅぎ〔封建主義〕統治者が人民を権力で支配するような考え方。	**みんしゅしゅぎ**〔民主主義〕
ほうけんてき〔封建的〕上の者が下の者を思うままに支配しようとするさま。	**みんしゅてき**〔民主的〕
ほうご〔邦語〕	→こくご〔国語〕
ほうこう〔芳香〕よい香り。	**あくしゅう**〔悪臭〕**いしゅう**〔異臭〕
ぼうこく〔亡国〕国を亡ぼすこと。	**こうこく**〔興国〕**けんこく**〔建国〕
ぼうさい〔亡妻〕亡くなった妻。	**ぼうふ**〔亡夫〕
ほうさく〔豊作〕農作物がたくさん出来ること。	**ふさく**〔不作〕**きょうさく**〔凶作〕**へいねんさく**〔平年作〕
ほうし〔放恣〕	→ほうじゅう〔放縦〕
ぼうし〔防止〕防ぎ止めること。抑止。	**じょちょう**〔助長〕**じょせい**〔助成〕**そくしん**〔促進〕**すいしん**〔推進〕
ぼうじ〔亡児〕死んだ子供。	**ぼうふ**〔亡父〕**ぼうぼ**〔亡母〕
ほうじゅう〔放縦〕勝手気ままに振舞うこと。わがまま。放逸。放恣。ほうしょう。	**こっき**〔克己〕**じせい**〔自制〕**せっせい**〔節制〕
ほうしゅつ〔放出〕備えていた品物を世間に出すこと。	**びちく**〔備蓄〕**ちょぞう**〔貯蔵〕
ぼうしょ〔防暑〕暑さを防ぐこと。	**ぼうかん**〔防寒〕
ほうしょう〔放縦〕	→ほうじゅう〔放縦〕
ほうしょう〔褒賞〕善行をほめてほうびを与えること。	**ちょうばつ**〔懲罰〕**ちょうかい**〔懲戒〕
ほうしょく〔飽食〕腹いっぱい食べること。	**せっしょく**〔節食〕**けっしょく**〔欠食〕
ぼうしょく〔暴食〕むやみに食べるこ	**せっしょく**〔節食〕

と。

ほうじん〔方陣〕四角い陣地。　えんじん〔円陣〕

ほうじん〔法人〕会社など、法律で人間と同じく社会的活動を認められたもの。　しぜんじん〔自然人〕

ほうじん〔邦人〕　→にほんじん〔日本人〕

ほうすい〔放水〕水を導いて流すこと。　ちょすい〔貯水〕

ほうすいき〔豊水期〕湖・ダムなどに、水が多くなる時期。　かっすいき〔渇水期〕

ぼうせい〔暴政〕　→かせい〔苛政〕

ぼうせん〔防戦〕相手からの攻撃に対し、防ぎ戦うこと。　こうげき〔攻撃〕ちょうせん〔挑戦〕

ぼうだい〔膨大・厖大〕極めて大きいこと。　きんしょう〔僅少〕さしょう〔些少〕

ほうち〔放置〕構わずに放っておくこと。　きせい〔規制〕しょち〔処置〕

ほうちこっか〔法治国家〕法律に従って、政治が行われる国。　せんせいこっか〔専制国家〕どくさいこっか〔独裁国家〕

ほうちゅう〔方柱〕四角い柱。角柱。　えんちゅう〔円柱〕

ぼうちょう〔膨張・膨脹〕膨れ上がること。　しゅうしゅく〔収縮〕

ほうていしき〔方程式〕未知数を含む等式で、その未知数がある特定の値をとるときだけ成り立つもの。　こうとうしき〔恒等式〕

ほうでん〔放電〕蓄電池などに蓄えた電気を放出すること。　じゅうでん〔充電〕ちくでん〔蓄電〕

ぼうとう〔冒頭〕文章などの、最初。　けつまつ〔結末〕まつび〔末尾〕

ぼうとう〔暴投〕野球で、大きくそれた投球。悪投。　こうとう〔好投〕

ぼうとう〔暴騰〕物の値段が急に跳ね上がること。急騰。　㋐ぼうらく〔暴落〕㋑ぜんとう〔漸騰〕

ぼうとく〔冒瀆〕神聖なものを、おかし汚すこと。　そんすう〔尊崇〕すうはい〔崇拝〕

ほうにち〔訪日〕　→らいにち〔来日〕

ほうにん〔放任〕成り行きに任せて放っておくこと。　かんしょう〔干渉〕きせい〔規制〕

ほうねん〔放念〕心に懸けないこと。　けねん〔懸念〕

ほうねん〔豊年〕作物がよく実る年。　きょうねん〔凶年〕へいねん〔平年〕

ぼうねんかい〔忘年会〕年末に催す宴会。　しんねんかい〔新年会〕

ほうばつ〔放伐〕古代中国で、暴君を武力で倒して王位を奪うこと。　㋐ぜんじょう〔禅譲〕㋑せしゅう〔世襲〕

ほうび〔褒美〕ほめるしるしに与える金品。	**ばつ**〔罰〕
ほうふ〔豊富〕種類や数量がたくさんあること。	**ひんこん**〔貧困〕**けつぼう**〔欠乏〕**かいむ**〔皆無〕**ふってい**〔払底〕
ほうぶ〔邦舞〕	→にちぶ〔日舞〕
ぼうふ〔亡夫〕亡くなった夫。	**ぼうさい**〔亡妻〕
ぼうふ〔亡父〕亡くなった父。	㋐**ぼうぼ**〔亡母〕㋑**ぼうじ**〔亡児〕
ぼうふう〔暴風〕災害を起こすほど激しく吹く風。	**びふう**〔微風〕**そよかぜ**〔微風〕
ほうふん〔方墳〕四角い形の古墳。	**えんぷん**〔円墳〕
ほうぶん〔邦文〕	→わぶん〔和文〕
ぼうぼ〔亡母〕亡くなった母。	㋐**ぼうふ**〔亡父〕㋑**ぼうじ**〔亡児〕
ほうほう〔方法〕目的を遂げるための手段。てだて。やりかた。	**もくてき**〔目的〕
ほうまつこうほ〔泡沫候補〕選挙で、ほとんど票の取れそうにない候補者。	**ゆうりょくこうほ**〔有力候補〕
ほうまん〔放漫〕気ままで、締めくくりがないこと。	**きんしゅく**〔緊縮〕
ほうまんざいせい〔放漫財政〕ずさんな使い方をする財政。	**きんしゅくざいせい**〔緊縮財政〕
ほうみょう〔法名〕仏門に入って付ける名。死後に付ける戒名。	**ぞくみょう**〔俗名〕
ほうむる〔葬る〕遺体を土の中に埋める。	**うむ**〔生む・産む〕
ほうもん〔訪問〕他人の家などを訪れること。	**じきょ**〔辞去〕
ほうもんぎ〔訪問着〕婦人の和服で、略式の礼装として用いるもの。	**ふだんぎ**〔不断着・普段着〕**つねぎ**〔常着〕**しごとぎ**〔仕事着〕
ぼうらく〔暴落〕値段が急に大きく下がること。急落。	㋐**ぼうとう**〔暴騰〕㋑**ぜんらく**〔漸落〕
ぼうり〔暴利〕不当な利益。ぼろもうけ。	**はくり**〔薄利〕
ほうりこむ〔放り込む〕	**ほうりだす**〔放り出す〕
ほうりだす〔放り出す〕	㋐**ほうりこむ**〔放り込む〕**つめこむ**〔詰め込む〕㋑**かかりきる**〔掛かり切る〕
ほうりなげる〔放り投げる〕	**うけとめる**〔受け止める〕
ぼうりゅう〔傍流〕主要な流れから分かれた小さな流れ。	**ほんりゅう**〔本流〕**しゅりゅう**〔主流〕
ほうりょう〔豊漁〕魚が多くとれること。大漁。	**ふりょう**〔不漁〕
ボーイ〔boy〕少年。男の子。	**ガール**〔girl〕
ボーイスカウト〔Boy Scouts〕少年	**ガールスカウト**〔Girl Scouts〕

団。	
ボーイフレンド〔boy friend〕女性からみた、男友達。	**ガールフレンド**〔girl friend〕
ボール〔ball〕野球で、ストライクにならない球。	**ストライク**〔strike〕
ぼおん〔母音〕	→ぼいん〔母音〕
ほか〔外〕	**うち**〔内〕
ぼかす〔暈す〕「要点を――」。	**しぼる**〔絞る〕
ほかほか（と） 暖かく感じるさま。ぬくいさま。	**ひんやり（と）**
ぽかぽか（と）	→ほかほか（と）
ほがらか〔朗らか〕「――な性格」。	**いんき**〔陰気〕**いんうつ**〔陰鬱〕
ほきゅう〔捕球〕野球で、ボールをつかみとること。	㋐**とうきゅう**〔投球〕**だきゅう**〔打球〕**そうきゅう**〔送球〕㋑**らっきゅう**〔落球〕

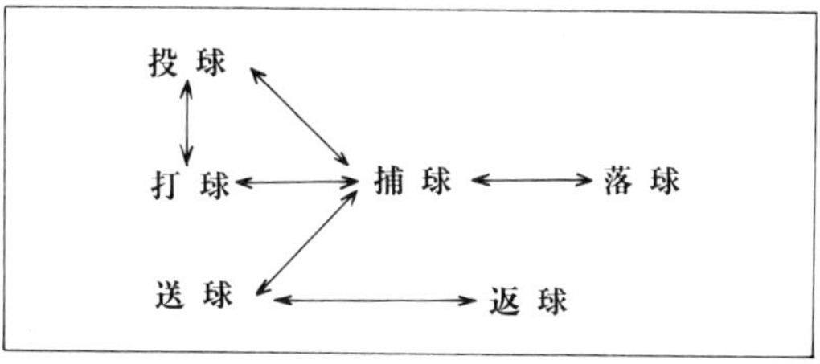

ぼきん〔募金〕資金を募り集めること。	**けんきん**〔献金〕
ほく〔北〕きた。	**なん**〔南〕**とう**〔東〕**さい・せい**〔西〕
ぼく〔僕〕自分。	**きみ**〔君〕
ほくい〔北緯〕赤道から北の緯度。	**なんい**〔南緯〕
ぼくし〔牧師〕キリスト教の新教で、信徒の指導をする人。	㋐**しんぷ**〔神父〕㋑**そう**〔僧〕**かんぬし**〔神主〕
ほくじょう〔北上〕北へ進むこと。北進。	**なんか**〔南下〕
ほくせい〔北西〕北と西との中間の方位。	**なんとう**〔南東〕**ほくとう**〔北東〕**なんせい**〔南西〕
ほくちょう〔北朝〕南北朝時代、京都にあった朝廷。	**なんちょう**〔南朝〕
ほくと〔北都〕平安京。京のみやこ。	**なんと**〔南都〕
ほくとう〔北東〕北と東との中間の方位。	**なんせい**〔南西〕**ほくせい**〔北西〕**なんとう**〔南東〕
ぼくとう〔木刀〕木で作った、練習用の刀。	**しんけん**〔真剣〕
ほくば〔北馬〕古代中国で、多く馬を	**なんせん**〔南船〕

用いる、北部の交通。

ほくふう〔北風〕北から吹く風。	**なんぷう**〔南風〕
ほくめん〔北面〕北に向くこと。目下の者の座席。	**なんめん**〔南面〕
ほぐれる〔解れる〕①「毛糸が——」。②「ふたりの仲が——」。	①**もつれる**〔縺れる〕②**こじれる**〔拗れる〕
ぼけい〔母系〕母方の系統。	**ふけい**〔父系〕
ぼける〔惚ける〕ぼんやりする。	**さえる**〔冴える〕
ぼけん〔母権〕母としての権利。	**ふけん**〔父権〕
ほけんきん〔保険金〕保険会社が保険を掛けている人に支払う金。	**ほけんりょう**〔保険料〕
ほけんりょう〔保険料〕保険を掛ける人が保険会社に支払う掛け金。	**ほけんきん**〔保険金〕
ぼこく〔母国〕	→そこく〔祖国〕
ほごしゃ〔保護者〕父や母など、未成年者を保護・監督する人。	㋐**じどう**〔児童〕**えんじ**〔園児〕**せいと**〔生徒〕㋑**きょうゆ**〔教諭〕**きょうし**〔教師〕
ほごしょく〔保護色〕動物の体の色が、外敵から身を守るために周囲の物とまぎらわしくなっているもの。	**けいかいしょく**〔警戒色〕
ほごぼうえき〔保護貿易〕国内産業を保護するために、政府が外国製品の輸入に制限を加える貿易。	**じゆうぼうえき**〔自由貿易〕
ほこらしい〔誇らしい〕得意気である。自慢したい様子だ。	**はずかしい**〔恥ずかしい〕
ほこり〔誇り〕ほこること。名誉。	**はじ**〔恥〕**なおれ**〔名折れ〕
ほこる〔誇る〕「連続当選を——」。	**はじる**〔恥じる〕
ほじ〔保持〕権利や地位を持ち続けること。	㋐**かくとく**〔獲得〕㋑**ほうき**〔放棄・抛棄〕
ぼし〔母子〕母と子。	**ふし**〔父子〕
ポジ〔posi〕写真の、陽画。	**ネガ**〔nega〕
ほしうお〔干し魚・乾し魚〕日に当てて乾燥させた魚。ひもの。	**なまざかな**〔生魚〕**せいぎょ**〔生魚〕**せんぎょ**〔鮮魚〕
ポジティブ〔positive〕積極的。肯定的。	**ネガティブ**〔negative〕
ほしゅ〔保守〕元の制度などを守るさま。旧守。	**かくしん**〔革新〕**しんぽ**〔進歩〕
ほしゅ〔捕手〕キャッチャー。	**とうしゅ**〔投手〕
ぼしゅう〔募集〕一般から募り集めること。	**おうぼ**〔応募〕
ほしゅせいとう〔保守政党〕社会の現状維持を主張する政党。	**かくしんせいとう**〔革新政党〕
ほしょうにん〔保証人〕本人に代わ	**ほんにん**〔本人〕

って債務などの履行を約束する人。	
ほじょかへい〔補助貨幣〕本位貨幣の補助として使われる、小額の貨幣。	**ほんいかへい**〔本位貨幣〕
ほじょちょうぼ〔補助帳簿〕主要帳簿を補足するための商業用帳簿。	**しゅようちょうぼ**〔主要帳簿〕
ほじょよく〔補助翼〕航空機で、主翼のふちに付けられた可動性の翼。	**しゅよく**〔主翼〕
ほす〔干す・乾す〕水分をなくすために日にさらす。	**ぬらす**〔濡らす〕
ホスト〔host〕客をもてなす男性。	㋐**ホステス**〔hostess〕㋑**ゲスト**〔guest〕
ホステス〔hostess〕客をもてなす女性。	**ホスト**〔host〕
ぼせい〔母性〕母として持つ特性。	**ふせい**〔父性〕
ぼせいあい〔母性愛〕母の子に対する愛情。	**ふせいあい**〔父性愛〕
ほそい〔細い〕	**ふとい**〔太い〕
ほそおもて〔細面〕	→おもなが〔面長〕
ほそじ〔細字〕	→さいじ〔細字〕
ほそめる〔細める〕「目を――」。	**みひらく**〔見開く〕
ほそる〔細る〕細くなる。やせる。	**ふとる**〔太る〕
ほぞん〔保存〕そのまま保っておくこと。	**はいき**〔廃棄〕
ポタージュ〔potage フランス〕どろっとした濃いスープ。	**コンソメ**〔consomme フランス〕
ぼたんゆき〔牡丹雪〕大きな塊になって降る雪。	**こなゆき**〔粉雪〕
ぽちぽち（と）	→ぽつぽつ（と）
ぼつ〔没〕姿を消す。なくなる。	**しゅつ**〔出〕
ほっかい〔法界〕仏教で、因果の理にかなう大宇宙。	**ぞっかい**〔俗界〕
ぼっきゃく〔没却〕まったく気にしないこと。問題にしないこと。無視。	**こうでい**〔拘泥〕
ほっきょく〔北極〕地球の北の果て。	**なんきょく**〔南極〕
ほっく〔発句〕連歌《れんが》や連句の初めの句。	**あげく**〔挙げ句〕
ぼつご〔没後〕	→しご〔死後〕
ぼっこう〔勃興〕急に盛んになること。	**ぼつらく**〔没落〕**めつぼう**〔滅亡〕**すいぼう**〔衰亡〕
ぼっこうしょう〔没交渉〕何のかかわりもないこと。無関係。	**しんこう**〔親交〕**しんみつ**〔親密〕
ほっこく〔北国〕北方の国。きたぐに。	**なんごく**〔南国〕
ほっさてき〔発作的〕	→しょうどうてき〔衝動的〕
ぼっしゅう〔没収〕持っているものを	**へんかん**〔返還〕

取り上げること。	
ぼつしゅみ〔没趣味〕	→むしゅみ〔無趣味〕
ほっそり（と） 体などが細いさま。	**でっぷり（と）**
ほったらかす〔放ったらかす〕	**かかりきる**〔掛かり切る〕**かまいすぎる**〔構い過ぎる〕
ほったん〔発端〕物事の始まり。	**けつまつ**〔結末〕**しゅうきょく**〔終局〕
ほっと ひとまず安心するさま。	**はらはら**　**どきどき**　**ひやひや**
ホット〔hot〕熱い。	**コールド**〔cold〕
ぼっとう〔没頭〕ひとつのことに精神を集中すること。熱中。	**たいくつ**〔退屈〕**けんたい**〔倦怠〕
ホットウォー〔hot-war〕武力による戦争。	**コールドウォー**〔cold-war〕
ぼつねん〔没年・歿年〕死んだ年。享年《きょうねん》。	**せいねん**〔生年〕
ぼつぼつ（と） 少しずつするさま。ぼちぼち。そろそろ。	**どんどん（と）** **ぐんぐん（と）** **ぞくぞく（と）**〔続々（と）〕**さっさと**
ぼつらく〔没落〕栄えていたものが、衰え亡ぶこと。	**こうりゅう**〔興隆〕**ぼっこう**〔勃興〕
ぽつりぽつり（と） とぎれとぎれに。少しずつ。	**つぎつぎ（に）**〔次々（に）〕
ほどう〔歩道〕歩行者のための道路。	**しゃどう**〔車道〕
ほどく〔解く〕①「縄を――」。②「着物を――」。	①**むすぶ**〔結ぶ〕**しばる**〔縛る〕**くくる**〔括る〕**しめる**〔締める〕②**ぬう**〔縫う〕
ほとけ〔仏〕	**かみ**〔神〕
ほどける〔解ける〕「糸が――」。	**むすぼれる**〔結ぼれる〕**もつれる**〔縺れる〕**むすぼれる**〔結ぼれる〕
ほどよい〔程好い〕ちょうどよい加減である。	**ひどい**　**はなはだしい**〔甚だしい〕
ほとんど〔殆ど〕	**まったく**〔全く〕**すべて**〔総て・全て〕
ほね〔骨〕体を支える組織。こつ。	**にく**〔肉〕**み**〔身〕**かわ**〔皮〕
ほねおしみ〔骨惜しみ〕労をいとうこと。	**ほねおり**〔骨折り〕
ほねおり〔骨折り〕一生懸命に働くこと。	**ほねおしみ**〔骨惜しみ〕
ほねぶと〔骨太〕体格が頑丈なさま。	**ほねぼそ**〔骨細〕
ほねぼそ〔骨細〕体格が弱々しいさま。	**ほねぶと**〔骨太〕
ほのか〔仄か〕ぼんやりしているさま。	**さだか**〔定か〕**さやか**
ほばく〔捕縛〕罪人などを、捕らえて縛ること。	**とうそう**〔逃走〕**とんそう**〔遁走〕
ほふ〔保父〕保育所などで、幼児の世	㋐**ほぼ**〔保母〕㋑**ようじ**〔幼児〕

話をする男性。

ぼへい〔募兵〕兵士を募集すること。
ちょうへい〔徴兵〕

ほぼ〔略〕「――同じだ」。
まったく〔全く〕**ちょうど**〔丁度〕**きっちり**

ほぼ〔保母〕保育所などで、幼児の世話をする女性。
㋐**ほふ**〔保父〕㋑**ようじ**〔幼児〕

ほほえましい〔微笑ましい〕思わずほほえみたくなるようだ。
にがにがしい〔苦々しい〕

ほほえみ〔微笑み〕にっこり笑うこと。微笑。
おおわらい〔大笑い〕**たかわらい**〔高笑い〕**たいしょう**〔大笑〕**こうしょう**〔哄笑〕

ほほえむ〔微笑む〕にっこりと笑いかける。
にらむ〔睨む〕

ほまれ〔誉れ〕
→ほこり〔誇り〕

ほめあげる〔誉め上げる・褒め上げる〕
→ほめたたえる〔誉め称える・褒め称える〕

ほめそやす〔誉めそやす・褒めそやす〕
→ほめたたえる〔誉め称える・褒め称える〕

ほめたたえる〔誉め称える・褒め称える〕ほめあげる。ほめちぎる。ほめそやす。
こきおろす〔扱き下ろす〕**ののしりたおす**〔罵り倒す〕

ほめちぎる〔誉めちぎる・褒めちぎる〕
→ほめたたえる〔誉め称える・褒め称える〕

ほめる〔誉める・褒める〕優れているとして、よく言う。称賛する。たたえる。
けなす〔貶す〕**くさす**〔腐す〕**そしる**〔謗る〕**ののしる**〔罵る〕**しかる**〔叱る〕

ほりおこす〔掘り起こす〕
うめこむ〔埋め込む〕

ほりごたつ〔掘り炬燵〕床を切って掘り込んであるこたつ。
おきごたつ〔置き炬燵〕

ほりだす〔掘り出す〕「土の中から宝物を――」。
うめこむ〔埋め込む〕**うめる**〔埋める〕**うずめる**〔埋める〕

ほりゅう〔保留〕決定を先に延ばすこと。意見を差し控えること。
㋐**けってい**〔決定〕**けつだん**〔決断〕㋑**さんせい**〔賛成〕**はんたい**〔反対〕

ほる〔掘る〕
うめる・うずめる〔埋める〕

ボルト〔bolt〕工具の、雄《お》ねじ。
ナット〔nut〕

ほろびる〔亡びる・滅びる〕「国が――」。
おこる〔興る〕**さかえる**〔栄える〕**もりかえす**〔盛り返す〕

ほろぶ〔亡ぶ・滅ぶ〕
→ほろびる〔亡びる・滅びる〕

ほろぼす〔滅ぼす・亡ぼす〕「国を――」。
おこす〔興す〕

ホワイト〔white〕白。白い。
ブラック〔black〕

ホワイトカラー〔white collar〕事
ブルーカラー〔blue collar〕

務系の職員。頭脳労働者。

ほん〔本〕①もと。大もと。②中心。主要部。③本当。真実。　①**まつ**〔末〕②**し**〔支〕③**か**〔仮〕**りゃく**〔略〕

ぼん〔凡〕普通。ありふれている。　**い**〔異・偉〕

ほんあん〔翻案〕原作の主題を借りて、改作したもの。　**げんさく**〔原作〕**そうさく**〔創作〕

ほんいかへい〔本位貨幣〕その国の通貨の基本となる貨幣。　**ほじょかへい**〔補助貨幣〕

ほんいん〔本院〕病院などの、中心となる所。　**ぶんいん**〔分院〕

ほんか〔本科〕その学校の中心をなす課程。　**よか**〔予科〕**べっか**〔別科〕**せんか**〔専科〕

ほんかいぎ〔本会議〕議会などの、全員で行う会議。　**いいんかい**〔委員会〕

ほんかん〔本管〕主要部をなす太い管。　**しかん**〔支管〕

ほんかん〔本館〕主要部をなす建物。　**ぶんかん**〔分館〕**べっかん**〔別館〕

ほんき〔本気〕「――でしたことだ」。　**じょうだん**〔冗談〕**たわむれ**〔戯れ〕

ほんぎ〔本義〕　→げんぎ〔原義〕

ほんぎまり〔本決まり〕正式に決まること。決定。　**かりけってい**〔仮決定〕**ないてい**〔内定〕

ほんきゅう〔本給〕基本をなす給与。本俸。　**てあて**〔手当〕

ほんぎょう〔本業〕その人の主とする職業。本職。　**ふくぎょう**〔副業〕**けんぎょう**〔兼業〕

ほんきょく〔本局〕中心となる局。　**しきょく**〔支局〕**ぶんきょく**〔分局〕

ぼんぐ〔凡愚〕平凡で愚かな人。凡人。　**せいけん**〔聖賢〕

ほんぐう〔本宮〕その神が、元から祭られている所。　**しんぐう**〔新宮〕

ほんけ〔本家〕一門のもとになる家筋。宗家《そうけ》。　**ぶんけ**〔分家〕**べっけ**〔別家〕**しんたく**〔新宅〕

ほんけいやく〔本契約〕正式に結ぶ約束。正式契約。　**かりけいやく**〔仮契約〕

ほんげつ〔本月〕　→こんげつ〔今月〕

ほんけん〔本絹〕交じり気のない絹糸・絹織物。正絹《しょうけん》。　**じんけん**〔人絹〕

ほんこう〔本校〕中心となる学校・校舎。　**ぶんこう**〔分校〕

ほんごう〔本号〕雑誌などの、この号。　**ぜんごう**〔前号〕**じごう**〔次号〕

ほんごく〔本国〕①生まれた国。国籍のある国。②本来の領土。　①**がいこく**〔外国〕**いこく**〔異国〕②**しょくみんち**〔植民地・殖民地〕

ほんごし〔本腰〕本気で、物事に取り　**およびごし**〔及び腰〕

組む姿勢。

ほんさい〔本妻〕正式の妻。正妻。	**めかけ**〔妾〕**しょう**〔妾〕**ないさい**〔内妻〕
ぼんさい〔凡才〕才能が特に優れていないこと。非才。鈍才。	**てんさい**〔天才〕**しゅうさい**〔秀才〕**いさい**〔異才・偉才〕**しゅんさい**〔俊才〕**えいさい**〔鋭才・英才〕**きさい**〔奇才・鬼才〕
ほんさいよう〔本採用〕社員などを、正式に採用すること。	**かりさいよう**〔仮採用〕
ぼんさく〔凡作〕	→ださく〔駄作〕
ほんざん〔本山〕宗派の中心となる寺。	**まつじ**〔末寺〕
ほんし〔本紙・本誌〕新聞や雑誌の中心となる部分。	**ふろく**〔付録〕
ほんじ〔本字〕①漢字。②崩さない字体。	①**かな**〔仮名〕②**りゃくじ**〔略字〕
ほんしき〔本式〕本当の形式。正式。	**りゃくしき**〔略式〕**かり**〔仮〕
ほんしけん〔本試験〕中心となる、主要な試験。正式の試験。	**よびしけん**〔予備試験〕**ついしけん**〔追試験〕**もぎしけん**〔模擬試験〕
ほんしつ〔本質〕本当の性質。中身。	**げんしょう**〔現象〕
ほんじつ〔本日〕きょう。今日。	**さくじつ**〔昨日〕**ぜんじつ**〔前日〕**せんじつ**〔先日〕**みょうにち**〔明日〕**たじつ**〔他日〕
ほんしつてき〔本質的〕物事の本質に関するさま。根本的。実質的。	**まっしょうてき**〔末梢的〕**けいしきてき**〔形式的〕
ほんしゃ〔本社〕①会社の中心になる事業所。②もとになる神社。	①**ししゃ**〔支社〕②**まっしゃ**〔末社〕**せっしゃ**〔摂社〕
ほんしょ〔本所〕中心となる事務所。	**ししょ**〔支所〕
ほんしょ〔本署〕警察署・消防署などの、中心となる署。	**ししょ**〔支署〕**ぶんしょ**〔分署〕**はしゅつしょ**〔派出所〕**ちゅうざいしょ**〔駐在所〕
ほんしょく〔本職〕その人の中心となる職業。本業。	**ふくしょく**〔副職〕**ないしょく**〔内職〕**けんしょく**〔兼職〕
ほんじん〔本陣〕戦いのとき中心となる陣。	**せんじん**〔先陣〕**ごじん・こうじん**〔後陣〕
ぼんじん〔凡人〕特に優れていない人。常人。	**いじん**〔偉人〕**けんじん**〔賢人〕**さいじん**〔才人〕**てんさい**〔天才〕**けつぶつ**〔傑物〕
ほんすじ〔本筋〕中心的な筋道。	**よこみち**〔横道〕
ほんせき〔本籍〕その人の戸籍のある土地。	**じゅうしょ**〔住所〕**きょしょ**〔居所〕
ほんせん〔本線〕鉄道の中心となる主要な線。	**しせん**〔支線〕
ぼんせん〔凡戦〕平凡な内容の試合。	**ねっせん**〔熱戦〕

ほんそう〔本葬〕本式の葬儀。	**かそう**〔仮葬〕**みっそう**〔密葬〕
ほんそく〔本則〕法令・規則の本体を成す部分。	**ふそく**〔付則〕**れいがい**〔例外〕
ほんぞん〔本尊〕中心となる仏像。	**わきじ**〔脇侍〕**わきだち**〔脇立ち〕
ぼんだ〔凡打〕野球で、ヒットにならない平凡な打球。	**こうだ**〔好打〕**あんだ**〔安打〕**きょうだ**〔強打〕
ほんたい〔本隊〕中心となる部隊。	**したい**〔支隊〕
ほんたく〔本宅〕生活の中心となる家。本邸。	**べったく**〔別宅〕**べってい**〔別邸〕**べっそう**〔別荘〕
ほんてい〔本邸〕	→ほんたく〔本宅〕
ほんてん〔本店〕中心となる店舗。	**してん**〔支店〕**ぶんてん**〔分店〕
ほんでん〔本伝〕伝記の中心となる部分。	**がいでん**〔外伝〕
ほんでん〔本殿〕神社で、神の霊を祭る御殿。	**はいでん**〔拝殿〕
ほんでん〔本田〕①苗代《なわしろ》から取った稲の苗を正式に植える田。②元からある田。	①**なわしろ**〔苗代〕②**しんでん**〔新田〕
ほんど〔本土〕元からある領土。内地。	**がいち**〔外地〕
ほんとう〔本当〕	**うそ**〔嘘〕**いつわり**〔偽り〕
ほんどう〔本堂〕寺で、本尊を安置するお堂。	**くり**〔庫裡〕
ほんどう〔本道〕中心となる本来の道。	**かんどう**〔間道〕
ほんどおり〔本通り〕	→おもてどおり〔表通り〕
ほんにん〔本人〕その人自身。当人。	㋐**だいりにん**〔代理人〕**だいにん**〔代人〕**ほしょうにん**〔保証人〕㋑**べつじん**〔別人〕**たにん**〔他人〕
ほんぬい〔本縫い〕洋服などを、本式に縫い上げること。	**かりぬい**〔仮縫い〕**したぬい**〔下縫い〕
ほんね〔本音〕本当の気持ちを表すことば。	**たてまえ**〔建て前〕
ほんねん〔本年〕	→ことし〔今年〕
ほんば〔本葉〕	→ほんよう〔本葉〕
ほんばん〔本番〕本式に行う演技。	**れんしゅう**〔練習〕
ほんぶ〔本部〕中心となる部局。	**しぶ**〔支部〕
ほんぷ〔本譜〕本式に書かれた楽譜。	**りゃくふ**〔略譜〕
ほんぷく〔本復〕	→ぜんかい〔全快〕
ほんぶり〔本降り〕雨が、止みそうもなく激しく降ること。	**こぶり**〔小降り〕
ほんぶん〔本文〕書物などの主要な部分。	**まえがき**〔前書き〕**ぜんぶん**〔前文〕**じょぶん**〔序文〕**じょ**〔序〕**あとがき**〔後書き〕**ばつぶん**〔跋文〕**ばつ**〔跋〕**ふくぶん**〔副文〕

ほんぽう〔本邦〕わが国。 **みだし**〔見出し〕**いほう**〔異邦〕

ほんみょう〔本名〕本当の名前。 **かめい**〔仮名〕**べつめい**〔別名〕**ぎめい**〔偽名〕**へんめい**〔変名〕**ひつめい**〔筆名〕**げいめい**〔芸名〕**つうしょう**〔通称〕**あだな**〔渾名・綽名〕**ペンネーム**〔pen-name〕**ごう**〔号〕**がごう**〔雅号〕

ほんむ〔本務〕本来の仕事。 **けんむ**〔兼務〕

ほんめい〔本名〕 →ほんみょう〔本名〕

ほんめい〔本命〕競馬などで、優勝の第一候補。 **たいこう**〔対抗〕

ほんもの〔本物〕本当のもの。実物。 **にせもの**〔似せ物・贋物〕**かえだま**〔替え玉〕**ふくせい**〔複製〕**もけい**〔模型〕

ほんやく〔翻訳〕ある作品を他の言語に直したもの。 **げんしょ**〔原書〕**げんさく**〔原作〕

ぼんやり（と）「――見える」。 **はっきり（と）** **ありあり（と）**

ほんよう〔本葉〕植物で、子葉より後に出てくる葉。ほんば。 **しよう**〔子葉〕

ほんりゅう〔奔流〕 →きゅうりゅう〔急流〕

ほんりゅう〔本流〕中心となる流れ。 **しりゅう**〔支流〕**ぶんりゅう**〔分流〕**ぼうりゅう**〔傍流〕**まつりゅう**〔末流〕

ほんろん〔本論〕中心となる議論。 **じょろん**〔序論〕**しょろん**〔緒論〕**けつろん**〔結論〕

ま

ま〔真〕正確。純粋。 **さか**〔逆〕

マーガリン〔margarine〕人造バター。 **バター**〔butter〕

まあたらしい〔真新しい〕まったく新しい。 **ふるめかしい**〔古めかしい〕**ふるくさい**〔古臭い〕

まい〔妹〕いもうと。 **し**〔姉〕**てい**〔弟〕

まい〔毎〕「――日」。 **かく**〔隔〕

まいあがる〔舞い上がる〕「天女が空へ――」。 **まいおりる**〔舞い下りる・舞い降りる〕

まいあさ〔毎朝〕 ㋐**まいゆう**〔毎夕〕**まいばん**〔毎晩〕㋑**かくあさ**〔隔朝〕

まいおりる〔舞い下りる・舞い降りる〕 **まいあがる**〔舞い上がる〕**まいのぼる**〔舞い上る・舞い昇る〕

まいせつ〔埋設〕電線などを、地下に埋めて設備すること。 **かせつ**〔架設〕

まいぞう〔埋蔵〕地中に埋め隠されていること。	**はっくつ**〔発掘〕
マイナス〔minus〕減ずること。引くこと。負《ふ》。－。	**プラス**〔plus〕
まいのぼる〔舞い上る・舞い昇る〕	→まいあがる〔舞い上がる〕
まいばん〔毎晩〕	㋐**まいあさ**〔毎朝〕㋑**かくばん**〔隔晩〕
まいぼつ〔埋没〕埋まって姿が見えなくなること。	**ろしゅつ**〔露出〕**らしゅつ**〔裸出〕**はっくつ**〔発掘〕**はっけん**〔発見〕
まいゆう〔毎夕〕	㋐**まいあさ**〔毎朝〕㋑**かくゆう**〔隔夕〕
まいる〔参る〕「行く」「来る」の謙譲語。	**いらっしゃる**
まうえ〔真上〕ちょうど上。すぐ上。	㋐**ました**〔真下〕**まよこ**〔真横〕㋑**ななめうえ**〔斜め上〕
まうしろ〔真後ろ〕ちょうど後ろ。すぐ後ろ。	㋐**まんまえ**〔真ん前〕**ましょうめん**〔真正面〕**まむかい**〔真向かい〕**まよこ**〔真横〕㋑**ななめうしろ**〔斜め後ろ〕
まえ〔前〕①おもて。正面。②以前。③もと。	①**うしろ**〔後ろ〕**よこ**〔横〕②**あと**〔後〕**のち**〔後〕**つぎ**〔次〕**すぎ**〔過ぎ〕③**げん**〔現〕
まえあし〔前足・前脚〕	**あとあし**〔後足・後脚〕**うしろあし**〔後ろ足・後ろ脚〕
まえうり〔前売り〕切符などを、当日より以前に売ること。	**とうじつうり**〔当日売り〕
まえかがみ〔前屈み〕	**そりみ**〔反り身〕
まえがき〔前書き〕書物などで、本文の前に書くことば。序文。	**あとがき**〔後書き〕**はしがき**〔端書き〕**ほんぶん**〔本文〕

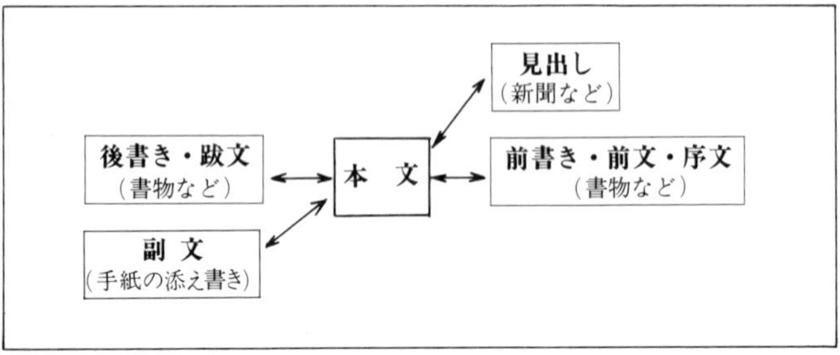

まえがし〔前貸し〕給料などを、期日前に貸し与えること。	**まえがり**〔前借り〕
まえがみ〔前髪〕頭の前の方の髪。	**うしろがみ**〔後ろ髪〕

まえがり〔前借り〕給料などを、期日前に借り受けること。	**まえがし**〔前貸し〕
まえきん〔前金〕物を買う前に支払う金。さきがね。	**あときん・あとがね**〔後金〕**げんきん**〔現金〕**そっきん**〔即金〕
まえば〔前歯〕	**おくば**〔奥歯〕**きゅうし**〔臼歯〕
まえはば〔前幅〕着物の、脇《わき》の縫い目からおくみ付けまでの幅。	**うしろはば**〔後ろ幅〕
まえばらい〔前払い〕物を買う前に代金を払うこと。	**あとばらい**〔後払い〕**げんきんばらい**〔現金払い〕
まえみごろ〔前身頃・前裑〕着物の身頃（体を覆う部分）の、前の方。	**うしろみごろ**〔後ろ身頃・後ろ裑〕
まえむき〔前向き〕	**うしろむき**〔後ろ向き〕**よこむき**〔横向き〕
まえわ〔前輪〕前の車輪。	**あとわ**〔後輪〕
まえわたし〔前渡し〕お金や品物を決済の前に渡すこと。先渡し。	**あとわたし**〔後渡し〕
まがし〔間貸し〕代金を取って部屋を貸すこと。	**まがり**〔間借り〕
まかす〔負かす〕「ゲームで相手を――」。	**まける**〔負ける〕
まがり〔間借り〕代金を払って部屋を借りること。	**まがし**〔間貸し〕
まがる〔曲がる〕「腰が――」。	**のびる**〔延びる・伸びる〕
マキシマム〔maximum〕最大限。最高。	**ミニマム**〔minimum〕
まきちらす〔撒き散らす〕「紙くずを――」。	**かきあつめる**〔掻き集める〕
まぎらわしい〔紛らわしい〕	**あきらか**〔明らか〕
まく〔巻く〕	**のばす**〔延ばす〕**ひろげる**〔広げる〕
まくあき〔幕開き〕幕の開いた最初の場面。物事の初め。	**まくぎれ**〔幕切れ〕
まくぎれ〔幕切れ〕幕の閉まる直前の場面。物事の終わり。	**まくあき**〔幕開き〕
まぐち〔間口〕土地や建物の正面の幅。	**おくゆき**〔奥行き〕
マクロ〔macro〕巨大。巨視。	**ミクロ**〔micro〕
まけこす〔負け越す〕負けた回数が勝った回数を上回ること。	**かちこす**〔勝ち越す〕
まけっぱなす〔負けっ放す〕	→まけとおす〔負け通す〕
まけとおす〔負け通す〕負けが続く。全敗する。	**かちとおす**〔勝ち通す〕**かちっぱなす**〔勝ちっ放す〕
まける〔負ける〕	**かつ**〔勝つ〕**やぶる**〔敗る〕**まかす**〔負かす〕**ひきわける**〔引き分ける〕

まげる〔曲げる〕「腰を――」。	**のばす**〔延ばす・伸ばす〕
まご〔孫〕	**そふ**〔祖父〕**そぼ**〔祖母〕
まごでし〔孫弟子〕弟子の弟子。又弟子。	**じきでし**〔直弟子〕
まこと〔誠・実・真〕偽りでないこと。本当。まごころ。	**うそ**〔嘘〕**いつわり**〔偽り〕
マザー〔mother〕母。	**ファーザー**〔father〕
まさか「――殺しはすまい」。	**たぶん**〔多分〕
まさめ〔柾目〕板の木目が平行に通っているもの。	**いため**〔板目〕
まさゆめ〔正夢〕事実と一致する夢。	**さかゆめ**〔逆夢〕
まさる〔優る・勝る〕すぐれる。	**おとる**〔劣る〕
ました〔真下〕ちょうど下。すぐ下。	㋐**まうえ**〔真上〕**まよこ**〔真横〕㋑**ななめした**〔斜め下〕
まじめ〔真面目〕「彼は――だ」。	**ふまじめ**〔不真面目〕**でたらめ**〔出鱈目〕
ましょうめん〔真正面〕まん前。ま向かい。	㋐**まうしろ**〔真後ろ〕**まよこ**〔真横〕㋑**ななめまえ**〔斜め前〕
ます〔増す〕㊀【自動】「水が――」。㊁【他動】「人数を――」。	㊀**へる**〔減る〕㊁**へらす**〔減らす〕
まずい〔拙い〕「――文章」。	**うまい**〔巧い〕**たくみ**〔巧み〕**じょうず**〔上手〕
まずい〔不味い〕「――料理」。	**うまい**〔甘い・旨い〕**おいしい**〔美味しい〕
マスコミ〔mass communication〕新聞・テレビなどによる、大量の情報伝達。	**ミニコミ**〔mini communication〕
まずしい〔貧しい〕	**ゆたか**〔豊か〕
マスター〔master〕①店の男主人。②修士。	①**マダム**〔madame フランス〕②**ドクター**〔doctor〕**バチェラー**〔bachelor〕
マスターコース〔master course〕大学院の、修士課程。	**ドクターコース**〔doctor course〕
まぜる〔混ぜる〕区別が付かないように一緒にする。	**よりわける・えりわける**〔選り分ける〕
マゾヒズム〔masochism〕異性から虐待されて快感を味わう変態性欲。	**サディズム**〔sadism〕
まだ〔未だ〕「――春にならない」。	**もう**　**もはや**〔最早〕**すでに**〔既に〕
またがし〔又貸し〕人から借りた物を別の人に貸すこと。	**またがり**〔又借り〕
またがみ〔股上〕ズボンなどの股の分かれ目から上の寸法。	**またした**〔股下〕
またがり〔又借り〕人が借りたものを	**またがし**〔又貸し〕

さらに借りること。	
またぐ〔跨ぐ〕	**くぐる**〔潜る〕
またした〔股下〕ズボンなどの股の分かれ目から下の長さ。	**またがみ**〔股上〕
またでし〔又弟子〕	→まごでし〔孫弟子〕
または〔又は〕あるいは。もしくは。	**および**〔及び〕**ならびに**〔並びに〕
マダム〔madame フランス〕①既婚の婦人。夫人。②喫茶店・バーなどの女主人。	①㋐**マドモアゼル**〔mademoiselle フランス〕㋑**ムッシュー**〔monsieur フランス〕②**マスター**〔master〕
まだるっこい〔間怠っこい〕じれったい。	**てっとりばやい**〔手っ取り早い〕
まち〔町・街〕人の多く住んでいる所。都会。	**いなか**〔田舎〕**むら**〔村〕
まぢか〔間近〕間隔や時間が近く接していること。	**まどお**〔間遠〕
まちがう〔間違う〕「答えが――っている」。	**あう**〔合う〕
まちがえる〔間違える〕「答えを――」。	**あわす**〔合わす〕**あわせる**〔合わせる〕**ただす**〔正す〕
まちなか〔町中〕町の、家がたくさんある所。	**まちはずれ**〔町外れ〕
まちはずれ〔町外れ〕町の、家並みからはずれた所。町の少し外。	**まちなか**〔町中〕
まちばり〔待ち針〕縫い合わせるところに目印として打つ針。	**ぬいばり**〔縫い針〕
まつ〔末〕①すえ。終わり。②大切でない部分。	①**し**〔始〕**しょ**〔初〕②**ほん**〔本〕**しゅ**〔主〕
まつい〔末位〕最も下の位。最下位。	**しゅい**〔首位〕
まつえい〔末裔〕	→ばっそん〔末孫〕
まっか〔真っ赤〕「顔を――にする」。	**まっさお**〔真っ青〕
まっき〔末期〕終わりごろ。	**しょき**〔初期〕**しき**〔始期〕**ちゅうき**〔中期〕
まっくろ〔真っ黒〕「――な髪」。	**まっしろ**〔真っ白〕
まつざ〔末座〕身分の低い人の席。末席。下座《しもざ》。	**しゅざ**〔首座〕**かみざ**〔上座〕
まっさお〔真っ青〕「――な顔色」。	**まっか**〔真っ赤〕
まっさき〔真っ先〕	**どんじり**〔どん尻〕**しんがり**〔殿〕**まんなか**〔真ん中〕
まっし〔末子〕	→ばっし〔末子〕
まつじ〔末寺〕本山の支配下にある寺。	**ほんざん**〔本山〕
まつじつ〔末日〕最後の日。月の終わりの日。	**しょにち**〔初日〕**ついたち**〔一日・朔日〕
まっしゃ〔末社〕ある神社に付属する	**ほんしゃ**〔本社〕

神社。	
まつじょ〔末女〕一番下のむすめ。	㋐**ちょうじょ**〔長女〕㋑**まつなん**〔末男〕
まっしょう〔末梢〕物の端の主要でない部分。枝葉。	**ちゅうすう**〔中枢〕
まっしょうしんけい〔末梢神経〕脳や脊髄《せきずい》から分かれて、全身に分布している神経。	**ちゅうすうしんけい**〔中枢神経〕
まっしょうてき〔末梢的〕大切でなく、取るに足りないさま。	**こんぽんてき**〔根本的〕**ほんしつてき**〔本質的〕
まっしょうめん〔真っ正面〕	→ましょうめん〔真正面〕
まっしろ〔真っ白〕「――な布」。	**まっくろ**〔真っ黒〕
まっすぐ〔真っ直ぐ〕	**ななめ**〔斜め〕
まっせき〔末席〕下位の座席。末座。下座《しもざ》。ばっせき。	**しゅせき**〔首席〕**じょうせき**〔上席〕
まっせつ〔末節〕つまらない端っこの部分。枝葉。	**こんぽん**〔根本〕
まっそん〔末孫〕	→ばっそん〔末孫〕
まつだい〔末代〕後の世。	**ぜんだい**〔前代〕**とうだい**〔当代〕
まったく〔全く〕	**すこし**〔少し〕**ほとんど**〔殆ど〕**ほぼ**〔略〕
まったん〔末端〕ものの先。はし。	**ちゅうすう**〔中枢〕**せんたん**〔先端〕
まってい〔末弟〕最も下の弟。	**ちょうけい**〔長兄〕
まつなん〔末男〕最も下の男の子。	㋐**ちょうなん**〔長男〕㋑**まつじょ**〔末女〕
まつねん〔末年〕終わりの年。	**しょねん**〔初年〕
まつび〔末尾〕終わり。	**ぼうとう**〔冒頭〕
まっぴるま〔真っ昼間〕	→まひる〔真昼〕
まつりゅう〔末流〕水流・血筋などの末の方。	**げんりゅう**〔源流〕**みなもと**〔源〕**ほんりゅう**〔本流〕
まで〔迄〕「８時――営業します」。	**から**　**より**
マテリアリスト〔materialist〕唯物論者。	**アイディアリスト**〔idealist〕
マテリアリズム〔materialism〕唯物論。	**アイディアリズム**〔idealism〕
まとう〔纏う〕「衣服を――」。	**ぬぐ**〔脱ぐ〕
まどお〔間遠〕間隔・時間が隔たっているさま。	**まぢか**〔真近〕
まとはずれ〔的外れ〕ねらいが外れていること。	**てきかく**〔的確〕
まとまる〔纏まる〕「話が――」。	**こわれる**〔毀れる〕**つぶれる**〔潰れる〕
まとめる〔纏める〕	**こわす**〔毀す〕**つぶす**〔潰す〕

マドモアゼル〔mademoiselle フランス〕未婚の女性。お嬢さん。ミス。	㋐**マダム**〔madame フランス〕㋑**ムッシュー**〔monsieur フランス〕
まなじり〔眦〕目の、耳に近い方の端。めじり。	**めがしら**〔目頭〕
まなつ〔真夏〕夏の盛り。盛夏。	㋐**まふゆ**〔真冬〕㋑**しょか**〔初夏〕**ばんか**〔晩夏〕
まなぶ〔学ぶ〕	㋐**おしえる**〔教える〕㋑**あそぶ**〔遊ぶ〕
まにあう〔間に合う〕「始業時間に――」。	**おくれる**〔遅れる〕
マニキュア〔manicure〕手の爪に塗ってつやを出すエナメル。	**ペディキュア**〔pedicure〕
まぬがれる〔免れる〕「被害を――」。	**こうむる**〔蒙る・被る〕
まひる〔真昼〕昼の最中。日中。	**まよなか**〔真夜中〕**しんや**〔深夜〕
まぶか〔目深〕帽子などを、目が隠れるほど深くかぶるさま。	**あみだ**〔阿弥陀〕
まふゆ〔真冬〕冬の最中。厳冬。	㋐**まなつ**〔真夏〕㋑**しょとう**〔初冬〕**ばんとう**〔晩冬〕
まほ〔真帆〕順風に掛けた帆。	**かたほ**〔片帆〕
まぼろし〔幻〕実際にはないものがあるように見えること。	**うつつ**〔現〕
ママ〔mama〕母の愛称。	**パパ**〔papa〕
ままおや〔継親〕血のつながりのない親。義理の親。継父・継母。養親。	㋐**じつのおや**〔実の親〕**うみのおや**〔生みの親〕㋑**ままこ**〔継子〕
ままこ〔継子〕血のつながりのない子。義理の子。	㋐**じつのこ**〔実の子〕㋑**ままおや**〔継親〕**ままちち**〔継父〕**ままはは**〔継母〕
ままちち〔継父〕血のつながらない父。義理の父。養父。	㋐**じつのちち**〔実の父〕㋑**ままはは**〔継母〕㋒**ままこ**〔継子〕
ままはは〔継母〕血のつながらない母。義理の母。養母。	㋐**じつのはは**〔実の母〕**うみのはは**〔生みの母・産みの母〕㋑**ままちち**〔継父〕㋒**ままこ**〔継子〕
まみず〔真水〕塩分を含まない水。	**しおみず**〔塩水〕
まむかい〔真向かい〕ちょうど向かい。ま正面。	㋐**まうしろ**〔真ろ後〕**まよこ**〔真横〕㋑**すじむかい**〔筋向かい〕**ななめまえ**〔斜め前〕
まめ〔忠実〕面倒がらずによく動くさま。	**ぶしょう**〔不精・無精〕
まもる〔守る・護る〕	**せめる**〔攻める〕**おそう**〔襲う〕**やぶる**〔破る〕
まよい〔迷い〕「青春の――」。	**さとり**〔悟り〕
まよう〔迷う〕「人生の道に――」。	**さとる**〔悟る〕**さめる**〔覚める〕
まよこ〔真横〕ちょうど横。すぐ横。	㋐**まんまえ**〔真ん前〕**ましょうめん**

	〔真正面〕**まむかい**〔真向かい〕**まうしろ**〔真後ろ〕㋑**まうえ**〔真上〕**ました**〔真下〕㋒**ななめよこ**〔斜め横〕
まよなか〔真夜中〕	**まひる**〔真昼〕**まっぴるま**〔真っ昼間〕**ひるひなか**〔昼日中〕
まる〔丸・円〕①まるいもの。②きっちりある数になること。満。③正しい。	①**かく**〔角〕**しかく**〔四角〕②**あしかけ**〔足掛け〕**かぞえ**〔数え〕③**ばつ　ぺけ**
まるい〔丸い〕「——顔」。	**しかくい**〔四角い〕
まるがお〔丸顔〕まるい顔。	**おもなが**〔面長〕**ほそおもて**〔細面〕**うりざねがお**〔瓜実顔〕
まるぞん〔丸損〕全面的な損失。	**まるもうけ**〔丸儲け〕
まるぼし〔丸干し〕食物などを、その姿のままで干すこと。	**きりぼし**〔切り干し〕
まるもうけ〔丸儲け〕全面的な利益。	**まるぞん**〔丸損〕
まれに〔稀に〕珍しく。たまに。	**いつも　しょっちゅう　つねに**〔常に〕**たえず**〔絶えず〕**しきりに**〔頻りに〕**つねづね**〔常々〕**たびたび**〔度々〕**しばしば**〔屢々〕
まわりみち〔回り道〕遠回りの道。	**ちかみち**〔近道〕
まん〔満〕①欠けたところがなく満ちること。②年月・年齢などがちょうどその数になること。	①**かん**〔干〕**けつ**〔欠〕②**あしかけ**〔足掛け〕**かぞえ**〔数え〕
マン〔man〕男。	**ウーマン**〔woman〕
まんいん〔満員〕定員いっぱいになること。	**けついん**〔欠員〕
まんげつ〔満月〕まんまるい月。もちづき。	**しんげつ**〔新月〕
まんせい〔慢性〕病気が長引く状態。	**きゅうせい**〔急性〕
まんぞく〔満足〕完全であること。希望どおりで不満がないこと。	**ふそく**〔不足〕**ふまん**〔不満〕
まんちょう〔満潮〕海水の水位が高くなること。みちしお。	**かんちょう**〔干潮〕
まんてん〔満点〕「試験で——を取る」。	**れいてん**〔零点〕
まんなか〔真ん中〕	㋐**すみ**〔角・隅〕**はし**〔端〕㋑**じょうたん**〔上端〕**かたん**〔下端〕㋒**まっさき**〔真っ先〕**どんじり**〔どん尻〕
まんねんれい〔満年齢〕生まれてから実際に過ごした年月で数える年齢。	**かぞえどし**〔数え年〕
まんぷく〔満腹〕腹がいっぱいになること。	**くうふく**〔空腹〕

まんまえ〔真ん前〕　→ましょうめん〔真正面〕
まんりょう〔満了〕定められた期間が終わること。　**みりょう**〔未了〕

み

み〔実〕果実。　**かわ**〔皮〕
み〔未〕まだ。　**き**〔既〕
み〔身〕①からだ。肉体。②肉の部分。③刀の刃の付いている部分。④ふた物の物を入れる部分。　①**こころ**〔心〕②**かわ**〔皮〕**ほね**〔骨〕**から**〔殻〕③**さや**〔鞘〕④**ふた**〔蓋〕
みあいけっこん〔見合い結婚〕男女が、人の仲立ちで会って結婚すること。　**れんあいけっこん**〔恋愛結婚〕
みあげる〔見上げる〕①上の方を見る。ふり仰ぐ。②敬って見る。敬う。尊ぶ。　①**みおろす**〔見下ろす〕②**みさげる**〔見下げる〕**みくだす**〔見下す〕**あなどる**〔侮る〕**さげすむ**〔蔑む〕
みいだす〔見出だす〕見付け出す。発見する。　**みうしなう**〔見失う〕
みうしなう〔見失う〕今まで見えていたものが見えなくなる。　**みいだす**〔見出だす〕**みつける**〔見付ける〕**みつけだす**〔見付け出す〕
みうち〔身内〕親類。一族。肉親。　**たにん**〔他人〕
みおくる〔見送る〕　**でむかえる**〔出迎える〕**むかえる**〔迎える〕
みおさめ〔見納め〕見ることの最後。　**みはじめ**〔見初め・見始め〕
みおとす〔見落とす〕「誤りを――」。　**みつける**〔見付ける〕**みつけだす**〔見付け出す〕
みおとり〔見劣り〕劣っているように見えること。　**みばえ**〔見栄え〕
みおろす〔見下ろす〕下の方を見る。　**みあげる**〔見上げる〕**ふりあおぐ**〔振り仰ぐ〕
みかい〔未開〕文明が開けていないこと。野蛮。　**かいか**〔開化〕**ぶんめい**〔文明〕
みかぎる〔見限る〕　→みはなす〔見放す・見離す〕
みかく〔味覚〕舌で味わう感覚。　**しかく**〔視覚〕**ちょうかく**〔聴覚〕**きゅうかく**〔嗅覚〕**しょっかく**〔触覚〕
みかけ〔見掛け〕見た感じ。外観。うわべ。　**なかみ**〔中身・中味〕**ないじつ**〔内実〕
みかた〔味方〕　**てき**〔敵〕**あだ**〔仇〕**かたき**〔敵・仇〕
みかん〔未刊〕まだ刊行されていないこと。　**きかん**〔既刊〕

みかん〔未完〕まだ出来上がっていないこと。まだすっかり終わっていないこと。未完成。未完結。	**かん**〔完〕**かんせい**〔完成〕**かんけつ**〔完結〕**かんりょう**〔完了〕
みき〔幹〕	**えだ**〔枝〕**こずえ**〔梢〕
みぎ〔右〕	**ひだり**〔左〕
みぎあし〔右足・右脚〕	㋐**ひだりあし**〔左足・左脚〕㋑**みぎて**〔右手〕**みぎうで**〔右腕〕
みぎうで〔右腕〕	㋐**ひだりうで**〔左腕〕**さわん**〔左腕〕㋑**みぎあし**〔右脚〕
みぎがわ〔右側〕	**ひだりがわ**〔左側〕**さそく**〔左側〕
みぎきき〔右利き〕左手よりも右手の方がよくきくこと。	**ひだりきき**〔左利き〕
みぎて〔右手〕右の手。右の方向。	㋐**ひだりて**〔左手〕㋑**みぎあし**〔右足・右脚〕
みぎまわり〔右回り〕時計の針と同じ方向に回ること。	**ひだりまわり**〔左回り〕
みぎむき〔右向き〕右に向くこと。	**ひだりむき**〔左向き〕
みぎよつ〔右四つ〕相撲で、互いに右手を相手の左手の下にして組み合った体勢。	**ひだりよつ**〔左四つ〕
みぎより〔右寄り〕右の方へ寄ること。右翼的。	**ひだりより**〔左寄り〕
みくだす〔見下す〕軽蔑《けいべつ》した気持ちで見る。見下げる。侮る。さげすむ。	**みあげる**〔見上げる〕**うやまう**〔敬う〕**とうとぶ**〔尊ぶ・貴ぶ〕
みくびる〔見くびる〕軽く見過ぎる。	**かいかぶる**〔買い被る〕
みぐるしい〔見苦しい〕	**みよい**〔見好い〕**みやすい**〔見易い〕
ミクロ〔micro〕微細。微視。	**マクロ**〔macro〕
みけつ〔未決〕まだ決まっていないこと。	**きけつ**〔既決〕
みごと〔見事〕立派なこと。出来映えがよいこと。	**ぶさいく**〔不細工〕
みこむ〔見込む〕有望だと思う。期待する。	**みかぎる**〔見限る〕**みすてる**〔見捨てる〕**みはなす**〔見離す・見放す〕
みこん〔未婚〕まだ結婚していないこと。	**きこん**〔既婚〕
みさい〔未済〕まだ済まないこと。	**きさい**〔既済〕
みさげる〔見下げる〕	→みくだす〔見下す〕
みじかい〔短い〕	**ながい**〔長い〕
みしゅう〔未習〕まだ習っていないこと。	**きしゅう**〔既習〕
みじゅく〔未熟〕①果物などがまだ十分に熟していないこと。②人柄・技能などがまだ十分な域に達していないこ	①**かんじゅく**〔完熟〕**せいじゅく**〔成熟〕②㋐**えんじゅく**〔円熟〕**じゅくれん**〔熟練〕**じゅくたつ**

と。 — 〔熟達〕**しゅうじゅく**〔習熟〕**れんたつ**〔練達〕㋑**ろうれん**〔老練〕**ろうせい**〔老成〕

ミス〔Miss〕未婚の女性の名前の前に付ける敬称。 — ㋐**ミセス**〔Mrs.〕㋑**ミスター**〔Mr.〕

みず〔水〕 — ㋐**ゆ**〔湯〕**こおり**〔氷〕**すいじょうき**〔水蒸気〕㋑**あぶら**〔油〕㋒**ひ**〔火〕

みずあび〔水浴び〕水を体にかぶること。水浴。 — **ゆあみ**〔湯浴み〕

みすい〔未遂〕まだ成し遂げていないこと。 — **きすい**〔既遂〕

みずうみ〔湖〕 — **うみ**〔海〕**しおうみ**〔潮海〕

みずくさい〔水臭い〕 — →みずっぽい〔水っぽい〕

みずぐすり〔水薬〕液状のくすり。 — **こなぐすり**〔粉薬〕**がんやく**〔丸薬〕

みずぐるま〔水車〕水の力で回る仕掛けの車。すいしゃ。 — **かざぐるま**〔風車〕

みすごす〔見過ごす〕見ながら放っておく。見逃す。 — **みとがめる**〔見咎める〕

みずしらず〔見ず知らず〕まったく知らない間柄。 — **かおなじみ**〔顔馴染み〕**かおみしり**〔顔見知り〕

ミスター〔Mr.〕男性の名前の前に付ける敬称。 — **ミセス**〔Mrs.〕**ミス**〔Miss〕

みずっぽい〔水っぽい〕水分が多くて味が薄い。みずくさい。 — **しおからい**〔塩辛い〕

みすてる〔見捨てる〕 — →みはなす〔見離す・見放す〕

みすぼらしい〔見窄らしい〕やつれて見苦しい。貧弱で見栄えがしない。 — **りっぱ**〔立派〕**すばらしい**〔素晴らしい〕

みせいじゅく〔未成熟〕 — →みじゅく〔未熟〕

みせいねん〔未成年〕満20歳に達しない人。 — **せいねん**〔成年〕**せいじん**〔成人〕

みせうり〔店売り〕店に来た客に商品を売ること。 — **がいしょう**〔外商〕

みせじまい〔店終い・店仕舞〕店を閉めること。 — **みせびらき**〔店開き〕

ミセス〔Mrs.〕既婚婦人の名前の前に付ける敬称。 — ㋐**ミス**〔miss〕㋑**ミスター**〔Mr.〕

みせつ〔未設〕まだ設置していないこと。 — **きせつ**〔既設〕

みせびらかす〔見せびらかす〕得意になって見せる。 — **つつみかくす**〔包み隠す〕

みせびらき〔店開き〕店を開くこと。 — **みせじまい**〔店終い・店仕舞〕

みせや〔店屋・店家〕商売をしてい — **しもたや**〔仕舞た家〕

る家。商店。	
みせる〔見せる〕「持ち物を――」。	**かくす**〔隠す〕
みそか〔三十日・晦日〕月の最後の日。	**ついたち**〔一日・朔日〕
みそこなう〔見損なう〕見間違える。価値判断を誤る。	**みなおす**〔見直す〕
みだし〔見出し〕新聞や雑誌の記事の前に大きな活字で付けた標題。	**ほんぶん**〔本文〕
みたす〔満たす・充たす〕「生活費を――」。	**かかす**〔欠かす〕
みだす〔乱す〕①「列を――」。②「国を――」。	①**ととのえる**〔整える〕**ただす**〔正す〕②**おさめる**〔治める〕
みだれる〔乱れる〕①「列が――」。②「心が――」。③「国が――」。	①**ととのう**〔整う〕②**しずまる**〔鎮まる〕③**おさまる**〔治まる〕
みち〔未知〕まだ知っていないこと。	**きち**〔既知〕
みちしお〔満ち潮〕海水が岸近くまで満ちること。満潮。上げ潮。	**ひきしお**〔引き潮〕
みちすう〔未知数〕方程式の中の文字で、数値の知られていないもの。	**きちすう**〔既知数〕
みちびく〔導く〕先に立って案内する。	**したがう**〔従う〕
みちゃく〔未着〕まだ着かないこと。	**きちゃく**〔既着〕**とうちゃく**〔到着〕
みちる〔満ちる〕①「月が――」。②「潮が――」。	①**かける**〔欠ける〕②**ひく**〔引く〕**ひる**〔干る〕
みつ〔密〕細かい。すきまなく詰まる。	**そ**〔粗・疎〕
みつかる〔見付かる〕「人影が――」。	**うせる**〔失せる〕**なくなる**〔無くなる〕
みつくす〔見尽くす〕すっかり見る。	**みのこす**〔見残す〕
みつけだす〔見付け出す〕	→みつける〔見付ける〕
みつける〔見付ける〕「友人の姿を――」。	**みうしなう**〔見失う〕**なくす**〔無くす〕**みおとす**〔見落とす〕
みっしゅう〔密集〕すきまなく集まること。	**さんざい**〔散在〕**てんざい**〔点在〕
みつしゅっこく〔密出国〕公の手続きを経ずに、ひそかに国外に出ること。	**みつにゅうこく**〔密入国〕
みっせい〔密生〕すきまなく生えること。	**そせい**〔疎生〕
みっそう〔密葬〕内輪だけで死者を弔うこと。内輪の葬式。	**ほんそう**〔本葬〕
ミット〔mitt〕野球で、親指だけが分かれた、捕球用の皮製手袋。	**グローブ**〔glove〕
みっともない	→みぐるしい〔見苦しい〕
みつにゅうこく〔密入国〕公の手続きを経ずに、ひそかに国内に入ること。	**みつしゅっこく**〔密出国〕

みっぷう〔密封〕固く封をすること。	**かいふう**〔開封〕
みっぺい〔密閉〕すきまなく閉じること。	**ぜんかい**〔全開〕
みつやく〔密約〕ひそかに約束すること。	**こうやく**〔公約〕
みつゆしゅつ〔密輸出〕法の手続きを経ずにこっそり輸出すること。	**みつゆにゅう**〔密輸入〕
みつゆにゅう〔密輸入〕法の手続きを経ずにこっそり輸入すること。	**みつゆしゅつ**〔密輸出〕
みづらい〔見辛い〕	→みにくい〔見難い〕
みつりん〔密林〕すきまなく木の生えている林。	**そりん**〔疎林〕
みてい〔未定〕まだはっきりと決まらないこと。	**きてい**〔既定〕**かくてい**〔確定〕**けってい**〔決定〕**よてい**〔予定〕
みとがめる〔見咎める〕見て非難する。気付いて注意する。	**みのがす**〔見逃す〕**みすごす**〔見過ごす〕
みどく〔味読〕内容を味わいながら読むこと。	**つうどく**〔通読〕**そくどく**〔速続〕**らんどく**〔乱読・濫読〕
みとめいん〔認め印〕日常用の略式のはんこ。	**じついん**〔実印〕
みとめる〔認める〕よいとして許す。	**こばむ**〔拒む〕**いなむ**〔否む〕
みとりざん〔見取り算〕珠算で、書かれた数字を見て計算する方法。	**よみあげざん**〔読み上げ算〕
みなおす〔見直す〕今まで気付かなかったよい点を見付けて評価を改める。	**みすてる**〔見捨てる〕**みはなす**〔見放す〕**みかぎる**〔見限る〕**みそこなう**〔見損なう〕
みなみ〔南〕	**きた**〔北〕**ひがし**〔東〕**にし**〔西〕
みなみかいきせん〔南回帰線〕南緯23度27分の線。太陽が南へ来る限界線。	**きたかいきせん**〔北回帰線〕
みなみかぜ〔南風〕南から吹く風。	**きたかぜ**〔北風〕
みなみはんきゅう〔南半球〕地球の南半分。赤道より南。	**きたはんきゅう**〔北半球〕
みなもと〔源〕川などの流れ出るもとの所。物事の初め。	**かわしも**〔川下〕**まつりゅう**〔末流〕**かこう**〔河口〕
みならいこう〔見習工〕まだ技術を十分身に着けていない工員。	**じゅくれんこう**〔熟練工〕
みにくい〔醜い〕見るといやな感じがする。見苦しい。汚い。	**みやすい**〔見易い〕**みよい**〔見好い〕**うつくしい**〔美しい〕**きれい**〔綺麗〕
ミニコミ〔mini communication〕特定の少人数を対象とする情報伝達。	**マスコミ**〔mass communication〕
ミニスカート〔miniskirt〕丈が極端に短いスカート。	**ロングスカート**〔long-skirt〕

ミニマム〔minimum〕最小。最小限。	**マキシマム**〔maximum〕
みね〔峰〕①山の高い所。いただき。②刀の刃の反対側。	①**ふもと**〔麓〕**たに**〔谷〕②**は**〔刃〕**しのぎ**〔鎬〕
みのう〔未納〕税金などを、まだ納めていないこと。	**かんのう**〔完納〕**きのう**〔既納〕
みのがす〔見逃す〕	→みすごす〔見過ごす〕
みのこす〔見残す〕中途まで見て、後を見ないで終わる。	**みつくす**〔見尽くす〕
みばえ〔見栄え〕見ためがよいこと。	**みおとり**〔見劣り〕
みはじめ〔見初め・見始め〕見ることの初め。	**みおさめ**〔見納め〕
みはなす〔見離す・見放す〕捨てて顧みない。見捨てる。見限る。	**みこむ**〔見込む〕**みまもる**〔見守る〕**みなおす**〔見直す〕
みひらく〔見開く〕「目を――」。	**ほそめる**〔細める〕
みぶり〔身振り〕身体のこなし方。動作。	**てぶり**〔手振り〕**くちぶり**〔口振り〕
みほん〔見本〕	**げんぶつ**〔現物〕**げんぴん**〔現品〕**じつぶつ**〔実物〕
みまもる〔見守る〕気に懸けてじっと見ている。	**みはなす**〔見離す・見放す〕
みまん〔未満〕ある数量に達しないこと。	**ちょうか**〔超過〕
みやこ〔都〕政府の中心地。	**いなか**〔田舎〕**ちほう**〔地方〕
みやすい〔見易い〕①見るのが容易だ。②見た感じがよい。	①**みにくい**〔見難い〕**みづらい**〔見辛い〕②**みにくい**〔醜い〕**みぐるしい**〔見苦しい〕**みっともない**　**ぶさいく**〔不細工〕
みやびやか〔雅びやか〕上品で優しいさま。優雅なさま。	**あららか**〔荒らか〕
みやま〔深山〕奥深い山。山奥。	**とやま**〔外山〕
みよい〔見好い〕	→みやすい〔見易い〕
みょうあん〔妙案〕	→めいあん〔名案〕
みょうぎ〔妙技〕	→こうぎ〔巧技〕
みょうごにち〔明後日〕	**いっさくじつ**〔一昨日〕**おととい・おとつい**〔一昨日〕
みょうごねん〔明後年〕	**いっさくねん**〔一昨年〕**おととし**〔一昨年〕
みょうじ〔名字・苗字〕	**なまえ**〔名前〕
みょうにち〔明日〕あす。	**さくじつ**〔昨日〕**こんにち**〔今日〕**ほんじつ**〔本日〕
みょうねん〔明年〕	→らいねん〔来年〕
みょうばん〔明晩〕あすの晩。	㋐**さくばん**〔昨晩〕**こんばん**〔今晩〕㋑**みょうちょう**〔明朝〕

みょうや〔明夜〕あすの夜。	㋐**さくや**〔昨夜〕**こんや**〔今夜〕**とうや**〔当夜〕㋑**みょうちょう**〔明朝〕
みらい〔未来〕これから先。将来。	**かこ**〔過去〕**おうじ**〔往時〕**げんざい**〔現在〕**げんこん**〔現今〕
みりょう〔未了〕まだ終わっていないこと。	**かんりょう**〔完了〕**まんりょう**〔満了〕
みれんがましい〔未練がましい〕思い切りが悪い。	**いさぎよい**〔潔い〕
みん〔民〕民衆。人民。	**かん**〔官〕**くん**〔君〕
みんえい〔民営〕	→**しえい**〔私営〕
みんかん〔民間〕人民の社会。世間。	**かんかい**〔官界〕
みんかんき〔民間機〕軍事用以外の、一般の航空機。	**ぐんようき**〔軍用機〕
みんかんほうそう〔民間放送〕民間資本の経営する放送。	**こうきょうほうそう**〔公共放送〕
みんじ〔民事〕私法に関する事項。	**けいじ**〔刑事〕
みんじさいばん〔民事裁判〕私法上の訴訟を扱う裁判。	**けいじさいばん**〔刑事裁判〕
みんじじけん〔民事事件〕私法に関する事件。	**けいじじけん**〔刑事事件〕
みんじゅ〔民需〕民間の需要。	**かんじゅ**〔官需〕**ぐんじゅ**〔軍需〕
みんしゅこっか〔民主国家〕民主主義の政治形態をとる国。	**せんせいこっか**〔専政国家〕**どくさいこっか**〔独裁国家〕
みんしゅしゅぎ〔民主主義〕人民が、みずからの意志で政治を行おうとする考え。デモクラシー。	**ほうけんしゅぎ**〔封建主義〕
みんしゅせいじ〔民主政治〕民主主義に基づく政治。	**せんせいせいじ**〔専制政治〕**どくさいせいじ**〔独裁政治〕
みんしゅてき〔民主的〕みんなの意見で事を運ぶさま。	**どくさいてき**〔独裁的〕**ほうけんてき**〔封建的〕
みんぞくしゅぎ〔民族主義〕民族としての立場を最も重視しようとする考え。	**せかいしゅぎ**〔世界主義〕**こくさいしゅぎ**〔国際主義〕
みんゆう〔民有〕民間人が所有すること。	**こくゆう**〔国有〕**かんゆう**〔官有〕**こうゆう**〔公有〕

む

む〔夢〕ゆめ。	**げん**〔現〕
む〔無〕ない。	**ゆう・う**〔有〕
むい〔無位〕位がないこと。	**ゆうい**〔有位〕**こうい**〔高位〕
むい〔無為〕因縁《いんねん》によって生じたも	**うい**〔有為〕

のでなく、永久に変化しない物。	
むいぎ〔無意義〕する価値がないこと。無意味。	**ゆういぎ**〔有意義〕
むいしきてき〔無意識的〕知らずにするさま。	**いしきてき**〔意識的〕
むえき〔無益〕得るところがないこと。無駄。	㋐**ゆうえき**〔有益〕㋑**むがい**〔無害〕
むえん〔無縁〕仏と縁を結んでいないこと。	**うえん**〔有縁〕
むがい〔無害〕害がないこと。	㋐**ゆうがい**〔有害〕㋑**むえき**〔無益〕
むがい〔無蓋〕ふたや覆いがないこと。	**ゆうがい**〔有蓋〕
むかいあわせ〔向かい合わせ〕	**さしむかい**〔差し向かい〕
むがいかしゃ〔無蓋貨車〕屋根の付いてない貨車。	**ゆうがいかしゃ**〔有蓋貨車〕
むかいかぜ〔向かい風〕前から吹いて来る風。逆風。	**おいかぜ**〔追い風〕**じゅんぷう**〔順風〕
むかう〔向かう〕①「村里に――」。②「敵に――」。	①**とおざかる**〔遠離る〕**とおのく**〔遠退く〕②**さける**〔避ける〕**よける**〔避ける〕**にげる**〔逃げる〕
むかえいれる〔迎え入れる〕	**おくりだす**〔送り出す〕**おいだす**〔追い出す〕**おいかえす**〔追い返す〕**おいはらう**〔追い払う〕**しめだす**〔閉め出す・締め出す〕
むかえび〔迎え火〕盆の初めに、先祖の霊を迎えるために焚《た》く火。	**おくりび**〔送り火〕
むかえる〔迎える〕「来客を――」。	**おくる**〔送る〕**みおくる**〔見送る〕
むがく〔無学〕学問や知識がないこと。	**はくがく**〔博学〕
むかし〔昔〕	**いま**〔今〕
むかしふう〔昔風〕	→こふう〔古風〕
むき〔向き〕適すること。適性。	**ふむき**〔不向き〕
むき〔無期〕期間を決めないこと。	**ゆうき**〔有期〕
むき〔無機〕生活機能を持たないこと。	**ゆうき**〔有機〕
むぎ〔麦〕	**こめ**〔米〕
むきかがく〔無機化学〕無機化合物を研究する化学。	**ゆうきかがく**〔有機化学〕
むきかごうぶつ〔無機化合物〕有機化合物以外の化合物。	**ゆうきかごうぶつ**〔有機化合物〕
むきけい〔無期刑〕いつまでと期間を決めない刑罰。終身刑。	㋐**ゆうきけい**〔有期刑〕㋑**しけい**〔死刑〕
むきげん〔無期限〕期限を決めないこと。	**きげんつき**〔期限付き〕
むきぶつ〔無機物〕無機化合物。	**ゆうきぶつ**〔有機物〕
むきめい〔無記名〕名前を書かないこ	**きめい**〔記名〕

と。

むきめいとうひょう〔無記名投票〕投票用紙に自分の名前を書かない方式。 **きめいとうひょう**〔記名投票〕

むきゅう〔無給〕給料を支給されないこと。 **ゆうきゅう**〔有給〕

むく〔向く〕「東に――いて立つ」。 **そむく**〔背く〕

むくち〔無口〕口数が少ないこと。 **じょうぜつ**〔饒舌〕**たべん**〔多弁〕**しゃべり**〔喋り〕

むけい〔無形〕決まった形がないこと。 **ゆうけい**〔有形〕

むげい〔無芸〕身に付いた芸がないこと。 **たげい**〔多芸〕

むけつ〔無血〕戦いや争いごとで血を流さないこと。 **りゅうけつ**〔流血〕

むける〔向ける〕「顔を――」。 **そむける**〔背ける〕**そらす**〔逸らす〕

むげん〔無限〕限度がないこと。 **ゆうげん**〔有限〕

むげんしょう〔無限小〕数学で、変数の値が限りなく0に近付くこと。 **むげんだい**〔無限大〕

むげんせきにん〔無限責任〕自己の全財産をもって債務を弁済すべき責任。 **ゆうげんせきにん**〔有限責任〕

むげんだい〔無限大〕数学で、変数の値がどんなに大きい正の数よりもなお大きくなること。∞。 **むげんしょう**〔無限小〕

むこ〔婿〕①娘の夫。②結婚相手の男。夫。 ①㋐**よめ**〔嫁〕㋑**しゅうと**〔舅〕**しゅうとめ**〔姑〕②**よめ**〔嫁〕

むごい〔酷い〕人情がなくてひどい。 **やさしい**〔優しい〕

むこいり〔婿入り〕婿として妻のいる家に入ること。 ㋐**よめいり**〔嫁入り〕㋑**むことり**〔婿取り〕㋒**よめとり**〔嫁取り〕

むこう〔向こう〕 **こちら**

むこう〔無効〕効き目がないこと。通用しないこと。 **ゆうこう**〔有効〕

むこうはちまき〔向こう鉢巻き〕額の上で結ぶ鉢巻きのしめ方。 **うしろはちまき**〔後ろ鉢巻き〕

むことり〔婿取り〕男を婿として迎え入れること。 ㋐**よめとり**〔嫁取り〕㋑**むこいり**〔婿入り〕㋒**よめいり**〔嫁入り〕

むさい〔無才〕 →ひさい〔非才〕

むざい〔無罪〕裁判で罪がないと認められること。 **ゆうざい**〔有罪〕

むさんかいきゅう〔無産階級〕財産を持たず、労働で得た賃金で生活する人々。プロレタリア。 **ゆうさんかいきゅう**〔有産階級〕**ちゅうさんかいきゅう**〔中産階級〕

むし〔無視〕現にあるものを、ないのと同じく扱うこと。価値を認めないこと。 **じゅうし**〔重視〕**ちゅうもく**〔注目〕**そんちょう**〔尊重〕

むしあつい〔蒸し暑い〕	**すずしい**〔涼しい〕
むしかくしゃ〔無資格者〕決められた資格がない人。	**ゆうしかくしゃ**〔有資格者〕
むしってん〔無失点〕失った点がないこと。	**むとくてん**〔無得点〕
むじひ〔無慈悲〕哀れみの心がないこと。残酷。薄情。	**じひぶかい**〔慈悲深い〕
むしゃぶるい〔武者震い〕心が勇み立って、体が震えること。	**びんぼうゆすり**〔貧乏揺すり〕
むしゅみ〔無趣味〕趣味を持たないこと。没趣味。	**たしゅみ**〔多趣味〕
むしょう〔無償〕ただ。	**ゆうしょう**〔有償〕
むじょう〔無情〕①思いやりがないこと。薄情。②心の働きがないこと。	①**こうじょう**〔厚情〕②**うじょう**〔有情〕
むじょうけん〔無条件〕何の条件も伴わないこと。	**じょうけんつき**〔条件付き〕
むしょく〔無職〕職業を持っていないこと。	**ゆうしょく**〔有職〕
むしょく〔無色〕色がないこと。	**ゆうしょく**〔有色〕
むじん〔無人〕人がいないこと。	**ゆうじん**〔有人〕
むしんけい〔無神経〕感じが鈍いさま。	**しんけいしつ**〔神経質〕
むしんろん〔無神論〕この世に神は存在しないとする考え。	**はんしんろん**〔汎神論〕
むすう〔無数〕数え切れないほど多いこと。	**しょうすう**〔少数〕**ゆうすう**〔有数〕
むずかしい〔難しい〕	**やさしい**〔易しい〕**たやすい**〔た易い〕**やすい**〔易い〕
むすこ〔息子〕自分の子である男子。	㋐**むすめ**〔娘〕㋑**おやじ**〔親父〕**ちちおや**〔父親〕**ちち**〔父〕**おふくろ**〔お袋〕**ははおや**〔母親〕**はは**〔母〕**りょうしん**〔両親〕
むすび〔結び〕終わり。	**でだし**〔出出し〕**はじめ**〔初め・始め〕
むすびつける〔結び付ける〕①「両事件を——」。②「ふたりの仲を——」。	①**きりはなす**〔切り離す〕②**ひきさく**〔引き裂く〕
むすぶ〔結ぶ〕①「帯を——」。②「縁を——」。③「仲を——」。	①**とく・ほどく**〔解く〕②**きる**〔切る〕**たつ**〔断つ〕③**さく**〔裂く〕
むすぼれる〔結ぼれる〕結ばれてほどけなくなる。	**とける・ほどける**〔解ける〕
むすめ〔娘〕①自分の子である女子。②若い女性。	①㋐**むすこ**〔息子〕㋑**おふくろ**〔お袋〕**ははおや**〔母親〕**はは**〔母〕**おやじ**〔親父〕**ちちおや**〔父親〕

ちち〔父〕りょうしん〔両親〕②㋐わかもの〔若者〕㋑ろうば〔老婆〕

むぜい〔無税〕税金がかからないこと。 **ゆうぜい**〔有税〕**かぜい**〔課税〕

むせいおん〔無声音〕k・s・tなど、声帯の振動を伴わない音声。 **ゆうせいおん**〔有声音〕

むせいげん〔無制限〕制限がないこと。 **せいげんつき**〔制限付き〕

むせいせいしょく〔無性生殖〕雌雄合体によらない生殖。 **ゆうせいせいしょく**〔有性生殖〕

むせいぶつ〔無生物〕生活機能を持たないもの。動植物以外。 **せいぶつ**〔生物〕

むせいらん〔無精卵〕受精しないで出来たたまご。 **ゆうせいらん**〔有精卵〕**じゅせいらん**〔受精卵〕

むせん〔無線〕電線を用いないこと。 **ゆうせん**〔有線〕

むぞう〔無象〕形の見えないもの。 **うぞう**〔有象〕

むだ〔無駄〕効果がないこと。役に立たないこと。 **ゆうよう**〔有用〕**ゆうえき**〔有益〕

むち〔無知〕愚かで物を知らないこと。 **はくしき**〔博識〕**はくがく**〔博学〕

むちつじょ〔無秩序〕順序・組織などが、正しく守られていないこと。 **ちつじょ**〔秩序〕

むちゅう〔夢中〕ひとつのことに熱中するさま。 **うわのそら**〔上の空〕

むつかしい〔難しい〕 →むずかしい〔難しい〕

ムッシュー〔monsieur フランス〕男子の名につける敬称。 **マダム**〔madame フランス〕**マドモアゼル**〔mademoiselle フランス〕

むっつり（と）無愛想なさま。 **にっこり（と）にこにこ（と）**

むつびあう〔睦び合う〕お互いに仲良くし合う。 **いがみあう**〔啀み合う〕

むつまじい〔睦まじい〕仲がよい。 **うとうとしい**〔疎々しい〕

むとく〔無徳〕 →ふとく〔不徳〕

むどく〔無毒〕毒性がないこと。 **ゆうどく**〔有毒〕

むとくてん〔無得点〕得た点がないこと。 **むしってん**〔無失点〕

むのう〔無能〕能力がないこと。 **ゆうのう**〔有能〕

むはい〔無敗〕全く負けないこと。不敗。全勝。 **ぜんぱい**〔全敗〕

むはい〔無配〕配当金が付かないこと。 **ゆうはい**〔有配〕**ふくはい**〔復配〕

むびょう〔無病〕病気をしないこと。健康。壮健。 **たびょう**〔多病〕

むふんべつ〔無分別〕前後のわきまえがないこと。 **じょうふんべつ**〔上分別〕

むみかんそう〔無味乾燥〕面白味が **きょうみしんしん**〔興味津々〕

まったくないこと。	
むみょう〔無名〕	→むめい〔無名〕
むめい〔無名〕名前がよく知られていないこと。	**ゆうめい**〔有名〕**ちょめい**〔著名〕**こうめい**〔高名〕
むめい〔無銘〕作品に作者の名前が入れてないこと。	**ざいめい**〔在銘〕
むよう〔無用〕役に立たないこと。	**ゆうよう**〔有用〕**にゅうよう**〔入用〕
むよく〔無欲〕欲がないこと。	**どんよく**〔貪欲〕**ごうよく**〔強欲〕**たよく**〔多欲〕
むら〔村〕	**まち**〔町〕
むらがる〔群がる〕	**ちらばる**〔散らばる〕**ちる**〔散る〕
むらざと〔村里〕田舎で、家の集まっている所。	**やまざと**〔山里〕
むり〔無理〕道理に合わないこと。	**どうり**〔道理〕
むりすう〔無理数〕分数の形で表せない数。	**ゆうりすう**〔有理数〕
むりやり〔無理遣り〕強いて事を行うこと。強引《ごういん》。	**なっとくずく**〔納得ずく〕
むりょう〔無料〕ただ。	**ゆうりょう**〔有料〕
むりょく〔無力〕力が乏しいこと。	**ゆうりょく**〔有力〕
むれる〔群れる〕	→むらがる〔群がる〕

め

め〔雌・女・牝〕めす。女性。	**お**〔雄・男・牡〕
めあたらしい〔目新しい〕見て新しい感じがする。珍しい。	**ふるくさい**〔古臭い〕**ふるめかしい**〔古めかしい〕
めい〔名〕①人の名前。②事物の名。うわべ。	①**せい**〔姓〕②**じつ**〔実〕
めい〔姪〕兄弟の妻や姉妹の産んだ女の子。	㋐**おい**〔甥〕㋑**おじ**〔伯父・叔父〕**おば**〔伯母・叔母〕
めい〔明〕あかるい。	**あん**〔暗〕
めいあん〔名案〕よい考え。	**ぐあん**〔愚案〕
めいかく〔明確〕はっきりしていること。明瞭《めいりょう》。	**あいまい**〔曖昧〕**ふめいかく**〔不明確〕
めいく〔名句〕	→しゅうく〔秀句〕
めいくん〔名君・明君〕優れた君主。	**あんくん**〔暗君〕
めいけん〔名犬〕優れた犬。	**だけん**〔駄犬〕
めいさい〔明細〕はっきりして詳しいこと。	**がいりゃく**〔概略〕**がいよう**〔概要〕**たいりゃく**〔大略〕
めいさく〔名作〕	→しゅうさく〔秀作〕
めいじ〔明示〕はっきりと示すこと。	**あんじ**〔暗示〕
めいしょく〔明色〕明るい感じの色。	**あんしょく**〔暗色〕

めいせい〔名声〕よい評判。美名。
あくめい〔悪名〕**あくひょう**〔悪評〕**しゅうぶん**〔醜聞〕

めいせき〔明晰〕はっきりして明らかなこと。
あんぐ〔暗愚〕

めいど〔明度〕色の明るさの度合い。
しきそう〔色相〕**さいど**〔彩度〕

めいとう〔名答〕優れた答え。
ぐとう〔愚答〕

めいにち〔命日〕その人の死んだのと同じ日。
たんじょうび〔誕生日〕

めいば〔名馬〕優れた能力を持つ馬。
だば〔駄馬〕**どば**〔駑馬〕

めいはく〔明白〕はっきりしていて、疑う余地がないこと。
ふめい〔不明〕

めいぶん〔名文〕優れた文章。
あくぶん〔悪文〕**せつぶん**〔拙文〕

めいもく〔名目〕表向きの名前。
じっしつ〔実質〕**じったい**〔実体〕

めいもくちんぎん〔名目賃金〕物価と関係なく、貨幣上の額で表した賃金。
じっしつちんぎん〔実質賃金〕

めいゆ〔明喩〕「……のような」などの語句を用いて直接表現する比喩《ひゆ》の形式。直喩。
あんゆ〔暗喩〕**いんゆ**〔隠喩〕

めいよ〔名誉〕よい評判を得ること。ほまれ。栄誉。
ふめいよ〔不名誉〕**おめい**〔汚名〕**くつじょく**〔屈辱〕**ちじょく**〔恥辱〕**はじ**〔恥〕

めいりょう〔明瞭〕はっきりしていること。明確。
あいまい〔曖昧〕**ふめいりょう**〔不明瞭〕

めいろう〔明朗〕明るくて朗らかなこと。
いんうつ〔陰鬱〕**あんうつ**〔暗鬱〕

めうえ〔目上〕自分より立場が上。
めした〔目下〕

めうし〔雌牛・牝牛〕めすの牛。
おうし〔雄牛・牡牛〕

メーカー〔maker〕生産者。
ユーザー〔user〕

メートルほう〔meter 法〕長さ・体積・重さの基本単位を、メートル・リットル・キログラムとする計量法。
しゃっかんほう〔尺貫法〕

メーン〔main〕主な。主要。
サブ〔sub〕

メーンタイトル〔main-title〕中心となる題目。主題。
サブタイトル〔sub-title〕

めかけ〔妾〕正式の妻以外で、親しい関係を結んでいる女性。
ほんさい〔本妻〕**せいさい**〔正妻〕

めがしら〔目頭〕鼻に近い方の目の端。
めじり〔目尻〕**まなじり**〔眦〕

めざとい〔目敏い〕目が覚めやすい。
ねぼう〔寝坊〕**いぎたない**〔寝汚い〕

めざめる〔目覚める〕
ねつく〔寝付く〕**ねいる**〔寝入る〕**ねむる**〔眠る〕

めしあがる〔召し上がる〕「食べる」「飲む」の尊敬語。
いただく〔頂く・戴く〕

めした〔目下〕自分より立場が下。
めうえ〔目上〕

めしべ〔雌蕊〕	**おしべ**〔雄蕊〕
めじり〔目尻〕目の、耳に近い方の端。まなじり。	**めがしら**〔目頭〕
めす〔雌・牝〕	**おす**〔雄・牡〕
めずらしい〔珍しい〕	**ちんぷ**〔陳腐〕**ありふれる**〔有り触れる〕
めだつ〔目立つ〕派手で人目を引く。	**くすむ**
めつ〔滅〕灯が消える。	**てん**〔点〕
めっき〔鍍金〕金・銀などの薄い被膜で他の金属の表面を覆ったもの。	**じがね**〔地金〕
めったにない〔滅多に無い〕ごくまれにしかない。ほとんどない。	**ざらにある**〔ざらに有る〕
めつぼう〔滅亡〕ほろびること。	㋐**こうりゅう**〔興隆〕**ぼっこう**〔勃興〕㋑**ふめつ**〔不滅〕
めとる〔娶る〕妻を迎える。	**とつぐ**〔嫁ぐ〕
めなみ〔女波〕高低のある波のうち、低い方の波。	**おなみ**〔男波〕
めねじ〔雌捻子・雌螺子〕溝のくぼんだねじ。	**おねじ**〔雄捻子・雄螺子〕
めのくすり〔目の薬〕見るとためになるもの。	**めのどく**〔目の毒〕
めのこ〔女の子〕おんなの子。女性。	**おのこ**〔男の子〕
めのどく〔目の毒〕見ると害になるもの。	**めのくすり**〔目の薬〕
めばえる〔芽生える〕	**かれる**〔枯れる〕
めばな〔雌花〕めしべだけしかない花。	**おばな**〔雄花〕
めめしい〔女々しい〕男らしくない。	**おおしい**〔雄々しい〕**おとこらしい**〔男らしい〕
メリット〔merit〕長所。利点。	**デメリット**〔demerit〕
めろう〔女郎〕女をののしって言う語。	**やろう**〔野郎〕
めん〔免〕やめさせる。	**にん**〔任〕
めん〔面〕	**せん**〔線〕**てん**〔点〕
めんおりもの〔綿織物〕木綿《もめん》の織物。	**きぬおりもの**〔絹織物〕
めんかん〔免官〕官職をやめさせること。	㋐**にんかん**〔任官〕㋑**たいかん**〔退官〕
めんしょく〔免職〕職をやめさせること。解雇。解任。	㋐**にんめい**〔任命〕㋑**じしょく**〔辞職〕**たいしょく**〔退職〕
めんじる〔免じる〕①官職を解く。やめさせる。②許す。	①**にんじる**〔任じる〕②**ばっする**〔罰する〕
めんずる〔免ずる〕	→めんじる〔免じる〕
めんぜい〔免税〕税金をかけないこと。	**かぜい**〔課税〕**ちょうぜい**〔徴税〕
めんどう〔面倒〕手数が掛かって不快	**かんたん**〔簡単〕**ようい**〔容易〕

なこと。

めんどり〔雌鳥・雌鶏〕 **おんどり**〔雄鳥・雄鶏〕

めんみつ〔綿密〕念入りで詳しいこと。 **そざつ**〔粗雑〕**ずさん**〔杜撰〕

も

もう ①「彼は——来ないだろう」。②「お菓子は——いらない」。 ①**まだ**〔未だ〕②**もっと**

もうかる〔儲かる〕利益がある。 **そんする**〔損する〕

もうけ〔儲け〕利益。 **そん**〔損〕

もうける〔儲ける〕利益を得る。 **そんする**〔損する〕

もうける〔設ける〕設備などを、新しくつくる。 **はいする**〔廃する〕**とりのぞく**〔取り除く〕

もうこう〔猛攻〕激しく攻撃すること。 ㋐**せっこう**〔拙攻〕㋑**こうしゅ**〔巧守〕

もうしあげる〔申し上げる〕 →もうす〔申す〕

もうしこむ〔申し込む〕 **うけつける**〔受け付ける〕

もうしょ〔猛暑〕 →こくしょ〔酷暑〕

もうしん〔盲信〕訳も分からずに信じ込むこと。 **かいぎ**〔懐疑〕

もうす〔申す〕「言う」の謙譲語。申し上げる。 ㋐**おっしゃる**〔仰る〕㋑**うかがう**〔伺う〕**うけたまわる**〔承る〕

もうひつ〔毛筆〕墨で書く筆。 **こうひつ**〔硬筆〕

もうもくてき〔盲目的〕理性がなく、分別を欠くさま。 **りせいてき**〔理性的〕

もえる〔燃える〕「火が——」。 **きえる**〔消える〕

モーニング〔morning〕朝。 **イブニング**〔evening〕

もぎしけん〔模擬試験〕本試験の準備のために、それをまねて行う試験。 **ほんしけん**〔本試験〕

もくさつ〔黙殺〕問題にせずに無視すること。 **じゅうし**〔重視〕

もくそく〔目測〕およその長さ・広さなどを、目ではかること。 **じっそく**〔実測〕

もくてき〔目的〕成し遂げたいと思う目標。ねらい。めあて。 **しゅだん**〔手段〕**ほうほう**〔方法〕

もくどく〔黙読〕声に出さずに読むこと。 **おんどく**〔音読〕**ろうどく**〔朗読〕

もくにん〔黙認〕暗黙のうちに許可すること。黙許。 ㋐**こうにん**〔公認〕㋑**しゅんきょ**〔峻拒〕**げんきん**〔厳禁〕

もくひ〔黙否〕秘密にし通して、口を割らないこと。 **きょうじつ**〔供述〕**じきょう**〔自供〕**じはく**〔自白〕**はくじょう**〔白状〕

もくひょう〔目標〕 →もくてき〔目的〕

もぐる〔潜る〕①水の底にくぐり入ること。②物の下に姿を隠すこと。	①**うかぶ**〔浮かぶ〕②**あらわれる**〔現れる〕
もけい〔模型〕実物になぞらえて作ったもの。モデル。	**じつぶつ**〔実物〕**ほんもの**〔本物〕
もさく〔模作〕原作をまねて作ったもの。	**げんさく**〔原作〕**そうさく**〔創作〕
もしかすると〔若しかすると〕「——、あすは雨かもしれない」。	**きっと**
もじげんご〔文字言語〕書きことば。	**おんせいげんご**〔音声言語〕
もしゃ〔模写〕原画をまねて写すこと。	**げんが**〔原画〕**げんさく**〔原作〕
もぞう〔模造〕似せてつくること。	**そうぞう**〔創造〕
もたげる〔擡げる〕「首を——」。	**すくめる**〔竦める〕
もたもた（と） のろくてはかどらないさま。	**てきぱき（と）** **さっさと**
モダン〔modern〕近代的。	**クラシック**〔classic〕
もちあげる〔持ち上げる〕①「荷物を——」。②「先輩を秀才だと——」。	①**おろす**〔下ろす・降ろす〕②**けなす**〔貶す〕**くさす**〔腐す〕**そしる**〔謗る〕
もちいる〔用いる〕役立てて使うこと。	**すてる**〔捨てる〕
もちこむ〔持ち込む〕「品物を——」。	**もちだす**〔持ち出す〕
もちごめ〔糯米〕粘り気が多く、餅《もち》を作るのに用いる米。	**うるち**〔粳〕
もちだす〔持ち出す〕	**もちこむ**〔持ち込む〕**もどす**〔戻す〕
もちはだ〔餅肌〕滑らかできめの細かい肌。	**さめはだ**〔鮫肌〕
もつ〔持つ〕①「ペンを——」。②「土地を——」。③「恨みを——」。	①**おく**〔置く〕②**はなす**〔離す〕**てばなす**〔手離す〕③**すてる**〔捨てる〕
もっきょ〔黙許〕	→もくにん〔黙認〕
もってのほか〔以ての外〕とんでもないこと。意外。	**あたりまえ**〔当たり前〕
もっと「水が——ほしい」。	**もう**
もつれる〔縺れる〕からみあって解けにくくなる。	**とける・ほどける**〔解ける〕**ほぐれる**〔解れる〕
もと〔元・本〕①事の起こり。おおもと。②元になる金。③以前。まえ。	①**すえ**〔末〕②**り**〔利〕③**げん**〔現〕**いま**〔今〕
もとうけ〔元請け〕工事などを、依頼主から直接引き受けること。	**したうけ**〔下請け〕
もときん〔元金〕	→がんきん〔元金〕
もとごえ〔基肥・本肥〕作物を植える前に入れておく肥料。	**おいごえ**〔追い肥〕**ついひ**〔追肥〕
もどす〔戻す〕①「家具を元の部屋に——」。②「お金を——」。	①**うつす**〔移す〕**もちだす**〔持ち出す〕②㋐**かりる**〔借りる〕**かりだ**

	す〔借り出す〕㋑とる〔取る〕ぬすむ〔盗む〕
もとなり〔本成り〕つるの根元近くに成る、しっかりした実。	**うらなり**〔末成り〕
もとね〔元値〕仕入れ価格。	**うりね**〔売り値〕
もとばらい〔元払い〕運賃を貨物の送り主が支払うこと。	**さきばらい**〔先払い〕
もとめる〔求める〕「食べ物を――」。	**あたえる**〔与える〕
もどりみち〔戻り道〕	**いきみち**〔行き道〕
もどる〔戻る〕①「家の方へ――」。②「財布が――」。	①**いく**〔行く〕**うつる**〔移る〕**でかける**〔出掛ける〕②**なくなる**〔無くなる〕
もの〔物〕	**こと**〔事〕
ものおぼえ〔物覚え〕記憶。	**ものわすれ**〔物忘れ〕
モノクロ〔monochrome〕単色画。白黒写真。	**カラー**〔color〕
ものたりない〔物足りない〕不十分である。	**じゅうぶん**〔十分・充分〕
ものものしい〔物々しい〕いかにもおおげさである。たいそうだ。	**さりげない**〔然り気無い〕
モノラル〔monaural〕ひとつのスピーカーで再生する放送や録音。	**ステレオ**〔stereo〕
モノローグ〔monologue〕劇で、相手なしに言うせりふ。独白。	**ダイアローグ**〔dialogue〕
ものわすれ〔物忘れ〕忘却。	**ものおぼえ**〔物覚え〕
もはや〔最早〕	→もう
もほう〔模倣〕まねること。	**どくそう**〔独創〕**そうぞう**〔創造〕
もめん〔木綿〕ワタの種に付いている繊維。	**あさ**〔麻〕**きぬ**〔絹〕
もものせっく〔桃の節句〕3月3日の女の子のための節句。雛《ひな》祭り。	**たんごのせっく**〔端午の節句〕
もやす〔燃やす〕「火を――」。	**けす**〔消す〕
もやもや（と）頭や心がすっきりしないさま。	**すっきり**（と）
もらいご〔貰い子〕人からもらった子供。	㋐**じつのこ**〔実の子〕㋑**やしないおや**〔養い親〕**そだてのおや**〔育ての親〕
もらいもの〔貰い物〕人からもらった物。	㋐**かいもの**〔買い物〕㋑**おくりもの**〔贈り物〕
もらう〔貰う〕①「プレゼントを――」。②「食べ物を――」。③「これは――った品だ」。	①**おくる**〔贈る〕②㋐**あたえる**〔与える〕**やる**〔遣る〕㋑**くれる**〔呉れる〕③**かう**〔買う〕
もりあがる〔盛り上がる〕①「地面	①**おちくぼむ**〔落ち凹む・落ち窪

が――」。②「意欲が――」。　む〕**へこむ**〔凹む〕②**おとろえる**〔衰える〕

もりかえす〔盛り返す〕衰えた勢力を元に戻す。　**ほろびる**〔亡びる・滅びる〕**ほろぶ**〔亡ぶ・滅ぶ〕

もろい〔脆い〕①「地盤が――」。②「性格が――」。　①**かたい**〔固い・堅い〕②**ねばりづよい**〔粘り強い〕

もろて〔諸手〕　→りょうて〔両手〕

もろば〔諸刃〕刀などで、両方のふちに刃があるもの。　**かたは**〔片刃〕

もろはだ〔諸肌〕両方の肩の肌。両肌。　**かたはだ**〔片肌〕

もん〔問〕たずねる。　**とう**〔答〕

もんがいかん〔門外漢〕そのことに関して専門でない人。素人《しろうと》。　**せんもんか**〔専門家〕

もんし〔門歯〕前歯。　**きゅうし**〔臼歯〕

もんだい〔問題〕　**かいとう**〔解答〕

もんてい〔門弟〕一門の弟子。門人。　**ししょう**〔師匠〕

もんなし〔文無し〕　→いちもんなし〔一文無し〕

や

や〔夜〕よる。　**ちゅう**〔昼〕**にち**〔日〕

や〔野〕民間。　**ちょう**〔朝〕

やう〔夜雨〕夜に降る雨。　**ちょうう**〔朝雨〕

やえ〔八重〕花弁などが、何重にも重なっていること。　**ひとえ**〔一重〕

やがい〔屋外〕　→おくがい〔屋外〕

やかましい〔喧しい〕　**しずか**〔静か〕

やかん〔夜間〕夜のあいだ。　**ちゅうかん**〔昼間〕**ひるま**〔昼間〕**にっちゅう**〔日中〕

やきもの〔焼き物〕焼いて調理した食べ物。　㋐**なまもの**〔生物〕㋑**にもの**〔煮物〕

やきん〔夜勤〕夜間に仕事をすること。夜の勤務。　**ちゅうきん**〔昼勤〕**にっきん**〔日勤〕

やきん〔野禽〕　→やちょう〔野鳥〕

やくご〔訳語〕ある語を他の言語に翻訳したことば。　**げんご**〔原語〕

やくしょ〔訳書〕翻訳した書物。訳本。　**げんしょ**〔原書〕

やくすう〔約数〕整数aが整数bで割り切れるとき、aに対するb。例えば、3は6・9・12などの約数。　**ばいすう**〔倍数〕

やくちゅう〔訳注・訳註〕翻訳した人が付けた注釈。　**げんちゅう**〔原注・原註〕

やくづき〔役付き〕特別な役職につく　**ひら**〔平〕

こと。	
やくぶん〔訳文〕翻訳した文章。	**げんぶん**〔原文〕
やけん〔野犬〕	→のらいぬ〔野良犬〕
やこうせい〔夜行性〕夜に活動する性質。	**ちゅうこうせい**〔昼行性〕
やさしい〔優しい〕穏やかで思いやりがある。	**きびしい**〔厳しい〕**きつい**　**はげしい**〔激しい〕**むごい**〔酷い〕**つれない**　**こわい**〔怖い・恐い〕**おそろしい**〔恐ろしい〕
やさしい〔易しい〕「――問題」。	**むずかしい**〔難しい〕
やしないおや〔養い親〕	→そだてのおや〔育ての親〕
やじゅう〔野獣〕野生のけもの。	**かちく**〔家畜〕
やしょく〔夜食〕夜なべ仕事の時に食べる食物。	**ちょうしょく**〔朝食〕**ちゅうしょく**〔昼食〕**ゆうしょく**〔夕食〕
やしろ〔社〕	→じんじゃ〔神社〕
やすい〔安い〕「値段が――」。	**たかい**〔高い〕
やすい〔易い〕	**むずかしい**〔難しい〕**かたい**〔難い〕**にくい**〔難い〕
やすね〔安値〕安い値段。	**たかね**〔高値〕
やすむ〔休む〕	**はたらく**〔働く〕**つとめる**〔勤める・務める〕
やすもの〔安物〕値段が安くて、粗末なもの。	**じょうもの**〔上物〕
やすやす（と）〔安々（と）・易々（と）〕気安く行うさま。	**しぶしぶ**〔渋々〕
やすやど〔安宿〕宿泊代の安い、下等な旅館。木賃宿。	**じょうやど**〔上宿〕
やすんじる〔安んじる〕安心する。	**あやぶむ**〔危ぶむ〕**あんじる**〔案じる〕
やせい〔野生〕動植物が、山野で自然に生育すること。自生。	**しいく**〔飼育〕**さいばい**〔栽培〕

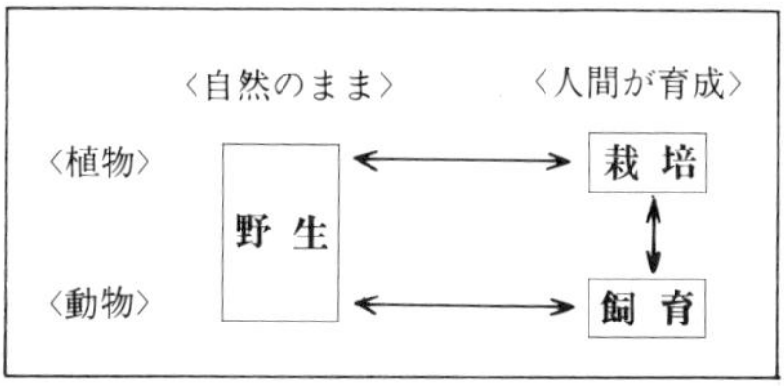

やせじし〔痩せ肉〕やせた体格。	**ふとりじし**〔太り肉〕
やせち〔痩せ地〕	→そうち〔痩地〕
やせほそる〔痩せ細る〕やせて細くなる。やせ衰える。	**こえふとる**〔肥え太る〕

やせる〔痩せる〕	**こえる**〔肥える〕**ふとる**〔太る〕
やちゅう〔夜中〕	→やかん〔夜間〕
やちょう〔野鳥〕野生の鳥。野禽《やきん》。	**かきん**〔家禽〕
やちん〔家賃〕家の借り代。	**じだい**〔地代〕
やっつける〔遣っ付ける〕「敵を――」。	**かばう**〔庇う〕
やっと　辛うじてするさま。ようやく。しぶしぶ	**あっさり**　**すぐに**〔直に〕**はやくも**〔早くも〕
やっぱり〔矢っ張り〕	→やはり〔矢張り〕
やといにん〔雇い人〕人に雇われている人。使用人。	**やといぬし**〔雇い主〕**しようしゃ**〔使用者〕**しゅじん**〔主人〕
やといぬし〔雇い主〕人を雇っている人。雇用主。	**やといにん**〔雇い人〕**しようにん**〔使用人〕
やとう〔野党〕内閣に加わっていない政党。	**よとう**〔与党〕
やにわに　だしぬけに。いきなり。	**おもむろに**〔徐に〕
やぬし〔家主〕貸し家の持ち主。大家《おおや》。	**たなこ**〔店子〕**しゃくやにん**〔借家人〕
やはり〔矢張り〕思ったとおり。案の定。	**あんがい**〔案外〕**いがいにも**〔意外にも〕**おもいのほか**〔思いの外〕
やばん〔野蛮〕文明が開けていないこと。未開。	**ぶんめい**〔文明〕
やぶる〔破る〕①「約束を――」。②「敵を――」。	①**まもる**〔守る〕②**やぶれる**〔敗れる〕**まける**〔負ける〕
やぶれる〔敗れる〕負ける。	**かつ**〔勝つ〕**やぶる**〔破る〕
やぼ〔野暮〕洗練されていないさま。泥くさいさま。	**いき**〔粋〕**すい**〔粋〕**あかぬけ**〔垢抜け〕
やぼてん〔野暮天〕風流を解さない人。	**すいじん**〔粋人〕
やま〔山〕	㋐**かわ**〔川〕**うみ**〔海〕㋑**の**〔野〕
やまかぜ〔山風〕山から吹き下ろす風。	**たにかぜ**〔谷風〕
やまざと〔山里〕山の中にある人里。	**むらざと**〔村里〕
やまじろ〔山城〕山上に建てられた城。	**ひらじろ**〔平城〕
やまとことば〔大和言葉〕	→わご〔和語〕
やまのさち〔山の幸〕山でとれる生き物。山幸《やまさち》。	**うみのさち**〔海の幸〕
やまのて〔山の手〕①山の方。②東京の旧市街で高台にある地域。山手。	①**はまて**〔浜手〕**うみて**〔海手〕②**したまち**〔下町〕
やまのてことば〔山の手言葉〕東京の山の手で主として使われたことば。	**したまちことば**〔下町言葉〕
やまもり〔山盛り〕容器にうず高く盛り上げること。	**すりきり**〔摺り切り〕
やまわけ〔山分け〕もうけや獲物などをみんなで分け合うこと。	**ひとりじめ**〔一人占め〕
やみ〔闇〕光がないこと。まっ暗。	**ひかり**〔光〕**あかり**〔明かり〕

やみよ〔闇夜〕月が出ない暗い夜。　**つきよ**〔月夜〕
やむ〔止む〕①終わる。②雨が、上がる。　①**はじまる**〔始まる〕**つづく**〔続く〕②**ふる**〔降る〕**ふりだす**〔降り出す〕**ふりつづく**〔降り続く〕
やむ〔病む〕病気になる。　**なおる**〔治る〕**いえる**〔癒える〕
やめる〔止める〕①終わりにする。②退職する。　①**はじめる**〔始める〕**つづける**〔続ける〕②**つとめる**〔勤める〕
やや〔稍〕　**かなり**　**ずっと**　**ごく**〔極く〕
やりそこなう〔遣り損なう〕し損じる。やろうとして失敗する。　**やりとげる**〔遣り遂げる〕
やりて〔遣り手〕物事をうまく処理する能力を持つ人。手腕家。　**のうなし**〔能無し〕
やりとげる〔遣り遂げる〕最後まで完全にする。　**やりそこなう**〔遣り損なう〕
やる〔遣る〕人に物を与える。　㋐**もらう**〔貰う〕㋑**くれる**〔呉れる〕㋒**さしあげる**〔差し上げる〕**たてまつる**〔奉る〕
やるき〔遣る気〕しようとする気持ち。　**いやけ**〔嫌気〕
やろう〔野郎〕男をののしっていう語。　**めろう**〔女郎〕
やわらかい〔軟らかい・柔らかい〕　**かたい**〔固い・堅い・硬い〕**こわい**〔強い〕
やわらぐ〔和らぐ〕①柔らかくなる。②穏やかになる。　①**こわばる**〔強張る〕②**つよまる**〔強まる〕**つのる**〔募る〕**こうじる**〔高じる・嵩じる〕
やわらげる〔和らげる〕声などを穏やかにする。　**あららげる**〔荒らげる〕
ヤング〔young〕若い。新しい。　**オールド**〔old〕
やんちゃ　いたずらっぽい。　**おとなしい**〔大人しい〕

ゆ

ゆ〔湯〕　**みず**〔水〕

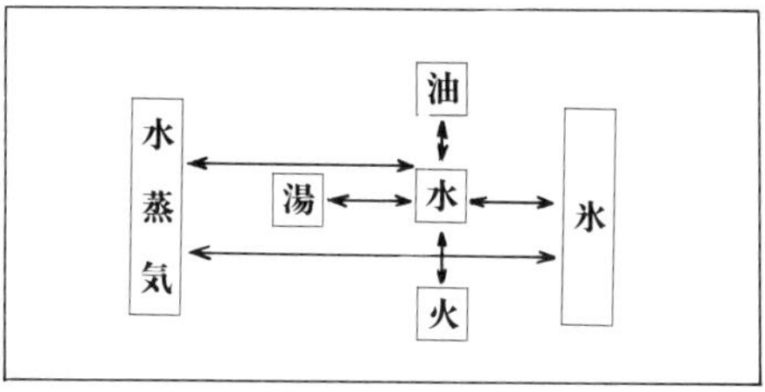

ゆあみ〔湯浴み〕湯に入ること。入浴。　**みずあび**〔水浴び〕
ゆいしんろん〔唯心論〕すべての物　**ゆいぶつろん**〔唯物論〕

の根源は心の働きにあるとする考え。	
ゆいのうきん〔結納金〕婚約のしるしとして贈る金銭。	**てぎれきん**〔手切れ金〕
ゆいぶつろん〔唯物論〕すべての物の根源は物質であるとする考え。	**ゆいしんろん**〔唯心論〕
ゆう〔優〕すぐれる。まさる。	**れつ**〔劣〕
ゆう〔右〕みぎ。う。	**さ**〔左〕
ゆう〔夕〕ゆうがた。	**あさ**〔朝〕**ひる**〔昼〕**よる**〔夜〕**ばん**〔晩〕
ゆう〔幽〕あの世。	**めい**〔明〕
ゆう〔憂〕うれえる。悲しむ。	**き**〔喜〕
ゆう〔有〕ある。	**む**〔無〕**くう**〔空〕
ゆう〔雄〕おす。	**し**〔雌〕
ゆうい〔優位〕優れた立場。	**れつい**〔劣位〕
ゆうい〔有位〕位を持っていること。	**むい**〔無位〕
ゆううつ〔憂鬱〕気分が暗くめいるさま。	**そうかい**〔爽快〕
ゆういぎ〔有意義〕意味深いこと。	**むいぎ**〔無意義〕
ゆうえき〔有益〕利益があること。役に立つこと。	㋐**むえき**〔無益〕**むだ**〔無駄〕㋑**ゆうがい**〔有害〕
ゆうえつかん〔優越感〕自分が人よりも優れていると思う気持ち。	**れっとうかん**〔劣等感〕
ゆうが〔優雅〕上品で美しいこと。	**そや**〔粗野〕**ぞくあく**〔俗悪〕**ていぞく**〔低俗〕
ゆうかい〔融解〕固体が液体になること。	**ぎょうこ**〔凝固〕
ゆうがい〔有害〕害があること。	㋐**むがい**〔無害〕㋑**ゆうえき**〔有益〕**ゆうこう**〔有効〕**ゆうり**〔有利〕
ゆうがい〔有蓋〕ふたや屋根で覆われていること。	**むがい**〔無蓋〕
ゆうがいかしゃ〔有蓋貨車〕屋根付きの貨車。	**むがいかしゃ**〔無蓋貨車〕
ゆうかぜ〔夕風〕夕方の風。	**あさかぜ**〔朝風〕
ゆうがた〔夕方〕	**あさがた**〔朝方〕
ゆうかん〔勇敢〕勇気に満ちてけなげなさま。	**おくびょう**〔臆病〕**ひきょう**〔卑怯〕**きょうだ**〔怯懦〕
ゆうかん〔夕刊〕夕方に発行する新聞。	**ちょうかん**〔朝刊〕
ゆうき〔有期〕期間が決められていること。	**むき**〔無期〕
ゆうき〔有機〕生活機能を有すること。	**むき**〔無機〕
ゆうきかがく〔有機化学〕有機化合物を研究する化学。	**むきかがく**〔無機化学〕

ゆうきかごうぶつ〔有機化合物〕生物体を構成する化合物。炭素を主成分とする化合物。有機物。 **むきかごうぶつ**〔無機化合物〕
ゆうきづく〔勇気付く〕勇ましい気持ちがわいてくる。 **おじけづく**〔怖気付く〕
ゆうきぶつ〔有機物〕有機化合物。 **むきぶつ**〔無機物〕
ゆうきゅう〔悠久〕 →えいきゅう〔永久〕
ゆうきゅう〔有給〕給料が支給されること。 **むきゅう**〔無給〕
ゆうぎり〔夕霧〕夕方に出る霧。 **あさぎり**〔朝霧〕
ゆうぐう〔優遇〕手厚くもてなすこと。厚遇。 **れいぐう**〔冷遇〕
ゆうぐれ〔夕暮れ〕夕方、日が暮れるころ。 **よあけ**〔夜明け〕 **あけがた**〔明け方〕 **あかつき**〔暁〕 **あけぼの**〔曙〕 **あさあけ**〔朝明け〕
ゆうぐん〔友軍〕味方の軍隊。 **てきぐん**〔敵軍〕
ゆうげ〔夕餉〕夕飯。夕食。晩めし。 **あさげ**〔朝餉〕 **ひるげ**〔昼餉〕
ゆうけい〔有形〕形があること。 **むけい**〔無形〕
ゆうけん〔雄健〕 →ゆうこん〔雄渾〕
ゆうげん〔有限〕限度があること。 **むげん**〔無限〕
ゆうげんせきにん〔有限責任〕ある限度内で、債務弁済の責任を負うこと。 **むげんせきにん**〔無限責任〕
ゆうこう〔友好〕友として仲良くすること。 **てきたい**〔敵対〕 **はいた**〔排他〕
ゆうこう〔有効〕効き目があること。役に立つこと。有益。 ㋐**むこう**〔無効〕 **しっこう**〔失効〕 ㋑**ゆうがい**〔有害〕
ゆうごはん〔夕御飯〕 **あさごはん**〔朝御飯〕 **ひるごはん**〔昼御飯〕
ゆうこん〔雄渾〕雄大で力強いこと。雄健。 **なんじゃく**〔軟弱〕
ユーザー〔user〕商品を使う人。 **メーカー**〔maker〕
ゆうざい〔有罪〕裁判で罪があると認められること。 **むざい**〔無罪〕
ゆうさんかいきゅう〔有産階級〕金持ち階級。ブルジョワジー。 **むさんかいきゅう**〔無産階級〕 **ちゅうさんかいきゅう**〔中産階級〕
ゆうじ〔有事〕変事があること。 **ぶじ**〔無事〕
ゆうしお〔夕潮〕夕方に満ちて来る潮。 **あさしお**〔朝潮〕
ゆうしかくしゃ〔有資格者〕一定の資格を持っている人。 **むしかくしゃ**〔無資格者〕
ゆうしゅう〔優秀〕優れていること。優良。 **れつあく**〔劣悪〕 **そあく**〔粗悪〕 **ふりょう**〔不良〕
ゆうじゅう〔優柔〕態度が煮え切らないこと。 **かかん**〔果敢〕

ゆうしょう〔優勝〕優れた者が勝つこと。　**れっぱい**〔劣敗〕

ゆうしょう〔有償〕ある行為に対して報酬があること。　**むしょう**〔無償〕

ゆうじょう〔友情〕友人同士の情愛。友誼《ゆうぎ》。　**てきい**〔敵意〕

ゆうしょく〔夕食〕夕方の食事。　**ちょうしょく**〔朝食〕**ちゅうしょく**〔昼食〕**やしょく**〔夜食〕

ゆうしょく〔憂色〕心配そうな顔色。　**きしょく**〔喜色〕

ゆうしょく〔有職〕職業を持っていること。　**むしょく**〔無職〕

ゆうしょく〔有色〕色が着いていること。　**むしょく**〔無色〕

ゆうしょくじんしゅ〔有色人種〕白人以外の人種。　**はくしょくじんしゅ**〔白色人種〕

ゆうじん〔有人〕乗り物や機械に、それを動かす人が付いていること。　**むじん**〔無人〕

ゆうずい〔雄蕊〕おしべ。　**しずい**〔雌蕊〕

ゆうすう〔有数〕指折り数えられるほど少ないこと。　**むすう**〔無数〕

ゆうずうむげ〔融通無碍〕考えや行動がすべてに通じ、妨げられないこと。　**しゃくしじょうぎ**〔杓子定規〕

ゆうせい〔優勢〕有利な立場。　**れっせい**〔劣勢〕

ゆうせい〔遊星〕　→わくせい〔惑星〕

ゆうぜい〔有税〕税金を課していること。　**むぜい**〔無税〕**めんぜい**〔免税〕

ゆうせいいでん〔優性遺伝〕次の世代に必ず形に現れる遺伝。　**れっせいいでん**〔劣性遺伝〕

ゆうせいおん〔有声音〕母音やｇ・ｚ・ｄなど、声帯の振動を伴う音。　**むせいおん**〔無声音〕

ゆうせいせいしょく〔有性生殖〕雌雄合体による生殖。　**むせいせいしょく**〔無性生殖〕

ゆうせいらん〔有精卵〕受精して出来た卵。　**むせいらん**〔無精卵〕

ゆうせん〔有線〕電線を用いる通信。　**むせん**〔無線〕

ゆうたい〔優待〕手厚くもてなすこと。優遇。　**ぎゃくたい**〔虐待〕**れいぐう**〔冷遇〕

ゆうだい〔雄大〕大きく堂々としているさま。　**ひしょう**〔卑小〕

ゆうちょう〔悠長〕ゆったりと落ち着いているさま。気長《きなが》。　**せいきゅう**〔性急〕**きみじか**〔気短〕

ゆうつゆ〔夕露〕夕方に置く露。　**あさつゆ**〔朝露〕

ゆうとう〔優等〕優れた段階にあるこ　**れっとう**〔劣等〕

と。

ゆうとうせい〔優等生〕成績が特に優れている学生や生徒。 **れっとうせい**〔劣等生〕

ゆうとく〔有徳〕徳を備えていること。 **ふとく**〔不徳〕**むとく**〔無徳〕

ゆうどく〔有毒〕毒性があること。 **むどく**〔無毒〕

ゆうなぎ〔夕凪〕夕方、波のない静かな海の状態。 **あさなぎ**〔朝凪〕

ゆうのう〔有能〕能力があること。 **むのう**〔無能〕

ゆうはい〔有配〕株式などに、配当があること。 **むはい**〔無配〕

ゆうひ〔夕日〕 **あさひ**〔朝日〕

ゆうひ〔雄飛〕盛んに活動すること。 **しふく**〔雌伏〕

ゆうび〔優美〕上品で美しいこと。優雅。 **ぞくあく**〔俗悪〕

ゆうふく〔裕福〕豊かで生活にゆとりがあること。富裕。 **ひんきゅう**〔貧窮〕**ひんこん**〔貧困〕**びんぼう**〔貧乏〕

ゆうべ〔夕べ〕 **あした**〔朝〕**あさ**〔朝〕

ゆうべん〔雄弁〕話すのがうまいこと。達弁。能弁。 **とつべん**〔訥弁〕**くちべた**〔口下手〕

ゆうぼう〔有望〕望みがあること。 **ぜつぼう**〔絶望〕

ゆうぼくみんぞく〔遊牧民族〕草や水を求めて移動し、家畜を飼って生活する民族。 **のうこうみんぞく**〔農耕民族〕

ゆうめい〔有名〕名がよく知られていること。 **むめい**〔無名〕

ゆうめし〔夕飯〕夕食。夕御飯。晩めし。 **あさめし**〔朝飯〕**ひるめし**〔昼飯〕

ゆうもや〔夕靄〕夕方に立ちこめる靄。 **あさもや**〔朝靄〕

ゆうやけ〔夕焼け〕日の沈んだあと赤くなる西の空。 **あさやけ**〔朝焼け〕

ゆうゆう（と）〔悠々（と）〕ゆっくりと落ち着いているさま。 **こせこせ（と）** **びくびく（と）** **おずおず（と）**〔怖ず怖ず（と）〕**こわごわ**〔恐々・怖々〕

ゆうよう〔有用〕役に立つこと。 **むよう**〔無用〕**むだ**〔無駄〕

ゆうり〔有利〕利益があること。都合がよいこと。 **ふり**〔不利〕**ゆうがい**〔有害〕

ゆうりすう〔有理数〕整数や分数の形で表すことのできる数。 **むりすう**〔無理数〕

ゆうりょ〔憂慮〕うれえ気遣うこと。心配。 **あんど**〔安堵〕**あんしん**〔安心〕**きたい**〔期待〕

ゆうりょう〔優良〕 →ゆうしゅう〔優秀〕

ゆうりょう〔有料〕料金がいること。 **むりょう**〔無料〕

ゆうりょく〔有力〕勢力があること。 **むりょく**〔無力〕**びりょく**〔微力〕

	ひりき〔非力〕
ゆうりょくこうほ〔有力候補〕当選する見込みが高い候補者。	**ほうまつこうほ**〔泡沫候補〕
ゆうわく〔誘惑〕悪い方向へ誘うこと。	**ぜんどう**〔善導〕
ゆえに〔故に〕だから。それによって。	**しかるに**〔然るに〕**しかし**〔然し・併し〕**だが**
ゆか〔床〕	**てんじょう**〔天井〕
ゆかい〔愉快〕楽しくて快いこと。	**ふかい**〔不快〕**ふゆかい**〔不愉快〕
ゆかうえ〔床上〕床の上。	**ゆかした**〔床下〕
ゆかした〔床下〕床の下。	**ゆかうえ**〔床上〕 **てんじょううら**〔天井裏〕
ゆがめる〔歪める〕曲がった形にする。	**ただす**〔正す〕
ゆき〔裄〕着物の、背縫いから袖口《そでぐち》までの長さ。	**たけ**〔丈〕
ゆく〔行く〕	→いく〔行く〕
ゆくすえ〔行く末〕これから先。将来。	**こしかた**〔来し方〕
ゆけつ〔輸血〕治療のために、健康な人の血液を患者の血管に注入すること。	**きょうけつ**〔供血〕**さいけつ**〔採血〕
ゆさいが〔油彩画〕	→あぶらえ〔油絵〕
ゆしゅつ〔輸出〕自分の国の品物を外国に売りに出すこと。	**ゆにゅう**〔輸入〕
ゆずりあう〔譲り合う〕互いに相手に譲ろうとする。	**とりあう**〔取り合う〕**うばいあう**〔奪い合う〕**おしあう**〔押し合う〕
ゆずりうける〔譲り受ける〕他人の物を譲られて受け取る。	**ゆずりわたす**〔譲り渡す〕
ゆずりわたす〔譲り渡す〕自分の物を他に譲る。	**ゆずりうける**〔譲り受ける〕
ゆせい〔油性〕油の性質を持っていること。油分を含んでいること。	**すいせい**〔水性〕
ゆたか〔豊か〕	**とぼしい**〔乏しい〕**まずしい**〔貧しい〕
ゆだん〔油断〕気を許して注意を怠ること。不注意。	**けいかい**〔警戒〕**げんかい**〔厳戒〕**ちゅうい**〔注意〕**ようじん**〔用心〕**りゅうい**〔留意〕**きんちょう**〔緊張〕
ゆっくり（と）急がずに、落ち着いてするさま。	**さっさと**　**すぐに**〔直ぐに〕**すみやかに**〔速やかに〕
ゆったり（と）のんびりとして余裕があるさま。	**こせこせ**(と) **せかせか**(と) **ぎっしり**(と)
ゆどうふ〔湯豆腐〕豆腐を湯で煮て、醤油《しょうゆ》・薬味で食べるもの。	**ひややっこ**〔冷や奴〕
ゆとうよみ〔湯桶読み〕漢字2字の熟語を、前の字を訓、後の字を音でよ	**じゅうばこよみ**〔重箱読み〕

むこと。

ユニバーシティ〔university〕総合大学。
カレッジ〔college〕

ゆにゅう〔輸入〕外国の品を買い入れること。
㋐**ゆしゅつ**〔輸出〕㋑**こくさん**〔国産〕

ゆめ〔夢〕
うつつ〔現〕

ゆらぐ〔揺らぐ〕不安定になる。ぐらつく。
さだまる〔定まる〕

ゆるい〔緩い〕①「水の流れが――」。②「制限が――」。③「――坂道」。④「結び目が――」。
①**はげしい**〔激しい〕**はやい**〔速い〕②**きびしい**〔厳しい〕③**きつい** ④**かたい**〔堅い・固い〕

ゆるがす〔揺るがす〕「土台を――」。
さだめる〔定める〕**かためる**〔固める〕

ゆるす〔許す〕①「入場を――」。②「願い出を――」。③「罪を――」。
①**きんじる**〔禁じる〕②**こばむ**〔拒む〕③**ばっする**〔罰する〕**せめる**〔責める〕

ゆるむ〔緩む・弛む〕①「結び目が――」。②「地盤が――」。③「気が――」。
①**しまる**〔締まる〕②**かたまる**〔固まる〕③**はる**〔張る〕**ひきしまる**〔引き締まる〕**はりつめる**〔張り詰める〕

ゆるめる〔緩める・弛める〕①「帯を――」。②「守備を――」。③「気を――」。
①**しめる**〔締める〕**しぼる**〔絞る・搾る〕②**かためる**〔固める〕③**はる**〔張る〕**ひきしめる**〔引き締める〕

ゆるやか〔緩やか〕①「――な坂」。②「――な調べ」。③「――な川の流れ」。
①**きゅう**〔急〕**きつい** ②**きびしい**〔厳しい〕③**はげしい**〔激しい〕

ゆれる〔揺れる〕「心が――」。
さだまる〔定まる〕

よ

よ〔夜〕
→よる〔夜〕

よ〔与〕あたえる。
だつ〔奪〕

よあけ〔夜明け〕夜が明けるころ。
ひぐれ〔日暮れ〕**ゆうぐれ**〔夕暮れ〕**くれがた**〔暮れ方〕**たそがれ**〔黄昏〕

よい〔宵〕日が暮れて間もないころ。宵の口。
よふけ〔夜更け〕**しんや**〔深夜〕

よい〔良い・善い〕
わるい〔悪い〕

よいっぱり〔宵っ張り〕夜遅くまで起きていること。
㋐**よいね**〔宵寝〕㋑**あさね**〔朝寝〕**あさねぼう**〔朝寝坊〕

よいね〔宵寝〕日が暮れてまもなく寝ること。早寝《はやね》。
㋐**よいっぱり**〔宵っ張り〕㋑**あさおき**〔朝起き〕

よいのくち〔宵の口〕	→よい〔宵〕
よいのみょうじょう〔宵の明星〕日没後に西の空に見える金星。	**あけのみょうじょう**〔明けの明星〕
よう〔幼〕おさない。年若い。	**ろう**〔老〕**ちょう**〔長〕
よう〔揚〕あげる。	**よく**〔抑〕
よう〔揺〕ゆれる。	**てい**〔定〕
よう〔洋〕西洋。	**わ**〔和〕**かん**〔漢〕
よう〔用〕もちいる。	**しゃ**〔捨〕
よう〔陽〕ひなた。明るい方。	**いん**〔陰〕
よう〔酔う〕	**さめる**〔覚める〕
ようあん〔溶暗〕映画などで、画面をしだいに暗くして、画像を消す方法。フェードアウト。	**ようめい**〔溶明〕
ようい〔容易〕たやすいこと。	**こんなん**〔困難〕**しなん**〔至難〕**めんどう**〔面倒〕
ようい〔用意〕準備。支度《したく》。	**しまつ**〔始末〕
ようイオン〔陽 ion〕陽電気を帯びたイオン。	**いんイオン**〔陰 ion〕
よういしゅうとう〔用意周到〕準備に手抜かりがないこと。	**ふようい**〔不用意〕
よういん〔要員〕必要な人員。	**じょういん**〔冗員〕
よううん〔妖雲〕不吉なことの前ぶれとなる怪しい雲。	**ずいうん**〔瑞雲〕**しょううん**〔祥雲〕
ようおん〔拗音〕キャ・シュ・チョなどの音。	**ちょくおん**〔直音〕**そくおん**〔促音〕**はつおん**〔撥音〕
ようか〔養家〕養子に行った先の家。	**じっか**〔実家〕**せいか**〔生家〕
ようが〔洋画〕①西洋画。油絵。②西洋で作られた映画。	①**にほんが**〔日本画〕②**ほうが**〔邦画〕
ようが〔陽画〕陰画を焼き付けして得た写真。ポジ。	**いんが**〔陰画〕
ようがく〔洋学〕西洋に関する学問。	**こくがく**〔国学〕**かんがく**〔漢学〕
ようがく〔洋楽〕西洋式の音楽。	**ほうがく**〔邦楽〕**わがく**〔和楽〕
ようがさ〔洋傘〕こうもり傘。	**からかさ**〔唐傘〕**わがさ**〔和傘〕
ようがし〔洋菓子〕西洋風の菓子。	**わがし**〔和菓子〕
ようき〔容器〕	→いれもの〔入れ物〕
ようき〔陽気〕明るい雰囲気。	**いんき**〔陰気〕
ようきが〔用器画〕コンパス・定規《じょうぎ》など、器具を使って描く絵画。	**じざいが**〔自在画〕
ようきゅう〔要求〕権利として求めること。	**じたい**〔辞退〕
ようぎょ〔幼魚〕卵からかえって間もない魚。	**せいぎょ**〔成魚〕
ようきょう〔容共〕共産主義を受け入	**はんきょう**〔反共〕**ぼうきょう**〔防

れること。　　共〕

ようきょく〔陽極〕プラスの電極。　**いんきょく**〔陰極〕

ようげん〔用言〕活用があり、独立して述語となれる語。動詞・形容詞・形容動詞。　**たいげん**〔体言〕

ようご〔擁護〕かばいまもること。　**だとう**〔打倒〕**しんがい**〔侵害〕

ようご〔要語〕大切なことば。キーワード。　**じょうご**〔冗語〕

ようこく〔陽刻〕印判などで、文字の部分が浮き上がるように彫ったもの。　**いんこく**〔陰刻〕

ようさい〔洋才〕西洋式の学問に関する知識や能力。　㋐**かんさい**〔漢才〕**わさい**〔和才〕㋑**わこん**〔和魂〕

ようさい〔洋裁〕洋服を縫うこと。　**わさい**〔和裁〕

ようさい〔葉菜〕ホウレンソウ・キャベツなど、葉を食用とする野菜。　**こんさい**〔根菜〕**かさい**〔果菜〕

ようし〔洋紙〕西洋式の紙。　**わし**〔和紙〕

ようし〔養子〕もらい子。　㋐**じっし**〔実子〕㋑**ようふ**〔養父〕**ようぼ**〔養母〕**ようしん**〔養親〕

ようじ〔幼児〕幼い子供。　㋐**おとな**〔大人〕**ろうじん**〔老人〕㋑**ほぼ**〔保母〕**ほふ**〔保父〕

ようじ〔幼時〕幼いころ。　**ばんねん**〔晩年〕

ようしき〔洋式〕西洋流のしかた。西洋式。　**わしき**〔和式〕

ようしつ〔洋室〕西洋風のへや。洋間。　**わしつ**〔和室〕**にほんま**〔日本間〕

ようしつ〔溶質〕溶液中に溶け込んでいる物質。　**ようばい**〔溶媒〕

ようしゅ〔洋酒〕西洋風の酒。　**にほんしゅ**〔日本酒〕

ようしょ〔洋書〕西洋で出版された本。　**わしょ**〔和書〕**かんせき**〔漢籍〕

ようしょく〔洋食〕西洋風の食べ物。西洋料理。　**わしょく**〔和食〕

ようしょく〔要職〕重要な職務。重職。　**かんしょく**〔閑職〕

ようしん〔養親〕養い親。育ての親。　㋐**ようし**〔養子〕㋑**じつのおや**〔実の親〕

ようじん〔用心〕悪いことが起こらないように気を付けること。注意。　**ぶようじん**〔不用心〕**ゆだん**〔油断〕

ようじんぶかい〔用心深い〕十分に注意する。　**ぶようじん**〔不用心〕**ふようい**〔不用意〕

ようすい〔用水〕ある目的のために必要な水。　**はいすい**〔廃水〕

ようせい〔陽性〕積極的で明るい性質。また、化学反応が現れること。　**いんせい**〔陰性〕

ようせつ〔夭折〕年若くして死ぬこと。夭逝。早世。　**ちょうめい**〔長命〕**ちょうじゅ**〔長寿〕

ようそう〔洋装〕西洋式の服装。	**わそう**〔和装〕
ようだん〔要談・用談〕用件についての重要な話。	**かんわ**〔閑話〕**ざつだん**〔雑談〕
ようち〔夜討ち〕夜間に襲撃すること。	**あさがけ**〔朝駆け〕
ようち〔幼稚〕幼く、未熟なこと。	**ろうせい**〔老成〕**ろうれん**〔老練〕
ようちゅう〔幼虫〕変態や脱皮が済んでいない、虫のこども。	**せいちゅう**〔成虫〕
ようでんき〔陽電気〕プラスの電気。	**いんでんき**〔陰電気〕
ようとく〔陽徳〕世に知られた善行。	**いんとく**〔陰徳〕
ようとじ〔洋綴じ〕西洋風の本のとじ方。	**わとじ**〔和綴じ〕
ようばい〔溶媒〕他の物質を溶かしている液体。	**ようしつ**〔溶質〕
ようはつ〔洋髪〕西洋風の髪形。	**にほんがみ**〔日本髪〕
ようふ〔養父〕養子先の父。また、養育してくれた義理の父。	㋐**じっぷ**〔実父〕㋑**ようぼ**〔養母〕㋒**ようし**〔養子〕
ようぶ〔洋舞〕バレー・ダンスなど、西洋風の舞踊。	**ほうぶ**〔邦舞〕**にちぶ**〔日舞〕**にほんぶよう**〔日本舞踊〕
ようふう〔洋風〕西洋風。洋式。	**わふう**〔和風〕
ようふく〔洋服〕	**わふく**〔和服〕**きもの**〔着物〕
ようぼ〔養母〕養子先の母。また、養育してくれた義理の母。	㋐**じつぼ**〔実母〕**せいぼ**〔生母〕㋑**ようふ**〔養父〕㋒**ようし**〔養子〕
ようま〔洋間〕西洋風のへや。洋室。	**わしつ**〔和室〕**にほんま**〔日本間〕
ようめい〔溶明〕映画などで、暗い画面をしだいに明るくする方法。フェードイン。	**ようあん**〔溶暗〕
ようやく〔漸く〕	→かろうじて〔辛うじて〕
ようれき〔陽暦〕地球が太陽の周りを１周するのを１年とする暦。太陽暦。新暦。	**いんれき**〔陰暦〕
よおう〔余殃〕先祖の悪事の報いとして、子孫に降りかかる災い。	**よけい**〔余慶〕
よか〔予科〕本科に入る前の予備課程。	**ほんか**〔本科〕
よかぜ〔夜風〕夜に吹く風。	**あさかぜ**〔朝風〕
よかん〔余寒〕春の初めまで残る寒さ。	**ざんしょ**〔残暑〕
よぎり〔夜霧〕夜に立ちこめる霧。	**あさぎり**〔朝霧〕
よきん〔預金〕銀行などにお金を預けること。	**しゃっきん**〔借金〕
よく〔抑〕おさえる。下げる。	**よう**〔揚〕
よくあつ〔抑圧〕抑え付けること。押しとどめること。抑制。	**しょうれい**〔奨励〕**そくしん**〔促進〕
よくし〔抑止〕	→そし〔阻止〕
よくじつ〔翌日〕次の日。	**ぜんじつ**〔前日〕**とうじつ**〔当日〕

よくせい〔抑制〕抑えとどめること。抑圧。	**そくしん**〔促進〕**すいしん**〔推進〕**しょうれい**〔奨励〕**じょせい**〔助成〕
よくせいさいばい〔抑制栽培〕人工的に温度を低くして、作物の成育を遅らせる栽培法。	**そくせいさいばい**〔促成栽培〕
よくち〔沃地〕よく肥えた土地。沃土。	**そうち**〔痩地〕**やせち**〔痩せ地〕**あれち**〔荒れ地〕
よくど〔沃土〕	→よくち〔沃地〕
よくねん〔翌年〕次の年。	**ぜんねん**〔前年〕**とうねん**〔当年〕
よくばん〔翌晩〕次の晩。	㋐**ぜんや**〔前夜〕**とうや**〔当夜〕㋑**よくちょう**〔翌朝〕
よくや〔沃野〕土地の肥えている平野。	**こうや**〔荒野〕
よけい〔余慶〕先祖の善行の報いとして、子孫に訪れる幸福。	**よおう**〔余殃〕
よける〔避ける〕さける。	**あたる**〔当たる〕**つきあたる**〔突き当たる〕**ぶつかる**　**むかう**〔向かう〕
よこ〔横〕	㋐**たて**〔縦〕㋑**まえ**〔前〕**うしろ**〔後ろ〕
よこいと〔横糸・緯糸〕織物の、幅の方向に通っている糸。抜き糸。	**たていと**〔縦糸・経糸〕
よこがき〔横書き〕文字を横の方向に書く方法。	**たてがき**〔縦書き〕
よこぐみ〔横組み〕活字を横の方向に組む方法。	**たてぐみ**〔縦組み〕
よこざま〔横様〕横の方向。横向き。	**たてざま**〔縦様〕
よこじく〔横軸〕数学で、直交する座標の横の軸。x軸。	**たてじく**〔縦軸〕**ワイじく**〔y軸〕
よこじま〔横縞〕横方向の縞模様。	**たてじま**〔縦縞〕**こうしじま**〔格子縞〕
よごす〔汚す〕きたなくする。	**きよめる**〔清める〕**あらう**〔洗う〕**すすぐ**〔雪ぐ〕
よこせん〔横線〕横方向の線。おうせん。	**たてせん**〔縦線〕**じゅうせん**〔縦線〕
よこたえる〔横たえる〕①「材木を――」。②「体を――」。	①**たてかける**〔立て掛ける〕**たてる**〔立てる〕②**おこす**〔起こす〕
よこたわる〔横たわる〕	**たちあがる**〔立ち上がる〕**おきあがる**〔起き上がる〕**たつ**〔立つ〕
よこちょう〔横町〕表通りから横に入った小さな通り。	**おもてどおり**〔表通り〕**ほんどおり**〔本通り〕
よこなが〔横長〕横に長い形。	**たてなが**〔縦長〕
よこなみ〔横波〕横方向の波。	**たてなみ**〔縦波〕

よこみち〔横道〕「話が――にそれる」。	**ほんすじ**〔本筋〕
よこむき〔横向き〕	**まえむき**〔前向き〕**うしろむき**〔後ろ向き〕
よこゆれ〔横揺れ〕船などが、横方向に揺れること。ローリング。	**たてゆれ**〔縦揺れ〕
よごれる〔汚れる〕	**きよまる**〔清まる〕
よざい〔余罪〕中心となる罪以外に犯した罪。	**しゅざい**〔主罪〕
よさん〔予算〕前もってする収支の見積もり。	**けっさん**〔決算〕
よじのぼる〔攀じ登る〕	**ずりおちる**〔擦り落ちる〕**すべりおりる**〔滑り降りる・滑り下りる〕
よしゅう〔予習〕学校で習う前に、あらかじめ勉強しておくこと。下調べ。	**ふくしゅう**〔復習〕
よせあつめ〔寄せ集め〕質を問わずに、数だけ集めたもの。	**えりすぐり**〔選りすぐり〕**つぶより**〔粒選り〕
よせあつめる〔寄せ集める〕	㋐**ばらまく**〔ばら播く〕㋑**えりすぐる**〔選りすぐる〕
よせざん〔寄せ算〕	→たしざん〔足し算〕
よせつける〔寄せ付ける〕	**つきはなす**〔突き放す・突き離す〕
よせる〔寄せる〕㊀【自動】「波が――」。㊁【他動】①「船を岸に――」。②「客を――」。③「５に３を――」。	㊀**かえす**〔返す〕**ひく**〔引く〕㊁①**はなす**〔放す・離す〕②**ちらす**〔散らす〕③**ひく**〔引く〕
よせん〔予選〕次の選別に備えて、その候補になる者を前もって選ぶこと。	**けっしょう**〔決勝〕**じゅんけっしょう**〔準決勝〕
よそいき〔他所行き〕	→ほうもんぎ〔訪問着〕
よそう〔予想〕前もって考え、推測すること。	**かいそう**〔回想〕**かいこ**〔回顧〕
よそうがい〔予想外〕予想と違うこと。意外。	**よそうどおり**〔予想通り〕
よそうどおり〔予想通り〕予想と合うこと。思ったとおり。案の定《じょう》。	**よそうがい**〔予想外〕
よそよそしい〔余所余所しい〕他人行儀で親しみがない。	**なれなれしい**〔馴れ馴れしい〕**むつまじい**〔睦まじい〕
よだち〔夜立ち〕夜、旅に出ること。	**あさだち**〔朝立ち〕
よつゆ〔夜露〕夜に置く露。	**あさつゆ**〔朝露〕
よてい〔予定〕前もって決めること。だいたいの見通し。	㋐**かくてい**〔確定〕㋑**みてい**〔未定〕
よとう〔与党〕内閣に加わっている政党。	**やとう**〔野党〕
よどむ〔淀む・澱む〕流れが滞って進まない。	**ながれる**〔流れる〕
よなか〔夜中〕	**ひなか**〔日中〕**にっちゅう**〔日中〕

よびあつめる〔呼び集める〕	ひるま〔昼間〕 **おいちらす**〔追い散らす〕**おいはらう**〔追い払う〕
よびいれる〔呼び入れる〕	**よびだす**〔呼び出す〕**おいだす**〔追い出す〕
よびごえ〔呼び声〕人や動物を呼ぶために出す声。	**おいごえ**〔追い声〕
よびしけん〔予備試験〕能力の有無を確かめたりする目的で、本試験の前に行う試験。	**ほんしけん**〔本試験〕
よびだす〔呼び出す〕	**よびいれる**〔呼び入れる〕
よぶ〔呼ぶ〕	**おう**〔追う〕
よふかし〔夜更かし〕夜遅くまで起きていること。	**はやね**〔早寝〕
よふけ〔夜更け〕夜遅くなったころ。深夜。よなか。	㋐**よい**〔宵〕㋑**ひなか**〔日中〕**にっちゅう**〔日中〕
よぶん〔余分〕余り。残り。	**ふそくぶん**〔不足分〕
よぼう〔予防〕病気などを前もって防ぐこと。	**ちりょう**〔治療〕
よほど〔余程〕	**すこし**〔少し〕**ちょっと**〔一寸〕
よみあげざん〔読み上げ算〕珠算で、読み上げる数を聞いて計算する方法。	**みとりざん**〔見取り算〕
よみおえる〔読み終える〕終わりまで読み通す。	**よみはじめる**〔読み始める〕**よみさす**〔読み止す〕
よみかえす〔読み返す〕もう一度読み直す。	**よみとばす**〔読み飛ばす〕
よみきり〔読み切り〕読み物で、連載せずに1回で終わるもの。	**れんさい**〔連載〕**つづきもの**〔続き物〕
よみきる〔読み切る〕	→よみおえる〔読み終える〕
よみさす〔読み止す〕途中まで読んでやめる。	**よみおえる**〔読み終える〕**よみきる**〔読み切る〕**よみとおす**〔読み通す〕
よみて〔読み手〕読む人。	㋐**かきて**〔書き手〕㋑**ききて**〔聞き手〕
よみとおす〔読み通す〕最後まで読む。読み切る。	**よみさす**〔読み止す〕
よみとばす〔読み飛ばす〕さっとひととおり読む。	**よみかえす**〔読み返す〕**よみなおす**〔読み直す〕
よみなおす〔読み直す〕	→よみかえす〔読み返す〕
よみはじめる〔読み始める〕	**よみおえる**〔読み終える〕
よみふだ〔読み札〕かるたの、読む方の札。	**とりふだ**〔取り札〕
よむ〔読む〕	㋐**かく**〔書く〕㋑**きく**〔聞く〕

よめ〔嫁〕息子の妻。	㋐**むこ**〔婿〕㋑**しゅうとめ**〔姑〕**しゅうと**〔舅〕
よめいり〔嫁入り〕	㋐**むことり**〔婿取り〕㋑**むこいり**〔婿入り〕
よめとり〔嫁取り〕息子に妻を迎えること。	㋐**むこいり**〔婿入り〕㋑**むことり**〔婿取り〕
よもすがら〔夜もすがら〕一晩中。夜どおし。	**ひねもす**
より	**まで**〔迄〕
よりすぐり〔選りすぐり〕	→えりすぐり〔選りすぐり〕
よりすぐる〔選りすぐる〕	→えりすぐる〔選りすぐる〕
よりつき〔寄り付き〕取引所で、前場《ぜんば》または後場《ごば》の最初の取り引き。	**おおびけ**〔大引け〕
よりみち〔寄り道〕目的地に行く途中、他の所に立ち寄ること。	**ちょっこう**〔直行〕
よりわける〔選り分ける〕	→えりわける〔選り分ける〕
よる〔夜〕	**ひる**〔昼〕**あさ**〔朝〕**ゆう**〔夕〕
よる〔寄る〕①「波が――」。②「客が――」。	①**ひく**〔引く〕②**はなれる**〔放れる・離れる〕**ちる**〔散る〕
よろい〔鎧〕体を覆う武具。	**かぶと**〔兜・甲〕
よろける〔蹌踉ける〕	→よろめく〔蹌踉めく〕
よろこばしい〔喜ばしい〕	**かなしい**〔悲しい・哀しい〕**うれわしい**〔憂わしい〕**なげかわしい**〔嘆かわしい〕**にがにがしい**〔苦苦しい〕
よろこびごと〔喜び事・慶び事〕	→けいじ〔慶事〕
よろこぶ〔喜ぶ〕	**かなしむ**〔悲しむ〕**うれえる**〔憂える〕**なげく**〔嘆く〕**いかる**〔怒る〕
よろしい〔宜しい〕	**わるい**〔悪い〕**いけない**　**だめ**〔駄目〕
よろめく〔蹌踉めく〕	**つったつ**〔突っ立つ〕
よわい〔弱い〕	**つよい**〔強い〕
よわき〔弱気〕気が弱いこと。	**つよき**〔強気〕
よわび〔弱火〕	→とろび〔とろ火〕
よわまる〔弱まる〕薄らぐ。	**つよまる**〔強まる〕
よわごし〔弱腰〕弱い態度。	**つよごし**〔強腰〕
よわね〔弱音〕意気地のないことば。泣き言。	**つよがり**〔強がり〕
よわふくみ〔弱含み〕相場が、下がり気味であること。	**つよふくみ**〔強含み〕
よわめる〔弱める〕弱くする。	**つよめる**〔強める〕
よわよわしい〔弱々しい〕いかにも弱そうだ。	**たくましい**〔逞しい〕

ら

ラージ〔large〕大きい。	**スモール**〔small〕**リトル**〔little〕
らい〔来〕①くる。きたる。②現在より後。次の。	①**おう**〔往〕②**きょ**〔去〕
らいがっき〔来学期〕次の学期。	**ぜんがっき**〔前学期〕**こんがっき**〔今学期〕
らいき〔来期〕次の時期。次期。	**ぜんき**〔前期〕**こんき**〔今期〕**とうき**〔当期〕
らいげつ〔来月〕次の月。翌月。	**せんげつ**〔先月〕**ぜんげつ**〔前月〕**さくげつ**〔昨月〕**こんげつ**〔今月〕
らいこう〔来航〕外国から船で来ること。	**とこう**〔渡航〕
らいさん〔礼賛・礼讃〕ほめたたえること。称賛。賛嘆。	**つうば**〔痛罵〕**あくば**〔悪罵〕
らいしゅう〔来週〕次の週。	**せんしゅう**〔先週〕**さくしゅう**〔昨週〕**こんしゅう**〔今週〕
らいしん〔来信〕よそから便りが来ること。来状。	**そうしん**〔送信〕**はっしん**〔発信〕
らいせ〔来世〕死後の世界。後世《ごせ》。	**ぜんせ**〔前世〕**げんせ**〔現世〕**こんじょう**〔今生〕
ライト〔light〕①明るい。②軽い。	①**ダーク**〔dark〕②**ヘビー**〔heavy〕
ライト〔right〕右。右翼。	**レフト**〔left〕
ライナー〔liner〕野球で、高く上がらず直線的に飛ぶ打球。	**フライ**〔fry〕
らいにち〔来日〕外国人が日本に来ること。来朝。訪日。	**りにち**〔離日〕**たいにち**〔滞日〕**ざいにち**〔在日〕
らいにん〔来任〕任地に来ること。着任。	**りにん**〔離任〕
らいねん〔来年〕次の年。明年。	**きょねん**〔去年〕**ぜんねん**〔前年〕**さくねん**〔昨年〕**ほんねん**〔本年〕**ことし**〔今年〕**こんねん**〔今年〕**とうねん**〔当年〕
らいほう〔来訪〕人が訪ねて来ること。	**おうほう**〔往訪〕
らく〔楽〕たのしい。たのしみ。	**く**〔苦〕**あい**〔哀〕**つらい**〔辛い〕
らく〔落〕おちる。敗れる。	**きゅう**〔及〕**とう**〔当〕
らくがい〔洛外〕都の外。京都の郊外。	**らくちゅう**〔洛中〕
らくさつ〔落札〕入札したものが手に入ること。	**にゅうさつ**〔入札〕
らくしょう〔楽勝〕	→かいしょう〔快勝〕
らくじょう〔落城〕城を攻め落とされ	**こうじょう**〔攻城〕**にゅうじょう**

ること。	〔入城〕
らくせい〔落成〕建築工事が完成すること。竣工《しゅんこう》。完工。	**きこう**〔起工〕**ちゃっこう**〔着工〕
らくせん〔落選〕①選に漏れること。②選挙で敗れること。	**にゅうせん**〔入選〕②**とうせん**〔当選〕
らくだい〔落第〕試験に落ちること。不合格。	**きゅうだい**〔及第〕**しんきゅう**〔進級〕
らくたん〔落胆〕がっかりして、力を落とすこと。気落ち。	**はっぷん**〔発奮〕**ふんき**〔奮起〕
らくちゃく〔落着〕事件などが、一段落すること。	**はっせい**〔発生〕
らくちゅう〔洛中〕都の中。京都市内。洛内。	**らくがい**〔洛外〕
らくてんか〔楽天家〕物事を楽観的に考える人。オプチミスト。	**えんせいか**〔厭世家〕
らくてんしゅぎ〔楽天主義〕物事を楽観的に見る考え方。オプチミズム。	**えんせいしゅぎ**〔厭世主義〕
らくない〔洛内〕	→らくちゅう〔洛中〕
らくば〔落馬〕馬から落ちること。	㋐**じょうば**〔乗馬〕㋑**げば**〔下馬〕
らくはく〔落魄〕	→れいらく〔零落〕
らくめい〔落命〕命を落とすこと。	**ぞんめい**〔存命〕**えんめい**〔延命〕
らくようじゅ〔落葉樹〕春に芽ぶき、秋に葉を落とす木。	**じょうりょくじゅ**〔常緑樹〕
らししょくぶつ〔裸子植物〕ソテツ・イチョウなど、めしべに子房がなく、胚珠《はいしゅ》が裸出している植物。	**ひししょくぶつ**〔被子植物〕
らしゅつ〔裸出〕	→ろしゅつ〔露出〕
ラスト〔last〕最後。最終。	**トップ**〔top〕**ファースト**〔first〕
ラストバッター〔last butter〕野球で、打順が最後の打者。	**トップバッター**〔top butter〕
らぞう〔裸像〕絵画や彫刻で、はだかの像。	**ちゃくいぞう**〔着衣像〕
らたい〔裸体〕はだかの体。	**ちゃくい**〔着衣〕
らっか〔落花〕花が散ること。	**かいか**〔開花〕
らっかん〔楽観〕物事をよい方に解釈して、将来に希望をつなぐこと。	**ひかん**〔悲観〕
ラッキー〔lucky〕運がよい。好運な。	**アンラッキー**〔unlucky〕
らっきゅう〔落球〕野球で、球を受け損なうこと。	**ほきゅう**〔捕球〕
らっきょう〔楽境〕	→じゅんきょう〔順境〕
らん〔乱〕みだれる。みだす。さわぎ。	**ち**〔治〕
らんおう〔卵黄〕たまごの黄身。	**らんぱく**〔卵白〕
らんがい〔欄外〕用紙などの決められ	**らんない**〔欄内〕

た枠の外。	
らんし〔卵子〕女性・めすの性細胞。	**せいし**〔精子〕
らんしん〔乱臣〕反逆を企てる臣下。逆臣。	**ちゅうしん**〔忠臣〕
らんせい〔乱世〕乱れた世の中。	**ちせい**〔治世〕
らんせい〔卵生〕卵の形で母体から生まれること。	**たいせい**〔胎生〕
らんどく〔濫読・乱読〕手当たりしだいに、何でも読むこと。	**せいどく**〔精読〕**じゅくどく**〔熟読〕**みどく**〔味読〕
らんない〔欄内〕用紙などの決められた枠の内部。	**らんがい**〔欄外〕
らんぱく〔卵白〕たまごの白身。	**らんおう**〔卵黄〕
らんぴ〔濫費・乱費〕	→ろうひ〔浪費〕
らんぼう〔乱暴〕性格や動作が、荒々しいこと。	**おんわ**〔温和・穏和〕**にゅうわ**〔柔和〕**じゅうじゅん**〔従順〕
らんようしゅ〔卵用種〕鶏などで、卵をとる目的の品種。	**にくようしゅ**〔肉用種〕

り

り〔利〕①するどい。②もうけ。得《とく》。③利子。	①**どん**〔鈍〕②**がい**〔害〕③**もと**〔元〕
り〔理〕道理。筋道。	**ひ**〔非〕
り〔裏〕うら。	**ひょう**〔表〕
り〔離〕はなれる。	**ごう**〔合〕
リア〔rear〕後部の。	**フロント**〔front〕
りあげ〔利上げ〕利息を高くすること。	**りさげ**〔利下げ〕
リアリスチック〔realistic〕現実主義的。写実的。	**ロマンチック**〔romantic〕
リアリスト〔realist〕現実主義者。写実主義者。実在論者。	**アイデアリスト**〔idealist〕**ロマンチ（シ）スト**〔romanticist〕
リアリズム〔realism〕現実主義。写実主義。実在論。	**アイデアリズム**〔idealism〕**ロマンチシズム**〔romanticism〕
リアル〔real〕現実的。写実的。	**アイデアル**〔ideal〕
リーグせん〔leage 戦〕総当たり式の競技法。	**トーナメント**〔tournament〕
りえき〔利益〕もうけ。利潤。	**そんがい**〔損害〕**そんしつ**〔損失〕**けっそん**〔欠損〕
りえきしゃかい〔利益社会〕会社・組合など、利益で結ばれている社会。ゲゼルシャフト。	**きょうどうしゃかい**〔共同社会〕
りえん〔離縁〕夫婦・養子などの縁を切ること。縁切り。	**ふくえん**〔復縁〕

りか〔理科〕自然科学系の学問、学科。 **ぶんか**〔文科〕
りかん〔罹患〕 →はつびょう〔発病〕
りがん〔離岸〕船が岸を離れること。 **ちゃくがん**〔着岸〕**せつがん**〔接岸〕
りき〔利器〕①よく切れる刃物。鋭い武器。②役に立つ道具。 ①**どんき**〔鈍器〕②**きょうき**〔凶器〕
りきし〔力士〕相撲を取るのを仕事とする人。相撲取り。 **ぎょうじ**〔行司〕
りきてん〔力点〕てこで、力のかかるところ。 **してん**〔支点〕
りきょう〔離京〕都を離れること。東京を離れること。退京。 **じょうきょう**〔上京〕**にゅうきょう**〔入京〕**たいきょう**〔滞京〕**ざいきょう**〔在京〕
りきょう〔離郷〕故郷を離れること。出郷。 **ききょう**〔帰郷〕
りきん〔利金〕①利子の金。②利益の金。もうけ。利潤。 ①**がんきん**〔元金〕**もときん**〔元金〕②**そんきん**〔損金〕
りく〔陸〕 **かい**〔海〕**うみ**〔海〕**くう**〔空〕**そら**〔空〕
りくあげ〔陸揚げ〕船の荷物を陸に移すこと。 **ふなづみ**〔船積み〕
りくうん〔陸運〕陸上の運送。 **かいうん**〔海運〕**すいうん**〔水運〕**くうゆ**〔空輸〕
りくぐん〔陸軍〕主として、陸上の攻撃や防衛に当たる軍隊。 **かいぐん**〔海軍〕**くうぐん**〔空軍〕
りくさんぶつ〔陸産物〕陸上で産する物。 **すいさんぶつ**〔水産物〕**かいさんぶつ**〔海産物〕
りくじょう〔陸上〕陸の上。 **すいじょう**〔水上〕**かいじょう**〔海上〕**くうちゅう**〔空中〕
りくじょうきょうぎ〔陸上競技〕陸上で行うスポーツ。 **すいじょうきょうぎ**〔水上競技〕
りくせい〔陸生・陸棲〕陸上に生じること。陸上に住むこと。 **すいせい**〔水生・水棲〕
りくせん〔陸戦〕陸上の戦い。 **かいせん**〔海戦〕**くうちゅうせん**〔空中戦〕
りくそう〔陸送〕 →りくうん〔陸運〕
りくち〔陸地〕 **かいよう**〔海洋〕**てんくう**〔天空〕
りくでん〔陸田〕畑。 **すいでん**〔水田〕
りくとう〔陸稲〕畑で作る米。おかぼ。 **すいとう**〔水稲〕
りくなんぷう〔陸軟風〕夜間、陸から海に向かって吹く風。陸風。 **かいなんぷう**〔海軟風〕
りくふう〔陸風〕陸軟風。 **かいふう**〔海風〕
りくろ〔陸路〕陸上の交通路。陸の旅。 **かいろ**〔海路〕**くうろ**〔空路〕
りこ〔利己〕自分の利益をはかること。 **りた**〔利他〕**はくあい**〔博愛〕**けん**

りこう〔利口〕賢いこと。頭がよいこと。賢明。　**ぐどん**〔愚鈍〕**ばか**〔馬鹿〕**あほう**〔阿呆〕

りこしゅぎ〔利己主義〕自分の利益ばかりを重視する考え。エゴイズム。　**りたしゅぎ**〔利他主義〕**あいたしゅぎ**〔愛他主義〕**はくあいしゅぎ**〔博愛主義〕

りこん〔利根〕賢い性質。利口。　**どんこん**〔鈍根〕

りこん〔離婚〕夫婦が縁を切って別れること。　**けっこん**〔結婚〕

りさげ〔利下げ〕利息を低くすること。　**りあげ**〔利上げ〕

りさん〔離散〕離れ離れになること。　**しゅうごう**〔集合〕

りし〔利子〕　→りそく〔利息〕

りじ〔理事〕法人を代表し、その業務を行う職。　**かんじ**〔監事〕

りじゅん〔利潤〕　→りえき〔利益〕

りしょう〔離床〕寝床を離れること。　**しゅうしょう**〔就床〕

りしょう〔離礁〕暗礁に乗り上げた船がそこから離れること。　**ざしょう**〔座礁〕

りしょく〔離職〕　→たいしょく〔退職〕

りすい〔離水〕水上飛行機などが、水面を離れて飛び立つこと。　**ちゃくすい**〔着水〕

りする〔利する〕利益を与える。　**がいする**〔害する〕

りせい〔理性〕感情に走らず、物事を論理的に考える心の働き。　**かんせい**〔感性〕**かんじょう**〔感情〕

りせいてき〔理性的〕物事を冷静に考えるさま。　**かんじょうてき**〔感情的〕**もうもくてき**〔盲目的〕

りせいろん〔理性論〕認識の源は理性にあるとする考え。　**けいけんろん**〔経験論〕

りそう〔理想〕心に描く最上の目標。　**げんじつ**〔現実〕**じっさい**〔実際〕

りそうしゅぎ〔理想主義〕理想の実現をひたすら求める立場。　**げんじつしゅぎ**〔現実主義〕**しゃじつしゅぎ**〔写実主義〕

りそうてき〔理想的〕理想を中心に考えるさま。　**げんじつてき**〔現実的〕**じっさいてき**〔実際的〕

りそく〔利息〕貸したり預けたりしたお金の報酬。利子。金利。　**がんきん**〔元金〕

りぞく〔離俗〕　→だつぞく〔脱俗〕

りた〔利他〕他人の利益を第一に考えること。　**りこ**〔利己〕

りたしゅぎ〔利他主義〕他人の利益を優先する考え。　**りこしゅぎ**〔利己主義〕

りだつ〔離脱〕　→だったい〔脱退〕

りちぎ〔律義・律儀〕義理がたいこと。実直。　**ずぼら**　**こうかつ**〔狡猾〕

りっし〔律詩〕漢詩で、五言・七言の８句から成る形式。	**ぜっく**〔絶句〕
りつぞう〔立像〕立ち姿の像。	**ざぞう**〔座像〕
りったい〔立体〕縦・横・高さの３次元の広がりを持つ物。	**へいめん**〔平面〕
りったいこうさ〔立体交差〕道路や鉄道が、高さを違えて交差すること。	**へいめんこうさ**〔平面交差〕
りったいてき〔立体的〕物事の中身を深く見つめるさま。	**へいめんてき**〔平面的〕
りっぱ〔立派〕	**ひんじゃく**〔貧弱〕**ぶさいく**〔不細工〕**みすぼらしい**〔見窄らしい〕**くだらない**〔下らない〕**つまらない**〔詰まらない〕
りっぽう〔立方〕同じ数を３回掛け合わせること。三乗。	㋐**へいほう**〔平方〕㋑**りっぽうこん**〔立方根〕
りっぽうけん〔立法権〕法律を制定する国家の権利。	**ぎょうせいけん**〔行政権〕**しほうけん**〔司法権〕

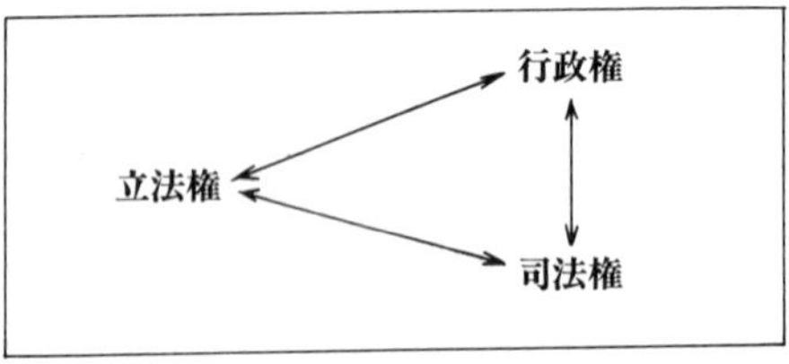

りっぽうこん〔立方根〕ａに対して、３乗するとａになるような数。	㋐**へいほうこん**〔平方根〕㋑**りっぽう**〔立方〕
りつめんず〔立面図〕正面から水平に見て描いた図面。	**へいめんず**〔平面図〕**そくめんず**〔側面図〕
りつれい〔立礼〕立ってする礼。	**ざれい**〔座礼〕
りてん〔利点〕優れている点。長所。美点。	**けってん**〔欠点〕**たんしょ**〔短所〕
りとう〔離党〕政党から離れること。脱党。	**にゅうとう**〔入党〕**ふくとう**〔復党〕
りとく〔利得〕	→りえき〔利益〕
リトル〔little〕小さい。	**ビッグ**〔big〕**ラージ**〔large〕
りにち〔離日〕日本に来ていた外国人が去ること。	**らいにち**〔来日〕**たいにち**〔滞日〕**ざいにち**〔在日〕
りにん〔離任〕任務を離れること。	**ちゃくにん**〔着任〕**らいにん**〔来任〕**しゅうにん**〔就任〕**ざいにん**〔在任〕
りはつ〔利発〕	→りこう〔利口〕
りはん〔離反・離叛〕従っていたも	**わごう**〔和合〕

のから離れること。

りびょう〔罹病〕	→はつびょう〔発病〕
りべんか〔離弁花〕花弁が１枚ずつ分かれている花。	**ごうべんか**〔合弁花〕
りめん〔裏面〕うらの面。うら側。	**ひょうめん**〔表面〕**しょうめん**〔正面〕
りゃく〔略〕詳しくない。	**しょう**〔詳〕**ほん**〔本〕
りゃくじ〔略字〕略して簡単にした字。	**せいじ**〔正字〕**ほんじ**〔本字〕
りゃくしき〔略式〕略した形式。	**せいしき**〔正式〕**ほんしき**〔本式〕**こうしき**〔公式〕
りゃくじゅつ〔略述〕あらましを述べること。	**しょうじゅつ**〔詳述〕
りゃくせつ〔略説〕要点を簡単に解説すること。概説。	**しょうせつ**〔詳説〕**せいせつ**〔精説〕
りゃくそう〔略装〕略式の服装。略服。	**せいそう**〔正装〕
りゃくだつ〔略奪〕人の物を奪い取ること。奪取。	**だっかい**〔奪回〕
りゃくでん〔略伝〕簡単にまとめた伝記。	**しょうでん**〔詳伝〕
りゃくふ〔略譜〕簡略な楽譜。	**ほんぷ**〔本譜〕
りゃくふく〔略服〕	→りゃくそう〔略装〕
りゃっかい〔略解〕要点に触れた簡単な解釈。りゃくげ。	**しょうかい**〔詳解〕**せいかい**〔精解〕
りゃっき〔略記〕要点を簡単に書くこと。	**しょうき**〔詳記〕
りゅう〔留〕とどまる。	**きょ**〔去〕
りゅうい〔留意〕心にとめること。気を付けること。注意。	**ゆだん**〔油断〕**しつねん**〔失念〕
りゅうき〔隆起〕土地などが、高く盛り上がること。	**かんぼつ**〔陥没〕**ちんか**〔沈下〕**ちんこう**〔沈降〕
りゅうけつ〔流血〕血を流すこと。	**むけつ**〔無血〕**しけつ**〔止血〕
りゅうざん〔流産〕妊娠の途中で、胎児が死んで出てくること。	**しゅっさん**〔出産〕
りゅうしゅつ〔流出〕流れ出ること。	**りゅうにゅう**〔流入〕
りゅうすい〔流水〕流れている水。	**しすい**〔止水〕**せいすい**〔静水〕
りゅうせい〔隆盛〕勢力が盛んなこと。	**すいび**〔衰微〕**すいたい**〔衰退〕**ふしん**〔不振〕
りゅうちょう〔流暢〕ことばが、すらすらと流れ出るさま。	**たどたどしい**
りゅうちょう〔留鳥〕年中同じところに住んでいる鳥。	**こうちょう**〔候鳥〕
りゅうどう〔流動〕流れ動くこと。	**こてい**〔固定〕
りゅうどうしさん〔流動資産〕商	**こていしさん**〔固定資産〕

品・現金・手形など、企業の内外で流れ動いている資産。	
りゅうどうしほん〔流動資本〕原料・材料など、1回の生産で、すべての価値を製品に移す資本。	**こていしほん**〔固定資本〕
りゅうどうしょく〔流動食〕スープ・粥《かゆ》など、液状の食物。	**こけいしょく**〔固形食〕
りゅうにゅう〔流入〕流れ込むこと。	**りゅうしゅつ**〔流出〕
りゅうにん〔留任〕元の職に留まること。	**じにん**〔辞任〕**たいにん**〔退任〕**てんにん**〔転任〕**こうてつ**〔更迭〕
りゅうねん〔留年〕学生が、単位不足で、元の学年に留まること。原級留置。	**しんきゅう**〔進級〕
りゅうべつ〔留別〕旅立つ人が、留まる人に別れを告げること。	**そうべつ**〔送別〕
りゅうほ〔留保〕権利などの一部を保っておくこと。	**ほうき**〔放棄〕
りよう〔利用〕役立てて使うこと。	**しぞう**〔死蔵〕**はいき**〔廃棄〕
りょう〔両〕ふたつ。両方。	**かた**〔片〕
りょう〔良〕よい。	**あく**〔悪〕**ふりょう**〔不良〕
りょう〔量〕かさ。	**しつ**〔質〕
りょうあし〔両足・両脚〕両方のあし。	㋐**りょうて**〔両手〕㋑**かたあし**〔片足・片脚〕
りょうあん〔良案〕	→めいあん〔名案〕
りょうか〔良貨〕質の良い貨幣。	**あっか**〔悪貨〕
りょうかい〔領海〕国の統治権の及ぶ海域。	**こうかい**〔公海〕
りょうがい〔領外〕領地の外。	**りょうない**〔領内〕
りょうがわ〔両側〕	**かたがわ**〔片側〕
りょうがん〔両眼〕両方の目。	**かたがん**〔片眼〕
りょうき〔漁期〕魚をとることを許されている期間。	**きんりょうき**〔禁漁期〕
りょうき〔猟期〕狩りをすることを許されている期間。	**きんりょうき**〔禁猟期〕
りょうこう〔良好〕優れて良いこと。	**ふりょう**〔不良〕
りょうさい〔良妻〕よい妻。賢い妻。	**あくさい**〔悪妻〕
りょうさく〔良策〕	→じょうさく〔上策〕
りょうし〔漁師〕海などで、魚や貝をとることを仕事とする人。	**のうみん**〔農民〕
りょうしつ〔良質〕良い性質。	**あくしつ**〔悪質〕
りょうしょ〔良書〕内容の優れている本。	**あくしょ**〔悪書〕
りょうしん〔両親〕父と母。ふたおや。	㋐**かたおや**〔片親〕㋑**むすこ**〔息子〕**しそく**〔子息〕**むすめ**〔娘〕

	そくじょ〔息女〕
りょうしん〔良心〕人間としての、正しい心。	**あくしん**〔悪心〕**あくい**〔悪意〕
りょうせい〔良性〕性質がよいこと。	**あくせい**〔悪性〕
りょうぞく〔良俗〕良い習わし。美風。良風。	**あくしゅう**〔悪習〕**あくふう**〔悪風〕**へいふう**〔弊風〕**あくへい**〔悪弊〕
りょうたん〔両端〕	→りょうはし〔両端〕
りょうて〔両手〕両方の手。	㋐**りょうあし**〔両足・両脚〕㋑**かたて**〔片手〕
りょうてき〔量的〕量に関するさま。	**しつてき**〔質的〕
りょうどうたい〔良導体〕電気や熱をよく通す物質。導体。	**ふりょうどうたい**〔不良導体〕**ふどうたい**〔不導体〕
りょうない〔領内〕領地の中。	**りょうがい**〔領外〕
りょうば〔両刃〕両方に刃の付いている刃物。諸刃《もろば》。	**かたは**〔片刃〕
りょうはし〔両端〕両方の端。りょうたん。	**かたはし**〔片端〕**いったん**〔一端〕
りょうはだ〔両肌〕	→もろはだ〔諸肌〕
りょうふう〔良風〕	→りょうぞく〔良俗〕
りょうほう〔両方〕	**かたほう**〔片方〕**いっぽう**〔一方〕
りょうめん〔両面〕両方の面。	**かためん**〔片面〕**いちめん**〔一面〕**はんめん**〔反面〕
りょうゆう〔良友〕良い友だち。	**あくゆう**〔悪友〕
りょうよく〔両翼〕両方のつばさ。	**いちよく**〔一翼〕
りょかくれっしゃ〔旅客列車〕乗客を運ぶ列車。	**かもつれっしゃ**〔貨物列車〕
りょくちゃ〔緑茶〕茶の木の若葉で製造した煎茶《せんちゃ》。また、日本茶の総称。	**こうちゃ**〔紅茶〕
りりく〔離陸〕航空機などが、陸地を離れて飛び立つこと。	**ちゃくりく**〔着陸〕
りろせいぜん〔理路整然〕筋道がよく通っているさま。	**しりめつれつ**〔支離滅裂〕
りろん〔理論〕原則的な考え。	**じっさい**〔実際〕**げんじつ**〔現実〕**じっせん**〔実践〕**おうよう**〔応用〕**じっけん**〔実験〕
りろんてき〔理論的〕理論に基づいているさま。理論を重視するさま。	㋐**じっさいてき**〔実際的〕**げんじつてき**〔現実的〕**じっせんてき**〔実践的〕㋑**じっしょうてき**〔実証的〕
りろんは〔理論派〕理論を重んじる人たちのグループ。	**こうどうは**〔行動派〕**じっせんは**〔実践派〕
りろんぶつりがく〔理論物理学〕純粋理論的に研究する物理学。	**おうようぶつりがく**〔応用物理学〕

りんかいがっこう〔臨海学校〕夏期に、海のそばで行われる集団学習。	**りんかんがっこう**〔林間学校〕
りんかんがっこう〔林間学校〕夏期に、山や高原で行われる集団学習。	**りんかいがっこう**〔臨海学校〕
りんきゅう〔臨休〕臨時に休むこと。	**ていきゅう**〔定休〕
りんさく〔輪作〕ある土地に、違った作物をある期間ごとに順に植えること。	**れんさく**〔連作〕
りんじ〔臨時〕決まった時でなく、その場その場の事情で行うこと。	**ていじ**〔定時〕**ていき**〔定期〕**つうじょう**〔通常〕**こうれい**〔恒例〕**ていれい**〔定例〕**じょうれい**〔定例〕**つうれい**〔通例〕**けいじょう**〔経常〕
りんじこっかい〔臨時国会〕臨時に開かれる国会。	**つうじょうこっかい**〔通常国会〕
りんじひ〔臨時費〕臨時に支出する費用。	**けいじょうひ**〔経常費〕
りんじやとい〔臨時雇い〕人を臨時に雇い入れること。	**じょうやとい**〔常雇い〕
りんしょういがく〔臨床医学〕病人を実地に診療・治療する医学。	**きそいがく**〔基礎医学〕
りんせい〔輪生〕茎のひとつの節《ふし》から、３枚以上の葉が放射状に生えること。	**たいせい**〔対生〕**ごせい**〔互生〕

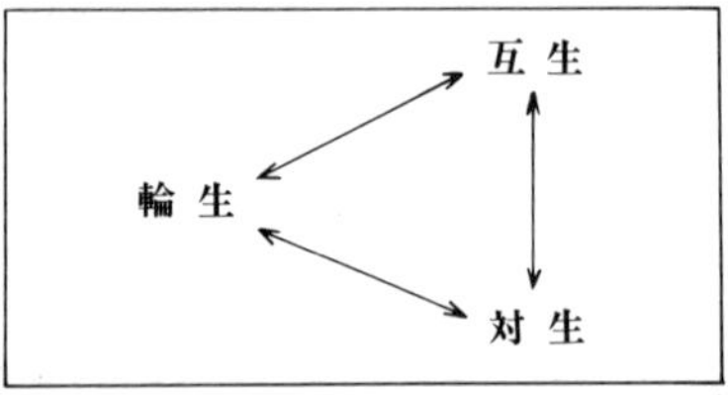

る

るいか〔累加〕重ね加えること。累増。	**るいげん**〔累減〕
るいぎ〔類義〕意味が似ていること。	**たいぎ**〔対義〕**はんぎ**〔反義〕**はんい**〔反意〕**いぎ**〔異義〕
るいぎご〔類義語〕意味が似ている語。類語。	**たいぎご**〔対義語〕**はんぎこ**〔反義語〕**はんいご**〔反意語〕**はんたいご**〔反対語〕**いぎご**〔異義語〕
るいけい〔累計〕部分の合計を次々に加えた、全体の合計。	**しょうけい**〔小計〕
るいけいてき〔類型的〕特色がなく、	**こせいてき**〔個性的〕

ありふれているさま。

るいげん〔累減〕次々に減らすこと。 **るいか**〔累加〕**るいぞう**〔累増〕

るいご〔類語〕 →るいぎご〔類義語〕

るいじ〔類似〕似通っていること。 **そうい**〔相違〕

るいじせい〔類似性〕似ている性質。 **どくじせい**〔独自性〕

るいしん〔塁審〕野球で、1塁・2塁・3塁のそばにいる審判。 **しゅしん**〔主審〕**きゅうしん**〔球審〕**せんしん**〔線審〕

るいする〔類する〕似ている。肩を並べる。 **はんする**〔反する〕**ことなる**〔異なる〕

るいぞう〔累増〕 →るいか〔累加〕

るいだい〔累代〕代を重ねること。代々。永代。 **いちだい**〔一代〕

るいはん〔累犯〕罪を重ねること。 **しょはん**〔初犯〕

ルーズ〔loose〕ゆるい。だらしがない。 **シビア**〔severe〕

るす〔留守〕 →ふざい〔不在〕

るふぼん〔流布本〕ひとつの原本から出た本のうち、世間に最も広まっているもの。 **いほん**〔異本〕

れ

れい〔冷〕つめたい。 **ねつ**〔熱〕**おん**〔温〕**だん**〔暖〕

れい〔霊〕たましい。 **にく**〔肉〕

れいあんぽう〔冷罨法〕患部を冷やす治療法。 **おんあんぽう**〔温罨法〕

れいか〔冷夏〕例年ほど暑くない夏。 **だんとう**〔暖冬〕

れいかい〔霊界〕精神の世界。あの世。 **にくかい**〔肉界〕

れいがい〔例外〕決まりから外れたもの。 **げんそく**〔原則〕**ほんそく**〔本則〕

れいがい〔冷害〕夏期に、日照りが少なく、温度が低過ぎるために起こる農作物の被害。 **かんがい**〔干害・旱害〕

れいき〔冷気〕冷たい空気。 **ねっき**〔熱気〕**だんき**〔暖気〕

れいぎただしい〔礼義正しい〕 **ぶさほう**〔無作法〕

れいきゃく〔冷却〕冷たくすること。 **かねつ**〔加熱〕

れいぐう〔冷遇〕冷たく扱うこと。冷やかにあしらうこと。 **ゆうぐう**〔優遇〕**こうぐう**〔厚遇〕**かんたい**〔歓待〕**ゆうたい**〔優待〕

れいけつかん〔冷血漢〕心の冷たい男。薄情な男。 **ねっけつかん**〔熱血漢〕

れいけつどうぶつ〔冷血動物〕体温が外気の温度で変わる動物。変温動物。 **おんけつどうぶつ**〔温血動物〕

れいこく〔冷酷〕思いやりがないこと。 **おんわ**〔温和・穏和〕**じひぶかい**〔慈悲深い〕

れいこん〔霊魂〕たましい。	**にくたい**〔肉体〕**ぶっしつ**〔物質〕
れいさい〔零細〕規模が非常に小さいこと。	**きょだい**〔巨大〕
れいさいきぎょう〔零細企業〕規模がごく小さい企業。	**だいきぎょう**〔大企業〕**ちゅうしょうきぎょう**〔中小企業〕
れいしょう〔冷笑〕	→ちょうしょう〔嘲笑〕
れいじょう〔令嬢〕他人の娘の尊称。お嬢さん。	**れいそく**〔令息〕
れいすい〔冷水〕冷たい水。	**おんすい**〔温水〕**ねっとう**〔熱湯〕
れいすいまさつ〔冷水摩擦〕水に浸してしぼったタオルで体をこする健康法。	**かんぷまさつ**〔乾布摩擦〕
れいせい〔冷静〕感情に走らず、落ち着いていること。	**ねつれつ**〔熱烈〕**ぎゃくじょう**〔逆上〕
れいせん〔冷泉〕25°C未満の鉱泉。	**おんせん**〔温泉〕
れいそう〔礼装〕	→れいふく〔礼服〕
れいぞうこ〔冷蔵庫〕食品などを冷やして貯蔵する器具。	**おんぞうこ**〔温蔵庫〕
れいそく〔令息〕他人の息子の尊称。お坊っちゃん。	**れいじょう**〔令嬢〕
れいぞく〔隷属〕	→じゅうぞく〔従属〕
れいたん〔冷淡〕①熱心でないこと。②心が冷たいこと。	①**ねっしん**〔熱心〕②**しんせつ**〔親切〕**なさけぶかい**〔情深い〕
れいてん〔冷点〕皮膚に分布して、冷たさを感じる点。	**おんてん**〔温点〕
れいてん〔零点〕得点がまったくないこと。	**まんてん**〔満点〕
れいとう〔冷凍〕食品などを凍らせること。	**かいとう**〔解凍〕
れいふう〔冷風〕冷たい風。	**ねっぷう**〔熱風〕**おんぷう**〔温風〕**だんぷう**〔暖風〕
れいふく〔礼服〕儀式のときに着る正式の服。式服。	**へいふく**〔平服〕
れいぼう〔冷房〕暑いときに、部屋の温度を下げること。	**だんぼう**〔暖房〕
れいめい〔黎明〕夜明け。明け方。	**はくぼ**〔薄暮〕
れいよく〔冷浴〕	→すいよく〔水浴〕
れいらく〔零落〕落ちぶれること。	**えいたつ**〔栄達〕**しゅっせ**〔出世〕
レガート〔legato イタリア〕音楽で、切れ目なく滑らかにつなぐこと。	**スタッカート**〔staccato イタリア〕
れきしてきかなづかい〔歴史的仮名遣い〕古典、特に平安時代を基準にした仮名遣い。旧仮名遣い。	**げんだいかなづかい**〔現代仮名遣い〕**しんかなづかい**〔新仮名遣い〕

れきぜん〔歴然〕はっきりして、まぎれもないさま。	**ばくぜん**〔漠然〕
れきだい〔歴代〕代々。	**とうだい**〔当代〕
レギュラー〔regular〕①規則にかなっていること。正規。②レギュラーメンバー。	①**イレギュラー**〔irregular〕②**ゲスト**〔guest〕
レギュラーメンバー〔regular member〕正規の構成員。いつもの顔ぶれ。	**ゲストメンバー**〔guest member〕
レシーブ〔receive〕バレーボールなどで、相手のサーブを受けて返すこと。	**サーブ**〔serve〕
れつ〔劣〕おとる。	**ゆう**〔優〕
れつあく〔劣悪〕劣っていて悪いこと。	**ゆうりょう**〔優良〕**ゆうしゅう**〔優秀〕
れつい〔劣位〕劣った位地。	**ゆうい**〔優位〕
れっせい〔劣勢〕勢いが劣ること。	**ゆうせい**〔優勢〕
れっせいいでん〔劣性遺伝〕表面に現れないで中に潜んでいる遺伝形式。	**ゆうせいいでん**〔優性遺伝〕
れっせき〔列席〕席に列なること。出席。	**けっせき**〔欠席〕
れっとう〔列島〕長く連なった島々。	**ぐんとう**〔群島〕**ことう**〔孤島〕
れっとう〔劣等〕普通よりも劣ること。	**ゆうとう**〔優等〕
れっとうかん〔劣等感〕自分が人よりも劣っていると思う気持ち。	**ゆうえつかん**〔優越感〕**じふ**〔自負〕**じしん**〔自信〕
れっとうせい〔劣等生〕成績が特に劣る学生や生徒。	**ゆうとうせい**〔優等生〕
れっぱい〔劣敗〕力の劣っている者が負けること。	**ゆうしょう**〔優勝〕
れっぷう〔烈風〕	→きょうふう〔強風〕
レディー〔lady〕淑女。貴婦人。	**ゼントルマン**〔gentleman〕
レディーメード〔ready made〕出来合いの品。既製品。	**オーダーメード**〔order made〕
レフト〔left〕左。左翼。	**ライト**〔right〕
レプリカ〔replica〕模写。模造品。	**オリジナル**〔original〕
れんあいけっこん〔恋愛結婚〕恋愛した者同士が結婚すること。	**みあいけっこん**〔見合い結婚〕
れんか〔廉価〕値段が安いこと。安価。	**こうか**〔高価〕
れんきとうひょう〔連記投票〕投票用紙に２人以上の名前を書く方式。	**たんきとうひょう**〔単記投票〕
れんさい〔連載〕読み物を、雑誌などに何回かに分けて載せること。続き物。	**よみきり**〔読み切り〕
れんさく〔連作〕同じ土地に、同じ作物を続けて植えること。	**りんさく**〔輪作〕
れんしゅう〔練習〕	**ほんばん**〔本番〕

れんしゅうじあい〔練習試合〕	**こうしきせん**〔公式戦〕
れんしょう〔連勝〕続けて勝つこと。連破。	**れんぱい**〔連敗〕
れんぞく〔連続〕途切れないで続くこと。	**だんぞく**〔断続〕**かんけつ**〔間欠・間歇〕**ちゅうだん**〔中断〕
れんたい〔連帯〕複数の人が、考えや行動の上でつながりを保つこと。	**こりつ**〔孤立〕
れんたいしゅうしょく〔連体修飾〕体言を修飾すること。	**れんようしゅうしょく**〔連用修飾〕
れんたいしゅうしょくご〔連体修飾語〕体言を修飾することば。	**れんようしゅうしょくご**〔連用修飾語〕
れんたつ〔練達〕慣れて、その道のことに通じること。熟達。	**みじゅく**〔未熟〕**せいこう**〔生硬〕
れんにゅう〔練乳〕濃縮した牛乳。	**ふんにゅう**〔粉乳〕
れんぱ〔連破〕	→れんしょう〔連勝〕
れんぱい〔連敗〕続けて負けること。	**れんしょう**〔連勝〕**れんぱ**〔連破〕
れんぱつ〔連発〕①続けて起こること。②続けて発射すること。	①**さんぱつ**〔散発〕②**たんぱつ**〔単発〕
れんようしゅうしょく〔連用修飾〕用言を修飾すること。	**れんたいしゅうしょく**〔連体修飾〕
れんようしゅうしょくご〔連用修飾語〕用言を修飾することば。	**れんたいしゅうしょくご**〔連体修飾語〕
れんりつないかく〔連立内閣〕複数の政党が大臣を出し合ってつくる内閣。	**たんどくないかく**〔単独内閣〕

ろ

ろう〔労〕労働者。	**し**〔資〕
ろう〔老〕年をとっている。	**じゃく・にゃく**〔若〕**しょう**〔少〕**よう**〔幼〕
ろうか〔老化〕老いて機能が衰えること。	**はついく**〔発育〕
ろうかい〔老獪〕経験を積んで、悪賢いこと。	**じゅんぼく**〔純朴・醇朴〕
ろうきゅう〔老朽〕古くて役に立たないこと。	**しんえい**〔新鋭〕**しょうそう**〔少壮〕
ろうこう〔老巧〕	→ろうれん〔老練〕
ろうさい〔老妻〕老いた妻。	**わかづま**〔若妻〕
ろうじょ〔老女〕老いた女性。婆さん。	㋐**ろうじん**〔老人〕㋑**しょうじょ**〔少女〕**むすめ**〔娘〕
ろうじん〔老人〕年をとった人。年寄りの男。	㋐**ようじ**〔幼児〕**こども**〔子供〕**わかもの**〔若者〕㋑**ろうじょ**〔老女〕
ろうすい〔老衰〕老いて衰えること。	**はついく**〔発育〕

ろうせい〔老成〕経験を積んで熟達すること。	**ようち**〔幼稚〕
ろうたいか〔老大家〕年を取っていて、その道に優れている人。	**しんしん**〔新進〕**しんじん**〔新人〕
ろうどう〔労働〕働くこと。	**きゅうそく**〔休息〕**きゅうよう**〔休養〕
ろうどうしゃ〔労働者〕賃金をもらって働く人。	**しほんか**〔資本家〕**けいえいしゃ**〔経営者〕
ろうどく〔朗読〕声高く読むこと。	**もくどく**〔黙読〕
ろうにん〔浪人〕上級学校の入学試験に不合格になって、来年を目ざしている人。	**げんえき**〔現役〕
ろうねん〔老年〕年を取っていること。	**じゃくねん**〔若年〕**しょうねん**〔少年〕**せいねん**〔青年〕**ちゅうねん**〔中年〕
ろうひ〔浪費〕無駄遣い。	**けんやく**〔倹約〕**せつやく**〔節約〕
ろうほう〔朗報〕明るい知らせ。吉報。	**ひほう**〔悲報〕**きょうほう**〔凶報〕**あくほう**〔悪報〕
ろうぼく〔老木〕	→おいき〔老い木〕
ろうまんしゅぎ〔浪漫主義〕現実を美化してとらえる芸術上の考え方。	**しゃじつしゅぎ**〔写実主義〕**しぜんしゅぎ**〔自然主義〕
ろうれい〔老齢〕	→ろうねん〔老年〕
ろうれん〔老練〕経験を積んで巧みなこと。老巧。	**ようち**〔幼稚〕**ちせつ**〔稚拙〕**みじゅく**〔未熟〕
ろうわ〔朗話〕明るい話。	**ひわ**〔悲話〕
ロー〔low〕低い。	**ハイ**〔high〕
ローティーン〔low-teens〕10歳代の前半。	**ハイティーン**〔high-teens〕
ローハードル〔low hurdles〕陸上競技で、200ｍの間に高さ76.2㎝の障害を10個跳び越えて走る男子の種目。	**ハイハードル**〔high hurdles〕
ローヒール〔low-heel〕かかとの低い婦人靴。	**ハイヒール**〔high-heel〕
ローマじ〔Roma ラテン字〕A・B、a・bなど、ヨーロッパで用いられている文字。	**かんじ**〔漢字〕**かな**〔仮名〕
ローマすうじ〔Roma ラテン数字〕Ⅰ・Ⅱなど、古代ローマに起源をもつ数字。	**アラビアすうじ**〔Arabia 数字〕**かんすうじ**〔漢数字〕
ローリング〔rolling〕横揺れ。	**ピッチング**〔pitching〕
ろくおんほうそう〔録音放送〕録音しておいたものを再生して行う放送。	**じっきょうほうそう**〔実況放送〕**なまほうそう**〔生放送〕
ろけん〔露見〕秘密や悪事がばれること。	**いんぺい**〔隠蔽〕

ロゴス〔logos ギリシャ〕理性。理法。	**パトス**〔pathos ギリシャ〕
ろこつ〔露骨〕あらわなさま。	**えんきょく**〔婉曲〕
ろしゅつ〔露出〕むき出しになること。	**いんぺい**〔隠蔽〕**まいぼつ**〔埋没〕
ろどん〔魯鈍〕	→**ぐどん**〔愚鈍〕
ロマンチ（シ）スト〔romanticist〕浪漫主義者。	**リアリスト**〔realist〕
ロマンチシズム〔romanticism〕浪漫主義。	**リアリズム**〔realism〕
ロマンチック〔romantic〕甘美で現実離れしたさま。浪漫的。	**リアリスチック**〔realistic〕
ろめんでんしゃ〔路面電車〕道路の上を走る電車。	**ちかてつどう**〔地下鉄道〕**こうかてつどう**〔高架鉄道〕
ロング〔long〕長い。	**ショート**〔short〕
ロングスカート〔long-skirt〕すそまでの丈が長いスカート。	**ショートスカート**〔short-skirt〕**ミニスカート**〔miniskirt〕
ロングヒット〔long hit〕野球で、2塁打以上の打球。長打。	**シングルヒット**〔single hit〕
ろんなん〔論難〕誤りや不正を、鋭く突いて非難すること。	**べんご**〔弁護〕
ろんりてき〔論理的〕筋道立って考えるさま。	**かんじょうてき**〔感情的〕**しんじょうてき**〔心情的〕**ちょっかんてき**〔直観的〕

わ

わ〔和〕①やわらぐ。仲良くする。②日本。③ふたつ以上の数を加えて得た数。	①**せん**〔戦〕②**よう**〔洋〕**かん**〔漢〕③**さ**〔差〕**せき**〔積〕**しょう**〔商〕
ワイ・エム・シー・エー〔YMCA〕キリスト教男子青年会。	**ワイ・ダブリュー・シー・エー**〔YWCA〕
ワイじく〔y 軸〕数学などで用いる座標の縦軸。	**エックスじく**〔x 軸〕
ワイ・ダブリュー・シー・エー〔YWCA〕キリスト教女子青年会。	**ワイ・エム・シー・エー**〔YMCA〕
ワイフ〔wife〕妻。	**ハズバンド**〔husband〕
わえいじてん〔和英辞典〕日本語からその意味に当たる英語を引く辞典。	**えいわじてん**〔英和辞典〕
わか〔和歌〕長歌・短歌・旋頭歌《せどうか》など、五音・七音をもとにしたわが国古来の歌。現在では、主に短歌。	㋐**かんし**〔漢詩〕㋑**はいく**〔俳句〕
わかい〔和解〕仲直り。和睦《わぼく》。	**ふんそう**〔紛争〕**ふんぎ**〔紛議〕
わかがえる〔若返る〕	**ふけこむ**〔老け込む〕**おいぼれる**〔老いぼれる〕**おいこむ**〔老い込

	む〕
わかぎ〔若木〕若々しく元気な木。	**おいき**〔老い木〕**ろうぼく**〔老木〕
わがく〔和楽〕	→ほうがく〔邦楽〕
わかさ〔若さ〕	**おい**〔老い〕
わがさ〔和傘〕日本風の傘。	**ようがさ**〔洋傘〕**こうもりがさ**〔蝙蝠傘〕
わがし〔和菓子〕日本風の菓子。	**ようがし**〔洋菓子〕
わかじに〔若死に〕年若くして死ぬこと。早死に。	**ながいき**〔長生き〕
わかす〔沸かす〕「湯を――」。	**さます**〔冷ます〕
わかぞう〔若造・若僧〕若者をののしっていう語。青二才。	**おいぼれ**〔老いぼれ〕
わかだんな〔若旦那〕若い方の主人。主人の跡継ぎ息子。	**おおだんな**〔大旦那〕
わかづま〔若妻〕年の若い人妻。新婚の妻。	**ろうさい**〔老妻〕**ふるづま**〔古妻〕
わかて〔若手〕若くて働き盛りの人。若い方の人。	**ふるて**〔古手〕
わかば〔若葉〕若々しい葉。	**かれは**〔枯れ葉〕**おちば**〔落ち葉〕
わかもの〔若者〕年若い人。若い男。	㋐**ろうじん**〔老人〕**としより**〔年寄り〕㋑**むすめ**〔娘〕
わかやく〔若役〕演劇などで、若者を演じる役。	**ふけやく**〔老け役〕
わかやぐ〔若やぐ〕若返る。	**おいる**〔老いる〕**おいこむ**〔老い込む〕**ふけこむ**〔老け込む〕
わかりにくい〔分かり難い〕	**わかりやすい**〔分かり易い〕
わかりやすい〔分かり易い〕	**わかりにくい**〔分かり難い〕
わかれる〔分かれる・別れる〕「友人と――」。	**あう**〔合う・会う〕**であう**〔出合う・出会う〕**あつまる**〔集まる〕
わき〔脇〕能で主役の相手をする役。	**して**〔仕手〕
わき〔和気〕なごやかな気分。	**さっき**〔殺気〕
わきかえる〔沸き返る〕激しく沸騰する。	**さめきる**〔冷め切る〕**ひえきる**〔冷え切る〕
わきじ〔脇士・脇侍〕本尊の左右に立っている仏像。脇立ち。	**ほんぞん**〔本尊〕
わきだち〔脇立ち〕	→わきじ〔脇士・脇侍〕
わきたつ〔沸き立つ・湧き立つ〕	→わきえかえる〔沸き返る・湧き返る〕
わきでる〔湧き出る〕「水が地面から――」。	**しみこむ**〔染み込む〕
わきやく〔脇役〕劇などで主人公以外の役。	**しゅやく**〔主役〕**たてやく**〔立て役〕
わく〔沸く〕「湯が――」。	**さめる**〔冷める〕

わくがい〔枠外〕一定の制限の外。制限外。	**わくない**〔枠内〕
わくせい〔惑星〕火星・地球など、太陽の周りを公転する星。遊星。	㋐**こうせい**〔恒星〕㋑**えいせい**〔衛星〕
わくない〔枠内〕一定の制限のうち。制限内。	**わくがい**〔枠外〕
わける〔分ける〕別々にする。区分する。	**あわす**〔合わす〕**あつめる**〔集める〕
わご〔和語〕日本語に固有のことば。	**かんご**〔漢語〕**がいらいご**〔外来語〕
わごう〔和合〕仲良くし合うこと。	**りはん**〔離反〕**はんもく**〔反目〕**ふわ**〔不和〕**とうそう**〔闘争〕
わこうど〔若人〕	→わかもの〔若者〕
わごと〔和事〕歌舞伎《かぶき》で、恋愛・情事などの場。	**あらごと**〔荒事〕
わこん〔和魂〕日本の精神。	㋐**ようこん**〔洋魂〕㋑**わさい**〔和才〕
わさい〔和才〕日本風の才能。	㋐**ようさい**〔洋才〕**かんさい**〔漢才〕㋑**わこん**〔和魂〕

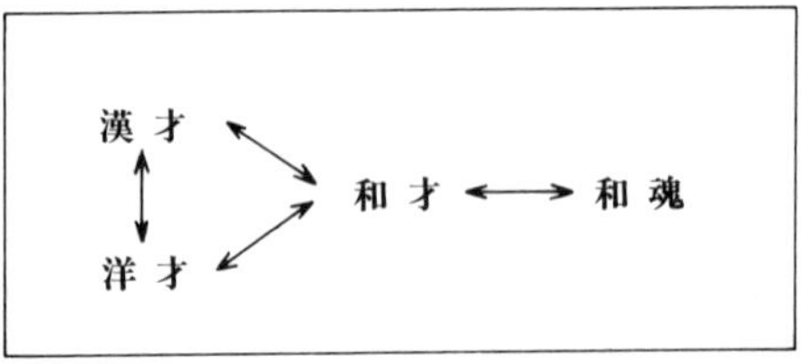

わさい〔和裁〕和服を縫うこと。	**ようさい**〔洋裁〕
わざと〔態と〕「――人の足を踏む」。	**うっかり**
わざとらしい〔態とらしい〕わざとしたような感じだ。	**なにげない**〔何気無い〕**さりげない**〔然り気無い〕**しぜん**〔自然〕
わざわい〔災い・禍〕	**ふく**〔福〕**さいわい**〔幸い〕
わざわざ〔態々〕「――買いに行く」。	**ついでに**〔序に〕
わし〔和紙〕日本古来の製法で作る紙。	**ようし**〔洋紙〕
わしき〔和式〕日本式。	**ようしき**〔洋式〕
わしつ〔和室〕日本式のへや。日本間。	**ようしつ**〔洋室〕**ようま**〔洋間〕
わしょ〔和書〕①和とじの本。②日本語で書いてある本。	①**ようしょ**〔洋書〕②**ようしょ**〔洋書〕**かんせき**〔漢籍〕
わしょく〔和食〕日本風の食事。	**ようしょく**〔洋食〕
わずか〔僅か〕	**たくさん**〔沢山〕**いっぱい**〔一杯〕
わすれさる〔忘れ去る〕すっかり忘れてしまう。	**おもいだす**〔思い出す〕**おもいおこす**〔思い起こす〕
わすれる〔忘れる〕	**おぼえる**〔覚える〕**おもいだす**〔思い出す〕
わせ〔早稲・早生〕早く実る稲。普通	**おくて**〔晩稲・晩生〕

より早く熟する作物。早熟の人。

わせい〔和製〕 →こくさん〔国産〕

わそう〔和装〕日本式の服装。着物姿。 **ようそう**〔洋装〕

わたくし〔私〕①自分に関する内々のこと。②自称の代名詞。わたし。 ①**おおやけ**〔公〕②**あなた**〔貴方〕

わたす〔渡す〕「品物を――」。 **うけとる**〔受け取る〕**あずかる**〔預かる〕**うばう**〔奪う〕

わとじ〔和綴じ〕日本流の本のとじ方。 **ようとじ**〔洋綴じ〕

わびる〔詫びる〕あやまる。 **ひらきなおる**〔開き直る〕

わふう〔和風〕日本式。 **ようふう**〔洋風〕

わふく〔和服〕日本風の服装。着物。 **ようふく**〔洋服〕

わぶん〔和文〕日本の文字や文章。邦文。 **おうぶん**〔欧文〕**かんぶん**〔漢文〕

わぶんタイプ（ライター）〔和文typewriter〕 **おうぶんタイプ（ライター）**〔欧文typewriter〕

わぼく〔和睦〕仲直り。 **ちょうせん**〔挑戦〕**せんせん**〔宣戦〕

わめい〔和名〕動物・植物の日本名。 **がくめい**〔学名〕

わめく〔喚く〕大声で言う。 **ささやく**〔囁く〕**つぶやく**〔呟く〕

わらいがお〔笑い顔〕 →えがお〔笑顔〕

わらいじょうご〔笑い上戸〕酒に酔うと笑う癖のある人。 **おこりじょうご**〔怒り上戸〕**なきじょうご**〔泣き上戸〕

わらう〔笑う〕 **なく**〔泣く〕**いかる・おこる**〔怒る〕

わりざん〔割り算〕 **かけざん**〔掛け算〕**たしざん**〔足し算〕**ひきざん**〔引き算〕

わりだか〔割高〕質・量の割に値段が高いこと。 **わりやす**〔割安〕

わりびき〔割り引き〕決まった価格より値引くこと。 **わりまし**〔割り増し〕

わりまし〔割り増し〕決まった価格より高くすること。 **わりびき**〔割り引き〕

わりやす〔割安〕質・量の割に値段が安いこと。 **わりだか**〔割高〕

わる〔割る〕①「6を3で――」。②「会員が4人を――」。 ①**かける**〔掛ける〕②**こす**〔越す・超す〕**こえる**〔越える・超える〕

わるい〔悪い〕 **よい・いい**〔良い・善い〕**よろしい**〔宜しい〕

わるもの〔悪者〕悪い人。悪人。 **ぜんにん**〔善人〕

わるものになる〔悪者になる〕ある目的のために、あえて悪い立場に立つ。 **いいこになる**〔いい子になる〕

われ〔我〕 **なんじ**〔汝〕**かれ**〔彼〕

ワンサイドゲーム〔one-sided game〕実力に差があって、一方が他を完全に圧倒した試合。 **シーソーゲーム**〔seesaw game〕**クロスゲーム**〔close game〕

ワンスモア〔once more〕もう一度。

ワンピース〔one-piece〕上着とスカートがひと続きになっている婦人服。

わんりょく〔腕力〕腕の力。肉体的な力。

ノーモア〔no more〕

ツーピース〔two-piece〕

ちりょく〔知力〕**きりょく**〔気力〕

編者略歴
北原保雄（きたはら　やすお）
1936年新潟県柏崎市生まれ。東京教育大学大学院修了。筑波大学名誉教授（元筑波大学学長）。文学博士。日本学生支援機構元理事長、日本教育会会長、新潟産業大学学長。編著『日本語助動詞の研究』(大修館)、『文法的に考える』(同)、『日本語文法の焦点』(教育出版)、『古語大辞典』(小学館)、『全訳古語例解辞典』(同)、『日本国語大辞典第二版』(同)、『明鏡国語辞典』(大修館)、『問題な日本語』(同)、『日本語の形容詞』(同)、『日本語の助動詞』(同) ほか多数。
東郷吉男（とうごう　よしお）
1932年京都市生まれ。京都学芸大学国文学科卒業。静岡県立大学名誉教授。著書『国語と表現』(三和書房)、『ちょっと古風な日本語辞典』(東京堂出版)、『四字熟語辞典』(同)、『からだことば辞典』(同)、『動植物ことば辞典』(共著・同)、『コミュニケーション技法』(共著・全国日本学士会) など。2015年2月没。

反対語対照語辞典　新装版

本書は1989年4月に小社から刊行した『反対語対照語辞典』の新装版です。

2015年6月10日　初版発行
2017年7月20日　4版発行

編　者　北原保雄　東郷吉男
発行者　大橋信夫
印刷所　株式会社 廣済堂
製本所　株式会社 廣済堂

発行所　株式会社 **東京堂出版**
東京都千代田区神田神保町1-17（〒101-0051）
http://www.tokyodoshuppan.com/
電話03-3233-3741　振替00130-7-270

ISBN978-4-490-10866-8 C1581